「判例先例　渉外親族法」
お詫びと訂正

　本書に、下記の誤りがございました。読者の皆様に深くお詫び申し上げますとともに、謹んで下記のとおり訂正をさせていただきます。

日本加除出版株式会社

記

■265頁　下から4行目
　（誤）「……、東京地裁に執行の……」
　（正）「……、横浜地裁横須賀支部に執行の……」

■同頁　下から3行目
　（誤）
　「東京地裁はこれを認めた（東京地判平成11年7月13日判タ1059号235頁）が、……」
　（正）
　「横浜地裁横須賀支部はこれを認めた（横浜地横須賀判平成12年5月30日判タ1059号235頁）が、……」

■808頁　下から9行目
　（誤）「東京地判平成11年7月13日」
　（正）「横浜地横須賀支判平成12年5月30日」

判例
先例 **渉外親族法**

大塚 正之

日本加除出版株式会社

は　し　が　き

　一般に渉外家事事件とは，家庭裁判所が権限を有する家庭に関する事件のうち，渉外的性質を有するものをいい，具体的には，当事者の少なくとも1人が外国人である場合の家事事件を渉外事件と呼ぶことが多い。厳密には，当事者の国籍，住所，常居所，居所や婚姻挙行地等の行為地，出生地等の事実の発生地，相続財産所在地等の具体的に問題となっている事件に関係する諸要素の少なくとも1つが複数の国の関係を有する家事事件をいうとされている。

　渉外家事事件を扱う場合，まず，当該事件をその裁判所が取り扱うことができるかという国際裁判管轄の問題があり，これは国際民事訴訟法の問題である。また，我が国に国際裁判管轄権があるとして，どの国の実体法，手続法を適用すべきかというのが準拠法の問題である。この準拠法の選択方法を一般的に指定している法律が国際私法である。そして準拠法を選択するには，どのような法律関係が問題となっているのか（法律関係の性質決定）を明らかにする必要があり，また，その問題となっている法律関係を構成するに当たって媒介する要素（連結点あるいは連結素）を定めることが必要となる。そして，それに基づき，準拠法を特定し，最終的にその準拠法を当該具体的法律問題に適用することでよいかどうかを検討することになる。

　そこで，渉外家事事件に関する個々の判例，先例を個別に検討するに先立ち，一般的に検討すべき国際私法の諸点に関する判例，先例について概説し（序論），その後に渉外婚姻法（第1部），渉外親子法（第2部），渉外後見・扶養法（第3部）について，順次それに関する判例，先例を解説する。

なお，判例，先例のよりよき理解のため，各国の法制度も必要な範囲で調査し，付記しているが，各国の法令は頻繁に改正されており，本書執筆の過程でも，しばしば改正が行われており，また必ずしも最新の法令が入手できているわけではない。したがって，あくまでこれらは判例，先例を理解するための補助的なものとしての利用にとどめていただきたい。本書執筆には多大な日時を要し，編集担当の方も次々と移り変わり，大勢の方々のお世話になり，その氏名を列挙することができない。しかし，本書を出版することができたのは，編集部の方々の並々ならぬ努力の結果であり，ここに厚くお礼を申し上げたい。

　平成26年7月

大　塚　正　之

凡　例

◇判例略語◇

　　最大判……………………最高裁判所大法廷判決
　　最大決……………………最高裁判所大法廷決定
　　最判………………………最高裁判所判決
　　最決………………………最高裁判所決定
　　高判………………………高等裁判所判決
　　高決………………………高等裁判所決定
　　地判………………………地方裁判所判決
　　家審………………………家庭裁判所審判

◇法令略称◇

　　通則法……………………法の適用に関する通則法
　　民…………………………民法
　　民訴法……………………民事訴訟法
　　家審………………………家事審判法
　　家手………………………家事事件手続法
　　人訴………………………人事訴訟法

◇出典略語◇

　　民集………………………最高裁判所民事判例集
　　集民………………………最高裁判所裁判集民事
　　高民集……………………高等裁判所民事判例集
　　下民集……………………下級裁判所民事判例集

4 凡　例

家月……………………………………家庭裁判月報
判時……………………………………判例時報
判タ……………………………………判例タイムズ
ジュリ…………………………………ジュリスト

◇文献略語（五十音順。ゴシック体は略語表示）◇

木棚照一・松岡博・渡辺惺之［他］国際私法**概論**・第5版（有斐閣ブックス）〈有斐閣，2007〉

櫻田嘉章　国際私法・**第6版**（有斐閣Ｓシリーズ）〈有斐閣，2012〉

澤木敬郎・**道垣内**正人　国際私法**入門**・第7版（有斐閣双書）〈有斐閣，2012〉

篠崎哲夫・竹澤雅二郎・野崎昌利著，木村三男監修「渉外戸籍のための**各国法律と要件**」［全訂］〈日本加除出版，2007〉

神前禎・早川吉尚・元永和彦［他］国際私法・第3版（有斐閣アルマ）〈有斐閣，2012〉

溜池良夫　国際私法**講義**・**第3版**〈有斐閣，2005〉

田村精一　国際私法及び親族法（学術選書）〈新山社，2009〉

土井輝生　国際私法**基本判例**―身分・親族―〈同文舘，1992〉

道垣内正人　ポイント国際私法**総論**・第2版〈有斐閣，2007〉，ポイント国際私法**各論**・第2版〈有斐閣，2014〉

松岡博　現代国際私法**講義**（NJ叢書）〈法律文化社，2008〉

南敏文「**Q&A渉外戸籍と国際私法**」［全訂版］〈日本加除出版，2008〉

山田鐐一　国際私法・**第3版**〈有斐閣，2004〉

櫻田嘉章・道垣内正人編　国際私法判例**百選**（別冊ジュリスト185）〈有斐閣，2007〉

司法研究報告「渉外家事・人事訴訟事件の審理に関する研究」（第62輯第［-］1号）〈司法研修所，2010〉

法例研究会　**法例の見直し**に関する諸問題(4)―代理，信託，親族関係等の準拠法及び総則規定について―（別冊NBL．No89）〈商事法務，2004〉

◆本書の法令等の掲載にあたって◆

外国法令について

　本書中，外国法令ついては，判例，先例の理解の補助として掲載しておりますが，必ずしも最新のものではありません。また国によっては，頻繁に法令の改正が行われるため，本書参照時，現行法の改正情報については確認が必要です。

用語について

　判例，先例については，発出当時の文章を引用しているため，現在では使用されない用語又は表現については，適宜改めております。

国名表記について

　一般に使用されている名称のほか，正式名称が異なるものについては，（　）で示しています。

法令について
家事審判法23条及び24条

　家事事件手続法（平成23年5月25日公布）が平成25年1月1日から施行されたことに伴い，家事審判手続法は廃止となりました。

　当時，家事審判法23条は，合意に相当する審判，24条は，調停に代わり審判と呼ばれており，本書の中でもその記述を使用しております。

　23条は，現在の家事事件手続法277条から283条までに承継されていますが，その要件効果は異なること，24条は，家事事件手続法284条から287条までに承継されていますが，やはりその要件効果は異なっております。そのため本書中では，家事審判法当時のものは，そのまま家事審判法と表記するという形式としております。

外国人登録法

　「出入国管理及び難民認定法及び日本国との平和条約に基づき日本の国籍を離脱した者等の出入国管理に関する特例法の一部を改正する等の法律」（平成21年9月15日公布）が平成24年7月9日から施行されたことに伴い，外国人登録法は廃止されております。

目　次

序論　国際私法概説 ……………………………………………………… 1

　第1　国際裁判管轄 ………………………………………………………… 1
　第2　準拠法の決定・適用 ………………………………………………… 5
　　1　法律関係の性質決定 ………………………………………………… 5
　　　(1)　法性決定の基本的考え方 ………………………………………… 5
　　　(2)　先決問題 …………………………………………………………… 7
　　　(3)　適応問題 …………………………………………………………… 8
　　2　連結点（連結素）の確定 …………………………………………… 9
　　3　準拠法の特定 ………………………………………………………… 10
　　　(1)　反　致 ……………………………………………………………… 10
　　　　ア　反　致 …………………………………………………………… 10
　　　　イ　隠れた反致 ……………………………………………………… 11
　　　(2)　不統一法国の指定 ………………………………………………… 13
　　　　ア　地域的不統一法国 ……………………………………………… 13
　　　　イ　人的不統一法国 ………………………………………………… 14
　　　(3)　未承認国法の指定 ………………………………………………… 16
　　4　準拠法の適用 ………………………………………………………… 17
　　　(1)　外国法の性質 ……………………………………………………… 17
　　　(2)　外国法の内容不明 ………………………………………………… 18
　　　(3)　外国法の適用排除（公序）……………………………………… 21
　第3　国際親族法 …………………………………………………………… 26
　　1　本国法主義と住所地法主義 ………………………………………… 26
　　2　親族法における主要な連結点 ……………………………………… 27
　　　(1)　国　籍 ……………………………………………………………… 27
　　　(2)　住　所 ……………………………………………………………… 31
　　　(3)　常居所 ……………………………………………………………… 32

第1部　渉外婚姻法　……………………………………………………………35

第1　渉外婚姻法総論　………………………………………………………35
1　法例改正の経緯と問題点　…………………………………………35
2　婚　　姻　……………………………………………………………37
(1)　婚姻の実質的成立要件　………………………………………37
　ア　準拠法の決定　………………………………………………37
　イ　準拠法の適用範囲　…………………………………………37
　　(ｱ)　総　　説　………………………………………………37
　　(ｲ)　各　　説　………………………………………………41
　　　(ⅰ)　一面的婚姻障害　…………………………………41
　　　　a　婚姻意思・届出意思　……………………………41
　　　　b　婚姻年齢（婚姻適齢）　…………………………42
　　　　c　第三者の同意（父母，祖父母，後見人等）　…43
　　　　d　肉体的・精神的障害　……………………………45
　　　　e　離婚者の再婚能力　………………………………46
　　　(ⅱ)　双面的婚姻障害　…………………………………47
　　　　a　近親婚の禁止　……………………………………47
　　　　b　相姦婚禁止，異人種・異宗教禁止，兄弟配偶者禁止等　……………………………………………48
　　　　c　重婚の禁止　………………………………………50
　　　　d　再婚禁止期間（待婚期間）違反　………………54
(2)　婚姻の方式　……………………………………………………55
　ア　婚姻の形式的成立要件　……………………………………55
　イ　外交婚・領事婚　……………………………………………57
(3)　婚姻の無効・取消し　…………………………………………58
(4)　婚姻の身分的効力　……………………………………………59
　ア　準拠法の決定　………………………………………………59
　イ　準拠法の適用範囲　…………………………………………60
　　(ｱ)　同居・扶助義務　………………………………………60

|　　　　　　(イ)　婚姻費用の分担 …………………………………………61
|　　　　　　(ウ)　成年擬制 ………………………………………………63
|　　　　　　(エ)　妻の行為能力の制限 …………………………………64
|　　　　　　(オ)　夫婦の日常家事債務 …………………………………64
|　　　　　　(カ)　成年・未成年後見 ……………………………………65
|　　　　　　(キ)　夫婦間の契約 …………………………………………65
|　　　　　　(ク)　夫婦の氏 ………………………………………………66
|　　　(5)　婚姻の財産的効力 ………………………………………………69
|　　　　ア　準拠法の決定 ……………………………………………………69
|　　　　イ　準拠法の適用範囲 ………………………………………………70
|　3　婚約及び内縁 ……………………………………………………………71
|　　　(1)　婚　約 ………………………………………………………………71
|　　　　ア　実質的成立要件 …………………………………………………71
|　　　　イ　婚約の方式 ………………………………………………………72
|　　　　ウ　婚約の効力 ………………………………………………………73
|　　　(2)　内　縁 ………………………………………………………………73
|　　　　ア　内縁の成立 ………………………………………………………73
|　　　　イ　内縁の方式 ………………………………………………………74
|　　　　ウ　内縁の効力 ………………………………………………………74
|　　　　エ　内縁の解消・破棄 ………………………………………………74
|　4　離婚及び別居 ……………………………………………………………75
|　　　(1)　離　婚 ………………………………………………………………75
|　　　　ア　離婚の準拠法 ……………………………………………………75
|　　　　イ　離婚の準拠法の適用範囲 ………………………………………78
|　　　　　　(ア)　離婚の許容性 …………………………………………78
|　　　　　　(イ)　離婚の方法 ……………………………………………81
|　　　　　　　　ⅰ　離婚の判断機関 ……………………………………81
|　　　　　　　　ⅱ　調停・審判離婚 ……………………………………82
|　　　　　　　　ⅲ　協議離婚 ……………………………………………85
|　　　　　　(ウ)　離婚の原因 ……………………………………………86

　　　　　　(エ)　離婚の効力……………………………………………………87
　　　　　　　　ⅰ　離婚と復氏……………………………………………87
　　　　　　　　ⅱ　離婚後の扶養…………………………………………87
　　　　　　　　ⅲ　離婚と財産分与………………………………………87
　　　　　　　　ⅳ　離婚に伴う慰謝料……………………………………88
　　　　　　　　ⅴ　子の親権者・監護権者の決定………………………89
　　　　　　　　ⅵ　成年擬制と離婚………………………………………91
　　　　　　　　ⅶ　離婚と再婚禁止期間（待婚期間）…………………92
　　(2)　別　　居……………………………………………………………92
　　(3)　外国離婚判決の承認………………………………………………93
第2　国別渉外婚姻法……………………………………………………………96
　1　大韓民国・朝鮮民主主義人民共和国…………………………………96
　　(1)　大韓民国・朝鮮民主主義人民共和国の婚姻法概説………………96
　　　ア　大韓民国婚姻法の変遷と概要…………………………………96
　　　イ　朝鮮民主主義人民共和国婚姻法の変遷と概要………………99
　　(2)　日本における韓国・朝鮮籍の法制と運用………………………103
　　　ア　終戦までの韓国・朝鮮籍の取扱い……………………………103
　　　イ　終戦後平和条約発効までの韓国・朝鮮籍の取扱い…………104
　　　　(ア)　朝鮮人と内地人との婚姻について………………………104
　　　　(イ)　朝鮮人と内地人の離婚と親権について…………………109
　　　ウ　平和条約発効以後の韓国・朝鮮籍の取扱い…………………110
　　　　(ア)　平和条約発効以前に離婚等の効果が生じている場合
　　　　　　の取扱い………………………………………………………110
　　　　(イ)　平和条約発効後に離婚等の効果が生じた場合の取扱
　　　　　　い………………………………………………………………111
　　(3)　韓国・朝鮮に関する判例・先例…………………………………116
　　　ア　国際裁判管轄―婚姻無効，離婚の裁判管轄―………………116
　　　イ　準拠法の指定……………………………………………………122
　　　　(ア)　離婚の準拠法の決定………………………………………122
　　　　(イ)　韓国・朝鮮人の本国法の決定……………………………132

ウ　婚姻の成立，効力 …………………………………… 135
　　　　(ｱ)　婚姻届の効力 ………………………………………… 135
　　　　(ｲ)　重婚禁止違反の効力 ………………………………… 137
　　エ　内　　縁 ……………………………………………………… 149
　　オ　離　　婚 ……………………………………………………… 149
　　　　(ｱ)　離婚の方法──調停に代わる審判（24条審判）── …… 149
　　　　(ｲ)　離婚の原因──有責配偶者からの離婚請求── ……… 151
　　　　(ｳ)　離婚の効力──慰謝料・財産分与── ………………… 152
　　　　(ｴ)　子の親権・監護者の指定 …………………………… 157
　　カ　氏・名の変更 ………………………………………………… 168
　　　　(ｱ)　氏の変更 ……………………………………………… 168
　　　　(ｲ)　名の変更 ……………………………………………… 175
　　キ　外国判決の承認 ……………………………………………… 179
　　ク　子の国籍 ……………………………………………………… 180
　　ケ　同一家籍内にない女子 ……………………………………… 181
　2　中華人民共和国・中華民国 ……………………………………… 182
　　(1)　中華人民共和国・中華民国の婚姻法概説 ………………… 182
　　　ア　中華人民共和国婚姻法の変遷と概要 …………………… 182
　　　イ　中華民国婚姻法の変遷と概要 …………………………… 185
　　(2)　日本における中国・台湾籍の法制と運用 ………………… 187
　　　ア　終戦までの中国，台湾籍の取扱い ……………………… 187
　　　イ　終戦後平和条約発効までの取扱い ……………………… 188
　　　ウ　平和条約発効から日中国交回復までの取扱い ………… 189
　　　　(ｱ)　平和条約の締結と国籍及び戸籍事務 ………………… 189
　　　　(ｲ)　平和条約発効前に婚姻・離婚等の効果が生じている
　　　　　　場合 …………………………………………………… 192
　　　　(ｳ)　平和条約発効後に婚姻・離婚等の効果が生じた場合 … 193
　　　　(ｴ)　中華人民共和国の取扱い …………………………… 196
　　　エ　日中国交回復後の取扱い ………………………………… 202
　　(3)　中国・台湾に関する判例・先例 …………………………… 203

　　　　ア　国　　籍 ……………………………………………… 203
　　　　イ　準拠法の指定 …………………………………………… 206
　　　　ウ　婚姻の成立，効力 ……………………………………… 207
　　　　　(ｱ)　婚姻予約の成立，効力 ……………………………… 207
　　　　　(ｲ)　婚姻届の効力 ………………………………………… 208
　　　　　(ｳ)　婚姻の成立要件 ……………………………………… 210
　　　　　(ｴ)　重婚禁止違反の効力 ………………………………… 212
　　　　　(ｵ)　婚姻の効力 …………………………………………… 213
　　　　エ　離　　婚 ………………………………………………… 214
　　　　　(ｱ)　離婚の方法 …………………………………………… 214
　　　　　(ｲ)　離婚の原因 …………………………………………… 215
　　　　　(ｳ)　離婚の効力 …………………………………………… 218
　　　　　(ｴ)　子の親権・監護者の決定 …………………………… 218
　　　　　(ｵ)　子の養育費の決定 …………………………………… 222
　　3　アメリカ合衆国 ………………………………………………… 223
　　　(1)　アメリカ合衆国婚姻法概説 …………………………………… 223
　　　(2)　アメリカ合衆国婚姻法の一例 ………………………………… 224
　　　(3)　アメリカ合衆国に関する判例・先例 ………………………… 225
　　　　ア　国際裁判管轄 …………………………………………… 225
　　　　イ　準拠法の決定 …………………………………………… 229
　　　　ウ　婚姻の成立，効力 ……………………………………… 233
　　　　　(ｱ)　婚姻の成立 …………………………………………… 233
　　　　　　(ⅰ)　婚姻届の受理 …………………………………… 233
　　　　　　(ⅱ)　婚姻証書 ………………………………………… 238
　　　　　　(ⅲ)　待婚期間 ………………………………………… 241
　　　　　(ｲ)　婚姻の無効・取消し ………………………………… 242
　　　　　　(ⅰ)　婚姻の無効 ……………………………………… 242
　　　　　　(ⅱ)　婚姻取消し ……………………………………… 247
　　　　　(ｳ)　婚姻の効力 …………………………………………… 248
　　　　エ　離　　婚 ………………………………………………… 248

　　　　(ア) 離婚の方法……………………………………………248
　　　　　(ⅰ) 協議離婚………………………………………248
　　　　　(ⅱ) 調停離婚………………………………………249
　　　　　(ⅲ) 審判離婚………………………………………250
　　　　(イ) 離婚の原因……………………………………………256
　　　　(ウ) 離婚の効力―慰謝料・財産分与―……………………256
　　　　(エ) 子の親権・監護者の決定……………………………257
　　　オ　米国人の氏・名の変更……………………………………261
　　　　(ア) 氏の変更………………………………………………261
　　　　(イ) 名の変更………………………………………………263
　　　カ　外国判決の承認……………………………………………264
　　　　(ア) 外国判決承認の要件…………………………………264
　　　　(イ) 離婚判決の重複………………………………………275
　　　　(ウ) 離婚判決確定日………………………………………278
　　　　(エ) 共同親権の効力………………………………………279
　4　フィリピン（フィリピン共和国）……………………………282
　　(1) フィリピン共和国の家族法概説……………………………282
　　(2) フィリピン共和国に関する判例・先例……………………283
　　　ア　国　籍………………………………………………………283
　　　イ　準拠法の指定………………………………………………291
　　　ウ　婚姻の成立，効力…………………………………………291
　5　イギリス（グレートブリテン及び北アイルランド連合王
　　国）………………………………………………………………294
　　(1) イギリス婚姻法………………………………………………294
　　(2) イギリス婚姻法の判例・先例………………………………296
　　　ア　国　籍………………………………………………………296
　　　イ　準拠法の指定………………………………………………298
　　　ウ　婚姻の成立，効力…………………………………………301
　　　　(ア) 婚姻届の効力…………………………………………301
　　　　(イ) 婚姻の成立要件………………………………………302

　　　　(ウ) 婚姻の効力……………………………………………………304
　　　エ 離　婚………………………………………………………………304
　　　　(ア) 離婚の効力……………………………………………………304
　　　　(イ) 調停に代わる審判離婚………………………………………305
　　　オ 氏の変更……………………………………………………………305
　　　カ 外国判決の承認……………………………………………………305
　6 ドイツ（ドイツ連邦共和国）………………………………………………306
　　(1) ドイツ婚姻法…………………………………………………………306
　　(2) ドイツ婚姻法の判例・先例…………………………………………307
　　　ア 国名表記……………………………………………………………307
　　　イ 国　籍………………………………………………………………307
　　　ウ 国際裁判管轄………………………………………………………311
　　　エ 準拠法の決定………………………………………………………311
　　　オ 婚姻の成立，効力…………………………………………………311
　　　　(ア) 婚姻の成立……………………………………………………311
　　　　(イ) 婚姻の無効・取消し…………………………………………312
　　　　(ウ) 婚姻の効力……………………………………………………314
　　　カ 離　婚………………………………………………………………315
　　　　(ア) 調停離婚………………………………………………………315
　　　　(イ) 審判離婚………………………………………………………315
　　　キ ドイツ人の氏の変更………………………………………………315
　　　ク 外国判決の承認……………………………………………………317
　7 カナダ……………………………………………………………………318
　　(1) カナダ婚姻法…………………………………………………………318
　　(2) カナダ婚姻法の判例・先例…………………………………………319
　　　ア 国　籍………………………………………………………………319
　　　イ 国際裁判管轄………………………………………………………321
　　　ウ 準拠法の決定………………………………………………………321
　　　エ 婚姻の成立，効力—婚姻届の受理………………………………322
　　　オ 離　婚………………………………………………………………324

　　　　　　　　　　　　　　　　　　　　　　　　　目　次　*15*

　　　　　　(ｱ)　離婚の方法………………………………………324
　　　　　　　(ⅰ)　協議離婚………………………………………324
　　　　　　　(ⅱ)　調停離婚………………………………………325
　　　　　　　(ⅲ)　審判離婚………………………………………325
　　　　　　(ｲ)　離婚の原因………………………………………326
　　　　カ　氏の変更……………………………………………326
　8　フランス（フランス共和国）……………………………328
　　(1)　フランス婚姻法…………………………………………328
　　(2)　フランス婚姻法の判例・先例…………………………329
　　　ア　国　籍………………………………………………329
　　　イ　国際裁判管轄…………………………………………331
　　　ウ　婚姻の成立，効力……………………………………333
　　　　(ｱ)　婚姻の成立…………………………………………333
　　　　　(ⅰ)　婚姻届の受理……………………………………333
　　　　　(ⅱ)　婚姻証書…………………………………………334
　　　　　(ⅲ)　戸籍訂正…………………………………………336
　　　エ　離　婚………………………………………………337
　　　　(ｱ)　離婚の方法…………………………………………337
　　　　　(ⅰ)　協議離婚…………………………………………337
　　　　　(ⅱ)　審判離婚…………………………………………339
　　　　(ｲ)　離婚の原因…………………………………………339
　　　　(ｳ)　離婚の効力…………………………………………340
　9　ロシア（ロシア連邦）(旧：ソ連)………………………340
　　(1)　ロシア婚姻法……………………………………………340
　　(2)　ロシア婚姻法の判例・先例……………………………341
　　　ア　国　籍………………………………………………341
　　　イ　婚姻の成立…………………………………………351
　　　ウ　離　婚………………………………………………355
　10　オーストラリア（オーストラリア連邦）………………356
　　(1)　オーストラリア婚姻法…………………………………356

(2)　オーストラリア婚姻法の判例・先例 ················· 357
　　　　ア　婚姻の成立 ··· 357
　　　　イ　離婚の成立 ··· 361
　11　ブラジル（ブラジル連邦共和国） ···························· 367
　　(1)　ブラジル婚姻法 ·· 367
　　(2)　ブラジル婚姻法の判例・先例 ····························· 367
　　　　ア　婚姻の成立 ··· 367
　　　　イ　離婚の成立 ··· 373
　　　　ウ　氏の変更 ··· 377
　12　その他の国々の判例・先例 ····································· 379
　　(1)　アイルランド ··· 379
　　(2)　アルジェリア（アルジェリア民主人民共和国） ········· 380
　　(3)　アルゼンチン（アルゼンチン共和国） ···················· 380
　　(4)　イスラエル（イスラエル国） ··································· 381
　　　　ア　イスラエルの婚姻法 ··································· 381
　　　　イ　婚　姻 ·· 381
　　　　ウ　離　婚 ·· 382
　　(5)　イタリア（イタリア共和国） ····································· 384
　　　　ア　イタリアの婚姻法 ······································· 384
　　　　イ　離　婚 ·· 385
　　(6)　イラン（イラン・イスラム共和国） ························ 387
　　　　ア　イランの婚姻法 ·· 387
　　　　イ　国　籍 ·· 387
　　　　ウ　婚　姻 ·· 387
　　　　エ　離　婚 ·· 388
　　(7)　インド ··· 388
　　　　ア　インドの婚姻法 ·· 388
　　　　イ　離　婚 ·· 389
　　(8)　インドネシア（インドネシア共和国） ······················ 390
　　　　ア　インドネシアの婚姻法 ································· 390

　　　　イ　婚姻届受理 …………………………………………… 390
　　　　ウ　婚姻と国籍喪失 ……………………………………… 391
　(9)　ウクライナ ………………………………………………… 392
　(10)　ウズベキスタン（ウズベキスタン共和国）…………… 393
　(11)　ウルグアイ（ウルグアイ東方共和国）………………… 393
　(12)　エクアドル（エクアドル共和国）……………………… 394
　(13)　エジプト（エジプト・アラブ共和国）………………… 394
　(14)　エチオピア（エチオピア連邦民主共和国）…………… 395
　(15)　オランダ（オランダ王国）……………………………… 396
　　　　ア　オランダの婚姻法 …………………………………… 396
　　　　イ　国　　籍 ……………………………………………… 396
　　　　ウ　離　　婚 ……………………………………………… 397
　　　　エ　登録パートナーシップ ……………………………… 398
　　　　オ　夫婦の氏 ……………………………………………… 400
　(16)　ガイアナ（ガイアナ共和国）…………………………… 401
　(17)　ガーナ（ガーナ共和国）………………………………… 401
　(18)　カンボジア（カンボジア王国）………………………… 401
　　　　ア　カンボジアの婚姻法 ………………………………… 401
　　　　イ　婚　　姻 ……………………………………………… 402
　　　　ウ　離　　婚 ……………………………………………… 402
　(19)　キューバ（キューバ共和国）…………………………… 403
　(20)　ギリシャ（ギリシャ共和国）…………………………… 403
　　　　ア　国　　籍 ……………………………………………… 403
　　　　イ　婚　　姻 ……………………………………………… 403
　　　　ウ　離　　婚 ……………………………………………… 404
　(21)　キルギス（キルギス共和国）…………………………… 404
　(22)　グアテマラ（グアテマラ共和国）……………………… 405
　(23)　ケニア（ケニア共和国）………………………………… 405
　(24)　コロンビア（コロンビア共和国）……………………… 408
　(25)　サウジアラビア（サウジアラビア王国）……………… 408

- (26) シンガポール（シンガポール共和国） ……………………………… 412
  - ア シンガポールの婚姻法 …………………………… 412
  - イ 婚 姻 …………………………………………… 412
  - ウ 離 婚 …………………………………………… 412
- (27) ジンバブエ（ジンバブエ共和国） ……………………………… 413
  - ア ジンバブエの婚姻法 ……………………………… 413
  - イ 婚 姻 …………………………………………… 413
  - ウ 離 婚 …………………………………………… 413
- (28) スイス（スイス連邦） …………………………………………… 414
  - ア スイスの婚姻法 …………………………………… 414
  - イ 国 籍 …………………………………………… 414
  - ウ 婚 姻 …………………………………………… 415
  - エ 離 婚 …………………………………………… 418
- (29) スウェーデン（スウェーデン王国） …………………………… 418
  - ア スウェーデンの婚姻法 …………………………… 418
  - イ 婚 姻 …………………………………………… 418
  - ウ 離 婚 …………………………………………… 419
- (30) スペイン …………………………………………………………… 419
  - ア スペインの婚姻法 ………………………………… 419
  - イ 婚 姻 …………………………………………… 420
  - ウ 離 婚 …………………………………………… 420
- (31) スリランカ（スリランカ民主社会主義共和国） ……………… 421
- (32) スロバキア（スロバキア共和国） ……………………………… 422
- (33) タ イ（タイ王国） ……………………………………………… 422
  - ア タイの婚姻法 ……………………………………… 422
  - イ 国 籍 …………………………………………… 423
  - ウ 婚 姻 …………………………………………… 423
- (34) タンザニア（タンザニア連合共和国） ………………………… 424
- (35) チ リ（チリ共和国） …………………………………………… 424
- (36) デンマーク（デンマーク王国） ………………………………… 425

ア　デンマークの婚姻法……………………………………425
　　　イ　婚　姻………………………………………………………425
　　　ウ　離　婚………………………………………………………426
　⑶7　トーゴ（トーゴ共和国）……………………………………427
　⑶8　トリニダード・トバゴ（トリニダード・トバゴ共和国）……427
　⑶9　トンガ（トンガ王国）………………………………………428
　⑷0　ニジェール（ニジェール共和国）…………………………429
　⑷1　ニュージーランド……………………………………………430
　　　ア　ニュージーランドの婚姻法………………………………430
　　　イ　婚　姻………………………………………………………430
　　　ウ　離　婚………………………………………………………431
　⑷2　ネパール（ネパール連邦民主共和国）……………………433
　⑷3　ノルウェー（ノルウェー王国）……………………………433
　　　ア　ノルウェーの婚姻法………………………………………433
　　　イ　国　籍………………………………………………………434
　　　ウ　婚　姻………………………………………………………434
　　　エ　離　婚………………………………………………………434
　⑷4　パキスタン（パキスタン・イスラム共和国）……………435
　　　ア　婚　姻………………………………………………………435
　　　イ　離　婚………………………………………………………435
　⑷5　バハマ（バハマ国）…………………………………………437
　⑷6　パラオ（パラオ共和国）……………………………………437
　⑷7　パラグアイ（パラグアイ共和国）…………………………438
　⑷8　バルバドス……………………………………………………438
　⑷9　フィジー（フィジー共和国）………………………………438
　⑸0　フィンランド（フィンランド共和国）……………………439
　　　ア　フィンランドの婚姻法……………………………………439
　　　イ　婚　姻………………………………………………………439
　　　ウ　離　婚………………………………………………………439
　⑸1　ブルガリア（ブルガリア共和国）…………………………440

- (52) ベトナム（ベトナム社会主義共和国）……………………………… 440
  - ア　ベトナム家族法 …………………………………………… 440
  - イ　国　　籍 …………………………………………………… 441
  - ウ　婚　　姻 …………………………………………………… 441
  - エ　離　　婚 …………………………………………………… 442
- (53) ベネズエラ（ベネズエラ・ボリバル共和国）………………………… 443
- (54) ペルー（ペルー共和国）………………………………………… 443
  - ア　ペルーの婚姻法 …………………………………………… 443
  - イ　婚　　姻 …………………………………………………… 444
  - ウ　離　　婚 …………………………………………………… 445
- (55) ベルギー（ベルギー王国）……………………………………… 446
- (56) ポーランド（ポーランド共和国）……………………………… 446
- (57) ボリビア（ボリビア多民族国）………………………………… 446
- (58) ポルトガル（ポルトガル共和国）……………………………… 447
  - ア　ポルトガルの婚姻法 ……………………………………… 447
  - イ　婚　　姻 …………………………………………………… 447
  - ウ　離　　婚 …………………………………………………… 448
  - エ　氏の変更 …………………………………………………… 448
- (59) マ　リ（マリ共和国）…………………………………………… 449
- (60) マレーシア ……………………………………………………… 449
  - ア　マレーシアの婚姻法 ……………………………………… 449
  - イ　婚　　姻 …………………………………………………… 450
  - ウ　離　　婚 …………………………………………………… 450
  - エ　氏の変更 …………………………………………………… 450
- (61) ミクロネシア（ミクロネシア連邦）…………………………… 451
- (62) 南アフリカ（南アフリカ共和国）……………………………… 451
- (63) ミャンマー（ミャンマー連邦共和国）（旧：ビルマ）………… 451
- (64) メキシコ（メキシコ合衆国）…………………………………… 452
  - ア　国　　籍 …………………………………………………… 452
  - イ　婚　　姻 …………………………………………………… 453

　　　　ウ　離　婚 ………………………………………………………… 453
　⑹⑸　モーリシャス（モーリシャス共和国）……………………………… 454
　⑹⑹　モルドバ（モルドバ共和国）………………………………………… 455
　⑹⑺　モロッコ（モロッコ王国）…………………………………………… 455
　⑹⑻　ヨルダン（ヨルダン・ハシェミット王国）………………………… 455
　⑹⑼　ラオス（ラオス人民民主共和国）…………………………………… 456
　⑺⑽　ラトビア（ラトビア共和国）………………………………………… 457
　⑺⑴　リトアニア（リトアニア共和国）…………………………………… 457
　⑺⑵　リビア…………………………………………………………………… 458
　⑺⑶　ルーマニア……………………………………………………………… 458

第2部　渉外親子法 ……………………………………………………… 459

第1　渉外親子法総論 ……………………………………………………… 459
　1　実親子関係の成立 ……………………………………………………… 459
　　(1)　嫡出親子関係の成立 ……………………………………………… 459
　　　ア　準拠法の決定 ………………………………………………… 459
　　　イ　準拠法の適用範囲 …………………………………………… 459
　　(2)　嫡出でない親子関係の成立 ……………………………………… 462
　　　ア　総　説 ………………………………………………………… 462
　　　イ　出生による嫡出でない親子関係の成立 …………………… 463
　　　ウ　認知による嫡出でない親子関係の成立 …………………… 464
　　　　㈠　準拠法の決定 ……………………………………………… 464
　　　　㈡　準拠法の適用範囲 ………………………………………… 467
　　　　㈢　認知の無効・取消し ……………………………………… 473
　　　　㈣　認知の方式 ………………………………………………… 475
　　　　㈤　認知の効力 ………………………………………………… 475
　　　　㈥　経過規定 …………………………………………………… 477
　　　エ　準　正 ………………………………………………………… 477
　　　　㈠　準拠法の決定 ……………………………………………… 477
　　　　㈡　準拠法の適用範囲 ………………………………………… 478

　　　　オ　親子関係の存否確認……………………………………………478
　2　養親子関係の成立及び離縁……………………………………………480
　（1）総　説……………………………………………………………480
　（2）養子縁組の要件（実質的成立要件）……………………………480
　　　　ア　準拠法の決定…………………………………………………480
　　　　イ　準拠法の適用範囲……………………………………………482
　（3）養子縁組の効力…………………………………………………483
　（4）養子縁組の方式…………………………………………………483
　（5）離　縁……………………………………………………………484
　　　　ア　準拠法の決定…………………………………………………484
　　　　イ　準拠法の適用範囲……………………………………………485
　3　親子間の法律関係………………………………………………………485
　（1）準拠法の決定……………………………………………………485
　（2）準拠法の適用範囲………………………………………………488
　　　　ア　親　権…………………………………………………………488
　　　　イ　親子間の扶養義務……………………………………………492
　　　　ウ　子の氏…………………………………………………………493
　4　親子関係事件の国際裁判管轄権………………………………………493
第2　渉外国別親子法……………………………………………………………495
　1　大韓民国・朝鮮民主主義人民共和国…………………………………495
　（1）大韓民国・朝鮮民主主義人民共和国の親子法…………………495
　　　　ア　大韓民国親子法の変遷と概要………………………………495
　　　　イ　朝鮮民主主義人民共和国親子法の変遷と概要……………497
　（2）日本における韓国・朝鮮籍の法制と運用………………………499
　　　　ア　終戦までの韓国・朝鮮籍の取扱い…………………………499
　　　　イ　終戦後平和条約発効までの韓国・朝鮮籍の取扱い………501
　　　　　（ｱ）一般的取扱い………………………………………………501
　　　　　（ｲ）朝鮮人による内地人の認知………………………………502
　　　　　（ｳ）嫡出でない子の取扱い……………………………………506
　　　　　（ｴ）離婚後の親権者の取扱い…………………………………507

(オ)　朝鮮人と内地人との養子縁組 …………………………… 507
　ウ　平和条約発効から韓国民法施行までの韓国・朝鮮籍の
　　取扱い ……………………………………………………………… 512
　　(ア)　一般的取扱い …………………………………………… 512
　　(イ)　子の国籍 ………………………………………………… 512
　　(ウ)　嫡出親子関係の成立 …………………………………… 514
　　(エ)　嫡出でない親子関係 …………………………………… 515
　　　(i)　出生による嫡出でない親子関係 ……………………… 515
　　　(ii)　認知による嫡出でない親子関係 ……………………… 516
　　　(iii)　嫡出でない親子関係と準正 …………………………… 519
　　　(iv)　親子関係の存否確認 …………………………………… 519
　　　(v)　親子関係不存在確認と権利の濫用 …………………… 523
　　(オ)　養親子関係の成立 ……………………………………… 523
　　(カ)　法定代理権 ……………………………………………… 526
　　(キ)　戸籍関係 ………………………………………………… 528
　エ　韓国民法施行後平成元年法例改正までの韓国朝鮮の取
　　扱い ……………………………………………………………… 531
　　(ア)　一般的取扱い …………………………………………… 531
　　(イ)　子の国籍及び準拠法 …………………………………… 531
　　(ウ)　子の帰化 ………………………………………………… 534
　　(エ)　子の法定代理人（親権者） …………………………… 535
　　(オ)　嫡出親子関係 …………………………………………… 537
　　(カ)　嫡出でない親子関係 …………………………………… 539
　　　(i)　出生による嫡出でない子 ……………………………… 539
　　　(ii)　認知による嫡出でない子 ……………………………… 541
　　(キ)　養親子関係 ……………………………………………… 543
　　(ク)　戸籍関係 ………………………………………………… 546
　オ　平成元年法例改正後の韓国・朝鮮の取扱い ……………… 549
　　(ア)　一般的取扱い …………………………………………… 549
　　(イ)　嫡出親子関係 …………………………………………… 550

　　　　　㈦　嫡出でない親子関係……………………………………………553
　　　　　㈡　養親子関係………………………………………………………554
　　　　　㈣　特別養子縁組……………………………………………………555
　　　　　㈨　親子間の法律関係………………………………………………556
　　2　中華人民共和国・中華民国……………………………………………557
　　　(1)　中華人民共和国・中華民国の親子法………………………………557
　　　　ア　中華人民共和国親子法の変遷と概要……………………………557
　　　　イ　中華民国親子法の変遷と概要……………………………………559
　　　(2)　日本における中国・台湾籍の法制と運用…………………………561
　　　(3)　中国・台湾に関する判例・先例……………………………………562
　　　　ア　終戦までの中国，台湾籍の取扱い………………………………562
　　　　　㈠　国籍及び戸籍……………………………………………………562
　　　　　㈡　嫡出でない親子関係……………………………………………564
　　　　　㈦　養親子関係………………………………………………………569
　　　　　㈡　親子の法律関係…………………………………………………569
　　　　イ　終戦後平和条約発効までの取扱い………………………………569
　　　　　㈠　国籍及び戸籍……………………………………………………569
　　　　　㈡　嫡出でない親子関係……………………………………………571
　　　　　㈦　養親子関係………………………………………………………572
　　　　ウ　平和条約発効から日中国交回復までの取扱い…………………573
　　　　　㈠　国籍及び戸籍……………………………………………………573
　　　　　㈡　嫡出親子関係……………………………………………………577
　　　　　㈦　嫡出でない親子関係……………………………………………578
　　　　　　（ⅰ）認知の準拠法………………………………………………578
　　　　　　（ⅱ）胎児認知……………………………………………………581
　　　　　㈡　養親子関係………………………………………………………584
　　　　　㈣　親権・法定代理権………………………………………………586
　　　　エ　日中国交正常化後の取扱い………………………………………587
　　　　　㈠　国籍及び戸籍……………………………………………………587
　　　　　㈡　嫡出親子関係……………………………………………………592

　　　　㋒　嫡出でない親子関係 594
　　　　　ⅰ　認知の準拠法 594
　　　　　ⅱ　胎児認知 594
　　　　㋓　養親子関係 598
　　　　㋔　親子間の法律関係 602
　　オ　平成元年法例改正後の取扱い 603
　　　　㋐　一般的取扱い 603
　　　　㋑　国籍及び戸籍 603
　　　　㋒　嫡出でない親子関係 604
　　　　㋓　養親子関係 604
　　　　㋔　親子間の法律関係（離婚後の養育） 607
 3　アメリカ合衆国 608
  (1)　アメリカ合衆国親子法概説 608
  (2)　アメリカ合衆国に関する判例・先例 608
　　ア　国籍及び戸籍 608
　　イ　嫡出親子関係 610
　　ウ　嫡出でない親子関係 610
　　　　㋐　認知の準拠法の取扱い 610
　　　　㋑　嫡出推定と認知 611
　　　　㋒　胎児認知 613
　　　　㋓　認知と父の氏への変更 614
　　エ　養親子関係 614
　　　　㋐　準拠法 614
　　　　㋑　配偶者の子を養子とする場合の準拠法 614
　　　　㋒　米国州法と隠れた反致の適用 615
　　　　㋓　特別養子縁組の成立 617
　　　　㋔　養子縁組と氏名の変更 618
　　　　㋕　離縁及び養子縁組無効 620
　　オ　親子間の法律関係（親権・法定代理権） 620
　　　　㋐　親権者・監護者指定と国際裁判管轄 620

　　　　(イ)　親権者指定の準拠法……………………………………………622
　　　　(ウ)　親権者が欠けた場合の準拠法………………………………624
　　　　(エ)　認知と親権者…………………………………………………625
　　　　(オ)　共同親権と戸籍の記載………………………………………625
　　　　(カ)　面接交渉（面会交流）………………………………………625
　　　　(キ)　養育費支払・子の引渡しと強制執行………………………627
　　　　(ク)　子の引渡しと人身保護請求…………………………………630
　　　　(ケ)　親子関係存否確認……………………………………………630
　　　　(コ)　利益相反と特別代理人選任…………………………………631
　4　フィリピン（フィリピン共和国）……………………………………631
　　(1)　フィリピン親子法概説………………………………………………631
　　(2)　フィリピン共和国に関する判例・先例……………………………631
　　　ア　国籍及び戸籍………………………………………………………631
　　　　(ア)　国籍に関する先例……………………………………………631
　　　　(イ)　国籍に関する裁判例…………………………………………633
　　　イ　嫡出でない親子関係………………………………………………635
　　　　(ア)　認知に関する先例……………………………………………635
　　　　(イ)　認知と日本国籍の取得………………………………………636
　　　　(ウ)　嫡出推定と認知………………………………………………638
　　　ウ　養親子関係…………………………………………………………638
　　　　(ア)　養親子関係に関する先例……………………………………638
　　　　(イ)　養親子関係に関する裁判例…………………………………639
　　　エ　親子間の法律関係（親権・法定代理権）………………………640
　　　　(ア)　親権者・監護者指定と国際裁判管轄………………………640
　　　　(イ)　親権者指定の準拠法…………………………………………642
　　　　(ウ)　子の引渡しの準拠法…………………………………………643
　　　　(エ)　親子関係存否確認……………………………………………643
　5　イギリス（グレートブリテン及び北アイルランド連合王
　　国）…………………………………………………………………………645
　　(1)　イギリス親子法………………………………………………………645

(2)　イギリスに関する判例・先例……………………………………646
　　　ア　国籍及び戸籍………………………………………………646
　　　イ　嫡出でない親子関係………………………………………647
　　　　(ｱ)　認知の準拠法……………………………………………647
　　　　(ｲ)　胎児認知…………………………………………………647
　　　ウ　養親子関係…………………………………………………647
　　　　(ｱ)　配偶者の子を養子とする場合の準拠法………………647
　　　　(ｲ)　特別養子縁組の成立……………………………………648
　　　エ　親子間の法律関係（親権・法定代理権）………………649
　　　　(ｱ)　親権者・監護者指定と国際裁判管轄…………………649
　　　　(ｲ)　面接交渉…………………………………………………650
　　　　(ｳ)　親子関係存否確認………………………………………650
　6　ドイツ（ドイツ連邦共和国）…………………………………650
　(1)　ドイツの親子法……………………………………………650
　(2)　ドイツに関する判例・先例………………………………651
　　　ア　国籍及び戸籍………………………………………………651
　　　　(ｱ)　国籍の得喪………………………………………………651
　　　　(ｲ)　東ドイツ…………………………………………………653
　　　イ　嫡出でない親子関係………………………………………653
　　　ウ　養親子関係…………………………………………………654
　　　エ　親子間の法律関係…………………………………………655
　7　カナダ……………………………………………………………655
　(1)　カナダ親子法………………………………………………655
　(2)　カナダに関する判例・先例………………………………656
　　　ア　国籍及び戸籍………………………………………………656
　　　イ　嫡出でない親子関係………………………………………656
　　　ウ　養親子関係…………………………………………………657
　　　　(ｱ)　準拠法……………………………………………………657
　　　　(ｲ)　特別養子縁組の成立……………………………………658
　　　エ　親子間の法律関係…………………………………………659

          (ア) 子の監護に関する処分の準拠法 659
          (イ) 親権者指定の準拠法 659
  8 フランス（フランス共和国） 659
   (1) フランス親子法 659
   (2) フランスに関する判例・先例 661
      ア 国籍及び戸籍 661
      イ 嫡出でない親子関係 662
          (ア) 認知の準拠法 662
          (イ) 胎児認知 662
      ウ 養親子関係 662
          (ア) 準拠法 662
          (イ) 特別養子縁組の成立 664
      エ 親子間の法律関係 664
          (ア) 親権者指定の準拠法 664
          (イ) 面接交渉 665
  9 ロシア（ロシア連邦）（旧：ソ連） 666
   (1) ロシア連邦の親子法 666
   (2) ロシア連邦の判例・先例 666
  10 オーストラリア（オーストラリア連邦） 667
   (1) オーストラリア親子法 667
   (2) オーストラリアに関する判例・先例 667
      ア 嫡出親子関係 667
      イ 嫡出でない親子関係 668
      ウ 養親子関係 668
  11 ブラジル（ブラジル連邦共和国） 669
   (1) 国籍及び戸籍 669
   (2) 嫡出親子関係の成立 671
   (3) 嫡出でない親子関係の成立 672
   (4) 養親子関係の成立 674
      ア 養子縁組の要件 674

　　　　イ　養子縁組の効力 ································· 674
　12　その他の国々の判例・先例 ···························· 675
　　(1)　アイルランド ····································· 675
　　(2)　アフガニスタン（アフガニスタン・イスラム共和国） ··········· 675
　　(3)　アルゼンチン（アルゼンチン共和国） ···················· 675
　　　　ア　国　籍 ··· 675
　　　　イ　嫡出でない親子関係 ································· 676
　　　　ウ　養親子関係 ··· 676
　　(4)　イタリア（イタリア共和国） ························· 677
　　　　ア　嫡出親子関係 ······································· 677
　　　　イ　嫡出でない親子関係 ································· 677
　　(5)　イラン（イラン・イスラム共和国） ···················· 678
　　　　ア　国際裁判管轄 ······································· 678
　　　　イ　国　籍 ·· 678
　　　　ウ　嫡出でない親子関係 ································· 678
　　　　エ　養親子関係 ··· 679
　　　　オ　親子間の法律関係（親権） ··························· 680
　　　　カ　その他 ·· 680
　　(6)　インド ··· 681
　　　　ア　国　籍 ·· 681
　　　　イ　嫡出親子関係 ······································· 682
　　　　ウ　嫡出でない親子関係 ································· 683
　　(7)　インドネシア（インドネシア共和国） ·················· 683
　　　　ア　国　籍 ·· 683
　　　　イ　嫡出でない親子関係 ································· 684
　　　　ウ　養親子関係 ··· 684
　　(8)　ウクライナ ····································· 685
　　(9)　エクアドル（エクアドル共和国） ···················· 685
　　(10)　エチオピア（エチオピア連邦民主共和国） ··············· 685
　　(11)　エルサルバドル（エルサルバドル共和国） ··············· 686

目　次　*29*

ア　国　　籍 …………………………………………………… 686
　　　イ　嫡出でない親子関係 …………………………………… 686
　⑿　オーストリア（オーストリア共和国）………………………… 686
　　　ア　国　　籍 …………………………………………………… 686
　　　イ　嫡出でない親子関係 …………………………………… 687
　⒀　オランダ（オランダ王国）………………………………………… 687
　　　ア　嫡出親子関係 …………………………………………… 687
　　　イ　嫡出でない親子関係 …………………………………… 687
　　　ウ　養親子関係 ……………………………………………… 688
　⒁　カメルーン（カメルーン共和国）……………………………… 689
　⒂　カンボジア（カンボジア王国）………………………………… 689
　　　ア　嫡出でない親子関係 …………………………………… 689
　　　イ　養親子関係 ……………………………………………… 689
　⒃　ギリシャ（ギリシャ共和国）…………………………………… 690
　　　ア　国　　籍 …………………………………………………… 690
　　　イ　嫡出でない親子関係 …………………………………… 690
　⒄　ケニア（ケニア共和国）………………………………………… 690
　　　ア　嫡出でない親子関係 …………………………………… 690
　　　イ　養親子関係 ……………………………………………… 691
　⒅　コスタリカ（コスタリカ共和国）……………………………… 691
　⒆　コロンビア（コロンビア共和国）……………………………… 691
　　　ア　国　　籍 …………………………………………………… 691
　　　イ　嫡出親子関係（嫡出否認）…………………………… 692
　　　ウ　嫡出でない親子関係 …………………………………… 692
　　　エ　養親子関係 ……………………………………………… 693
　　　オ　親子間の法律関係 ……………………………………… 693
　⒇　サウジアラビア（サウジアラビア王国）……………………… 694
　㉑　シンガポール（シンガポール共和国）………………………… 695
　㉒　ジンバブエ（ジンバブエ共和国）……………………………… 695
　㉓　スイス（スイス連邦）…………………………………………… 695

        ア　氏　　名……………………………………………………… 695
        イ　嫡出でない親子関係………………………………………… 696
        ウ　養親子関係…………………………………………………… 696
    ⑷　スウェーデン（スウェーデン王国）……………………………… 697
        ア　国　　籍……………………………………………………… 697
        イ　嫡出でない親子関係………………………………………… 697
        ウ　養親子関係…………………………………………………… 698
    ⑸　スペイン……………………………………………………………… 698
        ア　国　　籍……………………………………………………… 698
        イ　嫡出でない親子関係………………………………………… 698
    ⑹　スリナム（スリナム共和国）……………………………………… 699
    ⑺　スリランカ（スリランカ民主社会主義共和国）……………… 699
    ⑻　スロバキア（スロバキア共和国）……………………………… 700
    ⑼　ソロモン（ソロモン諸島）………………………………………… 701
    ⑽　タ　イ（タイ王国）………………………………………………… 701
        ア　国　　籍……………………………………………………… 701
        イ　嫡出親子関係………………………………………………… 704
        ウ　嫡出でない親子関係………………………………………… 706
        エ　養親子関係…………………………………………………… 708
    ⑾　タンザニア（タンザニア連合共和国）…………………………… 708
    ⑿　チ　リ（チリ共和国）……………………………………………… 709
        ア　国　　籍……………………………………………………… 709
        イ　養親子関係…………………………………………………… 709
    ⒀　デンマーク（デンマーク王国）…………………………………… 709
        ア　国　　籍……………………………………………………… 709
        イ　嫡出親子関係………………………………………………… 710
        ウ　養親子関係…………………………………………………… 710
    ⒁　ドミニカ共和国……………………………………………………… 711
    ⒂　トリニダード・トバゴ（トリニダード・トバゴ共和国）……… 711
        ア　嫡出でない親子関係………………………………………… 711

　　　　イ　養親子関係……………………………………………… 712
　(36)　トルコ（トルコ共和国）……………………………………… 712
　(37)　トンガ（トンガ王国）………………………………………… 712
　(38)　ニカラグア（ニカラグア共和国）…………………………… 713
　(39)　ニュージーランド……………………………………………… 713
　　　　ア　氏の表記……………………………………………… 713
　　　　イ　嫡出親子関係………………………………………… 713
　　　　ウ　養親子関係…………………………………………… 714
　(40)　ネパール（ネパール連邦民主共和国）……………………… 714
　　　　ア　嫡出でない親子関係………………………………… 714
　　　　イ　養親子関係…………………………………………… 715
　(41)　ノルウェー（ノルウェー王国）……………………………… 715
　(42)　パキスタン（パキスタン・イスラム共和国）……………… 716
　　　　ア　嫡出でない親子関係………………………………… 716
　　　　イ　養親子関係…………………………………………… 716
　(43)　パナマ（パナマ共和国）……………………………………… 717
　　　　ア　国　籍………………………………………………… 717
　　　　イ　嫡出でない親子関係………………………………… 717
　(44)　パプアニューギニア（パプアニューギニア独立国）……… 717
　(45)　パラオ（パラオ共和国）……………………………………… 718
　(46)　パラグアイ（パラグアイ共和国）…………………………… 718
　(47)　パレスチナ（パレスチナ自治政府）………………………… 718
　(48)　フィンランド（フィンランド共和国）……………………… 719
　　　　ア　嫡出親子関係………………………………………… 719
　　　　イ　嫡出でない親子関係………………………………… 719
　(49)　ベトナム（ベトナム社会主義共和国）……………………… 719
　　　　ア　嫡出親子関係………………………………………… 719
　　　　イ　嫡出でない親子関係………………………………… 719
　　　　ウ　養親子関係…………………………………………… 721
　(50)　ベネズエラ（ベネズエラ・ボリバル共和国）……………… 722

　　　　ア　嫡出でない親子関係……………………………………………722
　　　　イ　養親子関係………………………………………………………723
　(51)　ペルー（ペルー共和国）………………………………………………723
　　　　ア　嫡出でない親子関係……………………………………………723
　　　　イ　養親子関係………………………………………………………725
　　　　ウ　面接交渉権………………………………………………………725
　(52)　ポーランド（ポーランド共和国）……………………………………725
　(53)　ボリビア（ボリビア多民族国）………………………………………726
　(54)　ポルトガル（ポルトガル共和国）……………………………………727
　　　　ア　国　籍……………………………………………………………727
　　　　イ　嫡出でない親子関係……………………………………………727
　(55)　香　港……………………………………………………………………728
　　　　ア　国　籍……………………………………………………………728
　　　　イ　嫡出でない親子関係……………………………………………728
　　　　ウ　養親子関係………………………………………………………728
　(56)　ホンジュラス（ホンジュラス共和国）………………………………729
　(57)　マレーシア………………………………………………………………729
　　　　ア　国　籍……………………………………………………………729
　　　　イ　嫡出でない親子関係……………………………………………730
　　　　　(ア)　一般的要件……………………………………………………730
　　　　　(イ)　日本人父によるマレーシア人子の創設的認知届…………730
　　　　　(ウ)　扶養判決確定と父子関係の存在……………………………730
　　　　　(エ)　マレーシア人男による日本人女の子の認知………………731
　　　　ウ　養親子関係………………………………………………………731
　　　　　(ア)　養子縁組の法制………………………………………………731
　　　　　(イ)　裁判所の決定…………………………………………………732
　　　　　(ウ)　養子縁組の離縁………………………………………………732
　(58)　ミャンマー（ミャンマー連邦共和国）（旧：ビルマ）……………732
　(59)　メキシコ（メキシコ合衆国）…………………………………………733
　　　　ア　嫡出親子関係……………………………………………………733

　　　　イ　嫡出でない親子関係··734
　　⑽　モーリシャス（モーリシャス共和国）·····························734
　　⑾　モロッコ（モロッコ王国）··735
　　　　ア　国　　籍··735
　　　　イ　嫡出でない親子関係··735
　　　　ウ　養親子関係··738
　　⑿　モンゴル（モンゴル国）···738
　　⒀　ラオス（ラオス人民民主共和国）··································738
　　　　ア　嫡出でない親子関係··738
　　　　イ　養親子関係··738
　　⒁　リヒテンシュタイン（リヒテンシュタイン公国）···········739

第3部　渉外後見・扶養法···741

第1　後　　見···741
1　後見の国際裁判管轄··741
2　後見の準拠法···742
　⑴　準拠法の決定···742
　　　ア　原　　則··742
　　　イ　例　　外··743
　　　　㈠　当該外国人の本国法によればその者について後見等
　　　　　　が開始する原因がある場合であって，日本における後
　　　　　　見等の事務を行う者がないとき······························743
　　　　㈡　日本において当該外国人について後見開始の審判等
　　　　　　があったとき··743
　⑵　準拠法の適用範囲··744
　⑶　任意後見の準拠法···744
　⑷　ドイツ等における世話人制度···745
3　後見に関する裁判例··745
　⑴　大韓民国···745
　　　ア　成年後見開始及び限定後見開始の審判·····················745

イ　未成年後見人……………………………………………747
　　　㈹　大韓民国民法施行以前……………………………747
　　　　(ⅰ)　母が夫死亡後朝鮮人と再婚した場合の親権者について……………………………………………………747
　　　　(ⅱ)　15歳未満の養子縁組の代諾者について ………748
　　　　(ⅲ)　15歳未満の子の帰化許可の届出について………749
　　　　(ⅳ)　親権者父が所在不明で後見人がいない場合について……………………………………………………749
　　　　(ⅴ)　平和条約発効前に朝鮮人男に認知された日本人女の嫡出でない子の後見について ………………………749
　　　　(ⅵ)　朝鮮人男と婚姻した日本人女との間の子が帰化した場合の後見人について ………………………749
　　　　(ⅶ)　朝鮮人男と婚姻した元日本人女との間の子の帰化届出と後見人選任の要否について ………………750
　　　　(ⅷ)　朝鮮人父の所在不明で母が子の後見人となり帰化した後父が死亡した場合の後見終了について ………750
　　　　(ⅸ)　縁組により内地戸籍に入籍していた父母が離縁し朝鮮戸籍に復した後の子の養子縁組の代諾者について……………………………………………………750
　　　㈥　大韓民国民法施行以降について ………………751
　　　　(ⅰ)　決定後見人の順序について ………………751
　　　　(ⅱ)　離婚後の親権者が所在不明の場合の後見について……752
　　　　(ⅲ)　親権者父及びその親族が行方不明の場合の後見人について……………………………………………………752
　　　　(ⅳ)　先順位法定後見人が親権を行使できない場合と後見人選任について ………………………………752
　　　　(ⅴ)　韓国在中親権者父が親権を行使できない場合と後見人選任について ………………………………752
　　　　(ⅵ)　親権者父が服役中で親権行使ができない場合の後見人選任について ………………………………752

　　　　　(vii)　親権者が現実に親権を行使できない場合の後見人
　　　　　　　選任について ……………………………………………… 752
　　　　　(viii)　次順位法定後見人がいる場合と後見人選任につい
　　　　　　　て ………………………………………………………… 753
　　　　　(ix)　韓国人父による認知後韓国籍を喪失し後見が開始
　　　　　　　した場合と親権辞任許可について ……………………… 753
　　　　　(x)　離婚後の韓国人親権者父行方不明の場合と後見人
　　　　　　　選任について …………………………………………… 753
　　　　　(xi)　韓国籍の嫡出でない子で認知した父が死亡し母が
　　　　　　　所在不明の場合と後見人選任について ………………… 753
　　　　　(xii)　韓国人父と日本人母間の日本国籍子に親権者がい
　　　　　　　ない場合と後見人の選任について ……………………… 754
　　　　　(xiii)　嫡出でない子が韓国人男に認知された後韓国国籍
　　　　　　　を喪失した場合と後見人選任について ………………… 754
　　　　　(xiv)　親権者韓国人父が所在不明の場合と韓国人母申立
　　　　　　　ての後見人の選任について ……………………………… 754
　　　　　(xv)　日本人父が認知後死亡した場合において韓国人母
　　　　　　　が行方不明の場合と後見人選任について ……………… 754
　　　　(ウ)　1990年改正・2005年改正・2011年改正以降について …… 755
　　　ウ　禁治産宣告と筋萎縮性側索硬化症（ALS）……………………… 756
　　　エ　後見人・被後見人間の養子縁組 ………………………………… 756
　　(2)　アメリカ合衆国 ………………………………………………………… 757
　　　ア　父母の行方不明と後見人選任 …………………………………… 758
　　　イ　財産後見人選任 …………………………………………………… 760
　　　ウ　利益相反行為と後見人選任 ……………………………………… 761
　　(3)　中華人民共和国 ………………………………………………………… 762
　　(4)　中華民国 ………………………………………………………………… 763
　　(5)　ドイツ（ドイツ連邦共和国）………………………………………… 764
　　(6)　ロシア（ロシア連邦）（旧：ソ連）………………………………… 764
　　(7)　その他・無国籍 ………………………………………………………… 764

第2　扶　　養……………………………………………………………767
　　1　扶養の国際裁判管轄……………………………………………767
　　2　扶養の準拠法……………………………………………………767
　　　(1)　準拠法の決定…………………………………………………767
　　　　ア　扶養義務の準拠法に関する条約及び法律…………………767
　　　　イ　扶養義務準拠法の内容………………………………………768
　　　　　(ｱ)　原　　則……………………………………………………768
　　　　　(ｲ)　例　　外……………………………………………………768
　　　　　(ｳ)　傍系親族間及び姻族間の扶養義務の準拠法の特例………769
　　　　　(ｴ)　離婚をした当事者間の扶養義務の準拠法についての
　　　　　　　特則……………………………………………………………769
　　　(2)　準拠法の適用範囲……………………………………………770
　　　　ア　子の養育費……………………………………………………770
　　　　イ　夫婦間の扶養義務・婚姻費用の分担………………………771
　　　　ウ　扶養料償還請求………………………………………………772
　　　(3)　公序則等による適用排除……………………………………773
　　　　ア　公序則による適用排除………………………………………773
　　　　イ　扶養の程度における適用排除………………………………773
　　3　扶養に関する裁判例……………………………………………774
　　　(1)　大韓民国………………………………………………………774
　　　(2)　中華人民共和国………………………………………………776
　　　(3)　中華民国………………………………………………………778
　　　(4)　アメリカ合衆国………………………………………………780

資　料

　法例（平成元年6月28日法律第27号改正）旧新対照表（抄）……………783
　法の適用に関する通則法………………………………………………790
　扶養義務の準拠法に関する法律………………………………………799

判例・先例索引……………………………………………………………801

序論　国際私法概説

第1　国際裁判管轄

　我が国には，渉外人事訴訟事件の国際裁判管轄について，明示の規定はなく，学説としては，法例16条（通則法27条）が日本に居住する外国人間の離婚訴訟を日本の家庭裁判所が取り扱うことができることを前提としていることなどから，当事者の居住地国にも国際裁判管轄権があると一般に理解されてきた。その場合，原則として，被告の住所地国に国際裁判管轄権を認めるべきであるとされ，離婚の国際裁判管轄権についても，原則として，被告の住所が我が国にあることが我が国に国際裁判管轄権を認めるために必要であると解されている（2011年民事訴訟法の改正により，明文化された。同法3条の2）。この点に関する最高裁大法廷判決が【1】である。【1】は，原則として，被告の居住地国が国際裁判管轄権を有するが，しかし，原告が遺棄された場合，又は被告が行方不明である場合その他これに準ずる場合には，被告の住所が日本になくても，原告の住所が日本にあれば，日本の裁判所に国際裁判管轄権を認めるべきであるとした。この判決及び最判昭和39年4月9日（家月16巻8号78頁）が，この基準を採用し，これによって，離婚の国際裁判管轄についての解釈が確立した。

　しかし，その具体的な適用については，必ずしも明確ではない。ドイツのベルリン市に居住していたドイツ人妻と日本人夫の離婚事件に関して，子を連れて日本に戻った日本人夫を被告として，ドイツ人妻がドイツで公示送達により離婚判決を得た後，日本人夫がドイツ人妻を被告として日本の裁判所に離婚訴訟を提起したケースについて，第1審は，婚姻共同生活が営まれた地に管轄があるとして，これを却下したのに対し，第2審は，夫婦の一方が国籍を有する国の裁判所は，少なくとも，国籍を有する夫婦の一方が現に国籍国に居住し，裁判を求めているときは，離婚訴訟について国際裁判管轄権を有するとした。その上告審が【2】である。【2】は，被告が日本に住所

を有しなくても，離婚請求と日本との関連性が認められ，日本の管轄を肯定すべき場合があるが，それについては明文がなく，慣習法も十分ではないから，当事者間の公平，裁判の適正・迅速の理念により条理に従って決定するのが相当であるとする。そしてこれを本件についてみると，ドイツでは離婚判決が確定しているが，民訴法118条2号により公示送達による外国判決は承認できないので，日本国内では効力がなく日本国内で離婚訴訟を提起するほかないとして，日本の国際裁判管轄権を認めるのが条理に適うとした。

　この2つの判決の関係をどのように考えるのかについて，学説は必ずしも一致していない。【1】は，双方が外国人の事件についての事例であり，【2】は，一方が日本人であるケースの事例であるとして，異なるものとして理解をする説，外国人と日本人との区別ではなく，【2】は，その具体的な事案の解決として，【1】とは異なる基準で判断をした事例と解する説とがある。

　財産関係事件の国際裁判管轄のリーディングケースとなったマレーシア航空事件【3】では，この【2】と同様，当事者間の公平，裁判の適正・迅速を期するという理念により条理に従って決定するのが相当であるとする。そして，併せて，我が民事訴訟法の国内の土地管轄に関する規定，例えば，被告の居所（民訴4条2項）など民事訴訟法の規定する裁判籍のいずれかが我が国内にあるときは，これらに関する訴訟事件につき，被告を我が国の裁判権に服させるのが条理に適うものというべきであるとし，民事訴訟法の管轄規定から逆に国際裁判管轄を推知する，いわゆる逆推知説的な判示をしている。これと比較すると，【2】では，この条理に基づく決定という基準については，マレーシア航空事件と同様の表現をしており，これを踏襲したものと考えられる。ただし，逆推知説的な表現はされていないから，【3】の判断基準とも異なっている。そうすると，離婚の国際裁判管轄については，前記【1】を原則とし，その他これに準じる場合として，条理上，これを認める必要があるかどうかを考慮して，我が国が国際裁判管轄を有するか否かを判断するというのが判例の立場であると考えられる。

【1】 韓国人間の離婚訴訟について，原告が遺棄された場合または被告が行方不明である場合その他これに準ずる場合においては被告の住所が日本になくても，原告の住所が日本にあるときは，日本の裁判所に国際的裁判管轄権があるとした事例

最大判昭和39年3月25日民集18巻3号486頁，家月16巻3号90頁，判時366号11頁，判タ161号80頁

> 離婚の国際的裁判管轄権の有無を決定するにあたっても，被告の住所がわが国にあることを原則とすべきことは，訴訟手続上の正義の要求にも合致し，また，いわゆる跛行婚の発生を避けることにもなり，相当に理由のあることではある。しかし，他面，原告が遺棄された場合，被告が行方不明である場合その他これに準ずる場合においても，いたずらにこの原則に膠着し，被告の住所がわが国になければ，原告の住所がわが国に存していても，なお，わが国に離婚の国際的裁判管轄権が認められないとすることは，わが国に住所を有する外国人で，わが国の法律によっても離婚の請求権を有すべき者の身分関係に十分な保護を与えないこととなり（法例16条［注：平成元年改正前のもの］但書参照），国際私法生活における正義公平の理念にもとる結果を招来することとなる。

【2】 日本に居住する日本人からドイツに居住するドイツ人に対してした離婚請求訴訟において，既にドイツで確定判決があるものの，日本での効力を有しないため，日本に国際裁判管轄を認める必要があるとした事例

最判平成8年6月24日民集50巻7号1451頁，判時1578号56頁，判タ920号141頁

> 離婚請求訴訟においても，被告の住所は国際裁判管轄の有無を決定するに当たって考慮すべき重要な要素であり，被告が我が国に住所を有する場合に我が国に管轄が認められることは，当然というべきである。しかし，被告が我が国に住所を有しない場合であっても，原告の住所その他の要素から離婚請求と我が国との関連性が認められ，我が国の管轄を肯定すべき場合のあることは，否定し得ないところであり，どのような場合に我が国の管轄を肯定すべきかについては，国際裁判管轄に関する法律の定めがなく，国際的慣習

法の成熟も十分とは言い難いため，当事者間の公平や裁判の適正・迅速の理念により条理に従って決定するのが相当である。そして，管轄の有無の判断に当たっては，応訴を余儀なくされることによる被告の不利益に配慮すべきことはもちろんであるが，他方，原告が被告の住所地国に離婚請求訴訟を提起することにつき法律上又は事実上の障害があるかどうか及びその程度をも考慮し，離婚を求める原告の権利の保護に欠けることのないよう留意をしなければならない。

【3】 日本に営業所を有し，外国に本店を有する外国法人に対する損害賠償請求訴訟について，我が民訴法の土地管轄の規定により裁判籍があるときは，これらに関する訴訟事件につき，被告を我が国の裁判権に服させるのが条理に適うとした事例

最判昭和56年10月16日民集35巻7号1224頁，判時1020号9頁，判タ452号77頁

　　この点［注：外国法人にはわが国の裁判権が及ばないのが原則であるが，例外の範囲］に関する国際裁判管轄を直接規定する法規もなく，また，よるべき条約も一般に承認された明確な国際法上の原則もいまだ確立していない現状のもとにおいては，当事者間の公平，裁判の適正・迅速を期するという理念により条理にしたがって決定するのが相当であり，わが民訴法の国内の土地管轄に関する規定，たとえば，被告の居所（民訴法2条［注：平成8年改正前のもの。以下同じ］），法人その他の団体の事務所又は営業所（同4条），義務履行地（同5条），被告の財産所在地（同8条），不法行為地（同15条），その他民訴法の規定する裁判籍のいずれかがわが国内にあるときは，これらに関する訴訟事件につき，被告をわが国の裁判権に服させるのが右条理に適うものというべきである。

第2　準拠法の決定・適用

1　法律関係の性質決定

(1)　法性決定の基本的考え方

　渉外事件について，適用すべき法律（準拠法）を決定するためには，最も密接な関係を有する法律を探求すべきであるというのが基礎にある考え方である。そして，何が最も密接な関係があると考えるのかをあらかじめ規定をしているのが国際私法に関する法規である。我が国では，基本的に法例（明治31年法律第10号）がこれを規定してきたが，平成18年にこれが廃止され，新たに法の適用に関する通則法（平成18年法律第78号）が制定され，平成19年1月1日から施行されている。その他に準拠法を決定するための国際私法として，扶養義務の準拠法に関する法律（昭和61年法律第84号），遺言の方式の準拠法に関する法律（昭和39年法律第100号）がある。

　そこで，当該法律問題が国際私法のどの規定を適用し，あるいは類推すべき問題であるのかをまず明らかにすることが必要である。この国際私法によって個別化された法律関係を単位法律関係と呼んでいる。例えば，通則法には，「婚姻の成立及び方式」(24条)，「夫婦財産制」(26条)，「離婚」(27条) などの概念が規定されているが，これが単位法律関係である。そして，当該法律問題がこれらのどれに該当するのかを決定するのが法律関係の性質決定であり，法性決定ともいう。

　例えば，離婚に際しては，離婚のほか，親権者の指定や財産分与，慰謝料などが附帯して請求されることがある。そのような場合，離婚に附帯する事項については離婚と一体として準拠法を定めるべきか，個別に法性を決定して準拠法を特定すべきかが問題となる。通則法17条本文は「不法行為」について，同法26条（法例15条）は「夫婦財産制」について，同法27条（法例16条）は「離婚」について，同法32条（法例21条）は，「親子間の法律関係」について，それぞれ規定している。親権者の指定については，離婚の効力とみる法例16条説と親子関係とみる法例21条説があり，財産分与については，夫婦財産制の性質を持つとする法例15条説と離婚の効力とみ

る法例16条説がある。また，慰謝料についても不法行為とみる法例11条説と離婚の効力とみる法例16条説がある（これらについては後に詳述する）。このように，その法的性質をどう考えるかによって国際私法の適用が異なり，その結果として準拠法が異なることになる。

その判断基準として，その概念は，法廷地の実質法によって決められるべきであるとする説（法廷地実質法説），準拠法となる法律の概念として決めるべきであるとする説（準拠法説），国際私法の機能と目的を考慮して国際私法の観点から独自に決定すべきであるとする説（国際私法独自説）がある。現在，我が国では，国際私法独自説が多数説である[1]。

判例もこの立場に立っている。【4】は，台湾人男が昭和53年に死亡し，日本人妻と両名間の子2名が相続した不動産持分を日本人妻が第三者に売却したことから，子2名が第三者に対し不動産持分登記の抹消を求めた事案である。原審は，相続財産が第三者に処分された場合の効力は物権問題であると法性決定し，平成元年改正前法例10条を適用した。これに対し，【4】は，相続した持分について，第三者に対してした処分に権利移転（物権変動）の効果が生ずるかどうかが問題となっているから，その点は同法例10条2項によるが，その前提として，共同相続した不動産の法律関係がどうなるか，相続持分を処分できるかは，相続の効果に属するから同法例25条により被相続人の本国法によるべきであるとした。このように1つの事案についても，法律関係ごとに国際私法独自の観点からそれぞれの準拠法を決定することが必要である。

【4】 日本にある不動産の所有者である中華人民共和国の国籍を有する者の相続につき，同国の法律が遡って適用されて反致されることにより日本法が準拠法となるものとされた事例

最判平成6年3月8日民集48巻3号835頁，家月46巻8号105頁，判時1493号80頁，判タ846号176頁

---

1) 山田・第3版51頁，溜池・第3版講義134頁，澤木・道垣内・入門20頁など。

本件においては，A［注：被相続人・台湾人］の相続人であるXらが，その相続に係る持分について，第三者である被上告人に対してした処分に権利移転（物権変動）の効果が生ずるかどうかということが問題となっているのであるから，右の問題に適用されるべき法律は，法例10条2項により，その原因である事実の完成した当時における目的物の所在地法，すなわち本件不動産の所在地法である日本法というべきである。もっとも，その前提として，上告人らが共同相続した本件不動産に係る法律関係がどうなるか（それが共有になるかどうか），Xらが遺産分割前に相続に係る本件不動産の持分の処分をすることができるかどうかなどは，相続の効果に属するものとして，法例25条［注：平成元年改正前のもの。改正後は，法例26条，通則法36条］により，A（被相続人）の出身地に施行されている民法によるべきである。

(2) 先決問題

　例えば相続問題について，直系卑属が相続人になるとすると，ある人が相続人になるかどうかを判断するためには，まず直系卑属か否かを決めることが必要となる。このようにある法律関係の性質を決定する前提となる事項について別の法性決定が問題となる場合，これを先決問題といい，この先決問題をどのように考えるかについて学説は分かれている。本問題の準拠法によるべきであるとする説，本問題の準拠法が所属する国の国際私法によるべきであるとする説，法廷地国の国際私法によるとする説，場合により解決を異にする説とがあるが，法廷地国の国際私法によるとする説が支配的である。[2] 裁判例も多く法廷地法説を採っており，最高裁も【5】において，法廷地法を採ったものと理解されている。

---

2) 溜池・第3版232頁，澤木・道垣内・入門23頁，道垣内・総論116頁以下。なお，山田第3版163頁は，原則として法廷地国際私法説によるとの立場を採りながら，具体的事情から国際私法的利益を比較衡量し，本問題の準拠法所属国の国際私法によることがより望ましい結果を期待できる場合には，例外的にそれによることもできるとする折衷説が最近有力に主張されているとし，折衷説の方が弾力的運用ができるとしてこれを支持する。

【5】 渉外的な法律関係において，ある法律問題を解決するために不可欠な前提問題の準拠法を決定する場合，法廷地である我が国の国際私法により定まる準拠法によるとされた事例

最判平成12年1月27日民集54巻1号1頁，家月52巻6号39頁，判時1702号73頁，判タ1024号172頁

> 渉外的な法律関係において，ある一つの法律問題（本問題）を解決するためにまず決めなければならない不可欠の前提問題があり，その前提問題が国際私法上本問題とは別個の法律問題を構成している場合，その前提問題は，本問題の準拠法によるのでも，本問題の準拠法が所属する国の国際私法が指定する準拠法によるのでもなく，法廷地である我が国の国際私法により定まる準拠法によって解決すべきである。

(3) 適応問題

また，国際私法では，複数の準拠法が問題となるため，準拠法相互に矛盾や不調和が生じることがあり，これをどう解決すべきかが問題となる。これを適応問題，あるいは調整問題と呼んでいる。この矛盾や不調和は，様々であるため，統一的な解決規準はなく，それぞれの目的に適うよう調整することが求められる。例えば，未成年者が婚姻した場合の法律関係について，婚姻関係と親子関係で準拠法が異なる場合，抵触が生じる場合がある。このような場合，国際私法において婚姻関係を優先する旨の規定を置いていた国もあり，我が国の国際私法上の解釈としても，そのように理解する説が多いと思われる[3]。

また，実質法は準拠法となる外国法を適用する場合も，手続法は法廷地法によるとの原則から，実質法に対応する手続法が欠けており，調整が必要となる場合があり，これも広い意味で適応問題と呼ばれることがある。例えば，大韓民国法を準拠法とし，韓国の家庭法院の許可を要するとされ

---

[3] 山田・第3版167頁，溜池・第3版237頁。なお，道垣内・総論138頁は，婚姻した未成年者に対する居所の指定という法律問題は単位法律関係として親子関係に関する法（通則法32条）に含まれないと解することで抵触は生じないと理解する。

る場合において，我が国の家庭裁判所の許可に代えることができるとして調整するような場合である。【6】は，日本在住の韓国人の名の変更について我が国の家庭裁判所が韓国の家庭法院の権限を代行できるとした事例である。

【6】 在日韓国人からの名の変更許可申立事件について，例外的に住所地国にも国際裁判管轄権が認められるとした上，準拠法である韓国法が規定する家庭法院の改名許可の権限は，我が国裁判所が代行できるとして，名の変更を許可した事例

千葉家市川出審平成8年5月23日家月48巻10号170頁

> いわゆる氏名変更事件は，氏名権という一種の人格権に関するもので，その準拠法は一般原則として本人の属人法によるものと解すべきところ，わが法例には明文の規定を欠くので，条理により，原則として本人の本国法によるべきものと解する。そうすると，申立人の本国は前記のとおり韓国であるから，本件は韓国法が準拠法となる。……韓国の戸籍法第113条第1項は「改名しようとする者は，本籍地又は住所地を管轄する家庭法院の許可を得た日から1か月以内に申告しなければならない」旨規定し，改名許可は家庭法院の権限とされている。従って，当裁判所は，本件につき本件を管轄する韓国の家庭法院の権限を代行することができるものと解する。

2　連結点（連結素）の確定

　国際私法は，当該法律関係について最も密接な関係にある地の法を選択し，適用すべき法を指定することを目的とする。その場合，最も密接な関係のある地をどのようにして決めるのかは，個別的にではなく，その法律関係の性質ごとに，あらかじめ定めている。当事者の国籍，住所，物の所在地，行為地などがその要素となる。これは，法律関係を準拠法に結びつける要素，契機となるものであるから，連結点あるいは連結素と呼ばれている。例えば，婚姻挙行地（通則法24条2項），本国法，常居所地法（同法25条）などが連結点である。これらの連結点によって準拠法が定まらないときは，最も密接な関

係にある地の法律による（同法25条など参照）が，これも広い意味での連結点である。通常，これらの国際私法によって連結点が定められていれば，これによって連結点が確定することになる。しかし，重国籍の場合，無国籍の場合の本国法をどのように考えるのか，地域的不統一国の場合の本国法はどのようにして決めるのかなど，その確定が困難な場合がある。そこで，通則法38条は，重国籍の場合は，原則として，その国籍を有する国のうちに当事者が常居所を有する国があるときはその国の法を，もし国籍を有する国のうちに当事者が常居所を有する国がないときは当事者に最も密接な関係のある国の法を当事者の本国法とし（同条1項），無国籍の場合は，原則として，その常居所地法によることとし（同条2項），地域的不統一国の場合は，その国の規則に従い指定される法を当事者の本国法とし，もしその規則がない場合は当事者に最も密接な関係のある地域の法を当事者の本国法とする（同条3項）としている。

3　準拠法の特定

(1)　反　致

ア　反　致

通常，連結点が確定すれば，それによって準拠法が確定する。しかし，準拠法となる国の国際私法において，他の国の法律を準拠法として指定する立法があった場合，それを考慮すると，その他の国の法律で準拠法として指定された国の法律が準拠法になることになる。現在，各国の国際私法が異なるため，A国の国際私法によるとB国法が適用され，B国の国際私法によるとA国法又はC国法が適用される場合，国際私法が抵触することになる。そこで，法廷地である国の国際私法だけで準拠法を決定せず，その国際私法によって指定される国の国際私法の規定も考慮して準拠法を決定することを「反致」と呼んでいる。この反致を認める立法主義を反致主義と呼び，反致を認める国際私法規定を反致条項という。国際私法の立法により，あるいは判例により，反致を認める国は多数あり，我が国の国際私法である通則法も，当事者の本国法によるべき

場合において，その国の法に従えば日本法によるべきときは，日本法によると規定し（通則法41条），一定の場合について狭義の反致を認めている。【7】は，相続について，日本の国際私法によると，被相続人の本国法である中華人民共和国法が準拠法となる（通則法36条）が，中華人民共和国の国際私法では，被相続人の国外所在の不動産については，その所在地の法が準拠法となることから，反致される結果として日本法が準拠法となるとした事例である。

【7】 日本にある不動産の所有者である中華人民共和国の国籍を有する者の相続につき，同国の法律が遡って適用されて反致されることにより日本法が準拠法となるものとされた事例
最判平成6年3月8日家月46巻8号59頁，判時1493号71頁，判タ846号167頁

> Aの相続に適用されるべき法律は，法例25条［注：平成元年改正前のもの。以下同じ］により，同人の本国法である中華人民共和国法となるべきところ，中華人民共和国においては，1985年（昭和60年）に中華人民共和国継承法（以下「継承法」という。）が制定されて同年10月1日から施行され，同法36条は，中国公民が中華人民共和国外にある遺産を相続するときは，不動産については不動産所在地の法律を適用する旨規定している。……したがって，右によれば，A（昭和51年11月3日死亡）の相続問題が継承法の発効した時点で未処理であったとすれば，同法の規定がさかのぼって適用されることとなる。……以上によれば，Aの国外財産（本件土地）の相続については，継承法の規定がさかのぼって適用され，同法36条及び法例29条の規定により，反致される結果，結局，不動産所在地法である日本法が適用されるべきこととなる。

イ　隠れた反致

米国州法の多くは，養子縁組，親権者の指定等において，当事者の住所に裁判管轄があり，裁判管轄があれば，別途，準拠法を定めることなく，当然に法廷地法を適用するとしている。その結果，国際私法の観点からみると，法廷地法を準拠法とするという規定が米国州法にあり，こ

の米国の国際私法を適用することで，法廷地である国の法律が準拠法になるとして，反致と同じ解釈を採るのが隠れた反致といわれているものである。これについては，日本でも学説は分かれており，肯定説，否定説，中間説がある。裁判例には，これを認めたものが多くあり，【8】は，その一例である。ただし婚姻の効力，夫婦財産制，離婚などには反致は適用されず，隠れた反致も適用されない（通則法41条ただし書）。

【8】 日本在住の米国人（ミシガン州出身）と日本人未成年者間の養子縁組につき，準拠法上反致を認めて養親についても日本法を適用し，申立てを認容した事例

徳島家審昭和60年8月5日家月38巻1号146頁

> 法例19条1項［注：平成元年改正前のもの。以下同じ］によれば，本件養子縁組については，……申立人は米国人であり，未成年者は日本人であるから，一応各当事者につきそれぞれその本国法を適用して審判すべきことになるところ，申立人の本国法上法例29条所定の反致が成立するか否かについて検討すると，同27条3項による申立人の本国法と認められる米国ミシガン州法にはこの点に関する直接の規定は見出せないけれども……養子縁組の決定について，米国国際私法に関する判例は，概ね(a)その州が養子または養親のいずれかの住所地州であり，かつ(b)養親および養子もしくは子の法律上の監護権を有する者が，その州の対人管轄権に服するとき，その州は裁判管轄権を行使することができるものと解されているから，少なくとも養子および養親となろうとするものの同国法上の住所（ドミサイル）の存する州（国を含むものと解する。）に同国法上の裁判管轄権があることは明らかであり，しかもその決定は該管轄権を有する法廷地法に準拠してなされるべきものと解されている（アメリカ法律協会作成の抵触法第二リステイトメント78条とそのコメント参照）。この法理はミシガン州法の関係規定の趣旨とも基本的な矛盾はないから，同州においても妥当するものと解される。そうすると，未成年者はもとより申立人の上記住所（ドミサイル）もともに日本に存することが明らかであり，日本法を適用することが本国の公序に反するとも認められない本件においては，申立人の本国法上日本法への反致が成立すると解するのが相当である。

(2) **不統一法国の指定**
　ア　**地域的不統一法国**

　国によっては，その国内の地域により適用すべき法が異なる場合がある。これが地域的不統一法国である。州ごとに適用すべき法が異なる米国などがこれに該当する。このような場合，国籍が連結点として指定されても準拠法が特定できない。そこで，これを特定するための指標が必要となる。通則法38条3項は，当事者が地域により法を異にする国の国籍を有する場合には，その国の規則に従い指定される法（そのような規則がない場合にあっては，当事者に最も密接な関係がある地域の法）を当事者の本国法とする旨規定している。前段は，その「規則」によって間接的に準拠法が指定されることになるから間接指定主義を定めたもの，後段は，最密接関係地として直接的に指定されるから直接指定主義を定めたものと解されている。

　通則法38条3項（法例28条3項）でいう「規則」とは，本国の内部的な関係において，当事者がどの地域に属するかを決定する準国際私法であるという説[4]と，その国の準国際私法ではなく，その国からみて外国の国際私法によって自国法が本国法として指定されたときに，いずれの地域の法を本国法とするかを定める規則という趣旨であり，自国では適用機会のないそのような規則を有している国があるとは一般に考えられないから実際には空文であるとする説[5]とがある。この点に関する裁判例が【9】である。これは米国籍の夫から中国籍の妻に対する離婚訴訟において，米国は統一的な準国際私法の規則のない不統一法国であるから，法例28条3項（通則法38条3項）の「規則」はなく，したがって最密接関係地の法が適用されるとして，外国人登録原票上の国籍の属する国における住所又は居所であった米国オハイオ州法を選択した事例である。米国に同項の「規則」があるかについては学説は分かれているが，法例28条3項の適用である限り，当該不統一法国の法から最も密接な関係のあ

---

4) 溜池・第3版182頁，山田・第3版83-84頁。
5) 澤木・道垣内・入門44頁，道垣内・総論182頁。

る地を選択すべきであり，当該不統一法国から離れて一般的に最も密接な関係のある地を選択することは相当ではないと考えられる[6)7)]。

【9】 米国人男性と中国人女性との離婚事件において，離婚の準拠法は日本法であるとし，親権者指定の準拠法は子と父との共通本国法であるオハイオ州であるとした事例

横浜地判平成10年5月29日判タ1002号249頁

> 原告と被告との間の長男は，米国籍を有するが，米国は，実質法のみならず抵触法についても各州ごとに相違しており，統一的な準国際私法の規則も存在しない不統一法国であるから，法例28条3項［注：通則法38条3項］にいう内国規則はなく，当事者に最も密接な関係［が］ある地方の法律を当事者の本国法とすべきことになるが，子の国籍が米国である以上，子の本国法としては，米国内のいずれかの法秩序を選択せざるを得ない。……外国人登録原票上の国籍の属する国における住所又は居所は，長男及び原告とも，オハイオ州クリーブランド市であることが認められ，原告がオハイオ州で生まれ，同州の大学を卒業して来日したことは前示のとおりであるから，右事情にかんがみると，子の本国法としては，法例28条3項にいう当事者に最も密接な関係ある地方の法律としてオハイオ州法を選択し，長男の親権の帰属は，法例21条［注：通則法32条］による子と父の共通本国法である同州法の定めるところによって決するのが相当である。

イ 人的不統一法国

　同じ国内においても，人種，宗教などにより，異なる法律が適用される場合があり，そうすると，本国法により準拠法が指定されても，当然に準拠法が特定されないことになる。ヒンドゥー教，イスラム教，キリスト教などにより婚姻法を異にするインドなどがこれに該当する。これは，その国の法を適用すると決まれば，その国の人際法によって決定されることになり，その国に人際私法があれば，それによって準拠法が特

---

6) 北坂尚洋「地域的不統一法国」・百選16頁参照。
7) 通則法38条3項は，旧法例28条3項と同趣旨のものである。これに対しては道垣内正人教授が詳細な批判を行っている。道垣内・総論179-185頁をご覧いただきたい。

第2　準拠法の決定・適用　15

定され，そのような人際法がないときは，最も密接な関係がある法を適用することになる（通則法40条1項）。また，同じ問題が「常居所地」法や「夫婦に最も密接な関係がある地」の法についても生じることから，その場合も人際法に基づいて決定する（同条2項）。ただ，一般に当該国において，人的に異なる法のどれを適用するかが定まらないということはないから，人際法がない場合というのは，結局，当該外国法が不明の場合を意味するとし，後段の適用については疑問とされている。実際，理論的には，人的不統一の問題は国際私法の問題というよりも，その国内法の問題であり，法例で規定すべき性質のものではないと解されており，法例改正では，同趣旨の法例31条全体について削除案も検討されていた。しかし，ほぼそのまま通則法に引き継がれることになった[8]。【10】は，日本国籍の妻とインドネシア国籍の夫との間にインドネシア国籍の3人の子がおり，妻が3人の子を連れて日本に帰国した後，夫との連絡が途絶えたため，夫を被告として離婚と3人の子の親権者指定を求めて訴えを提起した事案であり，離婚については，法例16条ただし書（通則法27条ただし書）の適用により，妻が日本に常居所を有するから日本法が準拠法であるとした上，親権者の指定について法例21条（通則法32条）により子の本国法が父又は母の本国法と同一であるときは子の本国法によるが，インドネシアは親子間の法律関係に関して人的不統一法国であり，父と3人の子とは宗教が異なり同一本国法とはいえないとして，常居所地法である日本法を適用した事例である。これに対しては，同一本国法となる婚姻に関する統一法として1974年婚姻法があり，離婚の際の親権者指定については人的不統一法国ではなく，同法41条(a)を適用して親権者指定が可能であったとする見解がある。国籍を同一とする人的抵触の場合，適用すべき法を定める人際法に従って当事者双方に適用すべき法

---

[8] 削除案の検討については，法例見直し(4)122頁を参照。なお，改正後の通則法40条に対する批判として，道垣内・総論194頁以下参照。道垣内教授が指摘されるとおり，インドの国内法において，それぞれの宗教徒ごとに別の定めをしているとすれば，それは国内法における法の選択の問題であって，殊更に我が国の国際私法で規定をする必要はない。民事関係については民法を，商事関係については商法を適用するというのと同種の問題として捉えることもできよう。

を当事者の共通本国法とすべきであると考えられるのである[9]。

【10】 父と子がインドネシア国籍であり，母が日本国籍である場合の親権者指定の準拠法について，母と子の本国法は同一でなく，また，インドネシアにおいては，宗教によって適用される法令が異なるところ，父と子の宗教は同一でないので，それらの間の本国法が同一であるということもできないから，結局，子の常居所地である日本の法律が準拠法として適用されるとした事例

東京地判平成2年12月7日判時1424号84頁

> 法例16条ただし書［注：通則法27条ただし書］により，日本の法律が準拠法として適用されるところ，右認定の事実によると，原告と被告との間には，日本民法770条1項5号所定の事由があることは明らかである。
> また，離婚に伴う親権者の指定については，法例21条［注：通則法32条］により，準拠法が定められるが，本件においては，原告と3人の子の本国法は同一でなく，また，インドネシアにおいては，宗教によって適用される法令が異なるところ，被告と3人の子供の宗教は同一でないので，それらの間の本国法が同一であるということもできないから，結局，子の常居所である日本の法律が準拠法として適用される。そして，前記認定の事実によると，3人の子の親権者としては原告が適当であると認められる。

(3) 未承認国法の指定

未承認国法の指定に関しては，法例に規定はなかったが，国際私法上は，準拠法として適用できるとすることに異論はなく，判例，学説，戸籍実務ともその立場に立っていた。[10] 法例改正について，これを明文で認めるかについて検討されたが，判例上，これを認めるドイツ，オーストリア，スイス，米国などにおいても，明文規定は置かれていないこと，あえて明文規

---

9) 山田第3版90頁，伊藤弘子・百選18頁。
10) 溜池・第3版186頁，山田・第3版76頁，昭和51年9月8日民二第4984号民事局第二課長回答など参照。

定を置かなくても，現行の解釈に支障はないことから消極に考えられ[11]，通則法にも規定が置かれていない。【11】は，外国人登録上の国籍をいずれも朝鮮とする妻から夫に対し，子らの親権者の変更を求めた事例であるが，未承認国である朝鮮民主主義人民共和国を本国と解し，同国法が適用されるとしたものである[12]。

【11】 大韓民国政府の支配する地に本籍地を有する朝鮮国籍の夫婦が協議離婚届をした結果，自動的に父が親権者として扱われることとなったため，現に子を監護養育している母が親権者変更の申立てをした事案において，朝鮮民主主義人民共和国法を適用し申立てを認容した事例

仙台家審昭和57年3月16日家月35巻8号149頁

> 我が国は朝鮮を承認していないから準拠法として朝鮮の法律を適用することができるか否か問題はあるが，国際私法上適用の対象となる法律は，その法律関係の性質上，その法を制定施行している国家ないし政府に対して国際法上の承認をしているものに限られないと解すべきである。

4　準拠法の適用

(1) 外国法の性質

準拠法として外国法を適用する場合，その外国法は法律か事実かという問題がある。外国法も準拠法として判断の対象となる小前提としての事実になるのではなく，外国法は事実であるとする外国法事実説，外国法は国際私法の指定により内国法に変質し，あるいは編入されるとする説，外国法は外国法として国際私法の指定により法としての効力が認められるとする外国法法律説に分かれている。判断の大前提をなす法規範となるのであ

---

11) 法例見直し(4)106頁。
12) 【11】は，外国人登録上の国籍の記載が「朝鮮」となっていることを本国法を朝鮮民主主義人民共和国法とする根拠の一つとしているが，同記載の「朝鮮」は北朝鮮を意味するものではないので注意が必要であると指摘されている（青木清・百選9頁参照）。

るから，事実というのは相当ではなく，また，準拠法とすることが当然に内国法に編入ないし適用されるわけではないことから，国際私法によって適用すべき法規を外国に求める結果，その外国法が適用されるとする外国法法律説が妥当である[13]。

(2) **外国法の内容不明**

準拠法の指定によって適用すべき外国が特定された場合でも，具体的に適用すべき法令の内容が不明の場合がある。規定がない場合は，その国でその立法の欠けた部分を条理等でどのように解釈されているかという問題であり，内容が不明な場合とは異なる。これについては，不明である以上立証がないものとして請求を棄却すべきであるとする請求棄却説，外国法が不明の場合，内国法を適用すべきであるとする内国法適用説，外国法が欠けている場合と同様に条理によって解決すべきであるとする条理説，その外国法に最も近似している法律を適用すべきであるとする近似法説，補充的な連結点に基づいて次順位の準拠法を指定すべきであるとする補助連結説があるとし，近似法説が最も妥当であるとする見解[14]，近似法説を条理の判断方法に関する一つの立場として，条理説が妥当であるとし，全体的に不明の場合には，その国の社会体制や国民の宗教などからその国の属する法系を推定し，おそらく妥当している法律を考えて，これを条理として裁判の基準とすべきであるとする見解[15]，通説は，直ちに内国法を適用することは国際私法の本質に反するとし，得られる情報を活用して不明な外国法の内容を合理的に推認すべきであるとする説（推認説）であるとし，あらゆる場合に得られた情報を活用して外国法の内容を合理的に推認していくほかないとする見解[16]などがあるが，相互に矛盾するものではなく，近似法などを参考にしながら，条理に基づき，最も妥当と考えられる内容を

---

13) 溜池・第3版244頁。山田・第3版130頁は，このような議論は，「外国法の証明が事実証明であるか法規証明であるかの問題としてとらえることによって，はじめて意味をもつものである。この点からすれば，準拠法として適用すべき外国法は外国の法律そのものであり，わが国における外国法の証明は法規証明であるというべきである」とする。
14) 山田・第3版136頁。
15) 溜池・第3版250頁。
16) 澤木・道垣内・入門54頁。

推認していくというのがおおむね共通の見解であろうと考えられる。ただ，それでも妥当な内容が推認できない場合には国内法を適用することもやむを得ないであろう。[17] 条理説を採ったと思われる裁判例として【12】，近似法説を採ったと思われる裁判例として【13】がある。【12】は，ジンバブエ法の内容が不明であるとして条理により判断をした事例，【13】は，中華人民共和国では養親子関係について成文化されていないとして，比較的近似する法制により判断をした事例である。

【12】 離婚請求事件において，夫の本国法であるジンバブエ国の法の内容が部分的にしか判明していないとして，条理により不明な部分を補って判断をした事例

札幌地判昭和59年6月26日家月37巻7号65頁，判時1140号123頁，判夕545号267頁

> 原告は現在ジンバブエ国籍を有する男性であり，被告は日本国籍を有する女性であるところ，法例16条本文［注：平成元年改正前のもの。］によれば，離婚の準拠法は，離婚原因発生当時の夫の本国法によると定められているので，本件離婚の準拠法は，本件離婚原因発生当時（……昭和54年7月から現在までと解すべきである。）にジンバブエ（昭和55年4月17日まではイギリス領の南ローデシア，以下同じ）において施行されている離婚に関する法であることになる。しかるに，右のジンバブエ法の内容は，原告及び被告双方の努力によっても明らかにすることができず……，当裁判所の職権による調査によって，1943年（昭和18年）のローデシア婚姻訴訟法（以下「1943年法」という。）及び1974年（昭和49年）の同法の一部改正法（以下「1974年一部改正法」という。）の内容を知るに至り，これらの成文法が現在までジンバブエにおいて効力を有していることが判明したが，1943年法は，離婚の要件，効力，手続等の全般を規定したものではなく，特に離婚の要件については，1943年当時離婚原因とされていた事由に追加すべき事由を定めたものにすぎないものであるところ，1943年当時離婚原因とされていた事由については，当裁判所もこれを明確にすることができず，近い将来明確にすることも期待し得ない状況にある。すなわち，本件離婚の準拠法の内容は，断片的に判明

---

17) 道垣内・総論252頁。

している部分はあるものの，その正確な全体像は判明しないものといわざるを得ない。このような場合には，判明しているジンバブエ法の内容を手がかりにしつつ，不明な部分を条理によって補い，本件離婚請求の当否を判断することとするのが相当である。

【13】 日本人夫婦が中華人民共和国未成年者との養子縁組を申し立てた事案で，中華人民共和国では養親子関係の成立要件及び手続法が成文化されていないとして，同国と比較的近似する社会主義諸国の法制を参考にして養子縁組を許可した事例

名古屋家審昭和58年11月30日家月36巻11号138頁

法例19条1項〔注：平成元年改正前のもの。以下同じ〕により養子縁組の要件は各当事者間につきその本国法によって定むべきことが規定されているので，……未成年者については中華人民共和国の国法がそれぞれ適用されることとなる。そして日本国と中華人民共和国との間に国際的養子縁組の規定や慣行がなく，中華人民共和国の国法にも法例29条に規定する国内法が見当らないこと……から，本件は反致の成立する余地がなく，未成年者については中華人民共和国の国法によりその成立要件，手続面を探究しなければならない。……中華人民共和国婚姻法20条において，……養子縁組を認めてこれを保護していること，養子はいわゆる完全養子として実親や実家族関係を断絶し，養親及び養親族関係に完全に嫡出化する制度をとっていること……同法15条ないし17条で父母と子女との権利，義務関係を規定していることが認められるが，養親子関係の成立要件及びその手続についての準拠法はいまだ成文化されていない実情であり，その慣行についても当裁判所は直ちに認定することができない。そこで中華人民共和国と比較的近似する国々の法制を見てみると，……ソ連邦では親の同意は文書によって示されることが必要とされ，東欧諸国では更に厳格な方式による同意を要求していること……これら中華人民共和国と比較的近似する国々の法制を検討すると，中華人民共和国においても未成年者養子縁組については，未成年者の利益を計るための手続面では物事の理解しうる年齢に達した未成年者については本人の同意，並びにその実父母の同意を証する書面を要し，実体面では養親の資格として，養子より年少者の養親，法律行為無能力者である養親，親権を剥奪された養親との養子縁組の禁止などの要件によって養子縁組が運用され，また明文化の方向に進んでいるとみるのが相当である。

(3) 外国法の適用排除（公序）

　諸国の国際私法は，準拠法となる外国法を適用した場合において，内国の私法秩序に反すると認められるときは，公序に反するものとして，その適用を排除するのが普通であり，我が国の通則法も，外国法によるべき場合において，その規定の適用が公の秩序又は善良の風俗に反するときは，これを適用しないと規定する（通則法42条）。しかし，内外国法を平等に扱い，最も密接な関係のある地の法律を適用するという国際私法の原則から考えると，ある内国法からみて公序に反するとすることは，例外的な事態であり，望ましいことではないから，公序則の適用については慎重であるべきであると考えられている。[18] 公序則による適用排除に関する裁判例は多数あるが，そのうち【14】，【15】は，公序則による適用排除を否定したもの，【16】は，これを肯定したものである。【14】は，大韓民国民法が父又は母が死亡したときは，その死亡を知った日から1年以内に検事を相手方として認知請求の訴えを提起することができるとして，出訴期間を1年と限定しているからといって，その適用の結果が我が国の公序良俗に反するものとは認め難いとして公序則による排除をしなかった事例である（同規定は2005年に改正され，出訴期間は1年から2年に延長されている。）。【15】は，米国ネヴァダ州法に基づき設立されたX社が公認賭博場開設の免許を受けてカジノを主宰し，州外の個人客を招待し，信用によって賭博をさせ，生じた賭金債権を州外で回収するジャンケットと呼ばれる契約を締結していたが，日本における代理人が回収金をX社に交付しないまま恐喝等により逮捕され，これらの回収金は証拠品として保管されたため，X社は検察官に還付請求をしたところ，X社には還付を受ける正当な資格がないとして認められなかったため，日本国に対し不当利得返還請求をした事案で，本件においては，公序条項を適用してX社と日本人客との間のジャンケットに

---

[18] 山田・第3版141頁，溜池・第3版212-213頁，澤木・道垣内・入門56頁。なお，ハーグ国際私法会議（第5期，1925年）では，公序則の適用に関して「明らかに」という文言が用いられ，扶養準拠法，遺言準拠法では，その文言は承継されていないものの，解釈論としては承継されており，法例の改正に当たっては，現在の公序則に「明らかに」という文言を入れることが現行条文を維持する案とともに提案されたが，（(4)141頁以下参照）最終的に現行文案のとおりとなった。

関する契約につきネヴァダ州法を排除すべき場合に当たるとはいえないとした事例である。【16】は，中国人女と日本人男が中国から日本に帰化した夫婦の子供ら2名を養子にすることの許可を求めた事案で，養子を1名に限定する中華人民共和国養子縁組法を適用して兄弟の1人だけを養子にすることは子の福祉を目的とする未成年者養子制度の趣旨に反するとして，公序則により，その適用を排除して2名との養子縁組を許可した事例である。【15】については恐喝等の犯罪が発生しており，公序則を適用しないのは疑問であるとする見方もあるが，[19] 認定された事実からすると，回収金は任意に交付されたもので，恐喝の被害金とは別個のもののようであり，本件賭金債務と恐喝との関連性がどの程度強いかにより結論は分かれるものと思われる。

　それでは，公序則の適用により準拠法の適用を排除した場合，いかなる法を適用すべきであろうか。①公序則により外国法の適用が排除された場合には，内国法への補充的送致があると理解し，日本法を準拠法とする内国法適用説，②外国法の適用を排除する以上，その判断基準となった内国公序があったはずであるから，改めて何らかの規範を補充するという問題はおきないとする欠缺否認説，③公序則により外国法が排除された場合，改めて別の法を準拠法として指定し直すとする補充的連結，④一般的な条理によるとする条理説などがある。かつて内国法適用説が通説であるとされていたが，現在では，欠缺否認説のような理解が多数である。[20] いずれにしても，実質的には内国法を適用する場合と結論は同じである。【17】は，財産分与を認めない大韓民国民法は，他方で慰謝料については認め，その金額の算定においては婚姻中に協力して得た財産の有無・内容を斟酌できるとされているから，直ちに公序良俗に反するとはいえないが，それが著しく低額になる場合には財産分与請求について，法例30条（平成元年改正前の公序則。通則法42条とほぼ同じ）により，大韓民国民法の適用を排除し，日本民法768条を適用し，財産分与の額及び方法を定めるべきであるとし

---

19) 澤木・道垣内・入門60頁。
20) 山田・第3版148頁，溜池・第3版217頁，澤木・道垣内・入門59頁。

た最高裁判決であり，傍論ではあるが，内国法適用説を採ったものと理解されている。なお，これは平成元年改正前の法例16条により夫の本国法を適用した結果，大韓民国法が準拠法とされたもので，改正後の旧法例によると，原告である妻は朝鮮籍，被告である夫は韓国籍であるから，常居所地である日本法が適用される結果，本件のようなケースについては財産分与請求は認められることになる。また，その後，大韓民国民法も改正され，財産分与請求が認められるに至っている（同法839条の2）。

【14】 死後認知請求の出訴期間を死亡を知った日から1年以内に制限する大韓民国民法の規定（当時）が我が国の公序良俗に反するとはいえないとした事例

最判昭和50年6月27日家月28巻4号83頁

> 大韓民国民法の右規定［注：864条］は，父又は母の死亡後における認知請求の訴を認めたうえ，出訴期間をその死亡を知った日から1年に限定したものであるからといって，これを日本民法787条の規定と対比してみても，その適用の結果がわが国の公序良俗に反するものとは認め難い。

【15】 日本におけるラスヴェガスでの賭博債務の回収金に関し，当事者の明示の指定がなかった契約について，法例7条1項の規定の趣旨に従い，当事者の意思に最もよく適合すると考えられるネヴァダ州法が適用されるが，平成元年改正前法例30条によって排除されず，公序良俗に反しないとされた事例

東京地判平成5年1月29日判時1444号41頁，判タ818号56頁

> およそ公序条項を適用して外国法の適用を排除すべきかどうかは，当該外国法の内容自体が内国の法秩序と相容れないかどうかということではなく，当該外国法を適用して当該請求又は抗弁を認容し又は排斥することが内国の社会生活の秩序を害することになるかどうかによって決すべきものであると解すべきところ，本件におけるいわゆる本問題は，Xの日本人客に対する賭金債権の請求権の存否でもなければ，Xの賭金債権の回収業務の受託者に対

する回収金の返還請求権の存否でもなく，既に日本人客が任意に回収業務の受託者に支払った賭金債務の弁済金又はそれを化体した小切手等が前記のような経緯によって国庫に帰属したことによってXが被った損失ないし損害について，XがYに対して不当利得の返還請求権又は不法行為による損害賠償請求権を有するかどうかなのであって，そのような意味においては，Xと日本人客との間の信用による賭博にかかる前記のような契約関係は，内国社会との牽連関係において間接的かつ希薄であるものといわなければならない。……本件においては，法例30条［注：平成元年改正以前の公序規定］の規定により公序条項を適用してXと日本人客との間のジャンケットに関する契約につきネヴァダ州法の適用を排除すべき場合に当たるとはいえない……

【16】 夫（日本国籍）と妻（中国国籍）が共同で未成年者2名（日本国籍）と養子縁組をする許可を求めた事案において，養親は1名の子女のみと縁組できるとする中国養子縁組法の適用を，公序則により排除した事例

神戸家審平成7年5月10日家月47巻12号58頁

　未成年者らの両親……が行方不明になっている本件においては，未成年者らを……孤児に当たると解することができないではなく，これによれば，申立人らが未成年者ら両名と養子縁組することは差支えがないこととなる。しかし，もともと，同条1項［注：中華人民共和国養子縁組法8条1項］は，中国におけるいわゆる「一人っ子政策」を反映した規定であると解されるところであり，こうした国家的政策を採用せず，未成年者の福祉に適うものならば複数の未成年者を養子とすることも当然のこととして許容しているわが国において，同規定をそのまま適用することは，養子制度に関するわが国の社会通念に照らして相当でないというべきである。とくに，申立人妻は，中国国籍を有するが，前記のとおり，すでに長くわが国に居住し，今後も永続的に申立人夫とともに両親が行方不明になっている未成年者らを養育してわが国で家庭生活を営むつもりであり，中国に帰る予定も気持もない者である。このような場合について，同規定を適用して本件申立てを排斥し，あるいは年令も近い兄弟である未成年者らを切り離していずれか一方だけについて養子縁組を許可する，というようなことは，子の福祉を目的とする未成年者養子制度の趣旨をいちじるしくそこなうものであって相当でなく，同規定は，法例33条［注：通則法42条］によって適用を排除されるというべきである。

【17】 離婚に伴う財産分与及び慰謝料請求事件において，準拠法である大韓民国民法が財産分与を認めないことが直ちに公序良俗に反することにはならないが，我が国の離婚給付についての社会通念に反して著しく低額であると認められる場合に限り，平成元年改正前の法例30条により，大韓民国民法の適用を排除し，日本民法を適用して財産分与の額及び方法を定めるべきであるとした事例

最判昭和59年7月20日民集38巻8号1051頁，家月37巻5号45頁，判時1132号117頁，判タ539号323頁

> 大韓民国民法は，離婚の場合，配偶者の一方が相手方に対し財産分与請求権を有するとはしていないけれども，有責配偶者が同法843条，806条の規定に基づいて相手方に支払うべき慰籍料の額を算定するにあたっては，婚姻中に協力して得た財産の有無・内容を斟酌することができるとしていると認められるのであり，したがって，その斟酌のいかんによっては財産分与請求権の行使を認めたのと実質的には同一の結果を生ずるのであるから，当該離婚について同法に従い財産分与請求権を認めないことが，直ちにわが国の法例30条［注：平成元年改正前のもの。以下同じ］にいう「公ノ秩序又ハ善良ノ風俗」に反することになると解すべきではなく，大韓民国民法のもとにおいて有責配偶者が支払うべきものとされる慰籍料の額が，当該婚姻の当事者の国籍，生活歴，資産状況，扶養の要否及び婚姻中に協力して得た財産の有無・内容等諸般の事情からみて，慰籍料及び財産分与を含むわが国の離婚給付についての社会通念に反して著しく低額であると認められる場合に限り，離婚に伴う財産分与請求につき同法を適用することが法例30条にいう「公ノ秩序又ハ善良ノ風俗」に反することになると解するのが相当であり，この場合，右の財産分与請求について，法例30条［注：平成元年改正前のもの］により，大韓民国民法の適用を排除し，日本民法768条を適用し，財産分与の額及び方法を定めるべきである。

第3　国際親族法

1　本国法主義と住所地法主義[1]

　親族法は，人の身分及び能力と密接な関係を持つ。そして，人の身分や能力は，継続的なものであり，これが一定せず，固定的でない法律が適用されると，人の身分や能力が不安定になる。そこから，一定の固定的な法律が適用されるべきであると考えられ，親族関係に関する連結点の多くは，属人法に属するものとして，固定的な連結点が採用されてきた。昔は住所が固定していたことから，住所が連結点とされていた。しかし，近代に入り，住所が流動的になり，かつ，近代国家が形成されるようになり，大陸法系においては，本国を連結点として考える本国法主義が主張されるようになった。1804年フランス民法は本国法主義を採用している。他方，英米では，レジデンスよりも固定的性質を有する住所であるドミサイルが連結点として採用されてきた。この住所を連結点として考える住所地法主義と本国を連結点として考える本国法主義とが国際私法において別々に主張されてきた。この両者を統合する努力もされてきたが，なお2つの流れが存在している。そして，両者を統合する1つの方法として，常居所という概念を設けて，これを連結点として採用する方向に向かい，現在では，本国，常居所，住所がそれぞれ身分あるいは能力に関する事項の連結点として使用されている。我が国の国際私法も，遺言の方式の準拠法に関する法律などを除き，従前は本国法主義を採っていたが，平成元年の法例改正により常居所という連結点を採り入れるに至っている。例えば，婚姻の効力については，共通する本国法，常居所地法という段階的連結とし，それでも準拠法を特定できない場合には，国際私法の原則である最密接関係地法を準拠法とする構造を持つことになった（通則法25条）。また，それ以外に常居所を連結点とする場合において，常居所が知れないときは，居所を連結点としている（通則法39条）。

---

1) 本国法主義・住所地法主義とその問題点については，溜池・第3版89頁以下に詳述されているので参照されたい。

なお，ドミサイルの場合，本源住所（domicile of origin）と選択住所（domicile of choice）があり，本源住所は出生時に取得され固定され，選択住所は一定年齢に達したとき，現実に居住しており，かつ，永住する意思を有すると認められる場合に限り，自ら選択して定めることができるとされている。そして，選択住所を変更する場合において，次の住所に現実に居住をしているが，永住意思が確定していないときは，英国法によると，本源住所が住所地となるが，米国法によると，選択住所が住所地となるとされている。そこから重住所という問題が生じる。このように重住所の場合，準拠法が定まらないおそれがあるため，我が国では，最密接関係地の法律を住所地法として扱うこととしていた（法例29条）が，通則法では住所地を連結点から削除したため，同法例の規定も削除された。

2　親族法における主要な連結点

(1)　国　籍

　国籍とは，個人の特定国家の構成員たる資格をいう。我が国には戸籍制度があり，日本国民については戸籍が編製される。日本国民でありながら戸籍がない場合，就籍手続により戸籍を編製する。国籍の決定は，各国の権限に委ねられ，国際法上の制限を受けない。ハーグ国籍条約（1930年）は，そのことを明記する。国籍の生来取得には血統主義と生地主義とがあり，例えば，米国は，米国で出生した子については生地主義，外国で米国人から出生した子については血統主義を採っている。

　これに対し，我が国では，基本的に血統主義を採っている（国籍法2条）。同条3号は，父母がともに知れないときに我が国で出生した子につき日本国籍の取得を認めているが，これは無国籍の発生を防止するためであり，積極的に生地主義を採用したものではない。【18】は，父母がともに知れない場合とはどのような場合かについての最高裁判決である。また，我が国では，かつては父系血統主義が採られ，米国人父と日本人母との間の子の日本国籍を否定していたが，1979年女子差別撤廃条約9条2項が父母両系血統主義を採用することを明らかにしたため，1984年国籍法及び戸籍法

の一部を改正する法律（昭和59年法律第45号）により，父母両系血統主義に改められた。国籍の伝来取得には，帰化のほか，夫婦国籍同一主義に基づく婚姻による国籍取得があったが，現在ではほとんどの国が夫婦国籍独立主義を採用しており，婚姻により国籍を取得することは少ない。また，原則として，認知により遡及的に国籍を取得することはないが，出生後の認知でも，胎児認知が法律上できない特別の事情があり，速やかにされたものであれば，胎児認知に準じて日本国籍を取得すると解される。これを明らかにしたのが【19】である。これは出生による国籍取得であり，認知による国籍取得を認める趣旨ではない。これに対し，出生後の認知についても，準正の場合に限らず，父親が日本人である以上，日本国籍の取得を認めるべきであり，平成20年改正（同年法律第88号）前の国籍法3条1項が準正の場合に限定をしているのは，憲法14条に違反するのではないかが問題となった。これに対する最高裁判決が【20】である。これは，立法当時と異なり，家族が多様化し，日本国民である父と日本国民でない母との間の出生子も増加しており，その子と我が国との結び付きの強弱を両親が法律上の婚姻をしているか否かをもって直ちに測ることはできないことなどから，準正を日本国籍取得の要件とすることに合理的関連性を見出すことが難しくなっていること，出生後の認知以外では日本国籍の取得が認められていることから，出生後に認知された子のみが日本国籍取得について著しい差別的取扱いを受けており，仮想認知のおそれがあるとしても，その差別が合理的なものとはいえないとし，国籍法3条1項は憲法14条1項に違反するとしたものである（ただし横尾和子判事ほか4名の反対意見があった）。この判決を受けて，平成20年12月12日法律第88号は，同法3条1項を改正し，準正の場合に限らず，父又は母が認知した子は，認知をした父又は母が出生当時日本国民であり，その父又は母が現に日本国民である場合には日本国籍を取得できるものとした。

　他方，重国籍防止のため，外国国籍を取得すると，日本の国籍を喪失する（国籍法11条1項）。ただし，出生により外国国籍を取得した外国生まれの日本人は，日本国籍を留保する旨の届出をすれば日本国籍を失わない（同法12条）。

準拠法の指定において問題となるのは，重国籍，無国籍の場合である。重国籍の1つが日本国籍の場合，日本法が準拠法となる（通則法38条1項ただし書）。重国籍のいずれもが外国籍の場合，そのいずれかに常居所があるときは，その常居所を有する国の法律が本国法となる（同38条1項本文前段）。いずれにも常居所がないときは，最も密接な関係のある国の法律が本国法となる（同項本文後段）[2]。無国籍の場合，常居所があれば，その常居所が，常居所がなければ最も密接な関係のある国の法律が本国法となるが，通則法25条ないし27条により夫婦の共通本国法によるべき場合又は通則法32条により親子の共通本国法によるべき場合において，当事者に無国籍者がおり，その常居所地法が他方当事者の本国法と一致しても，共通本国法とはみない（同38条2項本文，ただし書）。難民の場合は，難民の地位に関する条約に基づき，国籍がある場合でも，住所地法を属人法とし（同条約12条1項前段），住所のない場合には，居所地法が属人法となる（同項後段）。

【18】 国籍法2条3号の「父母がともに知れないとき」という要件に当たる事実が存在することの立証責任は，国籍取得を主張する者が負うが，諸般の事情により，社会通念上，父母が誰であるかを特定できないと判断される状況にあることを立証すれば，同要件に当たると一応認定できるとした事例

最判平成7年1月27日民集49巻1号56頁，家月47巻7号134頁，判時1520号32頁，判タ872号78頁

[国籍]法2条3号の「父母がともに知れないとき」という要件に当たる事実が存在することの立証責任は，国籍の取得を主張する者が負うと解するのが相当であるが，出生時の状況等その者の父母に関する諸般の事情により，社会通念上，父及び母がだれであるかを特定することができないと判断される状況にあることを立証すれば，「父母がともに知れない」という要件に当

---

2) 戸籍事務において本国法を確定するために最密接関連国を認定するに当たっては，国籍取得の経緯，国籍国での居住状況，国籍国での親族居住の有無，国籍国への往来の状況，現在における国籍国との関わり合いの程度の諸点を総合的に勘案する（平成元年12月14日民二5476号民事局第二課長通知）。

たると一応認定できるものと解すべきである。……国籍の取得を争う者が，反証によって，ある者がその子の父又は母である可能性が高いことをうかがわせる事情の存在することを立証しただけで，その者がその子の父又は母であると特定するには至らない場合には，なお右認定を覆すことはできないものというべきである。

【19】 嫡出推定がなければ胎児認知されたであろう特段の事情がある場合には，胎児認知に準じて国籍法2条1号の適用を認め，子は生来的に日本国籍を取得するとした事例

最判平成9年10月17日民集51巻9号3925頁，家月50巻2号155頁，判時1620号52頁，判タ956号143頁

　客観的にみて，戸籍の記載上嫡出の推定がされなければ日本人である父により胎児認知がされたであろうと認めるべき特段の事情がある場合には，右胎児認知がされた場合に準じて，国籍法2条1号の適用を認め，子は生来的に日本国籍を取得すると解するのが相当である。そして，生来的な日本国籍の取得はできる限り子の出生時に確定的に決定されることが望ましいことに照らせば，右の特段の事情があるというためには，母の夫と子との間の親子関係の不存在を確定するための法的手続が子の出生後遅滞なく執られた上，右不存在が確定されて認知の届出を適法にすることができるようになった後速やかに認知の届出がされることを要すると解すべきである。

【20】 平成20年改正前の国籍法3条1項が日本国民父と日本国民でない母との間に出生し，その後に認知された子について，父母の婚姻により嫡出子の身分を取得した場合に限り，届出による日本国籍の取得を認めているのは，認知されたにとどまる子と準正のあった子との間に区別が生じるから，日本国憲法14条に違反していたとし，準正要件以外の要件が満たされる場合，出生後に認知された子について日本国籍を取得するとされた事例

最大判平成20年6月4日集民228号13頁，民集62巻6号1367頁，家月60巻9号49頁，判時2002号3頁，判タ1267号92頁

日本国民である父から胎児認知された子と出生後に認知された子との間においては，日本国民である父との家族生活を通じた我が国社会との結び付きの程度に一般的な差異が存するとは考え難く，日本国籍の取得に関して上記の区別を設けることの合理性を我が国社会との結び付きの程度という観点から説明することは困難である。また，父母両系血統主義を採用する国籍法の下で，日本国民である母の非嫡出子が出生により日本国籍を取得するにもかかわらず，日本国民である父から出生後に認知されたにとどまる非嫡出子が届出による日本国籍の取得すら認められないことには，両性の平等という観点からみてその基本的立場に沿わないところがあるというべきである。……上記……で説示した事情を併せ考慮するならば，国籍法が，同じく日本国民との間に法律上の親子関係を生じた子であるにもかかわらず，上記のような非嫡出子についてのみ，父母の婚姻という，子にはどうすることもできない父母の身分行為が行われない限り，生来的にも届出によっても日本国籍の取得を認めないとしている点は，今日においては，立法府に与えられた裁量権を考慮しても，我が国との密接な結び付きを有する者に限り日本国籍を付与するという立法目的との合理的関連性の認められる範囲を著しく超える手段を採用しているものというほかなく，その結果，不合理な差別を生じさせているものといわざるを得ない。……準正子について届出による日本国籍の取得を認める同項［注：国籍法3条1項］の存在を前提として，本件区別により不合理な差別的取扱いを受けている者の救済を図り，本件区別による違憲の状態を是正する必要がある……このような見地に立って是正の方法を検討すると，……このような子についても，父母の婚姻により嫡出子たる身分を取得したことという部分を除いた同項所定の要件が満たされる場合に，届出により日本国籍を取得することが認められるものとすることによって，同項及び同法の合憲的で合理的な解釈が可能となるものということができ，この解釈は，本件区別による不合理な差別的取扱いを受けている者に対して直接的な救済のみちを開くという観点からも，相当性を有するものというべきである。

(2) 住　所

　住所の決定については，①法廷地の実質法によるとする法廷地法説，②当事者の意思によって決まるとする意思説，③国籍と同様，それぞれの住所があるとされる国の実質法によるとする領土法説，④法廷地の国際私法の観点から法律関係ごとに独自に決定すべきであるとする国際私法自体説

とがあり，学説では領土法説と国際私法自体説が有力である[3]。平成元年の改正前の法例は領土法説を採っており，改正後の法例29条2項も，複数の住所が存在することを前提として，当事者が2つ以上の住所を有するときは，その住所地中当事者に最も密接なる関係ある地の法律をその住所地法とする旨規定し，国籍同様，重住所の存在を認めていた。しかし，連結点としての住所は，家族法に関しては常居所を採用したことから重要性を失っており，前記法例29条も，通則法には規定されず，削除されるに至っている。その結果，住所は，難民の地位に関する条約12条1項，遺言の方式の準拠法に関する法律2条3号においては連結点として採用されているものの，通則法上は連結点ではなくなった。

(3) 常居所

住所が各国の実質法上の概念で大きな違いがあるため，国際私法の統一を図るハーグ条約で，常居所（habitual residence）という概念が採用されたが，居住期間，居住意思など，常居所と認めるのに必要な要件については各国に共通した定義はされていない。我が国では，遺言の方式の準拠法に関する法律などで採用されていたが，法例には連結点として使われていなかった。しかし，平成元年の法例改正に際して，婚姻関係，親子関係を中心として，連結点として常居所が採用された。その際，戸籍事務処理の指針として通達により常居所として認める基準が示されている（平成元年10月2日民二第3900号民事局長通達の第8）。常居所については複数の常居所が存在する場合は予定されておらず，その抵触を調整する規定は置かれていない。

【21】は，法例改正後間もなく24条審判において，常居所について判断をした事例であるが，一般に，常居所の認定については，関係者の居住年数，居住目的，居住状況等の諸要素を総合的に斟酌すべきものとされている[4]。また，当事者の常居所地法によるべき場合においてその常居所が不明のときは，その居所地法による（通則法39条本文）のが原則であるが，夫婦の共通常居地法によるべき場合（通則法25条-27条）には，共通居所地法にはな

---

3) 山田・第3版111頁以下，溜池・第3版117頁以下，澤木・道垣内・入門93頁以下など。
4) 山田・第3版117頁。

らず，密接関連地法による（通則法39条ただし書）。なお，人的に法を異にする国又は地の法に関しては，その国の人際法により指定される法律，それがない場合には，当事者の密接関係地の法を常居所地法とする（通則法40条）。

【21】 妻（フランス国籍）から夫（イギリス国籍）に対する，離婚及び子（イギリス，フランス二重国籍）の親権者指定調停申立事件において，離婚につき旧法例16条（通則法27条），14条（通則法25条）により夫婦に最も密接な関係がある地を日本として我が国の民法を適用し，親権者の指定については，旧法例28条1項（通則法38条1項），21条（通則法32条）により子に最も密接な関係がある国をイギリスとして，同国法を適用するが，イギリス法には協議ないし調停離婚の制度はないから，親権者指定を調停で行うのは相当ではないとし，旧家事審判法24条により調停に代わる審判をした事例

水戸家審平成3年3月4日家月45巻12号57頁

法例16条［注：通則法27条］によれば，同法14条［注：通則法25条］が離婚に準用されるところ，同法14条によれば，夫婦の本国法が同一であるときは，その法律により，その法律がないときは，夫婦の常居所地法が同一であるときは，その法律によるが，以上のいずれの法律もないときは，夫婦に最も密接な関係にある地の法律によることとされている。ところで，本件においては，当事者はその本国を異にし，……以上の生活状況からすると，法例14条及び16条にいう常居所を日本に有するとはいえないので，結局本件に適用さるべき法律は，夫婦に最も密接な関係にある地の法律ということとなる。……その他の前記の日本と相手方との関わり具合及び申立人も今後日本に引き続き居住し，日本人と早期に婚姻する予定であること等を勘案すると，夫婦に最も密接な関係にある地の法律は本件においては，日本法に他ならないということができる。……当事者間の長男の親権者の定めについては，法例21条［注：通則法32条］によることになるところ，右長男はイギリス及びフランスの二重国籍を有するところ，法例28条1項［注：通則法38条1項］によれば，当事者が常居所を有するときは，その国の法律により，もしその国がないときは，当事者に最も密接な関係のある国の法律に依るべきところ，本件においては，当事者間の長男については常居所は少なくともフランス及びイギリスには存しないから，本件においては，法例28条1項にいう当事者

に最も密接な法律によるべきところ，……子の親権者の指定については法例21条により，子の密接関連国であるイギリス法が適用されるところ，……親権者の指定は裁判所がなすこととしているので，申立人と相手方の離婚と子の親権者の裁判所による指定を同時になす関係上，本件を調停によらしめるのは相当でないので，……，家事審判法24条により，調停に代わる審判をし，主文のとおり審判する。

第1部　渉外婚姻法

第1　渉外婚姻法総論

1　法例改正の経緯と問題点

　法例（明治31年法律第10号）は，数度の改正を経て，平成元年に大規模な改正が行われた。すなわち，昭和32年，法務大臣から法制審議会に法例改正についての諮問がされ，昭和63年に法制審議会私法部会から「婚姻及び親子に関する法例の改正要綱試案」が出され，平成元年6月21日，「法例の一部を改正する法律」が成立し，同月28日平成元年法律第27号として公布され，平成2年1月1日から施行された。主要な改正点は，改正前の法例中に婚姻の効力（14条），夫婦財産制（15条），離婚（16条），子の嫡出性（17条），親子間の法律関係（20条）などいずれも夫婦，親子の法律関係に関して本国法主義を採りながら，その一方当事者である「夫」又は「父」の本国法を準拠法として指定する内容となっていたことが男女平等原則に反するとの指摘があり，適当ではないとして，これを男女平等になるよう改めた点である。また，基本的には本国法主義を維持しながらも，ハーグ条約で採用されている常居所を連結点として採用するなどの改正が行われた。その結果，婚姻の効力，夫婦財産制及び離婚については，共通本国法，共通常居所地法，最密接関連地という段階的連結が採用され（14条，15条，16条本文），離婚については，さらに夫婦の一方が日本に常居所を有する日本人の場合には日本の法律によることとし（16条ただし書），嫡出性については，夫婦のいずれかの本国法によるものとしてその成立範囲を拡げ（17条），親子間の法律関係については子の本国法が父又は母の本国法と同一であれば子の本国法とし，その他の場合には子の常居所地法によることとする（21条）旨の改正が行われた。したがって，平成元年法例改正前の先例，判例には，改正法によって先例的価値を失っているものが相当数ある。また，平成18年に「法の適用に関する通則法」（平

成18年6月21日法律第78号。同19年1月1日施行）が制定され，法例は全部改正された。しかし，その内容については，おおむね法例の条項が維持されており，各条項の趣旨に大きな変更はない。したがって，平成元年改正法例施行以降の判例，先例については，通則法の下でもおおむね当てはまる。なお，新しい成年後見制度の発足に伴い，行為能力に関する法例3条ないし5条が平成11年に改正され（同年法律第151号），現行の通則法に引き継がれている。[1]

ところで，法例については，法例に規定された準拠法の見直しのための基礎的な調査・研究作業をすることを目的として，法務省民事局の委託により商事法務研究会に法例研究会が設置され，法例の問題点を洗い出す等の作業が行われ，[2]親族に関しては，法例13条3項ただし書等について立法論的批判があること，同性間の登録パートナーシップや科学技術の発展により新たに問題となるようになった生殖補助医療による出生に関して抵触法上の問題が生じつつあること，氏名の準拠法などについて新設すべきかどうかなどの点が検討された。考慮すべき事項として，婚姻・親子の部分については，現行の規定に大きな問題がある場合か，その後の状況の変化（社会状況又は比較法的動向）への対応が必要な場合に，改正・新規立法を検討することが適当であるとされていた。[3] また，法制審議会国際私法部会は，平成17年3月22日，「国際私法の現代化に関する要綱中間試案」を公表し，同年7月12日，国際私法の現代化に関する要綱案を採択した。同要綱では，親族法に関しては，その第8で後見等の準拠法の見直しがされているほかは，特に取り上げられておらず，現行法を維持するものとされた。そして，親族相続法に関しては，概ね法例の趣旨を維持する内容の法例の全面改正が行われ，上記のとおり，通則法として成立し，平成19年1月1日から施行されている。

---

1) 法例の平成元年改正の経緯・要点については，山田・第3版396頁以下に詳しい解説がある。また，平成元年改正法の立法趣旨については，平成元年6月16日参議院法務委員会議事録において説明がされているので，参照されたい（国会会議議事録検索システム kokkai.ndl.go.jp）。
2) 法例見直し(4)「はしがき」参照。
3) 2) 45頁参照。

2 婚　姻

(1) 婚姻の実質的成立要件

ア　準拠法の決定

　通則法24条1項は,「婚姻の成立は,各当事者につき,その本国法による。」と規定している。この「婚姻の成立」とは,実質的成立要件を指している。①婚姻を契約と見て,婚姻挙行地の法律によるとする婚姻挙行地法主義と②身分上の問題として属人法の管轄とする属人法主義,③両者を考慮する主義とが立法例としてあるが,我が国は,属人法の管轄とし,本国法主義を採用している。また双方の属人法を平等に考慮する場合,双方の属人法を累積的に適用する累積的適用主義と,各当事者について,それぞれ属人法を適用する配分的適用主義とがある。我が国は,各当事者の本国法の配分的適用主義を採っている。すなわち,男性は男性の本国の婚姻の実質的成立要件を具備していれば,女性の本国の婚姻の実質的成立要件を具備していなくてもよく,反対に女性は女性の本国の婚姻の実質的成立要件を具備していれば,男性の本国の婚姻の実質的成立要件を具備している必要はない。婚姻時に具備していれば,その後,これを失うに至っても婚姻は成立している。なお,婚姻の実質的成立要件については,1978年に「婚姻の挙行及びその有効性の承認に関する条約」が成立しているが,我が国は批准しておらず,また,この条約については準拠法の統一という目的が達成されているかについて疑問が呈されている。[4]

イ　準拠法の適用範囲

(ア)　総　説

　婚姻の実質的成立要件は,婚姻の成立要件のうち婚姻の方式を除く全ての要件であると解されている。我が国の国際私法上,実質的成立要件とみなされるものは,他国の実質法において婚姻の方式とされていたとしても,その単位法律関係としては婚姻の実質的成立要件の問題として

---

[4] 溜池・第3版420-421頁参照。

通則法24条1項（法例13条1項）が適用される[5]。しかし，実質的成立要件か婚姻の方式かの区別は必ずしも明確ではなく，この点について，後に触れるとおり，明確に区別をして準拠法を適用していない裁判例も散見される。

婚姻の実質的成立要件としては，婚姻適齢などその要件の存在が必要であり，その不存在が婚姻障害となるもの（積極的婚姻要件）と重婚の禁止などその要件の不存在が必要であり，その存在が婚姻障害となるもの（消極的婚姻要件）とがある。これらの婚姻障害があると，婚姻は有効に成立しない。

婚姻の実質的成立要件には，一方の当事者についてのみ問題となる要件と双方の当事者について問題となる要件とがある。前者は一方（一方的，一面的）要件，後者は双方（双方的，双面的）要件と呼ばれている。また，婚姻障害の面から捉えると，前者は一方的婚姻障害，後者は双方的婚姻障害といわれる。婚姻年齢や父母の同意などは前者であり，近親婚の禁止などは後者である。双方的婚姻障害は，結果的には，他方当事者にも及ぶものであり，累積的適用をしたのと同様の結果となる[6]。

婚姻障害がある場合の無効，取消し等の効果についても，各当事者の本国法による。同じ事由が双方の婚姻障害となり，各本国法によると，その効果が異なる場合は，より厳重な効果を認める法を適用すべきことになる。例えば，一方の本国法が取消原因となり，他方の本国法が無効原因となるとすると，無効の効果を規定する本国法を適用すべきことになる。

ところで，日本人と外国人との婚姻届が市区町村長に提出された場合，日本人については戸籍謄本等により実質的成立要件の審査が可能である。外国人については，その本国法が適用されるため，その本国における実

---

5) 溜池・第3版421頁は，イギリスなどにおいては，婚姻に際しての父母の同意の問題を婚姻の方式の問題としているが，我が国の国際私法上は，実質的成立要件の問題と解すべきであり，また，ギリシャなどでは，教会における挙式をもって実質的成立要件の問題としていたが，我が国の国際私法上は婚姻の方式の問題と解すべきであるとしている。
6) 溜池・第3版422頁，道垣内・各論70頁，澤木・道垣内・入門96頁，山田第3版405頁など

質的成立要件の具備を審査する必要があるが，個々に本国に対し照会などすることはできないため，届出人において，本国法の婚姻要件の具備を立証することが必要となり，その本国の権限を有する官憲が本国法上その婚姻の成立に必要な要件を具備している旨を証明した書面（婚姻要件具備証明書）の添付を求めている（【1‐1】）。

なお，台湾など戸籍がある国においては戸籍謄本等があれば婚姻要件具備証明書は不要であり，また，本国から証明書の発付を求め得ない場合には，宣誓書，結婚証明書などで代替できる場合がある（【1‐2】）。

【1‐1】① 外国人の婚姻要件の具備は当事者に証明させるべきであるとした事例

大正8年6月26日民事841号民事局長回答

> 民法第776条本文ノ規定ニ依リ市町村長ハ外国人カ婚姻能力，同意其ノ他実質上ノ要件ニ欠缺ナキコトヲ認メタル後ニアラサレハ其届出ヲ受理スルコトヲ得ス但シ当事者ヲシテ此等ノ事項ニ欠缺ナキコトヲ証明セシムヘシ

【1‐1】② 婚姻能力を有することの証明書を届書に貼付させるとした事例

昭和22年6月25日民事甲595号民事局長回答

> 中華民国男子の婚姻に本人が中華民国法に依る婚姻能力を有する者［で］あることの証明書届出書に添附せしめられる必要の有無電報にて回答を請ふ
>
> 回　答
> 　婚姻能力ニ関スル証明書ヲ添附セシムベキモノト思考ス

【1‐2】① 中国人男と日本人女の婚姻届において，夫の婚姻要件具備証明書が得られない場合の取扱いとした事例

昭和31年9月12日民事甲2070号民事局長回答

本件婚姻届は，このままでは受理すべきでなく，夫よりその本国法により婚姻成立に必要な用件を具備していることを証する書面を提出させて受理すべきものと考えますが，本件婚姻届に添付された申述書によれば，右書面を提出し得ない事情にあるようですから，婚姻成立の要件を具備している旨の本人からの宣誓書を提出させて便宜受理して差し支えありませんか。

　回　答
　　照会のあった○○○に関する婚姻届は，そのまま受理して差しつかえない。

【1-2】② 日本に在る日本人と中国に在る中国人の婚姻について，我が国の方式により婚姻したとしても，中国政府としては有効な婚姻とは認めない。その場合に留意すべき事項

平成3年8月8日民二4392号民事局第二課長通知

1　届出事件本人に対し，日本法上婚姻届は受理できるが，中国政府はこれを有効な婚姻とは認めない旨を説明し，当事者がそれでも受理を希望する場合には受理して差し支えない。
2　使者又は郵送による届出の場合は，1によることなく，そのまま受理して差し支えない。
3　婚姻届を受理するに当たっては，婚姻要件具備証明書（又は公証員等が証明した独身証明書及び性別・出生年月日に関する証明書並びに婚前健康検査証明書（病院で証明したもの））のほか国籍を証する書面を添付させること

【1-2】③ 日本人男とウクライナ人女の婚姻届について，ウクライナ人女から本国法上の実質的成立要件を具備している旨の申述書を徴した上，受理してよいとした事例

平成7年2月24日民二1973号民事局第二課長回答

　照会のあった標記の件［注：ウクライナ国の法制が不明，出生証明書，独身証明書が添付されている］については，ウクライナ人女から本国法上の婚姻の実質的成立要件を具備している旨の申述書を徴した上，受理して差し支えないものと考えます。

(イ) 各　説
(i) 一面的婚姻障害

　通則法では，一面的婚姻障害と双面的婚姻障害との間に区別はないが，国際私法上，一面的婚姻障害は，各当事者のうち一方のみに関する婚姻障害であり，当該一方の当事者の本国法のうち，その当事者について婚姻障害とならなければ，当該本国法が適用されない他方当事者について婚姻障害となる事由があったとしても，婚姻は有効に成立する。具体的にどのような事項が一面的婚姻障害かについては，世界には多くの法令上の婚姻障害があり，全てが明らかになっているわけではない。そのため，外国人が我が国の方式により婚姻をする場合には，上記のとおり，一般に婚姻要件具備証明書の添付を求めているのである。

a　婚姻意思・届出意思

　婚姻意思は，婚姻成立の実質的成立要件の問題であるが，届出意思はどうか。①届出意思を届出と一体のものとして，通則法24条2項（法例13条2項）の婚姻の方式の問題とする説[7]と②届出という外形的行為は方式の問題であるが，婚姻意思及び届出意思というものは実質的成立要件であり，通則法24条1項（法例13条1項）の問題であるとする説[8]とがある。判例の立場は必ずしも明らかではない[9]。我が国は，戸籍への婚姻届出により婚姻が成立するとされているため，婚姻については，婚姻意思と届出意思が必要であるとされている。しかし，戸籍への届出ないし申告という制度がない国では，婚姻意思と別に届出意思という国際私法上の概念はなく，婚姻意思と届出意思とを区別するのは難しい場合があり，それを異なる法的性質とみることには疑問があること，方式は外形的に判断するのが望ましく，内心の届出意思は婚姻意思と同じく実質的成立

---

[7] 水野紀子・判例批評・リマークス1997（下）83頁。
[8] 澤木敬郎・判例批評・ジュリ357号106頁。神前禎・判例批評・ジュリ1151号139頁，国友明彦・国際私法判例百選104頁。
[9] 最判昭和44年4月3日（民集23巻4号709頁）は，婚姻意思が届出受理時に存在することが必要かという問題に関して，日本法を適用する旨判示しているが，これが通則法24条2項（平成元年改正前法例13条2項，当時は13条1項ただし書）によったものか否かは明らかではない。

要件と解するのが相当と考えられることが実質的成立要件説の根拠である。【1-3】は，両者が韓国籍の婚姻届出について，韓国法の実質的成立要件を充たしており，その方式として我が国の婚姻届出という外形的方式は充たしているが，その届出意思を欠くことにより，婚姻届出が無効になるとした上で，それを主張するのは信義に反するとして結論としては婚姻無効の主張を退けた事例である。

【1-3】 婚姻届出の方式について，日本国民法を適用し，届出意思が必要であるが，それを主張するのは信義に反するとした事例

名古屋高判平成4年1月29日家月48巻10号151頁

> 本件婚姻が韓国法に定める実質的成立要件をみたしていることは明らかである。一方，本件婚姻の挙行地である日本法の婚姻の方式（形式的成立要件）である婚姻の届出については，……控訴人の届出意思を欠くものであった……しかしながら，……控訴人が本件婚姻届出における届出意思の不存在という右事由を主張することは，……信義則に違反して許されない……

　　b　婚姻年齢（婚姻適齢）

　婚姻年齢については，それぞれの当事者の本国法により決定され，相手方の本国法によれば，婚姻適齢に達していなくても，自分の本国法の婚姻適齢に達していれば，婚姻の実質的障害事由にはならない。戸籍実務では，基本的に各人の本国法により婚姻適齢に達していない場合，婚姻届の受理はしないが，他方，前記のとおり，当該国の機関から婚姻要件具備証明書が発行されているときは，当該国の国内法上，婚姻が適法である旨の証明があることになるから，形式的に婚姻適齢に達していなくても受理する場合がある。【1-4】は，中華人民共和国法によると婚姻適齢に満たない中国人男について同国官憲が発給した婚姻要件具備証明書が添付されている場合には，婚姻届出を受理するのが相当とする通知である。

【1-4】 中華人民共和国婚姻法に定める婚姻適齢に満たない中国人男と日本人女との婚姻届出に，中国人男について同国官憲発給の婚姻要件を具備している旨の証明書が添付してある場合，受理するのが相当とされた事例

昭和57年9月17日民二5700号民事局第二課長通知

　日本国駐在中華人民共和国大使館領事部発給の証明書の添付があるので，受理するのが相当と考えます。
　なお，同国においてはその婚姻法の解釈上，在外華僑の婚姻要件に関しては，個別の事案ごとに，同法の精神に反しない限り，居住地国法の婚姻要件を考慮して弾力的に取り扱うこととしている模様であり，本件の証明書もそのような取扱いの下に発給されたものと認められるところから，同証明書により当該中国人男について同国法上の婚姻要件を具備しているものと認めて差し支えないとしたものであるので，念のため申し添えます

　　c　第三者の同意（父母，祖父母，後見人等）
　我が国の民法737条は，未成年の子が婚姻をするには，父母の同意を得なければならないと規定する。このように婚姻する本人以外の者の同意が婚姻の要件とされている場合，その同意がないことは婚姻成立の障害要件となる。我が国の民法と同じく未成年者の婚姻についてはその父母の同意を必要とする立法例は多い。また，同意が得られない場合において，その同意が合理性の欠くものであるとき，あるいは，未成年者の利益になるときには，州知事等の行政機関又は裁判所が補充的に婚姻を許可できるとする国々もある（ノルウェー婚姻法2条，ドイツ婚姻法3条3項，ギリシャ民法1352条など）。婚姻当事者が18歳未満の場合で，両親ともに死亡しているときは，父方又は母方の祖父母の同意，祖父母も後見人もいない場合は裁判官が代行するとする国（メキシコ民法149条，150条）もある。
　かつて朝鮮では，婚姻に戸主の同意が必要とされていたが，この戸主の同意が得られない場合にも，婚姻届を受理し（【1-5】），あるいは，有効な婚姻届があることを前提とした戸籍受理手続をする（【1-6】）ことが認められていた。その後，1958年2月22日法律第471号で「大韓民

国民法」が制定され，戸主の同意は不要となり，男子27歳，女子23歳未満の者は父母の同意を要するとされ，1977年12月31日法律第3015号で同法の一部が改正され，未成年者の場合にのみ父母の同意を要するとされた。

なお，韓国民法における成人年齢は，2011年に満20歳から満19歳に引き下げられ，2013年7月1日から施行されている（2011年法律第10429号）。

【1-5】 在日朝鮮人の婚姻届について戸主及び父母の同意を得られない事由が父母及び戸主の死亡又は所在不明によるものであれば，その旨の届出本人の申述書を添付させて受理して差し支えないとした事例

昭和33年10月15日民事甲2007号民事局長回答

戸主及び父母が全く不明なものについては，届書に不詳と記載し，戸主及び父母が現存しており同意が得られない場合にもその旨の申述書を提出すれば，受理してよいのではないか……。

回　答
　同意を得られない事由が，死亡又は所在不明によるものであれば，……意見のとおり取り扱って差し支えない。

【1-6】 朝鮮人男女の婚姻届を受理してこれを保存中，夫が妻との協議離婚届及び日本人女との婚姻届を提出してきた場合，先に受理した婚姻届に夫の戸主の同意がなくても，協議離婚の届出を受理した後に新たな婚姻届を受理するのが相当であるとした事例

昭和31年2月3日民事甲194号民事局長回答

若し，前項の夫の戸主が現在死亡しており，その家督相続人が明らかでない場合は，婚姻届を受理することができないでしょうか。

回　答
　所問のような場合は，戸主の同意を得られない旨の当事者の申述書を提出させた上，婚姻届を受理して差しつかえない。

d 肉体的・精神的障害

　肉体的・精神的障害を婚姻障害事由とする国の法が準拠法となる場合，これが一方的婚姻障害事由なのか双方的婚姻障害事由なのかについて説が分かれている。[10] 大韓民国民法は，性病，不治の精神病その他不治の悪疾があるときを相手方の婚約解除の事由とし（同法804条3号），婚姻当時，当事者の一方に夫婦生活を継続することができない悪疾その他重大な事由があることを知ることができなかったとき，その相手方は家庭法院にその取消しを請求することができるとし（同法816条2号），同号の事由がある婚姻は，相手方がその事由のあることを知った日から6か月を経過したときは，その取消しを請求することができない（同法822条）とする。この場合，例えば，日本人女と性的不能の韓国人男とが婚約し，婚姻しようとした場合，妻となるべき者の一方的婚姻障害であるとすると，夫側の婚姻障害事由ではないから婚姻は有効となり，夫となるべき者の一方的婚姻障害事由又は双方的婚姻障害であるとすると，妻は婚約を解除し，妻は知ってから6か月以内に婚姻を取り消すことができることになる。性的不能の日本人男と韓国人女とが婚約し，婚姻しようとした場合，夫となるべき者の一方的婚姻障害であるとすると，婚姻は有効となり，妻となるべき者の一方的婚姻障害又は双方的婚姻障害であるとすると，婚約を解除し，妻は知ってから6か月以内に婚姻を取り消すことができることになる。思うに，もし，夫となるべき者の一方的婚姻障害であるとすると，韓国人女は本国法が適用されるのにもかかわらず，夫の性的不能を知って，これを取り消したいと思っても，婚姻の取消しができないことになる。夫の性的不能などの事情を妻の婚姻の取消事由とする趣旨は，妻に婚姻を維持するか否かの選択権を与えたものであると考える

---

10) 山田・第3版408頁は，夫となるべき者の性的不能は，妻となるべき者に重大な利害関係を持つという理由から妻となるべき者の側における一面的婚姻障害であるとする見解と当事者双方にとって重要な関係を有する問題であるから双面的婚姻障害であるとする見解があるが，それは，婚姻するについての夫となるべき者の障害にほかならないから，夫となるべき者の側における一面的婚姻障害と考えてよいであろうとする。これに対し，溜池・第3版431頁は，これを夫又は妻となるべき者の側における一面的婚姻障害とする見解があるが，双方にとって重大な関係を有するという理由などから双面的婚姻障害であるとする。

と，妻を保護するための婚姻障害であるから，夫の婚姻障害とするのは相当性を欠くものといえよう。反対に，妻の不治の精神病などの事情がある場合はどうであろうか。妻が韓国人，夫が日本人の場合，韓国法によると，夫は婚約を解除し，知って6か月以内に婚姻を取り消すことができる。日本人夫には日本法が適用されるとすると，解釈上婚約解除の事由になることがあるとしても，婚姻の取消原因にはならず，離婚原因になるにとどまる。その場合，韓国法が適用されなくても夫の保護が不十分ということにはならず，特に不都合はない。そのように考えると，肉体的・精神的婚姻障害が，他方当事者の保護のために存在する場合には，他方当事者の一方的婚姻障害として理解すべきであろう。これに対し，例えば，カナダ（オンタリオ州）婚姻法（1960年）は，婚姻には，免許，特別許可の取得，婚姻予告の公表により婚姻できる旨定めているが，同法6条は，何人も精神病者，精神的欠陥がある者，又は酒類若しくは麻薬の影響を受けている者に対しては免許，特別許可の発給又は婚姻の挙式をすることができないと定めている。また，カナダ（ブリティッシュコロンビア州）婚姻法（1979年）は，婚姻許可書の発給者等が婚姻当事者のいずれか一方が精神病，アルコール中毒者又は麻薬中毒者であると信ずべき理由を認識し又は十分な理由があると思料して，その行為をした場合は罰金に処するものとしている（同法34条）。インド1954年特別婚姻法4条は，いずれの当事者も痴呆又は精神病でないことを特別婚姻の要件として規定している。このように公益的な見地から精神障害者等の婚姻を禁じているような場合には，相手方の保護のためではないから，これらの法が本国法として適用される当事者の婚姻に関しては双方的婚姻障害事由になるものと考えられる（ただし，このように同じ婚姻障害という法的性質を持つ準拠法について一方的場合と双方的場合とを分けて考えることについては批判がある）。

e 離婚者の再婚能力

我が国において通則法27条に基づき離婚が成立した場合でも，当該外国人の本国では，離婚として扱われないときがある。そのような場合，その外国人は我が国において婚姻することができるか。これが離婚者の

再婚能力の問題である。これについては，再婚可能説と再婚不可能説とがあるが，溜池・第3版（429頁）は，場合を分けて考える必要があるとし，外国離婚判決の承認要件を欠いているとして認められない場合と再婚当事者の本国法がそもそも離婚禁止国であることによる場合[11]とを区別し，前者の場合には，前婚の解消は先決問題として離婚の準拠法によることになり，後婚の有効性は，婚姻の成立要件のみの問題となるから，本国において離婚の効力を承認するかどうかとは直接関係がないとする。後者の場合には，そもそも再婚を認めないのであるから再婚の成立は否定されるが，公序違反の問題は生じ得るとする。なお，1970年離婚及び別居の承認に関するハーグ条約（11条は，この条約の適用により離婚を承認すべき国は，他の国の法律が離婚を承認しないことを理由として，夫婦のいずれに対しても，再婚を禁止することはできないと規定する）を批准している国では，同条約を理由として再婚を禁じることは公序違反になると判断されることになろうが，我が国は同条約を批准していない。

(ii) 双面的婚姻障害

a 近親婚の禁止

　近親婚は，双方間で一定の近親関係がある場合であり，双方的婚姻障害となると理解されている。婚姻が禁止される親族の範囲は国によって異なる。例えば，日本では叔父，叔母との関係までは婚姻が禁止されるが，従兄弟になると禁止されない（民法734条）。韓国では同姓同本である血族の間では婚姻できず，また，男系血族の配偶者，夫の血族及びその他8親等以内の姻戚である者又はこのような姻戚であった者の間では婚姻することができないとされていたが，2005年改正により，同姓，同本でも婚姻が可能となるなど，その範囲は縮小された（大韓民国民法809条）。中国では，直系血族及び3代（4親等）以内の傍系血族の関係にあるときは婚姻が禁止される（中華人民共和国婚姻法7条1号）。中華民国では，直系血族，直系姻族，傍系血族の6親等以内の者は原則として婚姻でき

---

11) 例えば，カナダ（ブリティッシュコロンビア州）婚姻法39条は，前婚手続が不適法であったなど一定の事情がない限り，婚姻歴を有する当事者の婚姻の挙式をすることはできないとする。

ない（中華民国民法983条）。ドイツでは2親等内のみであるから、叔父、叔母とは婚姻ができる（ドイツ民法1307条）。スペインでは、直系血族、3等親までの傍系血族までに該当する者などは婚姻資格を有しない（スペイン民法47条）。フランスでは直系血族、直系姻族間の婚姻は禁じられている（フランス1976年民法161条）。ギリシャでは、直系血族、傍系4親等内血族間の婚姻は禁止される（ギリシャ1940年民法1356条）。メキシコでは、直系血族、直系姻族、同等の傍系血族で、兄弟姉妹、異父母の兄弟姉妹、不同等の傍系血族で叔父叔母、甥姪までは禁止される（メキシコ民法156条）。このようにいずれの国も近親婚を禁止しているが、その範囲は各国で様々である。一般に親子、兄弟のような極端な近親婚を認めるような法は公序に反するといえるが、より広く認める場合においては、一概に公序に反するということはできないと解されている。[12]

b　相姦婚禁止、異人種・異宗教禁止、兄弟配偶者禁止等

国によっては、不貞行為をして離婚をさせられた者とその不貞行為の相手方との婚姻（相姦婚）を禁止する、異なる人種や宗教徒との婚姻を禁止する、離婚をした配偶者の兄弟との婚姻を禁止するなどの規定を置いている。

相姦婚の禁止規定は、かつては多くの国にあったが、現在では多くの国で廃止されている。[13] 姦通については、これを処罰し、かつ、姦通相手との婚姻を禁止することで婚姻制度を維持しようとした歴史的経緯に由

---

12) 山田・第3版405頁は、当事者の本国法が、重婚や直系血族又は3親等内の傍系血族間の婚姻を認めるとき、本国法の適用について法例33条の公序の問題が起こり得るであろうとする。また、溜池・第3版427-428頁は、極端な近親婚を認めることは、我が国の公序に反することはもちろんであるとし、ドイツ法のような3親等内の傍系血族の婚姻をもって限度とすべきとし、反対に近親婚の禁止の範囲が我が国法の定めるそれよりも広い場合には、特に公序の問題は生じないものと解されるとする。
13) 栗生武夫『婚姻法の近代化』（弘文堂書店、1930）によると、フランス（1884〜1904）、ルーマニア（〜1906）、ポルトガル（〜1910）、スウェーデン（〜1915）、ノルウェー（〜1918）、チェコスロバキア（〜1919）、デンマーク（〜1922）には、相姦婚禁止規定があったが、それぞれ記載年度に廃止されているとし、他方、イラン民法1054条は、一定期間が経過していない既婚女性との姦通は、その当事者間の婚姻の永久的な障害となるとしている。なお、現在のイラン民法1054条は再婚禁止期間が経過していない既婚女性との姦通はその当事者間の婚姻の永久的な障害になると規定している。

来する。姦通相手とは婚姻できないとすることで不貞行為をしないよう心理強制されるという点では公序良俗に反するとは一概にいえないとしても，実際には，婚姻関係が破綻した後の異性との性的関係や離婚原因が夫の虐待にあって離婚に至るまでの間の異性との性的関係など，どの範囲で姦通といえるのか事実認定での問題も大きく，また，実際に重婚とはならない状況で，改めて再婚する場合の婚姻障害として姦通を含めるのが我が国の公序良俗に反しないかは別の問題であり，既に前婚が解消している以上，永久に婚姻し得ないとすることは公序良俗に反する場合が多いであろう[14]。

　異人種，異宗教徒との婚姻禁止は，人種差別を禁止し，宗教の自由を憲法上保障している我が国の公序に照らすとき，公序則によって否定される場合が多いであろう[15]。【1－7】は，異宗教徒間の婚姻を禁止する規定は我が国の公序に反するとして，その適用を否定し，婚姻を有効とした事例である。

【1－7】　日本人妻からエジプト人夫に対する婚姻無効確認等請求事件において，イスラム教徒に対し異教徒間の婚姻を禁止するエジプト法を準拠法として適用することは，我が国の公序良俗に反するとして，平成元年改正前の法例30条（改正後33条，通則法42条）により，エジプト法の適用を排除した事例

　　　　　　　　　東京地判平成3年3月29日家月45巻3号67頁，判時1424号84頁

　　婚姻の実質的成立要件の準拠法は，平成元年法律第27号付則第2項によって改正前の法例13条1項が適用され，各当事者の本国法となるが，イスラム教徒である被告に適用されるエジプトの法令によると，イスラム教徒である

---

14) 山田・第3版405頁は，「不貞行為により離婚させられた者とその相手との婚姻，すなわち相姦婚を禁止しているときには，かような本国法の適用について法例33条（通則法42条）の公序の問題が起こりうるであろう。」という。
15) 山田・第3版405頁。溜池・第3版431頁は，「異人種間の婚姻を禁止する制度は，わが国際私法上公序に反するものとして，その適用を排斥し婚姻の成立を認めるべきである。」とする。なお，その場合，日本国内においては有効な婚姻となっても，本国においては婚姻障害があるものとして無効なものとして扱われることになろう。

被告と仏教徒である原告との婚姻は，異教徒間の婚姻として禁止され，右婚姻は無効とされているものと解される。しかしながら，単に異教徒間の婚姻であるというだけの理由で，日本人である原告とエジプト人である被告の婚姻を無効とすることは，信教の自由，法の下の平等などを定め，保障する我が国の法体系のもとにおいては，公序良俗に反するものと解さざるを得ないので，本件においては，前記改正前の法例30条［注：通則法42条］により前記イスラム教徒に適用されるエジプトの法令の適用を排除するのが相当である。

　c　重婚の禁止
　既に配偶者のある者の婚姻を禁じる規定は，双方的婚姻障害であり，したがって，イスラム諸国のように複数の妻を持つことを認める法制の男と重婚を禁止する法を本国法とする女が婚姻をすることは，夫となるべき者の本国法では婚姻障害とならないとしても，妻となるべき者の本国法では婚姻障害となるから，婚姻することはできない。その逆の場合もそうである。
　ところで，同じく重婚を禁止するといっても，それに反してされた婚姻について，これを無効とする立法例と婚姻の取消原因とする立法例とがある。一方の本国法では，無効となり，他方の本国法では取り消し得るにとどまる場合，双方の本国法を適用すると，その効果が抵触することになるが，これを調整する規定はない。大韓民国では，1960年の民法施行までは1912年朝鮮民事令により慣習に委ねられていたが，当時の慣習法では重婚は無効とされていた。これに対し，1960年に施行された民法810条は重婚を禁止し，同法816条は，重婚禁止規定に反した婚姻は取り消し得るものとしている。重婚の取消権を持つのは，当事者，その配偶者，直系血族，4親等以内の傍系血族又は検事である（同法818条。ただし2005年改正前は，「直系血族」は「直系尊属」，「4親等」は「8親等」であった）。そして，大韓民国の時際法である同民法附則2条は，「本法は，特別な規定ある場合の外には本法施行日前の事項に対しても，これを適用する。ただし，既に旧法によって生じた効力に影響を及ぼさない。」と規定し，また同法18条1項は，「本法施行日前の婚姻又は養子縁組に本法により

無効の原因となる事由があるときは，これを無効とし，取消しの原因となる事由があるときは，本法の規定によりこれを取り消すことができる。この場合に取消期間があるときは，その期間は本法施行日から起算する。」とし，同2項は，「本法施行日前の婚姻又は養子縁組に，旧法による取消しの原因となる事由がある場合にも，本法の規定により取消しの原因とならないときは，本法施行日後には，これを取り消すことができない。」と規定している。同法附則2条により重婚禁止規定は遡及して適用されるが，その効力に影響を及ぼさないことから，旧法当時無効であれば，それは無効になると解される。また，同法18条1項も旧法当時無効原因があれば，新法下でも無効となる。したがって，旧法により無効と解すべきであるとするのが無効説である。これに対し，取消説は，同法附則18条2項は，旧法で取消原因となる場合でも新法で取消原因とならなければ取り消せないという趣旨であり，そうすると，これを類推適用して，旧法で無効原因となる場合でも新法で取消原因にしかならなければ取り消し得るにとどまると解するのが相当であるとする[16]。裁判例は別れている。【1-8】は，旧法を適用して，これを無効としたもの，【1-9】は，新法を適用して，これを取り消し得るとしたものである。戸籍事務を取り扱う法務省は，当然に無効なものとして扱っており，戸籍先例は，一貫して無効としている（【1-10】，【1-11】）。

【1-8】 韓国民法施行前になされた韓国人男と日本人女との重婚につき，婚姻当時の韓国の慣習によれば当然無効であるとして家事審判法23条により無効確認の審判をした事例

東京家審昭和36年4月1日家月13巻8号111頁

以上の認定事実に照らすと，当事者間の婚姻は重婚である。しかして婚姻の成立要件の準拠法は法例第13条［注：平成元年改正前のもの］により各当事者の本国法によるべきところ，重婚は相手方の本国たる朝鮮では，その婚姻届出当時慣習により当然無効（なお大韓民国民法「法律第471号，1960年

---

16) 山田・第3版407頁など。

1月1日施行」附則第2条但書参照）であったのに対し，申立人の本国法たる日本国民法第744条では単に取消の原因としているに過ぎない。かかる場合には前者を採用し，重婚は当然無効であると解するのが相当である。

【1-9】 韓国新民法施行前に韓国人男と元日本人女が重婚した場合，同法施行後においては，同附則18条により，その後婚姻は取り消し得べきものにとどまるとされた事例

大阪地判昭和43年3月30日家月21巻3号83頁，判時530号64頁，判タ221号195頁

本件につき準拠すべき法令は，法例13条1項［注：平成元年改正前のもの］に則り，原被告の婚姻当時における各自の本国法と解すべきところ，当時は共に日本国民であったから……，原告についてはもとより，被告についても，日本民法を以てその準拠本国法とすべきものの如くである。しかし，被告についてのみは，被告が当時朝鮮に本籍を有するいわゆる朝鮮人であった関係上，婚姻に関しては共通法により日本民法ではなく朝鮮民事令がその本国法とされていることが知られる。而して，終戦後朝鮮が日本国から分離独立し，被告の如き朝鮮人は平和条約により日本国籍を離脱して独立朝鮮の国籍を取得したこと，前記被告の本籍地域において朝鮮人を支配している大韓民国は，原則として婚姻に関しては朝鮮民事令をひきついだ上，昭和35年1月1日から大韓民国民法（以下，単に韓国民法という）を以てこれに代らせて妥当させ，現在に至っていることなどから，本件における被告の場合―国籍変動による本国法の変動があったとするのは適当でなく―その本国法としての一貫性を韓国民法にみることができるというべく，結局被告の本件に関する準拠本国法は，日本民法ではなくて韓国民法と解せられる……。ところで，右韓国民法によれば，前記認定にかかる事実は，重婚に該当し，現にその重婚関係は原被告間に継続しているから，原被告間の前記婚姻は取消されるべき筋合であって，無効となるものではなく（韓国民法附則18条1項，同民法816条及び810条。……），この理は，右婚姻当時朝鮮における慣習上（朝鮮民事令は，婚姻の実質的成立要件に関しては婚姻年令以外慣習にゆだねていた），重婚が無効とされていた（大正12年12月3日民事第4443号民事局長回答参照）か否かにかかわらない。蓋し，実体的に重婚が無効であるとしても，重婚という関係は，現在原被告間において法律的に処理されずに終っているのであるから，本件は韓国民法附則2条但書の場合に該当するも

のではなく，同条本文，同附則18条1項によって処理されるべきであるからである。
　他方，原告については，日本民法を準拠本国法とすべきこと前示のとおりであり，これによれば，原被告間の婚姻が重婚に該当し，取消し得べきものにとどまることは明らかである。

【1-10】　韓国民法施行前内地人女が妻を有する朝鮮人男と婚姻したのは当然無効であるから，妻の婚姻の記載を消除することについて，戸籍法114条の戸籍訂正の申請があった場合受理するとされた事例

昭和35年5月10日民事甲1059号民事局長回答

　所問の婚姻は届出当時における朝鮮の慣習によれば当然無効であり，また，韓国新民法附則第18条の規定はこの場合適用の余地がないものと考えられるので当該戸籍訂正申請はこれを受理するのが相当である。

【1-11】　韓国の新民法施行前に，内地人女が妻を有する朝鮮人男とした婚姻につき，重婚を理由に婚姻無効の審判を求めたのに対し，家庭裁判所が婚姻取消しの審判をした場合でも，同確定審判を資料として婚姻無効の戸籍訂正申請があれば，婚姻無効の職権訂正をさせるのが相当とした事例

昭和39年6月4日民事甲2051号民事局長回答

　……この婚姻は重婚であることが判明しました。
　当時朝鮮の慣習によりこの婚姻が無効となったため，東京家庭裁判所に対し，婚姻無効の確認を求めたところ，適当でないとして，……その取消の審判が確定したが，……婚姻無効として，右戸籍を回復願いたく……

　回　答
　……貴見のとおり婚姻無効による職権訂正をさせるのが相当である。

d 再婚禁止期間（待婚期間）違反

女性が再婚する場合，離婚後直ちに婚姻することを認めると，出生した子が前夫の子か後夫の子か識別できなくなるおそれがあることから，多くの国で，離婚後一定期間経過しないと再婚を認めない扱いをしている。これを再婚禁止期間又は待婚期間と呼んでいる。我が国は，これを6か月としている（民法733条1項）。再婚期間を設ける場合でも国によってその期間には違いがある。最近では，再婚期間の必要性に対する疑問が高まり，韓国では，我が国と同じ6か月の再婚期間を設けていた（韓国民法811条）が，2005年の改正により削除され，再婚期間はなくなった。また，フランスでは再婚期間を前婚解消から300日と定めている（フランス民法228条）が，寡婦の場合には夫の死亡後に分娩があれば再婚可能になり，別居を前提とする離婚判決などの場合には再婚を認めている。これに対し，離婚後はいつでも再婚できるとする立法例もある（例えばアメリカ合衆国ハワイ州家族法52条）。ハワイ州を住所とする女性と日本人男が婚姻する場合，ハワイ州は婚姻要件具備証明書を発行するであろうから，婚姻届は受理されることになるが，我が国の再婚禁止期間違反は双方的婚姻障害であると解されるから，その婚姻には取消原因がある（民法744条2項）ことになる。しかし，前婚解消から6か月が経過し，又は再婚後に懐胎すればもはや取り消し得なくなる（同法746条）から，実際上，あまり問題となることはない。双方当事者の本国法がいずれも再婚禁止期間を設けている場合は，期間の長い方が適用される。【1-12】は，日本に居住するアメリカ人（カリフォルニア州）夫婦のうち妻が婚姻時点で前婚の離婚判決から1年以内であったことから，妻から夫に対し，カリフォルニア州法によると，離婚後1年以内の再婚は無効であるから，本件婚姻は無効であるとして，婚姻無効の訴訟が提起された事案で，同州法では，中間判決言渡しから1年以内は離婚の効力は生ぜず，次の婚姻をしても無効であるとされているとして，家事審判法23条に基づき離婚無効の審判をした事例である。まだ，離婚の効力が生じていない間に再婚をしたものであるから法的性質としては重婚として考えるべきであ

ろう[17]。なお，本国法の国際私法によって日本法が適用される場合には，日本法の婚姻障害がないことが必要となる。例えば，日本人男が米国人女と婚姻する場合，同女の実質的婚姻成立要件は反致により日本民法が準拠法となり同女には再婚禁止期間の婚姻障害があるので婚姻届を受理すべきでないとされた先例（昭和62年10月2日民二4974号民事局長回答）がある。

【1-12】 米国人夫と離婚した米国人妻（カリフォルニア州）がその離婚判決後1年以内にした米国人男（カリフォルニア州）との婚姻を無効とした事例

浦和家審昭和38年6月7日家月15巻8号131頁

> 本件についての準拠法は，法例13条［注：平成元年改正前のもの］により，それぞれ当事者の本国法であるカリフォルニア州法によるべきところ，……上記州法によればその離婚の当事者の一方が判決言渡後1ケ年以内に次の婚姻をなしたときは，それがカリフォルニア州外でなされた場合においてもその婚姻は，無効であることが認められる。そうすると，XとYとの本件婚姻は，Xの上記判決言渡後1年以内になされたものであるから，無効であるといわなければならない。

(2) 婚姻の方式

ア 婚姻の形式的成立要件

通則法24条2項（法例13条2項）は，婚姻の方式は婚姻挙行地の法によると規定している。婚姻の方式は，婚姻の事実を公示する機能を有するものであるから，婚姻挙行地の法以外の方式を採るときは，この公示機能を十分に発揮できないため，挙行地の法によることが望ましいと考えられ，ほとんどの国は，基本的にこの婚姻挙行地主義を採っている。しかし，日本人の間で海外において婚姻するときは，日本法の方式により，その国に駐在する日本の大使，公使又は領事にその届出をすることが認

---

17) 金・百選102頁。

められており（民法741条），また，婚姻する当事者のどちらか一方の本国法によってもよいとされている（通則法24条3項本文）。ただし，当事者のどちらか一方が日本人の場合において，日本国内で婚姻するときは，日本法が準拠法となる（同項ただし書）。【1-13】は，日本人男と中国人女の事実上の婚姻関係について，婚姻挙行地である中華人民共和国婚姻法では，人民政府への登記を欠く場合であっても，事実婚が成立していれば同国の方式により婚姻したものと解釈されていることから，我が国においても事実婚の成立による婚姻を挙行地の法律による方式に従ったものとして有効であると解することができるとしたものである。なお，中国では現在でも婚姻登記を欠く事実婚が多く存在しており，登記をした場合と同様の保護が与えられているようである（加藤美穂子『中国家族法［婚姻・養子・相続］問答解説』17頁以下（日本加除出版，2008）参照。）。

【1-13】 中華人民共和国婚姻法では事実婚が成立していれば同国の方式として有効であるとし，日本法上も婚姻挙行地の法律による方式に従ったもので有効であるとした事例

東京高決平成5年10月8日家月47巻9号69頁，判タ871号277頁

平成元年法律第27号による改正前の法例13条1項は，日本人と外国人の婚姻につき，婚姻成立の要件は各当事者につきその本国法により定め，婚姻の方式は挙行地の法律による旨規定している。A［抗告人の母］は，中華人民共和国成立当時，同国が支配する上海市に居住していた中国人であるから，同国成立以降，その本国法は中華人民共和国法になると解される。そこで，民法及び中華人民共和国の婚姻に関する法律である中華人民共和国婚姻法（1950年4月13日中央人民政府委員会第7次会議採択）における，婚姻の成立要件及び婚姻の方式を検討する。民法は，……戸籍官吏に届出することを婚姻の方式として要求している（775条）。一方，中華人民共和国婚姻法は，……居住地（区，郷）人民政府への登記を婚姻の方式として要求している。しかし，同法については，登記を欠く場合であっても，婚姻意思を有し，婚姻障害がない男女が同棲し，社会的にも夫婦と見られるに至ったとき（事実婚が成立したとき）は中華人民共和国の方式により婚姻したものと解釈されており，日本法上も，事実婚の成立による婚姻を挙行地の法律による方式に

従ったものとして有効であると解することができる。

イ　外交婚・領事婚

　外国で婚姻する場合において，その国が挙行地主義を採っていても，自国の大使，公使，領事等により，自国の方式に従って婚姻をすることを認める国が多い。これを外交婚あるいは領事婚という。我が国も，平成元年の法例改正前には，民法741条が在外日本人間で婚姻しようとするときは日本の大使，公使，領事に婚姻届出をすることができる旨規定し，これを国際私法である平成元年改正前法例13条2項でその適用を認めることにより，領事婚を認めていた。しかし，日本人が外国で外国人と婚姻をする場合には，民法741条は適用されず，理論的には，日本法による婚姻は認められないはずであった。実務では，婚姻届を日本の本籍地である市区町村長に郵送することにより，日本を婚姻挙行地として受理することが認められていたし（【1-14】），在外日本領事が在外日本人と外国人との婚姻届を受理して本籍地市町村長に送付した場合も当該市町村長が受理をした時に婚姻の効力は生じるとされていた（【1-15】）。そして，上記のとおり，法例改正により，婚姻する一方が日本人であれば，日本法を適用できることとなったことから，現在では，あえて，外国から婚姻届を郵送する場合や領事館等に提出する場合にその挙行地を日本と解釈する必要性はなくなった。

【1-14】　外国在住の日本人男と外国人女との婚姻届の送付（郵送による提出）を受けた夫の本籍地市町村の取扱いと平成元年改正前法例13条の適用について

昭和26年3月6日民事甲412号民事局長回答

　所問のように外国に在る日本人が婚姻届書を市町村長に郵送した場合は，法例第13条［注：平成元年改正前のもの］の規定の適用については，婚姻挙行地は日本と解すべきものと思考するから，念のため申し添える。

【1-15】 外国在留日本人男と外国人女との婚姻届を同地駐在領事が受理し外務省から送付された場合，同届書は戸籍法の婚姻届書として取り扱うべきとした事例

昭和11年2月3日民事甲40号民事局長回答

> 本件届書ハ戸籍法ノ規定ニ依ル婚姻届書トシテ取扱フヘク従テ夫ノ本籍地市町村長カ之ヲ受理シタル時ニ於テ婚姻ハ其ノ効力ヲ生スルモノトス

(3) 婚姻の無効・取消し

婚姻の実質的成立要件が欠けていて無効又は取消原因となる場合，その準拠法は，婚姻の実質的成立要件の準拠法と同じく各当事者の本国法である。双方について要件が欠けている場合，その効果は，厳格な効果を定める方の法律によると解されている（厳格法の原則）。[18] 例えば，重婚は，日本法では取消原因であるが，フィリピン法では無効であるから，厳格な効果を定めるフィリピン法が適用され，その婚姻は無効となる（【1-16】）。

【1-16】 日本人女がフィリピン人男と婚姻した後フィリピン人男が重婚であることを知り，戸籍中当該婚姻事項の消除を求めた事案において，日本法によれば重婚は取消原因であるが，フィリピン法によると重婚は無効であるから，このような婚姻は結局無効になるとして申立てを認容した事例

大阪家審昭和52年11月1日家月30巻11号74頁

> 法例第13条第1項本文［注：平成元年改正前のもの。］によれば，婚姻成立の要件は各当事者につきその本国法によって定めるべきところ，申立人の本国法である日本法によれば重婚における後婚は取り消し得べき婚姻であり，申立人と重ねて婚姻した男の本国法フィリピン法によれば上記婚姻は無効で

---

18) 山田・第3版416頁，溜池・第3版435頁，櫻田・第6版274頁，木棚他・概論204頁，神前他164頁，澤木・道垣内・入門104頁。

あるが，そのような婚姻は結局無効になるものと考えられる。

(4) 婚姻の身分的効力
ア 準拠法の決定

通則法25条は，「婚姻の効力は，夫婦の本国法が同一であるときはその法により，その法がない場合において夫婦の常居所地法が同一であるときはその法により，そのいずれの法もないときは夫婦に最も密接な関係がある地の法による。」と規定しているが，同法26条が夫婦財産制について規定をしていることから，同法25条の婚姻の効力は，その身分的効力を定めたものであると解されている。婚姻の身分に関する問題は，当事者の属人法によることから，ほとんどの国は属人法として住所地法又は本国法を採用している。そして，本国法を採用すると，夫婦の国籍が異なる場合，準拠法を決定できないことから，段階的連結方法が採用される。我が国の通則法25条もこれに沿ったもので，第一に本国法を採用するが，本国法が同一ではないとき，第二の連結点として，常居所地法を採用し，それもない場合，最密接関係地法が採用されている。[19] 一般に継続的法律関係について，連結点の変更によって準拠法の変更を認める考え方を変更主義，ある時点の準拠法を固定して適用し，その後の変更を認めない考え方を不変更主義というが，通則法25条は，変更主義を採っており，したがって，婚姻中，適用すべき準拠法が変更すれば，それに応じて婚姻の身分的効力にも変更を及ぼすことになる。この点は，同条が準用されている夫婦財産制（26条），離婚（27条）の場合も同じである。

それでは，最密接関係地とは具体的にどのような場合なのか。通則法25条（法例14条）は，離婚に関する27条（法例16条）にも準用されているが，

---

[19] 山田・第3版423頁，溜池・第3版443頁は，「密接関連法」，木棚他・概論208頁は，「密接関係地法」，神前他172頁，澤木・道垣内・入門106頁は，「最密接関係地法」とするなど，統一された表現はないが，最密接関係地法とするのが条文に最も素直な表現であろう。

本国法を異にする外国人夫婦の協議離婚届出について，最密接関係地法が日本法であるとして，これを受理して差し支えないとされた先例は多くある。例えば【1-17】は，イギリス人夫とアメリカ人妻の離婚について，最も密接な関係がある地が日本であると認定し，協議離婚届を受理した先例である。

【1-17】 連合王国人夫とアメリカ人妻の離婚における最も密接に関連する地の認定についての事例

平成2年9月20日民二4179号民事局長回答

> 本件の場合は，夫婦の本国法が同一でなく，夫については日本に常居所があると認められますが，妻については日本に常居所があると認められないことから，夫婦に最も密接な関係がある地を認定することになり……下記2の理由により日本が密接な関係がある地として認められると思料しますが，……
>
> 回　答
> 　標記の件は，夫婦に最も密生な関係がある地が日本であると認めて差し支えない。
> 　　　　　　　　　　　　　　　記
> 1　（略）
> 2　夫については，日本に常居所を有するものと認められる。一方，妻についてはそれが認められないものの，外国人登録をしてから引き続き2年は日本に在留しており，さらに，その前にも日本との往来がある。

イ　準拠法の適用範囲

(ア)　同居・扶助義務

同居義務は，婚姻の効力の問題と解されている。夫婦間の扶助義務も，婚姻の効力であるから，平成元年改正前法例14条によると解されていた（【1-18】）。しかし，扶養義務の準拠法に関する法律（昭和61年法律第84号）の施行（同年9月1日）後は同法律が適用され，扶養義務は，扶養権利者の常居所地法によって定め，扶養権利者の常居所地法によると扶養義務

者から扶養を受けることができないときは当事者の共通本国法による（同法2条1項）。それでも扶養を受けることができないときは，扶養義務は日本の法律によって定める（同条2項）こととなった。したがって，同居義務，協力義務は，婚姻の効力として，通則法25条によるが，扶養義務については，扶養義務の準拠法に関する法律によることになる。

【1-18】① 夫婦間の扶養義務の準拠法について平成元年改正前法例14条を適用した事例（扶養義務の準拠法に関する法律制定前のもの）

東京家審昭和49年1月29日家月27巻2号95頁

> 夫婦間の扶養義務は，婚姻共同体そのものの維持存続に必要不可欠のものであって，これは婚姻の一般的効力に関するものであるから，本件の準拠法は，法例第14条［注：平成元年改正前のもの］により夫である相手方の本国法たるドイツ法である。

【1-18】② 同旨

大阪家審昭和54年2月1日家月32巻10号67頁

> 夫婦財産制の中で婚姻費用の負担者が定まっている場合には，その負担者が負担義務を履行している限り扶養の問題を生ずる余地はなく，夫婦扶養義務は現実化するに至らないのであるから，先ず，法例第15条［注：平成元年改正前のもの］の夫婦財産制の準拠法によって婚姻費用負担者を定めるべきであり，もしその準拠法上婚姻費用負担に関する規定がないか，あるいはその準拠法による婚姻費用負担者が負担義務を履行することができない場合で，生活能力のない配偶者の一方が他方に対し生活費の供給を求めるものであれば，それは扶養の問題として，法例第14条により準拠法を定めるべきである。

(イ) 婚姻費用の分担

婚姻費用分担の準拠法については，平成元年改正前の法例の適用について，同法15条（夫婦財産制の準拠法）によるとする説と同法14条（婚姻の一般的効力の準拠法）によるとする説とに分かれていた。現在では，夫婦

の相互扶養の問題であるから，扶養義務の準拠法に関する法律によるとする見解が有力であるが，夫婦の財産関係の問題として平成元年改正前法例15条によるとする説もある。[20] 改正前の法例に関して，【1-19】は，まずは同法15条によるとした審判例であり，【1-20】は，その抗告審で，同法14条によるとした例である。

【1-19】 日本在住の日本人妻が米国在住の米国人夫に対し，生活費の支払を求めた事案で，まず夫婦財産制の問題として平成元年改正前法例15条によるが，その準拠法上，婚姻費用負担の規定がないなどの場合には，同法例14条によるのが相当とした事例

大阪家審昭和54年2月1日家月32巻10号67頁

　　婚姻費用分担金請求は，別居中の妻から夫に対し生活費の支払を求めるものであり，このような婚姻生活費用の出捐は，婚姻費用分担の問題とすれば夫婦財産制として法例第15条[注：平成元年改正前のもの。以下同じ]により婚姻当時における夫の本国法が準拠法となるのに対し，夫婦間の扶養（扶助）の問題とすれば婚姻の効力の1つとして法例第14条により夫の現在の本国法が準拠法となるので，いずれによって準拠法を定めるかが問題となる。……一般的にいえば婚姻費用負担の問題は夫婦財産制の形態との関係で婚姻共同生活費用を夫婦のいずれが負担すべきかを定める点に主眼があり，……夫婦財産制の中で婚姻費用の負担者が定まっている場合には，その負担者が負担義務を履行している限り扶養の問題を生ずる余地はなく，……先ず，法例第15条の夫婦財産制の準拠法によって婚姻費用負担者を定めるべきであり，

---

20) 山田・第3版426頁・541頁は，扶養義務に関する準拠法によるとし，溜池・第3版454-455頁は，「婚姻生活維持のための財産的出捐についての問題は，一応これを婚姻生活費用負担の問題とみて，まず夫婦財産制の準拠法によらしめ，当該準拠法上定められた婚姻生活費用の負担の分配に関する原則にしたがい，もし所定の負担義務者がその負担に耐えることができないようなときに，初めて問題を夫婦扶養の問題として扶養義務の準拠法によらしめるのが適当であろう。」とする。澤木・道垣内・入門105頁は，夫婦の財産関係に影響を与える経済的な事項であるので，通則法26条によるのが適当であろうとする。神前他173頁は，原則として夫婦間の財産関係の問題として通則法26条に含まれるとしながら，もっぱら扶養義務の問題として準拠法を決定すべきであるとの説もあるとする。櫻田・第6版88頁は，夫婦間の扶養の問題は扶養義務の準拠法に関する法律が適用されるので，通則法25条には入らないとする。松岡・講義191頁は，夫婦の扶養義務については扶養義務準拠法によるとする。

もしその準拠法上婚姻費用負担に関する規定がないか，あるいはその準拠法による婚姻費用負担者が負担義務を履行することができない場合で，生活能力のない配偶者の一方が他方に対し生活費の供給を求めるものであれば，それは扶養の問題として，法例第14条により準拠法を定めるべきである。

【1-20】 夫婦間の扶養義務は，婚姻共同体それ自体の維持存続に必要不可欠のものというべきであり，したがって，これは婚姻の一般的効力に関するものであるから，法例14条（平成元年改正前のもの）によるべきである

大阪高決昭和55年8月28日家月32巻10号90頁

夫婦間の扶養義務は，婚姻共同体それ自体の維持存続に必要不可欠のものというべきであり，したがって，これは婚姻の一般的効力に関するものであるから，法例14条［注：平成元年改正前のもの］によるべきである。したがって，右準拠法は，右法条に基づき，抗告人の夫たる相手方の本国法，即ちカリフォルニア州法ということになる。

(ウ) 成年擬制

婚姻した場合，未成年者であっても，成年として扱われるものとする（成年擬制）制度を設けている国がある。我が国の民法753条もその旨を定める。成年擬制は婚姻生活の円滑な運営のために認められた制度と考えると，婚姻の効力の問題として通則法25条（法例14条）が適用されることになり，成年擬制を行為能力の取得として理解すると，通則法4条（法例3条）が適用されることになる。かつての通説は，旧法例14条説であったが，最近は，通則法4条（法例3条）説が通説になりつつあるようである。[21] なお，いずれに解しても，内国取引保護のため，婚姻した未成年者は，その本国法によって行為能力がなくても，通則法4条2項

---

21) 溜池・第3版445-446頁は，成年擬制は婚姻の効力の問題と解するのが通説であるが，平成元年改正前法例3条の問題と解すべきであるとする。櫻田・第6版281頁，木棚他・概論186頁，山田・第3版427頁，神前他108頁，澤木・道垣内・入門102頁は，いずれも通則法4条説ないし旧法例3条説である。以上のとおり，近時は，通則法4条（平成元年改正前法例3条）によるとするのが通説のようである（道垣内・各論180頁参照）。

(法例3条2項) により，国内の取引では行為能力者とみなされる。

(エ) 妻の行為能力の制限

婚姻により妻の行為能力を制限する立法例がある[22]。これを成年擬制と同様，行為能力の問題とする説[23]と婚姻の身分的行為の問題とする説[24]とがある。前者は，行為能力の制限の問題である以上，婚姻を契機とする場合も含めて通則法4条（法例3条）の問題として考えるべきであるとし，後者は，妻の行為能力を制限するのは本人の未成熟によるのではなく，夫の首長たる地位を認めることにより夫婦の和合円満を図るためであるから通則法25条（法例14条）の問題であるとする。確かに妻の行為能力を制限するのは，夫に財産管理権を付与し，妻に対する支配を示すものであり，夫婦間の内部的な効果を持つが，しかし，そもそも，行為能力は対外的取引をする私法上の能力であり，成年擬制と同様，一律に通則法4条に服するとするのが合理的であるように思われる。したがって，我が国において取引をする以上，妻の行為能力の制限は通則法4条2項（法例3条2項）により否定されることになる。もっとも，通則法25条によっても，通則法4条2項を準用するとすれば，結論には差異はないことになる。

(オ) 夫婦の日常家事債務

夫婦の一方の日常家事によって生じた債務について他方が連帯して責任を負担する制度は，我が国の民法などで規定されているが，これは，夫婦の共同生活の円滑な運営のために必要な制度であり，夫婦の契約で排除できない性質のものであるとして，婚姻の身分的効力の問題として法例14条（通則法25条）によるとするのが通説的見解であったが，我が国の民法でも夫婦財産制の節に規定されているように，最近では，これを

---

[22] 例えば，ブラジル民法（1916年1月1日法律第3071号，一部改正1919年1月15日法律第3725号）6条2号は，「婚姻中の妻は，ある行為若しくはこれを行う方法に関して無能力者とする」と規定していた。

[23] 澤木・道垣内・入門102頁，道垣内・各論180頁，神前他108頁。なお，道垣内・各論同頁は，最近の通説は，成年擬制は通則法4条（平成元年改正前法例3条）により，妻の行為能力の制限は通則法25条（平成元年改正前法例14条）によるとしているとする。

[24] 山田・第3版426頁，溜池・第3版446頁，木棚他・概論186頁，櫻田・第6版283頁。

夫婦財産制を定める通則法26条（法例15条）の問題であるとする見解が増えている[25]。いずれにしても，我が国での取引については，通則法25条（法例14条）説の場合には，通則法4条2項（法例3条2項）の類推適用により，日常家事債務の連帯責任を認めるべきであり，通則法26条（法例15条）説の場合には，同条3項により，善意の第三者に対しては日常家事債務の連帯責任が認められるべきであると考えられている。

(カ) 成年・未成年後見

配偶者が精神上の障害により判断能力を欠いた場合において，他方配偶者がその後見人になることを認める法制，あるいは，妻が未成年の場合，夫がその後見人となる法制を持つ国がある。これは婚姻自体の効力というよりも，後見を開始する原因事実が発生した場合の特別な関係であることから，婚姻の効力の問題ではなく，後見の準拠法を定める通則法35条（法例24条）によるべきものと考えられている[26]。

(キ) 夫婦間の契約

夫婦間の契約については，契約一般の準拠法を定める通則法7条，8条（法例7条）によるか，婚姻の一般的効力として通則法25条（法例14条）によるかという問題がある。夫婦の財産関係については，通則法26条（法例15条）によるが，それを除く夫婦間の契約については，婚姻生活の遂行上の必要に基づくものであるとして，通則法25条（法例14条）によると考えられている[27]。ただし，実際には，扶養や財産関係の問題以外に夫婦間の契約が問題となる場合というのはあまりないであろう。

---

25) 溜池・第3版446頁は，両説を並記しているが，山田・第3版428頁は，平成元年改正前法例14条説支持から同15条説に見解を改め，澤木・道垣内・入門103頁，道垣内・各論163頁，神前他173頁は，いずれも通則法26条（平成元年改正前法例15条）説である。これに対して，木棚他・概論208頁は通則法25条（平成元年改正前法例14条）説である。
26) 山田・第3版428頁，澤木・道垣内・入門103頁など
27) 山田・第3版428頁，溜池・第3版447頁。ただし，澤木・道垣内・入門は，経済的な関係を内容とする夫婦間契約については，夫婦財産制との関係が密であるので，通則法26条によるべきであるとする（103頁）。木棚他・概論186頁は，明確ではないが，身分的効力は，婚姻の効力から夫婦財産制の問題を除いたほとんど全ての効力をいうとされており，夫婦財産制にかかわらない夫婦の契約関係は通則法25条（平成元年改正前法例14条）によるとする趣旨と思われる。

(ク) 夫婦の氏

　氏名についての国際私法は，基本的に人格権，氏名権の問題として本人の本国法によるとされているが，夫婦の氏など身分関係の変更等により生じる氏の変更については，学説，判例は分かれている。夫婦の氏については，婚姻の効力の問題として，通則法25条（法例14条）が適用されるとするのが従来の多数説である[28]。これに対し，氏の問題は，身分関係の変動に伴う場合でも個々人の人格権である氏名権の問題であるから，夫婦各自の属人法によるべきであるとする見解や通則法25条（法例14条）を適用する場合に生じる問題を指摘する見解が増えつつある[29]。また，そもそも氏名は私法上の権利としてではなく公法上の問題として考えるべきだとする説もある[30]。なお，氏名については各自の本国法によるとする条文を設けるべきかどうかが検討されていた[31]が，通則法の改正では見送られた。

　裁判例として，【1-21】は，平成元年改正前法例14条が適用されるとした事例，【1-22】は，人格権たる氏名権の問題として本人の属人法によるとした事例である。【1-23】は，【1-22】と同じ日本人男とスイス人女との婚姻についてスイス人女につきその本国法であるスイス民法を適用して夫の氏を得るから婚姻後の母氏名及び妻の氏名については，変更後の氏を戸籍に記載すべきとした先例である。

　ところで，従前は，外国人と婚姻した日本人の氏については一般的な氏変更の要件（やむを得ない事由）がなければ外国人である配偶者の氏に変更できない取扱いがされていたため，国際私法の準拠法の適用により

---

28) 山田・第3版428頁。
29) 溜池・第3版444頁。木棚他・概論226頁以下は，我が国の多数説は，夫婦の氏については旧法例14条によるなど身分関係の発生や変動に付随する効果として準拠法を考えるが，1987年スイス国際私法37条，1986年ドイツ民法施行法10条などが定めるように，原則として本国法によるとし，当事者に選択権を認めて身分関係の効力の準拠法によることもできるとする方が条理に適うのではないかとする。櫻田・第6版282-283頁は，明言を避けているが，平成元年改正前法例14条によると段階的連結による不明確性が生じる問題点が指摘されている。神前他113頁は，各自の本国法によるべきとする。
30) 澤木・道垣内・入門103頁・151頁参照。
31) 法例見直し(4)86頁以下に，氏名に関する学説の状況についても詳しく解説されている。

当事者の合意による配偶者である外国人の氏の選択ができるのにかかわらず，それを戸籍に反映させることができないという批判が強かった。そこで，昭和59年の戸籍法改正（同年法律第45号）により，渉外婚姻した日本人配偶者が6か月以内に届出することによりその氏を外国人の配偶者の氏に変更することを認める旨の規定を新設した（戸籍法107条2項）。また，家裁実務では，6か月以上経過した場合でも外国人である配偶者と氏が異なることにより生活に支障を来しているという場合には，やむを得ない事由があるものとして氏の変更を許可することも認められていることからすると，現在では，国際私法の効果と戸籍への反映との齟齬はほぼ解消されているとみることができる。

【1-21】① 外国人夫と婚姻した日本人妻の氏は，婚姻の効力として平成元年改正前法例14条（婚姻の効力）によるとした事例

札幌家審昭和59年3月7日家月37巻1号139頁

申立人は，アメリカ合衆国を国籍とする夫と婚姻しており，このように外国人の夫と婚姻した日本人の妻がどのような氏を称するかは，婚姻の効力として法例14条［注：平成元年改正前のもの］により夫の本国法によるべきものと解されるところ，申立人が上記婚姻によりどのような氏を称するかは，夫の本国法であるアメリカ合衆国アイオア州の法律により定まることとなる。ところで，アメリカ合衆国の各州法によれば，通常，妻は婚姻によって夫の氏を称することになっていて，アイオア州法においても同様と思料され，申立人は，夫の氏を称すべきものと推認される。

【1-21】② 同旨

札幌家審昭和57年1月11日家月35巻7号98頁

一般に，日本人である女性が，外国人である男性と婚姻した場合，妻がどのような氏を称するかについての準拠法を考えるに，氏の問題は，もともと人の独立の人格権たる氏名権の問題で，本人の属人性によるものとして，婚姻の本質的効力でないとする見解もあるが，しかし，氏の変動が本人の意思

によらない場合，すなわち婚姻といった身分の変動によって生じる場合には，これを婚姻の効力として論ずるよりほかはないというべきであるから，その原因となった身分関係の効力の準拠法によることが妥当と考えられる。そうだとすれば，申立人は，……アメリカ合衆国の国籍を有する夫Aと，法律上の婚姻をしているのであるから，法例第14条［注：平成元年改正前のもの］により，妻である申立人がいかなる氏を称するかは，夫であるAの本国法であるアメリカ合衆国（ミシガン州）の法律に準拠すべきものである。

【1-22】 婚姻による氏の問題は氏名権の問題として本人の属人法によるとした事例

京都家審昭和55年2月28日家月33巻5号90頁

渉外関係にある婚姻による氏の問題の準拠法については，争いのあるところであるが，氏の問題は人の独立の人格権たる氏名権の問題として本人の属人法によるべきものと解すべきである。ところが，従来の国際私法上の通説によると，右に関する氏の問題は婚姻の身分的効力の問題として法例第14条［注：平成元年改正前のもの］により夫の本国法によるものとし，夫が日本人の場合は民法第750条によるべきであるとするが，Aは上記の人格権説に従い同人の本国法であるスイス民法により申立人の氏を取得したものと解される。

【1-23】 日本人男とスイス人女との間に出生した嫡出子の父母欄の母の氏名及び夫の身分事項欄の妻の氏名の記載についての事例

昭和56年7月16日民二4543号民事局第二課長回答

スイス人レ〇〇・エ〇タは，日本人田〇伸〇との婚姻により，スイス民法第161条第1項の規定によって婚姻後はその姓としてタ〇〇を称することとなったので，出生届書の母欄の記載及び同届書その他欄に記載する昭和55年8月27日付け民二第5218号民事局長通達に基づく申出事項中，母の氏名は田〇エ〇タと記載するのが相当である。

(5) 婚姻の財産的効力
　ア　準拠法の決定
　　婚姻の財産的効力（夫婦財産制）については，債権契約と同視して当事者の意思によりその準拠法を決定すべきとする主義（意思主義），婚姻の効力の問題として当事者の属人法を適用する主義（属人法主義），夫婦財産のうち動産については属人法，不動産については所在地法によるなど動産と不動産を区別する主義（動産不動産区別主義）があり，意思主義はフランスの判例，属人法主義はドイツ，イタリア，ギリシャ，スペイン等，動産不動産区別主義はコモン・ロー諸国で採用されている。[32]

　　我が国では，平成元年の法例改正前は，属人法主義を採り，夫の本国法によるとしていたが，改正後は，原則として法例15条を準用するとされ（法例15条1項本文），そのまま通則法26条1項に引き継がれている。すなわち，夫婦の同一本国法，夫婦の常居所地法，最密接関係地法の段階的連結となる。しかし，例外として，夫婦が，適用すべき法律を，①夫婦の一方が国籍を有する国の法律，②夫婦の一方の常居所地法，③不動産についてはその不動産の所在地法の中から，署名した書面で日付の記載したものにより，選択して指定できる（通則法26条2項）から，意思主義の要素も取り入れられており，また，③により動産不動産区別主義の考え方も反映できるようになっている。①は「本国法」と異なり，重国籍の場合には，その中から選択できる。「同一本国法」は，重国籍の場合，通則法38条1項（法例28条1項）により本国法を決定してから同一性の有無を判断することになる。この本国法については，反致による適用排除はない（通則法41条ただし書）。最密接関係地については，夫婦財産制の問題であるから，財産の所在地など財産に関する要素が重視されるべきである。婚姻継続中に準拠法が変更された場合，既に夫婦が所有している財産については変更後の準拠法に基づく夫婦財産制は適用されないとする説とその継続性，区別の困難性から，全ての財産に適用されるとする説とがある。前記の意思主義に基づき準拠法を変更する場合は，そ

---

[32] 山田・第3版431頁，溜池・第3版448頁，澤木・道垣内・入門105-106頁。

の意思内容を無視できないし，その内容から準拠法変更前の財産関係に適用すると適当でない場合もあろうから，一律に考えることは難しいと思われる。

外国法が準拠法になると，日本国内で取引をする第三者は不測の損害を受けるおそれがあるため，内国取引保護の観点から，外国法による夫婦財産制については，日本でした法律行為や日本にある財産については，日本で夫婦財産契約の内容を登記しない限り，善意の第三者に対抗できないものとし，その結果，その夫婦財産制によることができないときは，その第三者との関係では日本法によるものとされている（通則法26条3項・4項）。

イ　準拠法の適用範囲

夫婦財産については，法定財産制により夫婦財産契約を認めない立法，夫婦財産契約についても時期，内容，効力について規定をする立法など様々であり，その内容は準拠法によって決定されることになる。夫婦財産契約を締結する場合，その契約を締結する能力の準拠法の指定については，通則法26条（法例15条）によるとする説[33]と行為能力についての通則法4条（法例3条）によるとする説[34]とがある。法例3条説が有力説であったが，平成元年の法例改正により夫婦の不平等が解消されたこともあって，その後は通則法26条（法例15条）説が多数説となっている。なお，夫婦財産契約の方式については，通則法34条（法例22条参照）による。

【1-24】は，米国人夫と日本人妻間の夫婦財産制の準拠法について，平成元年改正前の法例15条（夫の本国法），27条3項（地域的不統一法国の準拠法）に基づき，カリフォルニア州法を準拠法として指定し，同州法が土地所在地法を適用する旨規定していることから，反致を認め，不動産所在地法である日本法を適用した事例である。改正後の法例によると，同一本国法，常居所地法の適用がないケースであるから最密接関係地法によることになり，最密接関係地として不動産所在地を重視すると，や

---

[33] 山田・第3版433-434頁，溜池・第3版453頁，櫻田・第6版287頁，木棚他・概論211頁。
[34] 澤木・道垣内・入門105頁。

【1-24】 米国（カリフォルニア州）人夫と日本人妻間の夫婦財産制の準拠法につき，夫の本国法であるカリフォルニア州法に関し反致を認め，不動産所在地法である日本法を適用した事例

東京高判昭和61年1月30日家月39巻6号46頁，判時1215号49頁

> 控訴人〔注：夫。米国カリフォルニア州〕と被控訴人〔注：妻。日本人〕との間における財産の帰属の問題は，法例15条，27条3項〔注：いずれも平成元年改正前のもの。以下同じ〕により第1次的には夫たる控訴人の本国法であるアメリカ合衆国カリフォルニア州法によって決せられることになるが，……カリフォルニア州の抵触法に関する判例においては，この点に関し不動産については不動産所在地の法律を適用するとの解釈を採用していることが認められ，また，……アメリカ法律協会によって採択された法の抵触に関するリステイトメント（第2集）は，233条において婚姻時に一方の配偶者が取得していた土地上の利権について，234条において離婚期間中に夫婦の一方が取得した土地上の利権について，いずれも土地所在地の法律を適用する旨定めていることが認められる。してみると，本件各不動産については，法例29条によりその所在地法たる日本法が適用されることになり，本件各不動産の取得の経緯が前記認定のとおりである以上，夫婦別産制を採用する日本法の下においては本件各不動産は被控訴人の所有に帰することになる。

3　婚約及び内縁

(1) 婚　約

ア　実質的成立要件

婚約の実質的成立要件については，通則法及び法例に規定がない。そこで，婚姻の実質的成立要件についての準拠法を定める通則法24条1項（法例13条1項）を類推適用し，各当事者の本国法によるとするのが相当とする説が多い。[35] これに対し，法令上存在しない婚約や内縁という単位

---

35) 山田・第3版439頁，溜池・第3版480頁，櫻田・第6版301頁，木棚他・概論213頁．

法律関係に該当するか否かをあえて問題とするのは適当ではないとして，その類推を否定する説もある[36]。【1-25】は，婚約破棄をした日本人男に対し中華民国人女が損害賠償を求めた事案であるが，平成元年改正前法例13条1項を類推適用し，日本法と中華民国法が重畳的に適用されるとし，婚約破棄について日本人男に責任があるとはいえないとして請求を棄却した。

【1-25】 婚姻予約の成立要件及びその効力の準拠法について，平成元年改正前法例13条を類推適用した事例

東京地判昭和46年3月12日判タ266号245頁

> 婚姻予約の成立要件及びその効力の準拠法についてわが法例は明文の規定を有しないが，婚姻予約が身分法上の契約の性質をもち，婚姻の場合の一体的関係が成立する以前の関係であることから，右の準拠法は法例第13条1項〔注：平成元年改正前のもの〕を類推適用し，各当事者につき，その本国法を適用するのが相当と解する。

イ 婚約の方式

婚約の実質的成立要件について通則法24条1項（法例13条1項）を類推適用する見解では，その方式については，同条2項・3項本文を類推することになり，戸籍がない婚約については同条3項ただし書は類推適用されないとする[37]。しかし，婚約については，遠隔地において合意が成立した場合など婚姻挙行地のような明確な規準を設定できるのか疑問があ

神前他181頁。
36) 澤木・道垣内・入門111頁。神前他182頁は，内縁や婚約は各国法上その効力と成立要件とが密接に関係しており，要件と効力について別の準拠法を適用することは妥当でないこともあろうとし，そこで，これらの問題については一般的に通則法33条により，当事者の本国法によることが考えられるとする。
37) 山田・第3版439頁，溜池・第3版480頁，櫻田・第6版301頁。木棚他・概論213頁は，婚約の方式については，通則法24条2項・3項を類推適用する説もあるが，婚約保護を考慮すべき必要性は婚姻ほど強くないのであるから，むしろ通則法34条の類推適用によるべきであるとする。

るほか，婚約の効力についても婚姻と同視するのは困難であることなどを考えると，果たして通則法24条2項・3項（法例13条2項・3項）を類推するのがよいのか疑問があろう。

ウ　婚約の効力

婚約の成立や方式について婚姻に関する通則法24条（法例13条）を類推適用する説も，婚約の効力については，婚約段階では共通常居所地がない場合が多いであろうし，最密接関係地も認められるとは限らないなどの理由により，通則法33条（法例23条）により両当事者の本国法を累積適用するのが妥当とする説[38]，婚姻の効力に関する通則法25条（法例14条）を類推適用する説[39]に分かれている。しかし，成立や方式について婚姻に準じるとしながら，効力については別の準拠法を指定することで整合性が保たれるのかなど疑問がある。むしろ，婚約は婚姻とは別の法性として理解すべきではあるまいか。

(2)　**内　縁**

ア　内縁の成立

内縁の実質的成立要件については，婚約の場合と同様に，婚姻の成立要件に関する通則法24条1項（法例13条1項）を類推適用するとする説が多数である[40]が，これを否定する見解もある[41]。

---

38) 山田・第3版440頁，溜池・第3版481頁。なお，神前他182頁は，内縁や婚約について，各国法上それについて認める効力と成立要件とが密接に関係しており，要件と効力について別の準拠法を適用することは妥当でないこともあろうとし，一般的に通則法33条（平成元年改正前法例23条）により，当事者の本国法によることが考えられるとする。
39) 櫻田・第6版301頁は，婚姻の効力については通則法25条の類推適用となるとし，婚約者について共通常居所地法及び最密接関係地法の存在を疑い，通則法33条によらしめる見解も有力であり，その不当破棄に基づく損害賠償について通則法17条による見解もあるが，通則法25条によるとする。
40) 山田・第3版440頁，溜池・第3版482頁，櫻田・第6版302頁，木棚他・概論214頁。
41) 神前他182頁は，婚約と同様に，通則法33条（平成元年改正前法例23条）によるべきとする。また，澤木・道垣内・入門111頁は，婚約と同様，問題となるのは，不当破棄や相続の場合であるから，それぞれ不当破棄は不法行為の準拠法（通則法17条，20条，21条，22条），相続は，相続の準拠法（通則法36条）によれば足りると解される，通則法上に存在しない婚約や内縁という単位法律関係に当たるか否かを敢えて問題とすることは適当ではないと考えられるからであるとする。

イ 内縁の方式

内縁の方式についても，婚約と同様，通則法24条2項・3項本文（法例13条2項・3項本文）を類推適用する説が多数である[42]が，これを否定する見解もある[43]。

ウ 内縁の効力

内縁は，国際私法上，婚姻に準じて扱うのが相当と認められる関係として理解されていることから，その効力についても，登記が問題となる通則法26条3項（平成元年改正前法例15条3項）を除き，同様に解すべきであるとするのが多数である[44]が，これを否定する見解があることは前記注41）のとおりである。

エ 内縁の解消・破棄

内縁の解消については，離婚に準じて，通則法27条本文（法例16条本文）を類推適用ないし準用するというのが多数説である[45]が，前記注41）のとおり，これを否定する見解がある。【1-26】は，内縁の不当破棄の事案について，平成元年改正前の法例に関して，不法行為に関する法例11条により原因事実の発生地である日本の法令を適用したのは正当であると判断した最高裁判決である。これは不法行為による慰謝料を請求した事案であり，その請求が不法行為に基づく損害賠償請求であるとして，その法的性質を不法行為とし，不法行為とみる以上，法例11条（平成元年改正前のもの）によるとしたもので，本件は両当事者が日本で出生し，日本に生活の本拠を置く在日韓国人であるから，本国法主義を採ることを不合理とする典型的な場合であり，最密接関係地の法を適用するのが合理的であるとすれば，これを不法行為として性質決定したのは妥当であるという評価がある[46]。多数説は，内縁を婚姻と同様に保護すべき準婚関係と理解して，これに婚姻に関する平成元年改正前法例又は通則

---

42) 山田・第3版442頁，溜池・第3版483頁，櫻田・第6版302頁，木棚他・概論214頁。
43) この点は，注41と同様である。
44) 山田・第3版442頁，溜池・第3版483頁，櫻田・第6版302頁，木棚他・概論214頁。
45) 山田・第3版443頁，溜池・第3版483頁，櫻田・第6版302頁，木棚他・概論214頁。
46) 土井・基本判例29頁。

法の規定を類推しようとするのであるが，全ての場面にわたって婚姻と同視すべきものから，それぞれの場面で婚姻に準じた処理が相当と判断される関係を含むものを経て，事実婚として婚姻とは異なる法性として理解した方がよいものまで様々である。また，最近は，フランスで成立した同性間をも含む民事連帯契約（PACS）に関する規定，ドイツで導入された婚姻と同様に同性間の関係を規律するレーベンスパートナーシャフツ法，バーモント州で制定された同性カップルの登録を正規に認めるシヴィル・ユニオンなど，婚姻に準じるというだけでは規定し得ない，従来の内縁概念を超えた制度が世界的に形成されてきており，国際私法の適用においても，これらを総合的に考慮して，その準拠法を定めるべきであり，一律に考えることはできないであろう[47]。

【1-26】 韓国人間の内縁関係の不当破棄（不法行為）による慰謝料請求は，平成元年改正前法例11条により，その原因たる事実の発生した日本の法律によるべきものであるとした事例

最判昭和36年12月27日家月14巻4号177頁

本件上告人の行為を被上告人に対する不法行為と観る以上，その債権の成立及び効力は，その原因たる事実の発生した地の法律によるべきものであるというをまたないところであるから（法例11条参照［注：平成元年改正前のもの］），原審が本件の原因たる事実の発生した日本の法令を適用して判断するに至ったのは，正当というべきであ［る］。

4 離婚及び別居

(1) 離婚

ア 離婚の準拠法

平成元年改正前の法例では，属人法主義を採用し，夫の本国法による

---

47) 同性間の法制に関するこれらの制度については，法例見直し(4)56頁以下参照。

としていたが，改正後の法例では，男女不平等を改めて，一次的連結点として双方の共通本国法，二次的連結点として共通常居所地法，これによって決定できない場合，最密接関係地法とする改正後の法例14条を準用するものとされ（法例16条本文），現在の通則法27条に引き継がれている。婚姻の規定の準用であるから，婚姻成立の際の最密接関係地と離婚の際の最密接関係地が異なる場合があり得る。婚姻成立の準拠法をそのまま離婚の準拠法とはしなかったのはそのことを考慮している。

改正前の法例では，離婚の準拠法の基準時を離婚原因となる事実の発生した時点として不変更主義を採用していたが，改正後の法例では，そうした定めはなくなり，現在の通則法に承継されている。したがって，離婚訴訟において準拠法を確定するに当たっては，事実審口頭弁論終結時において定めることになる。かつて不変更主義を採ったのは，夫が本国法を変更することにより離婚の難易をコントロールするのを防止するためであったが，法例改正により夫の本国法を準拠法とするのを改めたことから，その必要はなくなったのである。

通則法27条ただし書（法例16条ただし書）では，通則法25の準用の例外として，夫婦の一方が日本に常居所を有する日本人であるときは，離婚の準拠法は日本法となる旨を定めている（日本人条項と呼ばれる）。夫婦の一方が日本に常居所を有する日本人の場合，共通本国法，共通常居所地法は日本法か存在しないかいずれかしかないから，このただし書が適用されるのは最密接関係地が問題となる場合しかなく，これは我が国に協議離婚届が提出された場合，最密接関係地がどこかについて戸籍事務上実質的判断をしなければ準拠法が定まらないとすると，不都合であるために設けられたものであり，あらかじめ最密接関係地を法定することは国際私法の本来の在り方からすると問題があるとの批判もある[48]。

---

[48] 溜池・第3版461頁。澤木・道垣内・入門117頁は，外国に同一常居所を有していた異国籍夫婦のうち日本人配偶者が相手を遺棄して単身日本に帰国したような場合，最密接関係地法が日本法といえるかどうかは疑わしいとしてただし書適用に疑問を呈する。櫻田・第6版293頁も，国際結婚をした日本人によるいわゆる逃げ帰り離婚の場合には，日本における裁判管轄を認めることに慎重でなければ弊害が出るものと考えられると指摘する。これに対し，木棚他・概論219頁は，このような日本人条項は戸籍実務の必要

通則法27条（法例16条）により離婚の準拠法が確定した場合，裁判所の判決によるべきか，調停，審判による離婚ができるのか，協議離婚ができるのかという離婚の方式が問題となる。また，協議離婚を認めるとしても，離婚登記の申請を要するか否か，家庭法院による意思の確認を要するかなど，各国の法制が異なっており，どこまで我が国の離婚の方式により代替できるかについては問題が多い。【1-27】は，中国人父と日本人母の間に生まれた日本に永住権を持つ中国国籍の女性と中国人の男性との離婚について，日本で協議離婚届が提出された事案につき，離婚の準拠法は中国法であるが，その実体的要件は，当事者が自由な意思で離婚を望んでいることであり，登記機関に出頭し離婚登記を申請することは法律行為の方式であって，法例8条2項により，行為地である日本の法律に則った方式である離婚届出により充足されているとし，協議離婚は有効と判断した事例である。離婚登記の申請は，法律行為の方式であるが，離婚の方式であり，離婚の方式については法例22条が規定しており，法例8条2項を適用したのは誤りであると評されている[49]。ただし，法例22条によっても，ただし書により，行為地法によることを妨げないものとされているから，離婚登記の申請を実質的成立要件ではなく方式として性質決定する限りは，結論としては離婚は有効に成立していることになる。しかし，中華人民共和国の離婚における登記条例によれば，夫婦は揃って登記機関に出頭することを要し，また，婚姻登記機関は，双方が確かに自由意思に基づいていること，かつ，子及び財産問題に対して既に適切な処理を行っていることが調査により明らかでなけ

性から認められたものといわれるが，国際私法の理念からみれば，外国で承認されない離婚を認めることになるおそれがあり，望ましくないとして批判されているとしながらも，離婚を容易にしようとする最近の実質法の傾向を抵触法に一定程度反映させたものとみて，正当化することもできないわけではないとし，山田・第3版444-445頁は，日本人条項について一概に不当とはいえないとするなど，学説は，その評価については分かれているが，問題があるとする点では認識は共通している。協議離婚制度を持ち，かつ，協議離婚について実質的審査がされない状況のもとでは現行法を維持するのもやむを得ないと考えられる半面，国際私法の平等性の理念からすると削除すべきであると考えられる。そうした経過から，法例研究会では両案併記で提案されていた（法例見直し（4)67頁以下）が，通則法にそのまま引き継がれることになった。

49) 山田・第3版447頁，小山昇・百選109頁。

れば，離婚証を発給しないことがあり得るのであり，これを単に形式的な手続要件であるとすることはできないであろう[50]。

【1-27】 日本に在住する中華人民共和国国籍の夫婦の協議離婚について，同国法の離婚要件である離婚登記の申請は法律行為の形式であるから法例8条2項により，行為地法である日本法が適用され，離婚届出により有効に成立するとした事例

高松高判平成5年10月18日判タ834号215頁

> 中国法に定める離婚の実体的要件は「当事者が自由な意思で離婚を望んでいる」ことであり，「登記機関に出頭し離婚登記を申請する」ことは，法律行為の方式であって離婚の形式的成立要件にすぎないものと解されるから，前者については前記認定事実によって明らかなとおり，Y［注：被告・被控訴人，中国人妻］及びX［注：原告，控訴人，中国人夫］はともに離婚の意思を有しその合意が成立したことで充足されており，後者については，法例8条2項により，行為地たる日本の法律に則った方式である高松市長に対する子の親権者をYと定めた離婚届出によって充足されているものということができる。

イ 離婚の準拠法の適用範囲

(ア) 離婚の許容性

現在，多くの国では離婚を認めているが，歴史的にみると，カトリックでは，結婚を秘蹟と考え，離婚を認めない宗教的基盤があり，これを信仰する国家では，離婚は禁止されており，そのような国がかつては多数あった。現在では少なくなっているが，その伝統はまだ残っており，それが離婚の許容性について様々な立法と解釈を生んでいる。しかし，歴史的にみるなら，世界的に離婚を許容する方向に進んでおり，国際私法の解釈においても，婚姻を維持できない客観的状況にあるのにもかかわらず，制度としてのみこれを維持する合理性はないのであるから，少

---

50) 加藤美穂子『中国家族法［婚姻・養子・相続］問答解説』84頁以下（日本加除出版，2008）参照。

なくとも，一方当事者が離婚を許容する国家に帰属し，離婚を認める国を常居所地ないし最密接関係地とする以上，準拠法が離婚を禁止していても公序に反するものとして離婚を認めるのが相当であると解される。平成元年の法例改正までは，外国人男と婚姻した日本人女が日本で離婚をしようと考えても，夫の本国法が準拠法とされていたことから，夫の本国法が離婚を許容していなければ，離婚することができないことになるため，これを我が国の公序に反するものとして，離婚を認めるのが裁判例の多数であった。これは当時の国際私法である法例自体が男女不平等であることから生じた問題であり，平成元年法例改正後は，こうした不平等は解消され，配偶者の一方が日本人で日本に常居所があれば，日本法が適用され，協議離婚届も受理されることから，この点については問題はなくなっている。その半面，一方が日本人でも常居所が離婚を禁止する国である場合，当該国の法が適用されるから，これを安易に公序により否定することは問題があり，妥当ではないと解されている[51]。離婚を禁止するフィリピン法を適用することが公序に反するとして，その適用を排除し，離婚を認めた判例は多数あるが，そのほとんどは，平成元年法例改正前において，日本を常居所とする日本人妻が日本にいなくなったフィリピン人夫に対して離婚を求めたものであり，【1-28】は，その1つである。また，【1-29】は，日本人妻がチリ共和国人夫に対してした離婚請求事件についてチリ婚姻法の適用を排斥し法廷地法である日本民法を適用した事例であるが，平成元年法例改正後は，離婚の準拠法は日本法となるケースであり，反致の適用をみるまでもなく離婚は認められることになる。

---

51) 溜池・第3版461頁，山田・第3版448頁。木棚他・概論220頁は，現在においては，夫婦の共通本国法や共通常居所地法が日本法ではなく，しかも内国的関連性が強い事例は以前と比べれば減少しているとする。櫻田・第6版293頁は，日本人条項の導入により，おおむね日本法が適用されることになったので，問題にならなくなった（フィリピン法は日本人から請求した裁判所による離婚を承認する），しかし，日本人条項によらない離婚については，同様の問題が生じる余地が稀ではあるが残るであろうとする。

【1-28】 日本人妻からフィリピン人夫に対する離婚請求につき平成元年改正前法例30条（公序良俗違反）を適用して日本法により離婚を認め，これに伴う親権者の指定についても日本法によって定めた事例

東京地判昭和60年6月13日判時1206号44頁

　　本件は妻たる原告が日本国民であり，しかも日本に住所を有していること，……原告・被告間の婚姻は完全に破綻しており，その破綻の原因が主として被告にあることなどからすると，かかる場合にまで，なお夫の本国法であるフィリピン共和国法を適用して離婚を認めないとすることは，わが国における公の秩序，善良の風俗に反する結果になるものといわざるをえない。したがって，本件においては，法例30条［注：平成元年改正前のもの］により前記フィリピン共和国法の適用を排斥し，法廷地法であるわが国の民法を適用すべきである。

【1-29】 日本人妻からチリ共和国人夫に対する離婚請求事件について，平成元年改正前法例30条により，夫と妻の共同生活の一時的な停止を認めるにとどまり婚姻解消の効果を伴う離婚を認めないチリ共和国婚姻法の適用を排斥して法廷地法である日本民法を適用し，請求を認容した事例

東京地判昭和55年10月3日家月34巻5号76頁，判タ441号142頁

　　法例16条［注：平成元年改正前のもの。以下同じ］によれば，本件離婚の準拠法は，その原因事実発生当時における夫たる被告の本国法，すなわち，チリ共和国の法律によるべきところ，西暦1884年1月10日施行の同国婚姻法は婚姻解消の効果を伴う離婚はこれを認めず，同法における離婚は夫と妻の共同生活を停止する効力を有するにすぎず（同法19条），……本件原被告間の婚姻関係の実情は，同法21条7号ないし8号の定める離婚原因に該当するものの，右の理由をもってしては，期間5年を超えない一時的な離婚（夫と妻の共同生活の停止）を宣言しうるに止まるものと解される（同法20条，21条，23条）。しかしながら，本件においては，妻たる原告は日本国民であって，被告と婚姻する以前から日本に居住しており，また，原被告の夫婦共同生活も日本において営まれ，しかも原告は夫たる被告から悪意をもって遺棄され，被告の所在すら3年以上もの間不明であるところ，かかる場合にまで，なお夫の本国法であるチリ共和国の法律を適用して，一時的な原被告の共同生活の停止を認めるに止めるとすることは，わが国における公の秩序・善良

の風俗に反するものといわざるを得ない。従って，本件については，法例30条により前記チリ共和国の法律の適用を排斥し，法廷地法であるわが国の民法を適用すべきものと解するのが相当である。

　(イ)　離婚の方法
　　i　離婚の判断機関
　　離婚の方法については，国により様々である。日本のように協議離婚を認める国は，韓国，中国，ポルトガル，メキシコなどがあるが，韓国の場合には，我が国のように協議離婚の届出のみでなく，家庭法院の確認を受けて，戸籍法の定めるところによる届出が必要であると定める。中国では，双方が自由意思により離婚を望む場合には離婚が認められるから協議離婚を定めているということができるが，双方が婚姻登記機関に出頭して離婚を申請することが必要であり，双方の自由な意思と子及び財産の処理に適切性が確認された場合に離婚証が発給されることとされており，公的機関において，意思確認及び子や妻の財産についての保護が図られている。

　　多くの国は，裁判所の判決によってのみ離婚を認めているが，イスラム教国のタラーク（449頁参照）のように夫の一方的通告により離婚を認める法制度もある。また，デンマークのように国王の離婚許可を要するとするなど国家元首，行政機関による離婚を認める国，カナダのケベック州のように特別法を立法して離婚を認める国など様々である。どのような機関がどのような方法により離婚を認めるのかについては，単なる手続的な方式の問題ではなく，離婚の準拠法による。しかし，これらの手続をする機関に関しては，我が国に全く同じ機関は存在せず，したがって，我が国の離婚を取り扱う機関である裁判所がこれらの機関に代わってその実質的要件を判断することができるかどうかが問題となる。この点に関し，国家元首や行政機関による離婚や特別法を立法する離婚についても，我が国の裁判所が代わって判断することができると解されている[52]。

---

52) 澤木・道垣内・入門114頁は，離婚につき事案ごとの国会の制定法を要するとするカナ

実務では，基本的にその法理は認められており，それぞれの準拠法に基づく関与機関について我が国の裁判所が代行できるものとして判断をしている。

ii 調停・審判離婚

外国法が準拠法となる場合において，その外国法が裁判離婚しか認めていないとき，我が国の調停・審判離婚の方式により離婚を認めることができるかについて争いがある。国際私法の学説としては，これを消極に解する見解が有力である[53]。これに対し，調停離婚・審判離婚も裁判離婚に代えることができるとする見解，調停離婚は認められないが審判離婚は許されるとする見解（前記神前他はこれに属する），調停，24条審判ではできないが，23条審判は許されるとする見解もある。

実務は，準拠法上裁判離婚しか認められない場合でも，調停離婚・審判離婚による離婚が許されると考えて運用されており，多くの場合，各国大使館等においても，有効な離婚として認められている（ただし，我が国内においては有効な離婚として認めるが，本国においては，本国の裁判機関による離婚判決が必要であるとする国も少数ながら存在する）。

ところで，裁判離婚しか認めない国や州においても，実際には，全て

ダのケベック州が準拠法になったような場合でも，離婚手続の問題は離婚準拠法には送致されていないので，日本での離婚である以上，裁判所の手続によるのが当然であるとする。山田・第3版448頁は，国家元首，行政官庁，国会による離婚について，準拠法たる外国法上のそれらの離婚の本質いかんにかかる問題であるが，場合によっては日本の裁判所の手続で離婚をなし得ることも考えられなくはないとする。溜池・第3版462頁は，宗教機関，行政機関による離婚についても，それが離婚原因に基づいてなされ，裁判離婚の一種又はこれに準ずるものと認められる場合には，我が国の裁判所の方法によることを許すべきものと思われるという。神前他178頁は，行政機関，宗教機関による離婚についても，我が国の裁判所が外国法上のこれらの機関に代替して離婚について判断することができると解されているとする。櫻田・第6版295頁は，離婚準拠法上定められた機関を厳格に解すると，日本において外国人が離婚できないという結果が生じるので，日本の機関による準拠法上の機関の代行を認めるべきであるとする。

53) その理由とするところは，調停離婚はもとより審判離婚も「当事者の合意を基礎とするものであり，法定の離婚原因に基づいてなされる裁判離婚と本質的に相違する」（溜池・第3版464-465頁），調停離婚も審判離婚も「当事者の意思を中心とする制度であり，一定の法律上の原因にもとづいて法を適用して強制的に離婚を成立せしめるものではないから」（山田・第3版449頁），「準拠外国法上は当事者の意思を基礎として離婚することはできないのであるから」「調停では足りず，家事審判法24条の審判を行う必要があると解すべき」（神前他178頁），という点にある。

法廷での対審構造による審理を経ているのではなく，当事者間に合意がある場合には，その合意を裁判機関が承認するという形式で離婚を認めている国が多数ある。その多くは合意形成には裁判機関は直接関与せず，形成された合意の相当性を判断してこれを許可し，あるいは判決する形式が採られる。これに対し，我が国の調停は，一般に判決をする資格のある裁判官が主宰する調停委員会が合意形成に関与し，かつ，合意形成の段階から裁判離婚の要件を審査しながら，妥当な合意が形成されるよう働きかけをする。そして合意が形成されても，当然には調停は成立せず，調停委員会がこれを相当と認めた場合にのみ調停を成立させているのである。もし，準拠法において離婚が許容されないようなものである場合には，その合意は相当性を欠くことになるから，当事者間に合意ができても，調停は不成立として終わることになる（家事事件手続法272条，旧家事審判規則138条の２）。平成16年３月までは，家庭裁判所に離婚訴訟の管轄がなかったため，離婚判決をすることができる裁判機関といえるかについて疑義がないわけではなかったが，現在では，家庭裁判所が離婚訴訟の管轄を持つに至ったのであるから，その疑義は完全に解消している。

【１-30】は，英国人夫と日本人妻との離婚について，離婚の準拠法が英国法であるとし，英国法における離婚原因を審理し，その要件が充たされていることを確認して，調停に代わる審判（当時家事審判法24条。家事事件手続法284条と同趣旨）をした事例であるが，合意がある場合でも，このような確認をした上で合意を相当と認めて調停を成立させるのであれば，調停における相当性の判断が審判における判断と同視できるのであり，妨げないものと解される。

【１-31】は，法廷住所がハワイ州にある米国人夫婦の離婚について，調停で合意が成立し原因事実についても争いがないとし，旧準拠法であるハワイ州法によって離婚を許すべき事由があるとし，合意に相当する審判（当時家事審判法23条。家事事件手続法277条と同趣旨）をしたものである。

【1-30】 日本在住の英国人夫婦の夫が申し立てた離婚等の夫婦関係調整の調停により，夫は辞退したものの妻がカウンセリングを受けた結果，婚姻の継続は不可能と判断されるとし，家事審判法24条を適用して，審判離婚を認めた事例

東京家審昭和51年5月31日判タ345号297頁

　　離婚の点については法例16条［注：平成元年改正前のもの］により，……申立人［英国人夫］の本国法である英国法を適用すべきことになる。……英国1969年改正離婚法1条によれば，「婚姻が復元の見込みのないまでに破綻してしまっていること」が唯一の離婚原因であり，同法2条1項(b)，1973年婚姻訴訟法第1部1条2項によれば，「原告が被告と同居することを合理的に期待しえないように被告が行動したこと」の証明があれば，裁判所はその婚姻が復元の見込みがないまでに破綻してしまっていると判示することができるところ，前記認定にかかる事実関係に照せば，相手方の行為が右離婚事由に該当すべきものと認めるのが相当である（このことは英国の近時の傾向とも一致する）。

【1-31】 日本に在住する米国人（ハワイ州出身）夫婦の夫婦関係調整調停申立事件について，離婚の要件及び方式についての準拠法を夫婦の法定住所であるハワイ州法と認定した上，同州法によれば離婚は全て裁判所の裁判によるものとされており，我が国で実質的にこの方式に沿うのは家事審判法23条による審判であるとして，同条の審判により離婚を認めた事例

横浜家審平成3年5月14日家月43巻10号48頁

　　［ハワイ］州法によれば，離婚は，このような場合をも含めてすべて裁判所の裁判によることとされている。そして，我が国司法機関における人事案件の処理方式中，かかる離婚事案の処理につきその実質において最も同州法の方式に沿うことになるのは，家事審判法第23条の審判の形式であると認められる。そこで本件の離婚については，同条を類推適用して処理するのが上記離婚法の定める離婚の方式に適うものと判断し……同条による手続及び処分を行う。……本調停委員会における調停において，当事者間に主文同旨の

合意が成立し，その原因事実についても争いがない。そして，〈証拠略〉によれば，申立ての要旨記載の各事実を認めるのに十分である。また，この認定した当事者間の婚姻の実情は，本件の準拠法たるハワイ州法によって離婚を許すべき事由に当たるものと認められる。[よって，]家事審判法第23条により，主文のとおり上記合意に相当する審判をする。

iii 協議離婚

　裁判機関が一切関与しない純粋の協議離婚を認めている国は少ない。米国，ドイツ，フランス，イギリス，オーストラリアなど，いずれの国においても，当事者だけの協議離婚を認めず，当事者に合意がある場合には，裁判所がその相当性を確認して裁判により離婚を成立させている。韓国民法も協議離婚を認めている（同法834条）が，家庭法院による離婚意思の確認が必要（同法836条1項）とされている。この家庭法院による離婚意思の確認は実質的成立要件か方式の問題かについて争いがある。学説は，実質的成立要件の問題と解している[54]。これを方式の問題と解釈すれば，我が国の協議離婚の方式によることもできることになる。我が国の実務は，これを方式の問題と解して，韓国人夫婦が日本で協議離婚をする場合には，家庭法院の確認を得ないで日本法の方式に従って届出をすることができるとされている（[1-32]）。韓国の戸籍実務も，日本

---

[54] 裁判離婚に代えて調停離婚・審判離婚ができるかについて消極に解する理由としては，調停離婚はもとより審判離婚も「当事者の合意を基礎とするものであり，法定の離婚原因に基づいてなされる裁判離婚と本質的に相違する」（溜池・第3版464-465頁），調停離婚も審判離婚も「当事者の意思を中心とする制度であり，一定の法律上の原因にもとづいて法を適用して強制的に離婚を成立せしめるものではないから」（山田・第3版449頁），「準拠外国法上は当事者の意思を基礎として離婚することはできないのであるから」「調停では足りず，離婚準拠法の内容を実現するのにふさわしい審判（家事事件手続法277条または284条）を行う必要があり，またそれで足りると解すべきであろう。」（神前他178頁），という点にある。
　溜池・第3版468頁，山田・第3版445頁は，いずれも家庭法院による離婚意思の確認は，理論的には実質的成立要件の問題であり，韓国戸籍法79条の2に従い，在外公館の長による離婚意思の確認を得てソウル家庭法院の確認を得ることが必要であるとする。なお，その後，韓国戸籍法は廃止され，家族関係の登録等に関する法律が制定され，国内に居住しない場合，協議上離婚をしようとする者は，ソウル家庭法院の確認を受けることが必要であり（同法75条1項ただし書），その届出は，家庭法院から確認書謄本の交付又は送達を受けた日から3か月以内にその謄本を添付して行わなければならないとされた（同条2項）。

の離婚届受理証明書を添付して韓国の戸籍官署に届出があった場合、これを受理する取扱いをしてきた（韓国大法院戸籍例規第322号）。しかし、前記のとおり、国際私法の学説は一般にこれを実質的成立要件と解していることから、平成16年3月17日、大法院戸籍例規第668号により、同第322号は廃止され、同年9月20日以降に届けられた韓国人夫婦の協議離婚については、在外公館で意思確認を受け、在外公館が確認の資料をソウル家庭法院に送付し、これに基づいてソウル家庭法院が確認して離婚が認められることになった。したがって、【1-32】に基づいて日本方式による届出が受理されても韓国においては、ソウル家庭法院の確認がなければ結婚の効果は生じないことになるので注意が必要である。

【1-32】 改正後の韓国民法836条1項に規定する「家庭法院の確認」は、法例上、協議離婚の方式に属するものと解されるので、夫を韓国人とする夫婦の協議離婚届が、その確認を得ることなくされた場合には、従来どおりこれを受理して差し支えないとされた事例

昭和53年12月15日民二6678号民事局第二課長依命通知

> 韓国民法の一部改正に伴う夫が韓国人である夫婦の協議離婚の届出に関する取扱いについて
> 　韓国民法が一部改正され、昭和54年1月1日から施行されることになっているところ、改正後の同法第836条第1項の規定によれば、協議上の離婚をするには、あらかじめ家庭法院の確認を要することとされたが、右の確認は、法例上、協議離婚の方式に属するものと解されるので、改正法施行後において、夫が韓国人である夫婦につき右の確認を得ることなく協議離婚の届出がなされた場合、従来どおりこれを受理して差し支えないから、この旨貴管下支局長及び市町村長に対し、周知方取り計らい願います。

(ウ)　離婚の原因

　平成元年改正前の法例16条は、離婚はその原因たる事実の発生した時における夫の本国法によるとし、ただし、裁判所はその原因たる事実が日本の法律によるも離婚の原因たるときにあらざれば離婚の宣告をなす

ことを得ずと規定していた。すなわち，離婚原因の準拠法は，離婚原因の発生した時における夫の本国法であり，併せて，日本の法律によっても離婚原因のあることが必要とされ，夫の本国法と法廷地法との累積的適用とされていたが，平成元年改正後は，離婚の準拠法によるものとされ，法廷地法の適用は削除された。

(エ) 離婚の効力
ⅰ 離婚と復氏

離婚による氏の変更については，離婚の効力として法例16条（通則法27条）によるとする説と人格権たる氏名権に基づくとして本人の本国法によるとする説とがあるのは夫婦の氏について述べたところと同じである[55]。離婚の場合にも，昭和59年戸籍法の改正により，外国人と婚姻して氏を変更した日本人が，離婚して婚姻前の氏に復したいと希望するときは，離婚の日から3か月以内に限り，家庭裁判所の許可を得ないで，届出により復氏することができる（戸籍法107条3項）。

ⅱ 離婚後の扶養

離婚後の扶養については，離婚の効力の問題と考えられるが，扶養義務の準拠法に関する法律4条1項は，離婚をした当事者間の扶養義務は，2条の規定（原則として扶養権利者の常居所地法によって定める旨の規定）にかかわらず，その離婚について適用された法律によって定めると規定する。これは離婚の準拠法が公序則などにより，その適用を排除される場合があることから，実際に適用された法律によるものとする趣旨である。なお，同項は，法律上の別居をした夫婦間及び婚姻が無効とされ，又は取り消された当事者間の扶養義務について準用されている（同条2項）。

ⅲ 離婚と財産分与

我が国の財産分与の法的性質としては，①夫婦間に形成した財産の清算という性質（清算的要素），②離婚後の扶養という性質（扶養的要素），③離婚に伴う慰謝料としての性質（慰謝料的要素）があるとされており，国際私法上の法性としては，夫婦財産制，扶養，不法行為としての性質を

---

55) 本書66頁参照。

併せ持っていることから、その法性決定については、これらの間の準拠法の調整が必要となる。これら離婚時の財産給付については、まとめて離婚の効力の関する準拠法によるとして通則法27条（法例16条）が適用されると考えることができるが、それぞれについて法性を考えるとすると、清算的要素については通則法26条（法例15条）、扶養については扶養義務の準拠法の関する法律4条1項、慰謝料については通則法17条本文（法例11条）が適用されると考えることもできる。裁判例は、通常、慰謝料と財産分与を区別して、財産分与については、離婚の準拠法によるものとしている。【1-33】は、中国人妻が日本人夫に対し、離婚並びに財産分与及び慰謝料を請求した事案で、財産分与については離婚の準拠法によるとしたものである。なお、前掲【17】は、財産分与及び慰謝料の準拠法については法例16条によるとしながら、韓国民法が財産分与を認めていないとしても、慰謝料額の算定に当たっては婚姻中に協力して得た財産の有無・内容を斟酌することができるとしているから、財産分与を認めないことが直ちに我が国の公序に反するとするのは相当ではなく、慰謝料等も含めて総合的に考えて著しく低額なる場合にのみ公序則の適用を考えるべきであるとしたものである。現在の韓国民法は財産分与を認めている（同法893条の2）。

【1-33】 離婚に伴う財産分与について、離婚の効果であるとして、離婚の準拠法によるとした事例

神戸地判平成6年2月22日家月47巻4号60号、判タ851号282頁

> 離婚に伴う財産分与請求は、離婚の効果としてなされるものであるから、離婚の効力の問題として、離婚の準拠法がその準拠法となると解するのが相当である。……本件財産分与請求に関しては、本件離婚請求の準拠法であるわが国民法が準拠法になる。

　　iv　離婚に伴う慰謝料

　　離婚による有責者に対する慰謝料請求については、離婚の準拠法によ

るべきものと考えられており[56]，裁判例も多くこれによっている。前掲【1-33】は離婚そのものを原因とする慰謝料については離婚の効力に関する法例16条（通則法27条）によるものとし，個々の行為については不法行為について定めた法例11条1項によるとした事例であり，【1-34】は，その点の区別はすることなく，法例16条によることを前提とした事例であり，一般に離婚訴訟に附帯して慰謝料が請求される場合にはあまり区別されることなく，離婚の効力に関する法例16条を適用して準拠法を定めているようである。財産分与の内容として扶養的分与，慰藉料的分与が主張される場合には，法性としては財産分与であり，離婚の効力と解して問題はない。

【1-34】 法例16条（通則法27条）の離婚には，財産分与及び慰謝料も含むとした事例

東京高判平成5年3月29日家月45巻10号65頁，判タ811号227頁

> 法例16条［注：通則法27条］及び14条［注：通則法27条］は，離婚の準拠法は夫婦の本国法が同一であるときはその法律によるものと規定しているところ，右にいう「離婚」には財産分与のような夫婦の一方の潜在的持分の実質的清算及び有責配偶者の損害賠償責任に関する法律問題も含むものと解するのが相当であるから，本件の国際裁判管轄権については，離婚に準じて考えるのが相当である。

v 子の親権者・監護権者の決定

離婚の際に未成年子の親権者，監護権者をどのようにして決定するかについては，離婚の効力の問題として平成元年改正前法例16条を適用すべきとする説と親子関係に関する問題であるから平成元年改正前法例21条を適用すべきであるとする説とに分かれており，前者が多数であった

---

[56] 溜池・第3版469頁，山田・第3版450頁，澤木・道垣内・入門115頁など。なお，離婚に関連する個々の不法行為については不法行為の準拠法によるとする説もある。

が，平成元年の法例改正後は，後者が増え，最近では，通則法32条（法例21条）説が多数であり[57]，また，裁判例や戸籍実務も通則法32条（法例21条）説によっている。【1-35】は，離婚の際の親権者の決定については，法例21条が適用されるとした事例である。また，基本通達である法例の一部を改正する法律の施行に伴う戸籍事務の取扱いについて」（平成元年10月2日法務省民二3900号民事局長通達）は，離婚の際の子の親権者の指定については，法例21条（通則法32条）によるとしている。なお，【1-36】は，韓国旧民法が離婚に伴う未成年の子の親権者を父とする規定を置いていた当時，その適用は我が国の公序に反するとしてその適用を排除し，母を親権者に指定することを認めた事例であるが，改正後の韓国民法（1991年1月1日施行）909条4項は，離婚の際の親権者の指定は父母の協議により定め，協議ができないとき，又は協議が成立しないときは家庭法院が決定するものと定められたので，公序違反の問題はなくなった。

【1-35】 韓国人（夫）と日本人（妻）との離婚の際の子の親権者指定につき法例21条（通則法32条）によるとされた事例

東京地判平成2年11月28日判時1384号71頁，判タ759号250頁

> 離婚の際の親権の帰属については，法例は，離婚の準拠法（16条，14条［注：通則法27条，25条］）と親子関係の準拠法（21条［注：通則法32条］）のいずれによるべきかにつき，明言していないが，離婚の際の親権の帰属問題は，子の福祉を基準にして判断すべき問題であるから，法例21条の対象とされている親権の帰属・行使，親権の内容等とその判断基準を同じくするというべきである。してみれば，離婚の際の親権の帰属については，法例21条が適用されることとなる。

---

[57] 溜池・第3版470頁，山田・第3版452頁，澤木・道垣内・入門114-115頁，櫻田・第6版297頁，木棚他・概論223頁，神前他179頁は，いずれも，離婚の際の親権者の指定について，通則法32条（平成元年改正前法例21条）によるものとする。

【1-36】 扶養能力を有しない韓国人父と扶養能力を有し子を監護養育している母の離婚の場合において，平成元年改正前法例30条により，離婚後の親権者を父に限定する大韓民国民法909条5項の適用を排除し，日本民法819条2項を適用して母を親権者と定めた事例

最判昭和52年3月31日民集31巻2号365頁，家月29巻9号79頁，判時850号22頁，判タ352号182頁

> 本件離婚にともなう未成年の子の親権者の指定に関する準拠法である大韓民国民法909条によると，右指定に関しては法律上自動的に父に定まっており，母が親権者に指定される余地はないところ，本件の場合，大韓民国民法の右規定に準拠するときは，扶養能力のない父である上告人に子を扶養する親権者としての地位を認め，現在実際に扶養能力のあることを示している母である被上告人から親権者の地位を奪うことになって，親権者の指定は子の福祉を中心に考慮決定すべきものとするわが国の社会通念に反する結果を来たし，ひいてはわが国の公の秩序又は善良の風俗に反するものと解するのが相当であり，これと同旨の原審の判断は，正当として是認することができる。したがって，本件の場合，法例30条［注：平成元年改正前のもの］により，父の本国法である大韓民国民法を適用せず，わが民法819条2項を適用して，被上告人を親権者と定めた原審の判断はもとより正当であって，その過程に所論の違法はな［い］。

vi 成年擬制と離婚

婚姻によって成年とみなすという法制を持つ国があるが，その後，離婚をした場合，未成年に復するか否かは，離婚の効力か否かという問題がある。これについては，離婚の効力であるとして通則法27条（法例16条）を適用するという説[58]と行為能力の問題であるから通則法4条（法例3条）を適用するという説[59]とに分かれている。【1-37】は，未成年の日本人女が米国人男と婚姻した場合に成年とみなされるかどうかは，婚姻の効力の問題であるとして，当時の法例14条により夫の本国法であ

---

58) 通説であるといわれている。
59) 山田・第3版453頁，溜池・第3版471頁，櫻田・第6版298頁。

る州法によって異なるとした事例であり，平成元年法例改正により効力を失っているが，アメリカ合衆国が本国となる場合，州によって異なるとの点は変わりはない。

【1-37】 後見人のある未成年の日本人女子が，日本在住米国人男と婚姻した場合，成年に達したものとみなされるかは，州によって異なるとした事例

昭和32年3月27日民事甲577号民事局長回答

> 夫の国籍がアメリカ合衆国の場合には，その者の所属する州の法律によって異なるので，具体的な案件について，それぞれ決めるよりほかはない。

vii 離婚と再婚禁止期間（待婚期間）

離婚した後，一定期間再婚を禁止する規定を持つ国があるが，これについては，前記（2(1)イ(イ)(ii)d）のとおり，離婚の効力ではなく，婚姻障害の問題であると考えられ，通則法24条1項（法例13条1項）が適用されると解されている[60]。

(2) **別　居**

我が国には，法律上の別居制度はないが，諸外国には，法的な別居を認める規定を持つ国がある。これは，当初離婚を認めない諸国において，実質は離婚であるが，離婚を正面から認めることができないため，別居の形で実現しようとしたものであり，その内容は，実質的には離婚に準じるものと考えることができる。そこで，別居が問題となる場合，その準拠法としては，離婚に準じて考えてよいとする説が多い[61]。しかし，実務上，法例16条により別居規定を適用して別居の判決をした例は見かけない。おそらく，離婚を禁止している国の場合には，離婚禁止自体を公序に反するとして日本法に基づき離婚を認め，あるいは離婚と別居が併存する国について

---

[60] 山田・第3版453頁，溜池・第3版471頁，澤木・道垣内・入門115頁。
[61] 山田・第3版458頁，溜池・第3版478-479頁，櫻田・第6版300頁，澤木・道垣内・入門117頁，木棚他・概論224頁など。

は，我が国に法制のある離婚を選択しているのではないかと思われる。調停実務では，当分の間，別居をする合意を認めている。これは，本来，離婚をするか，離婚をしないのであれば同居義務に基づき同居するか，いずれかによるのが本来であるが，離婚についての考慮期間を持ち，その間，同居義務を解除する趣旨で行われるものである。そのため，「当分の間」という表現が用いられる。これは別居に法的効果が伴うものではないから，あくまで調停でのみ用いられる。そのような場合を除き，その実質が離婚であるとすれば，端的に離婚とした方が明快である。しかし，諸外国で離婚と別居とを明確に区別する法があり，かつ，それを準拠法とする以上，別居判決は可能というべきであろう。

(3) **外国離婚判決の承認**

外国離婚判決の承認の問題は，外国判決の承認に関する民事訴訟法118条の問題である。事例も，これに基づき，現行118条に相当する旧民事訴訟法200条各号の要件を充たしている場合には，外国離婚判決を受理して差し支えないものとしている（【1-38】）。

しかし，同条4号が規定する「相互の保証」については，その必要性について疑問が出されている。すなわち，相互の保証とは，当該判決をした外国裁判所の属する国において，右判決と同種類の我が国の裁判所の判決が，本条各号の要件と重要な点で異ならない条件の下に効力を有するものとされていることをいい（【1-39】），比較的緩やかに解されているものの，離婚など身分に関する外国判決について，相互の保証を必要とすると解すると，相互の保証が困難となり，我が国において承認される外国判決が限定されることになり，国際的私法生活において不当な結果を招くことが考えられるとし，慰謝料等は別として，執行を予想しない外国離婚判決のような身分に関する外国形成判決に関するものではないと解する見解がある[62]。他方，判決の訴訟法的効果の承認が民事訴訟法118条にいわゆる承認であるとすれば，相互の保証の要件の存在は望ましくないといっても現在の国際間の信頼の度合いからいえば，必ずしも不当なこととはいえないとし，

---

62) 溜池・第3版477頁。

118条を適用しながら4号のみを排除するのは不自然であるとする見解もある[63]。裁判例としては，旧民事訴訟法200条2号についてその適用を認めたもの（東京地判昭和63年11月11日判時1315号96頁，判タ703号271頁）はあるが，4号について判示されたものは見当たらない。先例として，かつては，法例16条の定める離婚の準拠法に従ってなされた離婚であり，管轄権を有する国の裁判所のした判決であることを要するとし（昭和25年12月22日民事甲3231号民事局長回答），これに従った先例が出されていたが，【1-38】が発出されてからは，もっぱら民事訴訟法118条の要件具備のみが審査の対象とされている。

【1-38】 外国の裁判所でされた離婚判決でも，民事訴訟法200条（外国判決の効力，現118条）の条件を備えている限り，日本国においてもその効力を有するものと解すべきである。したがって，当該判決が同200条（現118条）に定める条件を欠いていると明らかに認められる場合を除き，届出を受理して差し支えないとした事例

昭和51年1月14日民二280号民事局長通達

> 外国裁判所の離婚判決に基づく離婚届の受理について（通達）
>   標記の件について，外務大臣官房領事移住部長から別紙甲号のとおり照会があり，別紙乙号のとおり回答し従前の解釈を改めることとした。
> （別紙乙号）
>   ……外国でなされた離婚判決は，民事訴訟法第200条［注：現118条。以下同じ］の条件を具備する場合に限り，我が国においてもその効力を有するものと解すべきであるから，外国判決に基づく離婚届の受理に際し，当該判決がそのための条件を具備しているか否かを審査する必要があるところ，実際の処理に当たっては，離婚届に添付された判決の謄本等によって審査し，当該判決が民事訴訟法第200条に定める条件を欠いていると明らかに認められる場合を除き，届出を受理して差し支えない。

---

63) 山田・第3版472頁。

【1‐39】 民事訴訟法200条4号（現118条4号）に定める「相互ノ保証アルコト」とは，当該判決をした外国裁判所の属する国において，我が国の裁判所がしたこれと同種の判決が重要な点で異ならない条件のもとに効力を有するものとされていることをいうとした事例
最判昭和58年6月7日民集37巻5号611頁，判時1086号97頁，判タ503号69頁

> 　民訴法200条4号［注：現118条4号。以下同じ］に定める「相互ノ保証アルコト」とは，当該判決をした外国裁判所の属する国（以下「判決国」という。）において，我が国の裁判所がしたこれと同種類の判決が同条各号所定の条件と重要な点で異ならない条件のもとに効力を有するものとされていることをいうものと解するのが相当である。けだし，外国裁判所の判決（以下「外国判決」という。）の承認（外国判決が判決国以外の国において効力を有するものとされていることをいう。以下同じ。）について，判決国が我が国と全く同一の条件を定めていることは条約の存する場合でもない限り期待することが困難であるところ，渉外生活関係が著しく発展，拡大している今日の国際社会においては，同一当事者間に矛盾する判決が出現するのを防止し，かつ，訴訟経済及び権利の救済を図る必要が増大していることにかんがみると，同条4号の規定は，判決国における外国判決の承認の条件が我が国における右条件と実質的に同等であれば足りるとしたものと解するのが，右の要請を充たすゆえんであるからである。のみならず，同号の規定を判決国が同条の規定と同等又はこれより寛大な条件のもとに我が国の裁判所の判決を承認する場合をいうものと解するときは……判決国が相互の保証を条件とし，しかも，その国の外国判決の承認の条件が我が国の条件よりも寛大である場合には，その国にとっては我が国の条件がより厳しいものとなるから，我が国の裁判所の判決を承認しえないことに帰し，その結果，我が国にとっても相互の保証を欠くという不合理な結果を招来しかねないからでもある。

第2　国別渉外婚姻法

　各国の婚姻法は，様々であり，また順次改正されているため，その全ての婚姻法の現状を把握することは困難であり，準拠法となるべき外国法が不明の場合もある。ここでは，これまでの先例，判例について検討するとともに，それに必要な範囲において，各国の法制度についても簡単に触れることにする。

1　大韓民国・朝鮮民主主義人民共和国

(1)　大韓民国・朝鮮民主主義人民共和国の婚姻法概説
ア　大韓民国婚姻法の変遷と概要[1]

　　大韓民国（以下単に「韓国」という）は，1948年8月に成立し，親族法を含む民法の制定作業が進められ，1953年に新民法草案が政府に提出され，その後，国会審議を経て，1958年2月22日法律第471号として成立し，1960年1月1日から施行されている。そのうち親族相続法については，従来の慣習を踏襲したもので，韓国特有の家族制度を保持していた。そのため，時代にそぐわないとの批判があり，男女平等原則に立脚し，戸主制度を廃止し，同姓同本血族間の婚姻禁止を廃止するなど，根本的な改正案が提出されたが，戸主制度などを残したまま，最小限度の改正をし，1977年12月31日改正法（法律第3051号）が成立した。その後，数次にわたり，部分的な改正が行われ，2005年3月31日改正法（法律第7427号）により，従来の戸主制度を廃止する抜本的改正が行われた。そして，戸主制度の廃止とともに戸籍制度も廃止され，2007年5月17日家族関係の

---

[1] 大韓民国・朝鮮民主主義人民共和国の婚姻法については，次の文献を参照させていただいた。本記述は，主として，これに基づいている。在日コリアン弁護士協会編著『Q&A新・韓国家族法』（日本加除出版，2009），申榮鎬・裵薫『韓国家族関係登録法』（日本加除出版，2009），金容旭・崔學圭『新しい韓国・親族相続法』（日本加除出版，1992），崔達坤本（本渡諒一・木ノ宮圭造訳）『北朝鮮婚姻法』（日本加除出版，1982），平成26年版戸籍実務六法（日本加除出版），木棚照一「朝鮮民主主義人民共和国の対外民事関係法に関する若干の考察」立命館法学249号1229頁以下（立命館大学法学会編，1996）

登録等に関する法律（法律第8435号，以下「家族関係登録法」という）が成立し，2008年1月1日から施行されている。

　韓国民法施行までは，朝鮮民事令（1912年3月27日制令7・1912年4月1日施行）及び同法1条によって依用された日本国旧民法，同民法施行法などが効力を持っていたが，韓国民法の施行によって廃止され，その後は，韓国民法が実質的な意味での親族，相続法の基本法となっている。また，韓国民法附則2条により，原則として遡及するものとし，婚姻の無効取消し，離婚等については経過規定を置いている。民法の編成は，旧日本民法と同じであり，家族制度，戸主制度，戸主相続など，我が国の旧民法と内容的にも似た規定を置いていたが，上記のとおり，これらの制度は廃止されるに至った。

　1958年民法は，男系血統主義に基づいており，1977年改正法においても，基本的に維持されている。韓国には，父系血統主義を表示するため，「姓」と「本」という二つの概念がある。両者を併せて「姓氏」とも言い，「姓」は，中国の宗法制度では，同一の男子血統を表示するものとして機能していたが，韓国では，同一の男子血統でなくても，同一の「姓」を名乗るものが多く出現し，「姓」によって同一男子血統を決めることができなくなった。既に戦前の時点で，金など5つの姓で過半数を占めていたといわれ，そこで，自己が属する男系血統の祖先の発祥地名などを姓の上につけて，例えば，同じ「金」であっても，慶州の金と金海の金と区別し，慶州金氏，金海金氏などというように異なる系統であることが分かるようにした。この祖先の発祥地名などを「本」と言い，先例等では，「本貫」，「籍貫」，「貫」などとも表示されている。男系血統主義であることから，子は，父の姓と本を継いで父の家に入り（同法781条1項），妻に夫の血族ではない直系卑属があるときは夫の同意がなければその家には入れず（同法784条1項），戸主の直系卑属長男子は婚姻により分家をしないし（同法789条但書），同姓同本である血族の間では婚姻できず（同法809条1項），妻は夫の家に入る（同法826条3項）とされていた。そのほかにも，多くの男系血統主義を示す条項が存在していた。しかし，2005年改正により，戸主制度を含めて男系血統主義は改められ，

子は原則として父の姓と本を継ぐが，母の姓と本を継ぐこともできることとし（同法781条1項），その余の父兄血統主義，戸主制度に基づく規定は，全て削除されるに至った。なお，平成23年に入り，成人年齢を20歳から19歳に引き下げ，従来の禁治産制度に代えて新たに成年後見制度を導入する民法改正が行われ（法律第10429号），同年3月7日公布され，2013年7月1日から施行されている。

婚姻法については，韓国民法第四編親族に規定があり，第一章が総則，第二章が上述のような戸主制度について規定し，第三章婚姻において，婚約，婚姻の成立，婚姻の無効と取消し，婚姻の効力，離婚について規定していたが，第二章については，ほとんどの条文が削除され，表題も，「家族の範囲と子の姓と本」に改められた。

成年の婚約は自由であり（同法800条），婚約については強制履行はできず（同法803条），婚約後，成年後見開始又は限定後見開始の審判があり，不治の疾病，他人との姦淫などの事由があれば婚約を解約できる（同法804条）。適齢は，婚約，婚姻とも，男18歳以上，女16歳以上とされていたが，2007年改正により，男女ともに18歳以上に改められた（同法801条，807条）。未成年者が婚姻するときは父母の同意を要する（同法808条）。直系血族，八親等以内の傍系血族などの近親婚は広く婚姻の無効原因とされていたが，これも2005年改正により，当事者間に直系姻戚関係があるか，又はあった場合，当事者間に養父母系の直系血族関係があった場合に限った（同法815条）。また同姓同本血族では婚姻を禁止する旨の規定があったが，2005年法改正により削除された。婚姻適齢違反，未成年者等の父母等の同意を得ない婚姻，近親婚違反，重婚禁止違反は取消原因となる（同法816条）。

婚姻の効力については，夫婦は，正当な理由で一時的に同居しない場合を除き同居義務があり，互いに扶養・扶助の義務を負う（同法826条），成人擬制，日常家事代理権などは概ね日本民法と同じであり，夫婦財産についても同様の規定を置いている。夫婦間の契約取消権の規定が置かれていた（同法828条）が2012年改正により削除された。

離婚については，協議離婚（同法834条）と裁判上の離婚（同法840条）を

認めている。家庭法院の確認と家族関係登録法による届出は協議離婚の成立要件である（同法836条）が，2007年改正において，家庭法院が提供する離婚に関する案内を受け，原則として，子がいる場合はその後3か月後，子がいない場合は1か月後に改めて離婚意思の確認を受けることとされた（同法836条の2）。裁判上の離婚原因は，直系尊属による，又は直系尊属に対する不当な待遇を掲げること，精神病離婚を含まないことを除き，日本民法と同じである（同法840条）。いずれの場合も，子の養育は父母が協議により定め，協議されないときや協議が調わないときは家庭法院が定める（同法837条）。以前は，子の養育に関する事項について協定がないときは養育の責任は父に属するとされていたが，1990年改正で改められたもので，養育に関する事項以外の父母の権利義務は変更されないことが明記された（同法837条2項）。同じく1990年改正で，面接交渉権及び財産分割請求権について，明文の規定が置かれた（同法837条の2，839条の2）。面接交渉権については，子を直接養育しない父母の一方と子とのお互いの権利として規定し（同法837条の2第1項），家庭法院は，子の福利のため必要なときは，当事者の請求又は職権により面接交渉権を制限し又は排除することができるとしている（同法837条の2第2項）。

イ　朝鮮民主主義人民共和国婚姻法の変遷と概要

　朝鮮民主主義人民共和国（以下単に「共和国」という）は，当時のソビエト連邦の影響下で，1948年9月9日成立した。そしてほぼ同時に共和国憲法が制定され，同法62条1項は，女は男と同等の社会的地位と権利を有するとし，男女平等原則が宣言された。また，同憲法以前から，男女平等権に関する法令が施行されており，女は男と同じく自由に結婚をする権利を有することも明記されていた。しかし，他方で，封建遺習残滓絶滅に関する法令が制定されたように，旧来からの封建的慣習も根深く，これらを一挙に取り除くことは困難であり，新しい理念に基づく法令と旧慣とが混在していたと言われている。そして，共和国には，1990年までは，まとまった統一的成文法としての婚姻法というものはなく，また，法令によるのではなく，最高裁判所全員会議の指導的指示や，反党的行為があれば党から離婚を勧告されるなど，共産党の政策による影響も受

けていた。そのため，共和国内の婚姻法の内容とその施行実態を把握することは難しい状態が続いていたのである。

　1982年12月7日中央人民委員会政令第247号により，民事規定が暫定的に制定され，1986年1月30日民事規定が採択された。そして，1990年9月5日に民法（最高人民会議常設会議決定第4号）が，同年10月24日に家族法（同第5号）が制定され，これによって，家族に関する成文実体法が整備された。そして1995年9月6日，共和国の国際私法規定である対外民事関係法（最高人民会議常設会議決定第62号）が制定された。

　ところで，これら民事規定が制定される以前から，共和国では，婚姻関係に関連して次のような取扱いがされてきた。まず，婚姻は当事者の自由意思に基づく婚姻届を当事者が所轄の市面人民委員会に提出し，受理されることによって成立する（男女平等権に関する法令施行細則8条1項）。そして，婚姻には登録が必要であり，婚姻登録をしようとする者は，当事者双方が居住する地の身分登録所に出頭し，婚姻届を提出し，婚姻証の交付を受け，公民証に登録をしなければならない（国民の身分登録に関する規定10条）。登録官吏は，婚姻の実質的要件を具備しているかどうかを確認し登録をすることになるが，一般的婚姻障害事由の確認だけではなく，反社会的，反国家的な婚姻でないかどうか，党に対する忠誠があるかどうかなどの観点からも判断されている可能性がある。なお，登録制度ができる前の婚姻は登録がされておらず事実婚となり，また，登録制度下においても，登録をしていない事実上の婚姻が存在する。子については，登録をした婚姻であるか否かを問わず，父母の子に対する義務は同一であり（旧憲法23条2項），子は同等の権利を有する（同条2項・3項）。相続権を含めて嫡出でない子は嫡出子と同等の権利を持つ。実際，登録されていない夫婦でも，婚姻の実質を備えており，かつ，夫婦双方の公民証にその婚姻関係が記載されている場合には，登録婚と同様の取扱いをしているようである。

　婚姻の実質的成立要件は，当事者の意思の合致があることが必要である。外国人との婚姻についても特別の制限規定はない。婚姻適齢は，男子18歳，女子17歳である。共和国の新憲法52条は男女とも17歳以上を行

為能力者とする。しかし，それ以前も婚姻すれば能力を取得すると解釈されていたようである。重婚，近親婚は禁止されるが，相姦婚や待婚期間については規定がない。婚姻要件を具備しない場合，有効か無効かであり，取消しという制度はない。無効のためには訴訟を要するが，認められれば婚姻時に遡及して無効となる。婚姻無効原因について明確な成文法規は見当たらない。婚姻意思の欠如，重婚，近親婚などは無効とされているが，他の事由は明瞭ではない。婚姻後の氏についての明文規定はないが，朝鮮の慣習である姓不変の原則により，婚姻により氏は変更されない。夫婦は同居，扶助の義務を負い，夫婦が婚姻中に得た財産は夫婦の共有である。日常家事債務の夫婦連帯責任については明文の規定はないが，判例上認められている。

　共和国創建当時は，夫婦関係の維持が難しく婚姻を継続できない事由が生じたときは，男女同等に自由な離婚の権利を有する（男女平等権に関する法令5条1項）とし，その場合，協議に基づく離婚届を市面人民委員会に提出し，受理により離婚ができる（同法令施行細則10条）とされた。しかし，家庭を破壊し，子どもの利益に反するような離婚も増加したため，1956年3月8日，協議離婚制度は廃止され，離婚は必ず裁判所の判決によるものとされた（内閣決定24号）。裁判所は当事者の合意に拘束されず，婚姻を継続できない事由と子に及ぼす影響について審理が義務づけられる（離婚事件審理手続に関する規定10条）。離婚判決には離婚理由を付すことが必要であり（同規定4条），子の養育，共有財産の分配，離婚後の配偶者の扶養に関する問題は同時に解決することが必要である（同規定20条）。離婚の効果は，離婚判決の確定ではなく，これに基づく身分登録機関への登録の時に生じる。したがって，離婚判決が出ても登録しなければ，そのまま婚姻関係があるものとして扱われることになる。子の養育者は協議により定めるが，協議ができないときは裁判所が決定する（男女平等権に関する法令施行細則18条）。子を養育する者は，子の数に応じて，収入の一定割合を養育費として支払う義務があり，当事者間で一定金額を合意することもできる。

　以上のような取扱いは，1990年10月24日最高人民会議常設会議採択同

年12月1日施行の朝鮮民主主義人民共和国家族法に引き継がれている。すなわち、公民は自由婚姻の権利を有し（同法8条1項）、1人の男性と1人の女性との間にのみ成立する（同条2項）。婚姻適齢は、男子18歳、女子17歳であり（同法9条1項）、八親等血族、四親等姻族間の婚姻は禁止され（同法10条）、身分登録機関に登録することにより法的に認められる（同法11条）。海外在住の公民は領事代表機関に登録できる（同法12条）。自由な合意、重婚・近親婚禁止に反する婚姻は無効であり（同法13条1項）、裁判所の認定による（同条2項）。無効の場合、原則として遡及するが、子の養育は離婚に準じる（同法14条）。姓名は不変であり（同法17条）、家庭では夫婦同等の権利を持ち（同法18条）、相互に扶養義務を負う（同法19条）。離婚は裁判によることが必要であり（同法20条）、配偶者が夫婦の愛情と信頼に著しく違反し、あるいはその他の事由により夫婦関係を継続することができない場合は、離婚することができる（同法21条）。子の養育者は子の利益の見地から合意で決める（同法22条1項）が、合意ができない場合は、裁判所が決定する。やむを得ない事由がない限り、3歳未満の子は母が養育する（同法22条2項）。養育費は子の数によって、月収の10～30％の範囲内で裁判所が決定する。嫡出子と嫡出でない子の父母との関係は同一であり（同法25条）、子は、原則として、父の姓に従う（同法26条）。

1995年対外民事関係法は、共和国初の成文化された国際私法であり、我が国の法の適用に関する通則法に相当する。対外民事関係法によると、日本など外国に居住する共和国公民が同法施行前にした婚姻、離婚等は、それを無効とすることができる事由がない限り、共和国内でもその効力が認められる（同法15条）。また、共和国家族法では、成人年齢を17歳と定めているが、対外民事関係法では、行為能力は本国法によるとしつつ（同法18条1項）、外国に居住する共和国公民については、住所地国法を適用することができる（同条2項）とされている。この規定により反致が成立すると解すると、我が国に在住する共和国民については、日本法により成人は20歳と解されることになる。しかし、婚姻の実質的成立要件、婚姻の効力、離婚については反致は適用できない。婚姻成立要件は、各

当事者の本国法によるが，共和国法により婚姻障碍がある場合には婚姻は許されない。婚姻の方式は婚姻挙行地法による（同法35条）。そして，婚姻の効力については，夫婦の共通本国法，共通住所地法，最密接関係国法の段階的連結が採用されている（同法36条）。離婚についても同じ段階的連結がとられ（同法37条），一方が共和国に住所を有する共和国民である場合，常に共和国法が適用されるとする共和国条項を置いている（同法38条）。外国判決等は，共和国の法律制度の基本原則に反する場合，その判決等が共和国所轄機関の管轄に属する紛争に関連する場合，正当な事由がなく当事者の関与がない場合などには承認されない（同法60条）。

(2) 日本における韓国・朝鮮籍の法制と運用

ア　終戦までの韓国・朝鮮籍の取扱い

韓国・朝鮮には以前から民籍法があり，韓国・朝鮮の国籍を持った人は，民籍に登載されていたが，1910年に日本が韓国・朝鮮を併合してから後，民籍法に代わり，朝鮮戸籍令（大正11年朝鮮総督府令第154号）が施行され，民籍登載者は，朝鮮戸籍に登載されることになった。他方，元来の日本人は，内地戸籍の適用を受け，内地戸籍に登載された。

また，当時，日本は，内地，朝鮮，台湾などの地域に関する民事法令を調整するため，共通法（大正7年法律第39号）を制定し，同法において，「地域」は，内地，朝鮮，台湾，関東州又は南洋群島をいう（同法1条）とし，民事に関し，一の地域の法令によることを定めた場合，各地域においてその地の法令を適用することとし，二つ以上の地域に同一の他の地域の法令によることを定めた場合もその相互の関係は同じであるとし（同法2条1項），その他は法例を準用し，この場合は，各当事者の属する地域の法令をもってその本国法とするとしていた（同条2項）。

そして，日本人が，朝鮮人と婚姻し，又は養子となり，朝鮮人の家に入った場合は，一の地域の法令によりその地域の家に入る者は，他の地域の家を去る（同法3条1項）とされたことから，当該日本人は朝鮮戸籍に登載され，同時に日本戸籍からは除籍された。これは，旧国籍法が，日本人女が外国人と婚姻し夫の国籍を取得した場合，日本国籍を喪失するとしていたのと同様の趣旨であり，朝鮮戸籍に入ることにより，朝鮮

人として扱われ，日本の法令は適用されない扱いとされたのである。
【1-40】は，これらを踏まえて，昭和10年に朝鮮人と婚姻入籍した日本人女は，これによって法律上，朝鮮人としての地位を取得し，日本人としての地位を喪失したとされた事例である。同女は，既に離婚状態で日本に居住しているし，もし日本と韓国の併合がなかったら，自分は婚姻しなかったと主張しており，このような場合，そうした事情を考慮し，日韓併合後に朝鮮戸籍に入った日本人は，朝鮮戸籍のままでは平和条約発効により日本国籍を失うおそれがあるから，日本戸籍を留保し，一定期間選択できる扱いをすることも理論上考えられるが，そのような立法的手当はされず，帰化の手続により国籍を「簡易に回復する」道を選ぶよう求めたのである。

【1-40】 朝鮮人の妻となった日本人の平和条約発効後における国籍の帰属
最大判昭和36年4月5日民集15巻4号657頁，訟月7巻4号897頁，家月13巻6号121頁，判タ117号95頁，判時257号7頁

> 朝鮮人としての法的地位をもつ人は，日本人としての法的地位をもつ人から，日本の国内法上で，はっきり区別されていた。この区別は，日本と韓国の併合のときから一貫して維持され，占領時代にも変わらなかった。このような法律的状態の下に，平和条約が結ばれ，日本は朝鮮の独立を承認して，朝鮮に属すべき人に対する主権を放棄し，その人の日本国籍を喪失させることになった。そうしてみれば，日本国籍を喪失させられる人は，日本の法律上で朝鮮人としての法的地位をもっていた人と見るのが相当である。本件の上告人は，元来は日本人であるが，昭和10年7月16日に朝鮮人であるAと婚姻入籍したことは，原判決の適法に確定したところである。それによって，上告人は，法律上で朝鮮人としての法的地位を取得し，日本人としてのそれを喪失したことになる。

イ　終戦後平和条約発効までの韓国・朝鮮籍の取扱い
　(ア)　朝鮮人と内地人との婚姻について
　　終戦後も，昭和27年4月28日の平和条約の発効までは，朝鮮籍に登載

された者も明確に日本人としての地位を喪失してはいなかったが，占領下においては，共通法に基づく異なる法地域の外国人として，日本人とは区別して扱われていた。【1-41】は，日本国憲法下において，共通法を定めて，内地人，朝鮮人あるいは台湾人を区別するのは法の下の平等に反するとして争われた事例について，憲法14条に違反しないと判断された事例である。【1-42】は，朝鮮人夫婦の平和条約発効前の裁判上の離婚について共通法2条，法例，朝鮮民事令により，日本の旧民法を適用した事例である。

　昭和23年1月1日から我が国では新戸籍法が施行されたが，それまでは戸籍がなく，入籍通知制度があった。これは，例えば，内地人男と婚姻した朝鮮人女は，共通法3条により入家した日本の戸籍に登載されていたのだが，離婚したときは，戸籍に離婚事項を記載しておき，入籍通知を待って除籍する扱いとされていた（昭和21年8月21日民事甲542号民事局長回答）。

　昭和23年戸籍法施行後，朝鮮人男と内地人女とが夫の氏を称する婚姻届出に当たり新戸籍編製の場所を内地とした場合，その婚姻届は受理できず，平和条約発効前に朝鮮人男と内地人女が婚姻の届出をした場合には，直ちに妻の戸籍を除籍して差し支えないとされ（昭和23年6月18日民事甲1917号民事局長回答，昭和23年10月11日民事甲3097号民事局長回答。），その場合，同女は，戸籍法の適用を受けないものとして選挙権，被選挙権を有しないとされた（昭和23年10月11日民事甲3134号民事局長回答）。つまり，共通法の地域における内地戸籍の者と朝鮮戸籍の者とが婚姻をする場合には，妻が夫の戸籍に入る場合だけが認められ，これは従前どおりの取扱いがされ（昭和24年3月31日民事甲681号民事局長回答），日本人妻の氏を称する婚姻届は受理されなかった（昭和24年4月15日民事甲834号民事局長回答）。もし誤って受理された場合には，妻が夫の戸籍に入る戸籍訂正をさせるのが相当とされた（昭和25年2月27日民事甲565号民事局長回答，昭和31年10月17日民事甲2372号民事局長事務代理回答）。また，朝鮮人の妻となった内地人女は，婚姻届出によって，当然に日本の戸籍法の適用はなくなり，互いに戸籍から除かない事例であっても，それは戸籍整理上の便宜的措置に

すぎないから，例え除籍手続未済であっても，戸籍法の適用がないと解された（昭和24年11月7日民事甲2575号民事局長回答）。そのため，戸籍登載者としては扱われず，選挙権，被選挙権も当分の間停止されるものとされ（昭和24年11月15日民事甲2666号(二)549号民事局長回答），同月18日発せられた通達（昭和24年11月18日民事甲2694号民事局長通達）により，このような場合，日本の戸籍から除籍することとされた。【1-43】①は，在日朝鮮人（現韓国籍）が，昭和24年3月に内地人女と妻の氏を称する婚姻届をし，これによって，戸籍事務上の過誤により，日本戸籍に登載され，日本国籍を有する者として戸籍が編成されてきたが，昭和50年4月に「錯誤」を理由として同人の戸籍が職権により消除された事案について，同人の国及び市に対する国家賠償法に基づく損害賠償請求を棄却した事例である。

また，【1-43】②は，終戦後平和条約発効前に朝鮮人男と婚姻届出をした内地人女について，証人2名の署名押印を欠き，朝鮮人男の父母の同意を得ていなくても婚姻は有効であるとし，したがって平和条約発効により日本国籍を失ったのであるから，外国人として登録申請をしなかった所為は外国人登録法に違反するとして有罪であると判示した事例である。

【1-41】 日本国民の中に内地人，朝鮮人，台湾人の区別を設けていた共通法の合憲性

最判昭和38年4月5日集民65号437頁

　論旨は，共通法は，日本国民の中に内地人，朝鮮人，台湾人の区別を設けており，日本国憲法施行後は，憲法14条1項に違反して無効であるというのであり，しかし，共通法上，内地人，朝鮮人，台湾人が区別されることが，日本国憲法施行後においても，その14条に違反しないことは，前記大法廷判決〔注：昭和36年4月5日，同37年12月5日大法廷判決〕の趣旨に照らして明らかであって，論旨は理由がない。

第2　国別渉外婚姻法／1　大韓民国・朝鮮民主主義人民共和国　107

【1-42】　朝鮮人夫婦の裁判上の離婚に関する準拠法

神戸地判昭和27年4月25日下民集3巻4号580頁

　　昭和20年9月2日以降引続き日本に居住する朝鮮人の国籍は平和会議並びにそれについて締結せらるべき日本と韓国間の条約において最後決定がされるまでは未決定であって，それまでは依然として日本の国籍を保有し日本の法律に服するのであるから，これに関する親族相続事件については共通法2条および法例により朝鮮民事令が適用されるところ，同令11条，1条によれば裁判上の離婚に関しては日本民法が適用されることは明らかであり，ここにいわゆる民法とは昭和22年法律第222号による改正前の民法（以下旧民法と称する）を指すものと解せられる。

【1-43】　①　朝鮮人男と内地人女の婚姻の成立要件と効力は，共通法2条2項により準用される法例により，夫の本国法によるところ，適用されるべき朝鮮民事令11条1項本文により，朝鮮の慣習には入夫婚姻の慣習はないとし，入夫婚姻の戸籍を消除したことに違法はないとした事例

大阪地判昭和53年2月27日判時903号72頁，判タ362号248頁

　　改正民法，改正戸籍法施行後，平和条約が発効するまでの間になされた朝鮮人男と内地人女の婚姻の成立要件と効力は，いわゆる地域間の婚姻として共通法2条2項により準用される法例（法例は，明治45年3月27日勅令21号「法例ヲ朝鮮ニ施行スルノ件」により朝鮮に施行された）に従ってきまる。そこで法例14条［注：平成元年改正前のもの］によると「婚姻の効力は夫の本国法による」とされているから，本件の場合には，夫たる原告が属する地域の法令である朝鮮民事令による。……本件婚姻の効力は，原則に戻り朝鮮民事令11条1項本文により朝鮮の慣習によるが，朝鮮では次に述べるとおり，婚姻の際の夫婦の協議により，夫が任意に妻の氏を称する婚姻をする慣習はなかった。……朝鮮民事令11条1項本文は，朝鮮人の親族及び相続については原則として朝鮮の慣習によると規定している。このように身分行為について慣習を尊重する以上は，この慣習は身分関係を公証する文書である朝鮮戸籍にも当然反映された。……また，朝鮮には入夫婚姻の慣習はなく（朝鮮総督府法典調査局・朝鮮慣習調査報告書（明治43年12月）参照），そのため朝鮮戸籍令上は規定されていなかった。……これを本件についてみると，朝鮮戸籍令上，婚姻の際の夫婦の協議によって，夫が任意に妻の氏を称すること

が認められる規定がないから，朝鮮では，このような慣習はなかったとするほかはない。……そうすると，本件の場合には朝鮮における慣習上，妻は当然夫の家に入るという原則の適用を受ける（前掲「朝鮮戸籍制度ノ概要」参照）から，内地人女は，共通法3条1項により，当然に内地人の身分を失い，内地戸籍から除かれ，朝鮮人男の戸籍に入ることになる。このことは，結局，改正民法施行後は平和条約が発効するまでの間においても，朝鮮人男と内地人女は，妻の氏を称する婚姻の届出ができないことを意味する。

【1-43】② 終戦後平和条約発効までの間の朝鮮人男と日本人女の婚姻の成立要件について判断した事例

東京高判昭和34年8月8日家月12巻3号107頁，判時208号41頁

被告人［注：内地戸籍］がA［注：朝鮮戸籍］と婚姻した当時においては，朝鮮人は依然日本国籍を保有していた者であるから，被告人のAとの婚姻の成立要件は，共通法第2条第2項及び法例第13条第1項［注：平成元年改正前のもの。以下同じ］に基づき，被告人については日本民法を適用し，Aについては朝鮮民事令を適用すべく，その婚姻の方式は共通法第2条第2項法例第13条第1項但書により婚姻挙行地である日本民法に従うべきものである。ところで朝鮮民事令第11条第1項によれば，婚姻の成立要件は朝鮮の慣習によるべきであり，〈証拠略〉によれば，従前朝鮮においては，婚姻するには年齢にかかわらず戸主及びその家にある父母の同意を要するとの慣習の存したことを窺知し得るのである。また民法第739条第2項によれば，婚姻の届出は，当事者双方及び成年の証人2人以上から，口頭又は署名した書面で，これをしなければならない旨規定されているのである。

しかるに，被告人とAとの婚姻届書によれば，……婚姻の当事者双方及び成年の証人2名の署名押印でなく，記名押印であり，Aの戸主又は父母の同意書の添付されていないことは所論のとおりである。しかしながら，婚姻の届出が民法第739条第2項に規定する条件を欠く場合においても，それのみによって婚姻の効力を妨げない……朝鮮において前説示のような慣習が存続していたか否かは，これを確認するに足る証拠は存しない……仮に右のような慣習が存続していたとしても，この慣習に違反してなされた婚姻が有効に成立するか否かについての朝鮮における見解は不明である。従ってかかる場合には婚姻の本質，終戦後における民主主義の普遍化の傾向等を併せ考え，朝鮮に妥当するものと推認せられる条理に従ってその効果を判定するのが相

当である。ところで〈証拠略〉によれば，右当事者間に婚姻の意思のあったことは十分これを認めるに足りるのである。しからばAにおいて，戸主及びその家にある父母の同意を得なかったという点において婚姻の成立要件に不備の点があるとしても，婚姻の当事者間において婚姻の意思のあることが明白であり，且つその届出が戸籍吏によって受理された以上は，当事者の意思を尊重し，婚姻届出の受理せられると同時に婚姻は有効に成立したものと解するのが相当である。

(イ)　朝鮮人と内地人の離婚と親権について

　朝鮮人男と内地人女が婚姻した後，平和条約発効前に離婚届が出された場合には，内地人女は内地の戸籍に戻る（昭和23年11月27日民事甲3668号民事局長回答）。旧法中に日本人女が朝鮮人男と婚姻し夫婦ともに内地に居住中，夫は終戦直後，朝鮮に帰国し，以来，音信不通で，妻から内地の裁判所に離婚の訴えを提起した場合，内地裁判所はその管轄権を有するものと解するを相当とするからその裁判が確定し離婚届出があったときは受理すべきである（昭和25年9月6日民事甲2376号民事局長回答）。このように朝鮮人夫と離婚した旧内地人妻は直ちに内地の戸籍に復籍するが，しかし，夫が死亡した場合には，生存配偶者の復氏に関する民法及び戸籍法の規定によって内地の戸籍に復籍する方法はない（昭和25年12月7日民事甲3088号民事局長回答）ため，そのまま朝鮮籍に残る取扱いがされていた。

　ところで，朝鮮人男と婚姻し，夫の戸籍に入った内地人女は，平和条約発効前に離婚すれば復籍するが，夫婦間に生まれた未成年の子の親権の帰属については，父が行うものと解され（昭和25年4月5日民事甲883号民事局長回答），朝鮮人男と婚姻して朝鮮の戸籍に入った内地人女について，内地の家庭裁判所で離婚の調停が成立し，この夫婦間の未成年者の子の親権者を母と定めても，その親権は子と同籍する父が行うものとされた（昭和25年8月7日民事甲2095号民事局長回答）。同様に，内地の家庭裁判所で成立した朝鮮在籍の男女の離婚の調停調書の謄本を添えた離婚届は受理できるが，この調停で定められた未成年の子の親権者についての

取扱いは内地在籍者の場合と異なるものとされた（昭和25年9月7日民事甲2368号民事局長回答）。なお，現行韓国民法909条4項は，離婚後の親権は父母の協議により定め，協議できないときは，家庭法院が定めるとされているのは前記のとおりである。

ウ　平和条約発効以後の韓国・朝鮮籍の取扱い

(ｱ)　平和条約発効以前に離婚等の効果が生じている場合の取扱い

　　日本国との平和条約（昭和27年4月28日条約第5号）第2条(a)［朝鮮］は，「日本国は，朝鮮の独立を承認して，済州島，巨文島及び鬱陵島を含む朝鮮に対するすべての権利，権原及び請求権を放棄する」とし，韓国の国号を朝鮮とした明治43年8月29日公布，同日施行の韓国ノ国号ヲ改メ朝鮮ト称スルノ件（明治43年勅令第318号）は，この条約により，失効した。平和条約発効後，朝鮮人及び台湾人が日本人と婚姻，縁組等の届出を受理するときの要件の審査は，朝鮮人については朝鮮の慣習により，台湾人については中華民国民法の規定によるとされた（昭和27年5月29日民事甲756号民事局長回答）。そして，平和条約は，昭和27年4月28日午後10時30分に発効したのであるから，同時刻前に受理した朝鮮人，台湾人等に関する戸籍届出等の処理は，全て従前通りとなり（昭和27年5月22日民事甲715号民事局長通達），この平和条約発効日時の前後により，その取扱いは大きく異なることになる。

　　朝鮮人男と婚姻し，朝鮮戸籍に入っていた元日本人女は，平和条約発効前に離婚をすれば，元の内地戸籍に復籍することになる。例えば，朝鮮人男と元日本人女との離婚届が平和条約発効前に朝鮮面長に出されていれば，その届書が元日本人女の実方本籍地に送付不能の現状から実方戸籍に復籍の記載がされていない場合でも，その旨記載のある朝鮮の戸籍謄抄本又は同国の官公署の発給した離婚の成立を証する書面を添付した申出によって市町村長限りで離婚復籍の記載をして差し支えないとされた（昭和27年9月18日民事甲288号民事局長回答）。しかし，これに基づいて，昭和25年3月17日協議離婚をした旨の大韓民国駐日代表部大阪事務所長の離婚完了証を提出して実方戸籍に復籍を申し出たケースについては，これでは朝鮮方式によって有効に離婚が成立しているか認定できないの

で，当事者が他に当該離婚が有効に成立していることを証する書類（本国の戸籍事務管掌者の受理証明書又は離婚の記載された戸籍謄本等）を有する場合は，これを提出させ，監督法務局の長の許可を得て離婚の記載をすると変更された（昭和27年12月27日民事甲909号民事局長回答）。したがって，朝鮮人男と婚姻した元内地人女が平和条約発効前に夫の本籍地でした協議離婚届出が実方の本籍地に未着のため除籍未済となっているため，妻から申出がされた場合も，その申出書に朝鮮の戸籍事務管掌者の発給した協議離婚届の受理証明書又は離婚の記載がある戸籍謄抄本を添付させて処理するものとされる（昭和28年6月24日民事甲1063号民事局長回答）。ただし，朝鮮面長の発行した証明書が元日本人女の復籍すべき戸籍のある市町村長に提出された場合には，同証明書を，適法に協議離婚届が受理されたことを証明するものと解して処理するのが相当とする（昭和28年7月24日民事甲1243号民事局長回答）。いずれにしても，元内地籍で婚姻により朝鮮籍に属している女は，韓国・朝鮮において平和条約発効前に有効に離婚が成立していると認められれば，我が国の戸籍に届出がなくても，内地戸籍に離婚復籍をすると解されているのである。

(イ) 平和条約発効後に離婚等の効果が生じた場合の取扱い

　平和条約発効後にする朝鮮人，台湾人の婚姻及び縁組の要件及び方式は，一般の外国人と同様もっぱら法例の規定によって定まる準拠法による（昭和27年12月19日民事甲855号民事局長回答）。離婚についても同様である。新たな婚姻や縁組については，他の諸国と同様，法例によって準拠法が定められることになるが，既に婚姻して朝鮮籍に入っている元内地人も，元朝鮮人と全く同じ取扱いがされ，平和条約の発効によって日本国籍を喪失するから，離婚をしても内地の戸籍には戻れないことになったのである。

　まず，朝鮮人間又は台湾人間については，いずれも日本国籍を失い本国の国籍を取得するから，その協議離婚届は，その本国法により実質的要件を具備しているものであれば，受理して差し支えない（昭和27年9月24日民事甲322号民事局長回答）。朝鮮籍に入った元内地人妻の場合も，平和条約発効の時点において離婚の効果が生じていなければ，平和条約発効

と同時に日本国籍を失うことになる。そのため，判決離婚では，離婚判決が確定して離婚の効力が生じるから，平和条約発効前に離婚の判決言い渡しがあり平和条約発効後に同判決が確定すると，平和条約発効後の離婚となり，そうすると，朝鮮籍にある同女は平和条約発効により日本国籍を喪失した後に離婚をしたことになるから，復籍ができない。また，当時の法例では，夫である朝鮮の法律が準拠法となり，当時の朝鮮の慣習法によれば，母を親権者と定めるのは無効であると解されていたから，親権者になることもできなかった（昭和28年10月15日民事甲1895号民事局長回答）。元内地人妻は，事実上離婚状態にあって籍だけが朝鮮籍に残っていた場合も，正式に離婚していない限り平和条約発効の日に日本国籍を喪失するとされた（昭和34年4月17日民事五発147号民事局第五課長依命回答）。また，親権だけではなく，朝鮮人が本国法によって婚姻又は離婚等の要件を具備しているかどうかについても，昭和35年1月1日韓国民法が施行されるまでは，朝鮮の慣習法によって認定するものとされた（昭和28年12月16日民事甲2341号民事局長回答）。したがって，朝鮮人男と日本人女とが妻の氏を称する婚姻届を受理しても，当時の法例によれば，準拠法は夫の本国法となり，朝鮮の慣習法となるから，夫の氏を称すべきことになり，したがって，妻の氏とする戸籍記載は，戸籍法113条により訂正すべきことになる（昭和30年9月17日民事甲1961号民事局長回答）。もっとも，このような朝鮮の法解釈は，我が国の公序良俗に反するから無効であるとして，日本民法を適用し，父から母への親権者変更を認めた審判が確定した場合には，これに基づき親権者を母とする届出を受理して差し支えないとした通達（昭和53年10月3日民二第5408号民事局長通達）がある。

ところで，朝鮮籍に入籍した日本人妻は，平和条約発効により日本国籍を喪失するが，元日本人女と朝鮮人男との離婚届が朝鮮邑長により受理され，女の従前の本籍地市町村長に送付されてきた場合は，日本国籍がないから受理はできないが，帰化は可能であるから（昭和27年4月19日民事甲438号民事局長通達参照），そのまま保存するのが相当とされた（昭和30年9月20日民事甲1998号民事局長回答）。

日本に在住する朝鮮人間の離婚について，日本の家庭裁判所が審判又

は調停ができるかについては，これを肯定する取扱いである（昭和29年9月25日民事甲1990号民事局長電報回答）。

　日本人男の妻になって内地戸籍に入籍している朝鮮人は，内地の戸籍に入っているから，平和条約発効後は，日本国籍となる。したがって，その後協議離婚をしても，日本国籍を失わないから，日本の戸籍に復籍することになるが，復籍すべき戸籍はないから，新戸籍を編成することになる（昭和29年12月24日民事甲2651号民事局長回答）。同様に，朝鮮人男が本籍不明と偽って内地人女である妻の内地戸籍に入る婚姻届をし，平和条約発効後離婚した場合，右の男は日本国籍を有するものとして取り扱われた（昭和35年1月13日民事甲158号民事局長回答）。

　日本人女が内地で朝鮮人男と平和条約発効前に婚姻した場合，朝鮮籍に入籍し，朝鮮の慣習法が適用されるから，その婚姻については，戸主及び父母の同意が必要である。しかし，婚姻届が受理されている場合には，当該婚姻は有効に成立したものとして取り扱うものとされた（昭和31年1月6日民事甲2818号民事局長回答）。なお，その後，1958年（昭和33年）2月22日大韓民国民法（法律第471号）が制定され，男子27歳，女子23歳未満の場合，父母の同意を要するものと改正され，1977年12月31日法律第3051号民法の一部改正法により，父母の同意を要するのは未成年者のみとされ，現在に至っている。

　【1-44】は，平和条約発効前に朝鮮人男と婚姻した日本人女について，同条約発効により日本の国籍を喪失したから外国人登録令及び外国人登録法に基づく外国人登録申請義務があるとされた事例である。

　【1-45】は，平和条約発効により，全ての朝鮮人は日本の国籍を喪失する旨判示した事例である。

【1-44】①　日本人女が平和条約発効前に朝鮮人男と婚姻し，内地の戸籍から除籍された場合，朝鮮戸籍に搭載されていなくても，平和条約発効により，日本国籍を喪失し，外国人登録法2条2項所定の外国人となったとされた事例

東京高判昭和35年11月30日判タ116号107頁

被告人とA［注：朝鮮人男］の本件婚姻について自由に朝鮮の戸籍に登載する手続を履践し得なかったものと考えられるのであるが，現実に朝鮮の戸籍に登載されていなくても，被告人については，後記判断のとおり，婚姻の届出により，被告人の内地の戸籍は除籍されているのであるから，A［注：朝鮮人男］との婚姻は有効に成立しているものと解せられ，その夫たるA［注：朝鮮人男］の朝鮮の戸籍に入籍してこれに登載せらるべき事由が生じているものと解し得るのである。）から，被告人は，右婚姻により朝鮮人となったものというべきであり，旧令第11条第1項によって，外国人とみなされ，旧令第4条によって，14日以内に所定の外国人登録の申請をすべき義務が生じたものといわなければならない。（前記のとおり，公訴事実では，右婚姻により被告人が直ちに外国人となったものとされているが，右のように，朝鮮人となったことによって外国人とみなされるのである。）そして，この登録申請義務は，のちに被告人が平和条約の発効によって日本の国籍を喪失したか否かによって影響を受けることはないものといわなければならない。即ち，被告人は，右婚姻によって朝鮮人となった昭和26年6月8日から昭和27年4月27日までの間，即ち，旧令の有効に存続していた期間内において，右登録申請義務を懈怠したことになるのである。

【1-44】② 日本国との平和条約発効前に朝鮮人と婚姻した日本人は，同条約が発効すると同時に日本国籍を離脱するとした事例

東京高判昭和34年8月8日家月12巻3号107頁

平和条約が発効すると同時に，その第2条a項によって，総ての朝鮮人は日韓併合のなかった時の状態に復帰して日本国籍を離脱し，外国人となったものと認められるのである。そしてここに朝鮮人とは，先の日韓合併時において，韓国籍を有していた者及び日韓合併なかりせば，当然韓国籍を得たであろう者の総てを包含するものと解するを相当とすべく，また日韓合併なかりせば当然韓国籍を得たであろう者とは，日韓合併後朝鮮の戸籍に登載された者及び当然登載せらるべき事由の生じた者を指すものと解するのが相当である。

ところで，被告人は前説示の通り朝鮮人たる夫Aと婚姻したのであるから，右の婚姻により朝鮮人たる身分を取得した者と解すべきであり，このことは平和条約発効迄はなおわが国の法令として有効に存続したものと解せられる共通法第3条第1項の趣旨に徴し自ら明らかである。従って，被告人は当然

夫の戸籍即ち朝鮮の戸籍に登載せらるべき事由の生じた者と認め得るのである。してみれば，被告人は右の婚姻により朝鮮人たる身分を取得した者であり，平和条約の発効と同時に当然朝鮮の戸籍に登載せらるべき事由の生じている者として，既に朝鮮の戸籍に登載せられている者と同様に朝鮮人として，日本の国籍を離脱し外国人となった者といわなばならない。

【1-45】① 日本在住の朝鮮人は，平和条約発効と同時に日本国籍を離脱したものと解すべきであるとした事例

仙台高判昭和33年3月13日判タ81号67頁

平和条約発効後においては，すべての朝鮮人の国籍に関する関係国間の条約の締結をまつまでもなく，すべての朝鮮人は，少なくとも日本の国内法の関係では日本の国籍を喪失し，外国人たる身分を取得したものといわなければならない。

【1-45】② 日本在住の朝鮮人は平和条約の発効と同時に日本国籍を喪失し，大韓民国及び朝鮮民主主義共和国の国籍を回復し，大韓民国政府の国家賠償法の適用を受けるとされた事例

東京地判昭和32年5月14日判時118号6頁

昭和27年4月28日発効した日本国との平和条約第2条の規定により日本は朝鮮の独立を承認したのであるが，国家としての朝鮮の独立を承認する以上，所属国民のない国家は考えることができないのであるから，その規定は右独立の承認と共に一定の範囲の日本人が朝鮮の国籍を取得して日本の国籍を喪失することをその前提としているものと解しなければならない。このような場合何を標準として国籍の変更を認めるかは，従来の領有国と新独立国との間において独立を承認すると同時に国籍変更の範囲，態様などに関する協定をしてこれを明らかにするのが通例であるが，日本と朝鮮との間にはこの種の協定がされていないばかりでなく，右平和条約発効の以前から朝鮮には朝鮮民主主義人民共和国政府及び大韓民国政府が成立し互いに朝鮮における正統政府を自任しているのであるから，統一的な国籍変更の協定は殆ど不可能

な状態にあるといってよく，また平和条約もこれについては何も触れていない。しかし朝鮮民主主義人民共和国及び大韓民国は，それぞれ現実に支配している朝鮮の北半分または南半分をその国土とし，そこに居住するもしくは出生する朝鮮人だけをその国民と主張しているのではなく，いずれも朝鮮の全域を自国の領土とし全朝鮮民族を自国の国民として，互に朝鮮を正統に代表する政府であることを自任し合つているのであるから，これらは二つの国家ではなくその名称はともかく朝鮮半島を基盤とする一つの国家内における二つの政府であるとみるのが妥当であり，右平和条約はこのような一つの国家としての朝鮮の独立を，その正統政府はいずれであるかの問題には触れないで承認したものと解するほかない。したがって問題をどの範囲の日本人が平和条約の発効と同時に日本の国籍を喪失しこのような朝鮮の国籍を取得したかということに限定するならば，客観的にはそれは既に確定しており，日本と朝鮮との協定がなくても他の事情から推認することができるものといわなければならない。思うに今次大戦及び終戦以来の経緯からみて日本をその侵略戦争以前の状態に戻そうということが右平和条約の一つの重要な眼目をなしていることは疑のないところであり，したがって右平和条約第2条の規定に「朝鮮の独立を承認し」とあるのは，かつて存在した独立国であった朝鮮が右に述べたような形で独立を回復する事実を承認するという趣旨であり，これに応じて国籍の変更についても，現に日本の国籍をもっている朝鮮人は，その居住地がどこにあるかを問わないで，すべて，その父祖または自分が日本及び朝鮮の合併当時にもっていた朝鮮の国籍を独立の回復と同時に回復するという趣旨を包含するものと解するのが妥当である。したがって原告は右平和条約の発効と同時にこの朝鮮の国籍を回復し日本の国籍を喪失したものといわなければならない。

(3) **韓国・朝鮮に関する判例・先例**

ア 国際裁判管轄―婚姻無効，離婚の裁判管轄―

婚姻無効，離婚の裁判管轄は，原則として，被告の住所地であるが，被告が所在不明等の場合には，原告の住所地に裁判管轄を認めることができるとするのが判例（【1】参照）であるが，これに沿った事例として【1-46】，【1-47】，【1-48】があり，いずれも，被告が所在不明あるいは悪意の遺棄と判断されるケースについて原告が居住する我が国に国際裁判管轄を認めた事例である。これに対し，【1-49】は，被告居住国では婚姻が成立していない跛行婚の事例で，被告居住国での裁判が困

第2　国別渉外婚姻法／1　大韓民国・朝鮮民主主義人民共和国　117

難なケースであり，我が国で裁判をする必要があるとした事例である。
【1-50】は，在日韓国人とかつて在日米軍基地に在籍していた米国テキサス州居住の米国人の婚姻無効について，相手方である米国人が来日した際，我が国に裁判管轄があるとして合意に相当する審判（23条裁判）をした事例である。なお，【1-51】は，最高裁大法廷判決【1】が出される前の事例であり，やや特殊な状況にあった事例と考えられる。

　また，最近の裁判例として，日本在住日本人妻が統一教会の結婚式に出席した後に婚姻届をした韓国在住韓国人夫を被告として離婚等を求めた事案で，原告は養育費の支払を受けておらず，法律扶助を受けており，離婚原因が被告にあることなどを理由として原告に被告住所を管轄する韓国で訴訟をするよう求めることは事実上の障害に該当し，条理に反するとして我が国に国際裁判管轄を認めた事例（新潟家新発田支判平成20年7月18日消費者法ニュース78号254頁）がある。

【1-46】　日本人男から韓国人女との婚姻無効確認を求めた事案で，国際裁判管轄権は，原則として被告の住所によるが，被告が所在不明である場合には，例外的に原告の住所地国である我が国に管轄を肯定するのが相当であるとした事例

大阪地判昭和59年12月24日家月37巻10号104頁，判タ550号248頁

　婚姻無効事件の国際裁判管轄権を決するについては被告の住所が我が国にあることを原則とすべきであるが，かかる原則によることが原告にとって不当な結果を招来し国際私法生活における正義公平の理念に副わない場合には，原告の住所が我が国にある以上，被告の住所が我が国になくても，例外的に管轄権を肯定するのが相当である（外国人間の離婚訴訟の国際的裁判管轄権に関する，最高裁判所昭和39年3月25日大法廷判決，民集18巻3号486頁参照）。
　そこで本件について検討するに，〈証拠略〉によれば，原告は日本人で我が国に住所を有する者であるが，被告は韓国国籍を有していることが認められ，かつ，被告は昭和59年7月9日に韓国へ送還された後，その所在が不明となっていることが当裁判所に顕著であるところ，このように被告の所在が不明である場合に裁判管轄権が我が国にないものとすれば，原告の訴提起は著しく困難となり，これを断念せしめるに至る事態も想起され，その結果原告の法

的救済の途が事実上閉ざされる結果ともなりかねないものであるから，被告が所在不明の場合には，国際私法生活における正義公平の観点から，例外的に，原告の住所地国である我国に裁判管轄権があると認めるのが相当である。

【1-47】 韓国人夫婦の国際裁判管轄について，夫である被告が所在不明であり，原告の住所地を管轄する裁判所に管轄があるとした事例

京都地判昭和54年11月28日判タ417号153頁

原被告は，韓国籍であるからその離婚の裁判管轄は，原則として韓国にあると解せられるが，当事者の住所地を基準として裁判管轄を認めることは，国際生活の円滑と当事者の便益のためにも必要と解され，現在，原告は前記のとおり，当庁管内に住所をもち，被告は昭和45年9月頃原告のもとを去り，住所は勿論その生死すら不明であるから，このような場合は正義公平の見地から原告の求めに従い，原告の住所地を管轄する当裁判所にその裁判管轄があるものと解され本件のごとき場合に調停前置も相当でないので，このまま判決することとする。

【1-48】 ① 称氏者がない夫婦の離婚について被告が原告を悪意で遺棄し所在不明であることから，公平の原則により，原告の普通裁判籍を有する地の裁判所の管轄を認めた事例

甲府地判昭和51年10月29日判時852号103頁，判タ352号309頁

原告［注：日本人妻］と被告とはいずれも婚姻後も氏を変えることなく婚姻前の氏を称していることが認められるから，原告ら夫婦についてはいわゆる称氏者がない。ところで，本訴が提起された日は昭和50年12月19日であるので「民法等の一部を改正する法律」（昭和51年法律第66号）附則3によると離婚の管轄については右改正前の人訴法の旧規定によるべきところ，右旧規定は本件の如きいわゆる称氏者のない夫婦に関して何ら規定していない。そこで，管轄の基本原則に立ち返って考えるとき後記認定のとおり被告が原告を悪意で遺棄し所在不明である本件のような場合においては（本件では被告所在不明につき公示送達している），公平の原則に則り妻たる原告の普通裁判籍を有する地の地方裁判所が専属管轄を有すると解すべきである。

【1-48】② 称氏者がなく，被告が原告を悪意により遺棄し，所在不明である場合には，原告が普通裁判籍を有する地又は被告が最後に普通裁判籍を有する地の地方裁判所に管轄があると解すべきであるとした事例

名古屋地判昭和49年4月16日判時749号92頁

　人事訴訟手続法1条によれば，離婚の訴は，夫婦が夫の氏を称するときは夫，妻の氏を称するときは妻が普通裁判籍を有する地又はその死亡の時にこれを有したる地の地方裁判所の管轄に専属するものであるところ，〈証拠略〉によれば，原告と被告とは婚姻後も夫婦の称すべき氏を定めることなく，それぞれ婚姻前の氏を称していることが認められるから，原被告夫婦については，前記規定により管轄裁判所を定むべき称氏者がない。しかしながら，夫婦につき称氏者がなく，かつ，被告が悪意で原告を遺棄し，所在不明で，その呼出しは公示送達によるほかはない本件の如き離婚訴訟については，原告が普通裁判籍を有する地又は被告が最後に普通裁判籍を有した地のいずれかの地方裁判所に出訴しうるものと解すべきであり，本件においては，そのいずれによるも，当裁判所が管轄権を有するものである。

【1-48】③ 日本に多年にわたり住所を有し全面的に生計を依拠している原告（韓国人夫）から，同人を遺棄して所在不明となっている被告（韓国人妻）に対して提起した離婚訴訟において，被告の最後の住所地が日本になくても，日本に裁判権があるとした事例

東京高判昭和40年2月17日判時411号67頁，判タ173号135頁

　我が国に多年に亘る住所を有し，我が国の社会に全面的にその生計を依拠している原告が遺棄された場合しかも被告が行方不明の場合，その他右に準ずる場合等において，もし前記のような被告主義の原則を固守し，被告の住所が我が国にない以上裁判権はない，として右の如き立場にある原告の離婚請求を拒否するならば我が国に住所を有する外国人の身分関係に十分な保護を与えないこととなり，結局原告の犠牲において被告を不当に保護することとなって国際私法生活における正義公平の理念にもとることになるものといわなければならない。従って右の如き特別事情の存する場合においては例え被告が我が国に最後の住所を有さなくとも我が国に離婚の裁判権があると解するのが相当である。

【1-49】 日本人女から韓国人男に対する婚姻無効確認請求事件について，韓国では婚姻は成立しておらず，韓国で婚姻無効確認を求める方法がないとして日本に裁判管轄を認めた事例

名古屋地判平成7年2月17日判時1562号98頁

　　被告は大韓民国人であり，かつ，住所も同国にあるところ，大韓民国戸籍上，同国内においては，原被告間の婚姻の申告は行われていないから，わが国同様法律婚主義を採用している大韓民国においては，原被告間の婚姻は未だ形式的にも成立していないこととなり，本件婚姻は，いわゆる跛行婚にあたるものである。そうしてみると，原告は，大韓民国においては，その婚姻無効確認を求める方法がないものと考えられるので，本件の場合，前記国際的裁判管轄権の原則に膠着し，被告の住所がわが国になければ，わが国に婚姻無効確認の国際的裁判管轄が認められないとすることは，いわゆる跛行婚を放置することとなり，わが国に住所を有する日本人で，わが国の法律によって婚姻無効確認の請求権を有する者の身分関係に十分な保護を与え得ないこととなり，かえって国際司法生活における正義公平の理念にもとる結果を招来することとなるものといわなければならない。
　　以上のとおりであるから，本件婚姻無効確認請求は，前認定のような特段の事情によるものであり，しかも原告が日本国民であり，かつ，わが国に住所を有する以上，たとえ被告がわが国に住所を有しない者であっても，本件訴訟はわが国の裁判管轄権に属するものと解するを相当とする。

【1-50】 在日米軍基地に居住していた申立人（日本在住韓国人）と相手方（テキサス州在住米国人）との婚姻無効確認について，来日した相手方との間で婚姻無効の23条審判をした事例

東京家審昭和39年7月1日家月17巻1号126頁，判タ180号163頁

　　申立人は大韓民国の国籍を有し，……東京都立川市などに居住し，アメリカ合衆国籍のAと……昭和35年9月16日東京都港区長に婚姻の届出をなし……たのであったが，右のA……から離婚の申出があったので，申立人は……これを承認した。ところが，Aはその後間もなく，所在を明らかにしなくなったので，申立人は……相手方……と懇意となり，これと婚姻しようとした。……昭和38年4月17日アメリカ合衆国……裁判所において申立人と前

記Aの離婚の中間判決がなされ，……申立人は……昭和38年11月7日東京都港区長に相手方との婚姻届をなし，……受理されたのであった。ところが，……申立人はAとの婚姻が解消していないのに重ねて相手方と婚姻したこととなった……。相手方……はアメリカ合衆国テキサス州に永く居住していたが，軍人となって日本に来り，昭和38年11月頃まで前記立川基地のアメリカ合衆国軍に勤務していたが，その頃前記のように申立人と婚姻し，アメリカ合衆国に帰り，退役して以前に居住していたテキサス州……に永住の意思をもって居住し，……相手方は申立人と婚姻したが重婚となって申立人をテキサス州……に連れ来ることができないので，これを処理し，再び適法に婚姻するため昭和39年5月旅行者として日本に来たものであること。以上のことを認めることができる。

以上の事実から考えれば，本件事件については，当裁判所が国際裁判管轄権を有するものと考えられ［る。］

【1-51】 日本人妻が外国在住の外国人夫に対し，離婚訴訟を提起した事案について，原告である日本人妻に日本の主権が永続的に及ぶ限り，被告に日本国の主権が及ばなくても裁判することができるとした事例

東京地判昭和29年9月28日，下民集5巻9号1640頁，判時37号19頁，判タ42号50頁

離婚の訴については，被告に日本国の主権が及ぶことを必要としないと云ふべく，従って，原告に日本国の主権が及ぶ限り，被告に日本国の主権が及ばなくとも，日本国の裁判所は，離婚の訴について，その裁判権を行使し得る……日本国の主権が原告に永続的に及ぶと云う関係は，原告が日本国に永続的に居住すると云う関係を基礎とするから，（この場合は原告に日本国の人的主権が及ぶことは必ずしも必要としない），日本国の主権が原告に永続的に及ぶと云う関係があるとする為めには，右の基礎的事実がなければならない。而して，この基礎的事実があれば，日本国の主権は，永続的に原告に及ぶから，被告に対し日本国の主権が及ばなくとも，日本国の裁判所は離婚の訴について，裁判権を行使することが出来る。

イ　準拠法の指定
(ア)　離婚の準拠法の決定
　平成元年の法例改正により，本国法，常居所地法がない場合の離婚の準拠法の連結点が最密接関係地とされたことから，別居中の韓国人と日本人との最密接関係地の準拠法が協議離婚を認めているとして協議離婚届出が我が国にされるようになり，これに関して，最密接関係地を日本あるいは韓国であると認定して，協議離婚届出を受理してよいとする先例が出されるようになった（平成2年4月23日民二1515号民事局第二課長回答，平成3年12月13日民二6123号民事局第二課長回答，同日6124号民事局第二課長回答など）。また，各市町村において，最密接関係地の認定について指示を求めることが多くあったものと思われ，平成5年4月5日には，離婚の際に夫婦に最も密接な関係がある地の認定について市区町村長から指示を求められた場合の取扱いについて，【1-52】が出されている。これは戸籍事務においてどのような場合に再密接関係地といえるかについての行政上の指針を示したものである。
　【1-53】①は【1-48】①と同じ裁判例であるが，【1-53】②とともに離婚の準拠法を共和国法とし，その内容がつまびらかでないとして条理によって判断をした事例である。これに対し，【1-54】は，【1-48】②と同じ裁判例であるが，離婚の準拠法として北朝鮮法とした事例である。【1-55】，【1-56】は，未承認国家又は政府の法も国際私法上は準拠法として適用できるとした事例，【1-57】は，北朝鮮に引き揚げた南朝鮮出身の朝鮮人を被告とする離婚の準拠法は北朝鮮の法律だが，内容が不明であるから類似する国家の法秩序から推測するしかないとした事例，【1-58】①，【1-58】②は，本籍が北朝鮮にある夫婦間の離婚訴訟で，準拠法として韓国民法を適用した事例，【1-59】は，韓国から北朝鮮に連れ去られ行方不明になった朝鮮人夫に対する離婚の準拠法は韓国民法であるとした事例，【1-60】は，夫の本国法としての朝鮮種族法の内容として日本の改正民法を適用した事例（ただし，なぜ，日本法を適用したのかその理由は明示されていない），【1-62】は，在日朝鮮人夫婦の裁判上離婚について，平和条約発効前に離婚原因が生じているときは条理に

よるとした事例である。

【1-52】 離婚の際に夫婦に最も密接な関係がある地の認定について市区町村長から指示を求められた場合の取扱いについて

平成5年4月5日民二2986号民事局第二課長通知

> 離婚の届出の受理に際して夫婦に最も密接な関係がある地の認定を要する事件について，平成元年10月2日付け法務省民二第3900号民事局長通達に基づき市区町村長から指示を求められた場合は，下記の点に留意して指示願います。
>
> 記
> 1 婚姻が日本での届出により成立し，夫婦が日本において同居し，婚姻の成立から協議離婚の届出に至るまでの間，夫婦の双方が日本に居住していた場合は，夫婦に最も密接な関係がある地は日本であると認めることができる。
> 2 婚姻が外国で成立した場合であっても，夫婦が日本において同居し，以後協議離婚の届出に至るまでの間，夫婦の双方が日本に居住して婚姻生活の大部分を日本で送ったと認められるときは，夫婦に最も密接な関係がある地は日本であると認めることができる。
> 3 夫婦の一方又は双方が，協議離婚の届出の際に日本に居住していない場合，又は協議離婚の届出のために日本に入国したにすぎない場合は，夫婦に密接な関係がある地を日本とは認めない。ただし，これらの場合であっても，婚姻が日本での届出により成立しており，夫婦に最も密接な関係がある地が外国であると認められる事情（夫婦が外国で同居していたこと等）が全くないときは，夫婦に最も密接な関係がある地は日本であると認めて差し支えない。

【1-53】 ① 夫が北朝鮮籍の離婚訴訟について，北朝鮮の離婚法がつまびらかではないとして条理により判断をした事例

甲府地判昭和51年10月29日判時852号103頁，判タ352号309頁

> 被告［夫］の本籍は朝鮮民主主義人民共和国（以下北朝鮮という）の支配地域内にあることは当裁判所に顕著な事実である。そして法例第16条によるとき本件離婚については北朝鮮の法令に準拠しなければならないこととなる。そもそも裁判において判断の基準となるべき法令は裁判時に効力を有する法

令として有権的に確認されまたは高度の信頼性を有する資料によって確認された法令でなければならないところ，当裁判所はそのような意味における北朝鮮の法令を詳かにすることができない。それゆえ，条理によって判断しなければならないところ，条理による場合においても北朝鮮における法令の状態の大要が判明するときはこれを考慮に入れて判断することが相当であると解する。

【1-53】② 夫の本国法の内容が不明の場合の離婚の準拠法

東京地判昭和33年8月12日家月10巻10号63頁，下民集9巻8号1573頁，判時163号22頁，判タ86号64頁

　　法例第16条［注：平成元年改正前のもの］によれば，離婚はその原因たる事実の発生当時における夫の本国法に依るべきものであるところ，被告は北朝鮮人であるから，本件離婚原因発生当時の被告の本国法である北朝鮮の法律によるべきであるが，右法律は現在当裁判所においてもこれをつまびらかにすることができない。従ってこのような場合には条理によってこれを判断すべきものである。（明治8年大政官布告第103号裁判事務心得第3条）そこで北朝鮮における本件離婚原因の発生当時の条理につき考えるに，まず現今配偶者による悪意の遺棄を離婚原因として規定する法廷地法である日本民法及びその他諸外国の立法例，また文明社会において悪意の遺棄が婚姻の本質である夫婦の協力扶助の理念にもとり，その本質を破壊する事象として観念せられていること，また悪意の遺棄を離婚原因とすることは被告の本国においてかつて施行されていた法律並びに旧慣にも反しないことは顕著な事実であること等を参酌して考えれば，北朝鮮の社会においても配偶者による悪意の遺棄は条理上到底許さるべきものではないと思料されるので，これは当然離婚の原因となるものと解する。

【1-54】離婚の準拠法として夫の本国法である北朝鮮法に基づき離婚の判決をした事例

名古屋地判昭和49年4月16日判時749号92頁

　　本件においては，被告が身分上密接な関連を有する北朝鮮の支配圏内にお

いて行われている法をもって，法例16条［平成元年改正前のもの］にいう被告の本国法であると解すべきである。……北朝鮮における離婚の許否ないし離婚原因についてみるに，北朝鮮の「男女平等権に関する法令」（1946年7月30日北朝鮮臨時人民委員会決定第54号）5条1項は，「結婚生活において夫婦関係の持続困難にして，それ以上継続しえない条件が生じた場合には，婦人は男子と同等の自由な離婚の権利を有する。」と規定して離婚を許容しており，同条3項において「母性として児童の養育費を以前の夫に要求しうる訴訟権を認め，離婚と児童養育に関する訴訟は，人民裁判所においてこれを処理するよう規定する。」と定め，離婚原因については，右男女平等権に関する法令5条1項のほか，「離婚事件審理に関する規定」（1956年3月6日司法省規則第9号）においても「夫婦関係をそれ以上継続しえない場合」として，相対的かつ包括的に離婚原因を定めている（「朝鮮民主主義人民共和国重要法令集」1949年政治経済研究所編訳，金具培氏「朝鮮民主主義人民共和国の家族法」法律時報33巻10号72頁以下，なお，欧竜雲氏「朝鮮民主主義人民共和国および中華人民共和国の領域内に在籍する外国人と日本人との間の離婚の準拠法等に関する鑑定書」家庭裁判月報22巻2号205頁以下）。これを本件についてみるに，前認定のとおり，被告は，当時2歳に満たない長女春子と妻の原告を残して出奔し，送金はもとより何ら連絡もないまま所在不明となって以来7年余を経過しており，かつ，すでに北朝鮮に帰還していることが認められるのであって，原告の意思に照らしても，もはや原被告間の婚姻関係をこれ以上継続させることは困難な段階に立至っているものと認められるから，前記北朝鮮における離婚裁判に関する法令の定めるところに照らし，原告の本件離婚請求は容認されるものと解せられる。

【1-55】 離婚の準拠法について夫の本国法である北朝鮮法であると認定し，これを適用して判断をした事例

札幌地判昭和44年11月24日判時590号71頁

法例第16条［注：平成元年改正前のもの］によれば，離婚の準拠法はその原因が発生した時における夫の本国法によるべきであるところ，〈証拠略〉によれば，朝鮮では本件離婚原因の発生した昭和35年7月以前より北緯38度線を境とした南北の地区において，南は大韓民国（以下南朝鮮という。），北は朝鮮民主主義共和国（以下北朝鮮という。）と異なる政府が成立し，それぞれの政府の法規範がその支配地域に対して実定法としての効力をもつに至っていることが認められる。また我国が北朝鮮を承認していないことは顕

著な事実である。法令はこのような場合の規定を設けていないと解せられるが，国際私法は当該渉外的私法生活関係の規整に最も密接な関連を有する法律の適用を命ずるものであるから，その法律が現実に実定法として妥当しさえすれば，その法を制定施行している国家ないし政府に対して国際法上の承認をしているか否かを問わずこれを準拠法として適用すべきであり，国家ないし政府の承認は政治的外交的性質を有する国際法上の問題であって，承認の有無は国際私法における外国法の適用には影響を及ぼさないというべきであるから，未承認国家ないし政府の法律を，単に国際法上未承認であるということを理由に，国際私法上適用さるべき法律から排除すべきではないと解すべきである。……被告はその意思に基づき北朝鮮に生活の本拠を置き，現にそこに居住しているものであるから，被告の身分関係がより密接な関係を有する北朝鮮において行われているところの離婚に関する法令を被告の本国法であると解すべきである。

【1-56】 離婚の準拠法について夫の本国法を北朝鮮法であるとして，判断をした事例

東京地判昭和44年4月30日判時567号63頁

法例第16条［注：平成元年改正前のもの］によれば離婚の準拠法は原因の発生した時における夫の本国法によるべきところ，朝鮮では南北においてそれぞれ正当性を争う政府のもとに異例の法秩序が南北一定の支配領域に行われている現況であって，わが国の法例にはかかる場合の規定を設けていないが，離婚の準拠法を定めた法例の趣旨に従い北朝鮮に生活の本拠を置いたと認むべき被告にとり国際私法の観念上もっとも密接な関係を有するものとみるべき北朝鮮地区において行われている離婚法を準拠法として適用するのを相当とする……

【1-57】 離婚の本国法を夫の引き揚げた北朝鮮の法と解されるが，その内容ははっきりしないとして，近似する国家の法秩序等から推測するほかないとした事例

千葉地松戸支判昭和40年8月11日家月18巻9号53頁，判タ205号185頁

法例第16条［注：平成元年改正前のもの］によると，離婚はその原因たる

第2　国別渉外婚姻法／1　大韓民国・朝鮮民主主義人民共和国

事実の発生した時における夫の本国法によるべきものとされている。そして，被告は，昭和36年8月，北朝鮮に引揚げたというのであるから，全羅北道，すなわち，南朝鮮の出身であるが，国籍としては，朝鮮民主主義人民共和国のそれを択んだもの，と認められる。けれども，現在までのところ，日本と朝鮮民主主義人民共和国との間には，正常な国交関係が存在しておらず，そこにおける離婚関係法令の内容も，さしあたり，これを明らかにするによしない。

　このような場合，裁判所としては，準拠法国の全法律秩序からその法令の内容を推測したり，あるいは，それが不可能である場合，政治的，経済的，民族的あるいは文化的に，これと近似する国家の法秩序などから，準拠法の内容を推測するの外はない。

【1-58】①　ポツダム宣言受諾により日本国籍を喪失した元日本人から韓国・朝鮮籍の夫に対する離婚請求について，夫の本国法を北朝鮮とみることもできるが，被告は，生死も所在もはっきりせず，上記特殊事情も踏まえて大韓民国法を準拠法とした事例
福岡地小倉支判昭和37年6月6日家月15巻2号145頁，下民集13巻6号1170頁，判タ146号85頁

　法例第16条［注：平成元年改正前のもの］の規定によると，離婚の請求について適用すべき法律については夫の本国法による旨定められているから，本件において大韓民国の民法の規定によることになる。もっとも，この点について，被告の本籍地がいわゆる北朝鮮にあるから大韓民国の法律を適用すべきでないとの見解があるかも知れない。ほぼ北緯38度線を境界としていわゆる北朝鮮においては「朝鮮民主主義人民共和国」が存在し，同所には現実に「大韓民国」の法律が実効性が期せられておらず，しかも，この現象は，一時的なものではなくなかば恒久的なものになりつつあることは公知の事実である。したがって，本籍地を根拠法の連結点とし「朝鮮民主主義人民共和国」の法律を適用すべきとする見解も十分傾聴に価するものであって，一般論としてまったく否定しさることはどうかとも思うが本件事案においては前記認定のとおり被告は現在その所在はもちろん生死すらも長期にわたって不明であり，原告自身いわゆる北朝鮮，南朝鮮の区別に特に関心をもっておらず，特に原告はもともと日本人であって，当時日本人であった朝鮮人と婚姻

し，婚姻当時一般人では予測できなかった日本国のポツダム宣言の受諾とこれに伴う日本国との平和条約との発効によって意外にも外国人となったのであるから，将来当然日本人として帰化することが予想されるのであり，そのさいに現在の国籍法の諸規定からみて帰化のさまたげにならないように考慮することが事案のもっとも適切な解決であると思われる特殊事情がある。のみならず日本国政府において朝鮮の政府とし（事実上）承認しているのは現在「大韓民国」のみであるから，本件事案においては夫の本国法として「大韓民国」の法律を適用するのが相当であると解するものである。

【1-58】② 北朝鮮人夫と日本人妻との離婚の準拠法として北朝鮮の法を知る由もないので，風俗，伝統，習慣の最も近接した社会である韓国の民法を適用するのが条理に適うとした事例

福岡地判昭和33年1月17日家月10巻2号79頁，判時140号28頁

本件離婚原因発生当時における被告の本国法はないのであるから，日本人の妻である原告に適用せられる我が民法のみを準拠法とすればよいとも解せられないことはないが，被告は朝鮮の独立により外国人たる身分を現に取得しているのであるから，このような場合には……法例第16条［注：平成元年改正前のもの］を準用し，夫たる被告の現在における本国である朝鮮の法律を適用することが，前記身分法の特殊性を考慮し，並びに我が国が朝鮮の独立を承認したことによる両国の渉外的私生活関係を円滑に規律する上からも最も妥当且つ条理に適した見解である……ところで朝鮮は大韓民国政府と朝鮮民主主義［人民］共和国政府が領土を南北に2分して夫々異なる法の支配が行われていること，そして被告の本籍地は北朝鮮に所属していることは何れも顕著な事実である。……，1つの朝鮮が南北に2分され2つの独立国として成立することまで認めたわけではない……従って右は法例第27条第3項［注：平成元年改正前のもの］に規定するところの，地方により法律の適用を異にする国の場合に該当するので，同項により被告が属する地方と認められる朝鮮民主主義［人民］共和国政府の法律を適用すべきである……しかるに現実の外交関係においては北朝鮮の政府とは全く交渉がないので，被告の所属地方の法律を権威ある情報によって知る由がない。従って同地方と風俗，伝統，習慣の最も近接した社会である大韓民国民法を適用することが最も条理に合するものというべき……

【1-59】 離婚の準拠法について，南朝鮮から北朝鮮に連れ去られ行方不明の夫の本国法は大韓民国にあるとし，同国法を適用した事例

東京地判昭和33年9月27日家月11巻4号104頁，判時169号22頁

　本件離婚の準拠法は法例第16条により夫たる被告の本国法である。ところで，朝鮮は現在朝鮮民主主義人民共和国（以下北朝鮮と云う）と大韓民国（以下南朝鮮と云う）とに分かれていることは顕著な事実であるが，朝鮮の国籍を有する国民について，その本国法としていずれの法律を適用すべきかは一つの問題である。……そもそも北朝鮮と南朝鮮の争いは，いずれも全朝鮮の領土を対称とし，全朝鮮民族を対称としてそれぞれ自己に属するという主張であって，国と国との争というより朝鮮を正当に代表する政府たらんとする争である……朝鮮半島全域についての一つの国家があり，その中に，二つの政府が存在するとみるのが妥当……北朝鮮と南朝鮮はそれぞれ独自の法秩序をもち，いずれも朝鮮全域を施行区域として主張し合っているのであるが，現実にはほぼ38度線を境とする北朝鮮南朝鮮の各勢力範囲内に於てのみ各自にその実効性が担保されている事も顕著な事実である。所で国際私法上適用さるべき外国法秩序とは，現実に外国において実効性のある法律である。……国際私法上所謂一国数法の関係にある場合として処理するのが妥当である。以上の点について法例第27条第3項による「其者の属する地方の法律に依る」と定められるが，南朝鮮と北朝鮮との間にこの点に関する準国際私法的な規定は存在しないことは現況自体から明白であるから，かかる場合日本の国際私法の立場から直接に「属する地方」を決定しなければならない。その場合，要するに属人法の決定の問題であるから当事者が本国のうちのいずれの地域と最も密接な関係を持つかによって決定されるべきであり，……本件において被告はかつて朝鮮の勢力範囲内に本籍を有し住所を有したことは前記認定で明かであるが，本件離婚原因発生当時より北朝鮮に連れ去られ，その後どこに居住するか，皆目判らない状態である。……当事者が最も密接な関係をもつ土地として被告の過去の住所であり本籍の所在地であった京畿道楊州郡隠県面がその「属する地方」ということになる。京畿道楊州郡隠県面は現在大韓民国の支配する領域内にあることは顕著な事実であるからその地方に妥当する法律は南朝鮮即ち大韓民国の法律であることが明かである。従って被告の本国法は大韓民国法である。

【1-60】 日本に居住していた朝鮮人夫婦の離婚について，平和条約発効前に離婚原因が発生している事案の準拠法について判断をした事例

名古屋地判昭和31年10月30日下民7巻10号3071頁

　昭和27年4月28日同平和条約が発効したことは，原被告の国籍に異動を生ずるかどうかは別として戦前から引き続き日本に居住している朝鮮人については勿論，終戦の年である昭和20年10月頃まで日本に居住した朝鮮人についてその身分関係を従前支配して居た日本法の適用に影響のないことは明らかである。一国の一部の独立に際し領土の分離や国籍の異動は統治権に影響するが，直に個人の社会生活を規律する身分法に変化を与えるものでないからである。いづれも当時日本法である日本民法と朝鮮種族法といづれが適用あるかは，日本が連合国の管理下に入った為共通法の失効した現在，一の国家法と一の社会法との間の衝突規則の法理に依り解決すべきものである。朝鮮種族法では配偶者の生死が三年以上分明でないとき離婚原因がある。このことは朝鮮が日本に属した当時朝鮮民事令第11条に則り離婚原因について日本民法に依り，同法第813条第1項第9号に右離婚原因が規定され，現在の韓国民法第813条第1項第9号も同一であることにより明白である。ただ同日本民法については昭和22年法律第74号応急措置法と昭和22年法律第222号民法の一部を改正する法律との改正があったが，右離婚原因については同一である。そして右改正は前記朝鮮独立前であるから，衝突規則及び時際法上日本に引き続き居住する日本国籍外の国籍を取得してない朝鮮人については，朝鮮種族法に反しない限度において朝鮮種族法の内容として同改正法の適用があると解すべきである。

【1-61】 終戦後平和条約発効までの間の朝鮮人男と日本人女の婚姻の成立要件について判断した事例

東京高判昭和34年8月8日家月12巻3号107頁

　被告人は朝鮮に国籍を有する外国人である旨主張するので，ここにその当否につき審按するに，〈証拠略〉を綜合すれば，被告人は本籍山形県……の参女として……出生し……金……との婚姻の届出が……され，昭和27年4月28日効力発生の条約5号による「日本国との平和条約」第2条a項……によって始めて日本国の朝鮮に対する統治権が消滅する迄は……日本国籍を保有していたものであるから，被告人と金……との婚姻の成立要件は右条約発効

迄効力のあった共通法第2条第2項及び法例第13条1項［注：平成元年改正前のもの。以下同じ］に基づき被告人については日本民法を適用し，金……については朝鮮民事令を適用すべく，その婚姻の方式は法例第13条第1項但書により婚姻挙行地である日本の法律に従うべきものである。……朝鮮民事令第11条によれば，婚姻の成立要件は朝鮮の慣習によるべきであり，〈証拠略〉によれば，終戦前朝鮮においては，婚姻するには年齢にかかわらず戸主及びその家にある父母の同意を要するとの慣習の存在したことを窺知し得るのである。そして本件の婚姻届書には金……の父母等において本件婚姻に同意する旨の書面は添附されていないのである。しかしながら……仮に右婚姻届出の受理せられた当時においても右の如き慣習が存在していたとしても，この慣習に違反してなされた婚姻が有効に成立するか否かについての朝鮮における見解は不明である。……右当事者間に婚姻の意思のあったことは明白であるから，かかる場合においても婚姻届が受理せられた以上当事者の意思を尊重し，婚姻は有効に成立しているものと解するのが相当である。……

そこで，進んで右平和条約の発効前朝鮮人男と適式に婚姻した日本人女の身分関係につき審究するに，右平和条約が発効すると同時に，その第2条a項によって，総ての朝鮮人は日韓併合のなかった時の状態に復帰して日本国籍を離脱し外国人となったものと認められるのである。……朝鮮人たる夫金……と婚姻し当然夫の本籍たる朝鮮の戸籍に登載せられるべき事由の生じた被告人は右婚姻により朝鮮人たる身分を取得した者と解すべきものであって，このことは前記共通法第3条第1項の趣旨に徴し自ら明白であり，被告人は平和条約の発効と同時に当然朝鮮の戸籍に登載せられるべき事由の生じている者として，既に朝鮮の戸籍に登載せられている者と同様に朝鮮人として日本の国籍を離脱し外国人となった者と云わなければならない。

【1-62】 在日朝鮮人夫婦の裁判上離婚について，平和条約発効前に離婚原因が生じているときは条理によるとした事例

広島地判昭和30年9月23日家月8巻5号67頁

原被告は何れも外国人であるから原告が離婚の請求をなし得るかどうかは法例第16条により離婚原因発生当時の夫なる原告の本国法によるべきであるところ，被告の生死が不明になった昭和20年9月頃より3年を経過した昭和23年9月頃が離婚原因発生時と解されるからその当時における原告の本国法を適用してこれを決しなければならない。そこで原告の本国法が如何なる法律であるかにつき考えるに平和条約の発効した昭和27年4月28日以前におい

ては在日の朝鮮人に対しては依然として日本の国籍を保有するものとして日本の法律を適用すべきものであるから右原告の本国法は日本の法律であるということになる。そうすると昭和23年9月頃当時朝鮮人に対しては共通法第2条法例及朝鮮民事令が適用され同令第11条，第1条に依って裁判上の離婚に関しては旧民法を適用されていたから在日朝鮮人に日本の法律を適用するとなればこの朝鮮民事令及び旧民法によらざるを得ないという事になる。しかしながら前記平和条約の発効によって在日の朝鮮人は総て日本の国籍を当然に喪失した結果右朝鮮民事令は条約発効と同時に失効したと解するの外ないから今ここにこれを実定法として適用することは出来ない。そうするとかような在日朝鮮人に対して適用すべき本国法はないこととなるが斯かる場合には結局条理によってことを判断するの外ない。そうだとすれば元来離婚等のような身分上の関係はその者の属する民族の共同社会における風俗，慣習，倫理，その他色々な精神的肉体的諸条件に支配されるものであるから右の諸条件と共通の地盤をもつ原被告の本国である大韓民国において施行せられている現在の身分法を参酌してこれと同一の規範によりことを決するのが最も事理に適して相当であると思われる。

(イ) 韓国・朝鮮人の本国法の決定

　日本に定住する在日韓国・朝鮮人の本国法が韓国法によるのか共和国法によるのか必ずしも明らかではない。【1-63】は，当事者の本籍地，現在，過去の住所，居所，当事者の意思などを総合的に考慮し，いずれの支配地域と密接な関係を有するかの観点から決定するのが相当であるとし，韓国の相続法を適用した事例である。【1-64】も，朝鮮人の本国法の決定について判示した事例である。【1-65】は，ポツダム宣言受諾により共通法は失効したとする希有な事例であるが，いずれを本国法とすべきかにつき，韓国・北朝鮮に別かれているから，法例27条3項を準用して準拠法を決するとした事例である。【1-66】は，本人は北朝鮮の国籍を有すると主張したが，韓国籍と判断し，韓国法を適用した事例である。

【1-63】 朝鮮・韓国の二重国籍については平成元年改正前法例27条1項本文によらず，本国法主義に照らし，全ての事情を総合考慮して決定するのが相当とした事例

福井地武生支判昭和55年3月26日判時967号102頁

　朝鮮人は，韓国と北朝鮮との二重国籍を併有することが少なくないが，政治的変動によって生じた朝鮮人の二重国籍については，法例27条1項本文の規定が本来予想した場合ではないから，これによって解決すべきではなく，その本国法の決定にあたっては，同法条の本国法主義の趣旨に照らし，当事者の本籍地，現在の住所，居所および過去の住所，親族の住所，さらに当事者の意思などすべての事情を総合考慮して，当事者の身分関係と右いずれの地域とがより密接な関係を有するかという観点に立脚してこれを決定するのが相当である。……Aが朝鮮総連に所属していた事実をもって，単純に同人が韓国国籍を離脱し北朝鮮国籍を取得したいとの意思を表明したものとは受け取り難く，Aの本国法の決定にあたって右朝鮮総連所属の事実を重視することは困難である……Aの外国人登録原票には国籍欄に「朝鮮」と記載されていたことが認められるが，朝鮮の正統政府として日本が承認しているのは韓国政府であるとの当裁判所に顕著な事実ならびに〈証拠略〉に照らして考えると，右「朝鮮」なる記載が必ずしも北朝鮮国籍を正確に表示したものとは認められない。……前記認定の事実によると，Aは，その死亡当時，北朝鮮よりも韓国と身分上密接な関係を有していたものと認められるので，同国の法律をもって法例25条［注：平成元年改正前のもの］にいう被相続人の本国法であると解するのが相当である。

【1-64】 親権に関する準拠法について，父は日本で出生，成長し，韓国，朝鮮いずれにおいても生活したことがないことなどから国籍は決めかねるとし無国籍に準じて平成元年改正前法例27条2項により日本法を本国法とした事例

富山家審昭和56年2月27日家月34巻1号80頁

　親権に関する法律関係の準拠法は父の本国法であるが，本件記録中の資料によれば，相手方は日本で出生，成長し，日本内において自動車板金塗装工場を経営し，大韓民国，朝鮮民主主義人民共和国のいずれにおいても生活し

たことがなく，又，今後もその意思もないことが認められ，以上の事実によれば相手方の本国法決定の基準である国籍をいずれともきめかねる事態であり，むしろ無国籍に準じて処理すべきものと解し，法例27条2項［注：平成元年改正前のもの］に準じ，同人の住所地法である日本法をもってその本国とみなすべきものと判断する。

【1-65】 内地人女と朝鮮人男との婚姻について，ポツダム宣言受諾により朝鮮人は日本国籍を離れ朝鮮の国籍を回復又は取得したとし，平成元年改正前法例13条により日本法と韓国法を適用した事例

大分地杵築支判昭和35年7月12日家月12巻12号82頁

昭和20年8月14日日本国政府は，ポツダム宣言受諾の意思を表示し，同年9月2日日本国の代表者は，降伏文書をもってポツダム宣言を受諾したのである。してみると，遅くとも昭和20年9月2日をもって，朝鮮は我国の統治権から離れ，国家たる地位を回復したものというべきであり，また朝鮮人は日本国籍を離れ，朝鮮の国籍を回復又は取得したものと解すべく，従来内地人，外地人間の法律関係の衝突規則，連絡規則であった共通法は，朝鮮その他の外地に日本国の統治権が及ぶことを前提とする法律であったところ，その前提が失われたことにより当然失効し，日本国民，朝鮮人間の法律関係の衝突規則，連絡規則としては，法例が適用せらるべきこととなったものと解するのが相当である。……昭和23年1月16日原被告がした婚姻は，法例第13条［注：平成元年改正前のもの。以下同じ］に則り日本国の法律による方式に従うべきものと解すべきところ，前記のように，原被告は，原告の本籍地役場に婚姻の届出をなしたのであるから，適法な方式で婚姻をなしたものというべきである。……婚姻の成立要件につき審究するに，同じく法例第13条により，各当事者につきその本国法によってこれを定むべきである。そうして被告の本国法が何であるかにつき審究するに現在朝鮮には2個の政府が存在し，共に全朝鮮の正統政府たることを主張しつつ，現実にはほぼ北緯38度線を境として南朝鮮及び北朝鮮を，それぞれ支配しているのであるから，被告の本国法を定めるについては法例第27条第3項を準用するのが相当であり，被告の本籍は南朝鮮，すなわち大韓民国政府の支配する地域内に存するところ，被告が自らの意思で北朝鮮に送還された等特段の事情について何らかの資料が存すれば格別，本件においてはかような資料はないのであるから，被告の本国法は南朝鮮の法律であると認めるのが相当である。

【1-66】 被相続人の国籍を韓国であるとし，長子単独相続であるとした原審の判断は是認できるとした事例

最判昭和44年4月10日判時556号41頁，判タ235号107頁

訴外Aは韓国籍を有していたものであって，その死亡による相続については，第一審判決のいう旧法が適用され，その相続財産は長子の男子が単独で相続したものというべきで，したがって，長子ではない上告人は相続財産である本件賃借権および建物所有権を取得しなかった旨の原判決（その引用する第一審判決）の認定判断は，その挙示の証拠関係に照らして首肯できる。

ウ　婚姻の成立，効力

㋐　婚姻届の効力

　我が国に在住する韓国籍男と朝鮮籍女の婚姻届出が日本で受理された場合，韓国法上の届出が必要かについて，その届出がなくても，婚姻は有効であるとした事例が【1-67】である。一般に婚姻について双方の合意により成立するとすれば，婚姻届出及びこれに基づく公的機関における記録（戸籍搭載，登録）は，方式の問題であり，婚姻成立の実体的要件ではないから，我が国の方式によることができると解される。したがって，北朝鮮籍女と韓国籍男との婚姻も日本における届出により有効に成立すると解される（【1-68】）。なお，戸主及び父母の同意を欠く婚姻の効力については，朝鮮人男が戸主の同意なく婚姻をしても無効である（昭和7年9月20日民事甲989号民事局長回答）とされていたが，その後，戸主の同意を欠く婚姻届も，誤って受理されれば有効なものとして取り扱うこととされた（昭和11年8月13日民事甲955号民事局長回答，昭和31年2月3日民事甲194号回答など）。その結果，平和条約発行前に朝鮮人男と婚姻して内地戸籍から除籍された元日本人女が，戸主の同意を欠くから無効であるとして，家庭裁判所で戸籍訂正許可審判を得て，その旨の戸籍訂正申請がされた場合においても，これを受理すべきではないとされた（昭和32年5月22日民二発185号民事局第二課長事務代理）。これに対し，朝鮮人男と日本人女の婚姻について，婚姻当時の朝鮮の慣習上戸主の同意が必

要であるところ，これを欠けば無効であるとして，婚姻無効確認の23条審判をした事例【1-69】がある。これも上記の経過からすると，受理されたのかどうか疑問である。

【1-67】 韓国籍男と朝鮮籍女の婚姻について，婚姻の方式は挙行地の法によるから，日本法により婚姻が挙行されれば韓国法上婚姻の届出がなくても，婚姻は有効であるとした事例

大阪高判昭和56年10月14日民集38巻8号1068頁，家月35巻6号97頁，判時1045号95頁，判タ465号186頁

> 法例13条1項但書［注：平成元年改正前のもの］によれば，婚姻の方式は婚姻挙行地の法律によるとされているから，控訴人と被控訴人との婚姻については，その婚姻挙行地たる日本の民法及び戸籍法所定の婚姻の届出をすれば法律上の婚姻関係を生ずるわけである。そして，控訴人と被控訴人とは1964年3月26日大阪府泉大津市長に対し日本の民法及び戸籍法所定の婚姻の届出をして受理されたのであるから，韓国法上，右両名の婚姻の届出がなされていないとしても，右婚姻が法律上有効になされたこと勿論である。

【1-68】 在日北朝鮮人女と韓国人男との婚姻については，韓国法上の届出がなくても，日本における届出により有効に成立するとした事例

広島地判昭和49年5月27日判時761号101頁

> 法例8条2項［注：平成元年改正前のもの。以下同じ］によれば，行為地法によってなした法律行為の方式は有効とされているので，わが国戸籍法所定の届出によってなされた原告とA間の前記婚姻の方式は有効であり，法例14条によれば，婚姻の効力は夫の本国法による旨定められ，弁論の全趣旨によれば韓国民法812条［注：2007年改正前のもの］には「婚姻は戸籍法に定められたところにより届出することによってその効力が生ずる」旨の規定があることが認められるので，原告と亡Aが前記五日市町長に対する届出によって両名の婚姻は有効に成立し，したがって，爾来原告がAの配偶者たる身分を取得したことは明らかである。被告は韓国戸籍上妻として記載されな

ければ婚姻の効力を生じない旨主張するが，そのように解しなければならない法律上の根拠は存在しない。

【1-69】 朝鮮人男と日本人女の婚姻について，婚姻当時の朝鮮の慣習上戸主の同意が必要であるところ，これを欠くから無効であるとして，家事審判法23条により婚姻無効確認の審判をした事例

京都家審昭和35年9月6日家月13巻3号158頁

　　すなわち，申立人はもと京都市……に本籍を有する日本人であったが，知人の勧めにより昭和14年頃相手方と結婚し，爾来事実上の夫婦として京都市内で同棲を続け漸次子女をもうけるに至ったため，当事者双方とも適式の婚姻届をなす必要に迫られ，相手方において朝鮮在住の父兼戸主……に対して上記婚姻の同意を求めたが，同人等から拒絶されたので，相手方は……自ら申立人との婚姻届書を作成し，その末尾に前記相手方の父兼戸主及び継母の氏名を冒署してその各名下に有合印を押捺し，かくして婚姻届書の偽造を完成した上，……前記届書を提出し……前記婚姻届は即時戸籍吏によって受理せられ，……相手方との関係においては，……調査した結果，前示届書中戸主及び父母の同意部分の記載が偽造にかかるものであることを発見したため，不適法な婚姻届としてその受理を拒否したので，この婚姻届は未だその効力を生ずるに由なく，従って申立人は前記除籍の日以後無籍のまま相手方の韓国戸籍にもはいることができない状態にある。

　　以上認定の事実について判断するに，申立人と相手方との主文掲記の届出による本件婚姻は，当時における朝鮮の慣習法上，戸主の真正な同意を得なかったものとして当然無効であるといわねばならない。よって，調停委員……の意見を聴いた上，本件申立を正当と認め，家事審判法第23条により主文のとおり審判する。

　　(イ)　重婚禁止違反の効力

　　　かつての朝鮮の慣習法では，重婚は無効とされており，戸籍実務では，家裁が婚姻取消審判をした場合でも，調停離婚を成立させた場合でも，婚姻取消しの確定判決がある場合も，後婚を無効として扱ってきた（昭和38年9月10日民事甲2583号民事局長回答，昭和39年6月4日民事甲2051号民事局

長回答，昭和46年3月29日民事甲632号民事局長回答，昭和56年3月18日民二1865号民事局長回答）。しかし，現在の韓国民法810条は重婚を禁止しており，これに違反した場合には，取り消すことができる（同法818条）とされており，重婚は婚姻の取消原因である。他方，現在の共和国民法8条2項は，重婚を認めず，これに違反する場合は無効である（同法13条1項）。したがって，韓国民法が適用される場合には，取消原因となり，共和国民法が適用される場合には，無効原因となる。その場合，他方当事者が日本人のときは，双方的婚姻障害事由として，日本法も準拠法となり，より効果が強いものに従うことになるから，韓国法と日本法の場合は取消原因，共和国法と日本法の場合は無効原因となる。重婚を無効とするのは公序良俗に反するとした裁判例【1-70】もあるが，これは，日本で重婚を解消する手続をし，夫婦として生活し，婚姻が有効であることを前提として日本国籍がないとして外国人登録をするよう求められ，そこで，帰化申請をしたところ，重婚を理由に拒絶されたという経過のある特殊なケースであり，一般的には，重婚禁止違反の効果を取消原因とするか無効原因とするかは，立法政策の問題であり，我が国が取消原因としていることのみをもって無効原因とすることを公序良俗違反とするのは難しいのではないかと思われる。なお，韓国民法施行前の重婚について，韓国民法施行後，これを無効とするか取り消すべきものとするか，説が分かれていたことについては，第1部第1の2(1)イ(イ)(ⅱ)cのとおりであり，無効説に立つ裁判例が【1-72】であり，取消説に立つ裁判例が【1-73】である。いずれも多数あり，最高裁で判断がされないため，二つの説が分かれたままになっていたのである。韓国においても，大法院は，当初無効であるとしていたが，その後，無効が確認されていないものについては，附則18条により取り消すことができるにとどまると解しているようである。

【1-70】 昭和23年5月に朝鮮籍男と日本籍女との婚姻について，重婚を無効とする朝鮮民事令下の慣行・判例を適用することは公序良俗に反するとし，法令30条を準用して同慣行等を排除し，改正後の民法を適用して

重婚は取消原因となるとした事例

高松高判平成3年7月30日判タ770号239頁

1 ……A［注：朝鮮籍夫］については，右認定事実によるとAの本籍地の属する朝鮮で適用されていた朝鮮民事令が準拠すべき法律となり，それによると，直接の規定がないが，慣行，判例によると重婚は無効であり，すなわち効力要件とされており，その結果戸籍に婚姻届出が記載されず，結局婚姻成立要件を充足せず，本件婚姻は我が国での取扱に関する限度で有効と取扱い被控訴人［注：元日本国籍女］の側面でのみ成立する跛行婚となる。

2 しかし，右改正後の民法は，わが国の憲法ことに24条の家族生活における個人の尊厳と両性の平等の理念に基づきこれを具体的に実現するために，明治31年勅令123号による民法（以下「旧民法」という。）で定めていた家の制度を廃止し，婚姻に関しても家の制度を前提とする制限を除去し，婚姻につき男女の婚姻の合意と婚姻届出をその成立要件とするなど根本的な改正がされたのに対し，朝鮮民事令は旧民法と同旨の家の制度による規定がそのまま適用されていたものであるが，宇和島市等をその常居所地としていた被控訴人及びAのした本件婚姻について朝鮮民事令の下での重婚を無効とする慣行，判例を適用することは，わが国の社会（宇和島市等）における私法秩序を乱し公序良俗に反するので，法例30条を準用して，朝鮮民事令の下での右婚姻無効の慣行等の適用を排除し，改正後の民法を適用すべきものであり，その744条，732条により重婚は取消原因となると解するのが相当であるが，本件婚姻につき未だ取り消されていない。もっとも，このように解しても，Aの戸籍に本件婚姻の記載がされないことからみると，依然として跛行婚となる点では同様であるが止むを得ない。

3 さらに，Aは本件婚姻当時重婚とされたBとの婚姻につき本件婚姻届出後間もない昭和23年11月19日宇和島家事審判所の調停により離婚して重婚が解消され，少なくても本件婚姻届出によるAの戸籍への記載が可能な状態になったものであり，又，Aは昭和44年2月3日死亡しており，改正後の民法748条1項が婚姻取消は遡及効を有しない旨定めているので，他に特段の事情の認められない本件では，その後に本件婚姻を重婚として取り消すべき法律上の利益を欠くに至っている。

【1-71】① 韓国民法施行（1960年）前の朝鮮の慣習法では重婚は無効であり，同民法施行後も無効である旨を判示した事例

新潟家高田支審昭和50年2月21日家月28巻7号63頁

　婚姻の成立要件は，法例13条1項［注：平成元年改正前のもの］により各当事者の本国法によってこれを定めるべきところ，我が国においては重婚は取消しうべきものであるのに対し，本件婚姻のなされた当時の朝鮮の慣習法によれば，重婚の場合後婚は当然無効となるものとせられている。
　もっとも，檀紀4293年（昭和35年）1月1日施行の大韓民国民法は，その816条1号，810条において重婚をもって取消しうべきものと定め，附則2条で「本法は，特別の規定ある場合の外には，本法施行日前の事項に対しても，これを適用する。但し，すでに旧法により生じた効力には影響を及ぼさない。」（訳文は家庭裁判所月報10巻10号に登載されているものによる）とし，かつ附則18条に婚姻等の無効，取消に関する経過規定をおいている。しかしながら附則18条1項は，その規定の文言・文理からして，新法施行時に効力を有する婚姻等に関する規定で，旧法中慣習により当然無効として何らの効力を生じなかった婚姻等にまでその適用はないものと解するのが相当であり，同条2項が旧法による取消原因がある婚姻等についてのみ規定し，旧法による無効原因がある婚姻等について何らの手当てをしていないところからみて，かかる婚姻等については新法の遡及適用がなく，無効として確定させる法意と考えられ，上記附則2条但書はこの場合を含む趣旨の規定であると解するのが相当と思われる。
　してみると，本件婚姻は，夫の本国法によれば重婚として当然無効というべく，一方当事者につき無効原因がある以上，全体として無効とならざるをえない。

【1-71】② 同旨

長崎家審昭和48年7月12日家月26巻2号120頁

　韓国において檀記4293年（昭和35年）1月1日より大韓民国民法が施行され，同法816条1号810条により重婚は婚姻取消事由とされているが，同法附則2条但書は同条本文の遡及効適用の例外として，すでに旧法によって生じた効力に影響を及さない旨規定し同法の遡及効を制限しているので，同法施行前の重婚は前記法条の新設にかかわらず，従前の慣習法に従って当然無効といわねばならない。なお同法附則18条1項は本法により取消の原因となる

事由があるときは，本法の規定によりこれを取消すことができると規定しているが，この規定は，同法施行当事有効と認められる婚姻に関するものと解されるし，また重婚に関する無効確認を全く許さない趣旨のものとも考えられない。附則18条1項は民法施行前の重婚を旧来の慣習法に従って無効と解することにつき妨げとなるものとは考えられない。そうすると，結局同法施行前になされた申立人と相手方の婚姻（重婚）は慣習法により当然無効といわねばならない。

ところで，本件の如く当事者双方の本国法の婚姻の成立要件に関する規定が異なる場合には，当該要件の欠缺に対し厳重な効果を認める規定が基準として適用せらるべきものにして，本件についていえば，重婚を無効とする韓国の慣習法に従うことになるので，本件当事者間の婚姻は無効であるということができる。

【1-71】③　同旨

東京家審昭和44年3月4日家月21巻7号106頁，判タ244号317頁

法例第13条［注：平成元年改正前のもの］によれば，婚姻成立の要件は各当事者につきその本国法によって定めるべきものであるところ，妻である申立人についての準拠法たる日本民法によると，重婚は取消原因になるにすぎないが，夫であるAについての，その当時までの準拠法たる朝鮮慣習法によると，重婚は無効であると解されていたのであるから，結局，この婚姻は無効であったといわなければならない。そうだとすると，事件本人は婚姻外の出生子ということになり，しかも，当時Aによって出生届はなされていなかったのであるから，事件本人は当時はまだAの子であるということはできず，国籍法の定めるところによって，日本国民となったものといわなければならない。

ところが，1960年（昭和35年）1月1日施行の韓国民法第810条によると「配偶者のある者は重ねて婚姻をすることができない」と定められ，同第816条によって，第810条に違反した婚姻は法院にその取消を請求することができるものとされるに至った。そして，従前の重婚に関しては，同法附則第2条において「本法は，特別な規定ある場合の外，本法施行日前の事項に対してもこれを適用する。ただし，既に旧法によって生じた効力に影響を及ぼさない」と定められたが，婚姻と入養については同第18条に特に規定を設け，「本法施行日前の婚姻又は入養に，本法により取消の原因となる事由があるときは，本法の規定により，これを取消すことができる」と定められた。

本件においては，申立人とＡとの婚姻に前述のように無効であったが，上記法律の施行時までに無効を確認された事跡もなくして経過したものであるから，その施行とともに取消原因たる性格のものになったといわなければならない。したがって，申立人とＡとは夫婦であるというべきであるから，少くともＡが事件本人の出生届をした時点においては，事件本人はその嫡出子たる身分を有することとなったものといわなければならない。なお附言すると，事件本人は前述のように出生当時日本国籍を取得したのであるが，その後法令の改正によって父母の婚姻の効力に変動がおこり，その結果として親子関係に変動を来したとしても，既に取得した日本国籍を喪失することはないのである。よって，事件本人は日本国民として，戸籍に登載すべきものとする。

【1-71】④　同旨

津家伊勢支審昭和43年2月17日家月20巻9号121頁，判タ235号299頁

申立人は昭和28年12月4日申立外Ａ［注：韓国籍］との婚姻届を宇治山田市長に提出し受理されたが，……Ａには当時すでにＢという正式の妻のあることが判明した。そうすると，申立人とＡとの婚姻は重婚となり，当然無効であるから，申立人の戸籍中右Ａとの婚姻事項の記載の消除を許可する旨の審判を求めるというのである。そこで案ずるに，〈証拠略〉を総合すると，前記申立の要旨に符合する事実が認められる。そうして，婚姻の成立要件は，法例第12条第1項［注：平成元年改正前のもの］の規定により，各当事者についてその本国法によるべきであるところ右婚姻届出当時における朝鮮の慣習によれば，重婚は当然無効であるから，本件の婚姻も無効であることが明らかである。

よって，戸籍法第114条により，主文のとおり審判する。

【1-71】⑤　同旨

盛岡家審昭和42年8月17日家月20巻2号62頁，判タ229号337頁

婚姻の成立要件の準拠法は法例第13条第1項［注：平成元年改正前のもの］により各当事者の本国法によるべきところ，重婚は日本民法では取消事由にすぎず，しかも前婚が離婚によって解消すれば後婚には重婚としての瑕

疵を帯有しなくなるため，もはやこれを取り消すことができなくなると解すべきであるが，相手方の本国たる韓国では，本件婚姻届出当時重婚を当然無効とする慣習があった。このように，当事者双方の本国法の規定する婚姻の効力が異なる場合には，規定の厳格な方すなわち前記韓国の慣習法に従うべきであるから，本件当事者間の婚姻は無効であるといわなければならない。

【1-71】⑥　同旨
津家伊勢支審昭和38年12月3日家月16巻1号155頁

　本件申立の要旨は，申立人は申立外Ａ［注：韓国籍夫］と婚姻することになり，昭和24年7月21日同人との婚姻届を青森市長に提出し，受理された。……最近において，右Ａ……には当時既にＢという正式な妻のあることが判明した。そうすると，申立人とＡとの婚姻は重婚となり，当然無効であるから，申立人の婚姻前の戸籍を回復することの許可の審判を求めるというのである。
　そこで按ずるところ，〈証拠略〉を綜合すると，前記申立要旨に符合する事実が認められる。そうして，婚姻の成立要件は，法例第13条第1項［注：平成元年改正前のもの］の規定により各当事者についてその本国法によるべきであるところ，右婚姻届出当時における朝鮮の慣習によれば，重婚は当然無効であるので，本件婚姻が無効であることは明らかである。

【1-71】⑦　同旨
熊本家審昭和44年6月4日家月22巻1号125頁，判タ247号335頁

　婚姻の成立要件についての準拠法である法例第13条第1項［注：平成元年改正前のもの］によれば，婚姻成立の要件は各当事者の本国法によるべきところ，重婚は日本国民法744条および第732条により取消事由とされ，しかも前婚が離婚によって解消した場合には後婚はもはや重婚とはなり得ず，取り消すことができないものと解されるのであるが，相手方の本国たる韓国においては，本件婚姻当時には未だ婚姻に関する明文の規定なく旧来の慣習によって重婚は当然無効とされており，その後檀紀4293年（昭和35年）1月1日より施行された大韓民国民法第816条第1号および第810条によると重婚は取消事由とされてはいるが，同法附則第2条但書によって同法の遡及効の適用を制限しているので，結局同法施行前になされた重婚は慣習によって当然

無効とされなければならない。

【1-71】⑧ 同旨
神戸家審昭和44年4月23日家月21巻10号125頁，判タ244号319頁

　　現行の韓国民法では重婚の場合，後婚につき取消原因とされているが，同法が昭和35年に施行されるまでは，同国慣習法上これを無効として扱われていたものである。そして，本件のように，婚姻の実体が新法施行前すでに失われてしまっているような場合には，同法附則2条但書のとおり，新法が遡及すべき限りでなく，その婚姻は無効に終ったもの（本件では本国戸籍に記載されるに至っていないが，戸籍の記載が残存していても，その訂正は事後処理の問題に過ぎない）と解するのが相当である。

【1-72】① 韓国民法施行前の韓国人男と日本人女との婚姻について，韓国人男が重婚であることを理由として，韓国民法附則18条1項により婚姻取消の審判をした事例
大阪家審昭和45年12月10日家月23巻7号70頁，判タ269号328頁

　　婚姻の成立要件の準拠法については法例第13条第1項[注：平成元年改正前のもの]により各当事者の本国法によるべきところ，相手方の婚姻当時の本国法たる日本国法によると，重婚は同民法第744条，第732条により取消すことができるものとされ，またA[注：相手方の戸籍上の夫で既に死亡]の婚姻当時の本国法たる韓国法によると，重婚については，本件婚姻当時には明文の規定なく慣習により当然無効とされていたが，西紀1960年（昭和35年）1月1日に施行された大韓民国民法第816条第1号，第810条により婚姻の取消原因とされたので，同附則第18条第1項により取消すことができると解するのが相当であるから，結局，本件婚姻は，当事者双方の本国法によって，いずれも取消すことができる場合に該当する。
　　なお婚姻の取消は，韓国においてもわが国におけると同じように，家庭法院の丙類審判事項とされており，したがって本件申立を受けた管轄権を有するわが家庭裁判所が，家事審判法第23条の審判手続によってこれを処理することができることはいうまでもない。

第 2　国別渉外婚姻法／1　大韓民国・朝鮮民主主義人民共和国　145

【1-72】②　同旨
　　新潟家柏崎支審昭和44年6月9日家月22巻1号128頁，判タ247号335頁

　　申立人［注：元日本人妻］と相手方［注：韓国人夫］との婚姻（以下，本件婚姻という。）は重婚となる。ところで，本件婚姻の効力は，法例第13条第1項本文［注：平成元年改正前のもの］によって各当事者の本国法に準拠するのであるが，先ず申立人についてみるとその本国法である日本国民法第744条によると，重婚は取消原因である。次に，相手方についてみると，韓国がその本国である。しかし，その準拠法については，大韓民国法（法律第471号，以下大韓民国民法という。）によるべきか，慣習法によるべきか問題がある。即ち，大韓民国民法は，同法第816条第1号によりこれを取消事由としている。しかし，同法の施行は，1960年（昭和35年）1月1日（同法附則第28条）で，それ以前に成立した婚姻の効力について，時際法として，同法附則第2条は，既に旧法によって生じた効力に影響を及ぼさない旨規定している。そして，韓国民法施行前は，婚姻の効力については慣習法によるものと解されているところ，慣習法によれば重婚の場合，後婚は無効とされていた。ところが，一方，同法附則第18条では，本法施行日前の婚姻又は養子縁組に本法により無効の原因となる事由があるときはこれを無効とし，取消の原因となる事由があるときは本法の規定によりこれを取消すことができる旨規定している。そして，大韓民国民法はこれを取消事由だとした（第816条第1号）。そこで，韓国民法施行前に成立した重婚について，附則第2条の不遡及の原則に従い，慣習法によって無効とするか，附則第18条に従い韓国民法第816条第1号によって取消事由とするか，従来争いがあった（前者の立場に立つものとして，秋田家庭裁判所湯沢支部昭和35年2月13日審判，宇都宮家庭裁判所栃木支部昭和33年8月21日審判家裁月報10巻12号80頁，東京家庭裁判所昭和36年4月1日審判家裁月報13巻8号111頁，津家庭裁判所伊勢支部昭和38年12月3日審判家裁月報16巻1号155頁，後者の立場に立つものとして，東京地方裁判所昭和36年9月7日判決後記民事甲第2936号の事件東京家庭裁判所昭和35年7月21日審判家裁月報12巻10号154頁，大阪地方裁判所昭和43年3月30日判決判例時報530号64頁。なお法務省当局は，昭和35年5月10日民事甲第1059号，昭和36年11月24日民事甲第2936号，昭和37年8月10日民事甲第2300号各民事局長回答にみるとおり，一貫して無効説に立っている。しかして裁判所の確定した裁判を事実上無視するような職権による戸籍訂正をすべきだとするやり方は，不当だと言わざるを得ない。）
　　当裁判所は，これについて，取消事由にあたるものと考える。けだし，附則第2条と同第18条のいずれが適用されると解するかによって結論を異にす

るのであるが，その規定の仕方から考えると，附則第2条は一般の場合について，同第18条は特別な場合についてそれぞれ規定しており，婚姻の効力に関しては，特別規定である第18条が一般規定である第2条に優先して適用されるものと解するのが相当である。即ち附則第18条によって，従前慣習上無効とされたものを，新たに大韓民国民法の施行の時点から同法によって，取消し得るものとしたとみるべきである。もし，上記のように解さないとすると，換言すれば，無効説によれば，附則第18条は，大韓民国民法施行前無効または取消事由とされたものは，施行後は，慣習としてでなく大韓民国民法によって無効または取消されることを確認するに過ぎないこととなってしまうが，それでは，わざわざ附則で経過規定を設けた意味がないものといわざるをえない。

　従って，韓国民法施行前の重婚たる後婚は，施行後は取消事由にあたるものと解する。そうだとすると，本件婚姻は，日本国民法および大韓民国民法いずれでも取消事由にあたることとなる。

【1-72】③　同旨
大阪地判昭和43年3月30日家月21巻3号83頁，判時530号64頁，判タ221号195頁，下民集19巻3・4号170頁

　本件につき準拠すべき法令は，法例13条1項［注：平成元年改正前のもの］に則り，原被告の婚姻当時における各自の本国法と解すべきところ，当時は共に日本国民であったから（平和条約発効時までは本文の如く解する），原告についてはもとより被告についても，日本民法を以てその準拠本国法とすべきものの如くである。しかし，被告についてのみは，被告が当時朝鮮に本籍を有するいわゆる朝鮮人であった関係上，婚姻に関しては共通法により日本民法ではなく朝鮮民事令がその本国法とされていることが知られる。而して，終戦後朝鮮が日本国から分離独立し，被告の如き朝鮮人は平和条約により日本国籍を離脱して独立朝鮮の国籍を取得したこと，前記被告の本籍地域において朝鮮人を支配している大韓民国は，原則として婚姻に関しては朝鮮民事令をひきついだ上，昭和35年1月1日から大韓民国民法（以下，単に韓国民法という）を以てこれに代らせて妥当させ，現在に至っていることなどから，本件における被告の場合―国籍変動による本国法の変動があったとするのは適当でなく―その本国法としての一貫性を韓国民法にみることができるというべく，結局被告の本件に関する準拠本国法は，日本民法ではなくて韓国民法と解せられる（なお本件の場合，被告のため朝鮮民主主義人民共

和国の法令の適用を考慮すべき資料は見出せなかった）。ところで，右韓国民法によれば前記認定にかかる事実は，重婚に該当し，現にその重婚関係は原被告間に継続しているから，原被告間の前記婚姻は取消されるべき筋合であって，無効となるものではなく（韓国民法附則18条1項，同民法816条及び810条。……），この理由は，右婚姻当時朝鮮における慣習上（朝鮮民事令は，婚姻の実質的成立要件に関しては婚姻年齢以外慣習にゆだねていた），重婚が無効とされていた（大正12年12月3日民事第4443号民事局長回答参照）か否かにかかわらない。蓋し，実体的に重婚が無効であるとしても，重婚という関係は，現在原被告間において法律的に処理されずに終っているのであるから，本件は韓国民法附則2条但書の場合に該当するものではなく，同条本文，同附則18条1項によって処理されるべきであるからである。

他方，原告については，日本民法を準拠本国法とすべきこと前示のとおりであり，これによれば，原被告間の婚姻が重婚に該当し，取消し得べきものにとどまることは明らかである。

【1-72】④　同旨

和歌山地判昭和42年8月25日家月20巻7号66頁，判タ233号218頁

原告とA［注：朝鮮人夫］との婚姻は重婚であることが明らかであるから，法例第13条第1項本文［注：平成元年改正前のもの］，韓国民法第810条，第816条第1号，同附則第18条および日本民法第732条，第744条の規定に準拠し，取消の請求ができるものである。

【1-72】⑤　同旨

東京家審昭和42年7月19日家月20巻2号64頁，判タ229号338頁

日本国法例第13条第1項［注：平成元年改正前のもの］によると，婚姻成立の要件は，各当事者につきその本国法によって定まるから，申立人については，本件婚姻当時の本国法たる日本国民法を適用すべく，同法第744条および第732条によれば重婚は取り消すことができるものとされ，また相手方については相手方とより密接な関係にある本国法たる大韓民国民法によるべきところ，本件婚姻成立当時同国には，まだ婚姻に関し明文の規定はなく，旧来の慣習に委ねられていたと認められ，それによれば重婚は取消をまたず，当然無効とされていた。ところが檀紀4293年（昭和35年）1月1日から施行

された大韓民国民法第816条第1号および第810条によると，重婚は婚姻の取消事由となり，しかも同法付則第2条本文によると，同法には遡及効が認められ，また同法付則第18条第1項によれば，同法施行日前の婚姻に取消事由があるときは同法の規定により取消しうるものとされているから，同法施行日前になされた重婚で，今日までなお重婚状態が継続しているものについては，同法を適用して取り消しうるものと解するのが相当である。この点につき，同法付則第2条但書が同法の遡及効の適用を制限し，「既に旧法によって生じた効力に影響を及ぼさない」と規定しているのを論拠として，同法施行日前になされた重婚は慣習により当然無効とされていたのであるから，同法施行後も取消の対象とはなりえないとの見解があるが，同法第816条が婚姻の取消事由として掲げているものは，旧法当時においても，取消事由とされていたものであるか，或いは無効事由とされていたものであって，新たに取消事由とされたものは一つもないのであるから，若し前記の如く旧法によって当然無効の婚姻は新民法によって取り消すことができないとの見解をとるときは，同法付則第18条第1項は少くとも婚姻の取消に関しては，全く無意味な規定となってしまうのであって，かかる解釈は，同法が付則第18条第1項をわざわざ設け，同法施行日前になされた婚姻に取消事由があるときは，同法の規定により取消しうると規定した趣旨を正解したものとはいい難く，当裁判所はかかる見解に賛同することはできない。かくして大韓民国民法においても，新民法施行前になされた重婚が同法施行後の今日まで継続している場合には，同法を適用して取り消しうるものと解されるから，結局本件婚姻は，当事者双方の本国法によって，いずれも取り消しうる場合に該当する［。］

【1-72】⑥　同旨

新潟地判昭和62年9月2日判タ658号205頁

本件婚姻届出当時は日本国との平和条約（サンフランシスコ平和条約）の発効前であったから，A［注：大韓民国人夫］も日本国籍を有していたものであり，従ってAについても本国法として日本国民法を適用すべきもののごとくである。しかし，当時は，朝鮮に本籍を有する者（以下，「朝鮮人」という）については，共通法により，婚姻に関しては日本国民法ではなく朝鮮民事令が本国法とされ，その第11条2項により朝鮮の慣習によるものとされていた。すなわち，Aは朝鮮人として婚姻に関してはいわゆる内地人とは別個の独自の法秩序（朝鮮慣習法秩序）に属していたものである。従って，A

の本国法は，日本法ではなく，朝鮮半島に建国された大韓民国及び朝鮮民主主義人民共和国のいずれかの国の法に決定すべきである。しかして，両国の国籍法によれば，Aは両国の国籍を有しているところ，本籍が大韓民国の支配地域内にあることなどから大韓民国とより密接な関係にあると認められるから大韓民国法を本国法として適用すべきである。

ところで，本件婚姻届出当時，大韓民国には婚姻に関する成文の規定がなく，慣習に委ねており，それによれば重婚は当然無効とされていたが，西暦1960年1月1日から施行された大韓民国民法第816条及び第810条によれば重婚は取消し得べきものとされている。そのうち，いずれを適用すべきかは時際法である大韓民国法附則により定まるものであるが，同附則第18条は同第2条の特別規定にあたり，1項はその文理上，旧法上の無効取消原因の存否にかかわらず，新法により無効原因があればこれを無効とし，取消原因があればこれを取り消すことができるとする趣旨と解され，2項も取消の場合につき例示的に定めたものであって無効の場合にも類推適用されると解するのが相当であるから，旧法時になされた重婚も取消し得べきものにとどまる（なお，大韓民国大法院は1967年1月12日法政第9号〔大法院戸籍例規541項〕では当然無効としていたが，1978年5月10日法政第152号〔大法院戸籍例規第542項〕で「旧法当時の重婚であっても，新法施行当時までその婚姻（後婚）の無効審判がなかった場合は，その婚姻の効力に関しては附則第18条によって新法の適用を受けなければならないものであるので婚姻取消事由に該当する」旨の通達を出している）。

エ　内　縁

内縁については，内縁関係の不当破棄について，離婚の準拠法を準用すべきか不法行為の準拠法によるべきかで争いがあり，前掲【1-26】は，法例11条によるとし，その原因たる事実の発生した日本の法律によるとした原審を是認した事例である。しかし，これはあくまで不法行為の事実だけが主張されたケースであり，内縁の不当破棄について離婚の準拠法を準用する余地がないのかは必ずしも明らかではない。

オ　離　婚

(ア)　離婚の方法——調停に代わる審判（24条審判）——

離婚の方法として，韓国・朝鮮ともに協議離婚を認めていたが，韓国民法では家庭法院による意思確認が必要であり，共和国民法では，その

後，協議離婚を認めず，判決離婚のみ認めることとされたことから，調停，審判による離婚が可能かどうかが問題となる。【1-73】は，北朝鮮籍夫と日本籍妻との離婚調停において，離婚及び子の養育者の指定につき調停に代わる審判（24条審判）をした事例である。同様に，【1-74】も，北朝鮮には，協議離婚も調停離婚もないから，離婚調停は相当ではないとして調停に代わる審判（24条審判）をした事例である。

【1-73】 在日北朝鮮人夫と日本人妻間の離婚調停につき，北朝鮮の法が準拠法となるべきところ，北朝鮮では裁判所による離婚のみが認められているとし，調停に代わる審判（家事審判法24条1項の離婚審判）をした事例

札幌家審昭和60年9月13日家月38巻6号39頁

> 朝鮮民主主義人民共和国では，当初認められていた協議離婚制度が廃止され，裁判所による離婚のみが認められているが，同国の「北朝鮮の男女平等権に関する法令施行細則」によれば，裁判所は当事者が到底夫婦生活を継続できないと認められるときは離婚を命ずることができる旨規定されており，更に，「離婚事件審理手続に関する規定」には，裁判所は，離婚についての当事者の合意に拘束されることなく，当事者が夫婦生活をこれ以上継続できない事情の有無と子に及ぼす影響について審理しなければならない旨規定されている。これを本件についてみると，上記認定の事実によれば，申立人は生活苦と相手方の暴力に苦しんだ末離婚を決意したものであり，既に夫婦の別居状態も2年余を経過し，当事者双方とも離婚意思を有している現在申立人と相手方との間にはもはや夫婦生活の回復を期待できないことは明らかであり，未成年の二女Aの存在を考慮しても，婚姻の解消はやむをえないものとしてこれを容認するのが相当と認められるから，同国の法律に規定する離婚原因があるものといわざるをえず，かつ，かかる事情は，わが民法770条1項5号所定の離婚事由にもあたるものと認められる。

【1-74】 朝鮮国籍を有する夫婦の離婚について，朝鮮民主主義人民共和国法上は協議離婚の制度はもとより，調停離婚の制度も存在しないとして，合意内容どおりの家事審判法24条による離婚審判をした事例

東京家審昭和59年3月23日家月37巻1号120頁

朝鮮民主主義人民共和国法（北朝鮮の男女平等権に関する法令施行細則）によれば，夫婦関係を継続できない事態が生じているときは離婚できるものとされているところ，上記三認定のように当事者双方が性格の不一致等により夫婦関係を正常化するについての意欲を完全に失っている場合は，同国法上の離婚原因が存在するものといえる。そして，上記三認定の事実関係のもとでは，我が国法上も離婚事由があるものといえる。

(イ) 離婚の原因—有責配偶者からの離婚請求—
　我が国では，有責配偶者からの離婚請求を当初は排斥していたが，次第に破綻主義的傾向が強まり，子の保護に問題なく，相手方を苛酷な状況に置かなければ離婚を認容する方向に向かいつつあるが，韓国でも，同様の傾向が見られる。かつては，有責配偶者からの離婚請求について，韓国民法が不明であるとして，平成元年改正前法例16条ただし書（原則は夫の本国法であるが，その原因たる事実が日本の法律によるも離婚の原因であるときでなければ離婚の宣告はできない）を適用し，我が国の判例に沿って請求を棄却した事例もあった（【1-75】）が，そうした流れの中で，韓国籍夫婦間の離婚事件について，韓国民法を準拠法としながら，有責配偶者の離婚請求を認めたのが，【1-76】である。

【1-75】 韓国人夫婦間の有責配偶者からの離婚請求について，韓国における判例又は通説が明らかでないとして，平成元年改正前の法例16条ただし書により，日本民法の解釈に従って，離婚請求を認めなかった事例
東京高判昭和59年9月26日家月37巻9号87頁，判タ545号262頁

　本件離婚の準拠法は，法例16条本文により，夫である控訴人の本国法たる韓国民法であるところ，前記一の事実関係によれば，控訴人と被控訴人とは，婚姻当初から和合を欠き勝ちであったが，昭和40年ごろ以来20年近く別居状態にあり，その間控訴人から被控訴人に対する音信も生活費の供与もなく，両者の婚姻関係は破綻に陥っていると言わざるを得ないが，その主たる原因は，控訴人がその我がままから家庭を省みず単身出奔して妻子を遺棄したこ

とにあるものと言い得る。
　右の事情は，韓国民法840条6号にいう「婚姻を継続し難い重大な事由があるとき」に一応該るものと認められるところ，有責配偶者からの同規定による離婚請求が韓国における判例又は通説上認容されているか否かは明らかでないので，法例16条但書［注：平成元年改正前のもの］を適用し，本件婚姻関係の破綻を導くにつき主たる責任を負うべき控訴人からの離婚請求は，日本国民法770条1項5号の解釈に従い，失当として棄却すべきものである。

【1－76】　大韓民国国籍を有する夫婦間の離婚事件について，同国の判例上，有責配偶者からの離婚請求であっても，婚姻関係が完全に破綻して形骸化し，かつ，相手方の離婚意思が客観的に明白である場合には，例外的に認容できるとして，有責配偶者である夫からの離婚請求を認容した事例

最判平成9年2月25日家月49巻7号56頁

　　大韓民国民法上有責配偶者からの離婚請求を許さない旨を定めた明文の規定は存在しないが，同国大法院1965年9月21日判決をリーディングケースとする大法院の判例により，有責配偶者からの離婚請求は排斥すべきものとされてきていたところ，1987年以降，有責配偶者からの離婚請求であっても，既に婚姻関係が完全に破綻して形骸化し，かつ，相手方配偶者の実質的離婚意思の存在が客観的に明白である場合には，例外的に認容することができる旨を判示した大法院の判例が出現するに至っていることが認められる。
　三　これを本件についてみるに，……右事実関係に照らせば，上告人は，表面的には離婚に応じていないが，実際においては婚姻の継続と到底両立し得ない行為をするなど，その離婚の意思が客観的に明白であるということができるから，被上告人の本件離婚請求につき，大韓民国民法上有責配偶者からの離婚請求が例外的に許容されるべき場合に当たるとして，これを認容した原審の判断は，正当として是認することができる。

　(ウ)　離婚の効力―慰謝料・財産分与―
　　韓国民法は，裁判上の離婚について，婚約解除に伴う損害賠償請求の規定を準用し，離婚の際の慰藉料を認めていた（韓国民法843条による806条

第2　国別渉外婚姻法／1　大韓民国・朝鮮民主主義人民共和国　153

の準用）が，財産分与請求については認めておらず，また，協議離婚の場合には，離婚に伴う慰藉料も，財産分与も認められていなかった。そして1990年改正により，協議離婚について財産分与請求権が認められ（同法839条の2），裁判上の離婚にも準用されることになった（同法843条の改正）。そこで，慰藉料や財産分与を認めないことは公序良俗に反するかが問題となった。この点について，これを公序良俗に反するとして，日本民法を適用して，離婚慰藉料，財産分与を認めた裁判例がある。【1-77】は，韓国籍夫婦について，離婚慰謝料を認めない韓国民法を適用することは公序良俗に反するとした事例である。【1-78】は，在日韓国籍夫婦の離婚について，改正前の法例20条，30条により，子の親権者を母と定め，法例16条，30条により財産分与を認めた事例である。これに対し，前掲【17】は，韓国法に基づく慰謝料額が日本の離婚給付に比べて著しく低額であると認められる場合に限り公序良俗違反となるとした事例である。なお，韓国法の適用により財産分与が認められなくても公序良俗に反しないとした事例として【1-79】があるが，これは，裁判上の離婚において，婚姻中の寄与や将来の生計も考慮し慰藉料1,200万円を認める前提での判断である。【1-80】は，実質的に清算的分与，扶養的分与を必要とするケースであり，これは財産分与を認めないと公序良俗に反する旨を判示している。【1-81】は，朝鮮人夫婦間の財産分与について，共和国法は内容が不明であり，韓国法は，財産分与を認めないから平成元年改正前の法例30条により適用を排除し，法廷地である日本民法を適用した事例である。

【1-77】　日本に在住する韓国人夫婦の離婚において，慰謝料，財産分与を認めないことは，我が国の公序良俗に反するとして，法例30条により，日本民法を適用し，慰謝料及び座員分与を認めた事例

神戸地判平成2年6月19日判時1383号154頁

　離婚によって相手方が被った損害を賠償すべきか否かの問題は，離婚の効力に関する問題であるから，法例（平成元年改正前のもの。以下同じ）16条

により，夫たる原告の本国法である韓国民法が準拠法となるが，韓国民法843条，806条によれば，裁判上の離婚の場合には，過失ある当事者は，相手方に対し，離婚による精神的苦痛を賠償すべき旨規定されているが，協議上の離婚についてはそのような規定がなく，韓国民法上は，協議上の離婚の場合には，離婚による慰謝料支払い義務を認めないものと解される。（なお，付言するに，韓国民法上は，離婚に伴う財産分与の規定もないから，財産分与も認められていないと解される。）

したがって，韓国民法を適用する限り，被告の原告に対する慰謝料請求は理由がないことになるが，前示のとおり，原告と被告は，ともに日本国において生まれ育ち，日本国に永住権を持ち，日本国内に住所を持ち，原告と被告との結婚生活もすべて日本国内で行なわれてきたことを考えると，本件離婚に伴う財産上の給付を一切認めないということは，我が国における公の秩序，善良の風俗に反する結果になるものというべきであり，本件については，法例30条により，夫の本国法である韓国民法の適用を排斥し，日本国民法を適用するのが相当である。

【1-78】　日本に在住する韓国人夫婦の離婚に伴う財産分与請求について，大韓民国法がこれを認めていないのは我が国の公序良俗に反するとして，日本民法により，財産分与を認めた事例

東京地判昭和63年5月27日判タ682号208頁

財産分与請求もまた，離婚慰謝料請求と同様に，離婚の効力に関する問題であるから，離婚準拠法すなわち本件においては大韓民国民法によるべきものと解すべきものであるが，同法はおよそ財産分与請求権を認めていない。

しかしながら，本件においては，原告及び被告は，いずれも生来日本に居住し，婚姻生活もまた日本で送ってきたところ，原被告が互いに協力して財産を形成してきた場合において，婚姻関係の解消に伴い大韓民国民法に従ってその財産分与を全く認めないことは，夫婦生活における個人の尊厳と両性の本質的平等を基本理念とする我が国の社会通念に反する結果となる。

したがって，本件においては，法例30条［注：平成元年改正前のもの］により大韓民国民法の適用を排除し，日本国民法771条，768条1項を適用すべきものと解するのが相当である。

【1-79】 大韓民国民法は財産分与の規定を置いていないが，他方，離婚に伴う損害賠償請求を規定しており，本件では，1,200万円の慰謝料を認めていることなどから，同国法の適用が公序良俗に反するとまではいえないとした事例

大阪地判昭和58年11月21日判時1125号134頁，判タ525号279頁

　被告は，更に，離婚に伴う財産分与を求めるので検討するに，右財産分与の問題も離婚の効果に関する問題として，法例16条［注：平成元年改正前のもの。以下同じ］により，大韓民国民法が準拠法となるものと解すべきところ，大韓民国民法では，離婚に伴う財産分与請求権に関する規定がない。このことは，同国法上，離婚に伴う財産分与という方法による離婚給付を認めない趣旨と解される。ところが，被告は，右大韓民国民法は日本国の公の秩序，善良の風俗に反するので，法例30条によりその適用を排除し，法廷地法たる日本国民法を適用し，財産分与を是認すべきであると主張する。
　そこで，以下，この点について検討するに，法例30条による外国法適用の排除は，外国法を適用した具体的結果が我が国の公序，良俗に反する場合，すなわち，我が国の私法的社会生活の安全を侵害する場合にやむを得ず認められるものであり，国際私法の一般原則に対する例外であるから，同条の適用はあくまで慎重かつ厳格になされなければならないのであって，外国法の内容を抽象的に検討して，それが個人の尊厳や両性の本質的平等の原則に反するというような理由で，その適用を排除することは，国際私法の存在自体を否定するものであり，許されないといわなければならない。
　なお，財産分与を認めていない大韓民国民法の建前について一瞥すると，同国法では，家父長的家族制度に包摂された婚姻関係秩序の中における財産上の諸制度の一環として離婚に伴う損害賠償請求権（843条，806条）に関する特別規定をもうけていることは注目に価し，婚姻当事者は，日本国に居住している場合であっても，法例16条によりその効果を享受しうる地位にあることを慮外に置くことは相当でない。
　そこで，これを本件について考察すると，前記のように，被告は原告に対し，慰藉料として1,200万円を請求しうるところ，同金員は，婚姻中における被告の寄与，将来における被告の生計の維持まで考慮されているのである。
　してみれば，本件において大韓民国民法を適用して被告に原告に対する財産分与請求を認めないとしても法例30条にいう公の秩序又は善良の風俗に反するとまではいえない。

【1-80】 我が国に在住する韓国人夫婦の離婚について，本件について財産分与を認めないことは公序良俗に反するとして平成元年改正前の法例30条により日本法を適用し財産分与を認めた事例

横浜地判昭和58年1月26日判時1082号109頁

> 財産分与請求は離婚に伴う慰藉料請求と同様に離婚の効力に関する問題であるから，離婚の準拠法である韓国法によるべきところ，同国法は財産分与請求権を認めていない。
> しかしながら，第2項で認定した事実によれば，原，被告は共に韓国人であるが，原告は出生の時以来，被告は昭和15年以来婚姻期間を通じて我国に居住し今後もこれを継続していく予定であって，その経済生活は我国の法律秩序に従って規律せられるのが相当と考えられること，原告は年令既に47才に達しているが，特に資産を有せず，離婚後の就職には種々の困難を伴い，将来生活に困窮することも予想されること，1で認定したとおり，被告の現有資産の形成維持には原告の協力も与って力があったことに照らせば，本件の場合婚姻解消に伴う夫婦共有財産の清算並びに離婚後の配偶者の扶養たる実質を有する財産分与を全く認めないことは，我国における婚姻に関する公序良俗に反するものというべきであるから，法例第30条［注：平成元年改正前のもの］により韓国法の適用を排し法廷地法である我国民法を適用するのが相当である。

【1-81】 日本に継続して居住する韓国人夫婦について，財産分与を認めないことは公序良俗に反するとして平成元年改正前の法例30条により大韓民国法の適用を排除し，法廷地法である日本民法を適用し，財産分与を認めた事例

名古屋高金沢支決昭和55年3月25日判時970号163頁

> かりに朝鮮民主主義人民共和国法によるべきものとしても，現在当裁判所は同国法の内容を知ることができないから，結局，条理としての我国民法を適用せざるを得ず，また，大韓民国法によるべきものとした場合，同国法は離婚に伴う財産分与の制度を持たないから本件申立が認容される余地はないことになるが，離婚に伴う財産分与の制度を設けることは世界的な趨勢であるうえ，前認定のとおり，本件当事者は双方とも我国内で出生し，我国内で

婚姻期間を過したものであり，今後も我国で生活することが予想されるところ，このように我国内秩序と密接に関連する生活関係の中に生じた離婚につき財産分与そのものを一切認めないとすることは，我国渉外法上の公序に反するものというべきであるから，法例30条により大韓民国法はその適用が排除されると解すべきであり，結局法廷地法である我国民法の適用があることになり，いずれにしても本件財産分与の申立については我国民法を適用すべきことになる。

(エ) 子の親権・監護者の指定

　平成元年改正前の法例20条は，親子間の法律関係は父の本国法によると定めており，かつての共和国法によると，子は父母の共同親権に復するとされていた。その後，平成元年改正後の法例21条により，法例20条は改正され，親子間の法律関係は子の本国法が父又は母の本国法と同一なるときは，子の本国法によるとされた。その結果，朝鮮籍父と日本籍母との間の日本国籍の子の親権者について，共同親権とされていた子も，改正後の法例21条によると，子の親権者の準拠法は日本民法となる。これに基づいて，親権者を母と定めたのが【1-82】である。前掲【1-35】は韓国籍夫と日本籍妻との離婚の際の親権者指定について改正法例21条を適用した事例である。また，平成元年法例改正及び1990年1月13日の韓国民法改正以前においては，韓国民法909条5項が離婚時の子の親権者を父に限定していたため，母を親権者として指定することは，同規定に違反することとなった。そのため，我が国に在住する韓国人の離婚において，母を親権者として認めないことは我が国の公序良俗に反するとする審判例が相次いだ。前掲【1-36】のほか【1-83】①から【1-83】②までの裁判例は，いずれも，当該事案において母を親権者として指定するのが相当であり，離婚後は父のみが親権者となる規定は公序良俗に反するとしたものである。なお，以前には，親権者を父とする韓国民法を適用し，親権者の指定ができないとした裁判例があった。これが【1-84】①及び【1-84】②である。

　他方，北朝鮮籍夫婦の離婚請求事件において，父の本国法である北朝

鮮法には離婚後の親権者の指定に関する規定がないとして，養育者の指定のみをした裁判例として，【1-85】がある。【1-86】は，北朝鮮籍父と日本籍母との間の子の親権者指定につき，父母が円満に親権を共同行使できない事情のもとでは，明文規定のない北朝鮮の法制に従って親権者を定めないまま放置するのは公序良俗に反するとして，日本民法を類推適用し，離婚に際して監護者と指定された母を親権者として指定した事例である。

前掲【11】は，韓国を本籍地とする朝鮮籍の夫婦の協議離婚で，韓国民法により自動的に親権者父とされたため，監護養育する母から親権者変更の申立てがされ，共和国法を適用してこれを認容した事例である。

【1-87】①は，【1-48】①，【1-53】①と同じ裁判例であるが，離婚の際の監護者の指定に関し，法例20条により共和国法を適用し，離婚事件審理に関する規定20条及び条理に基づき監護者を指定した事例である。【1-87】②は，【1-48】②，【1-54】と同じ裁判例であるが，【1-87】①と同様法例20条により共和国法を適用した事例である。【1-88】は，子の養育者の指定の準拠法を離婚の準拠法とした事例，【1-89】は，韓国人父母の離婚判決で，慣習法に定めがないとして，条理により父母の一方を未成年者の親権者に指定したが，法令の適用に誤りがあるとされた事例である。

【1-82】 協議離婚をした父（北朝鮮籍）と母（日本籍の共同親権とされていた事案について，平成元年改正後の法例21条に基づき，子の本国法である日本民法を適用して申立人母を単独親権者とした事例

福岡家小倉支審平成4年5月14日家月45巻9号54頁

1　申立ての要旨
(1)　申立人と相手方とは昭和63年12月15日協議離婚届を出して離婚したが，相手方の国籍が朝鮮であったため未成年者の親権者は当時の日本の法例と朝鮮の親子法により父母の共同親権とされて，親権者の指定はなされていなかった。
(2)　ところが，平成2年1月1日に改正法例が施行されるようになり，親

第2　国別渉外婚姻法／1　大韓民国・朝鮮民主主義人民共和国　159

子関係につき新法例21条により未成年者の本国法である日本法が適用されることになり，日本民法819条1項により協議離婚の際は協議によって父母の一方を親権者と定めなければならないようになっているが，その定めがなされていない状態となっている。

それで，申立人は未成年者の親権者の指定をしようとしたが未成年者の父の所在が不明であり，協議による親権者の指定が不可能であり，申立人が未成年者を現実に引取り，養育しているので，申立人は，未成年者の親権者を申立人に指定することを求めて本件申立てに至っているものである。

2　当裁判所の判断

一件記録によれば，上記1の(1)，(2)の事実の全てを認めることが出来，未成年者の福祉のためには，未成年者の親権者を申立人と定めるのが相当であるので，法例21条，民法819条1項，5項により，主文のとおり審判する。

【1-83】① 大韓民国民法において離婚時の子の親権者を父と規定をしていることが我が国の公序良俗に反するとして平成元年改正前法例30条によりその適用を排除した事例

松江家審平成元年9月13日家月42巻1号120頁

本件については，父の本国法である大韓民国法によるべきところ，同国民法909条によれば，夫婦が離婚するに際し，当事者間の未成年の子の親権者の指定については自動的に父に定まっており，本件申立の如き親権者変更の制度は同国法では認められないものと解される。

しかし，前記認定事実によれば，申立人，相手方，事件本人とも日本の永住許可を得て日本で生活している等，その生活の本拠は日本にあり，申立人と相手方との離婚に際しても，当事者間では両者間の長女である事件本人の親権者を申立人とする旨合意していたが，韓国人夫婦間の協議離婚においては，両者間の未成年の子の親権者を母とする離婚届は戸籍管掌者に受理されないことから，便宜，事件本人の親権者を相手方とする離婚届をしたものであり，事件本人の親権者を相手方から申立人に変更することについては相手方も同意しており，申立人と相手方が別居した昭和63年10月以降は申立人が事件本人を現実に監護養育しているのであり，これらの事実によれば，事件本人は母である申立人の許で引き続き監護養育されることが同人の福祉に合

致するものというべきであり，このような事情にある本件において，相手方を事件本人の親権者としておくことは，事件本人を継続して監護養育している母である申立人から親権者の地位を奪うことになって，親権者の指定は子の福祉を中心に考慮決定すべきものとするわが国の社会通念に反する結果を来し，ひいてはわが国の公序良俗に反するものというべきである。

【1-83】② 同旨
千葉地木更津支判昭和62年9月28日判時1277号143頁

　右の認定事実によれば，長男甲は母であるAの許で引き続き監護養育されることが同児の福祉に合致するものというべきところ，このような事情にある本件において，大韓民国民法909条に従い甲の親権者は法律上自動的に父に定まっているものとして取り扱うときは，甲を継続して監護養育している母であるAから親権者の地位を奪うことになって，親権者の指定は子の福祉を中心に考慮決定すべきものとする我が国の社会通念に反する結果を来し，ひいては我が国の公の秩序又は善良の風俗に反するものと解するのが相当である。したがって，本件の場合，法例30条［注：平成元年改正前のもの］により，父の本国法である大韓民国民法の適用を排除して，日本国民法819条2項を適用して母であるAを長男甲の親権者と定めることとする。

【1-83】③ 同旨
大阪地判昭和61年6月26日判タ645号229頁

　本件離婚に伴う子の親権者指定については，法例20条［注：平成元年改正前のもの］により父の本国法すなわち韓国民法によるべきところ，同法909条によると，右指定に関しては法律上自動的に父と定まっており，母が親権者に指定される余地はない。しかしながら，本件では，前掲各証拠及び前認定の事実によると，原・被告は婚姻当時日本に居住し，婚姻の届出，婚姻生活等もすべて日本でなされ，長女Aを含む二人の未成年の子もいずれも日本で出生し，父母の監護養育を受けてきたところ，父である被告は子に対する扶養能力を欠くうえ現在ではその行方も知れない状態であり，扶養能力のある母たる原告が二人の子を監護養育しているものであって，父たる被告は名目上親権者となり得てもその実がなく，実際上親権者たるに不適当であることが顕著であり，このような場合に猶韓国民法の右規定に準拠するときは，

扶養能力のない父たる被告に子を扶養する親権者としての地位を認め，現在実際に扶養能力のあることを示している母たる原告から親権者の地位を奪うことになって，親権者の指定は子の福祉を中心に考慮決定すべきものとするわが国の社会通念に反する結果を来たし，ひいてはわが国の公の秩序又は善良の風俗に反するものというべきである。そこで本件の場合，法例30条［注：平成元年改正前のもの］により右韓国民法の適用を排除し，わが民法819条2項を適用して，原告を親権者と定めることとする。

【1-83】④　同旨
東京高判昭和61年5月28日家月39巻5号42頁，判時1193号114頁，判タ617号145頁

　Aは母である控訴人の許で引き続き監護養育されることが同児の福祉に合致するものというべきところ（被控訴人は控訴人の親権者としての不適格事由を種々主張するが，これを認めるに足る証拠はない。かえって，右認定の事実関係からすれば，控訴人の許からAを引き取って被控訴人が監護養育することの方が不安である。），このような事情にある本件において，韓国民法第909条に従いAの親権者は法律上自動的に父に定まっているものとして取り扱うときは，Aを継続して監護養育している母である控訴人から親権者の地位を奪うことになって，親権者の指定は子の福祉を中心に考慮決定すべきものとする我が国の社会通念に反する結果を来し，ひいては我が国の公の秩序又は善良の風俗に反するものと解するのが相当である。したがって，本件の場合，法例第30条［注：平成元年改正前のもの］により，父の本国法である韓国民法の適用を排除して，我が民法第819条第2項を適用して控訴人をAの親権者と定めることとする。

【1-83】⑤　同旨
名古屋高判昭和51年6月29日判タ344号233頁，高民29巻2号94頁。【1-36】の原審

　大韓民国民法によると，第909条（親権者）……5　父母が離婚するとき又は父の死亡後母が実家に復籍又は再婚したときは，その母は前婚姻中に出生した子の親権者となることができない。とあり，離婚にともなう未成年者

の子の親権者の指定に関しては，法律上自律的に父と定まることになっており，母は親権者に指定される余地はなく，したがって，同国の人事訴訟手続上も，わが国の人事訴訟手続法第15条のような規定はない（ただし，大韓民国民法第837条には離婚と子の養育責任の規定があり，同国人事訴訟手続法第30条には離婚にともなう養育者の指定が定められている。）。そこで，離婚に際し未成年者の子の親権者に母を指定することが，父の本国法上認められない場合，これが法例第30条にいわゆる公序良俗に反するか否かについて考えるに，本件の場合，前認定のとおり，夫，妻とも，大韓民国の国籍を有するが，婚姻当時日本に居住し，婚姻届出，婚姻生活すべて日本でなされ，二人の未成年者の子は，いずれも日本で出生し父母の監護養育を受けてきたところ，離婚のやむなきにいたったものであり，父は扶養能力を欠き，扶養能力のある母が二人の子を監護養育しているものであり，諸般の事情を考慮すると，父は名目上親権者とはなり得てもその実はなく，実際上親権者たるに不適当であることが顕著な場合である。しかるに，わが国では戦後日本国憲法第24条により，家族生活における個人の尊厳，男女の平等が確立し，親族・相続法では家の制度を廃止し，とくに，親子間の法律関係においては，親権の共同行使，離婚にともなう親権者の指定の制度が定着し，かつ，親権者の指定は子の福祉を中心に考慮決定されるべき事柄であることが定説として実際に現在まで実施され，戦後わが国における親族共同生活ならびに社会秩序の基盤となっているものである。そうすると，本件の場合，いかに外国人間の離婚の問題とはいえ，父の本国法である大韓民国民法に準拠すると，わが国ではすでに廃止された旧民法時代の親子関係が復活することになり，子の福祉についてみても，扶養能力のない父に子を扶養する親権者としての地位を認め，現在実際に扶養能力を示している母からその地位を奪うことになり，法例第30条［注：平成元年改正前のもの］にいわゆる公序良俗に反するものということができる。そこで，わが国の民法第819条第2項を適用し，被控訴人を親権者と定める。

【1-83】⑥　同旨

大阪家審昭和52年10月26日家月30巻10号48頁

本件は日本人たる母が韓国人たる父に対し，韓国人たる子に対する親権の変更を求める渉外親子事件であるが，このような親権の変更すなわち親権帰属の問題は親子間の法律関係であり，これについては法例20条［注：平成元年改正前のもの］により父の本国法によることとなる。そこで，父の本国法

である韓国民法の親権帰属に関する規定をみるに同民法909条［注：1990年1月13日改正前のもの］によれば，未成年者はその家にある父の親権に服し父がないとき又はその他親権を行使することができないときは，その家にある母が親権を行使するものとされ，なお父母が離婚するときは，その母は前婚姻中に出生した子の親権者となることができない，とされている。このように，韓国民法においては，父がないとき又はその他親権を行使することができないときを除き，父のみが親権者であるとされている。……以上によれば，韓国民法においては，父がないとき又はその他親権を行使することができないときを除き，父母が婚姻中であると，離婚したときとを問わず，父のみが親権者であるとされており，わが国の如き親権者変更の制度はこれを認めない法意であると解される。……しかしながら，前記のように本件においては相手方及び事件本人の国籍の点を除き，当事者の住所，その他の生活関係は全て日本人と同様であり，その法律関係を律するにあたっても日本人に準じた扱いをすることが当事者の意識，ことの実体にふさわしいものと考えられること，そして現に親権者である相手方はその事業の失敗から現在事件本人を扶養しうる経済的な能力がなく，しかも現在居住している家屋を，明渡判決にもとづき直ちに明渡さなければならない法的義務を負い，生活の本拠を失おうとしている事態に瀕し，その生活状況，健康状態の悪化等から事件本人の養育能力がないこと，事件本人と相手方との間には父子としての結びつきの強さが全くみられず，このような関係にある相手方のもとに事件本人をおくことはその健全な成長にかえって悪影響を及ぼすものと考えられること，他方事件本人と申立人との間には母子としての強固な結びつきがみられ，事件本人，申立人双方共，できるだけ早く生活を共にしたいと切望していること，それを実現することが事件本人の成長にとって緊要であること，更に本件においては事件本人の養育の問題とともに事件本人の養護施設への措置を解除するにあたり事件本人を申立人，相手方いずれに引渡すべきかの問題が存し，この点については児童福祉法27条4項等の規定に照らせば原則として親権者たる相手方に引渡すべきものと解される（児童相談所においても原則として親権者に引渡す取扱いをしているようである。）ところ，本件においてそのような取扱いを容認すれば，ひいては事件本人の健全な成長に悪影響を及ぼすものと考えられること等の事情が認められる。このような状況のもとにおいて，相手方を事件本人の親権者としておくことは事件本人の健全な成長が阻害されることを座視するに等しく，子の幸福を第一義として親権者を決定すべきものとするわが民法の理念及びわが国の社会通念に反し，ひいてはわが国の公序良俗に反するものといわねばならない。以上の次第で，本件においては法例30条により親権者変更を認めない韓国民法の適用を排除し，事件本人の親権者を父である相手方から母である申立人に変更すること

が相当である。

【1-84】① 大韓民国民法が離婚に伴う親権者については父と規定していることから，親権者指定の審判をしなかった事例

大阪家岸和田支審昭和51年5月24日家月29巻5号79頁

　申立人は二子の親権者として申立人と定める旨の申立をしている。しかし，法例第16条［注：平成元年改正前のもの］は離婚そのものについてのみならずこれに伴いその効果として当然生ずべき親権者の指定についても適用があるものと解されるところ大韓民国民法第909条5項によると，父母が離婚した場合に母はその前婚中に出生した子の親権者となることはできないと規定し，離婚後の未成年子の親権者は夫たる父と法定されているのであって，元々同法は裁判所に対し離婚の審判に際して親権者を指定する権限を附与していないわけであるから本件において親権者の指定をすることはできない。

【1-84】② 同旨

名古屋地判昭和47年8月31日判タ288号335頁

　なお，原告は，長女A，二女Bの親権者を原告と定める旨の申立をなしているが，大韓民国民法には，父母の離婚にともなう子の親権者に関してはすでに法定されているのみならず，同法は，その第837条において子の養育に関するものであれば，法院（裁判所）は当事者の請求により必要事項を定めることができると規定しているが，親権者指定に関しては，裁判所に対し離婚の判決においてこれを指定する権限を付与していないため，親権者を指定することはできないので，右言渡しはしない。

【1-85】 北朝鮮国籍の夫婦の離婚に伴う親権者の指定について北朝鮮法に規定がないとして親権者の指定をせず，養育者のみを指定した事例

大阪地判昭和63年4月14日家月42巻3号101頁，判時1325号98頁，判タ687号218頁

　離婚当事者の未成年の子に対する親権者の指定に関しては，法例20条

第2　国別渉外婚姻法／1　大韓民国・朝鮮民主主義人民共和国　165

[注：平成元年改正前のもの] により父の本国法が準拠法となるものと解すべきところ，離婚に関する前記朝鮮の法令には，離婚後の親権者の指定に関する規定はなく，両親は離婚後も子女に対して平等な権利を有し，義務を負うものと解されており（朝鮮民主主義人民共和国社会主義憲法（1972年12月27日最高人民会議第5期第14会議採択）62条参照），平等権細則22条に「婚姻訴訟を受理した裁判所は，同時に子女の養育者，子女の養育費……に関する裁判をなすことができる。」と規定しているにすぎないから，裁判所は，離婚の裁判に際して親権者の指定をする余地はなく，申立の有無にかかわらず，離婚の裁判と同時に養育者の指定を含む養育問題の解決を図るべきものと解せられる。

【1-86】　父（北朝鮮人）母（日本人）の間の子の親権者指定について父の本国法である北朝鮮法では親権者の指定の規定がないものの，これを不確定なまま放置することが我が国の公序良俗に反するとして母を親権者に指定した事例

山口家下関支審昭和62年7月28日家月40巻3号90頁

　　申立人と相手方とは，夫婦関係が破綻して離婚しており，事件本人をどちらが監護養育するかについて，前記のとおり，数個の訴訟を経緯する等して，相当深刻に争っているのであるから，円満な状態で親権を共同行使しうるものとは全く考えられないのであり，そのうえ，現在においては，申立人がその両親とともに事件本人を監護養育していて，相手方は，一時所在不明の状態となりその後刑事事件を起して起訴されていることを考慮すれば，親権を共同行使する余地はなく，我が民法上は申立人を親権者とすることが相当である。
　3　そして，親権者の指定に関して明文の規定のない北朝鮮の法制に従い親権者をいずれとも定めず不確定のままに放置することは我が国の公序良俗に反し，法例30条［注：平成元年改正前のもの］により許されないと解するべきである（最高裁昭和52年3月31日判決，家月29，9，79参照。）。
　　そうすると，申立人と相手方の離婚判決確定後の現時点においては，我が民法819条1，2，5項を類推適用して，申立人を事件本人の親権者と指定することが可能であり相当であると考えられる。

【1-87】① 子の親権者の指定について法例20条により父の本国法である北朝鮮の法令が適用されるとし，同法令の趣旨に沿って子の監護者又は親権者を母と指定した事例

甲府地判昭和51年10月29日判時852号103頁，判タ352号309頁

　　子の監護者の指定についてみるに，法例第20条［注：平成元年改正前のもの］によるとき父のある本件については前記離婚におけると同様父たる被告の本国法である北朝鮮の法令に準拠しなければならないことになる。この点についても前記離婚におけると同様当裁判所は前記の意味における北朝鮮法令を詳かになしえないので，条理によるべきところ，前記離婚における場合と同様の理由で北朝鮮の法令の大要が判明すればこれを考慮に入れるを相当とする。そこでこの点に関する北朝鮮の法令についてみるに，前掲「離婚事件審理に関する規定」第20条によれば，裁判所は，離婚判決に際し子の養育問題を同時に解決しなければならない。しかし子の親権者ないし監護権者指定に関する明文の規定はなく，ただ，北朝鮮においては子に対する両親の権利義務は同等と考えられている（前掲鑑定書等の資料をここに引用する）。
　　右北朝鮮の法令を考慮に入れ，これを一般的な条理の内容を補足するものとして考えると，条理上，北朝鮮の国籍を有する夫と日本の国籍を有する妻との間の子については，少なくとも監護権者の指定は子の健全な発育のために必要でありかつ許されかつその監護権者は子の健全な発育をなしうる物心両面の資格のある親でなければならないものと解すべきである。本件についてみるに，前認定のとおり母たる原告は父たる被告の不在の間現在までひき続きその間の長男Ａを養育し，他方被告は現在も所在不明であるという事情を総合して考えると右長男の監護権者を母たる原告と定めるを相当と考える。

【1-87】② 同旨

名古屋地判昭和49年4月16日判時749号92頁

　　本件においては，前示のとおり，北朝鮮法によるべきものである。しかるところ，離婚に関する北朝鮮の前掲各法令には，離婚の場合における親権者の指定に関する明文の規定はなく，前掲「離婚事件審理に関する規定」20条において，裁判所は離婚判決に際して子の養育問題を同時に解決しなければならない旨定められているのみである（前掲欧竜雲氏鑑定書）。しかして，憲法（22条）及び男女平等権に関する法令において男女の平等を強く宣明し

ている北朝鮮においては，子に対する親の権利義務は離婚によって左右されないものと考えられ，親権者として指定されない他方当事者の親権を根本的に変更するおそれのある親権者指定を行いうるか否か若干の疑問もなくはないが，他方，本件のように，一方の親が所在不明で配偶者及び子を放置して顧みない場合についてまで，両親の権利義務の平等の名のもとに共同親権の形骸を存続させるべきことを北朝鮮の親子関係法が期待しているものとは解せられず，むしろ，子の養育監護上適当な一方の配偶者を親権者として指定し，子の養育監護に万全を期することこそ，このような場合における離婚に伴う最も適切かつ直截な措置として，右規定20条の趣旨にそうものであると解する。そうだとすれば，前記認定の被告の出奔以後の事情のもとでは，原被告の子Aの親権者を原告と指定するのが相当である。

【1-88】 韓国人夫婦の未成年の子の監護者の指定については，離婚の効力の問題として，離婚の準拠法である韓国民法によって決するべきであるとした事例

名古屋地判昭和48年2月19日家月26巻7号68頁，判時711号118頁，判タ298号281頁

　　原被告間の未成年の子の監護者の指定の準拠法について考えるに，かかる監護の権利義務の帰属・分配の決定はまさしく離婚の効力に関する問題であるから，離婚の準拠法によって決すべきところ，本件離婚の準拠法たる大韓民国民法第843条，第837条第2項によれば「前項の養育に関する事項（当事者間にその子の養育に関する事項）の協定がなされないとき又は協定をすることができないときは，法院は当事者の請求により，その子の年齢，父母の財産状況，その他の事情を参酌し，養育に必要な事項を定め，何時でもその事項を変更し又は他の相当な処分を命ずることができる。」旨定めている。そうして，裁判上の離婚の場合は，当事者間にその子の養育に関する事項の協定がなされないとき又は協定をすることができないときに該当すると解せられるから，裁判所が右の諸事情を参酌して養育者を指定すべきところ，前記認定事実に照らすと本件においては原告を未成年の長女Aおよび二男Bの養育者とすべきことは明らかである。

【1‐89】 韓国人父母の離婚判決で母を親権者に指定したことは法令違背であり，後見人を選任するのが相当とした事例

大阪家審昭和32年4月9日家月9巻4号60頁

　韓国人たる未成年者両名の親権者の点につき考えると，法例第16条，第20条［注：平成元年改正前のもの。以下同じ］により韓国法を適用すべきところ，韓国に於てはその独立後身分法に該当する新立法なく，応急的に今尚日本国旧民法が適用されていること当裁判所に顕著である。その第877条によれば子はその家に在る父の親権に服するのであるから，上記判決に於て慣習法には定めなきものとして条理を適用し申立人を親権者として指定したことは法令の適用に違背があったものというべく，従ってこの判決において未成年者両名につき申立人が親権者に指定されたとは言え，離婚により家を去った申立人が未成年者両名に対し親権を行使することは許されず，未成年者両名は依然家にある父Aの親権に服すべきものである。ところが上記判決に依れば同人は朝鮮動乱以来消息なく，生死も不明であるから親権を行うことができず，爾後未成年者両名に対し親権を行う者がなくなったわけである。次に法例第23条に依ると，後見は被後見人の本国法に依るが，未成年者両名のごとく日本に住所を有する外国人の後見は本国法に依れば後見の事務を行う者のないときには日本の法律に依るのであるから，我が民法第838条を適用し申立人を未成年者両名の後見人に選任するを相当と認め主文のとおり審判する。

カ　氏・名の変更

(ア)　氏の変更

　在日韓国・朝鮮人と婚姻した日本人女が夫の通称としての氏（通氏）へ変更する申立てについて，戸籍法107条1項の「やむを得ない事由」に該当するかが問題となるが，これについて，これを肯定する裁判例と否定する裁判例とが分れていたが，最近では，これを認める裁判例が多く見られる。【1‐90】は，韓国人である夫の通氏に変更する旨の申立てをした後，夫が死亡したケースで，その場合でも，なおその通氏を使用する必要があるとして変更を許可した事例，【1‐91】は，夫の通氏を夫死亡後も使用し続け延べ10年以上にわたるケースで，変更を認めた事例である。在日韓国・朝鮮人は創氏改名により，個々人が承継してき

た「姓」以外の家族の氏を創ること（創氏改名）を，法的強制ではないものの，半ばそうすることを余儀なくされた歴史を持っているのであり，本人の全く自由な意思で通称を使用する場合とは異なる歴史的背景を持っている。したがって，夫の通氏を名乗ることについても，婚姻後夫の氏を称するのと同視できる歴史的経緯があることを考えると，一般に通称名に変更する場合と比較して，やむを得ない事由に該当すると判断される場合が多いであろう。【1-92】①は，そうした固有の歴史的事情を考慮すべきであることを明示した事例である。【1-92】②は，15年以上使い続けた永年使用の観点から，これを認容した事例である。その他にも，永年使用ではないが，定着しているとしてこれを認容した裁判例（広島高岡山支決昭和63年11月25日家月第41巻4号78頁）などがある。他方，以前には，正式呼称でないからという理由でこれを却下した審判例も見られる（【1-93】）。

　また，日本風の氏名で帰化した元朝鮮人男性からの帰化前の朝鮮姓への氏の変更を許可した事例として，【1-94】がある。これに対し，これを却下した事例が【1-95】である。

　【1-96】は夫婦別氏の慣習があるから，婚姻しても妻の氏は変わらないとされた事例である。

【1-90】　在日韓国人夫と婚姻した日本人妻が夫の日本における通氏に変更する申立てをした後，夫が死亡した事案において，通氏への変更を却下した原審判を取り消して申立てを許可した事例

大阪高決平成9年5月1日家月49巻10号93頁

　在日韓国人のように在日外国人が永年にわたり日本名を称しそれが社会的に定着している場合にあっては，それをわが国における実氏名と同様に扱うことにも社会生活上の合理性があるといえるから，その者と婚姻した日本人が外国人配偶者の通氏を称することを希望するときは，上記法の趣旨に照らして，その希望は十分に尊重されてしかるべきである。

　その理は，氏の変更許可の申立てがされた後に外国人配偶者が死亡した場合であっても，日本人配偶者やその子を含む生活が従前通り外国人配偶者の

通氏を称して継続されており，それが安定したものと認められる限り変りはない……。本件においては，抗告人の亡夫は永住資格を有していた在日韓国人であり，同人の称していた「広田」姓が社会的に定着していたことは明らかである。抗告人は，亡夫と婚姻後2人の子をもうけ，婚姻生活を将来にわたり継続する意思のもとに社会生活上の便宜を考慮して本件申立てをしたところ，思いもかけず夫が死亡するという事態となったが，従前通り亡夫の通氏を称した生活を継続することを表明して本件申立てを維持している。その安定性を疑わせるような事情は認められない。

こうした場合においては，抗告人が亡夫の通氏に変更することによる呼称秩序への影響は小さいから，上記法の趣旨に基づき，亡夫の通氏を称した生活を維持しようとする抗告人の社会生活上の便宜に配慮して，戸籍法107条1項所定の「やむを得ない事由」があるものと解するのが相当であって，本件申立ては認容すべきである。

【1－91】 在日韓国人夫と婚姻し夫の氏に変更した日本人妻が夫の日本における通氏を10年以上使用し続けた事案において，通氏への変更許可申立を却下した原審判を取り消して，これを許可した事例

東京高決平成9年3月28日家月49巻10号89頁

抗告人は，昭和60年○月○日に韓国国籍を有する洪○○との婚姻の届出をするに際して，戸籍法107条2項の規定による届出をして，その氏「大○」を夫の氏である「洪」に変更することにしたが，婚姻以来，公的に必要な場合以外には，洪○○が通称氏として使用していた「上野」を通称氏として称し続け，やがては洪○○において「上野○○」の氏名で帰化した上で，夫婦の氏として「上野」を称する予定であったが，洪○○が交通事故を起こしたために，帰化することが困難となったこと，抗告人は，……子供らには洪○○が韓国国籍であることを知らせておらず，子供らにも学校生活や日常生活において専ら通称氏の「上野」を使用させてきたこと，抗告人は，平成8年○月○日に洪○○との協議離婚の届出をし，その際，戸籍法107条3項の規定による婚姻前に称していた氏である「大○」への復氏の届出はしなかったが，それは，右「大○」の氏が〈中略〉馴染みが薄く，しかも母は……離婚して旧姓……に復していたこともあり，「大○」への復氏の届出をすることなく，むしろそのまま通称氏として「上野」を使用し続けておれば，一定の期間の経過後には「上野」への氏の変更が許可されるものと信じたことによるものであること，抗告人は，「洪」氏を称することによって外国人と間違

えられることが多く，洪○○と離婚した後にあってはそのことに一層の違和感や不便を覚えていること，抗告人の氏を「上野」に変更することは，前記のような経緯に鑑みて，抗告人が親権者となっている子供らの福祉や利益にも適うところであることを認めることができる。
　右事実によれば，抗告人が「洪」の氏を称し続けなければならないとすることは社会生活に重大な支障をもたらし，その使用の継承を強制することは社会観念上相当ではないと認められ，既に「上野」の通称氏を使用して10年以上を経過していることよりすれば，抗告人の氏を「洪」から「上野」に変更することには戸籍法107条1項にいうやむを得ない事由があるものということができるから，これを許可すべきものとするのが相当である。

【1-92】①　在日韓国人と婚姻をした日本人女が夫の通氏への氏の変更を申し立てた事案において，在日韓国人特有の歴史的，社会的事情を考慮し，また，永年使用とはいえないものの，婚姻関係，生活状況の安定等も踏まえて，これを許可した事例

広島家三次支審平成2年5月24日家月42巻11号58頁

　昭和59年法律第45号による国籍法，戸籍法（特に，107条2ないし4項）の一部改正及び平成元年法律第27号による法例（特に，14条）の一部改正に鑑みれば，常居所地をわが国とする申立人夫婦が同一の氏を称することは，双方がこれを望む限り好ましいことに相違なく，さらに，わが国においては，夫婦の氏として夫の氏を称するのがなお常態である上に，上記(3)認定の事情によれば，申立人の夫朴○○の通称である「井○」は，単に通称というに止まらず，いわゆる在日韓国人に特有の歴史的，社会的事情によるとき，その実質においては，同人のわが国における正式の氏であるとさえ評価されることをそれぞれ指摘することができる。そうだとすれば，申立人が「井○」との通称を使用し始めて未だ3年余しか経過していない現時点においては，なおその通称を永年使用したというには足りないけれども，上記指摘の各点に加えて，上記(1)認定の申立人の家庭事情，上記各審問の結果により，申立人夫婦の婚姻関係や生活状況が既に十分に安定をみていると認められること，本件申立にかかる氏の変更が呼称秩序に及ぼすであろう影響が極めて僅少と予測されることなどの諸般の事情を併せ考慮するならば，「菊○」から「井○」への申立人の氏の変更については，やむを得ない事由があるものとして，これを許可するのが相当というべきである。

【1-92】② 在日韓国人夫と婚姻した日本人妻が婚姻以来15年間使用し続けてきた夫の通氏への変更許可を求めた事案について，永年使用のほか子らが日本国籍を取得し母の戸籍に入ったことなども考慮し，これを許可した事例

札幌家審昭和60年5月11日家月37巻12号46頁

> 申立人は，夫と婚姻以来約15年間「正田」姓を使用しており，申立人の氏を夫の通称としての氏「正田」に変更することによる申立人の利益は大きく，これに対して変更による社会的影響は少ないこと，同様のことは，申立人と同籍する申立人夫婦の子らについてもいえることであり，申立人の本件氏の変更は子らにとっても利益であり，その変更による社会的影響も少いこと，更に，このような夫の通称氏による夫婦同氏も，必ずしも上記法律［注：昭和59年国籍法及び戸籍法一部改正法］の趣旨に反するものではないと考えられることを合わせ考慮すれば，本件申立人の氏の変更はやむを得ないものとして許可するのが相当である。

【1-93】① 在日韓国人と婚姻をした日本人女が夫の通氏への氏の変更を申し立てた事案において，これを否定した事例

大阪家審平成元年7月13日家月42巻10号68頁

> 申立人の本件申立は，申立人の氏を，夫の外国人としての法的な正式呼称の氏（姓）に合致させようというのではなく，夫が日本において使用している通氏に過ぎないものに変更したいというものである（従ってそれは夫の氏でもなく妻の氏でもない氏を創設することになる）から，これをもって戸籍法107条1項の「やむを得ない事由」があると解することは到底できないというほかはない。また，本件全記録に照らしても，その他に申立人がその氏を「木村」から「金田」に変更するやむを得ない事由があることを窺うに足るものもない。

【1-93】②　同旨

大阪高決昭和60年10月16日家月38巻2号134頁

　当裁判所も本件事件記録に顕われた諸事情をもっては戸籍法107条1項所定の氏を変更するに足る「やむを得ない事由」に該るものとは認められず，他に右事由を認めるに足る的確な証拠がないから本件申立を却下すべきものと判断する。その理由は原審判理由説示と同様であるからこれをここに引用する（但し，原審判2枚目表6行目の「氏族を表示する呼称であるから」を「親子同氏の原則，夫婦同氏の原則の適用があり」と，同7行目の「名のように変更」を「直ちに，名の場合と同様の期間の使用のみをもって氏の変更」と訂正する）。
［原審判］
　氏は，氏族を表示する呼称であるから，自由に称しうるものではなく，従って，永年使用したからといって，名のように変更を認める事由となるものではない。また，通称の氏に変更するとすれば，夫の氏でもなく，妻の氏でもない氏を創設することになり，氏の一貫性，永続性にも欠け，氏の本来的意義が失われることになる。従って，日本人の妻が外国人夫の通称の氏に変更するためのやむを得ない場合としては，夫の氏が通称の氏に変更されたか，もしくは，変更される見込みが高い場合にかぎられると解するのが相当である。本件においてかかる事情は認められない。

【1-93】③　同旨

大阪家審昭和51年10月8日家月29巻7号65頁

　日本人女性が韓国人男性と婚姻した場合直ちに「止むを得ない事由」（戸籍法第107条第1項）に該当し，韓国人夫の日本における通称への氏の変更が許されると解すべきではなく，その氏が同女の社会生活上重大なる支障を与えこれが継続を強制することが社会観念上不当であると認められるときに始めて「止むを得ない事由」に該当し，氏の変更が許されると解すべきである。
　上記認定事実によれば，申立人は，夫の通称名である「町田」を永年使用してきたとはいえず，また申立人の夫は未だ日本への帰化が認められずその通称が戸籍上の氏となってなく，氏の変更を許さなければ社会生活上重大なる支障を来すとは認められず，その他氏の変更を許可すべき「やむを得ない事由」は認められない。

【1-94】① 日本風の氏名で帰化した元朝鮮人男からの帰化前の朝鮮姓への氏の変更を許可した事例

大阪家審昭和62年10月12日家月40巻1号203頁

　　以上認定の事実関係によれば，申立人の帰化は15歳当時であるところ，申立人は高校3年生頃から帰化前の「金」姓に愛着を覚え，大学では「金」姓を使用し，卒業して大阪府立A高等学校（定時制）教諭に就職後も教員名簿，学校教育計画等で「金」姓が使用され，更に生活全般に亘って「金」姓を永年使用していることが認められるから，申立人の「金」姓は社会的に定着しているとしなければならない。

【1-94】② 同旨

京都家審昭和62年6月16日家月39巻9号57頁，判タ640号243頁

　　以上の認定した事実関係，特に，申立人Aの氏が元来「朴」姓であったこと，前審判後国籍法の改正があり，前記手引書から「日本的氏名」の指導文句が削除されていること，申立人Aにおいて昭和42年大学卒業以来職業面について「朴」姓の使用を継続し，申立人ら一家全員がやむを得ない公的以外は殆んど「朴」姓を称してからは6年を経過し，その使用期間は比較的短期間ではあるが，同通称姓が申立人ら家族の氏として社会的にほぼ定着しているものとみられること，「朴」の文字が常用漢字であること等を勘案すれば，本件申立ては戸籍法107条1項所定のやむを得ない事由に該当するものとして認容するのを相当と認める。

【1-95】 日本風の氏名で帰化した元朝鮮人男からの帰化前の朝鮮姓への氏の変更を却下した事例

京都家審昭和59年10月11日家月37巻11号67頁

　　戸籍法第107条によれば氏は「止むを得ない事由」がある場合に限って変更が許される。ここにいう「止むを得ない事由」とは現在の氏がその人の社会生活上重大なる支障を与え，これが継続を強制することが社会観念上不当

であると見られる事由の存在を指称するものと解せられる。前記認定事実によれば，「中井」なる氏は申立人Aが帰化に際し，他から干渉を受けることなく，自らの意思で選択したものであり，現在の「中井」「金」の氏の二重性の存在も，申立人らが自ら作為したものであり，したがって申立人らの意思により，容易に解消し得るものである。ただこの作為の原因が，申立人Aの民族意識及び申立人Bの同調意識によるものであることは明らかである。しかしかかる民族意識，民族感情の存在は，前記法条にいう「止むを得ない事由」に該当する，とは到底解せられない。そうだとすると本件申立は不相当であるから，これを却下すべきである。

【1-96】 妻の死亡後に帰化した朝鮮人夫からの妻の氏を自己の氏と同一にするための戸籍訂正申立てを却下した審判を相当とした事例

大阪高決昭和41年8月4日家月19巻2号75頁，判タ210号252頁

抗告人および事件本人A，Bが日本に帰化し，日本の国籍を取得したのは昭和39年5月7日付法務省告示に基くものであるが，その当時抗告人の先妻であり，事件本人らの母であるCはすでに死亡していたこと（昭和36年5月12日死亡）は記録上明らかである。もし同女が生存しておれば，右帰化のさい夫婦の氏を定め，その結果Cの氏を称することは可能であるが，すでに死亡し，婚姻も解消したものにつき，夫婦の氏を定めることはありえない。したがって，帰化当時Cが生存しているものと仮定した場合の所論は，採用に由ない。

(イ) 名の変更

在日韓国・朝鮮人の名の変更については，我が国に国際裁判管轄権があり，準拠法は本人の本国法になるとし，韓国の家庭法院の許可については，我が国の家庭裁判所の許可に代えることができるとして，名の変更を許可した事例が【1-97】であり，他にも多数ある。【1-98】のように，名の変更は人格権の問題であり，本国の公簿上の表示変更は，その国の裁判所の許可を要するとして申立てを却下した事例もある。裁判所の許可により名の変更ができるかは，その本国法の準拠法によるのだが，これを本国法が認めている場合，その要件について外国の裁判所が

判断できないとする特段の事情がない限り，手続の問題として裁判をする国の方式により我が国の裁判所が判断することは可能であり，国際裁判管轄自体を否定するのは相当ではないであろう。なお，韓国では，名の変更について，戸籍法が規定をしていたが，2008年1月1日家族関係の登録等に関する法律が施行されたことに伴い，廃止され，家族関係登録法へ承継されており，家庭法院の許可が必要である（同法99条）。

【1-97】① 在日韓国・朝鮮人について，名の変更を認めた事例

横浜家川崎支審平成8年7月3日家月48巻12号69頁

申立人は日本で生まれ，特別永住者の資格で本邦に在留する外国人（外国人登録上の国籍は朝鮮）であるところ，その出生届は本国の関係当局にはなされておらず，我が国の外国人登録を受けるのみで，今日まで専ら我が国に生活の根拠をおいてきたこと，外国人登録原票に登録された氏名は「朴要哲」（名の部分は「要哲」）であるが，幼少の時から「哲」の名前を使用してきて，周囲からもこれが本名であると思われている状況に至っている〈中略〉外国人登録における名の登録は，日本において一般に理解できる形で表記するとの制約を受けつつも，本来，当該外国人の国籍の属する国において登録された公簿上の名の表示を正確に登録するものに他ならず，そのような公簿上の表示と別に定め，或いは変更できる性質のものではないから，一般に外国人登録における名の変更許可の申立ては，単に我が国における外国人登録上の登録名の変更に関わるものに過ぎないとみることはできず，当該本国の公簿上の表示の変更を求める実質を有するものと解するほかなく，そのような事項には日本の裁判所の裁判権は及ばないというべきである。しかしながら，申立人の場合にあっては，上記のような本国における登録された名はもともと存在しないのであって，我が国における外国人登録上の登録名を変更したからといって，その本国が国民の名を登録・管理する固有の権限となんら抵触するものではない。申立人のように，特別永住者の資格で本邦に在留する外国人で，本国における公簿上の名を有しない者は多数存するところ，そのような者にとって，外国人登録上の名が，我が国における社会生活を続けていくうえで，日本人における戸籍に表示された名と同様の個人識別等の機能を有していることは顕著な事実である。してみれば，このような場合に限っては，上記外国人登録上の名の変更許可の申立ては，戸籍法の規定に基づく名の変更許可の申立てに準じる性質を有するものとして，我が国の

第2　国別渉外婚姻法／1　大韓民国・朝鮮民主主義人民共和国　*177*

家庭裁判所の管轄に属するものであり，当該外国人の国籍の属する国がその国民の称すべき名を登録・管理する権限とは全く関わりのない次元での問題にすぎず，専ら日本法を適用して，戸籍法の規定に基づく名の変更と同様の基準でその許否を決すべきものであると思料される。

【1-97】②　同旨

千葉家市川出審平成8年5月23日家月48巻10号170頁

　いわゆる氏名変更事件は，氏名権という一種の人格権に関するもので，その準拠法は一般原則として本人の属人法によるものと解すべきところ，わが法例には明文の規定を欠くので，条理により，原則として本人の本国法によるべきものと解する。……韓国の戸籍法第113条第1項は「改名しようとする者は，本籍地又は住所地を管轄する家庭法院の許可を得た日から1か月以内に申告しなければならない」旨規定し，改名許可は家庭法院の権限とされている。従って，当裁判所は，本件につき本件を管轄する韓国の家庭法院の権限を代行することができるものと解する。

　しかるところ，同法は，改名がいかなる要件を具備した場合に家庭法院により許可されるかについて，全く規定していない。しかしながら，同法に基づく改名は正当な事由のある限り，比較的容易に許可されているようであって，例えば，(a)わが国の統治下にあって，いわゆる創氏改名が行なわれた当時，作名された日本流の名を韓国流の名に改めるとき，(b)慣習として行なわれている前記行列に従って改名するとき，(c)戸籍上の名と異なる社会的に通用している名（通名）に改名するとき，(d)その他難解，難読又は珍奇な名で社会生活上ははなはだしく不便であることによる改名などは，改名に正当な事由がある場合とされているようであるが，改名の許可を容易にすることによって，個人についての同一性の認識を害し，更に社会一般に支障を与えることのないように改名の許可については慎重を期すべきであるとされているようである。

　そこで，これを本件についてみると，申立人は，前記認定のとおり，氏名の「李洋」が韓国語等で珍名・奇名であることから，韓民族の慣習とされる行列に従って行列文字「秀」を付した通名「洋秀」を25年余の長期間にわたり使用し，「洋秀」が申立人の名として社会的に通用・定着し，個人についての同一性の認識を害するおそれがなく，また，社会一般に支障を与えるおそれがないものと認められるから，申立人の名「洋」を「洋秀」に変更することは，韓国の戸籍法上も正当な事由があるとして許可されるものと思料する。

【1-97】③　同旨

横浜家審平成3年11月28日家月44巻8号49頁

　本件名の変更許可申立てについて我国の裁判所が審判をなしうるかどうかが一応問題となりうるが，申立人が出生以来本邦に居住している事実からすると，本件については我国の裁判所が国際裁判管轄権を有すると解して差支えない。
　次に，本件の名の変更の許否を決するについての準拠法が日本又は韓国のいずれの法律であるべきかが問題となる。この点については，法例には直接の規定はないが，人の名は出生とともにその人を他の人から区別して特定するために必ず付けられるものであることから考えると名はその人の人格に最も密接に関連するものということができ，したがって，名の変更の許否はその者の本国法に準拠して決すべきものと解するのが相当である。
　しかるところ，韓国戸籍法113条によれば，家庭法院は本人の申立てにより改名を許可することができることが明らかである。もっとも，改名の許否の基準については規定されていないが，無条件で許可されるものでなく，日本国の戸籍法におけると同じく正当な事由があるときに許可されるものと解すべきことは事理の当然であると考えてよいであろう。そして，上記のとおりの本件の実情からすると，日本の仮名文字を用いた申立人の名「エイ子」を漢字の名「英子」に変更するについては，もとより正当な事由があると解することができる。

【1-97】④　同旨

東京家審昭和48年4月21日家月25巻11号114頁

　準拠法についてみるのに，改名につき裁判所の許可を要するかどうかは，法律行為の方式に関するものと考えられるから，法例第8条第1項［注：平成元年改正前のもの］により，その行為の効力の準拠法に従うところ，改名に関しては，法例上直接の規定がない。しかし，名はその者の人格権に属し，本国法に従い，その権利関係が定まるものであり，したがって，改名については，本国法によると解するのが相当である。本件において，申立人については，大韓民国の戸籍法がその準拠法となる。韓国戸籍法第113条第1項によると，「改名をしようとする者は，法院の許可を受けた日から10日以内に申告しなければならない。」とあり，法院の許可を要するが，いかなる要件

を具備した場合に，法院で許可されるかについては全く規定がない。したがって，同条の規定は，概括規定で，法院に広範な裁量権を認めたものであり，それが裁量権の濫用にあたらないかぎり許可できるものと解される。本件において，前記認定の事実によると，申立人の名「基祥」を通称名の「明敏」に変更することは相当であり，それを許可することは，右の正当な裁量範囲に属するものというほかない。

【1-98】 在日韓国・朝鮮人について名の変更を認めなかった事例
大阪高決昭和57年5月10日家月35巻8号106頁

本件申立事件について，日本国の家庭裁判所に裁判権はないとする原審判の判断は正当である。
（抗告理由）
1 原審判は，氏名は人格権の問題であるからその公簿上の表示は当該本国（韓国）の裁判所に管轄権があるとして申請を却下したが，抗告人のように日本で生まれ，日本に定着し，日本人同様の生活を送っている者に対し，人格権の問題という理由だけで何故わが国の裁判権を否定するのか理解できない。人格権の問題なら抗告人のような者についてはむしろ逆に定着しているわが国に裁判権を認めてしかるべきだと考える。
2 抗告人は，さきに本国である韓国の済州地方法院を改名許可を申請したが，同法院は昭和57年1月12日，日本国において発行されている抗告人の外国人登録証に「真己」と記載されているから改名理由はないとして許可申請を却下した。ところで同決定はまず外国人登録の段階で改名されるべきことを示唆している。それならば，まず日本国において改名許可を得ることができなければならない。
3 なお，「真己」は「己」（「おのれ」）の字のため世間で今まで男性ととられて不便を受けて来たので是非日頃から通名として使用し誤解のおそれのない「真希」に変更したいと考える次第である。

キ　外国判決の承認
韓国において婚姻関係存在確認の審判が日本の公序に反するとして，その効力を否定した事例が【1-99】である。これは夫婦双方が既に死亡しており，確認の利益も争われた事案であるが，その後の相続関係に

影響があることから確認の利益を認め，また，婚姻関係の確認が偽造された文書により行われたことから，そのような判決の効力を認めることが公序に反するとされたものである。

【1-99】 韓国の地法法院による婚姻関係存在確認の審判が我が国の公序に反するとして外国判決の承認を否定した事例
横浜地判平成元年3月24日家月42巻12号37頁，判時1332号109頁，判タ703号268頁

〈証拠略〉によると，被告補助参加人ら主張の韓国における審判が存在し，右審判は確定していることが認められるところ，その日本国内における効力を考えるに，〈証拠略〉によると，右審判は対席の方式で審理され，証拠調べ等は当事者主義による手続によって行われたことが認められるので，右審判は民事訴訟法200条［注：現118条。以下同じ］の外国裁判所の確定判決に該当するものと解される。

しかし，〈証拠略〉によると，右審判は，月先の関係者が東京都荒川区長作成名義の昭和27年7月16日当時本件婚姻の届出が日本において受理されている旨の文書を偽造し，これを用いて詐取したものであることが認められ，右事実によると，右審判はわが国の公序に反するというべきであるから，民事訴訟法200条3号に反し，日本においてその効力を認めることはできない。

ク 子の国籍

我が国の旧国籍法は，出生の時に父が日本国民であった場合，その子は日本国籍を取得するが，母が日本国民で父が外国人であった場合，日本国籍を取得することができず，父の国籍を有する者として扱われた（昭和50年7月4日民五3551号民事局長回答）。

しかし，我が国の国籍法一部改正（昭和59年法律第45号）により，昭和60年1月1日以降は，出生の時に父又は母が日本国民であった場合，その子は日本国籍を取得する（同法2条1号）とされた結果，日本に居住する韓国人男と日本人女との婚姻によって生まれた子は，日本国籍を取得することになった。

他方，韓国の国籍法も父系血統主義から父母両系血統主義に改められ

た結果，同改正法が施行された1998年6月14日以降は，韓国人父又は母と日本人母又は父との間に生まれた子は，いずれも我が国の国籍法に基づき日本国籍を取得し，韓国の国籍法に基づき韓国籍を取得し，二重国籍となり，それぞれの国籍選択制度に基づき，原則として22歳までにいずれかの国籍を選択すべきこととし，成人以降は長期間二重国籍が生じないよう配慮がされている。（詳しくは，渉外親子法参照）

ケ　同一家籍内にない女子

1990年1月13日改正前の韓国民法1009条2項は，法定相続分に関して，同一家籍内にない女子の相続分は，男子の相続分の4分の1とする旨を定めていた。そこで，同条項が定める同一家籍内にない女子に該当するかどうかが問題となったケースがあった。韓国戸籍において手続がされていなくても，我が国の婚姻届出が受理されていれば，婚姻の成立と同時に分家をしたもので，同一家籍内にない女子に当たるとした事例として【1-100】がある。同規定は，改正され，現在では，均分相続となっている（同法1009条1項）。

【1-100】　在日韓国人男女が日本方式により婚姻届をし受理された場合，当該女性は韓国民法1009条2項の「同一家籍内にない女子」に当たるとした事例

東京高判昭和63年7月20日家月40巻10号26頁，判タ696号182頁

　在日韓国人間の婚姻が日本の方式によってなされた場合，その婚姻届が日本の市区町村で受理されても，直ちに韓国における戸籍の整理がなされるわけではなく，そのためには韓国の戸籍機関（本人の本籍地の市・邑・面の長）に対し日本の市区町村の長が作成した婚姻届受理証明書，戸籍整理申請書等を直接持参又は郵送して提出しあるいは駐日韓国公館に対しこれらの書類を提出することが必要とされ，後者の場合，右書類は外務部長官を経由して本人の本籍地に送付されることになっている（韓国戸籍法40条，41条，韓国在外国民就籍・戸籍訂正及び戸籍整理に関する臨時特例法）ところ，〈証拠略〉によれば，第一審原告はAとの婚姻の成立につき前記の手続を履行せず，また韓国の戸籍機関に報告しておらず，第一審原告とAとの婚姻はいまだ韓国の戸籍上整理されずこれに記載されていないことが認められる。

182　第1部　渉外婚姻法

> しかし，さきに判示したとおり，韓国法上婚姻はその届出の受理によって有効に成立してその効力を生じ，戸籍の記載は効力要件ではなく，婚姻成立後の戸籍整理上の入籍又は除籍という手続処理の問題にすぎないから，第一審原告はその婚姻の成立と同時に当然分家し，B及びその家族と同一家籍内にないこととなったものというべきである。

2　中華人民共和国・中華民国

(1)　中華人民共和国・中華民国の婚姻法概説

ア　中華人民共和国婚姻法の変遷と概要[2]

　1949年に中華人民共和国が成立し，その翌年，従来の家父長的家族制度を否定する新たな観点から中華人民共和国民法が制定された。これは，附則を含めて27条しかなく，その後，最高人民法院の意見，通知などにより，補充されていったようである。そして，1965年から10年間にわたる文化大革命の混乱期を経て，1980年9月10日，新婚姻法が公布され，1981年1月1日から施行された。しかし，その後，中国は大きく経済が変動し，資本主義的政策が採られたことから経済的弱者の保護が必要となり，2001年4月28日，1980年婚姻法（以下「80年法」という）を基本的に維持しながらも，必要な修正を行う家族法改正が行われ[3]，同日，施行され，現在に至っている。

　現行の中華人民共和国婚姻法は，第一章総則，第二章結婚，第三章家庭関係，第四章離婚，第五章救助措置と法律責任，第六章附則から構成

---

2) 中華人民共和国婚姻法及びその歴史的変遷については，主に以下の文献を参考としている。
　加藤美穂子『詳解中国婚姻・離婚法』（日本加除出版，2002），岩井伸晃「中華人民共和国の家族法及び関係諸制度の概要（上）（中）（下）」家月50巻8号1頁以下・50巻9号1頁以下。50巻10号1頁以下（1998）（注：これは2001年修正法前のものである。）。
　なお，同法の詳細な内容については，平成26年戸籍実務六法1205頁以下参照。
3)「《修正婚姻法》の修正内容の重要点の一つは，端的にいえば，経済的強者の横暴な行為の被害を被りながら保護され難い状況に留められていた被害者，その多くは経済的弱者でもある者に対する保護の強化である。」（前掲加藤『詳解中国婚姻・離婚法』はしがき2頁）と指摘されている。

されている。第一章総則では，婚姻の自由，一夫一婦制，男女平等の婚姻制度の実行，女性・子ども及び高齢者の合法的権益の保護，計画出産という基本原則（婚姻法2条），請負婚，売買婚，重婚等の禁止（同法3条）などを規定しているが，これは80年法を承継したものであり，第二章以下も基本的には80年法が承継されている。我が国では法律用語として「婚姻」を使っているが，中国では，「結婚」を法律用語としても使っている。以下，中国における「結婚」の日本語訳として「婚姻」を用いることにする[4]。

婚姻は男女の完全な自由な意思による（同法5条）。婚姻適齢は，男22歳以上，女20歳以上であり（同法6条），直系血族，傍系三代（四親等）以内の婚姻や医学上婚姻すべきではない疾病者の婚姻は禁止される（同法7条）。男女双方が自ら婚姻登記機関に出頭し，婚姻登記をしなければならず，婚姻登記が許可され，婚姻証の発給を受けることによって婚姻が成立する（同法8条）。重婚，近親婚，婚姻禁止疾病罹患，不適齢婚は，いずれも婚姻無効原因となる（同法10条）。強迫による婚姻は取り消すことができ，取り消されれば婚姻当初から無効となる（同法11条，12条）。

家庭における夫婦の地位は平等であり（同法13条），いずれも自己の姓名を用いる権利がある（同法14条）。夫婦はいずれも，生産，仕事，学習及び社会活動に参加する自由があり，いずれも計画出産を実行する義務がある（同法15条，16条）。婚姻中に取得した給料，経営収益，一方のみにされた贈与，遺贈を除き，相続，贈与によって取得した財産は，いずれも夫婦の共有である（同法17条）。夫婦は相互扶助義務を負い，必要な場合，扶養費を請求できる（同法20条）。未成年子又は独立して生計を維持できない子は親に養育費の請求ができ（同法21条），子の姓は夫，妻いずれでもよく（同法22条），嫡出子と嫡出でない子の差別は許されない

---

4) 2014年1月現在の最新の中国婚姻法については次のサイトを参照（ただし，2001年が最終改正となっており，内容は同じである）現地の弁護士事務所のホームページ「Lihun66.com」http://www.lihun66.com/hylaw/hyjtgj/215542948.html

（同法25条）。

　協議離婚（同法31条1項），裁判離婚（同法32条）が認められている。協議離婚の場合，婚姻登記機関に出頭して申請し，双方が自由な意思に基づくこと，子や財産問題について適切な処理をしていることを確認できれば，婚姻登記機関は，離婚証を発給する（同法31条2項・3項）。離婚を求める当事者は，調停の申立て，訴訟の提起を選択できるが，人民法院は，まず調停を行い，破綻が明らかで調停の効果がないときは離婚を認めなければならない（32条1項・2項）。重婚，不貞による同棲，家庭内暴力，家庭内構成員に対する虐待・遺棄，賭博・麻薬使用等に対する度々の指示に従わない，不和による2年間の別居，その他夫婦感情の破綻が離婚原因とされ（同条3項），失踪宣告を受けた相手方に対し離婚訴訟が提起された場合（同条4項）も離婚を認めなければならないとされている。この3項・4項は2001年修正法で追加されたものである。なお，配偶者が現役軍人の場合は，原則としてその同意が必要であり，妻が妊娠中の場合などには原則として夫からの離婚が制限される（同法33条，34条）。父母は離婚後も父母の子であり，双方が扶養，教育の権利義務を負う（同法36条1項・2項）が，授乳期間中の子はその母親に養育されるのが原則であり，その後の扶養問題で協議が達成できないときは，人民法院が判決する（同法36条3項）。子に対する養育費（生活費，教育費）についても協議が成立しないときは，人民法院の判決による（同法37条）。離婚後直接養育していない父又は母は面会交流権を持ち，子の心身の健康にとって不利であるときは人民法院は面会交流を中止できる（同法38条）。夫婦共同財産の処理，共同生活のための債務の弁済，離婚後の扶養についても協議が成立しないときは人民法院の判決による（同法40-42条）。

　また，2001年修正法で，新たに，救助措置と法律責任の規定が置かれた。これは，家庭内暴力や構成員に対する虐待，遺棄について，被害者に勧告，制止，行政罰を村民委員会や公安機関に対して求める申立権を付与し（同法43条，44条），被害者が重婚や犯罪行為について刑事責任を求め（同法45条），無責配偶者は，上述の有責配偶者に損害賠償を求め（同法46条）ることができることなどを規定している。また，婚姻すると，

婚姻登記機関で登記をするが，2003年10月1日から施行されている中華人民共和国婚姻登記条例の改正により，それまで必要であった指定病院における婚前健康検査は不要とするなど，婚姻のための手続が緩和された。

なお，日本人と中国人を当事者とする婚姻の取扱いに関する中華人民共和国の見解は次のとおりである（「日本人と中国人を当事者とする婚姻について」平成14年8月8日民一1885号民事局第一課長通知）。すなわち，

① 日本国に在る日本人と中華人民共和国に在る中国人が日本において婚姻した場合であっても，中華人民共和国民法通則147条が適用され，同国国内においても有効な婚姻と認められる。したがって，当事者は同国国内であらためて婚姻登記又は承認手続を行う必要はない。

② 日本国の方式で婚姻したという証明は，日本国外務省及び在日本国中華人民共和国大使館又は領事館において認証を得れば，同国国内でも有効に使用できる。

イ　中華民国婚姻法の変遷と概要[5]

中華民国の婚姻法については，民法に規定されている。民法は，1929年から1930年にかけて制定され，親族編，相続編については，1930年12月26日制定公布され，1931年5月5日から施行されている。その後，中華民国政府は台湾に移り，1980年代に入り，その改正が審議され，1985年6月3日，民法親族編，相続編の改正法が成立し，その後数次にわたってそれぞれ部分的な改正を経て現在に至っている。

民法第四編親族の第一章は通則，第二章は婚姻について規定する。婚姻には，婚約と結婚とがあり，結婚が我が国の婚姻に該当する。婚約は，結婚の準備行為として強制履行はできない（同法975条）ものの，他人との姦通（不貞行為）は，婚約の解除事由となり（同法976条1項7号），他に

---

[5] 中華民国民法及び以下の歴史的変遷については，主に以下の文献を参考としている。
劉振榮・坂本廣身『改訂中華民国親族相続法』雄進書房（1988年），2007年改正については，笠原俊宏・徐瑞静「中華民国民法親族編及び相続編の邦訳」戸籍時報第618号・619号（日本加除出版，2007），徐瑞静「中華民国家族法の改正」東洋大学第53巻第2号（東洋大学法学会，2009年）
なお，最新の条文については，平成26年戸籍実務六法1229頁以下参照。

も重大な疾病，性病への罹患，犯罪による懲役刑なども婚約解除事由とされている。結婚適齢は，我が国と同じく男18歳以上，女16歳以上（同法980条）で，未成年者は法定代理人の同意を必要とし（同法981条），結婚は，公開の儀式及び2人以上の証人により成立するとされていたが，儀式は必ずしも必要ではなく，書面によって行い，証人2人以上の署名が必要である（同法982条）。戸籍法に定める登記は，成立要件ではなく，結婚の成立を推定するにとどまるとされていたが，戸籍機関への届出は形式的成立要件であるとされた（同法982条）。近親婚禁止の範囲は広く，直系血族，直系姻族のほか，原則として傍系血族の六親等以内の者が含まれ（同法983条），重婚の禁止（同法985条）とともに，その違反は，結婚の無効原因となる（同法988条）。1985年改正法では，姦通が原因で離婚した者や姦通の罪を宣告された者は，その相姦者と婚姻できない（同法986条）とされていたが，その後，削除された。また，我が国と同じく6か月の待婚期間が設けられていた（同法987条）が，これも削除された。

　結婚により，夫婦は同姓とはならず，各自その本姓を保有する。ただし，その本姓に配偶者の姓を冠する合意を書面でし，戸籍機関にその登記をすることができる（同法1000条）。1985年改正では，妻は夫の姓を冠し，入夫は妻の姓を冠するとされるなど，結婚の効力について，男女で差があったが，現在では，男女の差別はなくなっている。夫婦は同居義務を負うが，同居できない正当な理由があるときはこの限りではないとされている（同法1001条）。夫婦財産制については我が国よりも詳細な規定（同法1004条以下）を置いている。

　離婚については，合意離婚（同法1049条），裁判離婚（同法1052条）が認められていたが，2009年改正により，裁判所の調停離婚及び和解離婚の場合も，その成立により婚姻関係は消滅するとし，裁判所は管轄戸政機関へ通知しなければならないとされた（同法1052条の1）。合意離婚については書面で行い，証人2人以上の署名が必要であり，かつ，戸籍機関への離婚登記は離婚の成立要件である（同法1050条）。裁判上の離婚原因については，重婚，不貞，虐待など一定の離婚原因を列挙し，そのほか婚姻を継続し難い事由があるときは離婚を請求できる（1052条1項・2項

本文)。夫婦の一方のみに責任がある場合には，他方のみが離婚を請求できるとし，有責配偶者からの離婚請求を排斥している（同法1052条2項ただし書)。また，離婚事由として掲げられたものについて，一定期間が経過するなどの要件があれば，離婚事由とはできない旨も定めている（同法1053条，1054条)。離婚の際の未成年子の監護者については，1985年改正法では夫とされていたが，その後の改正により，夫婦が協議で定めることとし，協議しないとき，又は協議が調わないときは裁判所が定めるものとし，その場合，単独監護も共同監護も認められている（同法1055条1項)。夫婦の協議で監護者を定めても，それが子に不利益をもたらすときは，裁判所は変更できるとするなど，関係機関の請求等により，法院には子に対する様々な子の福祉のための権限が与えられており，それらを決定するための基準も法定されている（同法1055条の1，同条の2)。

(2) **日本における中国・台湾籍の法制と運用**
　ア　終戦までの中国，台湾籍の取扱い
　1895年6月，下関講和条約により，清国は日本に対し，台湾，澎湖諸島を割譲し，その後，ポツダム宣言受諾まで中国に対する日本の支配が続いた。また，1905年のポーツマス条約により日本はロシアから遼東半島先端部及び南満州鉄道付属地の租借権を引き継いだが，この租借地が関東州であり，後に日本は満州国を同地に成立させ，関東州の領有権は中華民国から満州国に移され，1932年日満議定書により，日本は，満州国から関東州を租借する形をとり，1937年，満鉄付属地の行政権は満州国に返還された。そして1945年に関東州は消滅した。共通法は，内地，朝鮮，台湾，関東州を日本の「地域」として扱い（共通法1条)，特にその地域に適用する法令が定められない限り，当時の法例を準用し，各当事者の地域の法令をその本国法としていた（同法2条)。1895年に台湾に施行された日本の法令では，審判官は地方の慣習及び条理によって訴訟を審理することとし，翌1896年に公布された法律第63号（通称六三法）では台湾総督に対して法律と同等の効力を持つ命令を発する権限が与えられたが，台湾島民の親族に関する事項については，ほとんど慣習や条理に委ねられていたといわれる。

なお，シンガポール（当時昭南特別市）は1942年から1945年まで事実上日本国の統治下にあり，その間には日本の方式による婚姻が有効に成立していると解され，したがって，その当時，日本人男が中国人女と婚姻し，日本の方式による婚姻届を同市長宛提出した事案について，外務省の受理証明書を添付して婚姻届申告書の提出があったときは，同市長受理の時に効力を発したものとして受理して差し支えないとした先例がある（昭和29年9月28日民事甲2002号民事局長電報回答）。

イ　終戦後平和条約発効までの取扱い

終戦後，平和条約発効までの間は，台湾籍に登載された者は，朝鮮籍に登載された者と同様，内地籍に登載された元来の日本人とは区別して扱われた。しかし，台湾籍に登載された者も日本人としての地位を失ってはいなかったので，内地人女が台湾人男と婚姻し，同女から国籍喪失届が提出された場合も，国籍は喪失しないため，受理はしない取扱いがされていた（昭和21年7月4日民事甲449号民事局長回答，昭和21年7月17日民事甲487号民事局長回答，昭和21年8月15日民事甲529号民事局長回答，昭和21年9月16日民事甲575号民事局長回答，昭和21年10月22日民事甲696号民事局長回答，昭和22年2月28日民事甲147号民事局長通達，昭和22年5月2日民事甲301号民事局長回答）。日本人男と台湾人女が婚姻し，台湾在住中，同女について台中州北斗鎮長に国籍喪失届がされ，日本人男の本籍地市町村長に送付された場合も受理しないものとされた（昭和21年10月8日民事甲612号民事局長回答）。また，妻は夫の戸籍に入るとされていたことから，台湾人男と婚姻した内地人女は，朝鮮人男と婚姻した場合と同じく，婚姻届書に基づいて直ちに除籍された（昭和23年6月24日民事甲1985号民事局長回答）。その結果，戸籍法の適用を受けない者として選挙権，被選挙権を有しないものとされた（昭和23年10月11日民事甲3134号民事局長回答）。他方，その場合，妻が夫の戸籍に入る婚姻だけが認められ，夫が妻の戸籍に入る入籍は認められなかったし（昭和24年3月31日民事甲681号民事局長回答，昭和24年4月15日民事甲834号民事局長回答），台湾人の妻となって内地戸籍から除籍されなかったとしても，手続未了にすぎず，戸籍法の適用はないと解された（昭和24年11月7日民事甲2575号㈡528号民事局長回答）ことは朝鮮人の場合と同じ

である。なお，昭和22年当時，中華民国で中華民国軍人と婚姻したため，日本国籍を喪失したとされていた日本人女について中華民国内政部が同婚姻は同国軍人婚姻法令に違反し無効であるから，同女は中華民国国籍を取得していないとして国籍取得申請を却下していることを理由に，日本国籍を喪失していないと認めた裁判例がある（東京家審昭和42年7月13日家月20巻1号109頁，判タ229号336頁）。

その半面，日本人男と婚姻した中国人女は，日本の内地戸籍に入り，日本国籍を取得する。したがって，旧国籍法施行当時日本人男との婚姻によって日本国籍を取得した元中国人女が新国籍法（昭和25年法律第147号）施行後裁判上の離婚が確定し，妻又は夫からその届出があった場合は，妻について新戸籍を編製するとされた（昭和26年2月20日民事甲312号民事局長回答）。また，台湾籍男と婚姻し内地籍から除籍された女が，その後，国籍喪失届出をして受理されると，日本国籍を失うので，その後，離婚をしても，復籍しないものとして扱われた（昭和27年1月12日民事甲2482号民事局長回答）。

終戦後の中国人の婚姻要件等の証明事務を取り扱う中国の出先機関は駐日中国代表団僑務処とされ（昭和22年6月14日民事甲525号民事局長回答，昭和22年6月5日民事甲482号民事局長通達），日本に帰化した中国人の国籍喪失届には，その国籍証明書を添付させることとし（昭和22年7月29日民事甲715号民事局長回答），他方，中華民国人（本土）男の婚姻届については，同国法による婚姻能力に関する本国官憲の証明書を添付させた（昭和22年6月25日民事甲595号民事局長回答）。

また，終戦後，台湾の帰属の決定しない間における台湾人夫婦の裁判上の離婚原因は，大正11年勅令第407号（台湾ニ施行スル法律ノ特例ニ関スル件）5条により台湾の慣習によって定まるとした裁判例がある（山形地裁鶴岡支判昭和26年9月7日下民集2巻9号1073頁）。

ウ　平和条約発効から日中国交回復までの取扱い

(ア)　平和条約の締結と国籍及び戸籍事務

昭和27年4月28日，日本国と中華民国との平和条約（昭和27年条約第10号）が締結され，同年8月5日，発効した。これにより，日本国と中華

民国との戦争状態は終了し（同条約1条），サンフランシスコ条約に基づき，日本国は，台湾及び澎湖諸島並びに新南群島及び西沙群島に対する全ての権利，権原及び請求権を放棄したことが承認され（同条約2条），1941年12月9日までの締結された日本国と中華民国との全ての合意は無効とされ（同条4条），この条約の適用上，中華民国の国民には，台湾及び澎湖諸島の全ての住民及び以前にそこの住民であった者，並びにそれらの子孫で，台湾及び澎湖諸島において中華民国が現に施行し，又は今後施行する法令によって中国の国籍を有するものを含むものとみなされた（同法10条）。なお，この条約は，昭和47年，中華人民共和国との国交回復（日中国交回復）により，破棄された。

平和条約発効に伴う朝鮮人，台湾人等に関する国籍及び戸籍事務の処理については，昭和27年4月19日通達（【1-101】）によって行われることとなった。ところで，最高裁判決は，元台湾人の国籍喪失の日を前記条約の効力が発効する昭和27年8月5日としているが，戸籍の実務は，昭和27年4月28日としており，下記最高裁判決【1-102】①と関わりなく取り扱う旨が昭和38年9月18日民事甲2590号民事局長回答によって確認されている。

これに対し，最高裁は，一貫して，台湾及び澎湖諸島の住民が日本国籍を喪失した時期を日本国と中華民国との平和条約発効の日である昭和27年8月5日と解している。【1-102】①，【1-102】②は，その旨を判示している。

【1-101】 平和条約発効に伴う朝鮮人，台湾人等に関する国籍及び戸籍事務の処理について

昭和27年4月19日民事甲438号民事局長通達

　近く平和条約（以下単に条約という。）の発行に伴い，国籍及び戸籍事務に関しては，左記によって処理されることとなるので，これを御了知の上，その取扱に遺憾のないよう貴管下各支局及び市区町村に周知方取り計らわれたい。

記
第一，朝鮮及び台湾関係
 ㈠ 朝鮮及び台湾は，条約の発効の日から日本国の領土から分離することとなるので，これに伴い，朝鮮人及び台湾人は，内地に在住している者を含めてすべて日本の国籍を喪失する。
 ㈡ もと朝鮮人又は台湾人であった者でも，条約の発効前に内地人との婚姻，縁組等の身分行為により内地の戸籍に入籍すべき事由の生じたものは，内地人であって，条約発効後も何らの手続を要することなく，引き続き日本の国籍を保有する。
 ㈢ もと内地人であった者でも，条約の発効前に朝鮮人又は台湾人との婚姻，養子縁組等の身分行為により内地の戸籍から除籍せらるべき事由の生じたものは，朝鮮人又は台湾人であって，条約発効とともに日本の国籍を喪失する。
  なお，右の者については，その者が除かれた戸籍又は除籍に国籍喪失の記載をする必要はない。
 ㈣ 条約発効後は，縁組，婚姻，離縁，離婚等の身分行為によって直ちに内地人が内地戸籍から朝鮮若しくは台湾の戸籍に入り，又は朝鮮人及び台湾人が右の届出によって直ちに同地の戸籍から内地戸籍に入ることができた従前の取扱は認められないこととなる。
 ㈤ 条約発効後に，朝鮮人及び台湾人が日本の国籍を取得するには，一般の外国人と同様，もっぱら国籍法の規定による帰化の手続によることを要する。
  なお，右帰化の場合，朝鮮人及び台湾人（㈢において述べた元内地人を除く。）は，国籍法第5条第2号の「日本国民であった者」及び第6条第4号の「日本の国籍を失った者」に該当しない。
  ……

【1-102】① **台湾人男子との婚姻によって内地戸籍から除かるべき事由の生じた内地人女子は，日本国と中華民国との間の平和条約発効とともに日本国籍を失うとされた事例**
最判大昭和37年12月5日刑集16巻12号1661頁，家月15巻5号59頁，判タ151号92頁

当裁判所の判例（昭和30年(オ)第890号，同36年4月5日大法廷判決，民集

15巻4号657頁）は，日本の国内法上で朝鮮人としての法的地位をもった人は，日本国との平和条約発効により，日本の国籍を喪失したものと解している。その法理は，日本の国内法上台湾人としての法的地位をもった人についても，これを異にすべき理由はない。ただ，台湾人としての法的地位をもった人は，台湾が日本国と中華民国との間の平和条約によって，日本国から中華民国に譲渡されたのであるから，昭和27年8月5日同条約の発効により日本の国籍を喪失したことになるのである。そして日本の国内法上台湾人としての法的地位をもっていた人とは，台湾の戸籍に登載された人及び現実には台湾の戸籍に登載されていなくとも，法律上台湾人との婚姻の届出がなされて内地戸籍から除かれるべき人すなわち内地人たる法的地位を失った人を含むものと解するのを相当とする。

【1-102】② 日本の国内法上台湾人としての法的地位を有した者は，昭和27年8月5日日本国と中華民国との間の平和条約の発効により日本国籍を喪失したものと解すべきであり，日本国政府と中華人民共和国政府の共同声明によっても右解釈に変更を生ずべきものではない

最判二小昭和58年11月25日訟月30巻5号826頁

　日本の国内法上台湾人としての法的地位をもった人が，昭和27年8月5日日本国と中華民国との間の平和条約の発効により日本の国籍を喪失したものと解すべきことは，最高裁昭和33年(あ)第2109号同37年12月5日大法廷判決（刑集16巻12号1661頁）の示すとおりであり，日本国政府と中華人民共和国政府の共同声明によっても右の解釈に変更を生ずべきものではない。

(イ) 平和条約発効前に婚姻・離婚等の効果が生じている場合

　台湾人男との婚姻によって内地戸籍から除かれるべき事由の生じた内地人女は，昭和27年8月5日，日本国と中華民国との間の平和条約発効とともに日本国籍を失う（前記【1-102】①②）。平和条約発効前に台湾人男と婚姻した日本人女は，それによって国籍を喪失するわけではないから，中華民国官憲発給の国籍証明書が添付され，同女の除籍に国籍喪失の記載がされていても，国籍を喪失するのは平和条約の発効時である

（昭和31年5月16日民事甲630号民事局長回答）。したがって，平和条約発効前に離婚をしているときは，離婚によって当然に内地の戸籍に復籍し，その後，平和条約が発効しても，日本の国籍を失わない（昭和31年6月14日民事甲1313号民事局長通達）。平和条約発効前に婚姻し台湾の戸籍に入籍すべき事由が生じていれば，たとえ現実に台湾戸籍に入籍していなくても，平和条約発効により，日本国籍を喪失する（昭和31年9月18日民事五発841号民事局第五課長回答）。平和条約発効前に台湾人男と婚姻し，国籍喪失の記載がされ，更に平和条約発効前に台湾において中華民国の方式により離婚した場合，日本国籍に戻り内地戸籍に記載されるべきであるから，その離婚証書を本籍地市町村長に提出して離婚復籍の記載を申し出た場合，許可を得て職権で記載をして差し支えない（昭和35年5月23日民事甲1264号民事局長回答）。他方，台湾人の妻として昭和19年当時台湾戸籍に入籍している者であっても，中国国籍取得の年月日及びその事由が明確でなく，当時日本内地の市町村長に婚姻の届出がされていないことなどから，日本国籍を有しているものとして処理して差し支えないとした事例（昭和38年2月15日民事甲456号民事局長回答）もある。

　旧民法施行中日本人女と婿養子縁組婚姻により内地戸籍に入籍した元台湾人は，それによって日本の戸籍に記載され日本国籍を取得するから，その後，平和条約発効前に離婚をしても，当然に日本国籍を失わないことになり，中華民国の国籍を自己の意思により取得した場合でなければ，日本国籍の喪失事由とはならない。したがって，その場合，その国籍取得が自己の志望によったものであることの同国官憲の証明が必要である（昭和31年12月25日民事甲2877号民事局長回答）。昭和21年に中国人男と婚姻の届出をし，かつ，国籍喪失の届出によって除籍された日本人女であっても，中国領事館が国籍証明書を発給しない場合には，中華民国籍であることは不明であるから，無国籍者として扱われることになる（昭和32年6月18日民事甲1167号民事局長回答）。

(ウ)　平和条約発効後に婚姻・離婚等の効果が生じた場合

　平和条約発効後は，台湾人が日本人とする婚姻，縁組等の届出を受理するときの要件の審査は，中華民国民法の規定によるとされ（昭和27年

5月29日民事甲756号民事局長回答），台湾人の婚姻及び縁組の要件及び方式は，一般の外国人と同様もっぱら法例の規定によって定まる準拠法によることになった（昭和27年12月19日民事甲855号民事局長回答）。平和条約発効後，日本人女が中華民国人男と婚姻すると，夫の戸籍に入り，日本国籍を喪失するが，婚姻前にその女が子に親権を行使していた場合，子に対する親権は失わない（昭和31年9月18日民事甲2127号民事局長回答）。

旧法中，台湾人男が廃家の上，内地人女と入夫婚姻し，その後離婚した場合には，元の台湾籍に戻るべきであったが，内地に一家創立し，新法（昭和22年改正民法）施行後内地人として日本人女と婚姻し，戸籍が編製，記載されている場合には，戸籍法113条により，台湾に復籍し，台湾人として再婚した旨の訂正をすべきとされる（昭和29年3月8日民事甲470号民事局長回答）。

新国籍法施行後中華民国人男と婚姻し夫の国籍を取得した上日本国籍を離脱した元日本人女が，夫の重婚を原因とする婚姻取消しの訴えを提起しその勝訴の判決が確定した場合，中華民国の民法により婚姻が無効となり当初から中華民国国籍を取得しないことになるが，日本国籍離脱の効力には影響がないとして，無国籍者として帰化の手続によるべきであるとする先例がある（昭和35年7月8日民事甲1631号民事局長回答）。しかし，国籍法（昭和59年法律第45号による改正前）10条の規定により国籍離脱の効力が生ずるためには，その者が二重国籍者であること及び法務大臣に対する届出がされることを要し，当該届出の受理行為の公定力は処分の前提要件の存否について生ずるものではないから，外国国籍を有しない者のした国籍離脱届が誤って法務大臣によって受理され，国籍離脱の告示がされたとしても，これによって国籍離脱の効力が生ずる余地はなく，したがって，旧国籍法（昭和25年新国籍法以前のもの）3条に基づき日本国籍を取得した者について，その後中華民国国籍の男が認知したとして国籍離脱届が提出され，国籍離脱の手続が採られても，その認知が無効である旨の審判が確定すれば，その子は，もともと外国の国籍を有する者でなかったのであるから，国籍法（昭和59年法律第45号による改正前）10条の規定による国籍離脱の効力が生ずる余地はないとして，同人がした日

本国籍を有することの確認請求を認容した控訴審判決（東京高判平成4年4月15日判時1423号75頁，行政事件裁判例集43巻4号632頁）が出された。これを受けて，昭和59年改正前国籍法の下で認知等により外国国籍を取得しているものとして日本国籍を離脱した者が，その後の認知無効の裁判の確定等により，離脱の時に外国籍を有していなかったことが判明した場合には，従前の取扱いを改め，今後は，戸籍法113条の規定に基づく戸籍訂正の手続により，その者を戸籍に回復することとされたく，この旨貴管下各支局に対しても周知されたいとの平成6年12月20日民五8658号民事局第五課長依命通知が出された。

　なお，当時は，中華民国や中華人民共和国において婚姻要件具備証明書の発行がなされない場合が多くあり，そのため，本国当該官憲発給の婚姻又は養子縁組の要件具備証明書を提出できない場合には，その旨の当事者の申述書及び身分関係を証する戸籍謄抄本又は外国人登録済証明書を提出させ，これらに基づき要件の有無を審査し受理して差し支えないとされた（昭和30年2月9日民事甲245号民事局長通達）。この通達は，在日朝鮮，台湾人にも適用され（昭和30年2月18日民事甲332号民事局長回答，昭和30年4月21日民事甲786号民事局長電報回答），平和条約発効前から中華民国国籍を有する在日中華民国人の婚姻・縁組届についてもこれに準じる（昭和31年4月25日民事甲839号民事局長通達）。

　日本（内地）において，中国人男（福建省）と日本人女が中華民国の方式により婚姻しても，平成元年改正前法例13条1項ただし書に違反し，日本法上有効なものとして取り扱うことができないから，同女につき国籍喪失届出があっても受理すべきではない（昭和31年8月3日民二384号民事局第二課長回答）。他方，平和条約発効前に台湾において中華民国人男と日本人女との間に台湾の方式による婚姻が成立したとして台湾の戸籍謄本を添付して同国駐在大使に婚姻届が受理された場合，同戸籍謄本を戸籍法41条の婚姻証書として扱ってよいとした事例（昭和32年9月21日民事甲1842号民事局長回答）がある。

　中国人男と日本人女が日本で婚姻する場合，平成元年改正前法例13条1項ただし書により婚姻挙行地の方式によることが必要であるところ，

中国方式の婚姻をし旧国籍法18条（昭和25年に廃止された国籍法。18条は，日本人が外国人の妻となり夫の国籍を取得した時は日本国籍を失うと規定していた。）により日本国籍を喪失したものとして除籍されているとしても，婚姻の効力は生じていないとして，戸籍訂正をした裁判例がある（松江家審昭和40年3月10日家月17巻4号80頁）。日本在住の中国人同士が中国方式による婚姻をし当該証書があっても，日本の方式によっていないから，日本法上婚姻は無効となる（昭和41年6月8日民事甲1266号民事局長回答）。

元日本人女につき，中国人男と昭和21年に中国方式による婚姻証明書の提出があったとして，婚姻及びそれを原因とする国籍喪失による除籍の記載がなされているところ，婚姻成立の日は中国方式により証人立会の下に公開の儀式を挙行した昭和30年12月25日と解すべきであるとして，関連戸籍を訂正する旨の審判がなされ，戸籍訂正申請があったときは受理するとした先例がある（昭和41年12月5日民事甲3312号民事局長回答）。

中国人と婚姻し，中華民国の国籍を取得したとして，日本国籍喪失の記載がなされ除籍されている場合に，右婚姻届出の事実がなく，単なる内縁関係にすぎないとして錯誤による戸籍訂正を許可した裁判例（浦和家審昭和37年6月14日家月14巻9号115頁）がある。

平成元年改正前の法例14条は，婚姻の効力に関して，夫の本国法によるとしていたから，中華民国人夫と日本人妻との同居義務については，中華民国民法が適用される（東京家審昭和28年8月20日国際私法関係事件裁判例集517頁）。

平和条約発効後は，協議離婚届について，その本国法により実質的要件を具備していれば受理して差し支えないとされた（昭和27年9月24日民事甲322号民事局長回答）。また，懲役刑に処せられたことを離婚原因とする中華民国人夫婦の離婚訴訟において，家庭裁判所の家事調停の申立てが中華民国民法1052条の「法院（裁判所）に対する離婚の請求」に該当するから出訴期間内の出訴であるとして離婚判決をした事例（大阪地判昭和38年4月13日家月15巻11号115頁，判時353号38頁）がある。

(エ) 中華人民共和国の取扱い

台湾との平和条約発効により，中華人民共和国の支配地域内に本貫

（本籍）を有する者の取扱いが問題となる。この点について最高裁が判示したのが【1-103】である。これは，中国浙江省に本籍を有する中国人は，前記平和条約によって中国の国籍を失わないとし，これを無国籍人として扱った原判決には違法があり，中国の法令を適用すべきであると判断したものである。これに対し，一定の要件のもとで，中国本土の出身者を無国籍者あるいは中華民国籍とした裁判例がある。【1-104】は，日本に居住し，中国本土に帰える気持ちも中華人民共和国政府を支持する考えも持たず，また中華民国に渡る考えもなく，日本に帰化したいと希望する中国人については，本国法決定の基準となる国籍をいずれとも決めかねるから，無国籍者に準じて処理すべきであるとする。しかし，このような当事者の主観によって国籍を定めることには疑問があろう。他方，【1-105】は，中華人民共和国政府の分離独立の前後を通じ，我が国に居住し，終始中華民国の法令に従って生活を営み，かつ中華人民共和国政府による国籍の付与を受諾する意思を有しないことが明らかな者は，本籍が中華人民共和国政府の支配下にあっても依然として中華民国の国籍を保有するとして，かかる夫婦の裁判上の離婚につき準拠法として中華民国の法律を適用した事例である。

また，中国本土に本貫を有する中国人夫と日本人妻との婚姻及び離婚の準拠法に関して，【1-106】は，元日本人の妻を遺棄して行方不明の中国人夫に対する離婚訴訟の裁判管轄は我が国にあり，中華人民共和国政府の支配地域に本籍地を有する中国人の夫との離婚の準拠法は中華人民共和国の法令であるとした。【1-107】は，中国人男と日本人女の離婚等請求事件において国際法上の承認をしていない中華人民共和国の法律を適用して離婚判決をし，同国の法律を準拠法とする場合，子の養育上必要と認められる場合には少なくとも親権に対して根本的な変更を来すおそれのない監護者の指定をすることができるとした事例である。

なお，【1-108】は，中華人民共和国において中国人と婚姻した元日本人女の戸籍につき，婚姻の方式の準拠法である挙行地の法律は中華民国法であると認定して，戸籍の身分事項欄中婚姻の日は挙式の日であるとしてその戸籍訂正を許可した事例である。また，中国本土に本貫を持

つ中国人について中国籍を認めるとしても，日本人が中華人民共和国の国籍を取得しても，それによって日本の国籍を離脱することにはならないとした事例（昭和32年9月16日民事甲1749号民事局長回答），中華民国本土在留の日本人男が中華民国人女と同地で婚姻し中華人民共和国政府の行政機関発給の結婚証を夫の本籍地に直接提出した事案について，戸籍法41条による証書の謄本の提出があったものとして取り扱うこととした事例（昭和35年12月27日民事甲3302号民事局長回答）がある。

ところで，戸籍の届又は戸籍に記載すべき中国本土人又は台湾人の国籍の表示又は出生，死亡の場所の国名については，区別して表示していたが，昭和39年6月19日民事甲2097号民事局長通達により，今後は，全て「中国」と記載するものとし，既に記載を了しているものについては，申出があれば市町村長限りの職権で訂正するものとされた。なお，従前の取扱いにより「中華民国」と記載している戸籍については，申出があった場合に限り，市町村長限りの職権で訂正して差し支えない（昭和39年6月19日民事二発213号民事局第二課長依命通知）とされた。

【1-103】 日本国と中華民国との間の平和条約（昭和27年10号）10条と中国人の国籍

最判昭和34年12月22日家月12巻2号105頁，判時211号13頁

中国浙江省鎮海県に籍貫（本籍）を有する上告人らは，わが国が中華民国政府を承認したこと及び同政府と締結した平和条約（昭和27年条約第10号）4条，10条等によって，中国の国籍を失うものではない。従って上告人Aら4名の行為能力及びその法定代理を定めるにつき，同人らを無国籍人とし，法例27条2項［注：平成元年改正前のもの］により住所地法たる日本法を適用した原判決に違法のあることは所論のとおりであり，これについては，別段の事由のない限りその本国法たる中国の法令を適用すべきものといわなければならない。

【1−104】 日本に居住し，中国本土に帰える気持ちも中華人民共和国政府を支持する考えも持たず，また中華民国に渡る考えもなく，日本に帰化したいと希望する中国人については，本国法決定の基準となる国籍をいずれとも決めかねるから，無国籍者に準じて処理すべきであるとされた事例

東京家審昭和44年5月28日家月21巻12号175頁，判タ248号315頁

　　中国には中華民国政府と中華人民共和国政府とが対立しており相手方らについていずれの政府の法を本国法として適用すべきかが問題であるから考えると，〈証拠略〉によると同人の出身地は中国本土の上海市であること，同相手方本人は終戦後中華人民共和国政府の成立前に香港に渡り，その後間もなく渡日し，以来日本に滞留して貿易商を営んでいるもので，中国本土に戻る気持は勿論中華人民共和国政府を支持する考えも持たないし，また中華民国に渡る考えもなく，日本に帰化したい考えを懐いていることが認められ，以上の事実によると，相手方Aの本国法決定の基準である国籍をいずれともきめかねる事態であるから，当裁判所は同人についてはむしろ無国籍に準じて処理すべきものと解し，法例27条2項［注：平成元年改正前のもの］に準じ同人の住所地法である日本法によるべきものと判断する。

【1−105】 本籍地が中華人民共和国政府の支配地域にあるが，右政府の成立の前後を通じて日本国内に居住し，右政府の国籍付与の申出を受諾する意思を有しない夫婦の離婚の準拠法として中華民国法を適用した事例

大阪高判昭和37年11月6日下民集13巻11号2232頁，家月15巻5号77頁，判タ139号135頁

　　本件を考察すると，中国人の夫である被控訴人が，中華人民共和国政府の分離独立の前後を通じ，日本国内に居住し，終始中華の法令に従って生活を営み，中華人民共和国政府の成立後も中華の法令の適用を欲している反面，中華人民共和国政府による国籍の付与の申出を受諾する意思を有していないことが当審における被控訴本人尋問の結果によって明らかな本件においては，被控訴人が，中華人民共和国政府の出現によって（その本籍が同政府の支配圏内にあることまえに説明のごとくであるにかかわらず），当然に中華の国

籍を喪失する筈はなく，依然として中華の国籍を保有するものと解さなければならない。すると本件において中国人の夫である被控訴人の本国法とは，中華の法であること明らかである。

【1-106】 いわゆる中華人民共和国政府の支配地域に本籍地を有する中国人の夫に対する離婚の準拠法

京都地判昭和31年7月7日下民集7巻7号1784頁，家月8巻7号59頁，判時80号11頁，判タ59号84頁

　　離婚の準拠法は法例第16条〔注：平成元年改正前のもの〕によれば，その原因事実の発生当時における夫の本国法であるところ，夫たる被告は前示認定の如く中華民国々籍を有したものであり，その本籍は肩書記載の通りであることは〈証拠略〉により明かである。而して他面中華民国に於ては，第二次大戦後革命が進展し，本件離婚原因たる事実の発生する昭和27年（1952年）以前において夙に被告の本籍地は中華人民共和国政府の支配圏内に入ったのであるから，何等特別の事情（例えば国籍選択権が与えられ被告が中華民国々籍を選択したるが如き）の認むべきもののない本件で，被告は現在同政府の支配圏内に本籍地を有することを紐帯として同政府と結ばれ，同政府の制定した法規その他その支配圏内に行われる法規が被告の本国法であると解すべきである。尤も我国は中華人民共和国政府を法律上も事実上も承認していないので，同国の法令を適用することが許されるか，将又台湾に現存する中華民国の法令を適用すべきかの点が問題となる。しかしながら，〈証拠略〉によれば，元来国際私法は渉外的私生活関係の性質に最も適合する法律を発見し，以て私法の領域における渉外関係の法的秩序の維持を図ることを目的とするもので，承認された国家主権相互の調整に関するものではないから，国際私法上適用の対象となるべき外国法は承認された国家又は政府の法に限られるべき理由はない。国家又は政府の承認は，政治的外交的性質を有する国際法上の問題であって，承認の有無は外国法の実定性にはかかわりないことであり，未承認の一事をもって或る一定の社会に一定の法が行われていることを否定する根拠とすることはできないから，国際私法上の関係では，我国の裁判所は未承認の国家又は政府の法令をも外国法として適用しなければならないものと解せられる（長谷川，西山「外国法の適用」国際私法講座第1巻218頁）。従って本件においては夫たる被告の本国法として中華人民共和国の法令を適用すべきである。

【1-107】 国際私法上適用の対象となる法律はその法を制定施行している国家ないし政府に対して国際法上の承認をしているものに限られない，として未承認の中華人民共和国の法律を適用して離婚判決をした事例

札幌地判昭和43年8月20日家月21巻6号81頁，判時543号74頁

法例16条［注：平成元年改正前のもの］によれば，渉外離婚の準拠法はその原因たる事実の発生した時における夫の本国法であるが，中国はかねてから中華民国と中華人民共和国（……）とに分れており，中華民国と中華人民共和国はそれぞれ独自の法秩序を持ち，いずれも中国を正当に代表する政府たることを主張しているが，現実には台湾海峡をはさんで台湾と中国大陸とを各別に統治していることは顕著な事実であるから，本件につき分断された両支配圏内のいずれの法を本国法とするかについて検討するに，前記認定のとおり被告の出生地は現在中華人民共和国の支配圏内にあり，中華人民共和国政府が樹立して以後被告は永住する意思で家族同伴のうえ，その支配圏内に帰還し，10年以上の永きにわたって国家機関などに勤務していることなど中華人民共和国との間に特別の結びつきがあるのに比し，中華民国との間には特段の関係が存在しない。従ってかかる特別の事情が存在する本件においては中華人民共和国の支配圏内に行われている法規が被告の本国法であると解すべきである。もっともわが国は中華人民共和国を承認していないから，準拠法として同国の法律を適用することができるか否かにつき問題はあるが，国際私法上適用の対象となる法律はその法律関係の性質上その法を制定施行している国家ないし政府に対して国際法上の承認をしているものに限られないと解すべきである。

【1-108】 中華人民共和国において中国人と婚姻した元日本人女の戸籍につき，その身分事項欄中婚姻の日につき，婚姻の方式の準拠法である挙行地の法律は中華民国法であると認定して，正当な婚姻の日は夫婦同居生活を始めたときでなく挙式の日であるとしてその戸籍訂正を許可した事例

山形家鶴岡支審昭和41年9月29日家月19巻5号115頁

法例第13条第1項［注：平成元年改正前のもの］によれば婚姻成立の要件は各当事者につきその本国法によってこれを定めその方式はもっぱらその挙

行地の法によらしめているから，本件婚姻の方式も，その挙行地である中国の法律によるべきところ，同国には現在中華民国政府と中華人民共和国政府とが互いに自己を中国全域を支配する政府であると主張して対立し，中華民国政府は民国19年12月26日公布の国民政府制定中華民法を，中華人民共和国政府は1950年5月1日公布の中華人民共和国婚姻法を施行しているので，そのいずれを採るべきかにつき論争がないわけではないが，わが国は中華民国国民政府を中国における正当政府として承認し昭和27年4月27日同国政府との間に，「日本国と中華民国との間の平和条約」を締結しているのであるから，中華民国政府の施行する前記中華民法に依るのを相当としなければならない。

エ　日中国交回復後の取扱い

　日本国政府と中華人民共和国政府は，昭和47年9月29日，共同声明を発し，日本国と中華人民共和国（以下「共和国」ともいう）との間のこれまでの不正常な状態は，この共同声明が発出される日に終了するとし，日本国政府は，中華人民共和国政府が中国の唯一の合法政府であることを承認し，中華人民共和国政府は台湾が共和国の不可分の領土の一部であることを表明し，日本国政府はこの立場を十分に理解，尊重するなどとし，平和条約の締結を目的として，交渉を行うことに合意した。そして，昭和53年10月23日，日本国と共和国との間の平和友好条約が締結され，同日，発効した。それまで台湾にある中華民国政府を合法政府として扱ってきていたが，これにより，共和国政府が唯一の合法政府として取り扱われることになったのである。

　しかし，いずれにしても，国際私法の本国法の決定においては，我が国がこれを承認しているか否かにかかわらず，独自の観点から行われるべきであると考えられている。【1-109】は，日中国交回復後においても，分裂国家（中国）の国民の本国法の決定については，客観的に表明された当事者の国家帰属意思を基準とするのが相当とした例である。

　なお，日中国交回復前に自己の意思により中華人民共和国政府の入籍許可を得た者も当然には日本国籍を喪失するものではなかったが，昭和32年に中華人民共和国政府の入籍許可を得た者については，日中国交回

復により，昭和47年9月29日をもって，日本国籍を喪失したとする事例がある（昭和49年10月11日民五5623号民事局長回答）。同種の事例としては，昭和3年に日本で日本人父母間に出生したが，その後，昭和15年ころ満州にわたり，昭和49年12月，中華人民共和国政府発給の旅券で入国した女について，自己の志望により中華人民共和国の国籍を取得し，日本国籍を喪失したと認定された事例（昭和50年9月10日民五5260号民事局第五課長回答），昭和19年に満州に渡り，昭和25年に中国人男と婚姻し，昭和40年7月，申請により中華人民共和国の国籍を取得した日本人女は，日中国交回復の日に日本国籍を喪失したとされた事例（昭和51年6月14日民五3393号民事局長回答）などがある。また，日中国交回復後に帰化したとして，台湾政府発行の帰化証明書を添付してされた国籍喪失届は，不受理として取り扱うのが相当であるとした事例がある（昭和49年12月26日民五6674号民事局長回答）。

【1‐109】 分裂国家の国民の本国法を決定する場合の基準
福岡高決昭和47年12月22日判時705号63頁，判タ302号231頁

> 分裂国家の国民の本国法を決定するにあたっては，国際私法が本国法を指定する趣旨に鑑み，いずれの地域を支配する実定法が当事者の当該身分行為に密接な関係を有するかの観点から，これを決定するのが相当と解せられ，本籍の所在地は右判定の一基準ではあるが，それだけで本籍地を現実に支配する国家の法に服さなければならない理由はない。……によると，住居所，過去の住居所，父母の住居所など，本国法決定に際しその判定基準とすべきその他の事項について，特に斟酌すべき事情の見当らない本件においては，右本籍地を基準とするよりも，客観的に表明された当事者の国家帰属意思を基準としてこれを決定するのが相当である。してみると，相手方の本国法は中華民国法というべきである。

(3) 中国・台湾に関する判例・先例
　ア　国　籍
　　前記のとおり，我が国は，中華民国との平和条約により，台湾及び澎

湖諸島等に対する権利を放棄し、台湾戸籍に登載されていた者は、平和条約発効の日である昭和27年8月5日に日本国籍を失ったと解されているが、それ以前に台湾人と婚姻した元日本人が平和条約発効により日本国籍を喪失した後、離婚をし、その子とともに日本への帰化を申請したのに対し、これを許可しなかった処分について、裁量権を逸脱した違法があるとして取り消したのが、【1－110】である。しかし、その控訴審である【1－111】は、帰化の許否が取消訴訟の対象となる行政処分に該当するが、その裁量権の行使に逸脱はないとした。

【1－110】 帰化の許否は、その裁量権の行使が社会通念や条理に照らして著しく妥当を欠く場合は、裁量権の逸脱又はその濫用として違法となり、その場合、帰化申請者は、行政事件訴訟法3条2項によりその取消しを求めることができるとして、これを取り消した事例

広島地判昭和57年9月21日訟月29巻4号732頁

　帰化実務において親子共同申請の取扱をすることは、一般的には被告の裁量権の範囲に属するというべく、右取扱一般を違法とすることはできない。……本件においては、被告の裁量権行使の適否を判断するにあたり、なお考慮すべき点が少なくない。
　……被告としては申請者の真実の身分関係に基づき帰化条件の有無を判断することが必要かつ相当であるし、帰化を許可された者について新戸籍を編成するにあたり、戸籍に真実の身分関係を反映させる必要からも、かかる整序の要求は肯認すべきものと解せられる。
　……本件において、前記のような父子関係不存在確認の裁判を得るためには、原告がAとの共同生活や交渉の不存在等、外観上明白な事実により、Aの子の懐胎が不可能であることが明らかな事情を主張立証する必要があり……、そのためには相応の期間を要することが予想される。すなわち、原告は、かなりの期間と有効適切な訴訟活動を経てはじめて、Bとの同時帰化申請が可能となる。……原告は中華民国国籍喪失の許可を受けたことにより、現在無国籍である。……原告の中華民国国籍喪失は、日本国籍取得のため原告の志望に基づいて許可されたものとみられるけれども、現に無国籍であることは原告の基本的人権にかかわる無視できない事実であり、被告としては帰化申請に対し、原告が帰化条件を具備している以上、できる限りすみやか

第 2　国別渉外婚姻法／2　中華人民共和国・中華民国　205

　　に帰化の許可をすべきものと考えられる。
　　……原告は日本人の父母の間に生まれ，ごく平均的な日本人として成長したが，終戦後平和条約発効前に台湾籍を有するＡと婚姻したことから，その発効によって日本国籍喪失の効果を受けざるを得なくなった者であり，出生から今日まで日本に住所を有し善良な市民として生活し……同法［注：国籍法］4条の帰化条件を具備している者ということができる。……以上の諸点を総合すると，帰化実務上，一般に親子同時申請の取扱が被告の正当な裁量の範囲に属すると言い得るとしても，本件においては，その取扱を例外的に停止または解除すべき特段の事情があるというべく，この点を十分に考慮することなく，原則的取扱に反する故をもって原告の帰化申請を不許可とした被告の処分は，その合理的な裁量の範囲を超えたものとして違法の評価を免れず，これを取消すべきものと判断される。

【1-111】　日本国籍を有しない母に，真実の父ではない者の推定される嫡出子であって日本国籍を有しない子がある場合において，母が自己についてのみした帰化の申請につき，申請者の親権に服する未成年の子がいる場合には原則として親子同時に帰化の申請をさせ，また，表見上の身分関係が真実と合致しない場合にはその身分関係が整序されるまで帰化を許可しないという取扱いに合理性が認められるとして，法務大臣のした右申請に対する不許可決定に裁量権の逸脱ないし濫用はないとした事例

広島高判昭和58年8月29日訟月30巻2号222頁

　　叙上の帰化実務の運用に照らせば，未だ出生届もなされていないが，現実に被控訴人の親権に服し，その監護養育を受けている未成年の子（Ｂ）を有する被控訴人からの本件帰化許可申請に対し，「Ｂとの身分生活関係」が考慮され，その結果，本件不許可決定がなされたことは，まことにやむをえないことといわねばならない。けだし，Ｂが被控訴人とＣ間の子であり，後日Ｉによって認知されても（後述のとおり，その前提として，Ａとの間に親子関係が存在しないことを確定する裁判を必要とする。），それによって日本国籍を取得することはなく，出生時に母が日本国民であったものでもないから，被控訴人が帰化して日本国籍を取得した後に出生届を提出しても，Ｂが日本

国籍を取得することはない（国籍法2条3号）。従って、Bが日本国籍を取得するには、帰化の許可を得るほかないのである。ところで、Bについては、未だ出生届がされていないうえに、同女は被控訴人とAとの間の嫡出子との推定を受けるものであるが、真実は被控訴人とCとの間の子であるというのであるから、帰化申請にあたっては、まず身分関係の整序を行う必要がある。しかし、右整序には、さほど時間を要するものとは考えられない。すなわち、出生届に先立ち、BとAとの間で父子関係不存在確認の裁判を得れば、その謄本とともに被控訴人の非嫡出子として出生届をすることが可能と考えられる。そうして、〈証拠略〉によれば、Aはその後日本に帰化し、現在広島市に居住していること、Bの身分関係については関係者間に争いがないことが認められる本件においては、右父子関係不存在確認の裁判は、訴訟によるまでもなく、家庭裁判所における家事審判法23条による合意に相当する審判を受けることによって、容易にその目的を達することができるものと思料される。

しかるに、被控訴人は、本件帰化申請をした昭和54年5月7日から今日まで前記のような父子関係不存在の裁判を得るべき手続を何もしておらず、Bについて帰化の同時申請をしないのは、被控訴人が帰化許可になればBについて日本国籍者として出生届が可能であるとの誤った見解に基づくものと推察され、同時申請が客観的に不可能または極めて困難な事情にあるものとは認め難い。

以上のとおりであれば、親子同時申請の原則的取扱を例外的に停止または解除すべき特段の事情があるとは到底認め難く、右原則に基づいてなされた本件不許可決定には、裁量権の逸脱、濫用の違法は存しない。

イ　準拠法の指定

平成元年改正前の法例では、離婚の準拠法は、その原因たる事実の発生した時の夫の本国法によるとされており、その原因事実の継続中に国籍変更があった場合、双方を準拠法とすべきとした判例【1-112】がある。

【1-112】 我が国が、中華人民共和国及びその政府のみを承認し、中華民国政府を承認していない場合であっても、台湾地域が、事実上中華民国政府の支配下にあり、同地域における私的生活関係は、中華民国政府の法律によって規律されているときには、中華民国の国籍を有している者

が国籍を離脱するまで所属していた国の法律は，中華民国の法律を指すとした事例

東京地判昭和49年5月30日判時758号31頁

法例第16条［注：平成元年改正前のもの。以下同じ］によれば，離婚については離婚原因発生当時の夫の本国法に従うこととなるが，本件において原告は，昭和46年12月下旬以降現在までの被告の行為を悪意の遺棄に該るものとして被告との離婚を求めているのであり，その間，原告は，昭和47年9月10日までは中華民国の国籍を保有し，同月11日右国籍を離脱して無国籍となったものであるから，このように離婚原因が国籍離脱の前後に亘っている場合，離婚原因発生当時の夫の本国法をどのように定めるかがまず問題となる。この点については，㈠夫が国籍を離脱するまでに所属した国の法律を適用する。㈡夫が無国籍となった後のその住所地法を適用する（法例第27条第2項）。㈢夫が国籍を離脱するまでに所属した国の法律及び無国籍となった後の夫の住所地法の双方を適用するという3つの見解が考えられる。右のうち，㈠の見解は，国籍離脱以前に既に離婚原因が発生し終っていると断定できる場合ならば兎も角，本件のように離婚原因が国籍離脱の前後に亘っていると考えられる場合には法例第16条の文理に適合しないものというべきであり，右㈡の見解は，同条の立法趣旨すなわち離婚原因発生後の夫の国籍の変更によって離婚の許否が左右されそれによって妻に不測の結果を強いる事態を避けようとする趣旨に抵触するきらいがあるものというべきであるから，結局，前記の場合における離婚原因発生当時の夫の本国法は，右㈢の見解すなわち夫が国籍を離脱するまでに所属した国の法律及び無国籍となった後の夫の住所地法の双方であると認めるのが相当である。したがって，本件離婚については，中華民国及び日本の双方の法律を適用すべきである。

ウ　婚姻の成立，効力

㈦　婚姻予約の成立，効力

　平成元年改正前の法例13条1項は，婚姻の成立要件は各当事者の本国法によるとしていたが，婚約については規定がない。中国人と日本人とが婚姻予約をした場合の成立要件と効力の準拠法の指定について法例13条1項を類推適用した事例が【1-113】である。

【1-113】 婚姻予約の成立要件及びその効力について平成元年改正前法例13条1項の類推適用を認めた事例

東京地判昭和46年3月12日下民集22巻3・4号258頁，判タ266号245頁

> 婚姻予約の成立要件及びその効力の準拠法についてわが法例は明文の規定を有しないが，婚姻予約が身分法上の契約の性質をもち，婚姻の場合の一体的関係が成立する以前の関係であることから，右の準拠法は法例第13条1項［注：平成元年改正前のもの］を類推適用し，各当事者につき，その本国法を適用するのが相当と解する。

(イ) 婚姻届の効力

外国に在る日本人が，その国の方式に従って届出事件に関する証書を作らせたときは，3か月以内にその国に駐在する日本の大使，公使又は領事にその証書の謄本を提出しなければならず，大使，公使，領事がその国に駐在しないときは，3か月以内に本籍地の市町村長に証書の謄本を発送しなければならないとされている（戸籍法41条）。これに関連して，どのような証書がそれに該当するかが問題となる。また，外国人が婚姻をする場合，婚姻要件を備えているかを確認して受理することが必要である。通常は，当該国の機関が発効した婚姻要件具備証明書を提出することが必要であるが，それが提出できないとき，どのような書面があればよいかという問題があり，中国に関しては，どのような証書があれば，戸籍法41条の証書と認めてよいかについて，多くの先例が出されている。その中には，次のようなものがある。

・台湾にある日本人男が同地の方式に従って中国人女と婚姻した旨を証する台湾地方法院公証人作成の証書が提出された場合は，戸籍法41条の規定に基づく婚姻届の提出があったものとして処理して差し支えないとした事例（昭和47年12月6日民事甲5035号民事局長回答）

・中華人民共和国人民公社発給の結婚証を，婚姻証明書として取り扱って差し支えないとした事例（昭和49年9月7日民二5036号民事局長回答）

・中華人民共和国の方式による婚姻証明書をもって，戸籍の記載をして

差し支えないとした事例（昭和49年12月20日民二6569号民事局長回答）
- 日本人男と中国人女とが昭和20年9月に婚姻した旨の中国官憲発給の「親族関係証明書」の提出があった場合，監督法務局が当事者から事情を聴取した上で，同証明書を挙行地の方式に従って婚姻した旨の婚姻証明書として取り扱って差し支えないとした事例（昭和51年11月1日民二5613号民事局第二課長回答）
- 日本人男が中国人女と婚姻した旨の同国黒竜江省林口県人民法院作成にかかる「結婚証明書」を添付して，婚姻の届出とその間の子の嫡出子出生の届出があった場合，その証明書を戸籍法41条の証書とし，事件本人等はいずれも自己の志望による中国籍の取得はなかったものとして認められ，婚姻届及び出生届ともに受理して差し支えないとした事例（昭和52年8月31日民二4313号民事局第二課長回答）
- 旧国籍法施行当時，日本人男と中国人女が婚姻した旨の中国福清県高山公社東盛大隊発給の「結婚証明書」を，戸籍法41条の婚姻証明書として取り扱って差し支えないとした事例（昭和53年9月1日民二4793号民事局長回答）
- 日本人男が中国人女と中国の方式により婚姻した旨の中国哈尓浜市道里区新阻人民公社革命委員会発給の婚姻証明書を添付してなされた婚姻届及び同夫婦間の子の出生届が受理して差し支えないとした事例（昭和53年12月26日民二6786号民事局長回答）
- 日本人男と中国人女が香港婚姻条例に従い教会で婚姻した旨の婚姻証書を，戸籍法41条に規定する証書として取り扱って差し支えないとした事例（昭和53年12月27日民二6795号民事局第二課長電信回答）
- 中国村民委員会（居民委員会）発行の証明書をもって婚姻の成立を証明する有効な証書として取り扱うことはできないとした事例（平成24年7月31日民一1953号民事局第一課長回答）

　なお，日本に在る日本人と中国に在る中国人の婚姻について，我が国の方式により婚姻したとしても，中華人民共和国民法通則147条は適用されないため，同国婚姻法に規定する実質的成立要件及び形式的成立要件を具備しているとは判断できないので，中国政府としては有効な婚姻

とは認めないとした事例（在東京中国大使館領事部見解：平成3年8月8日民二4392号民事局第二課長通知）がある。

(ウ) 婚姻の成立要件

婚姻の実質的成立要件の準拠法は，平成元年法例改正前後を通じて各当事者の本国法によるが，満18歳の中国人（中華人民共和国）男と日本人女の婚姻届が受理された事例がある（昭和48年1月17日民二416号民事局長回答）。中華人民共和国婚姻法（1981年1月1日施行）6条（施行当時は5条）は，男満22歳，女満20歳以上が結婚年齢とされたが，本回答は，1973年のものであり，同法施行以前のものである。なお，最近の先例としてパレスチナ男と中国人女との創設的婚姻届について，双方の実質的成立要件が満たされた届出として受理して差し支えないとされた事例（平成24年9月24日民一2439号民事局第一課長回答）がある。

また，中華人民共和国婚姻法に定める婚姻適齢に満たない中国人男と日本人女との婚姻届に，中国人男（20歳）について同国官憲発給の婚姻要件を具備している旨の証明書が添付してある場合，受理するのが相当とされた先例がある（昭和57年9月17日民二5700号民事局第二課長通知）。弾力的に取扱う趣旨である。

中国人男が日本人である他人の氏名を冒用して日本人女との婚姻届出をした場合も，双方に真実婚姻意思があり，婚姻届出意思があると認められるときは，挙行地法である日本法に基づく婚姻届出によるものとして有効であり，その戸籍は，婚姻届出の表示記載を誤ったものとして取り扱うのが相当とし，戸籍法113条により戸籍訂正の許可をした審判例（東京家審昭和48年12月14日家月27巻3号83頁）がある。

婚姻の形式的成立要件は，婚姻挙行地の法律が準拠法であり（平成元年改正前13条1項ただし書，改正後13条2項），したがって，中華民国で婚姻を挙行すれば，日中国交回復後も，中華民国民法が準拠法となる。【1-114】は，これを前提として，中華民国民法982条の成立要件を充足しているとして婚姻を有効と判断した事例であるが，現在の同法982条は，双方当事者による戸籍機関への届出も婚姻の成立要件とされているので，この裁判例は，現在は該当しない。他にも中国人男と日本人女

との中華人民共和国の方式による婚姻の成立が認められるとし，日本人女の嫡出でない子としての出生届は受理すべきでないとされた事例がある（昭和55年3月26日民二1954号民事局第二課長回答）。【1-115】は，平成元年改正前法例13条により中華民国の儀式婚を認めて，その間の子の日本国籍を認めた事例である。

前掲【1-113】は，中国で事実婚状態にあった日本人男と中国人女の婚姻の方式について，中華人民共和国婚姻法では，人民政府への登記を欠いていても事実婚が成立していれば婚姻の成立を認めているとして，婚姻の成立を認めた事例である。

【1-114】 中華民国において挙行する婚姻は，同国民法982条（本件当時）所定の公開の儀式及び2人以上の証人を具備すれば方式としては有効であり，同国戸籍法所定の「結婚」の登記は婚姻成立の要件とされていないから，右登記の欠缺をもって婚姻の効力を否定することはできない。また，日本において婚姻の届出をしていないとしても右婚姻の効力を左右するものではないとした事例（注：現在は登記が必要である。）

広島高岡山支決昭和50年7月21日家月28巻12号161頁

右結婚証書によれば，A［注：中国人男］とB［注：日本人女］との婚姻は，公開の儀式及び2人以上の証人を要するとの中華民国民法982条所定の方式を具備した有効なものであったことが認められる。なお右婚姻につき中華民国戸籍法にもとづく結婚の登記がなされた形跡がないことは抗告人主張のとおりであるが，中華民国民法においては右登記は婚姻成立の要件とされていないのであるから，右登記の欠缺によって右婚姻の効力を否定することはできない。また当時Bが日本の本籍地所轄官庁に対して婚姻の届出をしていないとしても，原判示のとおり婚姻の方式は挙行地の法律によるべきものであるから，これまた前記婚姻の効力を左右するものではない。

【1-115】 日本人父と中国人母との間の子からの日本国籍確認訴訟において，父母につき中華民国民法の定める儀式婚の成立が認められた事例

東京地判昭和61年11月20日家月39巻2号174頁，判時1211号37頁

> 　A［注：日本人男］とB［注：中華民国人母］が結婚した当時施行されていた旧国籍法5条1号によれば，外国人が「日本人ノ妻ト為リタルトキ」は，日本国籍を取得することとされ，また，日本人が外国人と婚姻した場合に，その婚姻が我が国法上有効に成立するためには，婚姻の各当事者について，その本国法上婚姻障害のないこと及び婚姻挙行地の方式を履行していることの2要件を具備する必要があるところ（法例13条1項［注：平成元年改正前のもの］），当時，婚姻挙行地である中華民国で施行されていた民法982条が「結婚は，公開の儀式及び2人以上の証人を要する」旨を規定していることは，〈証拠略〉により明らかである。……右認定事実によれば，A及びBの両名は，当時の中華民国民法が定める公開の儀式の方式に則つて婚姻したものであり，右婚姻につき2人以上の証人を有していたものと認めることができる。また，右両名に本国法上婚姻障害が存したことを窺わせる事情は全くないから，双方とも婚姻障害は存在しなかったものと認められる。したがって，AとBの右婚姻は，我が国法上有効な婚姻ということができる。
> 　そうすると，Bは右婚姻によって日本国籍を取得し，右両名の嫡出子として出生した原告は旧国籍法1条の規定に基づき，出生により原始的に日本国籍を取得したものというべきである。

　(エ)　重婚禁止違反の効力

　旧国籍法は，外国人男と婚姻した日本人女は，外国人男の籍に入り，我が国の国籍を喪失するとされていたが，同女が日本人男と婚姻継続中であり，中国本土人と重婚し，中国国籍を取得したとしても，日本国籍は喪失しないとした事例（昭和49年7月9日民五3973号民事局長回答）がある。現行法のもとでも，中国では，重婚は無効であり（中華人民共和国婚姻法10条，中華民国民法988条，985条），中国国籍の取得は自己の意思によるものではない（国籍法11条1項）から，国籍喪失事由とはならない。しかし，【1-116】は，日本人男と台湾国籍女との重婚に関して，取り消されない限り有効であると判断し，その間の子の就籍申立てを却下している。

【1-116】　婚姻中の日本人男性が上海において台湾国籍の女性と二重に婚姻しその間に出生した子からの就籍許可申立てについて，申立人は旧国籍法1条により日本国籍を取得したが，母方の台湾戸籍に入籍しており

日華平和条約により日本国籍を喪失しているとして，申立てを却下した事例

東京家審平成元年11月9日家月42巻9号32頁

本件の婚姻は，A［注：日本人男］がその本名でなく中華民国人と称しての戸籍記載となっているが，日本人Aと申立人の母［中華民国人］が婚姻の意思を有し，その届出がなされたものであると認められるので，日本人Aと申立人の母との間の婚姻としてその効力を検討すべきものである。……

婚姻の方式は適法である。

次に本件婚姻はAについては重婚であるが，これは取消事由になるが取り消されない限り婚姻としては有効であるというべきである。

(オ) 婚姻の効力

婚姻費用の分担については，扶養義務の準拠法に関する法律が施行されてからは，同法によるとする見解が有力であるが，同法2条1項本文により扶養権利者である妻の常居所地法である日本法を適用し，夫の分担義務を認めて婚姻費用の支払を命じた裁判例【1-117】がある。

【1-117】 日本在住の中国人妻から同一家屋内での別居状態にある日本人夫に対し申し立てた婚姻費用分担申立事件において，扶養義務の準拠法に関する法律2条1項本文により扶養権利者である妻の常居所地法である日本法を適用し，夫の分担義務を認めて婚姻費用の支払を命じた事例

熊本家審平成10年7月28日家月50巻12号48頁

(1) 本件は，中国国籍を有する申立人が日本国籍を有する相手方に対し婚姻費用分担の審判を求める渉外事件である。夫婦間の婚姻費用分担請求事件の国際裁判管轄権の成文規定はないので条理によって決定されることとなるが，本件当事者双方が我が国に住所を有することが認められるので，このような場合は我が国に裁判管轄権があるというべきである。……

(2) 婚姻費用の分担事件の性質は，親族親子間の扶養と異質のものではないので，「扶養義務の準拠法に関する法律」に定める扶養義務の適用範囲に

> 属するものということができる。そこで，同法律2条1項本文によると，扶養義務の準拠法は扶養権利者の常居所地法となり，本件は日本法によって定まることになる。

エ　離　婚
(ア) 離婚の方法

　中華民国民法及び中華人民共和国婚姻法（以下，共和国婚姻法という）のいずれも協議離婚を認めている。したがって，日本人男と中国人女が台湾で協議離婚した旨の台湾の公証人作成の公正証書を提出した場合，同証明書を戸籍法41条の証書として取り扱ってよい（昭和51年11月19日民二5985号民事局第二課長回答）。なお，法例の改正により平成2年1月1日以後に成立した協議離婚の報告的届出についてその記載例が変更され（平成元年10月2日民二3900号民事局長通達第2の2），また，その後も記載例については変更がされている（平成2年3月1日民二600号民事局長通達，平成6年11月16日民二7005号民事局長通達など）が，これに関しては，最密接関係地を日本と認定して，中国人夫（本土系）と中国人妻（台湾系）の協議離婚届を受理して差し支えないとされた先例（平成2年9月20日民二4178号民事局第二課長回答，平成3年12月5日民二6048号民事局第二課長回答），本土系中国人夫と韓国人妻の離婚の際に最も密接な関係がある地が日本であると認定され，協議離婚届を受理して差し支えないとされた先例（平成3年12月13日民二6124号民事局第二課長回答）がある。

　なお，その後，この最密接関係地の判断基準について市区町村長から指示を求められた場合の取扱いについては前掲平成5年4月5日民二2986号民事局第二課長通知が発出されている（【1-52】を参照）。

　協議離婚手続に関して，中華人民共和国婚姻法24条（現31条）の「婚姻登記機関に出頭して離婚を申請する」とされているのは法律行為の方式にすぎないとして平成元年改正前法例8条2項により，協議離婚は有効に成立しているとした裁判例【1-118】がある。しかし，婚姻登記機関では，双方が自由な意思に基づくこと，子や財産問題について適切な処理をしていることを確認できれば，離婚証を発給する（中華人民共和国婚姻

法31条）とされており，これを形式的要件とのみ見るのは難しい。実質的要件と解して，少なくとも，その確認手続を当該裁判所が婚姻登記機関に代わって行ったことを前提として有効と解すべきであろう。この点は，大韓民国における家庭法院の意思確認と同様に考えるのが相当であり，婚姻登記機関が行うべき意思確認等の確認を日本の裁判所が代わりに行う必要がある。

【1-118】 中華人民共和国国籍を有する夫婦間の離婚につき，同国婚姻法24条（現31条）のいう「登記機関に出頭して離婚登記を申請する」というのは，法律行為の方式にすぎず，平成元年改正前の法例8条2項により，日本法の定める方式による離婚の届出により，協議離婚が有効に成立したものとされた事例

高松高判平成5年10月18日判タ834号215頁

> 控訴人は，控訴人と被控訴人は，ともに中国の国籍を有する者であるから，離婚に関する準拠法は中国法であるところ，本件離婚届は，中国婚姻法及び婚姻登記弁法所定の諸要件を充足していないから無効であると主張する。確かに，中国法では離婚に関し控訴人主張の法規のあることは裁判所に顕著であるけれども，中国法に定める離婚の実体的要件は「当事者が自由な意思で離婚を望んでいる」ことであり，「登記機関に出頭し離婚登記を申請する」ことは，法律行為の方式であって離婚の形式的成立要件にすぎないものと解されるから，前者については前記認定事実によって明らかなとおり，被控訴人及び控訴人はともに離婚の意思を有しその合意が成立したことで充足されており，後者については，法例8条2項［注：平成元年改正前のもの］により，行為地たる日本の法律に則った方式である高松市長に対する子の親権者を被控訴人と定めた離婚届出によって充足されているものということができる。

(イ) 離婚の原因

共和国婚姻法は1981年（昭和56年）1月1日から施行されているが，その直前に中国人夫婦の離婚請求事件について判断をした裁判例がある。【1-119】は，共和国婚姻法は離婚原因について特段の規定をもうけて

いないが，婚姻関係を維持することが不相当な場合には裁判離婚が認められるとしてこれを認容した事例である。【1-120】は，日本人妻から中国人夫に対する離婚請求について，共和国婚姻法を適用して離婚を認容した裁判例である。他方，中華民国民法は1985年6月3日に親族・相続編が改正されたのであるが，その後，間もなく，同改正法に基づいて離婚請求を認容したのが【1-121】である。

【1-119】 中国人夫婦間の離婚請求事件について，共和国婚姻法は離婚原因について特段の規定をもうけていないが，婚姻関係を維持することが不相当であるときは，裁判による離婚を認め，離婚の当否の認定は裁判所の判断に一任しているものと解して，離婚請求を認容した事例

東京地判昭和55年11月28日家月34巻1号88頁，判タ441号140頁

　　本件離婚の準拠法は，法例16条［注：平成元年改正前のもの］により，その原因たる事実の発生したときにおける夫たる原告の本国法，すなわち中華人民共和国の法律によるべきところ，同国婚姻法（1950年5月1日施行，1981年1月1日新法施行に伴ない廃止予定）は離婚原因について特段の規定をもうけていないが，その趣旨は要するに婚姻関係を維持することが不相当と解すべき事情の存するときには裁判による離婚を認め，かつ，離婚申立の当否の認定はこれを裁判所の判断に一任しているものと解するのが相当である。
　　そして，これを本件についてみるに，前記認定の通り，被告は20数年もの間その所在はおろか生死すら不明であって，原被告間の婚姻関係はその回復が期待しえない程破綻しているものというべきところ，事ここに至った原因について，原告に特段の有責性を見出し難く，結局，最早，本件原被告間に婚姻関係を維持せしめておくことは，制度の趣旨等からみて不相当であり，かつ，右は，日本民法770条1項3号にも該当する。

【1-120】 日本人妻からの中国人夫に対する離婚請求につき，共和国婚姻法を適用して離婚請求を認容し，子の監護者を定めた事例

東京地判昭和62年3月20日家月40巻2号196頁，判タ644号208頁

本件離婚の準拠法は，法例16条［注：平成元年改正前のもの］により夫たる被告の本国法，すなわち中華人民共和国の法律によるべきところ，中華人民共和国婚姻法（西暦1980年９月10日公布）25条２項後文は「感情に亀裂を生じ，調停しても効果のない場合」を離婚原因としている。

　ところで，……によれば，原・被告間には，右離婚原因たる「感情に亀裂を生じ，調停しても効果のない場合」にあたる事情が認められ，かつ，日本民法770条１項５号にいう婚姻を継続し難い重大な事由があるといわざるを得ない。

　つぎに，原・被告の離婚にともなう未成年の子の親権・監護については，離婚の付随的効果の問題として離婚準拠法たる中華人民共和国の法律によるのが相当である。右中華人民共和国婚姻法29条は，「父母と子の間の関係は，父母の離婚によって消滅しない。」（１項前文），「離婚後も，父母は子に対して，依然として扶養と教育の権利と義務を有する。」（２項）とした上で，「授乳期間をすぎた子について，もしも父母双方の間で扶養の問題で争いが生じ，協議が成立しない場合には，人民法院が子の利益と父母双方の具体的状況に基づいて判決する。」（３項後文）と規定している。

　そこで，監護者を指定すべきところ，……原・被告間の長男Ａ，二男Ｂ，三男Ｃ，四男Ｄ及び五男Ｅの監護者は被告と定め，長女Ｆの監護者は原告と定めるのが相当である。

【1-121】　中華民国民法1052条２項に基づき離婚請求が認容された事例

東京高判昭和62年７月15日判タ654号229頁

　本件離婚には，法例16条［注：平成元年改正前のもの］により，夫たる控訴人の本国法である中華民国［民］法を適用すべきであるところ，控訴人は，当審において，控訴人と被控訴人間には婚姻を維持し難い重大な事由があるから，昭和60年６月３日に改正，施行された同国民法1052条２項に該当する旨主張するのでまずこの点について検討する。……そうすると，控訴人と被控訴人との間においては，婚姻関係がすでに破綻し，中華民国民法1052条２項の婚姻を維持し難い重大な事由があるというべきであり，同時に日本国民法770条１項５号所定の離婚事由もあることが明らかであるから，その余の離婚事由の有無につき検討するまでもなく，右事由に基づく控訴人の本件離婚請求は理由があり，これを認容すべきである。

　未成年の子の監護者の指定については，中華民国民法1055条，1051条によ

れば，父母が裁判上の離婚をするときは，父が子の監護に任ずるのを原則とするが，例外として裁判所は子の利益を斟酌して監護者を定めることができるものとされているところ，……いずれも被控訴人と定めるのが相当である。

(ウ) 離婚の効力

　外国で離婚判決が出ても確定証明がないと，受理されない。中国中級法院で言い渡された中国人夫と日本人妻との離婚判決に基づく離婚届書が確定証明書を添付しないまま原告である日本人妻から出された場合に，受理しないのが相当とされた事例がある（昭和59年8月30日民二4661号民事局第二課長回答）。

　なお，離婚の効力に関し，財産分与についての裁判例がある。

　東京高判平成12年7月12日（判時1729号45頁）は，離婚の際の財産分与を認めない当時の中華民国法の適用を平成元年改正前法例30条により排除している。1985年中華民国改正法では，協議離婚に伴う財産分与については明文で認められており（839条の2），本件離婚がされた改正前に明文規定はなかったものの，中華民国で明確に財産分与を否定していたのかは必ずしも明らかではない（この裁判例の評釈として，大村芳昭「中華民国法上の財産分与と国際私法上の公序」戸籍時報545号2頁以下（日本加除出版，2002）参照）。

(エ) 子の親権・監護者の決定

　子の親権者の指定については，離婚についての準拠法を定める法例16条（通則法27条）によるのではなく，親子関係についての準拠法を定める法例21条（通則法32条）によるとするのが通説であり，子の本国法を原則とすべきであるが，平成元年改正前の法例20条は，親子間の法律関係については父の本国法によるとしていたので，中国人夫と日本人妻間の協議離婚では，子の親権者の指定については父の本国法である共和国婚姻法が準拠法となる。そして，昭和52年当時の共和国婚姻法には，離婚の際に父母の協議で子の親権者を定める旨の規定がないので，協議により子の親権者を母と定める協議離婚届は，そのまま受理することはできない。もっとも，子を扶養する者として母を指定した趣旨であれば，その

旨をその他欄に記載させた上，これを受理する（昭和52年10月6日民二5114号民事局長回答）という先例がある。離婚した中国人母と同国人夫との間の親権者指定申立事件において子の監護者の指定について法例21条（通則法32条）によるとした裁判例として【1－122】がある。また，共和国法が準拠法となる事件について，共和国婚姻法では，離婚に際して子の親権者を指定する制度がなかった当時，人民法院が我が国の監護に相当する撫養に関する判決をすることができることから，これを我が国の家庭裁判所の審判で代行することができるとしたものに，【1－123】，【1－124】があるが，現行共和国婚姻法36条は，子は父母のいずれに養育されるかを問わず，父母双方の子であり，父母は子に対し，離婚後も扶養及び教育の権利を有すると規定している。

【1－122】 離婚した中国人母と同国人夫との間の子の親権者指定申立事件について，法例21条（通則法32条）により，中華人民共和国婚姻法を適用して母を監護者に指定した事例

東京家審平成3年12月6日家月44巻10号47頁

　　本件については，法例21条［注：通則法32条］により中華人民共和国の法律が準拠法となるところ，中華人民共和国婚姻法29条には，離婚後父母は子女に対し撫養及び教育の権利と義務がある旨，更に，哺乳期後の子女について，父母双方の間に撫養の問題で争いが生じ，協議が成立しない場合は，人民法院が，子女の権益及び双方の具体的状況に基づいて判決する旨定められている。そうすると，上記法院の判決は，我が国の子の監護者の指定と同様の内容を有するから，家事審判法9条乙類4号［注：家事別表第二3項］の審判により代行することができるものと解する。
　　上記事実によれば，事件本人は現在特に問題はないが，母親が引取り養育できるならばそれが望ましいし，いずれ乳児院を退院しなければならないのであるから現時点で監護権者を定めることは何ら差し支えない。

【1-123】 中国法を準拠法とする親権者指定申立事件において，同国の法律には，父母の離婚に際し，親権者を父母のいずれかに指定すべきことを命じた規定はないが，同国婚姻法29条による人民法院の判決が我が国における子の監護に関する処分と同様の内容を有しており，旧家事審判法9条1項乙類4号の審判によりこれを代行することができるとして申立人を未成年者の監護者と定めた事例

大阪家審平成6年12月2日家月48巻2号150頁

親権者又は監護者の指定事件については，子の生活関係の密接な地での審判がなされることが子の福祉に適合し，かつ，本件では相手方の所在が明らかでないことに照らすと，わが国が裁判管轄権を有し，かつ，未成年者の居住地を管轄する当裁判所が国内管轄権を有するというべきである。

準拠法については，法例21条により，未成年者の本国法である中国法が準拠法となる。

同国の法律には，父母の離婚に際し，親権者を父母のいずれかに指定すべきことを命じた規定はない。しかし，同国婚姻法29条には，離婚後，父母は子女に対し撫養及び教育の権利と義務があること，離婚後，哺乳期内の子女は哺乳する母親により撫養されるのが原則であること，哺乳期後の子女について，父母双方の間に撫養の問題で争いが生じ，協議が成立しない場合は，人民法院が子女の権益及び双方の具体的情況に基づいて判決することなどが規定されている。この人民法院の判決は，日本における子の監護に関する処分と同様の内容を有しており，家事審判法9条乙類4号［注：家事別表第二3項］の審判により代行することが可能と考えられる。

そして，前記認定の未成年者の年齢，監護養育の状況，申立人の養育能力，相手方が所在不明であること，申立人が未成年者の帰化申請を希望していること等の諸事情に鑑みると，申立人を未成年者の監護者と指定するのが同人の福祉に適合するものと認められる。

【1-124】 中国人夫婦間の子について，母から離婚後中国に帰国した父に対し子の監護に関する処分（撫養者指定）が申し立てられた場合，中国婚姻法上，子の父母は離婚後も子の法定代理権を保持しているが，相手方が行方不明で撫養に関する協議ができない場合には，人民法院は当事者の協議に代えて撫養に関する判決ができ，旧家事審判法9条1項乙類4

号の審判によりこれを代行できるとして，子の撫養者を申立人と定めた事例

名古屋家豊橋支審平成10年2月16日家月50巻10号150頁

3　準拠法について

　本件については，法例21条［注：通則法32条］を適用すべきところ，同条によれば，本件準拠法は事件本人の本国法である中国法となる。そこで，反致の有無について検討するに，中国の渉外私法にはこの点に関する直接の規定は見当たらない（張青華「中国渉外関係法」119頁）。もっとも，中華人民共和国民法通則（第8章渉外民事関係の法律適用）148条には，「扶養については，被扶養者と最も密接な関係を有する国家の法律を適用する。」と規定されているから，この趣旨を類推すると，子の最も密接な関連のある国家の法律として子の住所地国である日本法が適用される余地も考えられないわけではない。しかしながら，上記中国の渉外規定全体の趣旨は，属人法の決定基準として本国法主義であることも否定しきれない。したがって，中国渉外規定が本件について日本法の適用を認めているとまでは断定できないので，本件が日本法に反致されるとするには至らない。

4　人民法院の判決の代行について

　中国法上，日本民法における「親権」と「後見」を区別する概念はなく，「監護人」が「親権者」と「後見人」の双方を包摂する概念として構築されている。そして，婚姻中も離婚後も，子の父母は，特別の事情が起きない限り，いずれも監護人という資格を持ち，法定代理権を保持している。また，この監護人の地位は，父母の離婚後も子女が父母いずれによって撫養されるかにかかわらないものであるといわれている（府川恵子"中華人民共和国の家事調停"「ケース研究」247号，146頁。"中国家族法の概要"「戸籍」651号，43頁以下）。そして，中華人民共和国婚姻法29条3項は「離婚後，哺乳期内の子女は，哺乳する母親により撫養されるのが原則である。哺乳期後の子女について，父母双方の間に撫養の問題で争いが生じ，協議が成立しない場合は，人民法院が子女の権益及び双方の具体的状況に基づいて判決する。」と規定しているところ，この人民法院の判決の代行を日本の家庭裁判所において代行することができるかどうかであるが，当裁判所は家事審判法9条1項乙類4号［注：現在の家事事件手続法別表第二3項］の審判により代行することができるものと考える。そして，本件のように，子女の一方の親が行方不明の場合において上記規定を適用して，人民法院が判決することができるかどうかであるが，当事者の一方が行方不明であれば，当事者間に協議を成立させることはできないから，この場合も，上記規定に該当し，人民法院は

当事者の協議に代えて判決をすることができるものと解するのが相当である。
5　申立人を「撫養者」と定めることができるか
　上記認定の事件本人の年齢，監護養育の状況，申立人の収入，家庭環境，家族構成，相手方の所在が不明であること等諸般の事情を考慮すると撫養者を申立人と定めるのが相当である。

(オ)　子の養育費の決定

　離婚の際に定める子の養育費については，通則法32条（法例21条）により，子の本国法が父母のいずれかの本国法と同一なるときは子の本国法によるとされている。【1-125】は，準拠法となる共和国婚姻法では，養育費は父母の協議により，協議が調わないときは人民法院の判決によるとされていることから，日本の家庭裁判所の審判に代えることができるとして審判をした事例である。

【1-125】　離婚した日本人母と中華人民共和国人父との間の子の監護費用請求について，準拠法となる中華人民共和国婚姻法によれば，子の養育費の負担に関して父母間に協議がととのわない場合には人民法院が判決するとされているが，これを審判の形式で処理した事例

大阪家審昭和51年6月4日家月29巻6号50頁

　本件の相手方は中華人民共和国であり，申立人および事件本人は，いずれも日本人であるから，本審判事件を処理する準拠法を考えなければならない。本件は未成年者である事件本人の養育料を，その親権者・監護者であって母である申立人が，父である相手方に請求するものであるから，本件の準拠法は法例20条［注：平成元年改正前のもの］に従って定められるものと解する。法例20条によれば，本件は父である相手方の本国法によることとなっており，相手方の本国法である中華人民共和国婚姻法（1950・5・1公布施行）20条3項には「離婚ののち授乳期間中の子女は，授乳の母親にしたがうのを原則とする。授乳期間をすぎた子女につき，父母の双方がともに養育をのぞみ，争いが生じ，協議がととのうことができない場合には，人民法院が子の利益にもとづいて判決する」，21条1項には「離婚ののち女が養育する子女にたいして，男が必要な生活費の全部または一部を負担しなければならず，その

負担する費用の多少および負担期間の長短については双方において協議する。協議がととのわない場合には人民法院において判決する。」同条2項には「費用支払の方法は，現金または実物で支払うか，あるいは子供に代つて父が土地改革の結果取得した子供の田地を耕作してやるなどである」と規定されている。

なお，上記のとおり中華人民共和国婚姻法はこれら事件の処理は人民法院が判決する旨規定しているが，本件の管轄が日本における当家庭裁判所にあり，本件が家事審判法9条乙類4号［注：現在の家事事件手続法別表第二3項］に該当するものである以上，当裁判所が審判の形式をもって本件を処理することのできることは多言を要しないところである。

3 アメリカ合衆国

(1) アメリカ合衆国婚姻法概説

アメリカ合衆国（以下「米国」ともいう）は，建国当初から，連邦法を除き，州によって適用されるべき法令は異なっており，家族法についても，州による違いがある。また，時代とともに家族法の内容も変遷しており，米国家族法の特徴を一言で表現することは難しい。離婚法制については，有責主義から破綻主義への流れがあり，離婚原因として破綻主義に徹する州もあれば，基本的に破綻主義を採りながら有責主義を残している州もあり，また，有責主義が濃厚な州もある。したがって，米国の法令のうちどの州の法令を適用するかによって結論が異なる場合が生じる。

米国は，地域的不統一法国，すなわち，地方により法律を異にする国であるから，通則法38条（法例28条）3項により本国法を決定することが必要である。同項にいう「その国の規則に従い指定される」に該当する「規則」はなく，結局，最も密接な関係を有する地の法律をもって本国法と解すべきであるとする説が有力であり，その旨の裁判例として【9】があることは総論で述べたとおりである。また，米国では，連結点としての住所について，ドミサイルという概念を使用しており，これはレジデンスよりも恒常性があり，永住の意思を伴うことが必要とされていること，ドミサイルには，本源住所と選択住所があり，米国法では，一般に選択住所が連

結点として考えられていることも既に述べたとおりである。

(2) アメリカ合衆国婚姻法の一例

上述のとおり，米国は，州によって婚姻法は異なっている。一例としてカリフォルニア州の婚姻法を挙げる。カリフォルニア州では，婚姻に関してFAMILY CODEが規定している（カリフォルニア州の立法府ホームページ http://www.leginfo.ca.gov/.html/fam_table_of_contents.html）。管轄は上級裁判所（superior court）が持つ（カリフォルニア州婚姻法200条）。未婚の18歳以上の男女は婚姻でき（同法301条），18歳未満でも，親の同意がある場合，裁判所の決定で許される場合がある（同法302条）。親子，直系血族，兄弟姉妹，叔父叔母，甥姪間の婚姻（同法2200条）は無効であり，重婚（同法2201条）の場合も原則として無効である。同性を含むパートナーシップについて一定の保護を与えている（同法297-297.5条）。婚姻は，一方の死亡，婚姻解消の判決，婚姻無効の判決があった場合にのみ解消される（同法310条）。したがって協議離婚は認められない。婚姻中の夫婦は互いに尊敬し，貞節を守り，扶助する義務を負う（同法720条）。婚姻中の財産関係については詳細な規定を置いている（同法760-1103条）。婚姻関係の紛争については，子どもの権利を守り，公共の福祉を増進するため，調停（conciliation）が行われ（同法1800条），これについても詳細な規定を置いている（同法1800-1852条）。婚姻の無効，解消，法的別居の制度があり，これについても詳細な規定がある（同法2000-2452条）。婚姻解消又は法的別居は一般に申し立てられる次のいずれかに基づく，すなわち，(a) 回復困難な婚姻の破壊に起因する，和解し難い相違，又は(b) 不治の精神病（同法2310条）である。和解し難い相違は，婚姻を継続できない実質的な理由であると裁判所によって判断されること，婚姻が解消されるべきであることが明らかであるとすることの基礎となる（同法2311条）。不治の精神病は，正常でない配偶者が申立時及び現在時において不治の精神病であることが，相当の医学的あるいは精神医学的証明を含む証拠がある場合にのみ婚姻解消の理由となる（同法2312条）。[6]

---

[6] 州法のいくつかはインターネットで検索可能である。以上のカリフォルニア州婚姻法の内容はこれに基づいている。拙訳であるから，正確な内容を把握したい場合は，原典をご覧いただきたい。なお，上記のとおり，カリフォルニアを始め，米国では，同姓婚

なお，米国州法の多くは同性婚を禁止しており，カリフォルニア州でも，同性婚を認めるのかについて争われていたが，連邦最高裁が2013年6月26日，連邦での権利を同性婚カップルに認めないことを定めた「結婚防衛法（Defense of Marriage Act, DOMA）」について，違憲の判断を示し，併せて，同性婚を禁止するカリフォルニア州法について実質的に同性婚禁止を認めない決定をしたことにより，カリフォルニア州では，同性婚が認められることになった（なお，州別で見ると，まだ同性婚を禁止している州が多数を占めている）。

(3) アメリカ合衆国に関する判例・先例

　米国の法制については，各州法について変遷があるものの，画一的にある時期にその内容が大きく変わったということはない。そこで，以下，項目ごとに先例，判例を整理する。

ア　国際裁判管轄

　一般に婚姻関係訴訟の裁判管轄は，被告の住所地であり，被告の住所地が米国など海外に在る場合には，我が国には国際裁判管轄権はなく，原告が被告に遺棄されたり，被告が行方不明であるなど一定の場合にのみ，原告の住所地に裁判管轄を認めることができるとされていることは総論で述べたとおりである。【1-126】は，これにより，原告の住所地である我が国に国際裁判管轄権を認めた事例である。【1-127】は，あるマリアナ諸島サイパン島の先住民の国籍照会について無国籍であるとした回答である（なお，北マリアナ諸島連邦に属し，1987年11月4日以降に同連邦で出生した者は，アメリカ合衆国市民となるとされている）。【1-128】は双方とも米国籍で日本に住所がないとしながらも，日本に密接に関連しているとして国際裁判管轄権を認めた事例，【1-129】は，米国人夫と日本人妻との離婚訴訟について，双方に管轄権があるとし，したがって日本にも管轄権があるとした事例，【1-130】は，米国人父と日本人母との

について，これを認める方向で進展しているので注意が必要であり，また，性同一性障害の取扱いについても動きがある。性同一性障害と性別表記の訂正については，大島俊之「性同一性障害と出生証明書—アメリカの判例における性別表記と名の変更」神戸学院法学30巻1号171頁以下（2000）を参照されたい。

離婚後の子の養育権者について，子の住所が日本にあることを認定し，我が国の裁判管轄を認めた事例である。その他にも，日本に住所を有する米国籍夫（フロリダ州）が，夫を遺棄して米国に帰国した米国籍妻を被告とした離婚訴訟について，日本に国際裁判管轄権を認めた事例がある（千葉地判昭和47年3月31日判時682号50頁）。

【1-126】 日本国で婚姻届出をした日本人妻と米国人夫（マサチューセッツ州）との離婚訴訟において，横浜市に居住していた後，米国人夫が行方不明となった事案について，当事者の一方が日本国籍を有する限り日本の裁判所に裁判権があるとした事例

横浜地判昭和31年2月15日家月8巻5号63頁，下民集7巻2号349頁

一，離婚訴訟において当事者の一方が日本の国籍を有し，他方がこれを有しない場合に，当該訴訟の裁判権をいずこに認むべきかについては争いがないわけではないが，離婚は人の身分につき重大な関係を伴う問題であるから，いやしくも当事者の一方が日本の国籍を有する限り日本の裁判所において当該訴訟についての裁判権を有すると解するを相当とする。よって本件につき案ずるに，〈証拠略〉を総合すると，訴外A，同Bの長女として出生した原告（日本の国籍を有する）とアメリカ合衆国マサチュセッツ州に出生し，同国市民権を有する被告（米国の国籍を有する）が昭和27年8月○○日同国横浜領事館において婚姻し，即日横浜市○区長にその旨の届出をなしたことが認められ，原告は被告との婚姻の解消を求めるため本訴に及んだものであるが，右のごとく原告が日本の国籍を有するので日本の裁判所は本件につき裁判権を有する。

二，日本の裁判所のうちいかなる裁判所が本件につき管轄権を有するかにつき考察するに，離婚訴訟の管轄は人事訴訟手続法1条の定めるところによって決定すべきであるが，日本の国籍を有する者とこれを有しない者とが婚姻し，その間に「氏」の定めがなく，従って日本の国籍を有する者が従前の「氏」を引続き使用するときは右法条によることを相当としないので，その管轄は原則として被告の住所を管轄する地方裁判所にあるとみるべきであるが，被告が原告を遺棄してその所在が不明であるときその他国際私法生活上の円滑と安全を図るため特に必要な事情がある場合に限り，その管轄は例外として原告の住所を所轄する地方裁判所に専属すると解するべきである。

第2　国別渉外婚姻法／3　アメリカ合衆国

【1－127】マリアナ群島住民については，帰化等によりいずれかの国の国籍を取得していない限り無国籍として取り扱うとした事例

昭和35年4月11日民事五発101号民事局第五課長回答

　右の者は現在当所において退去強制該当容疑により調査中であるが，マリアナ群島先住民の国籍解釈等に関し，昭和27年4月19日付法務省民事局長発地方法務局長宛公信甲第438号により示達されている趣につき当所における事件処理上参考資料と致したく，右公信1部御送付願います。

　回　答
　同人において，帰化ないしは身分行為等により，いずれかの国の国籍を取得していることを立証し得ない限り，無国籍として取り扱うのが相当と考える。

【1－128】米国人夫（マサチューセッツ州）と米国籍を取得した元日本人妻（ルイジアナ州）との離婚訴訟について，双方とも日本に国籍・住所がないものの，夫は日本に居所を有し，密接に関連する地が日本にあることを考慮し，例外的に日本に裁判管轄権があるとした事例

東京地判昭和37年6月21日家月15巻3号142頁，下民集13巻6号1256頁，判タ136号55頁

　職権をもって本件離婚訴訟について我が国裁判所が裁判管轄権を有するか否かについて検討するに，〈証拠略〉によれば，原告は米合衆国マサチューセッツ州において出生し米合衆国の国籍を有し，本件訴提起前の昭和35年11月頃から原告肩書住所地の米合衆国軍隊基地兵舎内（原告は同軍隊の軍人）に居住していること，又被告はもと日本の国籍を有していたが，昭和32年頃米合衆国ルイジアナ州に居住中の任意の意思によって米合衆国の国籍を取得しこれにより日本国籍を喪失（国籍法第8条）し，本件訴提起直前まで日本国内に居住していたが昭和36年2月下旬からは被告肩書住所地の米合衆国内に居住していることが認められ，従って原被告とも本件訴提起当時我が国の国籍を有せず且つ我が国内に我が社会生活の一員に組入れられている意味における住所を有していないことが明らかである。然しながら右各証拠によれば原被告は昭和30年5月2日福岡県において婚姻して以来昭和32年4月頃ま

で同地で同棲居住し，その後同月から昭和35年8月頃まで米合衆国内に居住したが，同月再び来日し以来同年11月頃まで東京都内で同棲居住していたが，その頃双方合意のうえ別居することにして，原告は前記の如く原告肩書住所地の米軍兵舎内に居を移し，他方被告は翌36年2月下旬前記の如く渡米したことが認められ，右事実によると原被告は我が国において婚姻し，その婚姻生活の大半を我が国で過し且つ夫婦の最後の共通の居所も我が国内に有していたことが明らかである。ところで夫婦ともに外国人である当事者間の離婚事件について我が国裁判所が裁判管轄権を有するには原則として当事者の少くも一方が我が国に前述の意味における住所を有することが必要であると解されているが，本件の如く夫婦とも右の住所を有しなくても，我が国で婚姻し，その婚姻生活の大半を我が国で過し且つその最後の共通の居所も我が国内に有し，なお一方が我が国内に居住しているような特段の事情がある場合には，当該夫婦の一方から我が国に右離婚訴訟を提起せしめることとしても他方に対して不公平であるといいきれぬこと，却って離婚訴訟に要する証拠の収集，提出の便宜，又その目的とする判断の適正の確保の見地からこれを認めることが正義及び合目的性の原則に適い，国際私法的生活の円滑と安全を期することになることなどの考慮によると，本件離婚訴訟について我が国裁判所は例外的に裁判管轄権を有するものと解する。

【1-129】 日本に在住する日本人妻と米国人（メリーランド州）夫との離婚訴訟で，夫が妻子を遺棄して本国に帰国し，その後，所在不明となった事案について，我が国の国際裁判管轄権を認めた事例

横浜地判昭和39年8月14日下民15巻8号2002頁，判タ166号213頁

原告は肩書本籍地において訴外Aの長女として出生し，昭和26年……米合衆国メリーランド州に出生して同国国籍を有する被告……と婚姻し，……2児が出生し共に米合衆国市民として登録され……被告はその頃肩書原告住居で妻子と生活を共にしていたが，婚姻後1ヶ月を経過せずして単身……キャンプ横浜に移り住み，次いで間もなく原告に対し一緒に帰国できないので旅費を送金するから渡米するようにと云い残しただけで帰国し……それ以後原告からの手紙にも返信をよこさず，旅費はもとより生活費すらも送金せず，妻子をかえりみなくなったため，残された原告及び2人の子供は……生活に困窮し……現在に至るまで原被告の間柄は全くの音信不通の状態にあり且つ今日では被告の所在を知る由もない……右認定の如く夫が米国人妻が日本人である場合の離婚並びにこれに伴う親権者指定の国際的裁判管轄については

争がないわけではないが，夫婦双方の本国ないし住所地国の管轄を認めるべきであると解されるから，いずれにしても妻たる原告の本国たる我が国にも裁判管轄が認められる［。］

【1-130】 米国人（カリフォルニア州）父と日本人母との離婚後の子の養育権者について，カリフォルニア州法では子の住所地の裁判所に管轄権があると解されているとし，子の住所が日本にあることを認定し，我が国の裁判管轄を認めた事例

那覇家沖縄支審昭和56年11月5日家月34巻9号90頁

　親子間の法律関係は，法例20条［注：平成元年改正前のもの］により先ず父の本国法によるべく，若し父あらざるときは母の本国法によるべきところ，〈証拠略〉によって父の本国法と認められるアメリカ合衆国カルフォルニア州法についてみると，同州民法は「監護教育を定める権限は裁判所のみがこれを有し，監護教育をなす者の指定は離婚手続においてなすことを要するが，離婚訴訟における被告が訴訟開始に先だって子とともにカルフォルニア州を去り，かつ，送達が公示によってのみ行われた場合は，裁判所の権限は婚姻そのものの解消にのみ限られ，子の監護教育者の決定をする権限を有せず，また，カルフォルニア州裁判所は，その土地管轄内にいない子の監護教育を定めることができない。」と規定し，同州裁判所の判例は，おおむね未成年の子の監護教育者を決定する裁判権がその子の住所地を管轄する裁判所にあることを認め，特段の事情のない限り，父の住所をもって当該未成年の子の住所とするが，離婚した母が未成年の子と一緒に住んでいる場合は母の住所を当該未成年の子の住所とすべきものとしている。そこで，本件事件本人の住所について検討するに，上記認定のとおり，申立人は昭和50年12月ごろ相手方と別居するようになり，今日に至るまで本件事件本人とともに沖縄県内で生活し，その間昭和52年12月30日相手方と離婚しているのであるから，本件事件本人の住所は日本国内にあることは明らかである。

　イ　準拠法の決定

　米国の多くの州法は，養子縁組，親権者の指定等において，当事者の住所に裁判管轄があり，裁判管轄があれば，別途，準拠法を定めることなく，当然に法廷地法を適用するとしており，国際私法の観点からみて，

法廷地法を準拠法とするという規定が米国州法にあり，この米国の国際私法を適用することで，法廷地である国の法律が準拠法になるとする解釈があり，隠れた反致と呼ばれている。これを認めるかどうかについては国際私法上争いがある。平成元年法例改正後は，婚姻の成立，婚姻の効力，離婚については，反致の規定は適用されないこととされた（法例32条ただし書）ことから，現在では隠れた反致についても，これを認めることはできない（通則法4条）。なお，過去に反致を認めた裁判例の多くは，我が国に常居所地があると認められるケースであり，平成元年法例改正後は，反致を認めなくても，常居所地として日本法を適用できるケースである。例えば，東京地判昭和29年4月10日家月7巻5号49頁は，日本に住所を有する米国人夫婦（カリフォルニア州）の離婚の準拠法は，反致して住所地法たる日本国法となるとしたものであるが，この日本の住所が常居所と認められれば，改正後の法例では反致を認めなくても準拠法は日本になるものと考えられる。なお，平成元年改正前に反致を認めた裁判例として，【1-131】，【1-132】があり，在日米軍の軍属の場合の準拠法について本源住所であるニューヨーク州法が準拠法となると判断した事例として【1-133】がある。

平成元年法例改正後は，隠れた反致は適用されない結果として，米国籍夫婦であっても，本源住所，選択住所が異なる州にあれば，本国法としては同一とは言えず，常居所地法又は最密接関係地法が適用される。したがって，これが我が国にあれば日本法が適用され，協議離婚が認められることになる。【1-134】は，米国籍夫婦について日本法を適用した事例である。また，米国籍と他の国籍との夫婦について，共通の常居所地がなく，最密接関係地が日本にある場合には，協議離婚の届出は受理される。【1-135】は，米国籍と中国本土籍の夫婦について協議離婚の届出を受理した事例である。

【1-131】 日本人妻と米国人（ミズーリ州）夫との離婚訴訟において，被告である夫のミズーリ州法を適用すべきところ，米国各州の国際私法では当事者の一方の住所の存在する法廷地法が適用されることから，反致に

より，日本民法を適用した事例

東京地判昭和55年6月20日判タ423号135頁

　　法例16条［注：平成元年改正前のもの。以下同じ］によれば，本件離婚の準拠法は，その原因事実発生当時における夫たる被告の本国法，すなわち，アメリカ合衆国の法律によるべきであるが，同国は地方により法律を異にする国であるから，法例27条3項により被告の属するミズリー州の法律によるべきところ，一般に同国各州の国際私法においては，離婚につき，当事者双方若しくは一方の住所の存する法廷地法が適用されることとされているので，法例29条により，結局本件離婚については日本民法が適用される。また，離婚に伴う親権者の指定は，離婚に際し必ず処理されるべき事柄であるから，離婚の準拠法に従うものと解するのが相当であり，右同様日本民法が適用される。

【1-132】　離婚について被告である夫の本国（米国マサチューセッツ州）法によるべきところ，同国各州の国際私法では，当事者双方又は一方の住所の存する法廷地法が適用されるとして，反致により日本民法を適用した事例

東京地判昭和55年7月25日判タ427号165頁

　　法例16条［注：平成元年改正前のもの。以下同じ］によれば，本件離婚の準拠法は，その原因事実発生当時における夫たる被告の本国法，すなわち，アメリカ合衆国の法律によるべきであるが，同国は地方により法律を異にする国であるから，法例27条3項により被告の属するマサチューセッツ州の法律によるべきところ，同州を含め，一般に同国各州の国際私法においては，離婚につき，当事者双方若しくは一方の住所の存する法廷地法が適用されることとされているので，法例29条に則り，結局本件離婚については日本民法が適用される。

【1-133】　米軍基地に所属する米国人夫（本源住所ニューヨーク州）とドイツ人妻との離婚訴訟において，日本に永住する意思がなく，フロリダ州に居住したことがあるが，1年足らずであるとして，本源住所を住所と認定し，ニューヨーク州法を準拠法とした事例

福岡地判昭和30年1月19日家月7巻10号31頁，下民6巻1号46頁

原告が日本に居住するのは全くの自由意思を以て日本の生活の本拠を定め，ここを永久又は不確定期間永住地と定めたものと目することができないから，米法上日本に「住所」がありと認定することはできない。しこうして原告が1950年から1951年に亘り1年足らずフロリダ州に居住した事実はさきに認定したとおりであるが，これとて同州に「住所」を定めたものとも解されず，畢竟原告の住所を今日なお本源住所としてニューヨーク州にあると認むべく，本件離婚事件の準拠法はニューヨーク州と認定するのが相当である。

【1-134】 米国籍の夫婦の離婚等請求事件につき，裁判離婚については事実審の最終口頭弁論期日が基準時点となるとして，平成元年改正後の法例を適用した上，離婚，親権者指定及び離婚給付の各準拠法をいずれも日本民法とした事例

横浜地判平成3年10月31日家月44巻12号105頁，判時1418号113頁

［注：平成元年改正法例］附則2項によれば，新法例と旧法例との適用区分は，法律関係ごとに異なることになるところ，裁判離婚については，事実審の最終口頭弁論期日が基準時点となるので，本件については，新法例（以下「法例」という。）が適用されることとなる。……離婚請求（離婚原因の存否）については，法例16条本文により，14条の規定を準用することになるので，まず，夫婦である原・被告の共通本国法が存するかについて検討する。原・被告は，ともに米国籍を有するところ，米国は，法例28条3項にいう「地方ニ依リ法律ヲ異ニスル国」すなわち不統一法国に当たるが，同条項にいう「規則」は，米国にはないとされているので，原・被告の本国法の決定は，同条項の「最モ密接ナル関係アル地方ノ法律」によることとなる。そして，……によれば，原告の本国法はアリゾナ州法，被告の本国法はメリーランド州法であるものと認められる。……したがって，原・被告にとって共通本国法は存しないことになる。……原告は，原告の母が徳島県に一人で住んでいることなどから，日本に相当期間定住する意思で自ら希望して米国軍属として，同じく沖縄県を郷里（被告の母は平成2年5月死亡）とする被告とともに前記のとおり来日し，以後10年間以上日本に定住していることが認められるから，原告と被告は，日本を常居所としているものであり，日本民法が共通常居所地法と認められる。……したがって，本件離婚訴訟の準拠法は，

日本民法であることになる。

【1-135】 常居地を異にする中国人夫と米国人妻との協議離婚届について，最密接関係地が日本にあるとして同届を受理してよいとした事例

平成3年12月13日民二6125号民事局第二課長回答

外国人夫婦の離婚の際に最も密接な関係がある地が日本であると認定することについて
　この度，当局管内東京都世田谷区長から本土系中国人夫，アメリカ人妻の協議離婚届の受理伺いがありました。
　本件は，夫婦の本国法が同一ではなく，かつ，夫については日本に常居所を有すると認められるところ，妻については日本に常居所を有するとは認めることができず，下記理由により日本が最も密接な関係のある地と認め，法務省民二第3900号民事局長通達第2の1の(1)のエの(イ)を適用して差し支えないと思料しますが，同年12月14日付け同第5476号貴職通知に基づき，何分の御指示を得たく照会します。

記

　夫婦が知り合った国が我が国であり，我が国の方式により婚姻が成立しており，夫婦がその婚姻の当初から終了までの婚姻生活のすべてを我が国で送っている。

回　答
　本年8月26日付け二戸一第639号をもって照会のあった標記の件については，夫婦に最も密接な関係がある地が日本であると認めて差し支えありません。

ウ　婚姻の成立，効力
(ア)　婚姻の成立
(i)　婚姻届の受理
　婚姻届を受理するに当たって，婚姻の実質的成立要件は，各当事者の本国法によるとされているから，米国人の婚姻届については，それぞれの州法を確定し，その州法上婚姻要件を充足しているかどうかを確認す

ることが必要である。終戦直後には，外国のある州の婚姻法によれば，その州内で東洋人との婚姻を禁じているにすぎない場合は，日本においてその州の住民と日本人との婚姻は日本国法上有効にすることができるとする事例（昭和22年8月14日民事甲814号民事局長回答）もあったが，その後，平和条約発効までは，市町村長は，米国人の一方又は双方が当事者となる婚姻届出の手続について，その当事者に在横浜米国総領事又は在神戸米国総領事など在日米国総領事等の指示を仰ぎ，特定市区役所へ届出をする（昭和23年7月7日民事甲2121号民事局長通達，昭和23年10月25日民事甲3433号民事局長通達，昭和25年2月28日民事甲564号民事局長通達，昭和25年9月1日民事甲2353号民事局長通達）とされた。そして，平和条約発効後の日本在住の米国人の婚姻届の取扱いについては，戸籍法25条に規定する一般原則によって届出をすることとし，婚姻届には，在日米国総領事又は領事の発行する婚姻要件具備証明書の添付を要する（【1-136】）とされた。したがって，その後は，我が国で米国人が婚姻する場合，婚姻要件具備証明書を添附して婚姻届出をすることにより，実質的成立要件の審査に代える運用が定着している（昭和27年4月25日民事甲587号法務総裁官房渉外課長通達，同年5月8日民事甲608号民事局長通知）。

　また，米国では，国籍について出生地主義を採ることから，血統主義を採る国に属する者が米国で出生すると，二重国籍になる。このような二重国籍者が婚姻をした場合の婚姻要件をどのように考えるのかという問題がある。これに関して，米国で出生した日本人が日本人と婚姻する場合の婚姻要件については，日本人同士の婚姻として扱うとしたのが【1-137】であり，その後，日米二重国籍を有する男が米国人として日本人女との婚姻届をしても，日本人男女間の婚姻として戸籍の処理をするとの照会回答（昭和29年9月2日民事甲1813号民事局長回答）が出されている。

　婚姻の実質的成立要件を具備していることが確認できない場合には，婚姻届では不受理とされる。【1-138】は，日本人男と米国人女の婚姻について，婚姻成立の実質的要件を欠くとして婚姻届を不受理にした処分に違法はないとした裁判例であり，【1-139】は，日本人男とハワイ

州女の婚姻届について，女性の婚姻要件具備証明が不十分であるとして不受理を相当とした先例である。また，【1-140】は，米軍人について米軍法務部長の所定の証明書で婚姻要件具備証明書として扱うことができるとした先例である。

【1-136】 平和条約発効後の日本在住の米国人が日本方式により婚姻する場合，戸籍法25条に規定する一般原則によるが，米国総領事又は領事の発行に係る婚姻要件具備証明書の添付が必要であるとした事例

昭和27年4月25日民事甲558号民事局長通達

> 日本に在住するアメリカ合衆国人が日本の方式によって婚姻する場合（婚姻の当事者の一方又は双方がアメリカ合衆国人である場合。）の婚姻届については，従来，市町村長は直ちにこれを受理することなく当事者に対し，予め東京，横浜，神戸，名古屋，札幌及び福岡に駐在するアメリカ合衆国総領事又は領事の指示を受けさせ特定の市区役所（東京都中央区役所日本橋支所，横浜市中区役所，神戸市生田区役所，名古屋市東区役所，札幌市役所及び福岡市役所）に届け出させる取扱がとられて来た（昭和23年民事甲第2121号，同年民事甲第3433号，昭和25年民事甲第564号及び同年民事甲第2353号各民事局長通達参照）。しかしながら，右の取扱は，連合国軍最高司令官の指示に基く特別の措置であって，平和条約の発効の日以後においては右の取扱によらず，専ら戸籍法第25条の規定する一般原則によることとなる。もっとも，アメリカ合衆国人の婚姻に関しては，その者の所属する州の法律によってそれぞれその要件を異にする場合があるので，前記の婚姻届には，日本に駐在するアメリカ合衆国総領事又は領事の発行に係る婚姻要件具備に関する証明書を添附させ，婚姻要件について十分に審査した上，これを受理するのが相当であるから，右の趣旨を御了知の上，貴管下各支局及び市区町村に対して周知徹底方取り計られたい。

【1-137】 日米二重国籍を有する男と日本人女の婚姻については，日本法を適用し，日本人男女間の婚姻として戸籍の取扱いをし，併せて日本人女について米国人男との婚姻届がされた場合には，戸籍法113条により米国人との婚姻に関する事項を消除すべきであるとした事例

昭和29年6月7日民事甲1192号民事局長回答

(1) 別紙事案の日米二重国籍を有する男の婚姻については，法例第27条第1項但書［注：平成元年改正前のもの］の規定により日本の法律が適用され，当然日本人男女間の婚姻として戸籍の取扱をすべきものと解してよろしいか。
(2) または，右男の意思により米国人として夫の氏を称する婚姻届出をした場合（日本人として婚姻もできる）は，日本人女の戸籍に外国人との婚姻としてその記載をし，日本の戸籍にある夫については何等婚姻の記載を要しないものと解すべきか。
(3) 別紙の婚姻届は何れも同日に受理され，各届の夫妻は同一人と認められるのであるが，その訂正手続は戸籍法第113条又は114条の何れによるべきか。
……
甲説 同一人につき二重に届出たことは錯誤が明白であるから戸113条の戸籍訂正手続で夫婦の新戸籍（筆頭者は夫）を消除して夫を従前の戸籍に回復し婚姻事項は記載せずまた返戻された届書は本人へ返す。
乙説 夫婦日本人としての婚姻届（岩代村の分）を生かし妻の戸籍は戸籍法113条の訂正手続でアメリカ人との婚姻事項を消除し夫の氏を称する婚姻に基く新戸籍編製による除籍事項を記載して除籍する。
丙説 甲説のとおりとしても一方の婚姻無効の問題を生じかつ夫が同一人であるかどうかの点を確める関係等で戸113条の手続では支障があり戸116条による処理が相当である。
……

回 答
照会のあった件については，次のとおり考える。
(1) 貴見のとおり。
(2) 所問のような取扱は認められない。
(3) 田辺支局長の貴職に対する照会の乙説によるものが相当である。

【1-138】 米国人が他の国人と差別的取扱いを受け，婚姻届が受理されなかったとして，その処分の取消しを求めた訴訟の抗告審において，婚姻届の不受理は婚姻要件が証明されないことによるもので，不公平な取扱いではないとした事例

東京高決昭和56年5月26日判時1008号157頁，判タ447号133頁，戸籍444号56頁

　本件抗告の……理由の要旨は，……㈢右不受理処分は，アメリカ合衆国の国籍を有し，外国人登録証明書を持つ抗告人を，セイロン人，インドネシヤ人及び中国人より不利益に扱ってしたものであるから，憲法14条に違背する違法なものである，……というものである。
　……右㈢において抗告人が主張するセイロン人，インドネシヤ人及び中国人の事案は，いずれもその各本国法に基づく婚姻の実質的要件が証明された婚姻届に関するものであり，この証明を欠いた本件婚姻届と事実関係を異にし，前者の婚姻届が受理され，後者の婚姻届が不受理とされたのは，もっぱら右事実関係の相違に基づくものであって，婚姻当事者の国籍の相違に基づくものではないと認められるから，本件婚姻届に対し不受理処分をしたことを平等原則に反するものとはいえず，したがって，右㈢の主張も採用することができない。……

【1-139】　日本人男と米国人（ハワイ州）女の婚姻届に添付された米国ハワイ州衛生局州登録官発給の「ハワイ州において婚姻した記録がない旨の証明書」は，同女の婚姻要件具備証明書としては不十分であり，これを受理しないのが相当とされた事例

昭和60年9月10日民二5637号民事局第二課長回答

　アメリカ合衆国ハワイ州婚姻及び婚姻許可法第6条の婚姻許可証は，婚姻要件具備証明書として取り扱って差し支えないと考えるが，本件婚姻届に添付されている証明書は発給後30日を経過していること，ハワイ州女の両親の氏名の記載がないため当該婚姻について障害の有無を審査できないこと等から，婚姻要件具備証明書としては認め難い。
　よって，身分関係を明らかにするその他の資料を添付するかもしくは在日アメリカ合衆国領事の面前でした婚姻要件具備の宣誓書の添付がない限り受理すべきでないと考える。
　……

　回　答
　本年7月31日付け電信第606号をもって照会のあった標記の件については，添付の証明書ではアメリカ合衆国ハワイ州人女の婚姻要件の具備を証するも

のとしては不十分であるので，受理しないのが相当と考えます。

【1-140】 米軍関係者に係わる婚姻要件具備証明書については，所定の様式により米軍法務部長が証明する取扱いで差し支えないとされた事例

平成4年9月28日民二5673号民事局第二課長回答

米軍関係者に係わる婚姻要件具備証明書について
　標記の件については，外務大臣官房領事移住部領事移住政策課長から別紙甲号のとおり照会があり，別紙乙号のとおり回答しましたので，この旨貴管下支局長及び市区町村長に周知方取り計らい願います。
米軍関係者に係わる婚姻要件具備証明書について（照会）
　今般在京米国大使館より，米軍関係者に係わる婚姻要件具備証明書については，米軍法務部長による証明に切り換えたいとして，その証明書のフォーマット及び署名権者の署名雛型の送付がありました。
　つきましては，米軍法務部長の署名が付された証明書フォーマットをもって，婚姻届提出の際の米軍関係者に係わる婚姻要件具備証明書として取り扱うことが可能であるや否やを御検討いただきたく，結果回報方お願い申し上げます。……

　回　答
　本年6月4日付け領政第206号をもって照会のあった標記の件については，照会のあった様式をもって米軍関係者に係わる婚姻要件具備証明書として取り扱うことができると考えます。

(ii) 婚姻証書

　外国に在る日本人が，その国の方式に従って，届出事件に関する証書を作らせたときは，3か月以内にその国に駐在する日本の大使，公使，領事にその証書の謄本を提出し，大使らが駐在しないときは，3か月以内に本籍地の市町村長に証書の謄本を発送しなければならない（戸籍法41条）が，婚姻の場合，何がその証書に該当するかは必ずしも明らかではない。そのため，何が41条の婚姻証書に該当するかについては，次のとおり，多くの先例がある。

- 内地在住の日本人女が米国人カンサス州男と結婚し，妻は夫の本国法に基づき代理人により婚姻の証書を作らせ，同女からその謄本を提出したときは，戸籍法41条の規定に準じて受理して差し支えないとした事例（昭和25年3月27日民事甲726号民事局長回答）
- 在ニューヨーク日本人キリスト教会でニューヨーク州の法律によって，旧国籍法施行当時婚姻した旨の牧師の証明書を添えた日本人男と米国人女の婚姻届と，その届出後に死亡した夫の死亡届とが，在外事務所経由で本籍地に送付されたときの取扱いは，在外事務所長が受理した婚姻の証明書を戸籍法41条の証書謄本として取り扱う。妻は日本国籍を取得したから夫の戸籍に入籍する。死亡届は届出義務者からの届出であるから受理するとした事例（昭和26年2月13日民事甲259号民事局長回答）
- 昭和17年，米国オレゴン州の教会において同国の方式に従って婚姻し，同教会の作成した証書は婚姻証書と認められるとした事例（昭和29年9月2日民事甲1814号民事局長回答）
- 米国人男と日本人女との婚姻届が米国から郵送されたが，夫の婚姻要件を具備している旨の証明書が添付されていないときは，婚姻要件具備の証明書の送付を受けた上届出を受理すべきであるとした事例（昭和29年9月25日民事甲1986号民事局長回答）
- 米国人男と日本人女との婚姻届につき，夫の婚姻要件の具備を証する書面として夫が本国領事の面前で宣誓の上作成された宣誓書を添付した届書が所在地の市町村長によって受理されて日本人女の本籍地市町村長に送付された場合において，婚姻は所在地の市町村長の受理によって有効に成立したものと解し，本籍地市町村長が同届書に基づき戸籍の記載をすべきであるとした事例（昭和29年10月25日民事甲2226号民事局長回答）

　なお，米国人について，宣誓書を婚姻要件具備証明書として扱うことについては，在日米国大使館との協議によるとされている。
- 昭和6年に日本人女と米国人男が関東州大連にある米国領事館において結婚した旨の結婚証明書は，戸籍法41条に規定する婚姻の証書として取り扱うことはできないが，婚姻届出に関する要件具備の証明書と

して取り扱うことができるとした事例（昭和30年7月27日民事二発355号民事局第二課長回答）
- 米国ニュージャージー州マーサー郡プリンストン自治市人口統計登録官発給の婚姻証明書を婚姻証書の謄本として取り扱って差し支えないとした事例（昭和32年11月21日民事甲2233号民事局長回答）
- 旧国籍法施行当時日本人女が米国人男とハワイにおいて米国の方式によって婚姻し，夫の死亡後に，婚姻に関する牧師の証明書を添付して婚姻届が提出された場合同証明書は，戸籍法41条の証書謄本と解して受理するのが相当であるとした事例（昭和34年11月20日民事甲2533号民事局長回答）

　　米国カリフォルニア州ロスアンゼルス地方記録係の発給にかかる婚姻登録証明書は，戸籍法41条に規定する証書である。
- カリフォルニア州においては，挙式の日に婚姻は成立する（昭和41年10月3日民事二発840号民事局第二課長回答）
- 米国ネバダ州ラスベガス地方記録係の発給にかかる「婚姻登録済証明書」は，婚姻成立を証する婚姻証明書として取り扱って差し支えないとした事例（昭和45年5月19日民事甲2252号民事局長電報回答）
- 米国人男と日本人女が米領グアム島で婚姻し，同地の裁判官発行の証明書が提出され，これを受理して差し支えないとした事例（昭和49年8月23日民二4911号民事局長回答）
- 米国人男と日本人女がヴィエトナム国駐在米国大使館で領事婚をなし，その婚姻証明書を添付して妻の本籍地市長に婚姻届がなされた場合は，その婚姻証明書を要件具備証明書とみなし，日本方式による婚姻届として取り扱って差し支えないとした事例（昭和52年5月2日民二2595号民事局第二課長電信回答）
- タイ国人男と日本人女間の米国ペンシルバニア州における婚姻について，同州市長が発給した婚姻証明書を戸籍法41条に規定する婚姻証書として取り扱って差し支えないとした事例（昭和58年2月25日民二1282号民事局第二課長依命回答）
- 米国人男と日本人女がプエルトリコの方式により婚姻し，同人らから

プエルトリコ厚生省人口動態統計局保健課発給の婚姻証明書が提出された場合は，これを戸籍法41条に規定する証書の謄本として取り扱って差し支えないとした事例（昭和61年3月12日民二1808号民事局長回答）

(iii) 待婚期間

米国に関して待婚期間についての先例がある。【1-141】は，判決理由から離婚よりも数年前から音信不通にあるケースについて民法733条の適用を排除した先例であり，【1-142】は，日本人男と米国人女との婚姻について女性の婚姻の準拠法を反致により日本民法とした上，待婚期間の婚姻障碍があるとして婚姻届を不受理とした先例である。

【1-141】 米国人夫と日本人妻の離婚判決の判決理由中で，悪意の遺棄が原因であり，夫は数年前米国に帰国し，かつ音信不通である旨の事実が認定されている場合，民法733条の待婚期間は排除され，判決確定後直ちに再婚できるとした事例

昭和40年3月16日民事甲540号民事局長回答

> 別添離婚判決書正本（写）のとおり，悪意の遺棄を原因とする離婚判決の理由中に，アメリカ人夫は，昭和34年6月はじめに帰国し，かつ，昭和36年夏頃から全く音信がないことの事実認定がなされている場合は，民法第733条の待婚期間は排除され，当該判決確定後，直ちに婚姻届出ができるものと解してさしつかえありませんか，何分の御指示を賜わりたくお伺いします。……
>
> 回　答
> 2月16日付日記戸第346号で照会のあった件については，貴見のとおり解してさしつかえない。おって昭和31年4月19日民事甲第874号当職回答は，本回答によって変更されたものと了知されたい。

【1-142】 日本人男と米国人女の婚姻届について再婚期間に関する準拠法は日本国民法であり，同法733条の婚姻障害があるので受理すべきではないとされた事例

昭和62年10月2日民二4974号民事局長回答

日本人男と米国人女（メリーランド州）との婚姻届の受否について
　当職としては，添付された米国人女の宣誓書は婚姻要件具備証明書として取り扱い受理して差し支えないと考えます。
　しかし，同人は前婚解消から2箇月余りを経過しているにすぎないことから，再婚禁止期間に関する準拠法について，当事者のいずれの本国法を適用するかによっては結論が異なると考えられますので，何分の御指示を賜りたく照会します。……

回　答
　本年7月22日付け二戸一第571号で照会のあった標記の件については，下記の理由により受理しないのが相当と考える。
　　　　　　　　　　　　　　記
　本件米国人女の婚姻の実質的成立要件については，法例第29条［注：平成元年改正前のもの］により我が国の民法が準拠法となるものと考えられるところ，同女には民法第733条に定める婚姻障害がある。

(イ)　婚姻の無効・取消し
(i)　婚姻の無効
　婚姻の実質的成立要件が欠けていて無効又は取消原因となる場合，その準拠法は，婚姻の実質的成立要件の準拠法と同じく各当事者の本国法であり，双方について要件が欠けている場合，その効果は，厳格な効果を定める方の法律によると解されている（厳格法の原則）ことは先述のとおりである。【1-143】，【1-144】，【1-145】は，待婚期間違反を無効原因としていた州法に基づき，婚姻を無効とした審判例である。また，【1-146】は，米国で婚姻無効の判決があった場合，日本法では無効原因とならなくても婚姻無効の判決があったものとして取り扱うとした先例である。
　なお，米国では，離婚の中間判決がされることがあるが，その場合は，最終判決が確定するまでは離婚の効力は生じないから，その間に婚姻をすれば，重婚となり，婚姻の無効ないし取消原因となる。神戸家裁昭和29年11月30日審判（国際私法関係事件裁判例集535頁）は，離婚の中間判決は

されているが最終判決がされていない米国人男と日本人女の婚姻が，同男の前婚継続中にされた婚姻であるとして取消しが認められた事例であり，また，米国人男（ペンシルバニア州）と日本人女が日本国内において婚姻し，その婚姻届出が市区町村長によって受理され，夫婦間に子が出生したところ，同婚姻届出当時夫には既に本国に正妻があり重婚となっていることが判明した場合，同婚姻は無効であり，出生子は嫡出でない子として取り扱うとした先例（昭和34年6月6日民事甲1192号民事局長回答）がある。

【1-143】 米国ウイスコンシン州において離婚判決を受けた米国人男が，1年以内に日本人女と再婚をした婚姻の無効確認を求めた事案において，同州法は離婚判決後1年以内の婚姻は無効である旨定めているとして，婚姻無効の審判をした事例

京都家審昭和29年6月1日家月6巻9号30頁

申立人は主文掲記のような調停を求める旨申立て，その事由の要旨は申立人と相手方とは昭和28年○月○○日神戸市において婚姻を挙行した旨同市○○区長に届出で同区長は即日これを受理した。しかし，相手方の本国法であるアメリカ合衆国ウイスコンシン州法によれば婚姻の当事者が離婚の判決を受けたときはその判決言渡の時から満1ケ年を経過するまで次の婚姻をすることができないところ，相手方は前婚につき本国であるウイスコンシン州において，1952年○月○日離婚の判決言渡を受けたのでその後満1ケ年を経過しないうちにした上記婚姻は無効であるというのである。

……申立人と相手方とは日本国内において婚姻したとして昭和28年○月○○日神戸市○○区長に届出で同区長は即日これを受付けたが，相手方はそれよりさきにその本国であるアメリカ合衆国ウイスコンシン州において前の妻であるAとの間で1952年（昭和27年）○月○日離婚の判決言渡を受けたところ相手方の本国法であるウイスコンシン州法によれば該判決はその言渡の日から満1ケ年を経過するまでその効力を発生しない。すなわち判決言渡の日から満1ケ年間は離婚の効力を発生しないことが明かであって，又上記州法によれば，その離婚の当事者の一方が判決言渡後1ケ年以内に次の婚姻を締結したときはたといそれがウイスコンシン州外で締結された場合においても該婚姻は無効であることが認められる。そうすると申立人と相手方との本件

婚姻は相手方の上記離婚判決言渡後１年以内に締結されたものであるから結局無効であるといわなければならない。

【1‐144】 米国カンザス州裁判所で離婚から６か月以内の再婚ができない旨の判決を受けた米国人男が同６か月以内に日本人女と再婚をした場合，同婚姻には無効原因があるとして，婚姻無効の審判をした事例

静岡家沼津支審昭和31年９月24日家月８巻11号35頁

　申立人は主文同旨の調停を求めその実情として申立人はアメリカ合衆国民で同国カンザス州の出身である相手方と婚姻し昭和30年10月○○日○○市○区長にその届出をして受理されたが日本駐在アメリカ合衆国○○総領事に所定の手続をなそうとしたところその受理を左記事由により拒絶された。即ち相手方は本国においてＡという妻があり同人から本国カンザス州ラベテイ地方裁判所オスウエーゴ支部に離婚訴訟を提起され昭和30年９月○日同裁判所において「当事者間に従来存在していた婚姻関係は以後取消し離婚すべきものとする。当事者は離婚より６箇月満了以内に第三者と再婚することが出来ない」との判決言渡があったから右６箇月の期間満了前にした申立人との前記婚姻は該判決に抵触し無効でありアメリカ合衆国としては到底これを認め得ないということであった。申立人及び相手方は斯る再婚禁止の裁判のあったことを知らぬため再婚差支えなしと思い前記婚姻をなしたのであり今日も依然として互に有効な婚姻を欲しておるから前記婚姻の無効確認の審判を得て該婚姻届の抹消をした上６箇月の再婚禁止期間経過の今日改めて有効な婚姻届をなさんことを期し本申立に及んだと述べた。
……によれば申立人主張の如き婚姻届がされたこと，アメリカ合衆国において申立人主張の如き離婚判決があり右婚姻届出が該判決により命ぜられた６箇月の再婚禁止期間内にあることを認め得るので右婚姻届出による婚姻の効力について按ずると法例第13条〔注：平成元年改正前のもの。以下同じ〕は婚姻成立の要件は各当事者に付き其本国法に依りて之を定むとしているので申立人については日本の法律により相手方についてはカンザス州法により夫々その婚姻成立の要件を具備しておるや否やを調査すべきであるがアメリカ合衆国の各州は斯る場合一般に婚姻の要件は婚姻挙行地の法律に従うとしておるので所謂反致法の規定である法例第29条により前記再婚禁止の判決は申立人と相手方との婚姻に影響なく右婚姻は我が民法の規定する婚姻の要件を欠かぬ限り有効であると一応思料されるところカンザス州一般法は「地方

裁判所が与える離婚の裁判は何れも各判決毎に終局的結論的なものである。かかる離婚訴訟の当事者は双方とも離婚判決言渡の日から6箇月以内は当事者以外の如何なる者をも相手として婚姻することは非合法とされる。そして本条の規定に違反して婚姻する者は誰でも重婚の有責とされ，かかる婚姻は絶対的に無効である」と規定しておりカンサス州の住民たり市民たる者がカンサス州以外の土地において挙行した婚姻についてもその再婚禁止の効力を及ぼすと解すべきものな［り］。

【1-145】 米国カリフォルニア州法を本国法とする米国人妻が離婚後1年経過するまでは判決の効力が生じない旨の離婚判決を受けて1年以内に米国人男と婚姻をした事案について，同婚姻は同州以外でされた場合も無効であるとして，その旨の審判をした事例

浦和家審昭和38年6月7日家月15巻8号131頁

本件についての準拠法は，法例13条［注：平成元年改正前のもの］により，それぞれ当事者の本国法であるカリフォルニア州法によるべきところ，昭和38年6月7日当裁判所の調停委員会において，当事者間に合意が成立し，申立人と相手方との1956年某月4日，ネヴァタ州クラーク郡役所受付にかかる婚姻届出による婚姻登録は無効であることにつき争がないので当裁判所は……を総合すると申立人と相手方とは……，1956年5月4日米合衆国ネヴァタ州クラーク郡役所に婚姻の届出をなして，その旨婚姻登録簿に登載されたが，申立人はそれよりさきに1955年6月16日，米合衆国カリフォルニア州ロスアンゼルス郡高等裁判所において前の夫であるロバート・L・アンドレイとの離婚の判決言渡を受けているので，当事者の本国法であるカリフォルニア州法によれば該判決はその言渡の日から満1ケ年を経過するまでその効力を発生しないすなわち判決言渡の日から満1ケ年間は離婚の効力を発生しないことが明らかであって，上記州法によればその離婚の当事者の一方が判決言渡後1ケ年以内に次の婚姻をなしたときは，それがカリフォルニア州外でなされた場合においてもその婚姻は，無効であることが認められる。そうすると申立人と相手方との本件婚姻は，申立人の上記離婚判決言渡後1年以内になされたものであるから，無効であるといわなければならない。

【1-146】 米国メリーランド州の婚姻無効判決を離婚判決として取扱い受理してよく，判決確定の日は判決の日として扱ってよいとされた事例

昭和34年4月30日民事甲867号民事局長回答

　離婚届の受否について当庁管内美祢市長より別紙のとおり照会がありましたが，左記のとおり疑義があり許否を決しかねますので折返し何分の御指示を煩わしたく，お伺いいたします。
　　　　　　　　　　　　　記
1　メリーランド州プリンスジョージ郡管轄巡回裁判所の最終判決は，離婚でなく婚姻無効と解せられるが，この無効原因は日本民法の婚姻無効の要件に該当しないので，婚姻無効として取扱うことはできないと解して差しつかえないか。
2　婚姻無効として取り扱うことができないとしても，これを裁判上の離婚と解しこの届出を受理して差しつかえないか。
3　この判決確定の日は，判決の日である昭和33年11月25日と解して差しつかえないか。
　本件の離婚裁判確定の日を昭和33年11月25日とし，この離婚届を受理して差支ないか，何分の御指示下されたく関係書類添付の上御伺い致します。
最終判決
　調査官の報告書および全訴訟手続調書を審査するに，被告は原被告婚姻当時以来肉体的に無能力であって，この不治の身体的欠陥のため婚姻状態に入りこれを成就することが不可能であること，および，かかる無能力の事実は当該婚姻契約当時において被告はこれを知っていたが，原告は知らなかったものであることが認められる。
　よって，メリーランド州プリンスジョージ郡管轄巡回裁判所は1958年11月25日つぎのとおり判決する。
　ＳおよびＤ間の1955年10月7日付婚姻はここに無効であることを宣言する。原告は当該婚姻当時のＳＮなる氏名の使用権を回復する。

回　答
1　所問の場合には，婚姻無効の判決があったものとして取り扱ってさしつかえない。
2　前項により了知されたい。
3　貴見のとおり。

(ii)　婚姻取消し
　米国に関し，婚姻取消しについての先例は少ない。【1-147】は，米国でされた強迫を原因とする婚姻取消判決について出訴期間経過の証明がない限り，同判決によるほかないとしたものである。

【1-147】 在米日本人夫婦の強迫を理由とする婚姻取消判決が米国でされた場合，婚姻取消請求が民法747条2項の3か月経過後であっても，その認定は裁判所の認定のよるほかなく，特段の証明がない限り，同判決を添付してされた婚姻取消しは受理をするとされた事例

昭和35年11月28日民事甲2837号民事局長回答

　　　　　米国裁判所のなした婚姻取消判決の取扱方に関する件
　本件に関し在サンフランシスコ総領事館から，別添公信（写）のとおり在米日本人夫婦に対してなされた米国裁判所の婚姻取消判決（訴状及び戸籍謄本添付）を送付越した。
　本判決によれば，その取消原因となっている事実は強迫であるが，婚姻取消の請求がなされたのは，わが民法第747条第2項の3箇月を経過した後と認められるところ，委細は別添書面にて御了知の上，本件判決の日本法上における効力及びその取扱方に関し，貴見御回示煩わしたく御依頼する。
　1　婚姻無効訴訟裁判所名　カリフォルニア州（以下略）
　2　婚姻無効の裁判確定日　昭和34年12月8日
　3　婚姻無効判決請求理由
　本件申立人妻Aは，夫，Bと合意で結婚したものでなく，親族のものより婚姻を強いられたもので，当初より夫婦生活に入る意図はなかった。
（判決）
　原告被告間の婚姻は本判決の日から完全に無効であることを宣言する。
　1959年12月8日
　カリフォルニア州民法（抄）
　第82条（婚姻取消原因）
　　5号　当事者いずれか一方の同意が強迫によって得られた場合，但し，該当事者がその後夫婦として他の一方の当事者と任意に共同生活している場合にはこの限りでない。
　第83条（訴提起の時期及び訴提起権者）
　　5号（前条）第5号に規定する原因による場合，被害者から婚姻後4

年以内

回　答
　本年8月26日付移企第3249号で照会のあった標記については，次のとおり回答する。
　強迫による婚姻の取消権は，「強迫を免かれた後3箇月を経過し」たときに消滅するものとされているが（民法第747条第2項），強迫を免かれた時期如何については，もっぱら裁判所の認定によるほかはない。
　所問の場合，日本民法の適用があることはいうまでもないが，その出訴期間を徒過した訴提起に基づく場合であるか否かについては，特段の証明がなされない限り，米国裁判所の判決によるほかはなく，また，その適否については，形式的審査権しか有しない戸籍事務管掌者（戸籍事務の一部を担当する在外日本大・公使，領事を含む。）において判断しうるところではない。したがって，所問判決は，日本法上，必らずしも無効とはいい難く，右判決謄本を添付して当該訴訟を提起した者から，婚姻取消の届出があった場合は，これを受理し戸籍の記載をする取扱である。
　なお，取問判決確定の日は，当該判決綴込の日たる昭和34年12月14日であると考える。

(ｳ)　婚姻の効力
　婚姻による成年擬制の準拠法について，平成元年改正前の法例が婚姻の効力に関する準拠法を夫の本国法としていたことから，成年擬制についても米国人である夫の属する州法によるとした事例（昭和32年3月27日民事甲577号民事局長回答）がある。

エ　離　婚
(ｱ)　離婚の方法
(ⅰ)　協議離婚
　米国は，各州とも協議離婚を認めていない。平成元年改正前法例16条本文は，離婚の準拠法は夫の本国法によると規定していたことから，夫が米国人の場合，協議離婚が認められなかった。また，米国には戸籍はなく，米国人男との婚姻によって日本人女は米国籍を取得しないから，日本国籍も喪失しない。したがって，その場合，日本人女について除籍の記載はしない。また，同夫婦の離婚については，平成元年改正前法例

16条により夫の本国法が適用されるが、目下のところ米国には協議離婚の制度はないので留意されたいとした先例（昭和26年6月14日民事甲1230号民事局長通達）がある。また、米国人夫と日本人妻の協議離婚届が受理され戸籍に記載されても無効であるから戸籍訂正の手続により離婚事項を消除する（昭和29年4月12日民事甲738号民事局長回答）とされていた。

　平成元年法例改正により、離婚については、婚姻の効力の規定が準用され、日本に夫婦の常居所地か密接関係地があれば、日本法が適用される結果、協議離婚もできるようになった。したがって、連合王国人夫と米国人妻の離婚の際に最も密接な関係がある地が日本であると認定されれば、協議離婚届を受理して差し支えない（平成2年9月20日民二4179号民事局第二課長回答）。

(ii) 調停離婚

　米国の各州が協議離婚を認めていないことから、当初、米国人夫と日本人妻との間に離婚の調停が成立しても、この調停調書に基づく離婚届は受理できない（昭和26年8月3日民事甲1596号民事局長回答）とされていたが、調停調書も確定判決と同一の効力を有することから、日本にある米国人らの離婚について、日本の裁判所で離婚の調停が成立し、その届出がされた場合は受理するものとされた（昭和28年4月18日民事甲577号民事局長通達）。これに基づき調停離婚を認めたものに、東京家審昭和31年5月11日国際私法関係事件裁判例集738頁（米国人夫妻（ニュージャージー州）間の調停離婚）、東京家審昭和31年6月18日国際私法関係事件裁判例集742頁（米国人夫（ハワイ州）と日本人妻との調停離婚）がある。

　しかし、準拠法が米国の場合には、協議離婚は認められないから、米国における州法の離婚要件を充足することが必要である。準拠法の離婚原因の存在を確認した上で調停離婚を成立させた事例として、横浜家審昭和34年5月4日家月11巻8号130頁（米国人夫が強盗傷人罪により懲役に処せられたことは、米国（ミシガン州）法の離婚原因に該当するとして、日本人妻との間に離婚調停成立）がある。

　なお、上記のとおり、平成元年法例改正により、米国人と日本人との離婚については、常居所地法により、常居所地がないときは、密接関係

地法によるとされたことから，我が国がいずれかに該当する場合には，当然に調停離婚も認められることになり，現在の通則法に至っている。

(iii) 審判離婚

　上記のとおり，調停離婚も確定判決と同様の効力を有することから，準拠法が米国にある場合にも調停離婚が成立すれば，我が国内では有効に離婚が成立するとされていた。しかし，実質的に見れば，調停は当事者間の合意という性質が強く，米国には協議離婚がない以上，調停離婚は相当ではなく，審判により離婚を成立させるべきであるという考え方もあった。その結果として，24条審判により離婚を成立させる事例も多かった。【1-148】，【1-149】はそうした事例である。また，調停離婚を成立させるには双方本人の意思を確認することが必要であり，成立時点において双方本人の意思を調停委員会として確認できない場合には調停を成立させることができないため，代理人により合意が認められる場合には，調停を成立させず，24条審判を行うのが相当であるとした審判例がある。【1-150】，【1-151】は，その事例である。なお，24条審判は当事者間に合意が成立しない場合であり，当事者間に合意が成立しているが，準拠法が裁判による離婚しか認めていない場合には，23条審判を行うべきであるとする考え方もあり，これに沿った裁判例が【1-152】である。また，平成元年法例改正前に隠れた反致を認めた上で，24条審判により離婚を認めた事例として，【1-153】，【1-154】がある。なお，平成元年改正後の法例の規定は，そのまま通則法でも維持されており，家事審判法23条による審判，同24条による審判は，基本的に家事事件手続法277条，同284条に承継されている。

【1-148】 米国人夫（ウィスコンシン州）と日本人妻間の離婚調停事件につき家事審判法24条1項の審判をした事例

大阪家審昭和37年12月1日家月15巻6号92頁

申立人は相手方に対し，1年以上の悪意の遺棄を離婚原因として昭和36年5月26日大阪地方裁判所に離婚訴訟を提起し，同裁判所は昭和37年1月20日

事件を当裁判所の調停に付する旨決定したので，当裁判所は調停手続を開始したが，後記認定のような事情のため調停は成立するに至らなかった。……によると，申立人は日本国籍を有し，相手方はアメリカ合衆国の国籍を有する者であって，双方は昭和30年（1955年）7月5日日本国福岡県福岡市役所において，アメリカ合衆国副領事A立会のうえ，福岡市長に対し適式の婚姻の届出をしたこと，及び申立人が上記肩書地に住所を有することが認められる。このように当事者の一方である申立人たる日本人が日本国籍を有する本件離婚については，日本の裁判所が裁判管轄権を有するが，その準拠法については法例第16条［注：平成元年改正前のもの。以下同じ］によると離婚原因発生当時の夫の本国法によることになる。ところが夫である相手方の本国法たるアメリカ合衆国の国際私法原則によると，当事者の双方または一方が住所を有する地（法廷地）の法律を適用すべきものと解されるから，本件については法例第29条により結局日本の法律が適用されることになる。〈証拠略〉によると相手方は婚姻前から外国航路の乗組船員をしていたが，申立人との婚姻後も日本に特定の住所を有せず，1年に2～3回乗船が日本に寄港する際，申立人と僅かな日数の共同生活を送るにすぎなかったこと，相手方は寄港のつど4～5万円を申立人に手渡すだけで，法律上の妻としての待遇が十分でなかったこと，申立人は婚姻当初はアメリカ合衆国へ移住するつもりであったが，母の負傷事故が発生する等家庭の事情が変化したため移住をしぶるようになり，これらのことから相手方との仲が円満を欠くに至り，昭和34年終頃には夫婦間は破たんを来していたこと，本件離婚訴訟の提起前からすでに双方は離婚を承認しており，現在もその意思には変りはないが，相手方は上記のとおり船員であって日本に寄港しても調停期日に出頭できないため，調停における離婚の合意は成立しなかったこと，をそれぞれ認めることができる。

当裁判所は上記認定の事実その他諸般の事情を考慮し，本件は家事審判法第24条の調停に代る審判によって離婚させるのを相当と認め，調停委員長B，同Cの意見をきいたうえ，主文のとおり審判する。

【1-149】 米国人夫と日本人妻との離婚について，夫の本国法によるが，反致により日本法が適用されるとした上で，離婚原因があり，事実上双方離婚に合意しているが，妻は沖縄に在住しており，調停期日に出頭できず，合意ができないため，家事審判法24条1項により離婚の審判をした事例

東京家審昭和42年2月18日家月19巻9号88頁，判タ223号260頁

252 第1部 渉外婚姻法

〈証拠略〉を綜合すると，一の1ないし4の事実［注：申立人の主張事実］をすべて認めることができ，また相手方は申立人と別居後，昭和38年（1963年）12月頃，申立人に対し，自己の許に戻って同居するように促したのであるが，申立人はこれに応じなかったこと，申立人代理人Aは相手方の経営する翻訳事務所に勤務する日本人であるが，昭和41年8月頃所用で沖縄に赴いた際，相手方の依頼で，申立人の意見を確かめたところ申立人は相手方とは離婚するほかないと言明し，東京家庭裁判所に調停申立をするにつき，遠隔地で出頭できないので，自己の代理人となってもらいたいとの依頼を受け，同人はこれを承知したこと，また，同人はその際相手方より委託された，金500ドルを申立人に手交し，申立人は離婚給付の積りでこれを受領していることを認めることができる。

……当事者の一方である申立人が日本国籍を有し，かつ，相手方は米国人であるが，日本東京都内に住所を有しているので，本件離婚について日本の裁判所は裁判権を有し，相手方の住所地を管轄する当家庭裁判所が管轄権を有することは明らかである。……法例第16条［注：平成元年改正前のもの。以下同じ］によると，離婚については離婚原因たる事実の発生当時における夫の本国法によるべきものとされており，夫たる本件相手方の本国はアメリカ合衆国であるが，……結局法例第29条により，準拠法としては，もっぱら日本法が適用される……。申立人は相手方による精神的虐待行為により，別居して実家に戻ったのであるが，その後相手方とはとうてい円満な夫婦生活を営むことはできないと考え，相手方よりの同居の要求をも拒否し，離婚を求めており，相手方も自己の精神的虐待により申立人が離婚を求め，自己との同居を拒否する以上離婚するほかないとの意向を有しており，昭和42年2月3日における当裁判所調停委員会において双方の離婚の意思は確認されたのであるが，申立人本人は調停に出頭せず，かつ，今後も出頭できる見込がなく，しかも離婚の合意は代理に親しまないものと解されるので，結局当裁判所の調停委員会の調停においては，離婚の合意は成立しなかった……。その他諸般の事情を考慮し，本件については家事審判法第24条の調停に代わる審判によって，申立人と相手方とを離婚させることが相当であると認め，……主文のとおり審判する次第である。

【1-150】 米国在住の米国人夫と日本在住の日本人妻との離婚調停において，双方の代理人の合意はあるが，双方本人不出頭ため，調停は成立しないものの，当事者の離婚意思が明白であることから，家事審判法24条

1項の審判をした事例

広島家審昭和34年7月4日家月11巻9号118頁

申立人は主文同旨の調停を求めた。
　当裁判所は昭和34年7月1日第1回調停委員会を開いたところ，申立人は肩書地記載のとおり米国に居住しているので代理人Aが，相手方も亦肺結核のため病臥中のため代理人（実父）Bがそれぞれ出頭した。
　而して，右代理人等はいづれも本件離婚の申立に合意する旨調停委員会において陳述した。しかし，本件は身分行為であって代理に親しまないものであり，代理人の合意を以て直ちに当事者本人間の合意として調停を成立させることはできないが，申立書添付の申立人本人の口述書，家庭裁判所調査官C作成の調査報告書の各記載等に徴すると相手方が肺結核であるため円満なる婚姻の継続が期待できないので相互に離婚の意思あることが明白である。
　よって，当裁判所は調停委員D，同Eの意見をきき，夫の本国法であるアメリカ合衆国カリフオルニア州の離婚に関する法律，日本国の民法，家事審判法を適用して主文のとおり審判する。

【1-151】　米国在住米国人（カリフォルニア州）夫の代理人弁護士と日本人妻との間で離婚について合意が成立しても調停は成立しないが，夫が離婚を熱望しているとして，家事審判法24条1項により，離婚の審判をした事例

長崎家佐世保支審昭和47年2月28日家月24巻11号74頁，判タ288号416頁

申立人は，主文（申立人と相手方を離婚する）同旨の調停を求め，昭和47年2月22日の調停委員会の調停において，申立人は肩書地記載のとおり米国に居住しているので代理人（弁護士）が出頭し，相手方との間に主文同旨の合意が成立した。しかし本件は身分行為であって代理に親しまないものであり，代理人との合意をもって調停を成立させることはできない。しかし，申立書添付のカリフォルニア州インペリアル地方公証人Aに対する申立人の宣誓供述書の記載によれば，申立人が相手方と離婚することを熱望していることが認められる。よって当裁判所は，調停委員の意見を聴き，夫の本国法であるアメリカ合衆国カリフォルニア州の離婚に関する法律及び日本国家事審判法第24条により，主文のとおり審判する。

【1-152】 米国人（双方とも法定住所ハワイ州）夫婦の離婚について，双方離婚の合意があるものの同州法が準拠法であり，最も同州法に近い方式は，家事審判法23条であるとし，離婚について類推適用できるとし，同条に基づき離婚の審判をした事例

横浜家審平成3年5月14日家月43巻10号48頁

〈証拠略〉によれば，本件において，相手方は我が国内（神奈川県）に常居所をもつものの，当事者双方ともアメリカ合衆国国民であり，かつ法定住所は同国ハワイ州であることが認められる。すると，本件離婚の処理については，我が国裁判所もこれを管轄できるものの，その要件及び方式はともに同州法に準拠すべきである（法例第14条，第16条，第28条第3項，第32条ただし書［注：通則法25条，27条，38条，41条］）。

ところで，本件は後記のように当事者間に離婚の合意ができている事案であるところ，〈証拠略〉によれば，離婚は，このような場合をも含めてすべて裁判所の裁判によることとされている。そして，我が国司法機関における人事案件の処理方式中，かかる離婚事案の処理につきその実質において最も同州法の方式に沿うこととなるのは，家事審判法第23条の審判の形式であると認められる。そこで，本件の離婚については，同条を類推適用して処理するのが上記準拠法の定める離婚の方式に適うものと判断し，……同条による手続き及び処分を行う。

なお，同条は，当事者の合意につき裁判機関が一定の事実上，法律上の判定を加えたうえでこれに相当する処分を行うものであるところ，協議離婚及び調停離婚の制度がある我が国法制のもとで，明文上は離婚を対象に加えてはいないが，このような合意自体に基づく離婚方式を欠く法律に準拠する場合においては，その準拠法の趣意や当該国におけるこの種合意事案の処理の実情が我が国における同条の趣意や運用に類似する限り，我が国司法機関においてこれを離婚につき類推適用することが可能であると解する。

【1-153】 日本在住の日本人妻と米国在住の米国人（ルイジアナ州）夫との離婚について，米国では離婚の準拠法については双方又は一方の住所の存する法廷地の法律によるとして反致を認め，家事審判法24条1項の審判をした事例

名古屋家審昭和37年1月19日家月14巻8号164頁

〈証拠略〉によると，申立人は日本国籍を有する者であるが，昭和35年5月6日アメリカ合衆国ルイジアナ州国籍を有する相手方と名古屋市所在米国領事館に赴いて適法な婚姻をなすとともに，同日名古屋市中区長に対しても婚姻の届出を了し申立人の現在住所において夫婦生活を始めたことが認められる。よって，当事者の一方である申立人が日本国籍を有する本件離婚については，日本の裁判所は管轄を有するものというべく，したがって申立人の住所地を管轄する当家庭裁判所において本件を処理することができる（家事審判規則第129条，第4条第1項参照）。法例第16条［注：平成元年改正前のもの。以下同じ］によれば，離婚については離婚原因たる事実の発生当時における夫の本国法によるべきところ，夫たる本件相手方の本国はアメリカ合衆国であるが，同国は各州によりそれぞれ法律を異にするいわゆる不統一法国である。しかるに相手方は離婚原因たる事実の発生当時ルイジアナ州に住所（ドミシル）を有することが認められるので，上記の夫の本国法はルイジアナ州法であるということができる。ところで，アメリカ合衆国においては，離婚は当事者の双方または一方の住所（ドミシル）の存する法廷地の法律に依るべきことが一般に認められ，この点はルイジアナ州の国際私法においても同様であると考えられる。しかるに本件申立人は出生以来日本に居住していることが顕著であるので，ルイジアナ州の国際私法によれば，本件離婚は日本法によるべき場合に該当し，したがって法例第29条が適用され，本件離婚はもっぱら日本法に依りうることとなる。……調停委員会においては離婚についての合意はみとめられたが財産上の請求について完全な合意の成立をみるに至らなかった。よって当裁判所は調停委員の意見を聴き諸般の事情を考慮し，家事審判法第24条にもとづき調停に代わる審判をなすを相当と認め，主文のとおり審判する。

【1-154】 米国人（サウス・カロライナ州）夫と日本人妻との離婚調停事件について，同州法について反致を認め，家事審判法24条により離婚審判をした事例

東京家八王子支審昭和61年9月10日家月39巻3号60頁，判タ624号217頁

　以上認定の事実によれば，相手方の所為は，民法770条1項1号，2号所定の事由に該当し，長女Aの親権者を相手方と定めるのが相当であるところ，本件の準拠法を検討すると，法例16条［注：平成元年改正前のもの。以下同

じ］，27条3項によれば，アメリカ合衆国サウス・カロライナ州の法律になるが，同国の各州においては，当該離婚裁判のなされる法廷地の法律が準拠法になり，結局，本件は，法例29条により，日本民法が適用されることになるので，調停の経過に鑑み，本件は，家事審判法24条の調停に代わる審判として，主文同旨の審判をするのが相当である。

(イ) 離婚の原因

米国州法が準拠法となる場合，それぞれの州法の定める離婚原因の存在が必要である。そのことを判示したものとして，オハイオ州の法律に定める離婚原因があるとした京都地判昭和31年12月28日下民7巻12号3911頁，各州の法律によれば，本源住所の所在地の法律によるとした東京地判昭和33年4月3日家月10巻4号27頁，判時150号27頁などがある。また，米国人間の離婚訴訟事件において，離婚原因となる事実が原告の遺棄，被告の行方不明その他これに準じる場合に該当しないとして上告を棄却した事例として，最判昭和39年4月9日家月16巻8号78頁がある。

(ウ) 離婚の効力——慰謝料・財産分与——

離婚に伴う慰謝料，財産分与については，離婚に関する法例が適用されると一般に解されていることは前述のとおりであるが，米国州法について，この点を判断した事例として【1-155】がある。また，平成元年法例改正後の事例として，米国人元夫婦の財産分与，慰謝料請求について，原告に我が国の住所がなく，被告の住所がバージニア州にあるとして，我が国の裁判管轄権を認めなかった事例として，東京高判平成5年3月29日（家月45巻10号65頁，判タ811号227頁）がある。

【1-155】 米国人（マサチューセッツ州）夫と日本人妻との離婚訴訟において，配偶者間の財産分与は離婚の効果としてされたものであるから離婚の準拠法によるとし，離婚の準拠法については夫の本国法によると，双方又は一方の法廷地法によるとし，日本民法によるべきであるとした事例

東京地判昭和35年1月28日下民11巻1号166頁

法例第16条，第27条第3項［注：平成元年改正前のもの。以下同じ］によれば本件離婚の準拠法はその原因事実発生当時における夫たる原告の本国法即ち原告の出生したアメリカ合衆国マサチュセッツ州の法律によるべきところ，一般に同国の州においては離婚につき当事者双方若しくは一方の住所の存する法廷地法が適用される旨規定されているので，法例第29条により結局本件については我が民法が適用される。……又離婚配偶者間の財産の分与は，離婚の効果としてなされたものであるから，離婚の準拠法がその準拠法となるべきであり，従って本件においては離婚の準拠法たる日本民法によるべきである。

㈣　子の親権・監護者の決定

子の親権者及び監護者の指定について，平成元年改正前の法例では，離婚に関する16条ではなく，親子間の法律関係に関する21条を適用するとするのが多数説であったことは前述したが，平成元年改正前の法例は，親子関係については父の本国法とすると定めていたところ，父の住所地法であるノース・カロライナの州法を準拠法とした事例として，【1－156】がある。

親権者指定については，父又は母の本国法と同一なるときは子の本国法により，その他の場合には子の常居所地法によるとされ，子の本国法によるときは反致は適用されない（通則法32条，41条ただし書）。平成元年法例改正前には反致の除外規定はなかったので，多く反致が認められていた。【1－157】はその事例である。なお，平成元年改正後は，法例21条により，通則法制定後は，同法32条には当事者の本国法によるべきときは，反致の適用は排除される（通則法41条ただし書，法例32条ただし書）のであるから，隠れた反致についても，その適用は排除されると解すべきである。日本人母とミシガン州出身の米国人父との間の米国人未成年者の親権者指定に関し，未成年者の住所地が日本にあるから我が国に国際裁判管轄があるとした上，準拠法について父と子の共通本国であるミシガン州法が適用されるとしながら，これに隠れた反致を認め，日本民法により日本人母を単独親権者に指定した事例として【1－158】があるが，

疑問がないではない。

別居中の夫婦の子の監護者の指定については，離婚とは関係がなく，親子関係に関する通則法32条（法例21条）が適用されることは争いがないが，これを認めた事例として【1-159】がある。

【1-156】 米国人（ノース・カロライナ州）夫と日本人妻との離婚判決が同州で確定後未成年者の親権者指定の申立てがされた事案について，平成元年改正前法例20条により父の本国法である同州法が準拠法になるとし，同州法に基づき，子の監護者を母と定めた事例

山口家岩国支審昭和52年11月4日家月30巻11号77頁

本件はアメリカ合衆国ノース・カロライナ州〇〇郡高等裁判所において当事者間の離婚の審判がなされその離婚が確定したが子の監護の定めがない。子の親権者を定めるについての準拠法は，法例第20条［注：平成元年改正前のもの］の親子の法律関係に関するものと解する。法例第20条によれば親子間の法律関係については，父の本国法によるべきとされている。父の住所はノース・カロライナ州と認められるのでノース・カロライナ州法を準拠法とする。ノース・カロライナ州法によると，申立を受けた裁判所の裁判官は児童の利益及び福祉を最善に促進すると認める個人，代理人，団体又は施設に対し斯る児童の監護権を与えなければならなぬ旨規定する。……相手方は当事者が離婚後事件本人の生活費として昭和49年6月までは月額50ドルを送金して来ていたが，その後は送金なく子に対する愛情，養育の熱意がなく現在では音信もなく所在も判明しない。申立人は事件本人とその姉の3人が同居しホステスとして稼働し事件本人の実姉（異父姉妹）の収入と合せて安定した生活を送っていること。事件本人は幼少にして相手方と離別した関係もあって父親についての記憶は全然なく愛情も感ぜず，親子の親和感がない。現在では中学校3年として勉学をしているが，学校内外において混血児である違和感なくその生活を送っている。……よって，ノース・カロライナ州法を適用し子の福祉と利益を最善に促進するものと認める子の母である申立人を事件本人の親権者に指定することとし主文のとおり審判する。

【1‑157】 米国人（フロリダ州）父と日本人母とが同州において離婚をした後，日本在住の母が申し立てて双方の子の親権者指定について，平成元年改正前の法例20条により準拠法となるべきフロリダ州法に関して反致を認め，子の住所地法である日本民法を適用して親権者を定めた事例

東京家八王子支審昭和61年10月7日家月39巻3号62頁

　親子関係の法律関係は，法例20条［注：平成元年改正前のもの。以下同じ］により父の本国法によるべきところ，〈証拠略〉フロリダ州法によると児童保護の事項を定める権限は裁判所にあり同州の裁判所の同事項についての権限は同州が離婚訴訟手続の開始時に児童の在住州である場合等の場合に有する旨定められ，同州裁判所はその土地管轄内にいない児童の保護に関する事項を定めることができない。……アメリカ合衆国では児童の監護教育者を定める権限は児童の住所地を管轄する裁判所にあると解されている。そこで，事件本人の住所についてみると，……事件本人の住所は日本国内の肩書住所地というべきである。同州の児童保護事項に含まれると解される親権者の指定についての審判を求める本件については，上記フロリダ州および解釈基準により法例29条に則り，事件本人の住所地法たる日本の法令によるべく，民法819条家事審判法9条乙類7号を類推し，申立人は親権者としての必要条件に欠くるところはないから，申立人を事件本人の親権者に指定することは相当で，かかる趣旨の審判を求める本件申立は理由がある。

【1‑158】 離婚した日本人母とミシガン州出身の米国人父との間の米国人未成年者の親権者指定申立事件について，未成年者の住所地である日本に裁判管轄権があるとした上，準拠法については，法例21条及び28条3項により，父と未成年者との共通本国法たるミシガン州法が適用されるところ，米国抵触法理によれば，いわゆる隠れた反致を認めることができるとして，日本民法を適用し，日本人母を単独親権者と指定した事例

那覇家審平成3年4月1日家月43巻10号44頁

　親権者の指定ないし変更については，親子間の法律関係の問題として法例21条によるべきところ，未成年者及び相手方はいずれもアメリカ合衆国国籍を有し，同国は地方に依り法律を異にするから，同法28条3項を適用し，未

成年者と相手方の共通本国法であるミシガン州法が準拠法として考えられるが，一般に，ミシガン州のそれを含め米国抵触法理によれば，親権その他の子の監護に関する問題については，子の利益，福祉に最も密接に関連し，したがって最も有効適切な判断をなし得るところの裁判管轄権を有する裁判所が，その法廷地法を適用して裁判すべきものとされているところ，上記州際間の抵触法理は，特段の事情のない限り，国際間の法律関係にも適用され，子の利益・福祉に最も密接に関連するものとして日本に裁判管轄権が認められる場合には，日本の裁判所が法廷地法に従って適切な裁判すべきものとする，いわゆる隠れた反致を認めることができるから，法例32条により我が国の民法に従って親権者を定めるべきである。

【1-159】 日本在住の日本人妻から米国在住の日本人夫に対し，子の監護者の指定の申立てがされた事案で，米国イリノイ州の裁判所の一時的監護権を妻から夫に変更する旨の命令が民事訴訟法200条（現118条）の終局的な裁判か疑問があり，仮に該当しても，未成年者らの状況から改めて監護者を指定するのが相当であるとされた事例

神戸家伊丹支審平成5年5月10日家月46巻6号72頁

本件においては，アメリカ合衆国イリノイ州クック郡巡回裁判所から発せられた未成年者らの一時的監護権を申立人から相手方に変更する旨の命令（court order）が存在し，右命令が民事訴訟法200条の外国裁判所の確定判決に該当するか否かが問題となる。右命令は，外国裁判所が離婚訴訟継続中に一時的監護権（temporary custody）を定めたものであり，終局的な裁判（final judgement）であるか否かは疑問である。他方，その内容は我が国における家事審判法9条1項乙類4号の監護者の指定と同様の内容を持つものであるから，民事訴訟法200条［注：現118条］が類推適用されると解する余地もある。しかしながら，仮に右命令が同条の外国裁判所の確定判決にあたるとしても，以下の事情からすると，現段階では我が国において未成年者らの監護者を定めるのが相当である。……これらの事実関係に鑑みると，未成年者らは思春期にあたってその人格の形成上重要な発育段階にあり，みだりに生活環境に変更を加えるのは心理的安定性を著しく失わせて情緒不安定に陥らせるおそれがあるものといえ，子の利益及び福祉の観点からすると，現在の段階においては未成年者らを申立人の監護養育に委ねるのが相当である。

オ　米国人の氏・名の変更
(ア)　氏の変更

　氏名の準拠法は，基本的に人格権，氏名権の問題として本人の本国法によるとされていること，夫婦の氏など身分関係の変更等により生じる氏の変更については，通則法25条（法例14条）を適用すべきかについて，学説，判例は分かれていることは先述のとおりである。夫婦の氏の準拠法について，法例14条によるとした【1-160】，人格権の問題として申立人の本国法によるとした【1-161】がある。

　なお，米国人と婚姻した日本人妻が，日本の戸籍上も米国人の氏にしたいとして夫と同一呼称への氏の変更について，本人の氏の呼称の問題として本人の本国法が適用されることを前提として，戸籍法107条1項（審判当時）の「やむを得ない事由」に当たるとして認容した【1-162】があるが，このような場合には，実務上，比較的緩やかに外国人である夫の氏への変更を認めてきた経緯があり，昭和59年戸籍法改正法（同年法律第45号）により，外国人と婚姻した者がその氏を配偶者の称している氏に変更しようとするときは，その者は，その婚姻の日から6か月以内に限り，家庭裁判所の許可を得ないで，その旨を届け出ることができるとされた（戸籍107条2項）。

【1-160】　国際婚姻の場合の夫婦の氏の準拠法は，婚姻の身分的効力の準拠法によるべきであるとした事例

京都地判昭和31年12月28日下民集7巻12号3911頁

　元来夫婦の氏は婚姻により夫のそれ又は妻のそれに統一されるか乃至は婚姻により夫婦とも何等氏の変更を受けず夫々別の氏を称するかについては各国の立法例は区々であり，本件のような国際婚姻の場合において夫婦の氏の準拠法如何がそもそも問題なのであるが，この問題は婚姻の身分的効力の準拠法即ち我が国においては夫の本国法（法例第14条[注：平成元年改正前のもの]）によると解するのを相当とする[。]

【1-161】 西ドイツ人と離婚した米国人妻の離婚後に称すべき氏について，離婚後約1年近くを経過している場合において，一般の氏の変更と解し人格権の問題として申立人の本国法を適用するのが相当である

東京家審昭和46年7月21日家月24巻3号82頁

> 本件の準拠法について考察するに，本件申立は，離婚後もなお婚姻中称した夫の氏のままでいる申立人が婚姻前の氏に変更することの許可を求めるもので，これを離婚後称すべき氏の問題であると解すれば，離婚の効果の問題として日本国法例第16条［注：平成元年改正前のもの］により離婚原因たる事実の発生した時における夫の本国法によるべきであるということになり，一般の氏変更の問題と解すれば，人格権の問題として，申立人の本国法によるべきであるということになる。

【1-162】 米国人（ミシガン州）夫と夫の氏を称する婚姻をした日本人妻が，日本国の戸籍上では婚姻前の氏を称するほかないため日常生活において種々の不利益や精神的苦痛を被っていることは，戸籍法107条1項の「やむを得ない事由」に当たるとして，夫と同一呼称への氏の変更を許可した事例

札幌家審昭和57年1月11日家月35巻7号98頁

> アメリカ合衆国（ミシガン州）の法律によれば，通常，妻は婚姻によって夫の氏を称するようであるから，本件の申立人は，夫の氏「カーペンター」を称すべきこととなる。しかし，本件のように，外国人の夫と婚姻した場合であっても，申立人は，日本の国籍を失うものではないから，我が国の戸籍法では，申立人に関する戸籍の身分事項欄に，外国人の夫と婚姻した旨が記載されるにとどまり，勿論，申立人夫婦について，独立の戸籍が新たに編製されることもないわけである。……申立人は，前記の外国法によって，米国の国籍を有する夫の氏「カーペンター」を称する場合であっても，我が国の民法上の氏には変更がないから，婚姻前の氏である「前田」を称するほかないのである。……実際の日常生活上で，申立人が種々の不利益や，精神的苦痛を受けており，これらのことは，氏の変更の要件である，戸籍法第107条第1項所定の「やむを得ない事由」に該当する諸事情であると判断して，本

件申立を認容する［。］

(イ) 名の変更

氏名は人格的権利に属するものとして本人の本国法によるが，米国人の名の変更について，本人の本国法であるペンシルバニア州法の反致の規定により日本法を適用した事例として【1-163】，ニューヨーク州に本源住所を有し日本に居住する者について，同州法を準拠法として認容した事例として【1-164】がある。

【1-163】 身分関係の変動と関係なくその意思で名を変更する場合は，人格権の一種として条理上本国法を準拠法とすべきであり，米国人（ペンシルバニア州）の名の変更につき，一定の要件のもとで日本に国際裁判管轄があり，かつ，反致により日本法を適用できるとした事例

名古屋家審昭和44年12月1日家月22巻7号48頁，判時581号69頁，判タ255号319頁

　本件のように身分関係の変動とは関係なく，その意思にもとづいて名を変更する場合は，氏名権の行使に関するもので人格権の一種とみられるから，我国の法例には直接準拠規定となるものは見当らない。しかし，氏名変更の問題は，これが公簿に登録されることによって，その者の公的な種々の法律関係が形成されるもので，その国の公的な政策と密接な関連をもつことになる。したがって，法例に規定を欠いても，条理上当事者の本国法によって規律されるべきものと考えられる。本件については，申立人はアメリカ合衆国の国籍をもっており，かつ申立人の養父は，ペンシルヴァニア州で出生成育し，同州に住所を持っていることからして，申立人も父の住所である同州に本源住所を持つことになる。したがって，準拠法については，法例27条3項［注：平成元年改正前のもの。以下同じ］によって，ペンシルヴァニア州法が準拠法となる。……アメリカ合衆国各州の法律は，氏名の変更について，一般に申立人の住所地州の裁判所に管轄を認めており，かつ各州間では，住所地州でされた氏名の変更は他の州でも承認さるべきものとされている。そして，ペンシルヴァニア州の制定法によれば氏名の変更を申立てるには，申立前5年間同州に居住することを要件としている。そこでアメリカの各州で

のこのようなルールが，日本での氏名の変更にまで妥当するかどうかが問題となるが，申立人が現に日本に住所をもち，かつ，本国の住所地州で氏名の変更を求めうるに必要な居住期間を日本において充足している場合は，申立人の住所地国である日本に国際的裁判管轄権を認め，かつ，住所地国の法律を準拠法とするのが，便宜でありアメリカ国際私法の原則にも合致するものと考えられる。すなわち，以上の要件を充足する場合法例29条によって反致。の原則が適用され，日本法が準拠法として適用されるとするのが相当と思われる［。］

【1‐164】 米国人（ニューヨーク州）の名の変更の申立てにつき，人格権の一種ともいうべき氏名権の行使に関し，一定の要件のもとで日本に国際裁判管轄権があるとし，同州法を適用して名の変更を認めた事例

大阪家審昭和52年3月31日家月29巻12号88頁

　人格権の一種ともいうべき氏名権の行使に関するものについて，申立人の本国にのみ裁判権が存するとすべきではなく，申立人の本国法によっても名の変更が許され，その登録がされ得る場合で，かつ，申立人が日本に住所を有する限り，日本に国際裁判管轄権があるというべきであり，また，準拠法の決定については，日本法例中に直接準拠規定となるものは見当らないが，氏名の変更は公簿に登録されることによって，公的な法律関係が形成され，公的な政策と密接な関連をもつことになることを考慮すると，条理上，当事者の本国法によって規律されるべきであると考えられる。そうすると，申立人は上記認定の事実によれば，アメリカ合衆国の国籍を有し，かつ，ニュー・ヨーク州に本源住所を有していることが明らかであるので，法例27条3項［注：平成元年改正前のもの］によって，アメリカ合衆国ニュー・ヨーク州の法律が準拠法となるというべきところ，同州の制定法によれば，申立を受けた裁判所は宣誓供述書によって，氏名の変更の申立が真実であること，および，その氏名の変更に対して何ら合理的な異議も存しないとの確信を得た場合には氏名の変更を命ずることができるとされている。

　カ　外国判決の承認
　(ア)　外国判決承認の要件
　　外国判決を我が国において承認するためには，民事訴訟法118条所定

の要件（裁判権の存在，争う機会の確保，公序良俗違反でないこと，相互保証の存在）が満たされる必要がある。この点に関する先例が【1-165】であり，在ロス・アンジェルス総領事の外務大臣に対する照会を受けて民事局長から出された通達である。すなわち，外国裁判所の離婚判決に基づき，戸籍における離婚届出がされた場合，その届出を受理する根拠条文は民事訴訟法200条（現118条）であり，準拠法の要件は審査の必要はなく，同条の要件を判決謄本等により審査し，明らかにその要件を欠いていると認められない限り，受理してよいとされた先例である。その場合，一般には，判決謄本を添付すべきものとされているが，最高裁判所の離婚判決については謄本が交付されず，通告書が送られてくる。これを戸籍法63条の裁判の謄本と解してよいかについて積極の判断をした先例が【1-166】である。

なお，日米二重国籍を有する在米日本人が，米国の裁判所（アイダホ州）で離婚の判決があった場合の戸籍の届出について，離婚原因が昭和22年改正前の民法813条の規定に適合するとき，当該離婚判決の効力が承認されるものと解されるから，離婚原因を記する書面を添付させるべきである，ただし，離婚原因を証する書面の添付が著しく困難であれば添付を省略して差し支えないとした先例（昭和37年8月28日民事甲2414号民事局長回答）があるが，上記通達により，外国判決承認の要件が満たされていれば受理して差し支えないとされたことにより，離婚原因を証する書面の添付は不要となったものと理解される。

外国判決の承認に関し，これを承認しなかった裁判例としては，【1-167】①-⑦がある。

外国判決の承認に関連して，外国判決を我が国において執行する場合，その執行が公序良俗に違反するとして，その執行を認めた一審判決を覆した裁判例が【1-168】である。これは，日本人夫婦についてカリフォルニア州で離婚判決がされ，東京地裁に執行の申立てがされたケースで，東京地裁はこれを認めた（東京地判平成11年7月13日判タ1059号235頁）が，東京高裁は，判決内容が日本法の定める内容と大きく隔たっており，前提事情が消滅しており，そのまま執行するのは公序に反するとしたもの

【1-165】 外国裁判所の離婚判決に基づく離婚届については，民事訴訟法200条（現118条）の条件を欠いていると明らかに認められる場合を除き，受理して差し支えない

昭和51年1月14日民二280号民事局長通達

　　　　外国裁判所の離婚判決に基づく離婚届の受理について（通達）
　標記の件について，外務大臣官房領事移住部長から別紙甲号のとおり照会があり，別紙乙号のとおり回答し従前の解釈を改めることとした。ついては，右了知の上貴管下各支局及び市区町村に周知方取り計らわれたい。
（別紙甲号）
外国裁判所の離婚判決に基づく離婚届の受理について（照会）
　今般，標記の件に関し，在ロス・アンジェルス総領事より別添のごとき照会がありました……
（別添）
外国裁判所の離婚判決に基づく離婚届の受理について
1　……により，在外日本人夫婦の一方が在留国の裁判所に離婚の訴を提起し，その離婚判決が確定した場合は日本法上も離婚が有効に成立したものとして訴を提起した者は戸籍法第41条に従いその判決謄本を添付して在外公館に離婚の報告的届出をすべきとの了解の下にその届出を受理してきている。
2　しかしながら，当館が冒頭貴信により送達の嘱託を受けた訴訟書類をたまたま閲覧したところ，右書面において，原告Xは，被告Yがカリフォルニア州裁判所の離婚判決の確定証明書を添付し，当館に離婚の届出をなし，当館より右届書の本籍地送付により戸籍上も両人が離婚した旨の登載がなされている事案に関し，右カリフォルニア州裁判所の離婚判決はわが国の民事訴訟法第200条［注：現118条。以下同じ］第2号の条件を具備していないから無効であると主張している。
3　ついては今後ともかかる外国裁判所の離婚判決に基づく離婚届の提出がある場合の執務参考までに下記につき何分の儀御回示願いたい。
　(イ)　日本の裁判所でなく外国の裁判所の離婚判決によっても日本人夫婦の離婚が日本法上有効に成立するという法的根拠（国際裁判管轄）如何。
　(ロ)　かかる離婚届の受理に関し，上記の民事局長回答によれば，外国裁判所の離婚判決の効力は準拠法の要件（法例第16条［注：平成元年改正前

のもの］，民法第770条）を満たすものである場合に限り，日本においても承認されるものとされているところ，……，離婚届の受理に際し，この準拠法の要件を審査する必要はないか。
　(ハ)　在外公館は，当該外国判決について，わが国の外国判決承認の要件（民事訴訟法第200条）を具備しているかどうかを審査する必要はないか。
（別紙乙号）
……照会のあった標記の件については，左記のとおりと考えます。
記
(イ)　民事訴訟法第200条である。
(ロ)　必要はない。
(ハ)　必要がある。
　外国でなされた離婚判決は，民事訴訟法第200条の条件を具備する場合に限り，我が国においてもその効力を有するものと解すべきであるから，外国判決に基づく離婚届の受理に際し，当該判決がそのための条件を具備しているか否かを審査する必要があるところ，実際の処理に当たっては，離婚届に添付された判決の謄本等によって審査し，当該判決が民事訴訟法第200条に定める条件を欠いていると明らかに認められる場合を除き，届出を受理して差し支えない。

【1-166】　カリフォルニア最高裁判所の離婚判決がされた旨の判決通告書は，戸籍法63条の規定する裁判の謄本と認められるから，これを添付した離婚届は受理して差し支えないとした事例

昭和52年1月19日民二543号民事局第二課長回答

　カリフォルニア最高裁判所における離婚判決がなされた旨の判決通告書を添付した離婚届の取扱いについて（照会）
　アメリカ人男（米国在住）と日本人女（日本在住）間の離婚についてアメリカ合衆国カリフォルニア最高裁判所において離婚の判決がなされ，今般日本人女から裁判の謄本を添付せず「該判決が判決簿に記載された旨」記載のある判決通告書を添付して離婚届が管内三沢市長に届出されたことについて，管内八戸支局長から別紙のとおり「判決通告書は，戸籍法第41条規定の証書及び同法77条1項で準用する同法第63条の裁判の謄本とは認められない」ので受理できない旨の意見を付して照会がなされましたが，当職としましては，当該判決通告書には主文・理由及び裁判官の氏名等の記載がなされていないが，原告・被告の住所氏名，判決の内容，離婚年月日等が明記されており，

268　第1部　渉外婚姻法

かつ通告書の作成者及び通告者は婚姻解消の最終判決を判決簿に記載した者と同一人であり，また通告書はカリフォルニア州司法委員会規則所定の様式により作成された公文書であるから，従って前記通告書は戸籍法第77条1項で準用する同法第63条に規定する裁判の謄本が添付されているものと同一に解して受理してさしつかえないものと考えますが，いささか疑義がありますので至急御指示を得たくお伺いいたします。
……

回　答
　客年12月2日付け戸日記第996号をもって照会のあった標記の件については，貴見のとおり処理して差し支えないものと考える。

【1-167】①　米国（ネバダ州）における日本人夫婦の離婚判決の承認について，民事訴訟法200条（現118条）は，財産権に関するもので，当然に身分関係に及ばないとし，悪意の遺棄であるのに別居のみの理由で離婚を認容した判決の効力を承認しなかった事例
東京地判昭和36年3月15日家月13巻7号109頁，下民集12巻3号486頁，判時258号24頁，判タ120号60頁

　　外国裁判所判決承認の要件に関する規定として民事訴訟法第200条［注：現118条。以下同じ］が存するが，右は主として財産権上の請求に関する外国判決の場合を規定したものであって，身分上の事項に関する外国判決の承認に関してそのまま適用されるべきでないと考えられる。蓋し右規定に掲げられた要件は旧民事訴訟法第515条と実質上異らないところ，右旧民事訴訟法の規定は外国判決の執行の要件を定めたもの，我国において執行を要する財産権上の訴についての外国判決の効力に関するものであるから，右第200条の立法にあたって予想されるところは，かかる種類の外国判決のみであったと考えられる。実際的に考えても第200条各号中第1ないし第3号は，財産権に関するものであれ身分上に関するものであれ適用上差異を生じないが，第4号を身分上の事項に関する外国判決にそのまま適用すれば，例えば外国人夫婦がその本国において同国法上適法の離婚判決をえても諸外国と我が国との間に相互の保証がないならば，我が国において重ねて離婚判決を得なければならないこととなり，その不都合なことは明らかである。また同条は外国

裁判所の判決に際して適用（準拠）した法律の内容を問うていないが，例えば我が国籍をもつ夫婦が属地主義をとる外国裁判所において，それ自体は我が公序良俗に反するものでないが我が民法に存せざる同国の法律によって離婚せしめられた場合などを思うと，法例第16条［注：平成元年改正前のもの］の規定と対比して法体系上蔽いえざる矛盾を生じ法の趣意に沿わないことは明らかである。従って同条は身分事項に関する外国判決にはそのまま適用されるものでないと解せざるをえない。……これを本件についてみると，前記ネバタ州地方裁判所は被告の提起にかかる原被告間の離婚訴訟について，原被告は「昭和29年（1954年）から右訴訟提起にいたるまで引続き別居し同棲していない。」との事実を認定し，これに相当する同州法を適用して原被告を離婚する旨の判決を下した。しかし右のごとき事由は我が法例により夫婦ともに我が国人である場合について適用される我が民法上離婚原因とされていないところであり，右理由によって離婚せしめられるにおいては我が国人にある被告の利益を害すこと勿論である。よって右外国判決は上叙の説明により我が国法上承認されるべきものでないから原被告は依然法律上夫婦の関係にあるものといわなければならない。……に照らすと，被告は夫婦の同居義務に違背して悪意をもって原告を遺棄したものというべきである。

【1-167】② 米国人（ミネソタ州）夫と日本人妻との夫婦につき，メキシコ共和国の裁判所がした離婚判決の写しが送付された事案について，夫の所属州の離婚原因に該当するか明らかでなく，内容が民事訴訟法200条（現118条）2号の趣旨に反し，かつ，単なる写しの送付であるとして戸籍に離婚の記載をすべきではないとした事例

昭和45年1月13日民事甲15号民事局長回答

メキシコ共和国でアメリカ合衆国人夫と日本人妻との離婚判決がなされ，原告であるアメリカ合衆国人夫から，離婚判決書の写が送付された場合の取扱について，当局管内大阪市西成区長より別紙のとおり戸籍記載についての伺いがありましたが，これが許否については，メキシコ共和国の民事裁判所が離婚判決を為すについて，夫たるアメリカ合衆国人男の所属州法上の離婚原因に準拠したか否かにより決せられるべきものと思料されるところ，メキシコ共和国の民事諸法並びに夫の所属するミネソタ州（夫の所属州は当局で保管中の婚姻届及び妻の供述により判明した）の民事法規が分明でなく，更

に本件離婚判決の内容は我国民事訴訟法第200条［注：現118条］第2号の趣旨にも反していると考えられること，並びに右判断とは別に，本件は単なる離婚判決書の写のみが送付されたものであり，いずれにしてもこれに基いて戸籍の記載をするのは相当でないと考えますが，いささか疑義がありますので御指示を得たくお伺い致します。
……

回　答
　貴見のとおりと考える。

【1-167】③　日本人夫婦について米国でされた離婚判決の承認について，民事訴訟法200条（現118条）1号は外国離婚判決にも適用ないし類推適用されるが，本件離婚判決は管轄権のない裁判所がしたものであるとして，我が国での効力を否定した事例

東京地判昭和48年11月30日家月26巻10号83頁

　民事訴訟法第200条［注：現118条］第1号の規定は，外国離婚判決にも適用ないし類推適用され，離婚判決が同条同号所定の外国判決承認の要件を欠くときは，右判決は日本においてその効力を否定されると解すべきである。そして，右民事訴訟法第200条第1号所定の裁判管轄権の有無は，右条項の文言および外国判決承認制度の趣旨から考えると，その判決を承認するかしないかを決定するわが国の法原則にもとづいて判断すべきものである。この点の判断を判決国の法原則にもとづいてなすべきであるという，被告の主張は理由がない。
　……本件にあらわれたすべての資料を検討しても，被告の住所地国の裁判所に右の裁判管轄権を認めるのを相当とするような事情を発見することはできない。そうすると，本件離婚判決をした，裁判所は，この訴訟について裁判管轄権を有しないものというべく，この判決は，民事訴訟法第200条第1号所定の外国判決承認の要件を欠き，わが国においてはその効力を否定されるべきものといわなければならない。

【1-167】④　夫婦関係存否確認の前提問題としてではなく，直接外国の離婚判決の無効の確認を求めることができるとした事例

宇都宮地足利支判昭和55年2月28日下民集34巻1-4号201頁，判時968号98頁

　一般に，国内事件の判決を直接無効の対象とし，その確認を求めることは許されないと解される。しかし，本件において原告が求める訴は，外国裁判所による離婚判決が民事訴訟法200条〔注：現118条〕所定の要件を欠きわが国においてその効力を承認されない結果，わが国においてその効力を有しない，すなわち，その実質原・被告間に現在夫婦関係が存在することの確認を求める訴と解すべきである。また，問題の解決は，夫婦関係存在確認の訴を提起し，その先決問題として外国判決の承認要件不備を主張すれば足りるとも考えられるが，外国判決の効力に存否を直接審判の対象とした方が，子の監護権その他離婚に付随する諸問題を統一的・確定的に解決できる利点も考えられること，さらに，外国判決については再審等当該判決に対する直接の不服申立方法もないことを考慮し，本件訴は適法と考える。……
　渉外的離婚が訴訟によってなされる場合，離婚の裁判をなすべき管轄権がいずれの国の裁判所に帰属するか，……原則として当該離婚事件の被告が住所を有する国の裁判所に管轄権を認め，例外的に，被告の所在不明，悪意の遺棄，その他これに準ずべき特別の事情のある場合に，補充的に原告が住所を有する国の裁判所にもこれを認める見解を相当と考える。……これを本件離婚判決についてみるに，前項認定のとおり，右判決にかかる訴訟提起当時，当該事件の被告である本件の原告は，一度も渡米せず日本に居住していたことが明らかであるから，右判決は，当該事件の被告住所国の裁判所の判決ではなく，まず前記の原則には該当しないこととなる。……右例外の場合には，被告の住所不明，遺棄を例とし，他に，被告住所主義を貫くことが原告に酷であり，国際私法生活における正義公平の理念にもとる場合と解すべきである。……以上によれば，被告の前記例外に該るとの主張はいずれも理由がなく，他に本件では，被告の住所地国の裁判所に管轄権を認めなければ国際私法生活上正義公平の理念にもとるとの事情も見当らない。

【1-167】⑤　米国（カリフォルニア州）の離婚判決について，民事訴訟法200条（現118条）1号の要件を欠くとして，これを承認しなかった事例

東京地判昭和55年9月19日判タ435号155頁

民訴法200条［注：現118条］1号の規定は，外国離婚判決にも適用され，当該外国判決が同条同号所定の要件を欠くときは，同判決は日本においてその効力を否定されると解すべきである。そして，右条項所定の裁判管轄権の有無は，同条項の文言及び外国判決承認制度の趣旨から考えると，当該判決の効力を承認するか否かを決する我が国の裁判所が渉外人事事件を実際に担当する際に適用する管轄分配規則に従うものと解するのが相当である。……原則として当該離婚事件の被告住所地国の裁判所に裁判管轄権を認め，例外的に，原告が遺棄された場合，被告が行方不明である場合その他これに準ずべき場合には，原告の住所地国の裁判所にも管轄権を認めるという法原則（最高裁判所昭和39年3月25日大法廷判決，民集18巻3号486頁参照。）に則るべきものと解するのが相当である。……によれば，原告である本件の被告が遺棄された場合に該当しないことはもとより，カリフォルニア州の本件上級裁判所に裁判管轄権を認めなければ国際私法生活の公平主義に反すべき特段の事情は，これを認めることはできない。

【1-167】⑥　米国での離婚判決について，司法共助に関する所定の手続を履践し，翻訳文を添付するなどの防御の機会を全うできないような送達ではないことが明らかではないとして，民事訴訟法200条（現118条）2号の要件を具備しないとして，日本国での効力はないとした事例

　　　　東京地判昭和63年11月11日判時1315号96頁，判タ703号271頁

　民訴法200条［注：現118条］の規定は，財産権上の訴えについての外国判決のみならず，外国裁判所の離婚判決についてもその適用を認めるのが相当と解されるところ，外国判決承認の要件の一つとして，同条2号は，「敗訴の被告が日本人である場合に公示送達によらないで訴訟の開始に必要な呼出しもしくは命令の送達を受けたこと又は応訴したこと」を要する旨規定し，当該訴訟において防御の機会を有しなかった日本人たる被告を保護しているのであるから，司法共助に関する所定の手続を履践せず，翻訳文も添付しない単なる郵送による送達のように，防御の機会を全うできないような態様での送達は，原則として，その適法性を肯認しがたいものというべきである。
　しかるところ，本件離婚訴訟の被告たる本件原告が同訴訟に応訴しなかったことは〈証拠略〉に照らし明らかであるが，〈証拠略〉によれば，右離婚訴訟の原告たる本件被告は，西暦1970年9月17日，公証人の面前で，同訴訟

に関する本件原告あての書類の受取人が本件原告本人であることが分かる旨の陳述をし、その趣旨を記載した書面……が作成されたこと、右書面には、合衆国郵便局書式として送達に関する文書が添付されていること、さらに、右文書には、受取人欄に「A山」なる印影が存在し、1970年7月9日付けの牛込郵便局印があることがそれぞれ認められる。しかしながら、……他に司法共助に関する所定の手続の履践や翻訳文の添付等、本件離婚訴訟の被告たる本件原告が防御のための方法を講ずることのできる態様での送達を受けた事実を認めるに足りる証拠もないから、〈証拠略〉により認め得る前記事実のみによって、民訴法200条2号所定の送達があった事実を推認することは困難であるといわざるを得ない。よって、本件離婚判決は民訴法200条2号所定の要件を具備するとは認められないのであって、したがって、日本国においては効力がないものといわなければならない。

【1-167】⑦　米国（オハイオ州）滞在中のホテルで英文の訴状を交付するという方法及び翻訳文の添付がないことなど日本に住所を有する者に対する送達としては有効なものとは認められないとして民事訴訟法200条（現118条）2号の要件を欠くとされた事例

東京高判平成9年9月18日高民集50巻3号319頁、判時1630号62頁、判タ973号251頁

　民事訴訟法200条［注：現118条］2号は、外国判決の承認・執行の要件として、「敗訴ノ被告カ日本人ナル場合ニ於テ公示送達ニ依ラスシテ訴訟ノ開始ニ必要ナル呼出若ハ命令ノ送達ヲ受ケタルコト又ハ之ヲ受ケサルモ応訴シタルコト」を上げる。本号は、被告が訴訟を知らず、又は防御の機会を与えられないで判決がされたときは、その判決は公平とはいい難いので、その被告が日本人である場合には、当該判決は承認・執行されないとしたものと解されるから、「訴訟ノ開始ニ必要ナル呼出若ハ命令送達」が適正に行われたか否かについては、日本に住所地を有する日本人に対してこれが適正に行われたといえるためには、呼出もしくは命令の送達がわが国の司法共助法制に従って行われ、通常の弁識能力を有する日本人にとって送られてきた文書が司法共助に関する所定の手続を履践した「外国裁判所からの正式な呼出もしくは命令」であると合理的に判断できる態様のものでなければならず、そのためには、被告の語学力の程度にかかわらず、当該文書の翻訳文が添付さ

れていることが必要であると解するのが相当である。
　本件についてみると，前記認定のとおり，控訴人に中絶をするよう説得するため，被控訴人が控訴人の母親を同行して渡米し，アメリカ合衆国オハイオ州デイトン市のホテルに滞在中であった平成4年（1992年）11月12日，右裁判所の送達吏とAが被控訴人のもとに訪れ，被控訴人のパスポートを確認した後，英文の訴状を送達したというものであり，このような送達は，アメリカ合衆国オハイオ州の民事訴訟法としては適法な送達であったとしても，同州に住所地ないし常居所地を有せず，日本に住所地を有する被控訴人に対する送達としては，わが国の司法共助法制に従って行われるべきものであるにもかかわらず，これに従わずに行われた送達であり，かつ，〈証拠略〉によれば，訴状に日本語の翻訳文の添付はなかったことが明らかであって，これらの点をわが国の国際民事訴訟法の立場から考えると，有効な送達があったと認めることはできないといわなければならない。

【1-168】 米国でされた日本人間の扶養料判決について，常居所が米国から日本に移り，状況が変わっていることから，これをそのまま執行することは公序良俗に反するとしてその執行を認めなかった事例

東京高判平成13年2月8日判タ1059号232頁

　控訴人は，外国裁判所に対する不信感から，本件扶養料判決の取消しを外国裁判所に申し立てていない。しかし，そのような申立てを外国でするには，一般に，多額の費用と時間を要することを考慮すると，そのような外国裁判所に対する申立てがなくても，その判決について我が国において執行を許可するかどうかを検討するに当たり，受訴裁判所がその内容的な妥当性を審査することが許されるものというべきである。
　そうすると，共に日本国籍を有する夫婦の離婚についてされた本件扶養料判決は，当事者の常居所が判決の前提とする土地から我が国に変わり，当該判決の内容が我が国の法律の定める内容と大きく隔たっていること及び当該外国判決自体の前提とする事実関係が判決後に消滅していて，その内容自体の妥当性も失われていること，以上のいずれの観点からも，これをそのまま執行させることは，我が国の公序に反するものといわねばならない。
　外国判決は，その成立に至る手続や内容に我が国の公序に反するものがあるときには，その我が国における執行を許可することはできないのであって，被控訴人の執行許可の請求は，理由がなく，これを認容することができないものである。

(イ) 離婚判決の重複

　外国裁判所で複数の離婚判決がされ、これに基づき離婚届がされた場合の取扱いはどうすべきか。これについての事例が【1-169】①である。これは【1-165】が出される以前の事例であるが、先に確定した離婚判決が民事訴訟法118条の要件を具備している限り、それによって離婚が確定しているものとして取り扱うとする点については、事例として生きているものと解される。また、日本における裁判離婚判決と外国裁判所の離婚判決とが重複した場合の処理について、【1-169】②がある。

【1-169】①　米国人夫と日本人妻との間に米国ニューメキシコ州の地方裁判所の離婚判決が確定し（原告妻）、更に約1年後に同国オハイオ州の郡裁判所の離婚判決が確定した（原告夫）旨のニューメキシコ地方裁判所の判決謄本とオハイオ州郡裁判所の離婚証明書の写しを添付して、妻から離婚届がされた場合、先の裁判によって離婚が確定し、子の親権者も母に指定されているとされた事例

　　　　　　　　　　　昭和37年2月23日民事甲90号民事局長回答

　標記の件について、当管内京都市南区長から、別紙のとおり照会があり、左のとおり回答したいと考えますが、いささか疑義がありますので至急何分の御指示を得たくお伺いします。

記

一、離婚の判決確定の日は昭和35年7月9日と解され、当該離婚届は受理してさしつかえない。
二、意見のとおり。
三、意見のとおり。
四、法例第13条の規定により民法第733条第1項が適用される。

昭和36年10月20日

……

戸籍事務取扱について（伺）

　当管内〇〇番地Aは米国在住中米国人夫Bに対する離婚の訴につき1960年7月9日同国メキシコ州地方裁判所で裁判確定したのであるが、更にその翌年7月24日に米国人夫Bから日本在住の日本人妻Aに対する離婚の裁判が同国オハイオ州郡裁判所で認められた。

前記メキシコ地方裁判所の判決の謄本とオハイオ州郡裁判所の離婚証明書の写を添付して妻Aより離婚届の提出があったが，この届出の受否について左記のとおり疑義を生じ決定致しかねます。差しかかった事案につき至急何分の御指示を得たく関係書類を添えお伺いします。
記
一，この離婚の最終判決確定日は何日ですか，何れの裁判が最終判決確定と認めるかによって届出を受理するか或は法務局長の許可を得て戸籍記載するか，その取扱が相違します。
二，離婚の原因は夫の本国法たる所属州法に準拠したものと認定されますか。
三，親権者は日本人母Aに決定したものと考えて差支えありませんか。
四，メキシコの地方裁判所の離婚の判決では確定後Aは直ちに再婚できるがオハイオ州の郡裁判所の離婚の裁判では確定後6ケ月間再婚はできないものと思考されますが，この離婚はどちらの裁判を最終のものとして取扱うべきでしょうか。届出人より再婚の手続方申出がありましたので併せてお伺いします。
……

回　答
　客年11月28日付日記戸第2314号で照会のあった標記の件については，次のとおり指示されたい。
　Aは，メキシコの裁判所（同国チワワ州ブラボウ地方裁判所）の離婚判決により，昭和35年7月9日夫Bと適法に離婚したものと解し，また，親権者も同女に指定されたものと解して，当該離婚届を受理してさしつかえない。なお，同女の再婚については貴見4，のとおり回答されたい。

【1-169】②　日本人夫婦の裁判離婚による戸籍の記載完了後に，既に確定していた米国の裁判所の判決を添付した離婚届が送付された場合は，先に受理した戸籍の記載は，戸籍訂正の上，効力を有すると認められる米国判決を添付した届書に基づき離婚の記載をするのが相当であるとされた事例

昭和63年9月10日民二5132号民事局長回答

日本人夫婦の裁判離婚につき戸籍の記載後，先に成立していた米国の離婚

判決を添付した離婚届が送付された場合の処理

　標記の件について，別紙のとおり管内○○○支局長から照会があり，当職としては下記の理由により外国裁判所の判決が民事訴訟法第200条の条件を具備しているものと解されるので，それを添付してされた離婚届により処理すべきものと思料しますが，いささか疑義がありますので至急何分の御指示を賜りますようお伺いします。

記

一　本判決（昭和63年3月9日届出の離婚届に添付の米国カリフオルニア州上級裁判所の判決（以下「米国判決」という。）（昭和62年4月14日確定））については，日本の裁判所でも同一当事者間で重なって離婚判決がなされ，その届出もなされているものであり（昭和63年3月8日離婚届に添付の東京地方裁判所の確定判決（以下「東京地裁判決」という。）（昭和62年12月10日確定）），両判決の内容を相互に比較検討するという特別な事情が加わることになったものである。

　そこで，米国判決について検討してみるに，判決の理由等において公序良俗違反の有無を判断すべき内容の記載がない。

　また，判決の成立手続においても，民訴法第200条［注：現118条。以下同じ］第2号の条件が具備されていないとは考えられないばかりか，その手続きに公序良俗に反するものがあるとは認められないため，この米国判決自体は，我が国において効力を有していると解して処理するしかないと考える。

二　そこで，たまたま審査の機会のあった東京地裁判決の内容を参考にして判断することになるが，米国判決は，東京地裁判決から時間的に近接した時点における有責配偶者からの請求であり，離婚原因は，民法第770条第1項第1号及び第2号による離婚請求であるところから，我が国の法秩序の上では公の秩序に反している疑いがある。さらには，日本の裁判を意識的に回避するためになされたものと推測せしめるものがある。

　しかし，これだけで判断することは不十分である。したがって，この離婚を認めた判決そのものが民訴法第200条の各要件に形式的に抵触しない限り効力を有するものとして取り扱うべきものと考える。

　けだし，形式審査権しか有しない戸籍吏には本件米国判決について民訴法第200条に定める各要件につき，さらに特別の証明を求めて審査する権限を有しないと思料するものである。しかも，本件に限っていえば東京地裁判決との間に効力の矛盾はない。

三　本件当事者（女）の再婚禁止期間との関係で，先に受理した戸籍記載は，戸籍訂正のうえ効力を有すると認められる米国判決を添付した届出

により離婚の記載をすべきものと考える。
　なお，米国判決においては，親権についての定めがないが，これについては東京地裁判決により便宜親権者と定められた者からの申出，又は親権者指定届によって記載して差し支えないものと考える。
……

回　答
　本年7月19日付戸第626号で照会のあった標記については，貴職意見のとおり処理して差し支えない。

(ウ)　離婚判決確定日
　米国の裁判所の離婚判決が承認される場合，離婚の効果が生じる離婚判決確定日がいつになるかが問題となり，これについて，判決を記録簿に登載した日と解された先例がある（昭和31年11月2日民事甲2557号民事局長代理回答，昭和33年2月14日民事二発60号民事局第二課長回答，昭和37年6月5日民事甲1501号民事局長回答）。また，米国カリフォルニア州裁判所における離婚判決による「離婚成立の日」は，離婚判決書（登録済）に記載のある婚姻終結の日を離婚成立の日として処理するのが相当であるとされた事例もある（平成2年1月12日民二116号民事局長回答）。これに対し，米国の裁判所において離婚の中間判決がされた場合は，判決後3か月の異議申立期間があることから，判決後3か月の経過した日が判決確定時となる。したがって，米国人男と日本人女との離婚の中間判決がされた場合，被告である妻から判決謄本及び判決後3か月以内に異議の申立てをしなかった旨の申述書を添付して戸籍記載の申出があった場合には，これを受理して差し支えないとした事例がある（昭和35年6月8日民事甲1400号民事局長回答）。
　離婚の中間判決がされた場合の確定日に関して，米国カリフォルニア州上級裁判所において米国在住の米国人たる夫と日本在住の日本人たる妻との間に離婚の中間判決がなされ被告たる妻から上記判決の謄本及び訳文のみの提出があった場合に，右判決の確定日が明らかでないときは，最終判決の確定証明書を提出させた上監督局の長の許可を得て職権記載をするとした事例（昭和38年4月4日民事甲942号民事局長回答）がある。

なお，昭和51年6月15日民法一部改正法（昭51年法律第66号）による改正前は，離婚判決に基づく届出は原告がすべきものとされていたので，それ以前には，被告からの届出も受理してよいとする先例が多く出されていた（オレゴン州につき，昭和38年9月19日民事甲2625号民事局長回答，ハワイ州につき，昭和39年11月21日民事甲3762号民事局長回答，テキサス州につき，昭和40年5月6日民事甲983号民事局長回答，オハイオ州につき，昭和40年6月11日民事甲1165号民事局長電報回答，ミズーリ州につき，昭和44年4月21日民事甲876号民事局長回答）が，改正後は，原告が届出をしないときは，被告が届出をすることができる旨明文化されたことにより，当然に被告の届出も受理できることになった。

㈡　共同親権の効力

米国州法には，共同親権，共同監護権を認めるものが多く，したがって，米国州法を準拠法とされた判決には，共同親権，共同監護権の定めがある場合がある。【1-170】は，離婚判決主文に共同親権が定められた場合には，親権者を父及び母と定めた旨を日本人子の戸籍に記載するとした事例であり，【1-171】は，離婚判決中，子を父母の共同監護下に置くことを定めている場合には，子の戸籍に親権者を父母と定められた旨を記載して差し支えないとした事例である。なお，【1-170】の参考として掲げられているハワイ州法は，若干の文言の変更があるほかは現在も同じである。詳しくは，Thomson Reuters「Find Law」のホームページhttp://codes.lp.findlaw.com/histatutes/3/31/571/V/571-46.1などを参照されたい。

【1-170】　日本人夫と米国人（ハワイ州）妻との間の同州家庭裁判所の離婚判決が確定し，共同親権が定められている場合には，共同親権が定められた旨を戸籍に記載すべきであるとした事例

　　　　　　　　　　　　　　昭和58年3月7日民二1797号民事局長回答

米国ハワイ州法の父母離婚後の親権者と戸籍の処理

当職意見

夫については、離婚事項の記載を要し、子については親権事項の記載を要しないものと考える。

(千葉地方法務局長照会)
　日本人夫、米国人妻について米国ハワイ州の家庭裁判所の離婚判決が確定し、原告である夫からの離婚届が在ホノルル総領事から本籍地市長あて送付されたが、当該判決では、離婚後の未成年の子（日本国籍）の親権者を父母の共同親権と定めている。この場合の戸籍の処理は、夫について離婚の記載をするのみで、子の親権事項は記載を要せず、後日親権者指定届をさせるべきものと考えますが疑義がありますので照会いたします。
　なお、親権事項の記載を要する場合は、その記載例について御教示願います。

回　答
　本年1月13日付け二戸戸九第85号をもって照会のあった標記の件について、左記のとおり回答する。
　　　　　　　　　　　　　　　記
　子について親権事項の記載を要する。
　記載例は、「昭和57年6月29日親権者を父及び母と定められる（印）」とするのが相当である。
……
(参考)
○米国ハワイ州法第571章（仮訳）
第571-46-1条　共同親権（Joint custody）
(a)　父母のいずれか一方からの申請に基づいて、裁判所は、その裁量によって、共同親権を認めることができる。共同監護を認めることが適当であるという決定をするに当たって、裁判所の判断を助けるために、裁判所は、父母のいずれか一方の要求（request）があったときは、第571-46条(4)の規定に従ってする調査を命じなければならない。
(b)　本条において、共同親権（Joint custody）とは、未成年の子の法律上の親権（legal custody）を父母の双方に認めること、子が父母の双方と交渉（contact）を持ち続けることを保障する形態によって、監護（physical custody）を父母の双方が行うように定める命令（order）を意味する。ただし、この命令は、共同の監護（Joint physical custody）を認めることなく、共同の親権（Joint legal custody）のみを認めることもできる。
(c)　共同親権を認める命令は、子の最善の利益（the best interests）のためにその命令を変更し、又は失効させることが必要な場合は、父方の一方若しくは双方からの申請（petition）又は裁判所の職権に基づいて、変更さ

れ，又は失効する。
(d) 当州又は他州の裁判所に提起された婚姻事件の未成年の子の親権に関する命令は，第583-3条の管轄権の規定に基づき，いつでも，本条の規定する共同親権を認める命令に変更され得る。

【1-171】 米国カリフォルニア州上級裁判所において，同州在住の日本人夫，米国人妻の離婚判決中，未成年子について相互に親権を持つ旨記載されている場合，親権者を父母と定められた旨の記載をして差し支えないとした事例

昭和58年9月7日民二5328号民事局第二課長回答

　　子を父母の共同監護下に置くことを定めた外国離婚判決の効力について
　米国カリフォルニア州在住の日本人夫，米国人妻について，同州上級裁判所において離婚の判決が確定し，その判決に基づく離婚届が在ロサンゼルス日本国総領事館で受理され本籍地に送付されました。
　ところが，右離婚判決書によると，離婚後の子の親権について「未成年の子供については相互に親権を持つ」と記載され，離婚届中未成年の子の氏名欄の「夫が親権を行なう子」「妻が親権を行なう子」のそれぞれの欄に同一の子の名を記載し，「相互に持つ」と附記されています。
　ところで，外国裁判所の判決が日本において効力を有するための条件は，民事訴訟法第200条［注：現118条］に定められていますが，前記離婚判決による親権に関する条項は，公の秩序又は善良の風俗に反しないので有効なものとして，戸籍の記載については，子の身分事項欄に「親権者を父母と定められた」旨の記載をすればよいものと考えますが，一方渉外離婚における子の親権の帰属については，通説によると離婚の準拠法である法例第16条［注：平成元年改正前のもの］により，夫の本国法たるわが国の民法が適用されるので，父母の一方を親権者と定める旨の裁判の謄本を添えて親権に関する事項の追完届があるまでは，親権事項について戸籍の記載をすべきでないという意見もありますので何分の御指示を賜わりますよう関係書類を添えてお伺いいたします。

　回　答
　客年7月5日付け戸第596号をもって照会のあった標記の件については，貴見のとおり取り扱って差し支えないものと考えます。

4 フィリピン（フィリピン共和国）

(1) フィリピン共和国の家族法概説

　フィリピンの婚姻関係についてはフィリピン民法（1949年）に規定されていたが，1987年にフィリピン家族法（政令第209号，同第227号）が成立し，1988年8月4日から施行され（なお，1989年共和国法第6809号，1998年共和国法第8533号により一部改正），フィリピン民法からは家族法に関する部分は削除され，現在に至っている。

　フィリピン家族法は，カトリックの影響を受けており，婚姻とは，「永久的な結合の特別な契約」であり，その性質，効果，条件は，「契約ではなく法に従う社会制度」であり（同法1条），したがって，「法定別居」は認める（同法第2編）が，離婚は，例外的場合を除き，禁止されている。

　婚姻は，男女双方が法定の資格を有すること及び婚姻を行う官吏の面前での自由な意思に基づく合意があることが基本的要件であり，これを欠くものは無効である（同法2条）。婚姻の成立要件として，当事者双方が権限のある官吏（solemnizing officer）の面前に出頭し婚姻の儀式を行い，成年2名の証人の前で宣誓することが必要であり（同法3条），これを欠く場合，例外を除き，婚姻は絶対的に無効である（同法4条）。男女とも18歳以上であること（成年要件と同じ）が必要である（同法5条）。外国でその国の法律に従い有効に行われた婚姻は，フィリピン国内でも，原則として有効である（同法26条）。ただし，フィリピン法で婚姻の無効取消原因（同法35条-38条）がある一定の場合は除かれる。当事者が18歳未満である場合，権限を有する官吏でない者により行われた場合，婚姻許可証が必要であるのにもかかわらず，これがない場合，重婚である場合，人違いである場合，再婚要件を満たしていない場合，婚姻時に夫婦間の義務を果たし得ないほどの精神障害があることが明らかになった場合，一定の近親婚等の場合には，婚姻は無効である（同法35-38条）。21歳未満で両親等の同意がない場合，精神障害がある場合，詐欺，強迫による場合，性的不能である場合，重い伝染性性病に罹患し治癒の見込みのない場合は，原則として，取り消すことができる（同法45条）。

申立人や子らに対する反復的な暴行，虐待，相手方の犯罪，麻薬中毒などの事情がある場合，法定別居の訴えを提起できる（同法55条）。和解の見込みがなくなった後でなければ法定別居命令を出すことができない（同法59条）。別居命令が出れば，別居できるが，夫婦関係は断絶せず，夫婦共有財産は精算され，未成年子は有責でない配偶者が監護し，有責配偶者は有責でない配偶者の相続人にはならない（同法63条）。夫婦は同居扶助義務があり（同法68条），連帯して家族を扶養する義務がある（同法70条）。

なお，フィリピン人と外国人が外国で離婚をし，その外国人が再婚する権利を取得する場合には，そのフィリピン人も再婚することができる。その際，配偶者死亡の際の再婚については待婚期間の制限があり（民法84条），離婚にも類推されるという見解があったが，フィリピン婚姻法の制定により同規定は削除され，したがって，待婚期間違反は婚姻の障害事由とはならないこととなった[7]。

(2) フィリピン共和国に関する判例・先例

ア 国　籍

旧国籍法（明治32年3月16日法律第66号）では，外国人は，日本人の妻となった場合，日本人の入夫となった場合には，日本国籍を取得し（同法5条），日本人が外国人の妻となり，夫の国籍を取得したときは日本国籍を失う（同法18条）とされていたことから，現在の国籍法（昭和25年5月4日・法律第147号）が施行されるまでは，これに沿う運用がされており，これに関連する先例，判例が出されている。【1-172】は，日本人の妻となったフィリピン人は婚姻により日本国籍を取得するから，離婚をしても当然には日本国籍を失わないとした先例，【1-173】【1-174】【1-175】は，いずれもサンフランシスコ平和条約の発効（1956年5月9日，日比賠償協定により，サンフランシスコ平和条約24条の規定に従って寄託した日に

---

[7] フィリピン法については，インターネットで検索でき例えば，現地の法律事務所のホームページ「CHAN ROBLES LAW FIRM」http://www.chanrobles.com/executiveorderno209.htmなど参照。また「平成26年版戸籍実務六法」にも掲載されているので参照されたい。フィリピン家族法の解説については，J・N・ノリエド（奥田安弘・高畑幸訳）『フィリピン家族法（第2版）』（明石書店，2007）を参照されたい。

効力を生ずる両政府間の合意を構成するものとみなすことの提案，同意がされた）前の日本人女とフィリピン人男との婚姻により，日本人女はフィリピン国籍を取得しないから，日本国籍も喪失しないとした事例である。なお，【1-173】については，昭和54年8月21日法務省令第40号及び同日民二4391号民事局長通達により全面改正されている。

　ところで，外国の国籍を有する日本国民は，法務大臣に届け出ることによって，日本の国籍を離脱することができる（国籍法13条）が，外国の国籍を取得したとして，日本の国籍を離脱した後，外国の国籍を取得していないことが判明した場合，日本の国籍離脱を訂正することができるかについて，【1-176】，【1-177】は，これを否定した先例であり，【1-178】は，これを認めて戸籍の回復を許可した裁判例である。なお，【1-176】【1-177】については，その後，その取扱いが変更されている。すなわち，昭和59年改正前国籍法の下で認知等により外国国籍を取得しているものとして日本国籍を離脱した者が，その後の認知無効の裁判の確定等により，離脱の時に外国籍を有していなかったことが判明した場合には，従前の取扱いを改め，今後は，戸籍法第113条の規定に基づく戸籍訂正の手続により，その者を戸籍に回復することとされたく，この旨貴管下各支局に対しても周知されたい旨の平成6年12月20日民五8658号民事局第五課長依命通知が発出されている。

【1-172】 日本人男と昭和5年に婚姻届をし日本国籍を取得した後，同男と離婚した元フィリピン人女は，新国籍法施行の前後に関わらず，離婚により原国籍を回復しないから，当然に日本国籍を喪失しないとした事例

昭和25年9月5日民事甲2410号民事局長回答

　内地人男が40年程前に比島に渡り同地に於て先住民と婚姻して三子を挙げ昭和5年に至って法定の婚姻届を同地の日本領事に為し，妻は内地の戸籍に入籍しております。今この夫婦は内地に居住しておりますが当事者間に離婚の協議が成立し妻は比島に帰りたいと言っております。この場合妻は離婚届

によって直ちに比島の国籍を取得し婚姻前の戸籍に復することが出来るでしようか又離婚届書は直接同国に送付するでしようか，それとも日本に駐在する同国領事館に送付するでしようか。
別紙（省略）

回　答
前段　妻は離婚によってはフィリッピン国籍を回復しない。従って，離婚の届出が国籍法（昭和25年5月4日法律第147号）施行後であればいうまでもないが，旧国籍法施行中であっても，当然には日本の国籍を喪失しないから，妻について新戸籍を編製するのが相当である。
後段　届書は，妻が原国籍を回復するとしないとにかかわらず，いずれに対しても送付する必要はない。

【1-173】　日比両国の平和条約発効前にフィリピン人男と婚姻した日本人女は，婚姻によりフィリピン国籍を取得せず，日本国籍を喪失しないとした事例

昭和31年1月24日民事甲79号民事局長回答

国籍喪失に関する戸籍事務の取扱いについて
　フィリッピン国人男Aと婚姻した日本人女Bについて，Bの父から戸籍法第105条（昭和25，5，4法律第148号改正前）の規定に基く国籍喪失の届出がなされ，昭和23年2月3日Bの本籍地村長が受理しBの除籍の記載がなされたところ，同年1月31日右ABの婚姻の届出を所在地区長が受理同年2月4日付発送され，B本籍地村長が受理したにかかわらず受附帳の記載その他の処理を遺漏したまま，前記国籍喪失届に添附監督の支局に送付された事案が，今般別紙写のとおり横浜管理事務所長から監督の支局の長に対しBの国籍喪失届に関し調査方依頼があり，右事情が判明したので戸籍訂正の必要があると認められるが，次によって処理して差支えないか何分の御指示をお願いします。……

回　答
　照会のあった件については，次のとおり処理するのが相当である。
　日本人女がフィリッピン国人男と婚姻した場合には，両国の間に未だ平和条約が発効していないため，フィリッピン国の法律により，妻は同国の国籍

を取得しないと解される。従って,本件については旧国籍法第18条の適用がないので,妻の本籍地町長において監督の局の長の許可を得て職権で,同女の戸籍を回復するとともに,左の振合によって婚姻事項の記載をする。

　国籍フィリッピン,Aと婚姻届出昭和23年1月31日何市何区長受附送付昭和○年○月○日附許可を得て月日記載㊞

　追て,照会に引用の昭和24年6月30日民事甲第1502号及び昭和29年2月4日民事甲第243号各本職回答は,その後フィリッピン国駐日代表部の見解が改められたので,これを改めることとする。(昭和54年8月21日法務省令第40号及び民二―4391号通達により全面改正)

【1-174】 日本人女はフィリピン人男との婚姻により夫の国籍を取得しても当然には日本国籍を失わないとした事例

　　　　　　　　　　　　　昭和31年9月21日民事甲2195号民事局長回答

　在本邦フィリピン大使館から8月28日付同大使館口上書第245号をもって,日本の平和条約の批准書の寄託によるフィリピンと日本国との間における戦争状態の終結に伴いフィリピン市民の妻たる日本(又は沖縄)婦人は,フィリピン帰化法の規定の下に帰化する資格を有しない者でないときは,夫のフィリピン市民権を取得することになるが,同大使館としては右の日本(又は沖縄)婦人のフィリピン市民としての資格を決定しあるいは事務手続を規定する必要上,日本(又は沖縄)婦人はフィリピン市民との婚姻によって現行日本法の下において自動的に日本(又は沖縄)の国籍を喪失するか否か承知したい旨,当省に照会越したから,委細同口上書写(別紙添附)により御了知の上貴意見何分の儀御回示ありたい。
(別紙)……

回　答
　照会のあった件については,日本人女は,フィリピン人男との婚姻によって夫の国籍を取得しても,当然には日本の国籍を失うものではない(日本国籍法第8条参照)。

【1-175】 昭和6年にフィリピン人男と婚姻した日本人女は，婚姻により当然にフィリピン国籍を取得するものではないから，日本国籍を有するものとして取り扱うとした事例

昭和39年9月22日民事五発302号民事局第五課長回答

　昭和6年4月25日フィリピン国人男と婚姻した別紙戸籍謄本記載のAについて，当管内横浜市中区長より婚姻による国籍喪失事項の記載許可申請がありましたので調査したところ，1939年6月17日法律第473号フィリピン帰化法第15条により国籍を喪失したものと解されますが，その取扱いについては，昭和31年1月24日付民事甲第79号民事局長回答の先例があるため，何分の御指示を賜わりたく関係書類を添えてお伺いいたします。
　……
　フィリピン国籍取得年月日調査報告
　……
1．結論からいえば，本件Aの比国籍に関する法的地位については，比国の第一審裁判所において，決定を求むべきであり，それをおいて，比国籍を有するかどうか決定できない由である。
2．その理由ないし根拠下記の通り。
　……
　　本件Aは同条により，比国籍を取得していたわけである。
　(3) しかるに1959年最高裁判所の判決において外国人女は，フィリピン人男との婚姻により自動的に比国籍を取得するものではなく，改正帰化法所定の資格要件（第2条）を具備し，かつ不適格要件（第4条）に該当しないことを立証する必要があると判示するに至った。
　　　これは従来実務のとってきた解釈を改めるものであり，本件Aは，上記に判示された所定の立証をしていない以上比国籍を有するとは確言できない。同人が比国籍につき確定を求めるとするなら，上記判決においては如何なる機関に如何なる手続にて所定の立証をなすべきかについて判示されていないが——これは漸次判例にて示されるであろうが——一般帰化の場合に準じて第一審裁判所において所定の立証をし，決定を求めるのが適切である。
3．一方Aは，1932年来比以来何等帰化に関する手続をとったことはないが，1955年，1956年，1963年渡日に際しては，婚姻証明書の提示により，比外務省より比国旅券を発給されるなど，法的にはとも角少くとも事実上はフィリピン人として扱われているので，今更裁判所において決定を求める意思はない由である。

回　答
　　２月７日付二国一第136号をもって照会のあったＡに関する標記の件については，同人は日本国籍を有するものと解する。

【1-176】 昭和32年にフィリピン人男と婚姻し，同国官憲発給の証明書を添付して国籍離脱手続が採られた元日本人女について，その後，フィリピン国籍を取得していない旨のフィリピン国の証明があっても，同女の除籍の記載は正当であり，過誤を理由として職権で訂正することはできないとした事例

昭和39年９月22日民事甲3136号民事局長回答

Ａ（昭和11年○月○日生）
　右の者はフィリピン国人Ｂと婚姻し，「フィリピンの国籍を有し，昭和32年５月９日附告示により国籍を離脱したため国籍喪失法務省民事局長報告同月10日受附除籍」とその戸籍に記載の上，除籍されていますが，別紙フィリピン国大使館発行の証明書によると，本人はフィリピン国籍を取得したことはないことは明らかであり，従って右の除籍の取扱いは誤りであると思料されますので，所轄法務局長の許可をえて除籍の記載を抹消する手続をとりうるよう，御高配をお願い致します。
　尚本人は本年４月19日横浜上陸の際，無国籍者の取扱いをうけ，以来仮上陸許可を更新することによって本邦に滞在しており，法的にも経済的にも甚だ不安定なる地位にあるため，一刻も早く正式に戸籍の恢復を希望しています。この点よろしく御斟酌の上，お取り計らい下さるようお願い致します。もし万一外に法的手続を要する場合は，同封のフィリピン大使館発行の文書を返却して下さい。
別紙添付書類（略）
国籍離脱者の報告について
　別添告示の写記載の者はフィリピンの国籍を有するところ昭和32年５月９日国籍を失ったから戸籍法第５条の規定によって報告する。
　なお右の国籍離脱が貴管内に住所を有するときは住民票及び戸籍の附票を消除し他管内に住所を有するときは速やかに住民登録法第９条の規定により住所地市町村に通知せられたく念のため申添える。
法務省告示第381号
　左記の者はフィリピンの国籍を有するところ国籍法第10条の規定によって

日本国籍を離脱した。
昭和32年5月9日
　法務大臣　中村　梅吉

　回　答
　本年7月21日付の書面で照会のあった標記の件については次のとおり回答します。
　事件本人がなした日本国籍の離脱届に基づく離脱の告示は有効と解されますので，同人の戸籍を国籍喪失により除籍した取扱いは正当な処理であると考えます。したがって，その戸籍を職権で訂正することはできませんが，本人が現在再び日本国籍を取得する意思を有するときは，帰化手続をとられるよう指導方御配意願います。

【1-177】　フィリピン人男と婚姻し，同国官憲発給の証明書を添えて日本国籍を離脱した元日本人女は，その後フィリピン国側の行政解釈の変更によりフィリピン国籍を取得できなかった場合でも，それが判決によって確認され，国籍離脱の無効が明らかにされない限り上記の離脱は有効であるとした事例

昭和39年9月22日民事甲3137号民事局長回答

　回　答
　昭和39年8月25日付総特第6708号で照会のあった標記の件については，次のとおり回答する。
　事件本人は，フィリピン官憲発給の証明書により同国の国籍を有する者との認定に基づいて国籍離脱届を受理し，これを官報に告示されたものであるから，同人は，右告示の日から日本国籍を喪失しているものと解する。
　また，同人が日本国籍を離脱する意思を有しなかったとしても，それが判決によって確認され国籍離脱の無効が明らかにされない限り，一応有効に成立しているものと解するのが相当である。
　したがって，同人が現在フィリピン国籍並びにその他の国の国籍をも有していないものであれば帰化事件の処理上も無国籍者として取り扱うこととなる。

【1-178】 フィリピン人男と日本で婚姻し，戸籍上日本国籍を喪失したとされた日本人女について，フィリピンに帰化する要件を充足せず，日本国籍喪失は錯誤によるものとして，国籍喪失の記載を消除するのが相当とした事例

東京家審昭和43年11月28日家月21巻5号69頁

理由

本件記録中の戸籍謄本によると，申立人は当時日本に居住したフィリピン国籍を有するAと昭和15年（1940年）5月29日，日本において，東京都日本橋区長宛婚姻届出により，婚姻したこと，申立人は一度もフィリピンに渡行したこともなく，フィリピン語，スペイン語，英語も話せないことが認められる。

申立人が夫と結婚した当時の旧国籍法第18条によると，「日本人が外国人の妻となり夫の国籍を取得したるときは日本の国籍を失う」と規定されているので，申立人がフィリピン国籍を有する夫との結婚によりフィリピン国籍を取得していないかぎりは日本国籍を失なっていないことになる筋合である。

昭和39年9月22日民事(五)発第302号法務省民事局第五課長回答に関し参考資料とされた外務省在外公館調査報告書並びに在日フィリピン大使館作成の証明書によると，1939年6月17日成立したフィリピン改正帰化法（Commonwealth Act No. 473）により，1939年6月17日以前または以後にフィリピン人と結婚したか，する日本人女は，同帰化法第4条に規定する不適格要件に該当しないかぎり，結婚により自動的に比国籍を取得するものとされていた。ところが1959年フィリピン最高裁判所の判決において，外国人女はフィリピン男との婚姻により自動的に比国籍を取得するものではなく，改正帰化法第2条所定の資格条件（フィリピンに居住し，フィリピン語，英語，スペイン語のうち一を話し，かつ書くことができる者）を具備し，かつ第4条の不適格要件に該当しないことを立証する必要があると判示され，右の立証はフィリピンの第一審裁判所において所定の立証をし決定を求めるのが適当と解釈されていることが認められる。

然るときは，以上の事実によると申立人は，右フィリピン改正帰化法の資格要件を充足せず，しかし，右法に基づく手続を踏んでいるものとは認められないので，フィリピン人の夫との結婚によりフィリピン国籍を取得したものとは解し得ない。したがって，申立人は日本国籍を保有するものと認められるから，申立人が上記結婚により日本国籍を喪失した旨の戸籍の記

載は錯誤による記載と認められ，申立人の本件申立は相当と判断される。
　よって，申立人の本件申立を認容し，申立人の戸籍中，国籍喪失を前提とする除籍を回復し，かつ国籍喪失の記載を消除し，主文のとおり審判する。

イ　準拠法の指定

　平成元年改正前法例16条は，離婚の準拠法を夫の本国法と規定していたので，フィリピン人夫と日本人女とが離婚する場合，フィリピン法が準拠法となり，フィリピン法は上記のとおり，離婚を認めていなかったことから，これをそのまま準拠法としてよいかどうかが問題となった。フィリピン法が離婚を認めていないことを理由として，調停をしなかったケース（横浜家調昭和35年4月20日家月12巻7号134頁）もあるが，多くの裁判例は，離婚を認めないフィリピン法は，公序良俗に反するとして，その適用を否定していた（前掲【1-28】のほか，横浜地判昭和38年4月26日家月15巻10号149頁，東京地判昭和45年4月11日判時606号54頁，横浜地判昭和48年1月18日判タ297号315頁，東京家審昭和51年9月6日判タ351号313頁，東京地判昭和53年3月10日判時912号83頁，神戸地判昭和54年11月5日判時948号91頁，東京地判昭和55年6月13日判タ423号135頁，東京地判昭和56年2月27日判時1010号85頁，京都地判昭和56年9月24日判時1053号143頁，新潟地判昭和63年5月20日判時1292号136頁など）。

　しかし，平成元年の法例改正後は，我が国に夫婦の常居所があるか，夫婦の一方の常居所が日本にあれば，日本民法が適用される（法例14条，16条，通則法25条，27条）ので，フィリピン法が準拠法になるケースはほとんどなくなった。

ウ　婚姻の成立，効力

　フィリピン婚姻法制定以前において，フィリピンのカトリック教会で婚姻した場合，教会牧師が婚姻証明書を発行した。このような教会牧師の発行した婚姻証明書が戸籍法41条の証書として扱えるかが問題となったが，これについて，それ自体は当然には婚姻証明書にはならないが，フィリピン総領事等がフィリピンの方式に従って作成された婚姻を証する書面として有効であることの確認を受ければ，受理してよいとしたの

が【1-179】である。

　婚姻障害がある場合の無効，取消し等の効果は，各当事者の本国法によるが，重婚は，日本法によれば取消原因であるが，フィリピン法によれば無効原因である。このように各本国法によると，その効果が異なる場合は，より厳重な効果を認める法を適用すべきことになる。【1-180】は，フィリピン人男と日本人女の重婚について，無効な身分行為と解し，戸籍法114条により消除すべきであるとした。

【1-179】　日本人男がフィリピン人女と昭和18年にフィリピン方式により婚姻したとしてその旨の教会牧師の婚姻証明書を添付して婚姻届があった場合，当該婚姻証明書につきフィリピン総領事等において有効である旨の確認を受けた上，その書類を添付して婚姻届がされた場合受理して差し支えないとされた事例

昭和33年10月29日民事甲2076号民事局長回答

　別紙のとおり福島県信夫郡信夫村長より受理伺いがあったが，右婚姻は，昭和18年6月20日フィリピンの方式により婚姻が成立し，今その証明書の提出があったものとして受理して差し支えないでしょうか。婚姻証明書として取り扱うことにいささか疑義があるのでお伺いします。
……

婚姻届の受理について

夫　日本人男
妻　比律賓共和国
　右の者より別紙の通り婚姻届がありましたが届出人は昭和19年（1944）比律賓共和国において正式に婚姻届を済せたが戦災のため届書類が焼失され日本国籍に入籍されないので改めて今回の届出がなされたから，そのまま受理して差し支えないでしようか，御指示を願います。
添付書類……
一，婚姻証明書（1948年発行による比律賓国教会発行証明書）
仮　訳
　セブ市のカトリック教会の公認記録は戦災によって1944年（昭和19年）12月に焼失した故に当時教会によって保存せられた記録の字を署名者は交付で

第2　国別渉外婚姻法／4　フィリピン　*293*

きない。しかしながら，確かな情報によればAとBは1944年6月20日に婚姻し右婚姻は当市のカトリック教会で挙行された事を証明する。
……

回　答
　8月27日付戸第948号をもって照会の件は，次のとおり処理するのが相当であると考える。
　当事者が教会発行の証明書を日本に駐在するフィリピン総領事又は領事に呈示して，フィリピンの方式に従って作成された婚姻を証する書面として有効である旨の確認を受けた上，その書類を添えて婚姻届があった場合であれば，受理してさしつかえない。

【1-180】　日本人女がフィリピン人男と婚姻後，男が重婚であることが判明したとして戸籍の消除を求めた事案について，重婚は，日本法では取消原因であるが，フィリピン法では無効原因であるから無効となるとし，戸籍法114条により消除すべきであるとした事例

　　　　　　　　　　　　　大阪家審昭和52年11月1日家月30巻11号74頁

　法例第13条第1項本文〔注：平成元年改正前のもの〕によれば，婚姻成立の要件は各当事者につきその本国法によって定めるべきところ，申立人の本国法である日本法によれば重婚における後婚は取り消し得べき婚姻であり，申立人と重ねて婚姻した男の本国法フィリピン法によれば上記婚姻は無効であるが，そのような婚姻は結局無効になるものと考えられる。したがって，主文記載の申立人の戸籍の婚姻事項は，無効な身分行為についてなされた戸籍の記載であるから，戸籍法第114条により消除されるべきものである。なお，上記婚姻はタイ国の方式によって婚姻した時に成立しているのであって（法例第13条第1項ただし書），日本で婚姻証明書を提出した時に成立したものではないが，これもまた戸籍法第114条の「届出によって効力を生ずべき行為」ということができる。さらにまた，本件のような事案においては，婚姻無効の確定判決または家事審判法第23条の審判によらないで，戸籍法第114条により戸籍の訂正をすることができるものと解する。

5　イギリス（グレートブリテン及び北アイルランド連合王国）

(1) イギリス婚姻法

　イギリス（グレートブリテン及び北アイルランド連合王国）は，イングランド，スコットランド，ウエールズ，北アイルランドの連合体であり，一般に判例法，制定法ともに，これらの地方により必ずしも同一ではない。イギリスの婚姻に関する条項は実体法，手続法とも，様々な法律に分散して規定されており，かつ，部分的な修正が頻繁に行われているため，その全容を把握するのが難しい。

　1996年家族法（Family Law Act 1996）が制定されているが，主にイングランドとウエールズに関するものである。これは，離婚及び別居の裁判所の命令並びに離婚原因としての婚姻破綻等を定めるほか，家庭事件の調停への司法的援助，家庭内暴力などについても規定している。

　しかし，その後も関連法が制定されており，例えば，1997年の民事手続法（Civil Procedure Act 1997）では，離婚訴訟についての特別手続が定められ（ただし，これはイングランドとウエールズにおける修正法である），2000年刑事司法及び裁判所援助法（Criminal Justice and Courts Service Act 2000）の第2章では，子どもと家庭裁判所への助言と援助サービス（Children And Family Court Advisory and Support Service）について規定し，その頭文字をとったCAFCASSという機関が設置され，家事事件への助言，援助を行うようになっている。また，2002年離婚（宗教婚）法（Divorce (Religious Marriage) Act 2002）は，ユダヤ教など慣習に基づいて婚姻した夫婦の離婚に関し，市民法に基づく離婚手続に先立って行う手続について，1973年婚姻訴訟法（Matrimonial Causes Act 1973），前記1996年家族法を一部修正している。2004年児童法（Children Act 2004）では，家事手続への助言と援助に関して，ウエールズにおけるCAFCASSの役割と会議（assembly）への移転などについて規定をしており，夫婦及び子どもに関係する法令は，随時修正されているから，これらを確認することが必要である。また，2005年意思決定能力法（the Mental Capacity Act 2005；2007年10月から施行）は，我が国の成年後見に相当するものであり，意思能力が不十分な者の意思決定を支援する

法律である。意思決定を代行するよりも，可能な限り，本人の能力を高めること（エンパワーメント）に重点を置き，可能な限り本人の意思決定を尊重するという視点で創られている。

　なお，同性カップルを法的に保護する方向は世界的潮流であり，イギリスでも，パートナーシップ法（Civil Partnership Act 2004）が制定され，イングランド，ウエールズ，スコットランド，北アイルランドだけではなく，海外でも，登記（registration）をすることで，同性間の関係（パートナーシップ）を形成できることになり，登記をした場合，それぞれの地域に応じて様々な法的効果が付与されることになった。これに伴い，家庭内暴力，犯罪，被害者法（Domestic Violence,Crime and Victims Act 2004）においても，前記1996年法の「同居者」には同性カップルを含むこととし，同法4章を同居していないカップルにも拡張している。また，2013年7月，同性婚を認める法案が通過し，Marriage（Same Sex Couples）Act 2013が成立した。これはイングランドとウエールズに関するものである。詳しくは，THE OFFICIAL OF UK LEGISLATIONのホームページhttp://www.legislation.gov.uk/ukpga/2013/30/notes/contentsを参照されたい。

　1996年家族法によれば，婚姻制度は支持されるべきであり，破綻しそうな婚姻の当事者は，マリッジカウンセリングやその他の方法を用いて婚姻を維持するためのあらゆる努力をすることが求められ，その半面，既に破綻し，あるいは終了している婚姻は，終わりにすべきであるという原則が表明されている。ただし，その場合，夫婦と子どもたちへの影響を最小限度にとどめること，夫婦と子どもたちとの関係を可能な限りよい状態にすること，婚姻を終結させる手続において不要な費用を発生させないこと，一方の当事者から他方の当事者あるいは子どもたちに対する暴力の危険を合理的な方法により除去し又は減少させることが求められている。イギリスには，別居と離婚の制度がある。別居判決，離婚判決をするには，婚姻が回復しがたく破綻していること，ステートメントを提出する3か月以内に情報会議（information meetings）に出席するなど一定の要件を満たしていること，双方の将来の取り決めに関する一定の要件を満たしていることが必要である。また，その婚姻について離婚を妨げる命令が有効である場合

などにも制限される。別居判決を離婚判決に転換することができるが，婚姻後2年以内の別居判決は2年経過するまで離婚判決に転換されないとされるほか，一定の要件を満たさなければ離婚判決への転換は制限されるなど，離婚については破綻主義を採りながらも，かなり抑制的である。日本のような調停手続はないが，合意形成のための援助機関が多数あり，また，CAFCASSが裁判官の命により合意形成を援助するなど我が国の家裁調査官に相当する機能を営んでいる。これらのどこまでが別居又は離婚を認めるための実体的要件かは必ずしも明らかではないが，我が国の裁判所における手続をもって代替することは可能であると考えられる[8]。

(2) イギリス婚姻法の判例・先例

ア 国 籍

旧国籍法（明治32年法律第66号，昭和25年7月1日廃止）は，外国人と婚姻した日本人女が夫の国籍を取得したときは，日本国籍を喪失する（大正5年法律第27号改正後18条）と規定していたが，英国外国人婚姻法に従い英国人と婚姻した日本人女は日本国籍を喪失するとした事例【1-181】がある。

現在の国籍法は，日本国民は，配偶者の本国法にかかわらず，自己の志望により外国の国籍を取得した場合に限り，日本国籍を喪失する（国籍法11条1項）。したがって，英国人と婚姻した日本人女が，自己の志望によって英国籍を取得したと認められる場合には，日本国籍を喪失する。【1-182】はその事例である。

なお，旧国籍法では，日本人男と婚姻した外国人女は，日本国籍を取得する（旧国籍法5条1項）とされていたから，日本人男と婚姻した英国人女がその後離婚をした場合も日本国籍は失わないから新戸籍を編製することとし，その場合，復すべき旧姓がないから，同女が自由に定める

---

8) これらの法令は，いずれも，legislation.gov.ukのホームページhttp://www.legistlation.hmso.gov.uk/acts.htmによって検索したものである。全て拙訳であり，一般の英米法の翻訳用語と異なる部分もあるかと思われるので，詳しくは原文を参照されたい。CAFCASSについては，https://www.gov.uk/government/organisations/children-and-family-court-advisory-and-support-serviceを参照。

ことができるとした事例に【1-183】がある。

【1-181】 英国外国人婚姻法（1892年）に従い，1928年4月18日在上海英国総領事館に登録された日本人女と英国人男の婚姻は，挙行地（中華民国）の方式を満たしているから，同日本人女は婚姻により日本国籍を喪失したとされた事例

昭和56年4月4日民二民事局第二課補佐官回答

> 国籍喪失の受否について
> 　今般当局管内加東郡社町長からの国籍喪失届受理伺い事件につき，当局社支局長から別紙のとおり照会がありましたが，本件国籍喪失の原因である英国人との婚姻については挙行地の方式によるべきものと考えられますところ，当時の挙行地の方式が不明のため，その効力に疑義がありますので，至急何分のご指示を賜わりたく，関係書類を添えてお伺いいたします。
> 　なお，当該婚姻が有効に成立したものであれば，在上海英国領事発行の婚姻を証する書面に記載の「〇〇イ・〇〇エ」と戸籍記載の「〇井〇〇ゑ」を同一人と認め，本件国籍喪失届を受理してさしつかえないものと考えますが，この点もあわせてご教示願います。
>
> 回　答
> 　客年12月17日付け戸第3160号をもって照会のあった標記の件については，受理して差し支えないものと考えます。

【1-182】 英国人と婚姻した日本人女が英国籍を取得した場合，日本国籍を喪失するとした事例

昭和51年5月26日民五3168号民事局第五課長回答

> イギリス人男と婚姻している日本人女が，イギリス臣民として登録申請により英国籍を取得している場合は，日本国籍を喪失する（照会）
> 　イギリス人男とイギリスにおいて婚姻し，イギリス国籍を取得した元日本人から，別添（写）のとおり，日本国籍保有を理由として，出入国管理令上の在留資格の抹消の願出がありましたが，イギリス国籍法第6条第2項の規定より，該願出者の日本国籍保有は認められないものと解されますが，何分

の御回示をいただきたく照会します。
……

　回　答
　今月14日付け管資第7195号をもって御照会のあった標記の件については，貴見のとおり取り扱うのが相当と考えます。

【1-183】　婚姻により日本国籍を取得した英国人女は離婚により日本国籍を失わず，この場合の称すべき氏は，その者の意思により自由に定められるとした事例

昭和23年10月16日民事甲2648号民事局長回答

　婚姻により日本の国籍を取得した英国人女が離婚した場合大正4年4月21日民第530号法務局長回答の趣旨により新戸籍を編製すべきものですか。なお婚姻前の氏（A）婚姻中の氏（B）のいずれの氏によって新戸籍を編製すべきでしょうか。

　回　答
　所問の妻は離婚によって日本の国籍を失わないから，離婚の届出に基いてその者につき戸籍法第19条但書の規定の精神に則り新戸籍を編製し，この場合の称すべき氏は，その者の意思によって自由に定められると解するのが相当である。

イ　準拠法の指定

　平成元年改正前の法例16条は，離婚の準拠法は，離婚原因発生時における夫の本国法と規定していたから，夫が英国人の場合には，英国法が適用されることになる。これに関し，【1-184】は，英国法では夫の住所地の法律が適用されるとして日本法を適用した事例であり，【1-185】，【1-186】も同旨である。なお，【1-187】は，日本人妻と英国イングランドに属する英国人夫との離婚について，本来，準拠法は夫の本国法であるイングランド法であるが，夫に遺棄された妻は夫の住所地

外の裁判所に提訴できるとされていることから，法廷地法に準拠すべきものと解されるとして，反致の趣旨に従い日本法を適用した事例である。

【1-184】 オーストラリアに在住する英国人妻と英国人夫の離婚訴訟で，平成元年改正前法例16条では夫の本国法である英国法が準拠法となるが，夫の住所地の法律が適用されることから，日本法を適用した事例

東京地判昭和31年4月5日国際私法関係裁判例集734頁

> 離婚は，法例第16条［注：平成元年改正前のもの。以下同じ］により離婚原因事実が発生したときにおける夫の本国法によるべきであるから，本件離婚は夫である被告の本国法にあたるイギリス本国の法律によらなければならないが，同国の法律は，離婚に関する法律のてい触につき，当事者の双方または少くとも夫の住所地の法律を適用すべきものと定めることは，明らかであるので，法例第29条により，本件離婚は，日本民法によるべきものである。そうして，右認定事実によれば，被告は，原告を悪意で遺棄したものといわなければならないから，その行為は，日本民法第770条第1項第2号にあたるものである。

【1-185】 日本人妻と英国人夫との離婚訴訟において，平成元年改正前法例16条により夫の本国法が準拠法となるが，その英国法では，夫のドミサイルの有する地の法廷地法が準拠法となるべきところ，同夫は永住意思をもって日本に居住しているとして日本法を適用した事例

大阪高判昭和35年12月20日家月14巻2号160頁，下民11巻12号2702頁

> 法例第16条［注：平成元年改正前のもの。以下同じ］によると，離婚は，その原因たる事実の発生した時における夫の本国法によるべきものであって，夫たる控訴人は，前記のとおり，英国人であるから，本件離婚原因の有無は，英国法により決すべきところ，原審における鑑定人Aの鑑定の結果によると，英国法においては，かような事項は，特別の規定がある場合を除き，訴提起当時に夫が同法上のドミサイル（永久的住所）を有する地の裁判所がその法廷地法に従って決すべきものとされていることを認めることができる。そして，〈証拠略〉によると，控訴人は，永住の意思（永久的生活の本拠とする

意思）をもって，昭和23年以来わが国に居住していることを認めることができ，前記A鑑定人の鑑定の結果によるも，かような場合控訴人はわが国に英国法上のドミサイルを有するものというべきであるから，法例第29条の規定に従い，本件離婚原因の有無は，結局，わが民法の規定により決すべきものというべきである。

【1-186】 日本在住の日本人妻と英国人夫との離婚訴訟において，夫の本国法が準拠法となるが，英国法によると，婚姻住所の法によるべきところ，婚姻住所は夫の住所に一致しているから，日本民法が適用されるとした事例

東京地判昭和35年12月24日家月14巻2号174頁，下民集11巻12号2765頁

本件離婚の準拠法について考えるに，法例第16条［注：平成元年改正前のもの。以下同じ］の規定によれば，離婚の準拠法は，その原因たる事実の発生したときにおける夫の本国法によるべきであるから，夫たる被告の本国法すなわち英国の法律によるべきである。しかるに，英国国際私法上離婚は婚姻住所（Matrimonial domicile）の法によることとなっており，婚姻住所は，通常夫の住所と一致するものであるところ，（有斐閣英米法辞典）前記認定の事実に照らせば，夫である被告の住所（domicile）は肩書住所地に存すると認めるのを相当とするから，結局本件離婚の準拠法は，法例第29条の規定により日本民法となるものと考える。

【1-187】 日本人妻と英国人（イングランド）夫との離婚訴訟に於いて，準拠法はイングランド法であるが，妻が遺棄された場合，夫がドミサイルを有さない地の裁判所にも離婚訴訟を提起することも許されるとし，日本法を適用した事例

東京地判昭和55年9月19日判タ430号137頁

本件離婚の準拠法は，法例16条［注：平成元年改正前のもの。以下同じ］により，夫たる被告の本国法，すなわち，英国法によるべきところ，同国は地方により法律を異にする国であり，前記認定の事実によれば，被告はイン

グランドに属するものというべきであるから，法例27条3項により，イングランドの法律が適用されることになる。ところが，前記認定の通り，本件は，妻たる原告が夫たる被告によって遺棄された場合であるところ，イングランド法によれば夫によって遺棄された妻は，夫がドミサイル（Domicile）を有しない地の裁判所に離婚訴訟を提起することも許され（MATRIMONIAL CAUSES ACT1965, S40），かかる場合にも法廷地法に準拠すべきものと定めているものと解されるから，法例29条の趣旨に従い，結局日本法が適用されることになる。

ウ　婚姻の成立，効力
(ア)　婚姻届の効力
　離婚禁止国であるアイルランド人男と連合王国女がフランスで離婚判決を得た後，同男と日本人女がカナダの方式により婚姻し，カナダの婚姻登録官から婚姻証明書が発給された場合，これを戸籍法41条の証書の謄本としてよいとした事例として【1-188】がある。

【1-188】　英国人妻とフランスで裁判離婚をしたアイルランド人男と日本人女とのカナダでの婚姻証明書が添付され婚姻届がされた場合，フランスでの離婚判決が我が国で有効であり，同婚姻証明書を戸籍法41条の規定する証書の謄本として取り扱ってよいとした事例

　　　　　　　　　　　　昭和60年10月30日民二6876号民事局第二課長回答

　連合王国人妻とフランスで裁判離婚したアイルランド人男と日本人女の婚姻届の受否について
　連合王国人妻とフランスで裁判離婚したアイルランド人男と日本人女の婚姻届が東京都渋谷区長あて提出され，同区長から①当該離婚判決の有効性について疑問があり，かつ，②婚姻要件具備証明書の添付がないうえ，夫の本国法が不明であるとして，その受否伺いがされたところ（……），この度，同婚姻届に添付するものとして同人らからカナダ国アルバータ州の婚姻証明書の提出がありました（……）。
　婚姻届書に添付された夫名義の申述書によると，アイルランドにおいては離婚が禁止され，外国における離婚判決を承認しない旨であり，そうであるとすれば，カナダ国アルバータ州でなされた婚姻は重婚となり，本件の処理

302　第1部　渉外婚姻法

については，当職は下記のとおり思料致しますが，アイルランドの法律が不明であり，決しかねますので何分の御指示を得たく照会します。
記
(1) アイルランド法上，重婚が当然無効とされている場合は，本件は受理できない。
(2) 重婚が当然無効とされていない場合は，カナダ国アルバータ州の婚姻吏が発給した婚姻証明書を戸籍法第41条の証書として取り扱う。
……

回　答
　客年10月31日付け二戸一第851号をもって照会のあった標記の件については，フランスにおける離婚判決は，我が国において効力を有し，カナダの方式による婚姻は有効に成立していると解されるので，提出のあった婚姻証明書を戸籍法第41条に規定する証書の謄本として取り扱って差し支えないと考えます。

(イ)　婚姻の成立要件
　　婚姻の方式は，婚姻挙行地による（通則法24条2項，法例13条2項，平成元年改正前法例13条1項ただし書）から，イギリスとカナダの国籍を持つ男と日本人女とが英国で婚姻した場合，英国法が適用され，それによって形式的成立要件を欠いている場合でも，婚姻届が日本人女の本籍地で受理された場合において，2人が日本で生活を始めたときは，その時点に，受理の時点に遡って有効となるとしたのが【1-189】である。

【1-189】　平成元年改正前の法例13条1項ただし書の「婚姻挙行地」は現実に婚姻という法律行為をする地であり，本件では英国（ロンドン）であると解されるから，婚姻の方式については英国法が準拠法となるところ，その形式的要件を欠いているものの，双方が日本で婚姻生活を始めることにより，先にされた婚姻届は遡って有効になると解するのが相当であるとした事例

神戸地判平成9年1月29日判時1638号122頁

㈠　本件婚姻についての形式的成立要件については，「婚姻挙行地」の法律が準拠法となる（[注：平成元年改正前のもの。以下同じ]法例13条1項但書）。
　婚姻の方式について婚姻挙行地の法律による（形式的成立要件に関する婚姻挙行地法主義）とする趣旨は，婚姻は挙行地において婚姻として社会的に公認される必要があり，その意味で婚姻の方式は挙行地の公益と密接な関係をもつので，挙行地法の定める方式に従うことを要するものとされるところにあるのであり，この趣旨に照らしても，法例13条1項但書の「婚姻挙行地」は，婚姻という法律行為をなす地であって，身分登録官吏に対する届出，宗教的儀式，公開の儀式等をする地を意味するものであり，当事者が現在しない地は右「婚姻挙行地」には当たらないと解される。……したがって，本件婚姻届書による婚姻届……は，本件婚姻届書が英国駐在日本領事館に提出してなされたものであるから，右婚姻の挙行地は，ロンドン（英国）であるといわざるをえない。

㈡　英国の1973年の婚姻原因法11条ａ項は，1949年以降1983年改正までの婚姻法の規定によって効力を有しないときは無効とする旨定めているところ，1949年ないし1983年の婚姻法は，婚姻は，①特別許可書，②通常許可書，③バンズ（婚姻予告）の公表，④ａ許可書があるか，Y許可書がない場合に監督登録官の証明書，のいずれかの方法によりとり行わなければならない旨定め，1973年の婚姻原因法は，婚姻に関する一定の形式的要件を守らなかったときを，婚姻は初めから無効となる事由と定めている。本件婚姻届書による婚姻の届出については，右英国法の方式は具備されていない。そうすると，本件婚姻届書による婚姻の届出は，婚姻の形式的成立要件を欠くことになる。
　……

4　しかし，原告と被告Yの本件婚姻届による婚姻は，その広島市長による受理当時においては有効なものでなかったとしても，原告と被告Yが昭和54年4月日本で婚姻生活を始めた時点において，広島市長による本件婚姻届受理の時点に遡って有効なものとなったと解するのが相当である。
　なぜなら，日本人の婚姻の相手方である外国人にその本国法による婚姻障害事由がなく，既に婚姻届がなされている日本の地において後に婚姻の実質を有する共同生活が営まれるようになった場合には，少なくともその時点においては右婚姻生活の営まれる日本が「婚姻挙行地」となるものとして，日本の法律における婚姻の形式的成立要件を具備している限り，これを婚姻届出の時点に遡って有効なものと扱うのが，婚姻の保護に適うものと解されるからである。

本件婚姻届については，被告Yにつき「婚姻要件具備証明書」そのものは提出されていないが，広島市長が英国駐在日本領事館から送付された諸資料等により婚姻要件は具備されているものと判断して本件婚姻届を受理し，実際にも被告Yに婚姻障害事由は存在しなかった以上，右「婚姻要件具備証明書」の不提出故に，本件婚姻届による婚姻を無効とするのは相当でないというべきである（無効とすべき実質的理由はない）。
　したがって，本件婚姻届による婚姻は，結局本件婚姻届時点に遡って有効なものとなったと認めるのが相当である。

(ウ)　婚姻の効力
　英国領事婚は，婚姻当事者双方が連合王国市民である場合に限り，日本法上その効力が認められるとした事例（昭和39年4月17日民事甲699号民事局長回答）があるが，平成元年法例改正後は，当事者の一方の本国法により有効であれば，日本法上も有効となる（法例13条3項本文，通則法24条3項）。

エ　離　婚
(ア)　離婚の効力
　平成元年改正前の法例は，離婚の準拠法は，離婚原因発生時の夫の本国法とされていたから，英国人男と日本人女の協議離婚届が受理され，戸籍に記載されても，英国では協議離婚を認めていないから無効であるとされた（昭和40年12月28日民事甲3682号民事局長回答）。他方，日本在住の英国人男と日本人女の協議離婚の場合は，夫の本国法では夫の住所地の法律が準拠法となるから，住所地の市町村長にされた協議離婚届は受理してよく（昭和49年10月21日民二5701号民事局長回答），平成元年法例改正後の離婚の準拠法は，夫婦の本国法が同一でない場合は，その常居所地法が準拠法となるから，日本人夫と連合王国人妻の常居所地が日本と認定されれば，協議離婚届を受理して差し支えなく（平成3年1月17日民二395号民事局第二課長），常居所地法がないときは，最も密接な関係がある地が準拠法となるから，連合王国人夫と米国人妻との離婚について最も密接な関係がある地が日本と認定されれば，協議離婚を受理して差し支えない（平成2年9月20日民二4179号民事局第二課長回答）。連合王国人夫と本土

系中国人妻の場合（平成3年12月5日民二6047号民事局第二課長回答），ポルトガル人夫と連合王国人妻の場合（平成4年7月17日民二4372号民事局第二課長回答）も同様である。

(イ) 調停に代わる審判離婚

英国では協議離婚は認められていないから，英国人夫婦の離婚調停については，調停を成立させず，調停に代わる審判（いわゆる24条審判。現在では通則法284条の審判）を行う例が多い。例えば，英国人夫婦の妻について調停手続の中でカウンセリングに付して，婚姻は破綻していると判断し，英国1969年改正離婚法1条，2条1項(b)を適用して，家事審判法24条による審判離婚をした事例（東京家審昭和51年5月31日判タ345号297頁），日本人妻が英国人夫を相手に離婚調停を申し立てた事案において，平成元年改正前法例16条により英国法及び日本法を適用して24条審判をした事例（浦和家審平成元年6月19日家月41巻12号126頁），フランス人妻から英国人夫に対する離婚調停において，法例16条，14条により夫婦に最も密接な関係がある地を日本として日本民法を適用して24条審判をした事例（前掲【1-30】）がある。

オ　氏の変更

英国人男と婚姻した日本人女が夫婦の双方の氏を結合した氏への変更を求めた事案において，戸籍法107条1項の「やむを得ない事由」があるとして氏変更の申立てを認容した事例（東京家審平成6年10月25日家月47巻10号75頁）がある。

カ　外国判決の承認

英国において，日本人女と英国人男の婚姻無効の判決が確定したとして，戸籍訂正申請がされた事案について，当該判決は民事訴訟法118条の要件を満たしているとして，受理して差し支えないとされた事例（平成24年9月14日民一2366号民事局第一課長回答）がある。

6 ドイツ（ドイツ連邦共和国）

(1) ドイツ婚姻法

　ドイツ婚姻法は，1976年改正により，従来の有責主義から別居期間を基本とした破綻主義に移行し，区裁判所の特別部としての家庭裁判所が婚姻関係事件を取り扱うことになった。また，1998年にも大きな改正がされた。その概要は，嫡出子と嫡出でない子の区別をできるだけ排除したこと，離婚後も，原則として共同親権とし，当事者から単独親権への譲渡等の申立てがされた場合にのみ，判断するとされたこと，面接交渉権を有する親族等の範囲を拡大したことが挙げられる。同性間の婚姻は認められていないが，2001年にLebenspartnerschaftsgesetz（パートナーシップ法）が成立し，2002年から施行されている。

　離婚原因は，夫婦の共同生活体がもはや存在せず，その回復が期待できない場合（ドイツ民法1565条1項）である。そして，1年以上別居し，離婚及び付随事項について合意がある場合，3年以上別居している場合，1年未満の別居で苛酷事由がある場合には，離婚原因があるものと推定される。別居には家庭内別居も含まれ，夫婦間に家庭的な共同生活体が存在せず，夫婦の一方が明らかにその形成を望んでいない場合である（同法1567条1項）。ただし，未成年の子の利益に反する場合，相手方が苛酷な状況になる場合などには，離婚が認められないことがある（同法1568条）。

　共同親権が原則であり，親権の全部又は一部の譲渡の申立てがあれば審理する（同法1671条1項）。子は双方の親との面接交渉権を持ち，親は子との面接交渉の権利，義務を有する（同法1684条1項）。夫又は妻の一方は，他方の配偶者に対し扶養料を請求できる（同法1569条）。子どもがいて仕事ができない場合，仕事を見つけるため教育を受ける場合などに請求できる（同法1576条）。自分の財産や収入で生活ができる場合には請求できない（同法1577条）。婚姻期間中に年金の権利や期待権がいずれかに取得され，あるいは保持されている場合には，年金の調整が行われる（同法1587条）。夫婦の住居及び家財道具の分配については，別の法律で定められている。婚姻中に増加した財産については，増加財産の調整を求めることができる（同法1373条以下）。

なお，2001年改正国籍法により，両親の一方が8年以上ドイツに定住し，永住資格を有している場合，又は，3年以上の滞在許可を持っている場合において，ドイツ国内で出生すれば，その子はドイツ国籍を取得することとされた。また，過去10年以内にドイツ国内で出生した子も同様である。また，一定の場合，重国籍も認められることになった。また，ドイツでは，1980年法により，性同一性障害の場合の名の変更及び性別変更を認めている。これについては，石原明「性転換に関する西ドイツの法律——その医学的ならびに法的視点」神戸学院法学13巻2号131頁以下（神戸学院大学法学会，1982）参照されたい。

(2) **ドイツ婚姻法の判例・先例**
　ア　国名表記
　　かつてドイツが西ドイツと東ドイツに分裂していた当時，ドイツの国名をどう表示するかに関して，戸籍及び婚姻要件具備証明書等に記載する「ドイツ」の国名の表示方法は，ドイツ連邦共和国は西ドイツ，ドイツ民主共和国は東ドイツと略称で表示して差し支えない（昭和49年2月9日民二.988号民事局第二課長回答）とされたが，その後，昭和54年10月16日民二.5141号通知によりドイツ連邦共和国及びドイツ民主共和国の国名を，戸籍及び婚姻要件具備証明書等に記載する場合は，全て正式名称を用いて表示することに改められた。その後，1990年10月3日東西ドイツが統一され，平成2年12月3日民二.5452号民事局第二課長通知は，統一ドイツの国名を，戸籍及び婚姻要件具備証明書等に記載する場合には，「ドイツ」の一般名称を用いて差し支えない，正式名称は，「ドイツ連邦共和国」であるとして，戸籍等の記載を統一した。

　イ　国　籍
　　旧国籍法（明治32年法律第66号，昭和25年7月1日廃止）は，日本人の妻となった外国人は日本の国籍を取得すると規定（5条1号）していたから，日本人男と婚姻したドイツ人女は日本国籍を取得し，その後，離婚をしても当然には原国籍を回復せず，日本国籍を喪失しない，同女が外国の国籍を取得しないで単に日本国籍を離脱して無国籍となることは認められないとした先例（昭和22年8月27日民事甲829号民事局長回答）がある。

ドイツ法の規定により，婚姻時に遡ってドイツ国籍を取得した日本人女は，婚姻の日ではなく，ドイツ国籍取得の効果の発生した日に日本国籍を喪失するとした先例として【1-190】がある。

現行国籍法は，日本国民は自己の志望によって外国の国籍を取得したときは，日本の国籍を失う（11条1項）と規定する。これに基づいて国籍を喪失するとした先例が【1-191】【1-192】である。

【1-190】 ドイツの1957年8月19日国籍問題規制のための法律により婚姻時に遡ってドイツ国籍を取得した日本人女は，婚姻の日ではなく，ドイツ国籍取得の効果の発生した日に日本国籍を喪失したものと解するとした事例

昭和33年3月11日民事甲510号民事局長心得回答

在本邦ドイツ連邦共和国大使館から1月17日付同大使館口上書をもって1954年2月25日ドイツ人と婚姻した左記の者は1957年11月16日付申請に基き1957年8月19日付国籍問題規正のための法律第3，第1章第2条第2項の規定により右婚姻の日にさかのぼってドイツの国籍を取得した旨通知越したから，同口上書の副本を添えて通知する。

なお，同人については当省において戸籍法第105条により国籍喪失の報告をするについて左記疑義を生じたから，貴見何分の儀御回示ありたい。

右に述べたドイツの法律の当該規定によれば（別紙参照）1953年4月1日から同法施行に至る期間においてドイツ人と婚姻した外国人女は1年以内にドイツ国籍取得の意思表示をなすことにより婚姻の日にさかのぼってドイツの国籍を取得する旨が規定されてあるにかんがみ，右の規定によりドイツの国籍を取得した同人は「自己の志望により外国の国籍を取得した」ものとして国籍法第8条により日本国籍を喪失したと解すべきものと思考するが，右のとおりでよいか。もし右のとおり解すべきものとすれば，同人が日本国籍を喪失した日はドイツ国籍取得の効果の発生した日（1957年12月23日，同大使館で確認済。）とすべきか，又は同人の婚姻した1954年2月25日にさかのぼるとすべきか。

……

第1章ドイツ国及び邦の国籍に関する法律の改正
第2条
(1) 1953年4月1日から本法施行に至る期間中外国人の身分をもってドイ

ツ人と婚姻している女性は本法の精神においてドイツ国及び邦の国籍に関する法律第1章第6条にもとづき帰化の申請をなす事ができる。
(2) これらの女性は1ケ年以内に婚姻のときにさかのぼり，ドイツ国籍を取得する希望を表明することができる。
　この意思表示は公に認められた様式又は当該官庁の様式に従い所轄の取扱官庁に提出されなければならない。
　この意思表示はその意思表示を行った当該女性ならびにその女性のドイツ国籍取得によりドイツ国籍を取得すべき者に対しても婚姻のときにさかのぼって効果を及ぼす。
　当該女性が本法施行の日前に死亡し又は意思表示の期間経過前に死亡する場合には，1955年2月22日付国籍問題の規正のための法律（法令集 I S 65頁）第21条が適用される。
　右意思表示の権利は当該女性が本法施行前に帰化している場合にも存在する。
(3) ドイツ国及び邦の国籍に関する法律第6条第3項及び第4項は本法の精神において解釈適用される。
……

回　答
　客月19日付移1第422号をもって照会の件は，国籍法第8条［注：現11条］の規定により，ドイツ国籍取得の効果の発生した日である昭和32年12月23日に日本国籍を喪失したものと解するのが相当である。

【1-191】 ドイツ人男と婚姻した日本人女が夫の国籍を取得する意思をもって同国の国籍を取得した場合，同女は日本国籍法8条（現11条）の規定により日本の国籍を喪失するとした事例

　　　　　　　　　昭和44年4月22日民事甲877号民事局長回答

　　　　ドイツ人男と婚姻した日本人女の国籍問題について
　本件に関し，今般在ハンブルグA総領事から，別添公信写のとおり照会がありました。当省としては本件について下記の見解を有していますが，疑義がありますので，貴見をお伺いいたしたく，なお同女の日本国籍救済方法があればあわせてご回示ありたく依頼します。
記

310　第1部　渉外婚姻法

1　ドイツ側当局が，当該婚姻締結の際夫の国籍を確認せず後日ドイツ国籍を確認したとしても，同婚姻が挙行地法により有効に成立し，かつ，婚姻時同夫はドイツ国籍を保有しており，同女がドイツ人である夫の国籍取得の意思表示を行なって同国の国籍を取得したかぎり，理由の如何を問わず，ドイツ国籍法第6条第2号の規定により同女はドイツ国籍を取得したと認められるので，わが国籍法第8条［注：現11条］により当然に日本の国籍を喪失していると考える。

したがって，同女は戸籍法第103条もしくは第105条の規定により戸籍から除籍されるべきである。

2　女が，もし，日本の国籍を再取得したいのであれば，国籍法第6条第4号にもとづき日本に住所を設け，外国人登録を行なった上法務大臣へ帰化許可の申請をなすほかない。

ただし，この場合同女は，国籍法第4条第5号の規定により日本の国籍を取得すると同時にドイツ国籍を当然に失うことが条件となる。

……

回　答

昭和44年1月8日付領第7号をもって照会のありました標記について，1，2とも貴見のとおりと考えます。

【1-192】　昭和37年4月西ドイツにおいて西ドイツ人男と婚姻した日本人女が，婚姻登録の際に，当時施行中の西ドイツ国籍法6条に基づきドイツ国籍取得の意思表示をして同国籍を取得し，国籍法8条（現11条）により日本国籍を喪失したと認定された事例

昭和50年8月23日民五4745号民事局第五課長回答

西ドイツにおいてドイツ国籍取得の意思表示をして西ドイツ人男と婚姻した日本人女の日本国籍喪失について（照会）

……

右の者は，6月21日西ドイツから日本旅券及び西ドイツ旅券を所持して羽田空港帰国したものでありますが，同人は1962年4月21日西ドイツにおいて西ドイツ人Aと婚姻し，ドイツ国籍を取得したと申し立てた（別添西ドイツ旅券提示）ので，在日西ドイツ大使館（法務領事部）に照会したところ，「1957年8月24日から1969年12月31日まで有効の国法及び国籍法第6条によ

り，ドイツ人と婚姻を締結する外国人女性は婚姻が成立している間及び夫がドイツ国籍を有する限りドイツへの帰化を要求する権利がある旨の規定に基づき，帰化によりドイツ国籍を取得したものと認められる。」旨の回答を受けました。右により同人は，国籍法第8条［注：現11条］に規定する「自己の志望によって外国の国籍を取得した者」であり，日本の国籍を喪失しているものと解して差支えありませんか。
……

回　答
　客月18日付け管羽上第3054号をもって御照会のあった標記の件については，貴見のとおり日本国籍を喪失しているものと解して差し支えないものと考えます。

ウ　国際裁判管轄
　日本に住所を有する日本人夫がドイツに居住するドイツ国籍の妻を被告として提起した離婚訴訟について，我が国の裁判管轄権を認めた事例が【2】である。

エ　準拠法の決定
　平成元年法例改正前は，離婚の準拠法は夫の本国法とされていたことから，元日本人女とドイツ人男間の協議離婚は受理できないとされていた（昭和25年9月11日民事甲2510号民事局長回答）。

オ　婚姻の成立，効力
(ア)　婚姻の成立
　婚姻届出を受理するためには，婚姻要件を具備していることを確認することが必要である（【1-1】①参照）が，ドイツ人男と日本人女との婚姻届に夫及び夫の母の出生証明書並びに夫の父母の結婚証明書が添付されていても，右証明書は，婚姻要件具備の証明書とは認められないから，夫の本国の権限ある官憲発給の「同男が本国法によって婚姻要件を具備している」旨の証明書を提出させて受理するとした事例（昭和30年2月24日民事甲394号民事局長回答），ドイツ人と日本人との日本国における婚姻は，昭和21年2月当時も現在と同じく，当事者がその市区町村長にその婚姻

を適式に届け出ることによって、その効力を生ずるものであるから、町長の証明する結婚式挙行の事実だけでは、日本法上効力を生ずるものではないとした事例（昭和30年3月7日民事甲437号民事局長回答）がある。なお、在外公館で受理し、送付された届書に不備があり、戸籍の記載ができない場合は、監督法務局を経由し、法務省へ回送する取扱い（昭和25年5月23日民事甲1357号民事局長通達）であり、ドイツ在住の日本人男とドイツ人女との婚姻届が直接夫の本籍地市町村長に送付されたが、当該届書に証人の連署を欠き、かつ、妻となるべき者につきドイツ官憲発給の婚姻要件具備証明書が添付されていないから受理できないので、外務省を経由して届出人に返戻するとした事例（昭和31年4月18日民事二発187号）がある。

(イ) 婚姻の無効・取消し

子どもを生むことを一方的に拒否することは、ドイツ婚姻法の婚姻取消事由に該当するとした裁判例として【1-193】がある。

【1-193】 ドイツ人と婚姻した日本人妻からの婚姻取消申立調停事件において、ドイツ婚姻法の規定に基づき婚姻取消原因があり、判決に代えて審判をすることができるとし、家事審判法23条に基づき婚姻取消しの審判をした事例

名古屋家審昭和40年4月21日家月17巻9号99頁

理由

申立人は主文同旨の調停審判を求めその実情として次のとおり述べた。
「申立人は1963年11月8日ドイツ国ハンブルグ市において相手方と所轄戸籍吏の面前で婚姻手続を為して夫婦となり、その後相手方と共に日本で同棲していたが1964年7月頃から相手方は夫婦関係を拒むようになりその理由として結婚前から子供をつくらない信念をもちつづけていることをつげられた。しかし乍ら申立人は女性として結婚した以上子供を生みたい気持を捨てることができず、もし当初から相手方のこの信念を知っていたならば相手方とは結婚することはしなかったであろうし、今後かような婚姻生活を継続することはできない。このような事情は婚姻締結に際して相手方の人柄に関し重大な錯誤があったと考えられるからドイツ婚姻法第32条により婚姻の取消を求

め。」……

　ドイツ連邦共和国民法施行法第13条によれば婚姻の締結は各当事者の本国法によるとされているので，本件の準拠法はドイツ婚姻法である。（ちなみに同法29条は婚姻の取消は裁判所の判決によると規定しているが日本の人事訴訟手続法の特別法規である家事審判法第23条は人事訴訟事項である婚姻の取消について当事者の合意によって家庭裁判所の審判を受けうること，家庭裁判所は当該取消の原因について当事者に争がない場合必要な事実を調査し調停委員の意見をきき正当と認めるときは合意に相当する審判を為すことができることを規定し且つその審判は確定により確定判決と同一の効力を有するので本件について当裁判所が審判を為すことができるものと判断する。）

　よって調停委員会による調停を為したところ当事者間に申立原因について争がなく昭和40年4月21日の調停期日に主文同旨の審判を求める旨の合意が成立した。……上記諸事実によれば本件申立は先づ出訴期間についてドイツ婚姻法第35条第2項，第1項の要件をみたしていると認められる。そして婚姻は男女の結合による共同生活と子供を生み育てることを本質とするものであり自己の信念として，乃至は精神的な理由により一方的に子供を生むこと自体を拒否するのはその動機がたとえ真摯なものであってもこれに賛成しえない他方配偶者にとっては当該婚姻につきドイツ婚姻法第32条第1項に云う「配偶者が婚姻締結の際に他方配偶者の人柄について……婚姻の本質を合理的に評価するにおいてはこのものをして婚姻をするにいたらしめなかったであろうような錯誤を犯した」ものと云うことができる。従って当裁判所は調停委員の意見をきいた上，本件合意を正当と認め家事審判法第23条に則り主文の通り審判する。

（参照）ドイツ婚姻法

　第35条第1項　婚姻取消しの訴えは1年以内に限りこれを提起することができる。

　第35条第2項　前項の期間は第30条の場合には婚姻締結又は確認を法定代理人が知りたるとき又はその配偶者が無制限行為能力を取得したるときより，第31条ないし第33条の場合においては配偶者が錯誤又は詐欺を発見したるとき，第34条の場合には強制状態の止みたるときよりその進行を開始す。

　第32条第1項　配偶者が婚姻締結の際に，他方配偶者の人柄について，

その実相を知り，かつ婚姻の本質を合理的に評価すれば婚姻をするに至らなかったであろうような錯誤を犯したときは，この配偶者は婚姻の取消しを請求することができる。

(ウ) 婚姻の効力

ドイツ民法を適用して日本人妻からドイツ人夫に対する婚姻費用分担請求を認めた裁判例として，【1-194】がある。

【1-194】 夫婦間の扶養義務は婚姻の効力として平成元年改正前法例14条により相手方の本国法であるドイツ民法が準拠法となるとし，同法に基づき，相手方は申立人に対し扶養義務を負うとした事例

東京家審昭和49年1月29日家月27巻2号95頁

> 夫婦間の扶養義務は，婚姻共同体そのものの維持存続に必要不可欠のものであって，これは婚姻の一般効力に関するものであるから，本件の準拠法は，法例第14条［注：平成元年改正前のもの］により夫である相手方の本国法たるドイツ法である。
> 　ドイツ民法によると，夫婦が別居した場合，その一方は，他方に対して，公平に適する限り，扶養の請求をすることができ，その場合には，夫婦が別居するに至った理由，扶養を必要とする程度，夫婦の財産および所得の状況を考慮しなければならないとされ（第1361条第1項），また，扶養は定期金の支払いによって行わなければならず，この定期金は，毎月あらかじめ支払わなければならないものとされている（同条第3項）。もっとも，家族共同体が存続していたとしても妻が取得活動の義務を負うであろう場合，又は，夫に対する請求が個々の特別な事情，とくに妻が以前に取得活動をしていたこと，婚姻が短期間しか継続しなかったこと，などを考慮すれば著しく不公平な場合には，妻は自ら生計を維持すべきことを命ぜられることがある（同条第2項）。
> 　そこで叙上準拠法に基づき，相手方（夫）に申立人（妻）を扶養する義務があるか否かを考えるに，……上記認定の諸事実からすれば，第1361条2項の要件を充足しないこと明らかであるから，相手方は申立人に対し，扶養義務を負うものといわなければならない。

カ 離婚

(ア) 調停離婚

人事調停法（昭和14年法律第11号，昭和22年法律第153号により廃止）7条は，調停は裁判上の和解と同一の効力を有すると規定していたことから，人事調停法に基づいて成立した離婚調停は離婚判決と同一の効力を有しないとした先例（昭和27年12月4日民事甲749号民事局長回答）がある。現行の家事事件手続法及び廃止された家事審判法では，調停成立調書の記載は確定判決と同一の効力を有する（家事法268条1項，家審法21条1項）から，調停離婚は離婚判決と同一の効力を有するのであるが，当時は，上記のように考えられていたのである。

(イ) 審判離婚

平成元年改正前の法例16条は，離婚の準拠法を離婚原因事実の発生した時における夫の本国法によるとし，その離婚原因となる事実が日本の法律によっても離婚原因となる場合でなければ離婚の宣告はできないとしていたことから，日本人妻とドイツ人夫間の離婚申立事件については，ドイツ婚姻法，日本民法双方の離婚原因に該当する事実が必要であるとして，家事審判法24条1項の審判をした事例（京都家審昭和50年6月4日家月28巻4号127頁）がある。

キ ドイツ人の氏の変更

離婚に伴う氏の変更は，人格権の問題として本人の属人性によるとする説と当該身分関係変動の効力とみる説とがあることは前述したが，ドイツ人と米国人との離婚に関し，これを人格権の問題であるとした事例として，【1-195】がある。

なお，ドイツ人夫と婚姻した日本人妻が，ドイツ人夫の氏を称するためには，戸籍法上，やむを得ない事由を必要としたが，戸籍法の一部改正（昭和59年法律第45号）により，外国人と婚姻した者がその氏を配偶者の称している氏に変更しようとするときは，その者は，その婚姻の日から6か月以内に限り家庭裁判所の許可を得ないで届け出ることができることとされた（戸籍法107条2項）。

【1-195】 西ドイツ人と離婚した米国人妻の離婚後に称すべき氏について，離婚後1年近くを経過している場合において，一般の氏の変更と解し人格権の問題として申立人の本国法を適用するのが相当である

東京家審昭和46年7月21日家月24巻3号82頁，判タ278号407頁

1 申立人［注：X（米国人）］は，1969年（昭和44年）12月6日日本において国籍西ドイツのAと婚姻し，その際申立人の氏「X」を夫の氏である「A」に改めた。

2 ところが，申立人と右Aとは不仲となり，1970年（昭和45年）8月27日に京都家庭裁判所において，調停離婚したのであるが，その際申立人が離婚後称すべき氏について右裁判所は何の定めもしなかった。

3 その後申立人は東京のアメリカ大使館に赴き，パスポートに記載する申立人の氏を「X」に変更するよう申請したところ，前記調停の際に離婚後「X」の氏を称すべき定めがないから，なお「A」の氏を称していると云われて申請を拒否された。

……

三．本件の準拠法について考察するに，本件申立は，離婚後もなお婚姻中称した夫の氏のままでいる申立人が婚姻前の氏に変更することの許可を求めるもので，これを離婚後称すべき氏の問題であると解すれば，離婚の効果の問題として日本国法例第16条［注：平成元年改正前のもの］により離婚原因たる事実の発生した時における夫の本国法によるべきであるということになり，一般の氏変更の問題と解すれば，人格権の問題として，申立人の本国法によるべきであるということになる。前説によれば，離婚原因発生当時の申立人の夫の本国法は西ドイツ国法であり，西ドイツ国婚姻法によれば，離婚した妻は，夫の氏を保有するのが原則であり（同法54条），ただ離婚した妻は公の認証のある戸籍吏に対する表示によって婚姻前の氏を称することも可能であるとされている（同法55条1項）。したがって，申立人は，離婚後公の認証のある戸籍吏に対する表示によって婚姻前の氏である「X」を称することができるので，裁判所の許可決定を要しないというべきである。当裁判所は，本件において，申立人は法律を知らないにせよ，離婚の際もまたその後も，かかる戸籍吏に対する表示をせず，約1年近くを経過し，現在に至っているものであり，結局本件の準拠法を離婚の効果の問題として夫の本国法によらしめるのは妥当でなく，むしろ人格権の問題として，申立人の本国法であるアメリカ合衆国ワシントン州法に

よらしめるのが適当であると思料する。
　アメリカ合衆国ワシントン州法によれば，氏名の変更は居住する県の第一，審裁判所に申請すべく，その申請については，理由が明示されねばならず，裁判所は，正当で合理的な理由があれば，決定によって，離婚した婦人の氏名を変更することができることになっている（1965年版同州法第4章第24節第130条，第26章第8節第130条）。そうだとすれば，前記認定事実によって，正当で合理的な理由があると認められる本件においては，申立人が，夫の氏である「A」を婚姻前の氏「X」に変更することを許可することを求める本件申立は，理由があるといわなければならない。
五，ところでここに問題となるのは，日本国民法においては，離婚後（婚姻によってその氏を称していない限り）妻は当然に婚姻前の氏に復することになっており（同法第767条），したがって家庭裁判所は，手続法上建前を異にするアメリカ合衆国ワシントン州法を適用実現する手段をもっていないことである。しかしながら，当裁判所はこのアメリカ合衆国ワシントン州法による氏の変更の権限は，日本国民法による子の氏変更許可の権限に類似しているので，日本の家庭裁判所はこの子の氏変更許可の権限によって，右ワシントン州法の適用実現をはかることができると解する。

ク　外国判決の承認

　米国人夫と日本人妻とがドイツに在住中，ドイツの裁判所において離婚の判決があった場合で，日本法上もその離婚が有効であると認められ，被告である妻から提出された判決謄本に基づき監督法務局の許可を得て職権で離婚の記載をしてよいとされた先例（昭和32年5月6日民事甲835号民事局長回答）がある。その後，昭和51年1月14日民二280号民事局長通達により，外国離婚判決の承認についての解釈が変更され，また，民法等の一部を改正する法律（昭和51年法律第66号）が昭和51年6月15日に施行されたことにより，訴えを提起した者が離婚届出をしないときは，その相手方も届出できることになったので，職権ではなく，届出により戸籍記載ができることになった（戸籍法77条，63条2項）。

7 カナダ

(1) カナダ婚姻法

　カナダは，いくつかの州（province）から構成されており，州の独立性は強く，婚姻に関する法令についても，州により異なっている。婚姻に関係する統一的な法律として，離婚法（Divorce Act 1985）があり，準拠法の指定から，離婚の要件，離婚の際の考え方の基準，裁判所における様々な手続などについて詳細な規定を置いている。成年は，それぞれの適用される州法によるが，カナダ国外に居住する場合は18歳である（離婚法2(1)）。離婚は，婚姻が破綻している場合に認められる（同法8(1)）。婚姻が破綻しているというためには，離婚の決定時期から遡って少なくとも１年以上別居し，かつ，手続開始の時にも別居していること（同法8(2)(a)），訴訟を提起された配偶者が，婚姻後，不貞行為をし，又は，夫婦の共同生活を継続することが困難なほど配偶者を肉体的又は精神的に虐待したこと（同法8(2)(b)）が必要である。弁護士など離婚手続に関与する法律家は，まず，和解（coneiliation）の方向で進め，そのためのマリッジカウンセリングやガイダンスの機関を知らせる義務を負い（同法9(1)），裁判所も，不適当であることが明らかな場合を除いて，和解の可能性を検討することが義務づけられ（同法10(1)），その可能性がある場合には訴訟手続は延期され，マリッジカウンセリングの経験がある者などを任命する（同法10(2)）。和解達成のための援助過程における発言や証拠は訴訟手続では考慮されない（同法10(4),(5)）。また，離婚に際しては，様々な子どもを援助するための決定（Child Support Orders, 15. 1）や一方の配偶者を援助するための決定（Spousal Support Orders, 15. 2），子の監護に関する決定（Custody Orders, 16.）が用意されており，詳細なガイドラインが作られている。[9)][10)] 2005年以降同性婚も認

---

9) カナダ婚姻法についてはインターネットで検索可能である。本稿は部分的な拙訳であるから，正確な内容は原典を確認されたい。カナダ離婚法については，カナダ政府司法省のホームページhttp://laws-lois.justice.gc.ca/eng/acts/d-3.4/を参照。
10) カナダのケベック州法における性同一性障害の性別表記については，大島俊之「性同一性障害と性別表記の変更・訂正－ケベックおよびニュージーランドの立法」神戸学院法学第30巻第１号363頁以下（神戸学院大学法学会，2000）参照。なお，オンタリオ州

められている。

(2) **カナダ婚姻法の判例・先例**

　ア　国　籍

　　旧国籍法（明治32年法律第66号）においては，外国人と婚姻をした日本人女は日本国籍を喪失するとされていた。その後，大正5年法律第27号による改正では，更に夫の国籍を取得した場合に日本国籍を喪失するとされた。したがって，日本人女が婚姻によりカナダ国籍を取得した場合，その婚姻が新国籍法施行前であれば日本国籍を喪失する（昭和26年4月25日民事甲865号民事局長回答）とされ，明治40年当時，カナダの法規によって同国に帰化した者は日本国籍を喪失し，同時にその者の妻も日本国籍を喪失する（昭和27年2月8日民事甲88号民事局長回答）とされた。

　　ところで，旧国籍法24条は，「満17年以上ノ男子ハ第19条，第20条及ヒ前3条ノ規定ニ拘ハラス既ニ陸海軍ノ現役ニ服シタルトキ又ハ之ニ服スル義務ナキトキニ非サレハ日本ノ国籍ヲ失ハス」と規定していたことから，1914年に改正されたカナダ帰化法に基づいてカナダ国の国籍を取得した日本人について日本の国籍を喪失したのかどうか問題となったケースがある。【1-196】は，日本人男は，カナダ帰化法によりカナダ国籍を取得しても，現役（兵役）義務がなくなる時期まで日本国籍を喪失せず，したがってその間にされた日本人妻との入夫婚姻は有効であるが，現役義務がなくなった時に日本国籍を喪失し，その後カナダ国籍を喪失した結果，現在は無国籍であるとし，また，その妻も，夫が日本国籍を失うとともに日本国籍を失ったとし，国籍喪失の年月日を現役義務がなくなった時期とした先例であり，【1-197】も，【1-196】と同様，現役に服する義務がなくなる時期である満37歳に達した日に日本国籍を喪失したと解した事例である。また，昭和38年11月6日民事甲3077号民事局長回答も同趣旨の先例である。

　　なお，その他に，大正3年8月5日にカナダに帰化した者について，

最高裁2002年7月12日判決は，同性カップルの婚姻届を受理し，2年以内に必要な法的環境を整備することを命じる判決を言い渡している。

カナダ市民権法第9条(3)項施行の日をもって，日本国籍を喪失したとした事例（昭和47年12月19日民事五発1440号民事局第五課長回答），戦争中，日本の軍籍にあった日本・カナダ二重国籍者が，戦後カナダ国から市民権証明書の交付を受けていても，これのみをもって日本国籍を喪失しているものとは認められないとされた事例（昭和57年1月11日民五57号民事局第五課長回答）がある。

【1‒196】 カナダ国に帰化しても旧国籍法24条により現役に服する義務がなくなるまで日本国籍を喪失しないので日本人の資格による入夫婚姻は有効であるが，同義務がなくなる時期に自動的に日本国籍を喪失したとされた事例

昭和28年8月15日民事甲1275号民事局長回答

> Aは，西暦1914年に改正されたカナダ帰化法の規定により西暦1916年（大正5年）9月14日同国の国籍を取得したものと解されるが，一方日本の国籍については旧国籍法第24条の規定により同人が現役に服する義務がなくなる時期である昭和8年3月31日（補充兵として徴集された年（大正9年）の12月1日より起算し12年4月目）までは日本の国籍を喪失するものではないから，大正11年5月15日下津井町長になしたBとの入夫婚姻届出は，日本人たる資格において日本の方式によりなされたもので，右入夫婚姻は有効である。しかるところ，同人は昭和8年4月1日日本の国籍を自動的に失い，同日以後はカナダの国籍のみを有することとなり，昭和27年12月30日同国の国籍をも喪失した結果，現在では無国籍者と解すべきである。またBは，前記のとおりカナダと日本との国籍を併せ有していたAの妻であり，西暦1921年（大正10年）に改正されたカナダ国籍法及びわが旧国籍法第21条の規定により昭和8年4月1日夫Aに随従して日本の国籍を喪失したと解すべきである。

【1‒197】 カナダ帰化法によりカナダ国籍を取得した日本人男は，旧国籍法24条により現役に服する義務がなくなる日に日本国籍を喪失し，その妻も同時に日本国籍を喪失したが，父が日本国籍を有している際に出生した長女及び二女は日本国籍を喪失しないとした事例

昭和32年4月9日民事甲701号民事局長回答

一　Aは，西暦1914年に改正されたカナダ帰化法の規定により西暦1916年（大正5年）2月4日同国の国籍を取得したものと解されるが，一方日本の国籍については，旧国籍法第24条の規定により同人が現役に服する義務がなくなる時期（徴兵令第23条の2の規定によりカナダに在ることによって徴集を延期し，満37歳に達したとき）までは日本の国籍を喪失するものではないので，同人が満37歳に達した日すなわち大正14年5月17日に日本の国籍を喪失したものとして国籍喪失の届出をさせるのが相当である。
二　妻Bについては，前記カナダ帰化法及び旧日本国籍法第21条の規定により夫Aが一のとおり日本の国籍を喪失し，カナダの単一国籍となった日（大正14年5月17日）に日本の国籍を喪失したものと解する。
三　……長女C，二女Dは，父が日本国籍を有していた当時に出生したものであるから，同人等の記載は消除すべきではない。またEは，父が日本国籍を喪失した後に出生したもので，日本の国籍を有しないから，戸籍法第113条の訂正手続によってその記載を消除するのが相当である。

　イ　国際裁判管轄

　カナダ人間の離婚事件の国際裁判管轄について判断した事例として，東京地判昭和38年12月20日（下民集14巻12号2580頁）がある。これは，被告の住所が我が国内にあるとして，その国際裁判管轄を認めた上で，準拠法としては，カナダのブリティッシュ・コロンビア州法が適用されるところ，同州法では，離婚については被告の住所（ドミサイル）の存在する法廷地法を適用すべきこととされていることから，平成元年改正前の法例29条により，日本法を適用した事案である。

　ウ　準拠法の決定

　カナダ・ブリティッシュ・コロンビア州の国際私法の原則によると離婚の準拠法は夫の住所の存する法廷地法とされ，夫婦の共同生活地は日本であるが，夫の永住する確定的意思は明らかではないため，夫の本国法上の選択住所は日本にないとして，反致を認めず，夫の本国法により離婚判決をした事例として【1-198】がある。

【1-198】 カナダ・ブリティッシュ・コロンビア州で行われている国際私法の原則によれば，離婚の準拠法は夫の住所の存する法廷地法とされており，しかも夫婦の共同生活地は日本にあるが，永住する確定的意思を有するか否か明らかでないため，夫の本国法上の選択住所は日本にないとして，反致を認めず夫の本国法により離婚判決した事例

岡山地判昭和44年3月20日家月22巻5号94頁，判時563号70頁，判タ254号322頁

> 　法例第16条［注：平成元年改正前のもの。以下同じ］によると，離婚はその原因たる事実の発生した時における夫の本国法によると定めているから，本件では被告の本国たるカナダ国の法律によるべきところ，同国は法例第27条第3項にいう「地方により法律を異にする国」に該当するので，被告の本源住所（domicile of origin）があるバンクーバー市の所属するブリティッシュ・コロンビア州（……）の法律をもってその準拠法とすべきである。ところで，職権調査の結果によると，ブリティッシュ・コロンビア州法上，離婚については夫の住所（domicile）の存する法廷地法を適用すべきこととされているので，本件離婚における反致の有無が問題となる。原被告の夫婦生活共同体の本拠が我が国にあることは前認定のとおりであるが，これと被告が同州法上の意味における選択住所（domicile by choice）を我が国に有するかは一応別個の問題と考えるべきであり，被告は船員として我が国に出入国管理令に基づく在留資格を得て入国し原告と婚姻関係に入り，在留期間の更新を法務省へ申請していた事実は原告本人尋問の結果から窺われるが，永住許可もしくは帰化の申請をなした形跡はなく，果して被告が我が国を永住の地とする確定的意思を有していたか否かはいずれとも即断し難いことに照すと，被告は未だ我が国に選択住所を有していないと認めるのが相当である。したがって，本件離婚については法例第29条による反致の成立する余地はなく，やはりブリティッシュ・コロンビア州法を準拠法としなければならない。

エ　婚姻の成立，効力―婚姻届の受理

　カナダ人と日本人との婚姻については，カナダ人の婚姻要件具備証明書を在日カナダ大使館から発給を受けるのが原則であり，その提出が困難な場合には，宣誓書のほかに，その事由を記載した申述書を提出させて受理してもよいとした先例として【1-199】がある。また，婚姻要

件具備証明書は発行されていないが，カナダ人の婚姻離婚については本人の住所地法によるとの駐日カナダ領事の見解に基づき，我が国に住所を有すると認定できるケースについて受理を相当とした先例として【1-200】がある。また，前掲イギリス【1-189】は，イギリス・カナダ国籍の男と日本人女の婚姻届に関し，前記のとおり，準拠法である婚姻挙行地法によると形式的要件を欠いている場合でも，婚姻届が日本人女の本籍地に提出受理され，その後，我が国で婚姻生活を始めれば，受理時に遡って有効になるとした事例である。

【1-199】 カナダ人男と日本人女との婚姻につき婚姻能力具備の宣誓書だけを添付して届出があった場合は，当事者が在日カナダ大使館から，夫の本国法による要件具備証明書の発給を受けて提出させてから受理する。なお，提出が不可能の場合は，宣誓書のほか提出不可能の事由を記載した申述書によって便宜受理するとされた事例

昭和29年6月16日民事甲1217号民事局長回答

婚姻届の受理について
　標記のことについて，当管内横須賀市長より別紙関係書類を添えて指示を求めてきましたが，添附の宣誓書を夫の本国法による婚姻能力具備に関する証明書に代わるものとして婚姻届を受理して差支えないかどうか，御照会に及びます。
（別紙）……カナダ自治領ブリテイシユコロンビヤ地区……

回　答
　標記の件につき客月31日付戸第911号で照会があったが，当事者がその届出をするに当り在日カナダ大使館から夫の本国法による婚姻成立の要件具備に関する証明書の発給を受けることが必ずしも困難であるとは考えられないので，同証明書を提出することが不可能な場合であれば，添付の宣誓書のほかに，当事者に右の事由を書面によって申述させ，便宜受理して差しつかえない。

【1-200】 カナダ人男と日本人女との婚姻届について，カナダ人の婚姻・離婚については本人の住所地法によると説明をした駐日カナダ領事の申述書があり，当局の同領事に対する照会回答も同様であること，カナダ人男は日本法上婚姻要件を具備していることが関係書類より明らかであること，カナダ人男の住所は日本に有するものと認定できることなどの事実関係のもとで，同婚姻届を受理して差し支えないとされた事例

昭和30年4月15日民事甲700号民事局長回答

> その夫カナダ人男は婚姻に関するカナダの法定要件を証する書面を駐日カナダ領事に申請したところ同領事はカナダ人の婚姻離婚については，本人の住所地法によると説明した旨の申述書を提出しているので，当局より同領事に電話照会したところ同様の回答があり，同人は日本法上婚姻要件を具備していることが別紙関係書類より明らかである。
> 　ところで右カナダ人男の住所は本人提出の外国人登録証明書，7年前からリーダーズ・ダイジェスト日本支社に勤務していることの証明書及びその他の書類からみてその住所は日本に有するものと認定して本件婚姻届を受理してよいものと思料しますが，何分の御指示を得たくお願いいたします。
> ……
>
> 回　答
> 　照会のあった婚姻届は，これを受理して差しつかえない。

　オ　離婚
　(ｱ)　離婚の方法
　(ⅰ)　協議離婚
　　平成元年法例改正以前は，離婚の準拠法は，夫の本国法によるとされていたことから，協議離婚を認めないカナダ人が夫の場合，協議離婚届は受理されない取扱いであった。したがって，仮に受理されている事例があったとしても，それは誤りと解された（昭和41年6月3日民事甲1214号民事局長回答）。平成元年法例改正後は，夫婦の一方が日本に常居所がある日本人であれば，日本の法律によるとされたので，その要件を満たす限り協議離婚届は受理されることになった。

(ii) 調停離婚

　これに対し，調停離婚の場合には，確定判決と同一の効力を有することから，在日カナダ人夫と日本人妻との間の離婚について調停を成立させることができる（東京家調昭和36年10月4日家月14巻3号128頁）。なお，平成元年法例改正前の日本在住カナダ人夫婦の離婚について，平成元年改正前の法例29条により日本法を適用して離婚調停を成立させた事例（東京家審昭和44年6月13日家月22巻3号104頁）がある。

(iii) 審判離婚

　カナダ国離婚法が準拠法として適用される場合には，当該法令において離婚原因の存在が確認される必要がある。離婚原因の存在を認定して離婚審判をした事例として【1-201】がある。

【1-201】　準拠法であるカナダ国ブリティッシュ・コロンビア州法によると，離婚についてはカナダ国離婚法が適用されており，同法3条に定める離婚原因である配偶者が同居を継続することに耐えられぬ程度の精神的虐待の事実が，当事者相互間に認められるとして離婚の審判をした事例

神戸家審昭和50年11月11日家月28巻11号106頁

　　カナダ国ブリティッシュ・コロンビア州法によると，離婚については1968年7月2日以降，カナダ国離婚法（S・C・1967～68・C・24）が同州を含むカナダ全土に適用されており，同離婚法によると離婚原因は，婚姻式挙行後(1)不貞行為をしたこと(2)男色，獣姦，強姦で有罪とされるかまたは同性愛的行状があったこと(3)他の者と婚姻の形式をふむ生活を経験したこと(4)配偶者が同居を継続することに耐えられぬ程度に肉体的または精神的に虐待したこと（同法第3条）である。

　　上記認定事実によれば，本件申立人と相手方とは，将来の生活方針について根本的な対立を来たし，そのため些細なことで感情的に対立し，相互に同居の継続に耐えられぬ程他から精神的に虐待されていると感ずるようになり，別居し，その後も何回となく話合い離婚のほかないとの合意に達したというのであるから，本件については，相互に離婚原因たる同居の継続に耐えられぬ程度の精神的虐待があったものと認めることができる。

(イ) 離婚の原因

平成元年改正前の法例では，離婚の準拠法は夫の本国法とされていたことから，ポルトガル人夫とカナダ人妻間の離婚訴訟では，改正ポルトガル民法を適用して離婚を認容した事例（横浜地判昭和51年8月13日ジュリ640号165頁）がある。

カ　氏の変更

日本人夫と婚姻した外国人妻の氏について，外国人の氏名の上に漢字で記載した夫の氏を冠して記載することについては，昭和55年8月27日民二5217号民事局長回答により認められており，これを受けて，日本人と婚姻したカナダ人夫の氏について，これを認めた先例が【1-202】である。また，カナダ人である夫と婚姻した日本人妻が，夫の通称への変更を申し立てたのに対しこれを認めた裁判例が【1-203】，夫との結合氏への変更を申し立てたのに対しこれを認めた裁判例が【1-204】である。

【1-202】　カナダ人夫が同国オンタリオ州の氏名の変更に関する法律に基づき日本人妻の氏に変更し，妻から身分事項欄に夫の氏名変更の旨の記載方及び変更後の氏は漢字を用いて記載されたい旨の申出があり，申出どおり取り扱って差し支えないとされた事例

昭和57年6月22日民二4079号民事局第二課長回答

外国人夫の氏名変更の記載の申出書の取扱いについて

今般，在カナダ日本国大使より，外国人男性と婚姻した日本人女性が届出た，同人の戸籍の身分事項欄に記載されている外国人たる配偶者の氏名を変更し，変更後の氏名は日本人配偶者の姓をもって表記する旨の申出書を送付越しました。

当省としましては，夫の氏名は「アランド・○○モト」として更正する申出書であれば受理すべきものと考えますが，右処理振りにて差支えなきや，別紙資料にて了知のうえ，貴見御回示願います。

回　答

客年4月20日付け領二第109号をもって照会のあった標記の申出は，申出

事項を「〇本アランド」又は「アランド〇本」と補正させた上，昭和55年8月27日付け民二第5218号民事局長通達による取扱いをして差し支えないものと考えます。

【1-203】 元中国系マレーシア人でカナダ国籍の夫をもつ日本人妻から氏の変更許可を求めた事案において，夫の氏の日本語表記「テイ」とは異なるが，夫が日本人や中国人向けに使用している呼称である「鄭」に氏を変更することを許可した事例

徳島家審昭和62年3月4日家月39巻7号64頁

　申立人の氏を中国系カナダ人の夫の称する氏に変更することについては，昭和59年法第45号により改正された戸籍法107条2項によれば，「外国人と婚姻した者がその氏を配偶者が称している氏に変更しようとするときは，その者は，その婚姻の日から6か月以内に限り，家庭裁判所の許可を得ないで，その旨届け出ることができる」ことになったこと（本件申立は，昭和59年法第45号附則11条に定められた期間（施行日である昭和60年1月1日から6月）を徒過しているが，同法107条2項の趣旨は十分考慮されるべきである。）及び前記認定の事情を勘案すれば，子の福祉にとっても何ら障害が認められない本件においては，外国人である配偶者の称している氏（本件の場合は，夫の氏「Teh」の日本語表記「テイ」となる。）に変更することについては「やむを得ない事由」を認めることは困難ではない。
　しかし，申立人は，その氏を「テイ」ではなく「鄭」に変更したいというので，さらに検討するに，「鄭」はもとよりカナダにおける夫の公式の氏ではなく，同人の氏「Teh」の日本語表記ともいえないが，同人の先祖が中国あるいはマレーシアの中国人社会において代々使用してきた氏であると認められ，またカナダにおいて証券取引業を営んでいた夫は日本人や中国人向けにはその氏として漢字の「鄭」を使用しているものであって，申立人が日本人として称する氏としては，片仮名の「テイ」よりも「鄭」の方がより自然であると解されるから，同法107条1項に則り，本件申立のとおり申立人の氏を「〇藤」から「鄭」に変更することを許可するのが相当である。

【1-204】 カナダ人夫と婚姻した日本人女性が，夫婦の双方の氏を併記した氏への変更を求めた事案において，戸籍法107条1項の「やむを得ない事由」があるとして，申立てを認容した事例

東京家審平成2年6月20日家月42巻12号56頁

> 申立人〔注：姓は「○本」〕についてはその氏を「○本ロビンソン」と変更する必要性が高いといえるが，戸籍法は外国人と婚姻した者について，その配偶者の氏への変更は届出によりすることができるとしているものの（同法107条2項），本件のように夫婦の双方の氏を併記した新たな氏への変更については何ら規定していないし，また，日本人間の婚姻の場合には，夫婦は夫又は妻の氏を称することとされ（民法750条），夫婦の双方の氏を併記した氏を使用することは認められていない。
> しかしながら，今日の国際交流が盛んになり，国際結婚も増加している社会情勢のもとにおいては，各国における氏の制度の相違も反映し，外国人と婚姻した日本人について，単に外国人配偶者の氏に変更するのでは足らず，本件のように妻の氏と夫の氏を併記した新たな氏を使用する必要性が高い場合が出てくることは当然考えられる。そして，このような事情は十分考慮に値し，一方，このような氏への変更が認められても我が国の氏の制度上特に支障があるとは思われない。
> そうすると，本件氏の変更については，前記認定の事実に照らし，戸籍法107条1項にいう「やむを得ない事由」があると認め，許可するのが相当である。

8 フランス（フランス共和国）

(1) フランス婚姻法

婚姻適齢は原則として18歳以上（フランス民法144条，145条），双方の合意に基づき成立する（同法146条）。重婚（同法147条），近親婚（同法161-164条）は禁止される。フランスには協議離婚はない。しかし，婚姻後6か月以上経過し，双方の合意のもとで離婚の申立てがあれば，離婚原因について深く調査することなく，裁判所が双方の意思を確認した上で，離婚を成立させる同意離婚が認められている（同法230-232条）。一定の熟慮期間をおいて

2回の意思確認が必要とされていたが，2004年法改正により，1回でよいことになった。ただし，子どもや配偶者の利益の保護が十分でない場合には，合意を認可しないとする点は，それらの場合，当事者間に合意があっても，調停を成立させないとする調停離婚に類似している。また，離婚について合意はあるが，条件について合意がない場合，一方が共同生活に耐え難いとして離婚を請求し，相手方がこれを認めれば，双方が有責であるとして離婚の判決ができる応諾離婚がある（同法233-236条）。また，一定期間別居状態にある場合において，共同生活が存在せず，将来も回復の見込みがないときには離婚が認められる破綻離婚がある（同法237-241条）。その別居期間は6年とされていたが，2004年法改正により，2005年1月から2年間に短縮されている。一方配偶者の精神状態が悪化した場合にも離婚が認められるが，相手方の病状に極めて重大な結果を引き起こす危険がある場合には，離婚請求を棄却できる。また，一方の配偶者に重大な責任があり，婚姻生活が耐えがたくなった場合，有責離婚ができる（同法242-246条）。また，フランスには，同性についても一定の保護を与える民事連帯契約（PACS）という制度がある。

なお，フランス破毀院は，1991年まで，性同一性障害の性別表記の訂正を認めなかったが，1992年3月25日，欧州人権裁判所がこの取扱いを否定し，同年12月11日，フランス破毀院も，判例を変更し，これを認めるに至った。

(2) フランス婚姻法の判例・先例

ア 国 籍

国籍法11条1項（昭和59年改正前8条）は，日本国民は自己の志望によって外国の国籍を取得したときは，日本の国籍を失うと規定する。そこで，フランス人男と婚姻した日本人女が，婚姻に先立ってフランス国籍取得を拒否しない旨の意思表示をすれば，これをもって自己の志望により外国の国籍を取得したことになり，日本国籍を失うのではないかが問題となった。【1-205】は，これについて，日本人女がフランス国籍を取得するのは婚姻の効果であり，意思行為の効果ではないとし，したがって国籍法11条1項（当時8条）には該当せず，日本国籍を喪失しないとし

た事例である。

【1-205】 フランス人男と婚姻により同国の国籍を取得した日本人女は、婚姻に先立ってフランス国籍取得を拒否しない旨の意思表示をしていても、それによって日本の国籍を失うものではないとした事例

昭和44年4月11日民事甲第584号民事局長回答

回　答

　昭和44年4月1日付国専第197号でご照会のありました標記の者は、日本国籍を喪失していないものと考えます。

（解説）

　フランス国籍法によると、フランス人男と婚姻する外国人女は、婚姻の挙式に先立つてフランス国籍の取得を拒否しないかぎり、婚姻の挙式のときに同国籍を取得するものとされている（37条、38条注）。

　このような法制のもとで、日本人女が、婚姻の挙式に先立って、フランス国籍の取得を拒否しない旨、あるいはもう少し積極的にフランス国籍の取得を希望する旨の意思表示をフランス側官憲になしてフランス人男と婚姻し、同国籍を取得した場合、その国籍の取得は、わが国籍法第8条［注：昭和59年改正前のもの。現11条。以下同じ］にいう「自己の志望によって外国の国籍を取得したとき」に該当するかどうかというのが本件の問題点である。

　そこで、まず第8条の解釈であるが、自己の志望による外国の国籍の取得とは、外国国籍の取得が、これを直接に希望する意思行為の効果として生ずる場合をいうものと解される。すなわち、直接に外国の国籍の取得を希望する意思行為の効果として外国の国籍が付与される場合にかぎるのであって、意思行為にもとづくことなく、一定の事実にともなって法律上当然に国籍が付与される場合、たとえば婚姻や養子縁組などの身分行為に付随して付与される場合などはこれに含まれないものと解される。

　そこで本件をみると、Aは、婚姻に先立って、パリ市の区役所から、フランス国籍の取得を希望するかどうかを問われ、これに対して、表現は必ずしも明確ではないが、要するにフランス国籍の取得を拒否しない旨答えたというものである。消極的にせよ、フランス国籍の取得を希望する意思の表明をしたものとみられるのである。そこに、第8条の適用の有無についての疑義を生ぜしめる余地があるわけである。

　本件の事実関係の概要は次のとおりである。……

　ところで、フランス国籍法の規定をみると、第37条で「……フランス人と

婚姻する外国人女は，結婚の挙式の時にフランス国籍を取得する」とされており，第38条で「……妻は，結婚の挙式に先立ちフランス国籍を拒否する旨を申告する権能を有する」とされている。そして，これらの規定は，第二節「婚姻によるフランス国籍の取得」(Acquisition de la nationalitè fran çaise par le mariage) の標題のもとに規定されている。これをみると，フランス国籍の取得は，婚姻という身分行為の効果であって，意思行為の効果ではないと解される。すなわち，婚姻の挙式に先立ってなされる意思の表明（フランス国籍の取得を拒否しない旨の，あるいは積極的にフランス国籍の取得を希望する旨の意思の表明）は，フランス国籍取得のための必須の要件ではないと解される。……

　すなわち婚姻がなければフランス国籍を取得することはありえないが，婚姻がありさえすれば，フランス国籍の取得を拒否しないとか，あるいは取得を希望するという意思表示をしなくても同国籍を当然に取得するものと解されるのである。

　このように，右の場合のフランス国籍の取得は，婚姻という身分行為の附随的効果として生ずるものであって，直接にフランス国籍を取得したいという意思表示の効果として生ずるものとは解されないから，わが国籍法第8条の適用はないものと考えられるのである。

イ　国際裁判管轄

　原則として，被告の居住地国が国際裁判管轄権を有するが，しかし，原告が遺棄された場合，又は被告が行方不明である場合その他これに準ずる場合には，被告の住所が日本になくても，原告の住所が日本にあれば，日本の裁判所に国際裁判管轄権を認めるべきであるというのが判例である（【1】）が，日本人妻とフランス人夫の離婚について，夫のDVにより婚姻関係が破綻したケースについて我が国に国際裁判管轄を認めた裁判例が【1-206】である。

【1-206】　フランスに居住していた日本人妻とフランス人夫の離婚について，夫の暴力により日本に子どもを連れ帰った妻がフランスに居住する夫に対し提起した離婚訴訟について，我が国に国際裁判管轄を認めた事例

　　　　　　　　　　　　　　　東京地判平成16年1月30日判時1854号51頁

本件のような離婚請求訴訟においても，被告の住所は国際裁判管轄の有無を決定するに当たって考慮すべき重要な要素であるが，被告が我が国に住所を有しない場合であっても，原告の住所その他の要素から離婚請求と我が国との関連性が認められ，我が国の管轄を肯定すべき場合のあることは，否定し得ないところであり，どのような場合に我が国の管轄を肯定すべきかについては，国際裁判管轄に関する法律の定めがなく，国際的慣習法の成熟も十分とは言い難いため，当事者間の公平や裁判の適正・迅速の理念により条理に従って決定するのが相当である。そして，管轄の有無の判断に当たっては，応訴を余儀なくされることによる被告の不利益に配慮すべきことはもちろんであるが，他方，原告が被告の住所地国に離婚請求訴訟を提起することにつき法律上又は事実上の障害があるかどうか及びその程度をも考慮し，離婚を求める原告の権利の保護に欠けることのないよう留意しなければならない……
　原告は，被告から度重なる暴行，傷害を受けており，……その傷害の態様，傷害の部位の数等から判断する限り，その暴行行為等はかなり執拗である……
　先に判示した原告が日本へ帰国した経緯，原告の帰国後に調査会社による不審な行動があること等に照らして考えると，原告にフランスに入国し，滞在することを求めることは，原告を被告からの従前同様の暴力等を加えられる危険にさらす可能性を高めるものというべきであって，原告の人格権の保護の要請にそぐわないものというべきである。
　そうすると，原告が被告の住所地国であるフランスに離婚請求訴訟を提起することについては，原告の生命，身体が危険にさらされるという事実上の障害があり，被告が原告の首を絞め，絞首のあとを残したこともあるという事実を考えると，その程度は，原告の生命に関わるもので，障害の程度は著しいものというべきである。……原告がフランスにおいて離婚請求訴訟を提起することについて事実上の障害を生ぜしめたのは，専ら被告の言動によるものであって，被告はその不利益を甘受せざるを得ないものというべきであり，また，被告は，平成15年10月28日に辞任するに至るまでは弁護士である訴訟代理人を選任して訴訟を遂行せしめていたのであり，我が国に国際裁判管轄を認めることが被告の裁判を受ける権利を著しく制限することになるわけではない。……以上の事実に照らせば，……本件については，我が国に国際裁判管轄を認めるのが相当である。

ウ　婚姻の成立，効力

(ア)　婚姻の成立

(i)　婚姻届の受理

　婚姻の方式は，婚姻挙行地の法律による（通則法24条１項。法例13条２項，平成元年改正前は法例13条１項ただし書）から，フランス人相互の婚姻も日本国内で挙行されれば権限のある戸籍事務管掌者に届出をし受理されれば有効となる（昭和34年７月15日民事甲1516号民事局長回答。平成元年改正前のものであるが，現在も同様に解される）。また，カンボジアで婚姻した日本人女とフランス人男の婚姻について駐カンボジアフランス大使館から日本人女の本籍地市町村長にその旨の通知がされた場合，当事者が日本方式による婚姻届出をフランス領事に委託したものとして，有効な婚姻届出として処理した事例【1－207】がある。

【1－207】　カンボジア在住の日本人女とフランス人男が駐カンボジアフランス大使館において婚姻した旨同大使館から日本人女の本籍地市町村長に通知がなされた場合は，挙行地の方式によって有効に成立したとは認められないが，同通知は，当事者が日本方式による婚姻届をフランス領事に託し，日本人女の本籍地の市町村長へ郵送したものとして処理するとした事例

昭和35年８月３日民事甲2011号民事局長回答

　フランス人男と日本人女が駐カンボディアフランス大使館において婚姻した旨同大使館より管内品川区長に対し別紙のとおり通知がありましたが，当該婚姻は挙行地の法律即ちカンボディア王国の法律により適法有効に成立したとは認められず，したがって，同通知書を婚姻証明書として受理すべきではないと思考いたしますが，いささか疑義がありますので何分の御指示を賜りたくお伺いいたします。
　……

回　答
　客年12月７日付戸甲第1048号で照会の婚姻通知にかかる婚姻は，照会に添付された資料によれば，挙行地たるカンボディア王国の法律により方式上有

効に成立したものとは認められないようであるが，当事者の婚姻の意思は確実であると認め得るので，右婚姻通知は，当事者が日本方式による婚姻届をフランス領事に託し品川区長に郵送したものと解し，次の要領によって，処理して差し支えない。

　品川区長をして，当該通知書及び〇〇戸籍に基づき，当事者の身分又は戸籍に冠する事項を法定様式による婚姻届書用紙に記載させ，これに該通知書を添え，両者を併せて婚姻届の形式を整えさせた上，通知書の送付を受けた日をもってその届出を受理させる。

(ii)　婚姻証書

　平成元年改正前の法例は，婚姻の方式は婚姻挙行地の法律によるものとし（改正前法例13条1項ただし書），そのため，日本人女とフランス人男とがラオスで婚姻した場合，ラオス国の方式に従ったものでなければ日本法上有効に成立したものとは認められなかった。その先例が【1-208】である。平成元年法例改正後は，当事者の一方の本国法による方式は有効とされた（法例13条3項，通則法24条3項）ので，このような場合，日本法又はフランス法のいずれかの方式によっていれば，有効となる。また，離婚が禁止されている国の男と婚姻した日本人女について，フランスの離婚判決を有効と解し，その後，婚姻挙行地であるカナダの婚姻証明書が提出されているケースについて婚姻要件が具備されているとした先例【1-209】がある。離婚禁止をどう考えるのかについて直接言及はされていないが，我が国においては離婚を禁止することは公序良俗に反するから，フランスの離婚判決は我が国において有効と解され，その後，婚姻挙行地の方式により婚姻がされたものであるから，その届出は有効となるとすることに異論はないであろう。

【1-208】　日本人女とフランス人男とが在ラオスフランス大使館で挙式した旨の証明書を添付した婚姻報告届が受理できないとされた事例

　　　　　　　　　　　昭和51年8月10日民二4562号民事局第二課長回答

婚姻報告届の受否について（伺い）

当局管内大野城市長から別紙のとおり受否の伺いがありましたが，これが受否につき当職は添付の証明書は昭和46年9月14日挙行地の方式により婚姻が成立したものとして，戸籍法第41条の規定による婚姻証明と解し，受理のうえ，婚姻届に基づく戸籍の記載は，戸籍法施行規則第43条の規定により処理して差し支えないものと思料しますが，婚姻挙行地たるラオス国の民事関係法令が不明のため，いささか疑義がありますので何分のご指示をお願いいたします。
……

回　答
　本年5月20日付け戸第530号をもって当局長あて照会のあった標記の件については，次のとおりと考える。
　所問の婚姻は，婚姻挙行地であるラオス国の方式に従ったものではないから，日本法上は有効に成立したものとは認められないので，当該婚姻報告届を受理しないのが相当である。

【1-209】　アイルランド（離婚禁止国）人男と連合王国人女のフランスにおける離婚判決は日本において効力を有し，その後，そのアイルランド人男と日本人女がカナダの方式により婚姻し，同国アルバータ州婚姻登録官発給の婚姻証明書が提出された場合には，これを戸籍法41条に規定する証書の謄本として取り扱って差し支えないとされた事例

昭和60年10月30日民二6876号民事局第二課長回答

　連合王国人妻とフランスで裁判離婚したアイルランド人男と日本人女の婚姻届が東京都渋谷区長あてに提出され，同区長から①当該離婚判決の有効性について疑問があり，かつ，②婚姻要件具備証明書の添付がないうえ，夫の本国法が不明であるとして，その受否伺いがされたところ（……），この度，同婚姻届に添付するものとして同人らからカナダ国アルバータ州の婚姻証明書の提出がありました……アイルランドにおいては離婚が禁止され，外国における離婚判決を承認しない旨であり，そうであるとすれば，カナダ国アルバータ州でなされた婚姻は重婚となり，……(1)アイルランド法上，重婚が当然無効とされている場合は，本件は受理できない。(2)重婚が当然無効とされていない場合は，……アルバータ州の婚姻吏が発給した婚姻証明書を戸籍法第41条の証書として取り扱う。

回　答
　……フランスにおける離婚判決は，我が国において効力を有し，カナダの方式による婚姻は有効に成立していると解されるので，提出のあった婚姻証明書を戸籍法第41条に規定する証書の謄本として取り扱って差し支えないと考えます。

(iii)　戸籍訂正

　フランス国領事が婚姻資格証明書を発給した上，フランス人男と日本人女の婚姻届がされた場合，夫の国籍をフランスとして日本人女の戸籍に記載することになるが，その後，夫の国籍が誤りであり，それ以前に夫がアメリカ合衆国に帰化していたことの証明書が提出された場合は，戸籍の記載に錯誤があることが発見された場合に該当するから，戸籍法113条により戸籍の訂正をすべきことになる。このことを示す先例が，【1-210】である。これに対し，婚姻後にその国籍を変更したときは，新たな国籍を記載する（昭和31年5月18日民事甲1045号民事局長回答）。

【1-210】　フランス国領事発給の婚姻資格証明書によって，フランス人男と婚姻した日本人女につき，婚姻資格証明書発行前の日付のアメリカ合衆国に帰化した証明書を添付して，女の婚姻事項の夫の国籍の記載訂正の申出があった場合は，受理すべきではなく，戸籍法第113条の戸籍訂正によるべきであるとした事例

　　　　　　　　　　　　　昭和37年10月15日民事甲2963号民事局長電報回答

　フランス人男と日本人女がフランス国領事発給の結婚資格証明書（1961・1・7証明書作成）を添付し本年5月10日婚姻届がなされたところ，この度妻から夫がアメリカ合衆国に帰化しているとの理由で帰化証明書（帰化の日は右婚姻証明書発給以前の年月日）を添付し同女の戸籍記載中夫の国籍の表示をアメリカ合衆国と訂正されたい旨の申出があったが，受理すべきでなく，戸籍法第113条の戸籍訂正をさせるべきものと考えられるが，もし右帰化証明書の外アメリカ国よりあらたに発給した婚姻要件具備の証明書をも添付し申出があった場合は，昭和31年5月18日付民事甲第1045号貴職回答の趣旨に

準じ処理して差支えないか，急を要する事案につき折返し御指示願います。

回　答
10月9日付電照の件は，貴見前段により処理されたい。

エ　離婚
(ア)　離婚の方法
(i)　協議離婚

上記のとおり，フランス法では協議離婚は認められていないため，フランス人夫と日本人妻の協議離婚届は受理することができないとされていた（昭和54年12月12日民二6121号民事局長回答）。しかし，フランスでも，双方同意の上で裁判所で確認された場合，離婚が認められるようになり（フランス民法230条以下），夫の本国法を離婚の準拠法とする旧法当時においても，フランス人夫と日本人妻との協議離婚を認める運用がされるようになった。【1-211】は，その先例である。これによると，フランスにおいても裁判所の関与なくして協議離婚及び親権者の指定ができるのと実質的に差異はないことになり，フランス法を準拠法としながら，裁判所の関与がないまま我が国では協議離婚及び親権者指定の合意が有効とされることになり，疑問が残る。この照会にはフランス副領事の証明書（神戸1980年1月14日付）が添付されているが，その翻訳文には，「フランス民法典第230，231，232，233，234，235及び236条により双方同意の場合，離婚が宣せられ得ることを証明する。」と記載されており，裁判所の宣言が必要であることが示されている。

【1-211】　在日のフランス人夫と日本人妻の協議離婚届が昭和55年2月13日受理され戸籍に記載されている場合，離婚は有効に成立しているものと解されるので，離婚の記載は消除すべきでなく，また，子（フランス国籍）の親権者を協議により母と定める旨の追完届は受理して差し支えない

昭和59年11月30日民二6159号民事局長通達

フランス人夫と日本人妻の協議離婚届が受理され戸籍に記載されている場合の取扱い等について

標記の件について，札幌法務局長から別紙甲号のとおり照会があり，別紙乙号のとおり回答したからこれを了知の上貴管下各支局長及び市区町村長に周知方取り計らわれたい。

別紙甲号

標記の件について，札幌市中央区長から別紙写しのとおり伺いがありましたが，昭和54年12月12日付け法務省民二第6121号民事局長回答は，1976年12月末現在のフランス民法を根拠にしてなされたと思料されるところ，本件の協議離婚届（神戸フランス国総領事館発行の証明書を添付）について，受理の時点における同国身分法の改正の有無及び同国の国際私法の規定が不明であるため，下記事項について何分の御指示を得たくお伺いします。

記

1 同国の身分法等が本件の協議離婚届受理の時点で改正されていない場合は，戸籍法第24条第2項の規定に基づいて本件A子の身分事項欄における協議離婚事項を消除して差し支えないか。
2 追完届については，父母の協議離婚事項が消除される場合，受理すべきでなく，仮に，同事項を消除すべきでないとした場合においても追完届に裁判所が関与（フランス民法第373条の2）した書面が添付されていないので受理すべきでないとして差し支えないか。

別紙……下記の事項について指示を伺います。

記

1 別添戸籍謄本中A子の離婚事項の訂正方法について。
2 別添追完届書の取扱いについて。

過日，横浜市緑区長から上記2の追完届書が送付されてきたところ，それにかかわる上記1の戸籍が発見されました。それによると，A子はフランス人夫との協議離婚届が神戸市北区役所において受理され，その届書の送付により当区にて戸籍の記載がなされています。

しかし，昭和54年12月12日付民二第6121号回答があり，処理済みの上記1の戸籍及び上記2の追完届書の取扱いに疑問を生じているところでありますので，その指示を伺います。

……

別紙乙号

昭和57年6月7日付け札戸第464号をもって照会のあった標記の件については，下記のとおりと考える。

なお，引用の当職回答は，本回答により変更されたことになるので念のた

め申し添える。
　　　　　　　　　　　記
　本件フランス人夫と日本人妻の協議離婚は有効に成立しているものと解されるので，離婚の記載については消除すべきではない。また，子の親権に関する追完届については受理して差し支えない。

(ii)　審判離婚
　【21】は，フランス人妻からイギリス人夫に対する離婚及び子の親権者指定調停申立事件について24条審判をした事例であり，その他にも，平成元年改正前の法例16条，14条に基づき，夫の本国法であるフランス法を準拠法として24条審判をした事例がある（東京家審昭和48年12月19日家月26巻7号59頁，東京家審昭和57年12月10日家月36巻7号94頁）。
(イ)　離婚の原因
　夫の本国法であるフランス法を準拠法とした上，不貞行為をした夫からの離婚請求を認めなかった事例として【1-212】がある。

【1-212】　日本人妻がフランス人夫に傷害を負わせた事実があっても，それが夫の不貞行為に基因した偶発事である場合には右事実を原因として夫が離婚請求をすることはできないとした事例
　　　　　横浜地判昭和39年9月2日家月17巻8号80頁，判タ169号210頁

　本件離婚の準拠法につき考えるに，我法例第16条［注：平成元年改正前のもの。以下同じ］によれば，離婚はその原因たる事実の発生した時における夫の本国法（実質法）によることとなっているから，本件では夫たる原告の本国法たるフランス民法により律することとなる。ところがフランス民法では，その第3条第3項に「人の身分及び能力は当事者の本国法による」旨の国際私法規定が存するが，右の条文をめぐって次第に判例が集積され，今日においては「国籍を異にする夫婦の離婚については共同住所地の法律を適用することがフランス法における一般原則である」とする住所地法主義の原則が一般に承認されるに至っている。ところで本件では肩書住所欄記載のとおり，原被告双方とも日本に住所を有しているから，右フランス国際私法上の原則を適用すると本件における準拠法は日本民法となるわけであり，このこ

> とはまた我法例第29条により我国の国際私法規定によっても承認されるところである。したがって結局本件離婚は日本民法によってこれを律することができることとなる。……
>
> 　以上の認定からすれば，原告とA夫人の仲は単なる友人の域を越えて性的関係ありと推認するのが相当であり被告の原告に対する傷害行為は，夫から数年にわたり他の異性と親しくするさまをまのあたりに見せつけられた者の耐えられぬ不満に出でた偶発事というべく，もし夫たる原告が婚姻生活における責任を自覚し，被告と協力してその維持発展に努力したならば被告も激情の余り原告に斬りつける等の挙に出るようなこともなかったであろうことは容易に想像し得るところであって，本件において婚姻生活を破綻させた主たる原因はまさに原告の不貞にありといわねばならない。……
>
> 　してみると，有責配偶者である原告の本訴請求はいずれにしても理由がないから，離婚を前提とする親権者の指定につき判断するまでもない。

　(ウ)　離婚の効力

　旧民法施行当時フランスで婚姻した日本人男とフランス人女が，その後日本において離婚をしている場合，フランス人女が婚姻前から有した財産及び婚姻中自己の名で取得した財産（有価証券）は，準拠法である旧日本民法により，離婚後も同女の特有財産と認められるとした事例（昭和30年1月11日民事甲40号法務事務次官回答）がある。

9　ロシア（ロシア連邦）（旧：ソ連）

(1)　ロシア婚姻法

　ロシアの婚姻関係についてはロシア連邦家族法（Family code）が規定している。婚姻は公的機関への登録が必要であり（家族法10条1項），夫婦としての権利義務は登録によって生じる（同条2項）。婚姻適齢は18歳以上であり（13条1項），特別な理由があれば16歳までの例外がある（同条2項）。18歳未満は両親の同意が必要である。しかし，地方当局は，両親の同意なくして婚姻の最低年齢を低く設定することができる（同法13条2項）。婚姻は一方又は双方の死亡により終了する（同法16条）。夫は妻の妊娠中及び出産後1年以内は離婚を求めることはできない（同法17条）。未成熟子がいな

ければ双方の合意により登録機関で離婚することができる（同法19条）。未成熟子がいる場合や一方が離婚に応じない場合，裁判による離婚ができる（同法21条）。裁判離婚においては，夫婦は双方の子の養育，子や扶養を要する配偶者への養育費の支払，財産分与について合意書面を提出する（同法24条）。夫婦は氏の選択権を持つ（同法32条）。婚姻中に獲得された財産は共有財産である（同法34条）。18歳に達するまでは子どもだが，全ての子どもは可能な限り家庭で生活し養育される権利がある（同法54条）。子どもは双方の親と交流する権利がある（同法55条）。子どもは家庭の問題の解決において意見を述べる権利がある（同法57条）。両親は子どもに同等の権利義務を持つ（同法61条）。祖父母，兄弟そのほかの関係者は，子どもと交流する権利を持つ（同法67条）。両親は援助を必要とする障害のある成人の子の生活を維持する義務がある（同法85条）。

(2) ロシア婚姻法の判例・先例

ア 国籍

昭和25年の新国籍法施行までは婚姻により国籍の得喪があり，日本人と婚姻したソ連人女は婚姻により日本国籍を取得した。その後，同女が離婚をした場合，原国籍を離脱していなければ原国籍があることから旧国籍法19条により日本国籍は喪失する。しかし，ソ連国籍を離脱している場合は，離婚により当然には日本国籍を喪失しない（昭和25年4月13日民事甲960号民事局長回答）。なお，旧国籍法は日本の女が外国人と婚姻したときは日本国籍を失うとしていたが，大正5年の改正により，日本人が外国人の妻となり夫の国籍を取得したときは日本の国籍を失うとされ，日本人女がソヴィエト人男と婚姻しても，当然には日本国籍を喪失しないから，旧国籍法18条の適用はなく，国籍喪失届は受理できないとした事例がある（昭和26年4月26日民事甲838号民事局長回答）。

ところで，終戦時，樺太等ソ連地域に在住していた日本人が，ソ連邦の支配下に入り，ソ連邦の国籍を取得しなければ生活ができないため，やむを得ずソ連に帰化し，その後，引き揚げて日本に戻り，就籍の申立てがされた場合，これを認めてよいかどうかが問題となったケースがある。【1-213】，【1-214】，【1-215】は，いずれも，自己の志望により

外国の国籍を取得した者に該当しないから日本国籍を失わないとして就籍を認めたものである。同様に，ソ連地域からの引揚者についてソ連国籍を取得していても，自己の志望によるものではないとして，日本国籍を認めたものに【1-216】，【1-217】，【1-218】，【1-219】，【1-220】がある。

ソ連国籍の元白系ロシア人について，日本に30年間居住し，ソ連大使館発給のソ連市民ではない旨の証明書を所持していることなどから帰化許可申請手続において無国籍として取り扱うものとされた事例（昭和34年5月6日民事五発166号民事局第五課長回答）がある。他方，同じくソ連国籍の元白系ロシア人について無国籍者として取り扱うのは相当ではないとしたのが【1-221】である。

【1-213】 終戦後の樺太における特殊事情下で，ソ連邦に帰化した日本人夫婦とその間の子から，日本引揚後に家庭裁判所に対して就籍許可の申立てがなされ，裁判所において国籍法8条（現11条）の解釈上，日本国籍を失わないとして就籍が許可された事例

　　　　　　　　　　昭和38年10月16日民事五発245号民事局第五課長回答

国籍の認定について
……
1　A（本籍樺太），B（本籍北海道）の両名は，樺太で終戦を迎え，ソ連に抑留され爾来同国に於て生活して来た者である。両名は昭和24年事実婚し，前記3名（女2，男1）の子をもうけた。昭和29年に至り，長女Cの学校入学問題について，日本人のままでは入学出来ず，生活上の差別待遇を受ける不利な条件にあったため，子供のためを思い，止むを得ず一家全員ソ連国籍を取得する手続をなし，同時婚姻の手続きをもなした。
2　右両名は日本に帰国し永住したい一心で2年前から帰国手続中のところ，ソ連政府の許可があり，本年7月22日横浜港に一家全員上陸し，室蘭市にあるAの義兄の許に身を寄せて現在に至っている。
　　本人達はこのまま日本に永住出来るものと思っていたところ，入国管理事務所から附与された在留期間は1年よりなく，将来は強制退去のおそれもあり，本人達はソ連に帰る意思は全然有しない。又別添資料中，渡航証

明書には，ロシヤ語により日本に永住出来る旨の記載もあるという。
……
　ソ連の国籍取得に際しては，本人達の任意の自由意思によるものとは断じ難く，むしろ周囲の事情に因る止むを得ざる行意と思われ，同国々籍取得は半ば制限された意思に基くものと考えられる余地があり，従ってソ連国籍を取得したものとしても，日本の国籍は喪失しないものと扱ってもよろしいかと思料いたします。
……

回　答
　本月4日付札戸秘第275号をもって照会のあった標記については，添付の資料のみによっては，事件本人等が国籍法第8条の規定により日本の国籍を喪失したものとして直ちに処理することは困難であるので，所問のＡについてとりあえず就籍許可の申立をさせるよう指導されたい。
　なお，右就籍許可の申立が却下されたときは，事件本人等から更にソヴィエト連邦の国籍を取得した時期及び原因並びに同国の国籍取得の手続をした当時の状況等について詳細事情を聴取し報告願いたい。
……
（報告）
　昭和38年10月4日付札戸秘第275号をもって御照会いたしましたＡ外4名にかかる国籍の認定につきましては，同年10月16日付民事第五発第245号により御回答に接し，その御趣旨によりＡの就籍許可の申立をするよう指導いたしましたところ今般札幌家庭裁判所室蘭支部の就籍許可の審判があり，別紙審判書謄本の提出がありましたので御送付いたします。
……
昭和38年（家）第258号就籍許可申立事件
審判
……
申立人　Ａ
主文
　申立人が左記のとおり就籍することを許可する。
……
理由
……
　わが国籍法第8条によると，「日本国民は，自己の志望によって外国の国籍を取得したときは，日本の国籍を失う。」というのであって，従って申立人のソ連の国籍取得が自己の志望によるものであったかどうかが検討されな

ければならない。
　右認定事実に徴すると、成程申立人がソ連の国籍を取得するに至ったのは、ソ連当局の強制によるものではないし、表面にあらわれたところでは、申立人の自由な意思決定を妨げるような強迫その他の事由を見出すことは困難であるから、一見申立人は自己の志望によってその国籍を取得したもののようにみえる。しかしながら更によく考えてみると、異境にあって長年無国籍者としての差別待遇を余儀なくされ、幾多の辛酸にたえてきた申立人にとって、帰国こそが唯一の夢であり且つ心の慰みであったということができるところ、最早帰国の見透しは全くないと知らされてその望みが絶たれたときの申立人の心理状態は察するに余りがあるのであって、相談するとても無い特殊な環境の下において、子供の教育のことその他の点を考慮してソ連への帰化を決意したとしても、それはまことに無理からぬことというべく、かかる場合に表面にあらわれた現象のみをとらえ第三者の強迫その他の事由がなかったからといって、直ちに申立人が自由な意思決定のもとに、自己の志望によってソ連の国籍を取得したものとみることは、申立人に対して余りにも酷であると言わなければならない。かようにみてくると、本件のような極めて特殊な条件下にあっては、申立人が帰化を決意したのはよくよくのことであり、真にやむを得ないものと言うべく、本来わが国籍法第8条にいわゆる「自己の志望によって外国の国籍を取得する」というのは、本件のような場合を予想したものとは解せられないから、結局申立人はソ連の国籍を取得したとは言いながら、未だそれは右同条にいわゆる自己の志望によるものとは認め難く、申立人は未だ日本の国籍を失っていないと言うべきである（なおわが国籍法が二重国籍を禁じていないことは、右同条の解釈上からも明らかなところである）。
　よって本件申立は相当な理由があるものと認め、主文のとおり審判する。

【1-214】① 樺太先住民は、自己の志望により外国国籍を取得しない限り就籍できるとした事例

昭和41年3月30日民事甲1015号民事局長回答

　事件本人の申請に基づき別添資料（……）を蒐集したことから事件本人は、樺太少数民族であるとの確信を得ているわけであります。してみれば、終戦後内地に引き揚げた樺太先住民については、就籍許可の審判を求めることができる旨の先例（昭和31年3月13日付民事二発第116号民事局第二課長回答）

がありますので，同じ樺太先住民（樺太少数民族）についてもこの先例の趣旨により就職できるものと思いいたしますが，いささか疑義がありますので何分の御指示を賜りたくお願いいたします。
……

回　答
　3月5日付旭法戸第49号をもって照会のあった件については，客年11月16日付の電報照会に対する本年3月3日付民事二発第232号民事局第二課長回答［注：樺太先住民（樺太少数民族）は自己の志望により外国国籍を取得しない限り就籍できる］により了知されたい。

【1-214】② 旧樺太先住民族は，特に外国国籍を取得した事情のない限り平和条約発効後もなお広義の日本人としての地位を保有しているものと解するのが相当であるとした事例

旭川家審昭和41年3月30日家月18巻10号72頁

　この認定事実によれば，申立人ら夫婦がソ連国籍を取得するに至ったのは，ソ連邦の法律により当然これを取得したものでないことは勿論，ソ連邦政府当局の強制によりなされたものでもないのであって，申立人夫婦において勧誘に応じなければ敢てソ連邦国籍を取得するに及ばなかったとも考えられないことはないけれども，飜って考えれば，帰国を熱望しながら永年に亘って達せられずその見透しも暗くなり，出生の地とはいえ，外地となった異境にあって無国籍者として差別して取り扱われて不安な環境の下に生活を送って来た申立人らが結局帰化の申請手続をとるに至ったその心理状態はこれを察するに足りるものがあるのであって，……申立人らにこれ以上ソ連国籍取得を回避することを期待することは困難であったものというべく，申立人らにとくに第三者の強迫その他ソ連国籍取得について強制を加えられた事情がなかったからといって，直ちに申立人らの自由な意思で自己の志望によってこれを取得したものと考えるのは酷であり，したがって，かかる特殊な環境の下でなされた申立人の外国国籍の取得は，国籍法第8条［注：現11条］の規定の予想するところでなく，同条にいわゆる「自己の志望によって外国の国籍を取得したとき」に当たらないと解するのが相当である。

【1-215】 生来の日本人が，南樺太で帰化によりソ連国籍を取得している場合に，それが自己の志望による外国国籍の取得ではないとして，就籍を許可した事例

　　　　　秋田家大館支審昭和41年5月25日家月18巻12号60頁，判タ209号267頁

　　　国籍法第8条［注：現11条］は，一面国籍離脱の自由を認めた規定であるところから，日本国籍離脱の意思を自由に定めることができ，他方外国々籍も自由に取得する場合でなくてはならないから，かりに本件の場合申立人でなくても，通常の日本人で申立人のような立場に置かれたならば，やむをえずソ連国籍を取得するに至ることは十分考えられ，しかも申立人には日本国籍を離脱しようなどという意思は毛頭持っていなかったのであるから，かかる特別な条件のもとにおけるソ連への帰化を目して自己の志望による外国々籍の取得とは到底認めることはできない。

【1-216】 ソ連地域からの引揚者の国籍について，ソ連の国籍のない者は生活できない状況下でソ連国籍を取得しても自己の志望による外国国籍を取得した場合には該当せず，日本国籍を保有すると認められた事例

　　　　　　　　　　　　昭和40年12月16日民事五発376号民事局第五課長通知

　　　（昭和40年12月15日付電報旭川地方法務局長あて民事局長指示）
　　本月2日付をもって報告のあったソ連地区からの引揚者の国籍については，国籍法第8条［注：現11条］の適用がなく，未だ日本国籍を失なっていないものと解されるので，既になされた外国人登録は，当職発行の国籍証明書によって，取り消すことに入国管理局長と協議済につき本人に対し，その旨指導されたい。
　　なお，国籍証明書については，昭和25年12月15日付民事甲第3162号当職通達を参照せられたい。

【1-217】 樺太から引き揚げてきた母のソ連国籍の取得が，自己の志望によるものではないとされ，その母からなされた出生届を受理して差し支えないとされた事例

　　　　　　　　　　　　　昭和40年12月24日民事甲3495号民事局長回答

第2　国別渉外婚姻法／9　ロシア　347

　　別紙出生届の受否について指示を求められましたが，本件については，更に事件本人の母のソ連国籍取得についての事情を調査し，その結果，同人の右国籍取得が，単に，その者の日本に帰国するため又は帰国するまでの手段ないし方法に過ぎないものと認められる場合には，札幌家庭裁判所室蘭支部昭和38年（家）第258号就籍，許可申立事件の審判（新国籍先例集166ノ26頁）の趣旨等に徴し，本件については，国籍法第8条［注：現11条。以下同じ］にいわゆる「自己の志望によって外国の国籍を取得したとき」に当らないものと解して処理するのが相当ではないかと思いますが，なお，疑義があり，かつ又，仮りに右の取扱が肯定されたとしても本件と類似の事案は，樺太よりの今後の帰国者についてまま生ずるものと予想されますが，そうした場合に今後画一的に右のような取扱いをすることの当否についても疑義がありますので，右の2点について回答をお願いします。
　……

　回　答
　11月24日付戸第636号をもって照会のあった件については，次のように考える。
　　　　　　　　　　　　　記
　添付の資料のみによっては，国籍法第8条の規定により日本の国籍を喪失したものとして直ちに処理することは困難であるので，ソ連官憲発給のソ連国籍の取得に関する証明書類の提示がないかぎり，所問の出生届を受理してさしつかえない。
　なお，今後も本件と類似の事件について疑義があるときは照会されたい。

【1-218】ソ連地域からの引揚者で生活するための便法としてソ連人として市民権を取得しても日本国籍を保有しているものと解してよく，また父母の名が登録されている出生証明書があっても婚姻の事実があったと認めることはできないから，母が未引揚者で本籍不明と認められるときはその子の戸籍については就籍を指導するとした事例
　　　　　　　　　昭和41年3月8日民事甲646号民事局長回答

　　　　　　　ソ連地域からの引揚者の国籍について
　……Aは昭和40年12月15日民事局長電報指示（旭川地方法務局長宛）によ

り処理してさしつかえないものと思料しますが，他の者については，婚姻証明及び離婚証明等の父母婚姻の事実を証明する書面がないため，直ちに父より出生届を提出せしめて入籍せしむるにいささか疑義を有しますが，右証明がない場合ソ連発行の出生証明書によって，その事実を確認することができないものか，即ちソ連家族法典27条によれば婚姻しておらない母の子は出生登録に際して，父は登録されないとの強行規定から推察して，本件の場合の様に既に出生証明に父母の名が登載されていることをもって，登録婚姻の事実を証明するものと解し，婚姻証明に代えることができないか。又右解釈がなされないとしたならば，その他の者の国籍認定については，日本国籍を有しないものと解してよろしいか。差しかかった事件でありますので，格別の御審議の上電報にて御回報をいただきたく御照会いたします。…………

回　答
　客月14日付函法戸第106号をもって照会のあった標記のAについては貴職意見のとおり日本の国籍を有しているものと解する。また，当該子の出生証明書をもって父母婚姻の事実の証明とすることはできないので，母につき右者と同様に解してさしつかえないとしても未引揚者で，かつその本籍が不明であるからとりあえず子については，就籍の申立をするよう指導するのが相当である。

【1-219】
　　［樺太少数民族の国籍］
　1　旧樺太先住民は，平和条約の発効により，南樺太が日本の領有に属しなくなった後においても，そのことだけでは広義の日本人としての地位を失わなかったものであって，むしろ同条約発効後は日本人として日本の国籍法及び戸籍法の適用を受けるべき地位を有するに至ったものと解される
　　［樺太先住民のソ連国籍取得とその子らの国籍喪失］
　2　樺太先住民を父母あるいは祖父母に持つ申立人ら母子は，母が樺太での生活上やむを得ずソ連邦の国籍取得の手続をしたものであり，このことについてソ連邦政府機関等から強制されたものではないが，同人の自由な意思に基いてなされたものと解するのは酷である等の事情のもとにおいては，国籍法8条（現11条）により日本国籍を喪

失したものとは解すべきでない

釧路家網足支審昭和43年12月24日家月21巻6号74頁

[1について]

申立人Aは旧樺太先住民（樺太少数民族）に属する者であって，終戦前までは広義の日本人として取扱われていたものであり，平和条約（昭和27年条約第5号）の発効により，南樺太が日本の領有に属しなくなった後においても，そのことだけでは広義の日本人としての地位を失わなかったものであって，むしろ同条約発効後は日本人として日本の国籍法および戸籍法の適用を受けるべき地位を有するにいたったものと解される（昭和41年3月3日，法務省民事㈡発第232号回答参照）。

[2について]

申立人Aは，終戦後にわかにソ連邦の治下に入り，ロシア語には全く文盲であったうえに，ロシア語の日常の会話も充分にこなせず，上記幼少の3児を抱えながら，ソ連邦の国籍をもたないことによる，上述のような種々の差別的な取扱を受けて，そのための不安な生活を余儀なくされていたこと，さらにこのような状況から脱するためにも，日本へ引揚げたいという切実な望みを持ち続けて，そのための努力を傾けて来たのに，共に生活して心の支えともなっていた父およびその家族が日本に引揚げてしまい，申立人Aとその子供らだけが異郷にとり残されることになったばかりでなく，その後は引揚の見込が全くないことを知らされるに及んで引揚についてのいちるの望みさえも断たれるにいたったこと，申立人Aがソ連邦の国籍取得の意思を固めたのは，所詮引揚げの見込がなく永く樺太での生活を余儀なくされるとすれば，上記のような生活上の不安から免れるためにソ連邦の国籍を取得するほかに途はないと考えたうえでのことであることの諸点を考慮するときは，以上のような境遇のもとでは，申立人Aがソ連邦の国籍取得手続をしたことにはまことに無理からぬものがあり，むしろそれをしないことを期待することは困難であったとさえ考えられる。

したがって，申立人Aのソ連邦の国籍取得は，これについてソ連邦政府機関，その他の第三者からの強制があったわけではないけれども，上述の特殊環境のもとでなされたものであって，同人の自由な意思に基いてなされたものと解するのは酷であり，国籍法第8条［注：現11条］の「自己の志望によって外国の国籍を取得したとき」に当らないものと解するのが相当である。

【1-220】 昭和28年から昭和31年の間に申請によりソ連国籍を取得し，ソ連政府のパスポートで入国した樺太からの引揚者が日本国籍を有するとされた事例

昭和46年3月8日民事五発223号民事局第五課長回答

> ソ連国籍を取得し，ソ連政府のパスポートで入国した樺太からの引揚者の日本国籍の有無について（照会）
> ……
> 　［注：A及び妻Bは，］ソ連官憲は旧日本国籍を認めず無国籍人として在留していたが，ソ連籍の取得を強請された。昭和31年1月ソ連籍を取得したその動機は，生活上の利便または帰国の方便として心ならずもとった処置であると申し立てている。……
> 日本国籍確認申請の理由書
> 　終戦当時未成年であった私は父の意志により樺太に残留しました。久しく日ソ両国間の国交が回復されず帰国の可能性なく，ソ連官憲は旧日本国籍を認めず朝鮮人と共に私達を無国籍住民として特別な取扱いをしていました。無国籍住民の監督は朝鮮系ソ連人の共産党郡委員の手に委ねられ，彼等は朝鮮動乱中及び動乱が収まった後も日本人南朝鮮人を警戒し絶えずソ連又は北朝鮮国籍の取得を強請しました。冷たい戦争と鉄のカーテンの下では私達日本人にはこの強請を受託するより他に道がありませんでした。
> 　私は久しきにわたりかかる圧力に抗しながら無国籍として樺太で生活しておりましたが，1956年1月遂にやむを得ずソ連国籍を取得しました。
> 　以上のような事情ですから何卒日本国籍を確認し，外国人としての入国資格の抹消をお願い申し上げます。……
>
> 回　答
> 　本年2月26日付管東審一第585号をもって当局長あて照会のあった標記の件について，当職より左記のとおり回答します。
> 　　　　　　　　　　　　　　記
> 　A及びBは，日本国籍を有するものと考えます。

【1-221】 終戦後在日ソ連大使館を通してソ連国籍回復の手続をした元白系ロシア人男が，日本人女との婚姻届を提出するに当たり，先の国籍回復は自己の意思によるものではなく，かつ昭和28年頃同大使館に対して

ソ連国籍離脱の意思をもってパスポートを返還し，同時に日本の新聞にその旨の広告文を掲載したことを理由として要件具備を証する書面を添付することができない旨申し出た場合，同人を無国籍者と取り扱うのは相当でなく，ソ連国人であると認定するのが相当であるとした事例

昭和36年9月14日民事甲2197号民事局長回答

　今般当局管内港区長から別紙のとおり婚姻届及び認知届の受理につき伺出がありましたが，事件本人……の国籍関係は，同人の婚姻の準拠法決定上重要な点でありますところ，同人は，昭和21年（月日については明確でない），事実上の養父であった伯父……とともに在日ソ連大使館を通じてソ連国籍回復の手続をなし，パスポートの交付を受けたが，その後，右回復手続が自己の意思に基づくものではなかった等の理由からソ連国籍離脱の意思を有するに至り，昭和28年頃，右大使館に対してパスポートを返還し，同時に日本タイムス紙上にその旨の広告文を掲載した（同人の供述による）ものであります。
　しかし，ソヴィエト連邦国籍法（1931年4月22日法律）第14条（ロ）の規定によれば外国居住者がソ連国籍を離脱するには，ソヴィエト連邦中央執行委員会幹部会の決定によることとされておりますのでその決定があったかどうかが明確でない同人を無国籍者として取り扱うことは相当でなく，ソ連国籍を引続いて保有するものとみるべきであると思考され，したがって前記届出については，同国官憲の発給する要件具備の証明書を提出させて受否を判断するのが相当であると考えますが，至急何分の御指示を賜りたくお伺いいたします。……

回　答
　客月7日付戸甲第1057号で照会の件については，在日ソ連大使館に問い合わせた結果，当該事件本人は，ソ連国人であると認定するのが相当であるので，貴見のとおり取り扱ってさしつかえない。

イ　婚姻の成立
　日本人男が在満州当時，無国籍の白系ロシア人女と婚姻し，内地の本籍地市町村あてに婚姻届を提出したが，受理されず，その後，同女が消息不明になった場合，婚姻届を受理した事実を認める資料がないので，

婚姻による入籍はできないとされた事例【1‐222】がある。

　また，旧樺太のソ連領からの引揚者である日本人女と朝鮮人男について，ソ連邦発給の婚姻証明書と出生証明書の提出があった場合，婚姻証明書を戸籍法41条の証書と認め，婚姻前の出生子は日本国籍を有するが，婚姻後の出生子は日本国籍を有しないとされた事例【1‐223】がある。

【1‐222】　日本人Ａが在満州当時に白系ロシア人のＢ（無国籍）と婚姻し，その婚姻届を満州国特命全権大使あてに提出したが受理されなかったので，直接内地の本籍地市町村長あて送付したところ，内地での婚姻届は大使，公使又は領事を経由して受け付けられるもので直接受理できないとの理由で返戻された事案につき，Ｂ女が消息不明の場合にＡ男の戸籍に入籍する方法について，調査の結果，婚姻届を受理した事実を認める資料がないので，婚姻による入籍の方法はないとされた事例

昭和38年8月3日民事甲1797号民事局長回答

　外国において行なわれる外国人との婚姻は原則として婚姻挙行地である当該外国の方式によるべきであり，かつ，その手続きは婚姻に関する証書の謄本を提出して行なわなければならないが，本件事例においては，在満当時事件本人らの婚姻届書は再三にわたりいろいろ手を尽して手続をしたにもかかわらず，結局受理されなかったことが推認され，さらにまた本人の申立書によれば関係書類はなんら持合せもないとのことであり，所問による入籍の方法はないものと思料される。しかしながら戦時中外地において他人に委託しての手続の困難性も考えられ，すでに死亡したものと予想される今日未帰還者に関する特別措置法との関係もあり，事情びんりょうすべきものがあると考えられるので，この事案に限り入籍は認められないか。
……
　　　　　白系露人（無国籍者）との婚姻入籍などについて（照会）
　下記の者は，未帰還者の留守担当者で，昭和12年満洲国ハルピン市在住時，白系露人（無国籍者）Ｃ長女Ｂと婚姻し在満洲国特命全権大使あて婚姻届を提示したが受理されず，その後数回大使館あて届を提示したが受理されなかったものであります。
　この者には，昭和13年○月○日出生の長男……次男……三男……長女……があり，当時大使館で受理，それぞれ入籍もすんでいます。

第2　国別渉外婚姻法／9　ロシア　353

　本人は，昭和20年5月応召在隊中に日ソ開戦となり，終戦後はソ軍に抑留され，昭和24年12月帰国までシベリヤの収容所に収容されていたものであります。その妻，子供は今日なお未帰還で，昭和20年12月以降の消息が不明で生存の期待が持てないため，昭和34年4月1日施行の「未帰還者に関する特別措置法」による戦時死亡宣告の処理を希望していますが，妻の入籍が未済であるので，今日でもこの手続ができるようであればそれをすました後で妻子同時に死亡処理を行ないたい意向でありますから，この入籍手続についてご教示くださるようお願いします。……

　回　答
　本年6月4日附戸第714号で照会のあった標記の件は，婚姻届を受理した事実を認めるに足りる資料がないので，婚姻による入籍の方法はないものと考える。

【1-223】　旧樺太地区のソヴィエト領ユーズノ・サハリスク市からの引揚者についてソ連邦官公署発給の婚姻証明書及び出生証明書の提出があった場合における日本人女と朝鮮人男との婚姻届並びにその間における子の出生届の取扱いについて，婚姻証明書は戸籍法41条の証書と認められるとし，婚姻前の出生子は，日本国籍を有するから母の戸籍に入籍するが，婚姻後の出生子は，日本国籍を有しないから出生届を要しないとされた事例

昭和41年9月1日民事甲1240号民事局長回答

　管下北足立郡朝霞町長から別紙のとおり照会がありましたことについて，左記のとおり指示したいと思いますが，いささか疑義がありますので，何分の御指示を賜わりたく関係資料を添えてお伺いします。
　　　　　　　　　　　　記
一　結婚証明書について
　1　添付の結婚証明書の写をもって，戸籍法第41条の証書の謄本と解して処理する。
　　（注）　参照　ソ連の婚姻法第19条（宮崎孝治郎著「新比較婚姻法Ⅳ」
　　　　　11・17・31頁）
　2　夫は，朝鮮の国籍を有する者「A」と認定する。
　3　妻は結婚証明書にB（女）と記名してあるが右証明書及び申述書によ

り青森県○市大字○字○○番地○戸籍の三女○と同一人と認定する。
　4　戸籍の記載は次のとおり〈中略〉
樺太の方式により昭和32年4月29日国籍朝鮮Aと婚姻右婚姻証明書提出昭和
　年　月　日受附（印）
(注)　参照　昭和32年12月21日付民事二発第537号民事局第二課長回答
二，前記1のとおり婚姻が有効に成立したものと解した場合の出生子の取扱についてはつぎのとおり。
1，婚姻前の出生子「D」「E」については，出生証明書に父子関係が明示されているので，ソ連方式による準正嫡出子と解し，母からの嫡出でない子の出生届には同届書のその他の事項欄に次の事項を表示させ，母の戸籍に入籍させる。
　㈠　出生届書その他の事項欄の記載（「D」の場合）
　　父国籍朝鮮A昭和30年9月21日樺太の方式による認知昭和　年　月　日同証明書提出父母との続柄長男となる。
　㈡　戸籍の記載（「D」の場合）
　　昭和28年9月20日ユーズノ・サハリンスク市で出生（父国籍朝鮮A昭和30年9月21日樺太の方式による認知昭和　年　月　日同証明書提出）母C届出昭和　年　月　日受附入籍（印）
(注)　1　法例第8条・第18条
　　ソ連法（1945年5月14日改正法，前記著書37頁）
　「母との間にその子を生み，かつその子の父たることを認める者と母が登録婚姻をした場合においては，子は，あらゆる関係において登録婚姻から生れた子と同一に取扱われ，父の名により父称を称し，また父母双方の同意にもとづき，父の姓を称する」
(注)　2　戸籍記載についての参照先例　昭和36年7月12日付民事甲第1655号民事局長回答
　　2　婚姻後の出生子「F」については，日本国籍を取得しない（国籍朝鮮）ので，出生届を要しない。
……

回　答
　2月11日付第879号をもって照会のあった標記の件については，D及びEの認知の日及び出生の場所をそれぞれ「昭和○年○月○日」及び「樺太豊原市」とするほか貴見のとおり扱ってさしつかえない。

ウ　離婚

　旧ソ連邦において協議離婚制度があったのか定かではないが、在日ソ連人男と日本人女の協議離婚届に、在日ソ連大使館の離婚を認める証明書が添付されていれば、協議離婚届を受理してよいとした事例【1－224】がある。なお、平成元年10月2日民二3900号通達第2の1(1)イにより、平成2年1月1日以後に届出がされる協議離婚は、日本人妻又はソ連人夫が日本に常居所を有するものと認められる場合又は夫婦に最も密接な関係がある地が日本であることが認められる場合は、協議離婚の届出を受理することができることになった。

【1－224】　在日ソ連人男と日本人女夫婦の協議離婚届に、在日ソ連大使館の領事部長が発給した離婚を認める証明書が添付されているときは、協議離婚届は受理して差し支えないとされた事例

　　　　　　　　　　　　昭和41年4月15日民事甲987号民事局長回答

　管内世田谷区長から別紙のとおり在日ソ連人男・日本人女夫婦の協議離婚届の受否について伺いがありましたが、夫の本国法であるソヴィエト社会主義共和国連邦における現行国際私法及び婚姻法等の内容が判然としないため、これが受否について決しかねますので、至急何分の御指示を賜わりたくお伺いします。
別紙……
添付書類
一、離婚届書
二、証明書及び訳文
三、戸籍謄本
仮訳
証明書
　在日ソ連大使館の領事部は、ソ連市民Aの離婚届の区役所での取扱いについては、異存ありません。
在日ソ連大使館領事部長　署名
……

回　答

3月2日付戸甲第307号をもって照会のあった件は，受理してさしつかえない。

参考

在日ソ連大使館における調査結果要旨

一，ソ連には，離婚についての国際私法の規定はない。

二，但し，領事は，在外のソヴィエト人の紛争について，その裁量によって，ソ連法を適用させるか，外国法を適用させるかを決定する権限が認められている。原則として，長く外国に滞在している者については，その国の法律に従って処理させ，滞在期間の短い者については，帰国させてソ連法によって処理させている。

三，在日ソ連大使館領事部長Bは，Aの離婚については，日本法によって協議離婚するのを相当と認める。

協議離婚が成立すれば，その報告を受理し，本国に通知する。

四，子の監護者（親権者）の決定も日本法に従ってしてよい。

10　オーストラリア（オーストラリア連邦）

(1)　オーストラリア婚姻法

オーストラリアの婚姻法（Marriage Act）は，1961年に制定された。婚姻適齢は18歳以上である（婚姻法11条）が，裁判所等の同意又は親権者の承諾があれば，16歳以上で婚姻できる（同法12条，13条）。宗教婚と民事婚があり，国に登録している司祭が各宗教の方式により婚姻を掌る。民事婚は政府に認可された執行官が挙行する。重婚は禁止されている（同法94条）。一定の範囲で婚姻と同じ権利を同性カップルに与えるパートナーシップが認められているが，同性婚を認めることについては，なお議論が続いている。2013年10月，連邦首都特別地域（ACT）自治議会は，同性結婚法を可決した。

オーストラリア家族法（Family Law Act）は，婚姻，離婚，婚姻関係訴訟，子に対する親権等に関する法律として，1975年に制定され，これによって1959年，65年，66年の婚姻関係訴訟法（Matrimonial Causes Act）は廃止された。婚姻解消については，耐え難いほどに婚姻が破綻した（has broken down irretrievably）場合に認められ，引き続き12か月以上別居が継続した

と認められるときは，耐え難いほどに破綻したものとされている（同法48条）。別居とは，(1) いずれかの一方の行為によって同居が終了したにもかかわらず，別居が継続していること，(2) 同じ家に居住し，あるいは，いずれかの配偶者が他方に対する家事を放棄しているにもかかわらず，別居が継続していることを意味する（同法49条）。婚姻を解消する判決は，指定日時前に反対の事由が示されない限り，効力を生じる（同法54条）。この判決は，裁判所が，命令によって，次の(a)又は(b)の条件が充たされない限り，完全に有効ではない（同法55Ａ条(1)）。すなわち，(a)18歳未満の子がいないこと，(b)18歳未満の子について，養育，福祉，発達のため，あらゆる環境が適切に調整され，かつ，裁判所の命令に明記されることが必要である。もし，婚姻解消手続において，上記の適切な調整について疑問がある場合には，これらの調整に関与したカウンセラーや福祉官から報告がされるまでの間，手続を延期することができる（同法同条(2)）。[11]

(2) オーストラリア婚姻法の判例・先例

ア　婚姻の成立

　婚姻の成立について，オーストラリア駐在の我が国外交官又は領事官は，外国にある日本人間の婚姻を執行する権限を有するとした先例【1-225】がある。また，イスラエルに居住する日本人男とオーストラリア人女がイスラエル駐在のオーストラリア大使館で挙行した婚姻は，その挙行の日にイスラエルの方式によって成立したものと認められるとして，オーストラリア大使館発給の証明書を戸籍法41条書面として取り扱うとした先例【1-226】がある。なお，在日オーストラリア大使館，総領事館及び領事館において，日本国内で婚姻予定のオーストラリア国籍者に発行する婚姻無障害証明書の様式が定められている【1-227】。

　婚姻の効力に関して，オーストラリア人男と日本人女の婚姻が夫の婚姻意思を欠いているとしてオーストラリア連邦クインスランド州婚姻法の規定に基づき無効とした事例【1-228】がある。

---

11) オーストラリア婚姻法はインターネットで検索可能である。上記は拙訳であり，正確な内容は，オーストラリア政府のホームページhttp://www.comlaw.gov.au/Details/C2011C00192などで原文を参照されたい。

【1-225】 オーストラリア駐在の我が国外交官又は領事官は、外国にある日本人間の婚姻を執行する権限を有するとされた事例

昭和40年6月23日民事甲1229号民事局長回答

豪州駐在の各国外交官又は領事官による婚姻の執行について
　今般豪州外務省より在豪高杉臨時代理大使を通じ、1963年9月1日発効した同国連邦婚姻法中の外交官又は領事官による婚姻の執行に関する条項に関連して別添口上書写のとおりわが方の見解を照会越しましたので、本件委細は別添関係書類写により御了知の上、豪側照会に対する貴見を可及的速かに御回示願います。
添付書類……

回　答
　6月7日付欧英第4171号をもって照会のあった件について左記のとおり回答します。
　　　　　　　　　　　　記
1　日本国が連邦婚姻法第54条の規定によってプロクレイムされることを望む。
2　日本国の法律は、外国において、日本国の外交官又は領事が外国にある日本人間の婚姻を執行する権限を認めている。即ち、婚姻は、通常、当事者がその旨を市町村長に届け出ることによって成立するが、外国における両当事者を日本人とする婚姻は、当該国に駐在する日本の外交官又は領事に届け出ることによっても成立する。
3　日本国際私法（法例）は、婚姻の方式は、婚姻挙行地の法律に依る旨規定している。従って、日本において外国人が婚姻する場合は、日本法に従って市町村長に届け出ることによって婚姻が成立するのであるが、最近行政上の先例によって、同一国籍を有する外国人が、日本において、日本に駐在するその国の外交官又は領事の干与のもとに、その国の方式に従ってした婚姻は、日本法上有効なものとされるにいたった。

【1-226】 イスラエルに居住する日本人男とオーストラリア人女がイスラエル駐在のオーストラリア大使館で挙行した婚姻は、その挙行の日にイスラエルの方式によって成立したものと認められるから、オーストラリア大使館発給の証明書を戸籍法41条の書面として取り扱うのが相当とさ

第2　国別渉外婚姻法／10　オーストラリア　359

れた事例

昭和55年7月25日民二4395号民事局第二課長回答

　　日本人男とオーストラリア人女のイスラエルにおける婚姻について
　当局管内名取市長から，標記について別紙のとおり婚姻届受理伺いがあり，当職としては，右婚姻届に添付された婚姻証明書は，挙行地の方式によって婚姻が成立したことを証明するものではないと考えられることから，不受理指示を相当と考えますが，イスラエル国及びオーストラリア国の関係法規が明らかでないため疑問でありますので，至急何分の御指示を頂きたく，照会します。
……

回　答
　昭和53年8月1日付け戸第465号をもって民事局長あて照会のあった標記については，イスラエルに居住する日本人男とオーストラリア人女との婚姻の方式につき，オーストラリア国法によれば，イスラエルに駐在するオーストラリアの領事が挙行することを認めているところ，挙行地であるイスラエル国法によれば，このような婚姻の方式を自国における適法な婚姻の方式として認めている。従って，当該婚姻は，昭和51年5月28日にイスラエルの方式によって成立しており，オーストラリア大使館発給の証明書を戸籍法第41条の書面として取り扱うのが相当と考える。

【1-227】　在日オーストラリア大使館，総領事館及び領事館において，日本国内で婚姻予定のオーストラリア国籍者に発行する婚姻無障害証明書の様式について

平成19年9月11日民事局民事第一課補佐官事務連絡

　　在日オーストラリア大使館，総領事館及び領事館が発行する婚姻無障害証明書の様式について（事務連絡）
　今般，在日オーストラリア大使館から，外務省アジア大洋州局大洋州課長を経由し，別紙1のとおり，日本国内において婚姻予定のオーストラリア国籍を有する者に対し在日オーストラリア大使館，総領事館及び領事館が現在発行している婚姻無障害証明書の様式について関係機関に周知願いたい旨の要請がありました。

なお，上記証明書は，その申込書兼宣誓書とともに交付される取扱いとのことです（別紙2。別紙3は記載例）。
　つきましては，この旨を了知の上，貴下支局長及び管轄市区町村長に周知願います。
　なお，在日オーストラリア大使館によれば，以前の形式の証明書等は無効であるとのことですので，申し添えます。

【1-228】 オーストラリア人の夫と日本人の妻との婚姻が夫に婚姻の意思を欠くものとしてオーストラリア連邦クインスランド州婚姻法の規定に基づき無効と認定された事例

広島地呉支判昭和32年3月18日下民集8巻3号508頁

　……右認定の諸事実を綜合すれば前記婚姻届出の際において原告は被告と婚姻する意思を有していたが被告は原告と婚姻する意思を有していなかったことが明かである。
　ところで原告は右婚姻届出の際，被告において原告と婚姻する意思を有していなかったのであるから本件婚姻は無効である旨主張するのでこの点について按ずるに，法例第13条第1項本文［注：平成元年改正前のもの］は婚姻成立の要件は各当事者に付きその本国法によってこれを定める旨規定しており，従って本件婚姻が果して無効であるか否かは右婚姻届出の際において被告が原告と婚姻する意思を有していなかったことが，被告の本国法たるオーストラリア連邦クインスランド州の規定に照し婚姻成立要件を欠缺する場合に該当するか否かによって定まる……同州の婚姻法には当事者が婚姻意思を有しない場合における婚姻の効力を直接に規定した明文は存しない。然しながら同州1864年婚姻法第12条は「宣誓又は厳粛な証言をなした後に牧師又は地区登録官吏によって挙式された結婚は凡て合法且つ有効な結婚である」旨，又同法第9条（1948年修正による）は右の宣誓又は証言について「結婚しようとする両当事者が婚約した妻の住所の存する地区の登録官吏の面前においてこの法律の別表A所定の方式の宣言書に署名した場合は，右両当事者間の結婚式は右地区登録官吏により別表B所定の言葉の方式を以て挙行され，右両当事者は夫々にその言葉を繰返し且つ署名するものとする」旨を夫々規定し，右別表Aには「私達何某及び何某は結婚を望んでいることをここに宣言する云々。—両当事者署名」なる宣言方式が，又右別表Bには「私何某は何某を私の法律上の妻とすることをここに宣言する。私何某は何某を私の法律

上の夫とすることをここに宣言する。―両当事者署名」なる宣言方式が夫々定められ，更に同法第23条は詐欺による結婚は合法的でないことを規定しているのであって，これらの諸規定を綜合し，なお近代法における婚姻の実質が一般に契約能力ある男女の自由な合意による民事的契約に基き生涯の結合を目的とする共同生活関係であると解されていることに鑑みれば，右婚姻法は両当事者の婚姻意思の合致を以て有効な婚姻成立の基本的要件として，従って当事者の双方又は一方が婚姻意思を欠く場合は婚姻は成立しないとしているものと解釈するのが相当と認められる。

イ　離婚の成立

　日本人女がオーストラリア人男とオーストラリア国の方式により婚姻した後，同国のメルボルン家庭裁判所の手続を経て離婚し，その関係書類を添付して婚姻及び離婚の届出があった場合，婚姻証明書を戸籍法41条の証書に準じて取り扱い，また，離婚は有効に成立しているから，戸籍法77条に基づく届出として処理するとした先例【1-229】がある。

　離婚について，共通本国法がなく，共通常居所地法がない場合，密接関連地法が準拠法となる（通則法27条，25条，法例16条，14条）が，協議離婚に関して，オーストラリア人夫とヴェトナム人妻の離婚の際に最も密接な関係がある地が日本であると認定され，協議離婚届を受理して差し支えないとされた先例【1-230】がある。また，オーストラリア人夫と日本人妻との離婚について，離婚調停を成立させた事例【1-231】，オーストラリア法に隠れた反致を認めて離婚の審判をした事例【1-232】がある。【1-233】は，オーストラリアにおける離婚判決が民事訴訟法118条の要件を欠いているとして，我が国においては離婚は無効であるとした事例である。

【1-229】　日本人女がオーストラリア人男と同国の方式により婚姻した後，同国のメルボルン家庭裁判所の手続を経て離婚し，その関係書類を添付して婚姻及び離婚の届出があった場合，婚姻証明書を戸籍法41条の証書に準じて取り扱い，また，離婚は有効に成立しているから，戸籍法77条に基づく届出として処理するとされた事例

362　第1部　渉外婚姻法

昭和54年10月5日民二4950号民事局第二課長回答

オーストラリア人男と日本人女のオーストラリアにおける婚姻及び離婚について
　当局管内泉市長から，標記の届出について別紙のとおり受理伺いがあり，当職としては右婚姻届及び離婚届に添付された証明書は，それぞれ挙行地の方式による婚姻の成立並びにその解消を証明するものと思料されますが，同国の法令が不明でありますので，何分の御指示を賜わりたく，お伺いします。
　なお，小職意見のとおりである場合には，婚姻成立の日を昭和51年3月22日，離婚の効力発生の日を同53年10月24日と解してよろしいかどうか，併せて御指示をお願いします。

回　答
　昭和54年4月5日付け戸第175号をもって民事局長あて照会のあった標記の件については，左記のとおりと考えます。
記
1　当該婚姻については，昭和51年3月22日オーストラリアの方式により有効に成立しているものと解されるので，届書に添付の婚姻証明書を戸籍法第41条に規定する証書に準じて取り扱って差し支えない。
2　当該離婚については，昭和53年11月25日オーストラリア国メルボルン家庭裁判所の離婚仮判決の確定により有効に成立しているものと解されるので，戸籍法第77条，第63条の規定に基づく届出として処理して差し支えない。

【1-230】　オーストラリア人夫とヴェトナム人妻の離婚の際に最も密接な関係がある地が日本であると認定され，協議離婚届を受理して差し支えないとされた事例

平成3年12月5日民二6049号民事局第二課長回答

離婚の際に最も密接な関係がある地が日本であると認定することの可否について
　兵庫県尼崎市に提出された本国法が同一でない外国人夫婦の協議離婚届の受否について，平成元年10月2日付け民二第3900号通達に基づき，同市長か

ら当局尼崎支局長に対し別紙のとおり求指示がありました。
　ついては，離婚の際に最も密接な関係がある地が日本であると認定することの可否について何分の御指示を得たく，下記のとおり当職の意見を付して照会いたします。
記
　……よって，事件本人夫婦［注：オーストラリア人夫とヴェトナム人妻］はいずれも日本に常居所を有しておらず，また，外国に共通常居所を有していないものと判断される。
　そこで，夫婦に最も密接な関係がある地が日本であるかを認定することとなるが，前記のごとく夫婦の日本における在留期間は，夫が22日，妻が離婚届出時において3年であり，その後妻は引き続き在留しているが，夫は本国に帰国後日本との往来は全く認められなく，結局日本における夫婦の接触期間は僅か22日であり，夫婦としての生活期間もほとんどない。
　しかしながら，本件夫婦の婚姻届出が夫の在留期間中である昭和63年12月26日に兵庫県尼崎市になされ，日本の方式によって婚姻が成立していること，外国において夫婦として生活したことがないこと及び夫婦が日本において離婚を成立させる意思をもって兵庫県尼崎市に離婚の届出をしてきたことから，夫婦に最も密接な関係がある地が日本であると認めて差し支えないものと思料する。
　したがって，本件協議離婚の届出は，原局意見のとおり受理して差し支えないと考える。

回　答
　本年6月25日付け戸第1050号をもって照会のあった標記の件については，夫婦に最も密接な関係がある地が日本であると認めて差し支えありません。

【1-231】　日本在住のオーストラリア人夫と日本人妻との間に離婚調停が成立した際，家事審判官が別紙で見解を示した事例

東京家調昭和37年11月8日家月15巻2号162頁，判タ146号89頁

　調停条項
申立人と相手方とは本調停により離婚する。
（なお，家事審判官は別紙の如き見解を附述した。）
別紙

申立人（国籍日本）と相手方（国籍オーストラリア）とは，昭和34年6月19日東京において，日本法の方式である婚姻届によって婚姻したが，相手方の不貞行為のため，当事者間の婚姻生活は破綻し，申立人は離婚を決意するのやむなきに至り，相手方も現に申立人との離婚に同意している。

以上の事実は，調査の結果認められるところであるので，婚姻及び離婚に関する日本法及びオーストラリア法を斟酌し，衡平の観点に立って，調停手続による本件離婚を認容することとした。

【1-232】 オーストラリア人夫（日本在住，出頭）と日本人妻（米国在住，不出頭）間の離婚調停事件について，オーストラリア法に関し隠れた反致を認めた上，家事審判法24条の離婚審判をした事例

東京家審昭和61年9月17日家月39巻1号157頁，判時1225号73頁，判タ623号176頁

申立人（オーストラリア国籍）と相手方は，昭和59年4月20日婚姻した夫婦であり，そのころからアメリカ合衆国ルイジアナ州で居住し，同年9月ころからは同国ニューヨーク市で居住していた。ところが，相手方は，申立人と相手方の将来に対する考え方のちがい等から，次第に申立人と生活することに疲れ，昭和60年9月15日には申立人と別居し，そのころから，他の男性と同居を始めた。申立人と相手方は，昭和60年10月にはビザの書換えのために日本に帰国したが，相手方は同年11月に再び渡米し，肩書住所地で前記男性と同居している。一方，申立人は，そのまま日本に滞在し，肩書住所地に居住して語学学校の教師として生活している。

その後，申立人と相手方は互いに離婚する旨合意し，申立人は本調停を申し立てた。相手方は，米国に在住しているため調停期日に出頭しないが，代理人を選任し出頭させているほか，当裁判所（家庭裁判所調査官）あての書面で，調停には出頭できないが，調停で離婚できることを望んでいる旨の意思を表示している。……

次に，我が国の法例16条［注：平成元年改正前のもの。以下同じ］によると，離婚に関する準拠法は夫の本国法たるオーストラリア国の法律によることとなる。しかるに，オーストラリア国の国際私法によれば，離婚につき当事者の一方が①オーストラリア人か，②オーストラリアに住所があるか，又は③オーストラリアに1年以上居住しているときは，その裁判管轄権を認め，

その場合法廷地法を適用することとされている。したがって，当事者の一方たる相手方が日本人である本件においては，隠れた反致が成立し，国際裁判管轄権が認められ現に審判を行う我が国の法律が法廷地法として準拠法となると解せられる。ところで，我が国の民法770条1項2号によれば，配偶者から悪意で遺棄されたことは離婚理由となるのであるから，申立人の離婚の申立は認容されるべきである。

なお，隠れた反致を認めず，離婚に関する準拠法を法例16条に基づきオーストラリア国法と解したとしても，本件においては婚姻関係が回復できない程度に破綻し，かつ，当事者は別居の日以後婚姻の解消を求める申立の日の直前まで少なくとも12箇月以上継続して別々に暮らしていたと認められるので，オーストラリア国の法律に基づく離婚の要件を満たしていると考えられる。

【1-233】 外国判決の承認要件を満たしていないとして離婚無効確認請求を認容した事例

東京家判平成19年9月11日家月60巻1号108頁，判時1995号114頁，判タ1255号299頁

1 前提となる事実
(1) 原告（昭和51年○月○日生，日本国籍）と被告（1980年○月○日生，オーストラリア国籍）とは，平成12年○月○日に我が国において婚姻し，平成13年○月○日に長男○（以下「長男」という。）をもうけた。〈中略〉
(3) 被告は，原告に対し，平成17年4月，オーストラリアにおいて離婚訴訟を提起し，平成18年2月6日，同国ニューサウスウェールズ州ニューキャッスル連邦治安判事裁判所（FEDERAL MAGISTRATES COURT OF AUSTRALIA AT NEWCASTLE，以下「本件豪州裁判所」という。）は，原告と被告とを離婚する旨の判決を言い渡し，同年3月7日，同判決は確定した……
(5) 民事訴訟法118条1号の要件不備……
原告（離婚訴訟の被告）の住所地は我が国にあり，被告自身も我が国において原告と婚姻し，共同生活を営んでいたのであり，しかも，被告は，我が国において仕事に就いており，原告と被告とは婚姻後オーストラリアに居住したことは1度もないのである。こうした事実からすれば，当事者間の公平，裁判の適正・迅速の理念や前記イの法原則に照らせば，

本件豪州裁判所に原告及び被告の離婚訴訟についての管轄権があるとは認められないというべきである。なお，オーストラリアの家族法では，当事者の一方がオーストラリア国籍を有する場合には，同国裁判所の国際裁判管轄権を認めるとされており，本件離婚判決においては，この規定に従い管轄権を肯定したものと解されるが，当事者の一方が自国民でさえあれば当然のこととして管轄権を肯定するというのは，離婚事件との関連では，過剰な管轄というべきである（……）。

エ　被告は，原告が本件豪州の離婚訴訟において本件豪州裁判所の裁判管轄については争わなかったので，応訴管轄が生じていると主張しているが，前記認定のとおり，原告が本件豪州の離婚訴訟において主張したことは，まずは本件豪州裁判所にそもそも管轄権がなく，たとえそうでないとしても，本件豪州裁判所が本件離婚請求を審査するのに適切な裁判所ではないため，却下を求めるというものであり，これからしても本件豪州裁判所の裁判管轄について争っていたことは明らかである。……

オ　したがって，本件豪州裁判所に本件豪州の離婚訴訟の裁判権は認められないというべきである。

(6) 民事訴訟法118条3号の要件不備

ア　外国裁判所の確定判決が我が国において効力を有する要件として，民事訴訟法118条3号は，「判決の内容及び訴訟手続が日本における公の秩序又は善良の風俗に反しないこと。」と定めている。……

エ　また，仮に原告と被告との婚姻関係が修復不可能な程度に破綻しているとしても，前記のとおり，その原因は被告の不貞行為等の身勝手な行動にあるから，被告は有責配偶者であるというべきである。被告は，被告がAと交際を始めた当時すでに婚姻関係が破綻していたと主張しているけれども，前記認定のとおり，少なくとも平成16年3月ころまでは原告被告間に大きなトラブルはなく，当時すでに婚姻関係が破綻していたとは到底認められないから，採用することはできない。

そして，別居期間が約3年3か月であり，相当長期間に及んでいるともいえず，原告及び被告間には，いまだ満5歳の長男がおり，原告らは実家において居住しているものの，前記のとおり両親の状況からすると，経済的には不安定な状態であるというほかなく，被告の前記態度からすれば，離婚に伴う十分な経済的給付が得られる見込みがあるとはいえず，結局のところ，原告は，離婚により精神的，経済的に苛酷な状況に置かれることが十分予想されるのである。……

こうした事情を勘案考慮すれば，本件離婚判決の内容は我が国の公序良俗に反するものというべきである。……

(7) 以上のとおりであって，本件離婚判決は，民事訴訟法118条1号及び3号に違反するものであり，我が国においては効力を有しないというべきである。

11 ブラジル（ブラジル連邦共和国）

(1) ブラジル婚姻法

ブラジルでは，カトリックの影響が強く，離婚は認められていなかった。1977年以降，離婚が認められることになった。また，100年近く改正されていなかった民法が2002年に改正され，2003年1月11日から施行されている。それまでブラジルでは男が家長となり家庭における権限を有していたが，改正法によると，男女は平等（民法1511条）であり，婚姻前に妻が処女でなくても結婚解消はできない。婚姻適齢は男女とも16歳以上で未成年者は両親の許可が必要である（同法1517条）。一定の血族及び養親子間などについて婚姻障害があり（同法1521条），10か月の待婚期間がある（同法1523条）。夫婦関係は，一方の死亡，婚姻の無効又は取消し，法的別居，離婚により終了する（同法1517条）。法的別居の判決確定又は身体別居の予備的措置を与える決定から1年が経過したときは，離婚に転換する申立てができる（同法1580条）。詳しい条項については，ブラジル民法（2002年）第4編家族法（WIPO（世界知的所有権機関）のホームページhttp://www.wipo.int/wipolex/en/details.jsp?id=9615），今井真治訳「ブラジル新民法①」戸籍時報550号40頁以下（日本加除出版，2002）などを参照されたい。

(2) ブラジル婚姻法の判例・先例

ア 婚姻の成立

ブラジルには，前婚の財産問題が残っているなどの事情が婚姻停止の原因とされていたり（同法1523条），婚姻資格申請書を民事登記官に提出し，裁判官の認証を受ける（民法1526条）などの手続を経て，婚姻資格証明書が発行され（同法1531条），この証明書発行後に，指定された挙式を行い（同法1534条），挙式後に婚姻登記を行う（同法1536条）とされている。この婚姻の成立に関していくつかの先例がある。【1-234】は，婚姻届

出をした日本人夫婦が，それよりも以前にブラジル国の方式により婚姻していたことが判明した場合，戸籍法施行規則43条（同一の事件について，数人の届出人から各別に届出があった場合に，後に受理した届出によって戸籍の記載をしたときは，前に受理した届出に基づいてその戸籍を訂正しなければならない）に基づき，以前の婚姻届出に基づいて職権で戸籍の訂正をするとしたものである。【1-235】は，ブラジルで日本人男とブラジル人女とが婚姻した旨のブラジル・サンパウロ州の証書謄本を，戸籍法41条に定める外国の方式による証書の謄本として受理をしてよいかという照会に対し，その妻の国籍を照会し，確認した上で受理してよいとした先例，【1-236】は，旧民法及び旧国籍法施行当時にＡ（日本人男）とＢ（ブラジル人女）とが婚姻をした旨の届出が新民法（昭和22年法律第222号）及び新国籍法（昭和25年法律第147号）施行後にされたが，Ａの戸籍は改製され，Ａとその父親とが在籍しているため，当該戸籍にＢを記載し，新戸籍を編製すべきかという照会に対し，ＡＢ夫婦の新戸籍を直ちに編製してよいとした事例，【1-237】は，ブラジル人当事者の婚姻届出について，既婚者間の婚姻に該当しないことの要件審査のため添付された出生証明書の備考欄に記載事項なしとされている場合，独身証明書として扱ってよいかという照会を受けて，その場合も，また備考欄が空欄の場合も，同様に扱ってよい旨の民事局第一課長の通知である。

　ところで，ブラジル民法は，既婚者間の婚姻を禁止しており（民法1521条6号），これに反する婚姻は無効である（同法1548条）が，婚姻に無効又は取消原因がある場合でも，双方が善意で婚姻したときは，その配偶者及び子に対し婚姻無効の判決があるまではその効力を生じる（同法1561条）とされており，婚姻中の男が更に婚姻をした場合，当然に無効となるのかについて疑義があるとして照会がされたのに対し，当然に無効であり，戸籍法116条に基づいて訂正すべきであると回答した事例が【1-242】である。なお，同照会回答にある条文は，2002年改正前のものであるが，内容としては，改正後も大きな変化はない。

第2　国別渉外婚姻法／11　ブラジル　369

【1-234】　昭和27年に日本でした婚姻届出により新戸籍を編製した日本人夫婦から，改めて昭和19年にブラジル国の方式によって婚姻した証書の謄本を在外事務所に提出し夫の本籍地に送付された場合の処理について

昭和28年2月17日民事甲214号民事局長回答

　本件は，同一事件について，2箇の届出がなされた場合であるから，戸籍法施行規則第43條を準用し処理することが出来る。
　従って，戸籍訂正は市町村長限りの職権で，次の方法により処理するのが相当である。……
　　　戸籍事務取扱に関する疑義につき御伺い
本籍　福島県〇〇　住所　ブラジル国〇〇　夫　A
本籍　福島県〇〇　住所　ブラジル国〇〇　妻　B
　右当事者は昭和19年5月23日居住地ブラジル国の方式により婚姻した旨の婚姻証書の謄本を添えたる婚姻届を外務省経由の上12月5日各2通送付を受けました。
　ところが右夫妻は別紙戸籍抄本記載の通り昭和27年7月9日婚姻により福島県〇〇に新戸籍を編製して当村における夫の戸籍は消除されておりますので右外務省より送付を受けた婚姻届をどう処理したらよいかその処理方法を御指示下さいます様御願［い］します。
　小職の意見と致しましては右婚姻届はそのままこれを受理し昭和27年7月9日の婚姻は無効として職権による戸籍訂正でこの婚姻により新たに編製したる戸籍を消除してこの戸籍にあるものは夫の従前の戸籍を回復し入籍させた上妻を夫の戸籍に入籍させるべきではないかと思います。……

回　答
　戸籍法施行規則第43条の規定により，外務省から貴職あてに送付した婚姻届書に基き職権で戸籍の訂正をするのが相当である。
　なお，〇〇村及び〇〇村の戸籍の訂正については，貴職において右婚姻届書の謄本を作成の上これを両村長に送付（送付の理由書を附する）し，両村長はこれに基きそれぞれ訂正をすることとなる。……

【1-235】　日本人男がブラジル国において同国の女と婚姻成立した旨の同国の行政機関作成にかかる文書が夫の本籍地市町村に送付されたが，妻の国籍を明らかにする資料が添付されていない場合，市町村長は外務省

を経由して，同女の国籍を確認した上，当該外国の文書の送付を便宜当事者から戸籍法第41条の証書謄本の提出があったものと解し，受理するとされた事例

昭和35年4月14日民事甲911号民事局長回答

別紙外国文書が岩手県を経由して当管内花泉町長に送付されましたが，この処理方法につき左記疑義がありますので，至急何分の御指示をお願いします。

記

一 S.フクヤマの国籍はブラジルにあるものと認め，この外国文書の送付を，便宜当事者より戸籍法第41条に規定する証書の謄本の提出があったものと解し受理してさしつかえありませんか。……

別紙
南米ブラジル，サンパウロ州
S．N．R．（市町村長名）
……

1959年7月18日付婚姻届出による。
1939年11月9日付法律第4857号に基きこれを報告します。
スガハラGとスガハラCとの間に出生したスガハラT（1928年○月○日生），フクヤマSとの結婚の成立を，法律第3533号第26条第13項に基いて認めました。新婦をスガハラフクヤマSと呼称することになりました。
……

回　答
3月30日付戸日記第545号で照会のあった標記の件については，次のとおり考える。
一 Sの国籍がブラジルにあることを認めるに足りる資料がないので，○○町長から外務省（所管は移住局企画課）を経由して現地の婚姻登録機関に照会し，Sの国籍を確認した上，当該外国文書の送付を便宜当事者より戸籍法第41条に規定する証書の謄本の提出があったものと解し，受理してさしつかえない。……

第2　国別渉外婚姻法／11　ブラジル　371

【1-236】　昭和32年法務省令第27号4条2項の改製済戸籍の長男Ａから，旧民法施行中ブラジル人Ｂと同国の方式による婚姻をした旨の婚姻証書の提出があった場合，Ａ，Ｂ夫婦につきＡを筆頭者として直ちに新戸籍を編製して差し支えないとした事例

　　　　　　　　　昭和37年10月8日民事二発444号民事局第二課長電報回答

　　旧民法［注：昭和22年法律第222号による改正前のもの］及び旧国籍法［注：昭和25年法律第147号により廃止されたもの］施行当時日本人男Ａがブラジル国籍女Ｂとブラジルの方式によって婚姻し，最近その届出が為された。ところでＡの属する戸籍は二次改製を了し，Ａとその父が在籍しているためその戸籍における取扱は，Ｂ女を一旦その戸籍の末尾に記載し直ちに夫婦について新戸籍を編製すべきものと思われますが，改製及び婚姻の2つの編製原因が考えられ決しかねますので何分の御指示を願います。

　回　答
　　10月3日付電報番号33号で照会の件は，婚姻の届出によりＡ，Ｂ夫婦につき甲を筆頭者として直ちに新戸籍を編製してさしつかえない（昭和33年7月9日付民事甲第1409号参照）。

【1-237】　ブラジル人を当事者とする創設的婚姻届において，同国人当事者が同国民法1521条6号により禁止されている既婚者間の婚姻に該当しないことの要件は，ブラジル本国で発行される「出生証明書」を添付させて審査する取扱いとされているが，その備考欄に「記載事項なし」とある場合，あるいは当該欄が空白の場合は，いずれも独身であることを意味しているとした事例

　　　　　　　　　平成21年3月26日民一762号民事局第一課長通知

　　ブラジル人を当事者とする創設的婚姻届の取扱いについて（通知）
　　標記については，ブラジル人当事者について，同国民法第1521条第6号の規定により禁止されている既婚者間の婚姻に該当しないことの要件を審査するために，ブラジル本国で発行される「出生証明書（CERTIDAO DE

NASCIMENTO)」を添付させ，その記載内容により審査する取扱いとされているところですが，当該証明書の備考欄の付記の取扱いにつき疑義が生じていることから，外務省に照会したところ，今般，在ブラジル日本国大使館から下記のとおり回答がありました。

ついては，今後，備考欄に「記載事項無し（Nada consta）」の記載がある出生証明書又は備考欄が空白である出生証明書の提出があった場合は，これを独身証明書として取り扱って差し支えありませんので，これを了知の上，貴管下支局長及び管内市区町村長に周知方取り計らい願います。

記

出生証明書（CERTIDAO DE NASCIMENTO）の備考欄に「記載事項無し（Nada consta）」とある場合，独身であることを意味しているが，当該欄が空白の場合も同様に独身であることを意味している。

備考欄には，ブラジル国の登記所によっては「記載事項無し」と記載するところもあるが，特段記載すべき事項がないときには何も記載することなく空欄のままで発行する登記所もある。

【1-238】 日本人男とブラジル人女がブラジル国の方式により婚姻し，その婚姻によって日本人男が重婚となったが，その後日本人男の前婚が解消した場合に，重婚を無効とするブラジル民法207条の規定を適用して，日本人男の戸籍のブラジル人女との婚姻の記載を消除するには，戸籍法116条の戸籍訂正手続によるのが相当であるとした事例

昭和58年8月4日民二4384号民事局第二課長

日本人男とブラジル人女がブラジル国の方式により婚姻をした場合にその婚姻によって日本人男が重婚となったときの効力等について

別紙①戸籍のA妻B（ブラジル国籍）及び同夫婦間に出生した子4名から帰化許可申請があったところ，右①戸籍及び別紙②③の関係書類等から，AとBの婚姻はAの前婚継続中における婚姻につき重婚（現在，前婚は離婚により解消）と認められます。ところで，妻Bの本国法であるブラジル国民法第207条には重婚は無効と規定されているが，同法第180条，第183条，第189条，第221条及び第222条の各規定の趣旨から，本件婚姻を当然に無効と解釈するには疑義があり，これが取り扱いについて左記3説が考えられ，当職は乙説を相当と思料しますがブラジル国民法の解釈に不明な点があり，決し兼ねますので何分の御指示を賜りたく関係資料を添えてお伺いいたします。

記
甲説　ブラジル国民法第207条の規定から本件婚姻は無効であるので戸籍法第114条又は同法第24条2項の規定により訂正すべきである。
乙説　ブラジル国民法第221条及び第222条の規定の趣旨からして本件婚姻当時妻は善意であったことが認められるので婚姻無効の裁判が確定しない限り，本件婚姻は有効と解するのが相当である。
丙説　甲説のとおり婚姻が無効と解した場合でも，本件婚姻証書が本籍地市町村長に送付されたとき，既に，前婚が解消しているところから，便宜本籍地市町村長が送付を受けた日に婚姻が成立したものとみなし処理することも可能である。したがって，婚姻事項は戸籍法第113条又は同法第24条2項の規定による戸籍訂正をするのが相当である。
（別紙）……

回　答
　客年11月2日付け戸第1251号をもって照会のあった標記の婚姻については，ブラジル民法第207条の規定による無効原因が存するので，戸籍法第116条の規定に基づく戸籍訂正手続により訂正するのが相当と考えます。

イ　離婚の成立

　ブラジルでは協議離婚が認められていない（2002年改正前のブラジル民法1571条参照）ので，ブラジル人同士の協議離婚届出は受理できないとされた事例【1-239】がある。ところで，ブラジルでは，2002年の法改正までは，離別の決定がされてから3年以上経過しないと，離婚への転換を求めることはできないとされていた（2002年改正前のブラジル民法25条）。これについて，日本人妻とブラジル人夫との離婚に関して，原告は日本人であり，被告の不貞行為により婚姻が破綻をしたこと，被告も離婚に同意していることなどから，3年間経過しないと離婚ができないとすることは，我が国の公序良俗に反するとした裁判例【1-240】がある。2002年改正後は，法的別居制度を設け，法的別居判決の確定又は身体別居の予備的措置を与える決定から1年の経過により離婚に転換できる（2002年改正後のブラジル民法1580条）とされている。別居後1年経過により離婚理由が生じるとしている立法例も多いことを考えると，2002年改正後の1580条においては我が国の公序良俗に反するとまでは言えないであ

374　第1部　渉外婚姻法

ろう。

　ブラジルの離婚判決に基づく離婚届出に関連していくつかの先例がある。【1-241】は，ブラジルの身分登録官が発給した離婚判決の登録をした旨の婚姻証明書貼付の離婚届出については，判決書謄本の添付がなくても，身分登記所登録日を離婚の日として受理するとした民事局長通達である。

　【1-242】は，2002年改正後は，事実上の別居状態が2年以上続いた場合には離婚ができる旨規定されている（1580条補項2）ことから，これに基づき離婚の成立を認めた裁判例である。

【1-239】　ブラジル人同士の協議離婚届は，協議離婚に関する規定がないので受理できない

平成6年2月25日民二1289号民事局長回答

　　　　　　ブラジル人同士の協議離婚届の受否について
　標記の件について，管内前橋地方法務局長から別紙のとおり，照会がありましたが，当該離婚の準拠法たるブラジル離婚法において，協議離婚の制度に関する規定が見当らないため，当該協議離婚届は受理すべきでないと考えますが，本国における現在の離婚制度の詳細が明らかでないため，いささか疑義がありますので何分の御指示を賜りたく照会いたします。
（別紙）……

　回　答
　客年12月17日付け二戸一第675号をもって照会のあった標記の件については，貴見のとおり処理するのが相当と考えます。

【1-240】　日本在住の日本人妻からブラジル連邦共和国在住の同国人夫に対する離婚訴訟で被告が異議なく応訴している場合において，我が国の裁判所に国際的裁判管轄権を認め，離婚の準拠法である裁判上の離別の決定を得て3年間経過することを離婚要件とするブラジル連邦共和国離婚法の適用が我が国の公序良俗に反するとされた事例

第2　国別渉外婚姻法／11　ブラジル　375

東京地判昭和59年8月3日家月37巻10号107頁，判時1149号122頁

[注：国際裁判管轄について]
二　本件は日本に居住する同国民である原告が，ブラジル連邦共和国に居住する同国民である被告に対し離婚請求をするものであるところ，我が国の裁判所がいわゆる国際的裁判管轄権を有するか否かにつき判断するに，離婚の国際的裁判管轄権の有無を決定するに当たっても，被告の応訴の機会を保証するため，一般に被告の住所が我が国にあることを原則とすべきであるが，本件は被告が異議なく応訴しているものであるから，我が国に国際的裁判管轄権が存するというべきである。

[注：準拠法と公序良俗について]
三　法例16条［注：平成元年改正前のもの］によれば，本件離婚の準拠法は，その原因事実発生当時における夫である被告の本国法，すなわちブラジル連邦共和国の法律によるべきところ，西暦1977年12月27日施行の同国離婚法は，離婚について，「裁判上の離別の決定……があった日より，3年以上経過した配偶者間における裁判上の離別の離婚への転換は，理由を付することなく判決により行う。」（25条）とし，また，「裁判上の離別は，配偶者の一方のみから，他方に不名誉な素行がありまたは婚姻中の義務の重大な違反となる何らかの行為があって，それが共同生活を耐えがたいものにしている場合に申立てることができる。」（5条）としており，……夫婦が離婚するためには必ず裁判上の離別の決定を得て，更に3年間経過しなければならないとしている……。

　しかし，本件において，妻である原告は日本国民であって，……被告の不貞により婚姻が破綻するに至ったもので，現在では被告も離婚に同意しているのであり，このような場合に，……まず裁判上の離別の決定を得た上で，さらにそれから3年間経過するまで待つべき……とすることは，……我が国の公の秩序又は善良の風俗に反するものと解するのが相当である。

【1-241】　ブラジル国の裁判所のした離婚判決に基づいて離婚の届出がされた場合に，同国の身分登録官が発給した離婚判決の登録をした旨の記載ある婚姻証明書が添付されているときは，便宜，判決書の謄本の添付を要しないとし，離婚判決の効力は，判決が身分登記所に登録されたときに生じるものとして取り扱うとした事例

376　第1部　渉外婚姻法

昭和57年9月8日民二5623号民事局長通達

　ブラジル国の身分登録官が発給した，離婚判決の登録をした旨の記載のある婚姻証明書を添付して離婚の届出がされた場合の取扱いについて
　ブラジル国においては1977年離婚法の制定によって離婚の制度が創設されたところ，近年，同国に居住する日本人から同国の裁判所のした離婚判決に基づいて離婚の届出がなされる例が散見される。
　ついては，同国における判決による離婚が成立した場合の証明方法の特殊性と当事者の利便を考慮し，当分の間，同国における離婚判決の届出に限って，左記の取扱いをするものとするので，これを了知の上，貴管下支局長及び市区町村長に周知方取り計らわれたい。
記
一　離婚届書の添付書類
　ブラジル国の裁判所のした離婚判決に基づいて離婚の届出があった場合に，その届書に同国の身分登録官が発給した，離婚判決の登録をした旨の記載のある婚姻証明書が添付されているときは，便宜，判決書の謄本を添付させることなく受理する。
二　離婚届書等の記載
　離婚判決が効力を生じて離婚が成立する日は，判決が身分登記所に登録された日と解されるので（ブラジル離婚法第32条），離婚届書及び戸籍の記載は次のとおりとする。

【1-242】　ブラジル国籍を有する控訴人夫が同国籍を有する被控訴人妻に対し，離婚と2人の子供の親権者を控訴人と指定することを求めた事案において，原審が，改正前ブラジル民法によれば，夫婦が離婚する際には必ず裁判上の離別の決定を得て更に3年間経過しなければならないところ，この要件を満たしていないとして当事者双方の請求を棄却したのに対し，控訴審において，2002年に改正されたブラジル新民法典を採用して離婚を認容した事例

名古屋高判平成16年3月23日裁判所ウェブサイト

　3　離婚について
　ブラジル連邦共和国においては，従来離婚訴訟において，裁判上の離別が

必須要件であったが，1988年10月5日付ブラジル連邦共和国憲法の施行に伴って部分的に改定され，同憲法第226条補項6は，裁判上の離別（別居）の判決後1年以上が経過した場合または2年以上の事実上の離別が証明された場合，離婚が成立し得ると規定したことを受けて，2002年1月10日付法律第10406号（新民法典，2003年1月10日施行）は，裁判上の離別の1年後（第1580条本文）または2年の事実上の離別が証明される場合（第1580条補項2），離婚は成立し得ると規定した（弁論の全趣旨）。

　前記2の事実関係によれば，控訴人と被控訴人とは，平成13年（2001年）9月頃から，当審における口頭弁論終結まで2年3か月以上にわたって別居状態が続いており，双方とも婚姻を継続する意思を完全に喪失していて婚姻関係は完全に破綻していると認められるから，ブラジル連邦共和国の2002年1月10日付法律第10406号の第1580条補項2により，離婚することができる。

ウ　氏の変更

　ブラジルでは，1977年改正により，婚姻の際，結合氏が認められることになった（当時の民法1565条1項）が，妻は夫の氏を称することも，妻の氏をそのまま続称することも認められている。また，ブラジルでは，日本の官憲の作成した証明書に婚姻後の氏が記載されないと，ブラジル人妻の婚姻後の氏を記載した証明書の発行ができないとされていることから，特にブラジル国に限り，日本人男と婚姻をしたブラジル人妻については，婚姻時にブラジル国官憲の作成した証明書の提出を省略し，日本における婚姻届出の際，婚姻後の妻の氏について記載をするよう指導をすること，ブラジル人同士の場合には，本国法上の氏名の表記（ポルトガル語等）を併記するよう指導すること，いずれの場合も，この届書記載事項証明書をもってブラジル本国で婚姻登録をするよう指導することを通知したのが【1-243】である。これに対し，【1-244】は，上記2002年改正後に，ブラジル人夫の氏を日本人妻の氏にして婚姻できるかという件に関して，上記通知に準じて取り扱ってよいかという照会に対し，そのように取り扱ってよいとの回答をした旨の通知である。

【1-243】 日本で婚姻をしたブラジル人妻の氏変更の取扱いについて

平成8年12月26日民二2254号民事局第二課長通知

　　　　日本で婚姻をしたブラジル人妻の氏変更の取扱いについて（通知）
　外国人と婚姻をした日本人からの申出により，その戸籍の身分事項欄に外国人配偶者の氏変更の事実を記載するには，当該外国人がその本国法に基づく効果として日本人配偶者の氏をその姓として称していることを認めるに足りる権限ある本国官憲の作成した証明書を提出させる必要があります。
　ところで，ブラジル国では，婚姻時における夫婦の合意により，妻は，夫の氏又はこれに自己の氏の全部若しくは一部を組み合わせた結合氏を称するものとされていますが，今般，ブラジル大使館から，外務省を通じて当省に対し，日本で婚姻をしたブラジル人妻の氏変更については，同国の法令上，同大使館では，日本の官憲の作成する証明書に婚姻後の氏が記載されていない限り，ブラジル人妻の婚姻後の氏を記載した証明書を発行することができず，したがって，その婚姻後の氏をブラジル本国の身分登録簿に登録することができないため，日本で婚姻をしたブラジル人妻の氏変更の事実を日本の戸籍の記載又は証明に反映させる措置を講じて欲しい旨の要請がありました。
　そこで，今後，日本において婚姻をしたブラジル人妻の氏変更については，ブラジル国の身分登録制度特有の事情にかんがみ，その変更を証する書面の添付を省略し，下記のとおり取り扱うこととしますので，貴管下支局長及び市区町村長に周知方取り計らい願います。
　なお，本取扱いは，ブラジル政府の正式の要請に応えて例外的な措置を講じるものであり，ブラジル以外の国の外国人配偶者については，従来の取扱いに変更はありませんので，御留意願います。

　　　　　　　　　　　　　記
1　日本人男とブラジル人女の婚姻届の場合
　　日本人男とブラジル人女の婚姻届があった場合は，その届出の際に，婚姻後の妻の氏について上記の説明をし，同時に申出書（別紙1）の提出を求め，これに変更後の妻の氏名を記載するか，又は届書の「その他」欄に同様の記載（別紙2）をするよう指導する。
2　ブラジル人同士の婚姻届の場合
　　ブラジル人同士の婚姻届があった場合は，婚姻届書の「その他」欄に，本国法上の氏名の表記（ポルトガル語等）を併記して，1と同様の記載（別紙3）をするよう指導する。
　　なお，ブラジル本国における婚姻登録については，届書記載事項証明書をもってするよう指導する。

【1-244】 日本で婚姻をしたブラジル人夫の氏変更（日本人妻の称している氏に変更）の取扱いについて

平成18年2月3日付民一290号民事局第一課長通知

日本で婚姻をしたブラジル人夫の氏変更の取扱いについて（通知）
　従来，日本で婚姻をしたブラジル人妻の氏変更の取扱いについては，ブラジル国の身分登録制度特有の事情にかんがみ，その婚姻の届出の際に，申出書の提出等を求め，ブラジル人妻の氏変更を証する書面の添付を省略する取扱いとしておりましたが（平成8年12月26日付け法務省民二第2254号民事局第二課長通知），このたび，標記の件について，名古屋法務局長から別紙1のとおり照会があり，別紙2のとおり回答したので，この旨，貴管下支局長及び管内市区町村長に周知方お取り計らい願います。
別紙1……
　日本で婚姻をしたブラジル人妻の氏変更の取扱いについては，平成8年12月26日付け法務省民二第2254号法務省民事局第二課長通知が発出されているところですが，その後のブラジル民法の改正により男女のいずれであっても希望により他方の氏を付け加えることができることとされた（2002年法律第10406号ブラジル民法第1565条第1項）ことから，日本で婚姻をしたブラジル人夫についても，同通知に準じて取り扱って差し支えないものと考えますが，いささか疑義がありますので，何分の指示を賜りたく照会します。
別紙2
　平成17年7月1日付け戸第788号をもって貴局長から当局長あて照会のあった標記の件については，貴見のとおり取り扱って差し支えないものと考えます。

12　その他の国々の判例・先例

(1)　アイルランド

　婚姻適齢は，かつては16歳以上とされていたが，1995年に制定されたFamily Law Actにより，1996年8月1日から18歳以上とされている。近親婚，重婚，同性婚は禁止されている。アイルランドはカトリック教徒が多くを占め，伝統的に離婚は禁止されてきたが，1995年の国民投票では，離婚禁止に反対する票が過半数を占め，離婚を禁止する憲法が改正され，

離婚が認容されるに至った。なお，それまでもアイルランドには，外国離婚承認に関する国際司法規則が存在しており，一定の範囲で外国での離婚は承認されていた。国内での離婚が認められて以降の同規則との関係については，鈴木敏英「外国離婚の承認に関するアイルランド国際私法の研究序説」福岡国際大学紀要8巻47頁以降（福岡国際大学，2002）を参照されたい。

離婚の効力に関し，アイルランド人男と連合王国人女のフランスにおける離婚判決は，日本においても効力を有するものとし，したがって，その後に同男と日本人女がカナダの方式により婚姻し，同国のアルバータ州婚姻登録官発給の婚姻証明書が提出された場合，これを戸籍法41条の婚姻証書の謄本として取り扱って差し支えないとした事例（昭和60年10月30日民二6876号民事局第二課長回答）がある。

(2) **アルジェリア**（アルジェリア民主人民共和国）

アルジェリアでは，婚姻適齢は，原則として男21歳以上，女18歳以上であり，近親婚，女性についての重婚が禁止されるほか，イスラム教徒の女と非イスラム教徒の男との婚姻は禁止されている。婚姻の形式としては，慣習婚（ファトハ）が事実上あるが，正式には，イスラム婚と市民婚とがある。国民のほとんどはイスラム教徒であり，2005年の家族法の改正により女性の地位は向上したとされるが，なお，一夫多妻制は残っている。

アルジェリアは国籍に関し血統主義を採っているので，アルジェリアで出生した日本人夫婦の子は，アルジェリア国籍を取得せず，したがって国籍留保の届出は不要であるとした事例（昭和41年6月8日民事甲1258号民事局長回答）がある。

(3) **アルゼンチン**（アルゼンチン共和国）

アルゼンチンの婚姻については民法が定めているほか，婚姻法に規定されている。婚姻適齢は，男18歳，女16歳であり，近親婚，養親子婚などは禁止される。各州政府の身分登録官等の官吏が，出頭した当事者の意思を確認し，婚姻の成立を宣言し，登録原簿に記載することで婚姻が成立する。かつては，離婚が認められなかった。そのため，日本人男とアルゼンチン人女がアルゼンチンの方式によって婚姻した旨の結婚証明書の提出があった場合には受理してよいが，同国裁判所の別居判決書謄本を添付してされ

た離婚届は，離婚制度がないから受理できないとされた（昭和57年5月10日民二3302号民事局第二課長回答）。しかし，1987年に離婚制度が設けられ，従前の別居のほか，協議又は裁判離婚が認められることになった。ただし，協議離婚も裁判所において行われる。なお，2010年から同性婚が認められている。

(4) イスラエル（イスラエル国）

　ア　イスラエルの婚姻法

　　イスラエルの婚姻法に統一されたものはない。イスラエルでは，婚姻する当事者が所属するそれぞれの宗教的コミュニティの主宰によって婚姻が挙行される。ユダヤ教徒のコミュニティ，キリスト教徒のコミュニティ，イスラム教徒（主にスンナ派）のコミュニティ，ドルーズのコミュニティなどがそれぞれの婚姻を主宰している。イスラム教徒の男性の場合，他の宗教徒との婚姻が認められているが，イスラム教徒の女性には認められていない。ユダヤ教徒の場合，マラキ書第2章16節にある有名なことば（あなたの若い妻を裏切ってはならない。「わたしは，離婚を憎む。」とイスラエルの神，主は仰せられる）にあるように，基本的に妻を裏切ること，つまり離婚は認められない。なお，これらのコミュニティに属さない者は正式に婚姻できなかったが，2010年からこれらのコミュニティに属さない者も，婚姻に類似したカップルフッド・ユニオン（couplehood union）を利用することができるようになった。イスラエルに関する文献として，塙陽子「イスラエル家族法」摂南法学21号161〜201頁（摂南大学法学部，1999）を参照されたい。

　イ　婚　姻

　　イスラエルでは，海外での偽装結婚等の問題があり，最近，婚姻要件具備証明書の発行をしなくなった。そのため，婚姻要件具備証明書に代えて，イスラエル大使館が発行する国民登録簿の抄本などを用いている。イスラエル人男と日本人女との婚姻届につき同男から要件具備の証明が得られない旨の申述書及び出生証明書を送付してその届出があった場合受理して差し支えないとされた事例（昭和40年11月25日民事甲3313号民事局長回答）があるが，現在の運用としては，婚姻要件具備証明書が得られ

ない旨の申述書とイスラエル大使館発行の独身証明書が必要とされている（「各国法律と要件」（上）555頁参照）。

　婚姻に関して，イスラエルに居住する日本人男とオーストラリア人女との婚姻の方式につき，オーストラリア国法によれば，イスラエルに駐在するオーストラリアの領事が挙行することを認めているところ，挙行地であるイスラエル国法によれば，このような婚姻の方式を自国における適法な婚姻の方式として認めている。したがって，当該婚姻は，イスラエルの方式によって成立しており，オーストラリア大使館発給の証明書を戸籍法41条の書面として取り扱うのが相当と考えるとした事例（昭和55年7月25日民二4395号民事局第二課長回答），イスラエル人男と日本人女のサイプラス共和国の方式における婚姻について，同国ラルナカ市発行の結婚証明書を戸籍法41条に規定する証書として取り扱って差し支えないとされた事例（平成7年12月11日民二4369号民事局第二課長回答）がある。

ウ　離　婚

　日本在住のイスラエル人男と日本人女の協議離婚届について，これを受理して差し支えないとし，また，その場合の親権者は，父母の協議により定められるとした【1-245】があるが，平成元年法例改正後は，夫婦の一方が日本に常居所を有する日本人であるときは日本の法律によるとされたので，協議離婚は認められることになった。また，親権者については，平成元年10月2日民二3900号民事局長通達第七により，原則として子の本国法によることになった。

【1-245】　日本在住のイスラエル人男と日本人女の協議離婚届を受理して差し支えなく，その場合の親権者は，父母の協議により定められるとした事例

　　　　　　　　　　　　　　昭和50年7月17日民二3743号民事局長回答

イスラエル人男と日本人女の協議離婚届を受理することの可否について（照会）
　……在東京イスラエル領事発行の書面によれば，事件本人が日本法による

民事上の離婚をすることに異議はないものとしているものの，反面，ユダヤ教会律法裁判所又は同裁判所により認められた海外の裁判所において，ユダヤ教会律にしたがい離婚しない間は，婚姻していることとして取扱うものとされています。当職としては，このような跛行離婚を認めることは好ましいことではないので，本件協議離婚届は受理すべきでないと考えますが，いささか疑義があるので照会いたします。

なお，本件離婚が認められた場合，離婚後の子の親権者は父，母のいずれとなるのか，父の本国法が不明であるので何分の御指示を得たく，あわせて照会いたします。
……

よって，左記の点につき，適用法令を摘示引用の上，回答されますようお願い致します。

記

一．イスラエルの国際私法の定める渉外離婚事件及び父母離婚後の子の親権者を定める場合の準拠法について
二．別紙二によれば，イスラエルの国際私法は渉外離婚事件の準拠法につき，住所地法主義又は行為地法主義をとっているものとも解される。もしそうであるとするならば，本件の当事者は日本に住所を有しているところから，イスラエル法によれば本件離婚事件についての準拠法は日本法になるものと解されるが，この場合においても裁判離婚のみならず，当事者の単なる協議及びその届出のみにより効力を生ずる離婚（協議離婚）によっても離婚することがイスラエル法上認められるか否か（日本民法第763条・第764条・第739条参照）。
三．同じく別紙二によれば，日本法上の民事離婚がなされたとしても，ユダヤ教徒である○○○○○スキーについてはその効力が生じないとされており，その結果本件につき跛行離婚の状態が生ずるが，イスラエル法上差し支えないか否か。
四．イスラエル法の定める離婚要件（いかなる場合に離婚することができるか）。
五．イスラエル法の定める父母離婚後の子の親権者決定方法。
……

一　イスラエル国内の婚姻及び離婚

イスラエル国内では，ユダヤ教・キリスト教・イスラム教の各宗教裁判所が，その宗教に属する者の婚姻及び離婚について専属管轄権を有する。イスラエル国内には，異なる宗教に属する男女の婚姻及び離婚を取り扱う機関はない。宗教を異にする男女が婚姻する場合は，国外に旅行して現地方式で婚姻することが普通に行われている。

二　国外での民事婚姻及び民事離婚の効力
　　国外で民事婚姻または民事離婚が現地方式に従い有効に成立した場合，その証明書を提出すれば，宗教裁判所以外の政府機関・最高裁判所などは，その婚姻または離婚を有効と認める。その婚姻または離婚はイスラエル内務省に登録され，各事件本人の身分証明書の記載も登録に基づいて改められる。
三　国外での民事離婚を宗教裁判所が認めない為に事件本人が受ける不利益
　　両事件本人は共に，イスラエル国内でユダヤ教徒と再婚することはできない。しかし，それ以外に何の不利益もこうむらない。
四　日本における離婚方式
　　イスラエル人が日本で離婚する場合，協議離婚，調停離婚，審判離婚，判決離婚のいずれの方式であっても，その効力に差異はない。
……

回　答
　……標記の件については，調査の結果，イスラエル政府機関においては本件離婚届が受理された場合これを有効と認めるものと解されるので，所問の届出を受理して差し支えないものと考える。
　なお，離婚後の子の親権者は，父母の協議によって親権者と定められているところの父がなるものと考える。

(5) イタリア（イタリア共和国）

ア　イタリアの婚姻法

　イタリアは，カトリックの伝統の強い国家であり，婚姻はカトリック教会法に基づいて行うこともでき，身分登録官の面前で行う民事婚も認められている。民事婚では，婚姻適齢は原則として18歳であり，16歳まで下げることができる。重婚，近親婚は禁止され，原則として300日の再婚禁止期間がある。婚姻は，公告の上挙式をすることが必要である。
　イタリアではカトリックの影響で離婚は禁止されていたが，1970年に離婚法ができて婚姻を解消できるようになった。教会婚の場合，民事婚の効力は解消できるが，教会婚の効果は残るとされている。協議による離婚は認められず，双方合意のある場合も裁判所への離婚請求が必要である。離婚の法的効果は，判決だけではなく，身分登録簿への記載が必要

第2　国別渉外婚姻法／12　その他の国々の判例・先例　385

である。

イ　離婚

婚姻関係が完全に破綻している日本人妻からイタリア人夫を相手方とする離婚訴訟における準拠法につき，イタリア共和国離婚法を適用して別居判決又は協議別居の認可を要するとするのは，公序良俗に反するとして日本民法を準拠法とした裁判例として【1-246】がある。また，日本国籍を有する妻（申立人）と，イタリア国籍を有する夫との間の婚姻関係調整申立事件において，離婚の準拠法については，平成元年改正前の法例16条により夫の本国法であるイタリア共和国法によるべきであるが，同国の離婚法は別居判決又は協議別居の認許を得た上更に3年間の別居生活を継続することを離婚原因とするところ，当事者間の婚姻が別居後3年以上にもわたって完全に破綻して回復の見込みもないと認められるとし，前記の離婚法の適用の結果が，我が国の公序に反するものとして，平成元年改正前の法例30条によりイタリア共和国法の適用を排除し，我が国の民法を適用するのが相当であるとして，家事審判法24条により離婚の審判をした事例（横浜家審昭和62年10月30日家月40巻10号53頁）があるほか，日本人男性とイタリア人女性とがそれぞれ離婚，慰謝料等を請求した事案について，離婚及び女性からの養育費の請求等が認められた事例（東京地判平成7年12月26日判タ922号276頁）がある。なお，イタリア人夫と日本人妻との間で，オランダ国法における登録パートナーシップ制度に基づく同居契約解消登録により離婚が成立した旨の報告的離婚届について，同国の方式により離婚が成立したものとして処理して差し支えないとされた事例（平成16年4月26日民一1320号民事局第一課長回答）がある（詳しくはオランダを参照）。

【1-246】　婚姻関係が完全に破綻している日本人妻からイタリア人夫を相手方とする離婚訴訟における準拠法につき，イタリア共和国離婚法を適用して別居判決又は協議別居の認可を要するとするのは，公序良俗に反するとして日本民法を準拠法とした裁判例

東京地判昭和50年11月17日下民集26巻9-12号958頁，判タ334号331頁

本件離婚の準拠法は，法例第16条［注：平成元年改正前のもの。以下同じ］により夫である被告の属するイタリア共和国の法律によるべきところ，1970年12月18日施行の同国のいわゆる離婚法（1970年12月1日法律898号，以下「離婚法」という。）第3条は，「夫婦の一方は，左の場合に婚姻の解消又は婚姻の民法上の効果の終了を請求することができる」とし，具体的離婚原因として，(イ)他方配偶者が一定の罪を犯したとき（同条第1項(a)(b)(c)(d)）又はこれに準ずる場合（同条第二項(a)(c)(d)），(ロ)裁判別居，協議別居の認許又は事実上の別居が本法施行日の少なくとも2年前から始められて継続し，いずれもその後，5年間別居生活が中断なく継続しているとき（同条第二項(b)），(ハ)外国人である他方配偶者が外国で婚姻無効若しくは婚姻解消になったとき又は外国で新たに婚姻したとき（同条第2項(e)），(ニ)婚姻が未完成のとき（同条第2項(f)）と規定し，なお，不貞，任意の放棄，異常，残虐，強暴又は重大な侮辱（イタリア共和国民法第151条）は，裁判別居の原因とされている。……第1項で認定した事実はイタリア共和国の離婚法上の離婚原因に該当しないことが明らかであり，本件離婚請求は同法上認めることができない。……本件は，妻たる原告が日本の国籍を有して日本に居住しており，原被告間の婚姻の届出が日本でなされ，その婚姻生活も内縁期間を含めると日本国における期間がイタリアにおけるそれよりも長く，被告の後を追った原告に対して，被告は，イタリアにおいて婚姻生活維持のための協力も十分せず，原告は，まもなく，婚姻を解消することを合意して，原告は，帰国し，その後，本訴提起までに3年余の別居状態が続き，原被告とも婚姻を継続する意思は全くなく，もはや原被告の婚姻は，完全に破綻して，回復の可能性はなく，戸籍上形骸を残すのみとなっている。こうした場合にも，なお夫である被告の本国法を適用して別居判決又は協議別居の認許を要求し，さらに5年間の別居生活を強制しなければならないものと解することは相当でない。すなわち，別居判決又は協議別居の認許というイタリア共和国の離婚法上の制度はもともと同国の歴史的，社会的に特殊な基盤のもとで確立されたものであり，これを直ちに異なる社会生活基盤のもとにある者に適用するだけの妥当性があるとは考えられないし，本件のような渉外婚姻関係に適用するにも多分に無理が伴なうものというべく，結局，本件につき，右別居判決又は協議別居の認許を経由したうえでなければ離婚できないとするイタリア共和国の離婚法の適用の結果は，著しく正義公平の理念に反し，かつ，善良の風俗にも反するものというべきである。従って，本件については，法例第30条により，イタリア共和国法の適用を排斥し，日本の民法を準拠法とすべきものと解する。

(6) イラン（イラン・イスラム共和国）
　ア　イランの婚姻法
　　イランの婚姻関係については，イラン民法に規定されている。婚姻適齢は，男子18歳，女子15歳であるが，正当な理由があれば，男子15歳以上，女子13歳以上であれば，認められる場合がある（民法1041条，1110条）。近親婚が禁止されるほか，ムスリム（イスラム教徒）の女性と非ムスリムとの婚姻は禁止されており，イラン人女性と外国人の婚姻は政府の許可が必要である（同法1060条）。イラン人男とイスラムの方式により婚姻をした外国人女は，イラン国籍を取得する（同法976条6号）。妻が妊娠中であるなどの場合を除き，夫はいつでも妻に対し離婚を求めることができる。

　　イラン民法の英訳については，UNHCR（国連難民高等弁務官事務所）のホームページhttp://www.refworld.org/docid/49997adb27.htmlを参照されたい。

　イ　国　籍
　　イランの国籍に関して，イラン国発行の旅券により日本に入国した日本人女が女児を出産し，その出生子の届出に関して，日本人女は，イラン国籍人男と同国において，同国の方式により婚姻し，分娩のため一時入国したもので，駐日イラン国領事館より，同出生子の出生届出は要しないことの回答を得ている旨述べているが，イラン国発行の同婚姻を証する書面は呈示されていない場合，その出生子はイラン国籍法976条2号による父がイラン国籍人であることの推定が困難であり，日本の昭和59年改正前国籍法2条3号の父が知れない場合に該当して，日本の国籍を取得するものであるから，嫡出でない子として母の新戸籍に入れるべきものと考えられるとの照会に対し，旅券により婚姻を証することができない場合，貴見のとおりであると回答した先例（昭和38年11月1日民事甲3071号民事局長回答）がある。なお，昭和59年の国籍法改正により，父がイラン国人であっても，母が日本人である限り，日本国籍を取得する。

　ウ　婚　姻
　　イラン人男と日本人女の婚姻届について，イラン人男から重婚でない

こと及び本国法によって婚姻の実質的要件を具備している旨の宣誓書を徴した上受理して差し支えないとされた事例（昭和59年2月10日民二720号民事局第二課長回答），ムスリム（イスラム教徒）であるイラン人女と非ムスリムである日本人男とが婚姻をする場合，イラン国民法1060条では，イラン国政府の特別の許可が必要とされているが，我が国においては異教徒との婚姻を禁止する外国法は，その適用を排除すべきものと解されているところから，平成元年改正前の法例30条の規定の適用について考慮されるべき事案であるとも考えられ，この受否を決しかねるので，照会に及んだとの照会に対し，理由を付することはしないで，受理して差し支えない旨の回答をした事例（昭和63年1月6日民二77号民事局長回答）がある。

エ　離　婚

イラン人男と日本人女を当事者とする協議離婚届の受否に関して，大使館発給の証明書によると協議離婚制度があるので当該協議離婚届は受理して差し支えないと考えるが，子の親権者について疑義があり受否を決しかねるので，指示を得たいとの照会に対し，当該離婚届を，そのまま受理して差し支えないものと考えるとの回答をした事例（昭和51年6月9日民二3337号民事局第二課長回答）がある。

(7)　インド

ア　インドの婚姻法

インドの婚姻法は，ヒンドゥー教徒，イスラム教徒など，その宗教の原則を定める宗教法から出発しており，1954年に民事婚を規定した特別婚姻法が制定された。また，それとは別に1955年にヒンドゥー教徒を中心として適用されるヒンドゥー婚姻法が制定されている。また，イスラム教徒については，クルアーンに基づくイスラム家族法があり，インド的な変容を受けている。キリスト教，ゾロアスター教についても，別途婚姻法が制定されており，ほとんどのインド国民がこれらのいずれかの宗教に属しているため，実際には民事婚である特別婚姻法が適用される例は少ないようである。なお，外国に居住するインド人については，別途，1969年に外国婚姻法が制定されている。最も多数を占めるヒンド

ウー婚姻法は，一夫一婦制であり，異なるカーストの間の婚姻も認められ，また，裁判による離婚が認められているが，離婚原因は制限されており，容易には認められない。他方，イスラム教徒は，タラーク離婚（449頁参照）と言われるとおり，夫からの離婚は3回にわたる一方的通告によって認められるなど，適用すべき準拠法によって，婚姻や離婚の効果には大きな違いがある。

　特別婚姻法によると，重婚，精神障害は婚姻障害事由であり，婚姻適齢は，男21歳，女18歳である（4条）。これらに反した婚姻は無効である（24条）。離婚は裁判離婚のみが認められ，離婚判決確定から1年間は再婚が禁止される（30条）。なお，「戸籍小箱No.264　インド人の再婚禁止期間について」戸籍736号59頁以下（テイハン，2002）は，インド特別婚姻法30条違反が婚姻の無効，取消原因となる規定がないことなどから，これは実質的成立要件ではないと解している。

イ　離　婚

　平成元年改正前の法例16条は，離婚の準拠法は，離婚原因が生じた時の夫の本国法によるとし，一方が日本人である場合，日本法による離婚原因を具備する必要がある。

　これに関して，離婚の準拠法は，同法例16条により夫の本国法であるインド法によるところ，同国の離婚法は宗派によって異なり，当事者双方は特別婚姻法に基づいて婚姻しているので，同法例27条3項を準用して右特別婚姻法を準拠法とするのが相当であり，本件ではインド特別婚姻法が適用され，特別婚姻法では家庭裁判所における調停離婚や審判離婚を原則として認めておらず，裁判所の判決による離婚の形成しか方法がないが，本件では手続法として特別婚姻法に定める協議離婚の手続に最も近く，人事訴訟手続の簡易化と身分事項の合意による実体法上の効果の実現という性質をもつものと解される家事審判法23条を類推適用して離婚の裁判をするのが相当であり，また，特別婚姻法の協議離婚手続は，我が民法と著しく異なるが，当事者双方がインド国籍を有する者の間の離婚では，右法規は遵守すべきであり，それを認めても我が国市民の公序良俗を害する程重大な結果を生ずるものではないから法例30条は

適用しないとした裁判例（東京家審昭和50年3月13日家月28巻4号121頁，判タ334号335頁）があるほか，インド人夫と日本人妻との夫婦関係調整調停事件において，インド特別婚姻法における離婚に関する規定を適用して調停離婚を成立させた事例（仙台家古川支昭和51年2月26日調停家月29巻1号109頁），日本に居住するインド人夫と日本人妻間の離婚調停事件について，離婚原因発生当時の夫の本国法であるインド法によれば，離婚は，夫婦のいずれか一方がイギリス法上の住所（ドミサイル）を有する地の法律によるものと解することができるとして反致を認め，日本国民法を適用して家事審判法24条の離婚審判をした事例（名古屋家審昭和57年9月29日家月35巻5号114頁）がある。なお，平成元年法例改正後は，法例16条ただし書（通則法27条ただし書）により，夫婦の一方が日本に常居所を有する日本人であるときは離婚は日本の法律によるとされたため，いずれも日本法が適用されるケースである。

(8) **インドネシア**（インドネシア共和国）

ア　インドネシアの婚姻法

インドネシアでは，宗教婚や慣習婚が多く存在し，ばらばらな状態であったが，1974年に統一婚姻法が制定され，これに基づいて運用がされている。婚姻適齢は，男子19歳，女子16歳であり，一定の慣習的儀式の後，登録することによって婚姻が成立する。統一法とは言え，ムスリムには，一定の条件で多妻が認められ，夫が妻に対し3度離婚を宣言することにより離婚の効果が発生する離婚（タラーク離婚，449頁参照）が認められるなど，それぞれの宗教によって取扱いは異なっている。また，統一法以前から混合婚規則があり，統一婚姻法ができてからも，国際結婚にはこれが適用されている。詳しくは，大村芳昭「インドネシア婚姻法と家族法の統一」中央学院大学法学論叢12巻1号45頁以下（中央学院大学法学部，1998年）を参照されたい。

イ　婚姻届受理

婚姻届の受理に関して，日本在住のインドネシア国人男と日本人女が結婚し，日本インドネシア協会の同男の身分証明書，自国慣習法により婚姻に支障がない旨の同男の宣誓書，東京回教寺院の右両人の結婚証明

書等の書類を添えて，婚姻届を提出した場合はこれを受理して差し支えないとした事例（昭和25年5月8日民事甲1194号民事局長回答），日本人男とインドネシア人女との婚姻届について，パチタン地方裁判所長発給の結婚証明書を戸籍法41条の婚姻証明書とみなして差し支えなく，その場合，婚姻成立の年月日は，イスラム教にて結婚をした日ではなくパチタン地方裁判所で登記簿に結婚したことを記入した日である。併せて婚姻成立の年月日は，1972年9月28日イスラム教にて結婚した日ではなく，1975年8月15日パチタン地方裁判所で登記簿に結婚したことを記入した日であるとした事例（昭和51年8月11日民二4556号民事局長回答），インドネシヤに在住する日本人男とインドネシヤ人女から，同女につき中国国籍を離脱する旨の宣言証書を添付して日本人男の本籍地に婚姻の届出（郵送による届出）がされたケースについて，これを受理して差し支えないとした事例（昭和54年5月12日民二2887号民事局第二課長回答）などがある。

ウ　婚姻と国籍喪失

　新国籍法（昭和25年法律第147号）が施行されるまでは，外国人は日本人の妻となった場合，日本国籍を取得し（旧国籍法5条1号），日本人が外国人の妻となり，夫の国籍を取得したときは日本国籍を失う（同法18条）と規定していた。そこで，婚姻により日本の国籍を取得したインドネシア人女は，離婚により原国籍を回復しないから，同女につき直ちに新戸籍を編製するとされた（昭和25年6月22日民事甲1723号民事局長回答）。また，昭和16年にオランダ領インド人男と婚姻し，3人の子を生んだ日本人女の父から，旧国籍法に基づく婚姻による国籍喪失のために届け出た在日オランダ使節団インドネシア部長発行の「右妻の旅行免状によれば，インドネシア国籍を有する」旨の記載がある証明書だけではインドネシア国籍を取得したのか不明であるとの訴えからから，国籍喪失届は受理すべきでないとされた（昭和25年7月18日民事甲1944号民事局長回答）。

　新国籍法の施行により，日本人が外国人と婚姻し，外国の国籍を取得した場合でも，自己の志望により外国の国籍を取得したのでなければ，日本の国籍を喪失しないこととなった（11条1項。昭和59年法律第45号改正前は8条）。したがって，日本人女がインドネシア人男と婚姻し，インド

ネシア国籍法（1958年法律第62号）7条1項又は同法暫定規則2条に基づきインドネシア国籍取得の意思表示をして同国の国籍を取得した場合には，その意思表示をした日に当然に日本国籍を喪失するものと考える（昭和34年3月16日民事甲479号民事局長回答）。

なお，昭和22年ジヤバ［ジャワ］においてオランダ人と婚姻し，日本国籍を喪失した元日本人女が，日本にいる実父の死亡によりその遺産を相続したがその後失踪宣告され，右相続財産につきさらに相続が開始した事案に関し，1949年インドネシアがオランダから独立した時において同女がいずれの国籍を取得したかが明らかでないとして，かかる場合は相続財産の所在地法たる日本法により相続財産管理人を選任するのが相当であるとした事例（新潟家長岡支審昭和42年1月12日家月19巻8号113頁），インドネシア人男と婚姻したとして日本人女がインドネシア国籍を取得する旨の意思表示をインドネシア大使館にした場合において，その婚姻がインドネシア共和国婚姻法上無効であるときは，インドネシア共和国の国籍を取得しないから，国籍法8条（現11条1項）の「自己の志望によって外国の国籍を取得した」者にはあたらないので，日本国籍を喪失していないとされた裁判例（東京地判昭和43年12月9日判時544号24頁）がある。

(9) **ウクライナ**

ウクライナの婚姻関係については，婚姻と家族法に規定されている。同法によると，婚姻については，婚姻しようとする両人の合意に基づき登録機関で登録する必要がある（同法12条）。夫婦の権利義務は，婚姻の登録機関で締結されなければ生じない（同法13条）。婚姻の成立は，原則として，国の登録機関に申請書を交付して1か月経過した時点であるが，短縮可能である（同法14条）。婚姻適齢は，男子18歳以上，女子17歳以上であるが，例外的に引き下げ可能である（同法15条，16条）。重婚，近親婚，裁判により責任無能力と判断された者の婚姻は禁止される（同法17条）。婚姻する際，相互に健康状態を報告する（同法18条）。氏については，夫婦共通の氏にするか，別姓のままにするか，併用するかを選択できる（同法19条）。15-17条の場合，婚姻意思のない場合，婚姻は原則として，無効である（同法45条）。

婚姻に関し，日本人男とウクライナ人女の婚姻届について，ウクライナ人女から本国法上の婚姻の実質的成立要件を具備している旨の申述書を徴した上で，これを受理して差し支えないとした先例（平成7年2月24日民二1973号民事局第二課長回答），ウクライナ人男と日本人女との婚姻届について，同男の婚姻要件具備証明書を徴することが困難である場合，その旨及び婚姻要件を具備している旨の同人の申述書を添付させて，これを受理するのが相当であるとした事例（昭和32年1月22日民事甲100号民事局長回答）がある。

⑽　ウズベキスタン（ウズベキスタン共和国）

ウズベキスタンの婚姻関係については，家族法が規定する。婚姻は登録機関に登録することが必要であり，原則として1か月後に承認されるが，正当な理由があれば1か月以内に承認される（同法13条）。婚姻は自由な意思でなければならず，強制は禁止される（同法14条）。婚姻適齢は原則として男18歳以上，女17歳以上であり（同法15条），重婚，近親婚は禁止される（同法16条）。

婚姻に関し，日本人男がウズベキスタン人女と同国の方式により，婚姻したとして，報告的婚姻届がされ，それにその旨の同国官憲が発行した婚姻登録証明書が添付されていた場合，同証明書を戸籍法41条が規定する証書とし，同届を受理して差し支えないとされた事例（平成19年3月5日民一514号民事局第一課長回答）がある。

⑾　ウルグアイ（ウルグアイ東方共和国）

ウルグアイの婚姻法は定かではない。2008年以降シビル・ユニオン制度が施行され，2013年には同性婚姻法が成立した。

先例としては，昭和25年改正前の国籍法のもとで，ウルグアイ国の権限ある機関の証明書により，昭和15年に同国の方式により成立した者の婚姻届は，同証明書によって婚姻の事実が認められることから，戸籍法41条の婚姻証書謄本の取扱いに準じて処理をするとし，また，ウルグアイ人女は婚姻によって日本国籍を取得し，夫の戸籍に入るとした事例（昭和26年8月29日民事甲1723号民事局長回答）がある。国籍法改正後は婚姻により日本国籍を当然に取得することはない。

⑿　エクアドル（エクアドル共和国）

エクアドルでは，憲法67条により，婚姻は，男女間の自由な合意に基づく結合であるとされ，婚姻は異性間にしか認められていない。しかし，2008年の憲法改正で，憲法68条は，養子縁組ができない点を除いて，同性カップルにも婚姻と同様の権利義務を付与するシビル・ユニオンを認めるに至った。エクアドルに関する裁判例としては，日本人妻からエクアドル人夫に対し，3年以上所在不明であるから，民法770条1項3号に該当するとして離婚訴訟が提起されたケースについて，夫の本国法であるエクアドル法が離婚の準拠法であり，反致も成立しないから，エクアドル法が離婚の準拠法となると判示し，併せて，エクアドル民法132条1項13号は，3年以上の別居を離婚原因の1つとしており，同記載の別居の趣旨は，法定別居ではなく，事実上の別居を指すと解されるところ，原告である妻と被告である夫は，事実上3年以上婚姻生活がないことが認められるとして，離婚を認容した裁判例（長崎地佐世保支判昭和37年5月30日判時309号26頁，判タ133号124頁）がある。平成元年法例改正後は，日本人妻又は夫が日本に常居所を有していれば，日本法が適用されることになった（法例16条，通則法27条）。

⒀　エジプト（エジプト・アラブ共和国）

エジプトでは，人口の9割がイスラム教徒であることから，ムスリムについてはイスラム法が適用され，他のキリスト教徒には，別の法律が適用される。イスラム法では，タラーク離婚（447頁参照）のほか，双方の合意による離婚が認められている。妻からの離婚は困難であったが，2000年の法改正により，女性からの離婚が認められるに至った。夫からの離婚の場合，夫は公証人のもとで離婚証明書を作成し，妻に通知をしなければならず，公証人は，離婚証明書の謄本を妻に送付する。婚姻適齢は，男18歳，女16歳である。

婚姻に関し，離婚の前提として婚姻の有効性が問題となったケースにおいて，平成元年改正前の法例13条によると，婚姻の実質的成立要件の準拠法は，各当事者の本国法であるところ，イスラム教徒である夫に適用されるエジプト法令では，仏教徒である日本人妻との婚姻は，異教徒間の婚姻

として禁止されており，婚姻は無効と解されているが，我が国の法体系のもとでは公序良俗に反するとしてその適用を排除した裁判例（前掲【1-7】東京地判平成3年3月29日家月45巻3号67頁，判時1424号84頁）がある。また，エジプト人男と日本人女の創設的婚姻届が提出され，夫について，本国における前婚の離婚証書，双方が神戸回教教会において婚姻した旨の証明書が添付されている事案において，婚姻届を受理して差し支えないとした先例（昭和59年1月23日民二499号民事局第二課長回答）がある。後者は，妻がイスラム教の洗礼を受け，イスラム教会で婚姻の儀式を挙げているケースであるから，跛行婚は生じないのであるが，前掲の裁判例によると，エジプトでは有効な婚姻とすることはできないので，跛行婚が生じていたものと考えられる。

離婚に関し，エジプト官憲が発給した離婚証明書に添付して日本人女とエジプト人男の離婚届が提出された場合，当該離婚証明書を戸籍法41条の証書の謄本として取り扱うのが相当とした事例（昭和58年5月10日民二2990号民事局第二課長回答）がある。

(14) **エチオピア**（エチオピア連邦民主共和国）

エチオピアの婚姻法については，エチオピア民法典（1960年）が定めている。婚姻適齢は男18歳以上，女15歳以上であり（婚姻法581条），近親婚，重婚は禁止される（同法582-585条）。ただし，聖職者の婚姻には特別の要件がある。エチオピア人と婚姻した日本人女は当然にエチオピア国籍を取得するから，自らの意思で外国の国籍を取得した場合に該当せず，当然には日本国籍を失わない。

エチオピア人男と日本人女の婚姻届について，エチオピア婚姻法における要件は必ずしも明らかではないが，早稲田大学比較法研究所報第3・4合併号（早稲田大学比較法研究所，1963）記載の中村眞澄「1960年エチオピア民法典」（20頁以下）によると，同国には婚姻の要件について規定はないようであり，エチオピア人男のパスポート（1947年生），申述書から婚姻適格者と認めて特に問題はない旨の東京法務局長の意見を受けて，受理して差し支えないとした事例（昭和56年5月25日民二3427号民事局長回答）がある。

離婚に関し，エチオピア人夫と日本人妻との離婚訴訟において，エチオ

ピアで外国人排斥運動が起き，やむなく離婚の合意をして妻が日本に帰国し，夫が行方不明になったケースについて，その準拠法であるエチオピア法では離婚は認められないが，同法を適用して離婚を認めないことは，正義公平の理念に反するとし，平成元年改正前の法例30条によりエチオピア法の適用を排除して法廷地法である日本民法により離婚を認めた事例（東京地判昭和55年2月22日判時973号109頁，判夕412号145頁）がある。

(15) オランダ（オランダ王国）

ア　オランダの婚姻法

オランダの婚姻関係は，家族法に規定されている。婚姻適齢は，原則として18歳であり，子の妊娠，出産がある場合，16歳から可能である。近親婚は禁止されている。婚姻には，市役所内の結婚式場で挙式し，婚姻登録簿への登録が必要である。オランダでは，この正式の婚姻のほか，パートナーシップ登録制度があり，また，公証人による同棲契約という方法も認められている。オランダのパートナーシップ登録制度は，同性間でも異性間でも用いることができる。なお，オランダに本拠をもつヨーロッパ家族法委員会（CEFL）が中心となって，ヨーロッパ家族法原則（PEFL）の制定に向けて活動が行われている。宗教的制約を廃して離婚をしやすくしようという運動であり，双方の合意がある場合には即時に離婚を認め，そうでなくても原則として1年間の別居により離婚を認めようという方向にあり，2004年に離婚の原則が公表されている。この点については，ミヒャエル・ケスター（渡辺惺之訳）「ヨーロッパ統一家族法への第1歩：ヨーロッパ家族法原則（PEFL）―離婚法を中心に―」立命館法學308号1217〜1227頁（立命館大学法学会，2006年）を参照されたい。また1985年民法改正により，性同一性障害の性別表記の訂正が認められた。これについては，大島俊之「性同一性障害とオランダ法―立法的解決（1985年）前の状況―」神戸学院法学29巻4号1055-1071頁（神戸学院大学法学会，1970）を参照されたい。

イ　国　籍

オランダの国籍に関して，オランダ人男と婚姻した日本人女が，自己の志望によりオランダ国籍を取得し，国籍法8条（現11条）により日本

国籍を喪失したとされた事例（昭和47年2月2日民事五発135号民事局第五課長回答）がある。
　ウ　離婚
　　オランダにおいて有効に離婚が成立するための要件に関して【1－247】がある。

【1－247】　オランダの裁判所がなした日本人男とオランダ人女の離婚判決が，確定後6か月以内に当事者の一方の申請によりオランダの戸籍登記所に記録されているため，有効に成立しているものとされた事例

昭和61年9月9日民二6852号民事局第二課長回答

　　　　日本人男とオランダ人女のオランダ国の方式による離婚について
　……オランダ離婚法によれば，離婚は離婚判決確定後6月以内に当事者双方の請求により民事登録されることによって成立するものである（オランダ国籍法・親族相続法12⑤）ので，判決後6月以上経過したのち，妻からのみの届出によって登録された本事案においては，その離婚は成立していないと考えられるところ，現行のオランダ離婚法の詳細がなお不明であり疑義を生じていますので，御多忙のところ何分の御教示を賜わりたく照会いたします。
　……昭和47年当時のオランダの離婚法（戸籍誌343号7頁参照）によれば，離婚の成立は，(1)裁判所の離婚判決と離婚判決確定後6月以内に，当事者双方の請求によって民事登録されることによって法的に有効になるものとされています。
　上記法令が現在も維持されているとすれば，別紙の戸籍登記所の記録によれば，昭和59年2月28日離婚判決があり，6月経過後の昭和59年10月24日に登録されており，また，妻のみの届出により登録され，夫の同意の有無も不明であることから，離婚の成立に疑義があり，戸籍の記載はすべきでないと考えられるがどうか。
　…………

　回　答
　　本年6月4日付け戸第477号をもって照会のあった標記の件については，下記により有効に成立しているものと考えます。
　　　　　　　　　　　　　　　記
　一　調査の結果，離婚の登録期間は離婚判決が確定した時から起算するもの

とされているところ，本件離婚の登録（昭和59年10月24日）は，離婚の判決が昭和59年5月26日の経過により確定した後6カ月以内にされたものであること。
二　オランダ民法によれば，離婚の登録は当事者のいずれか一方の申請によってすることができる（同法163条2項）とされていること。

エ　登録パートナーシップ

上記のとおり，オランダではパートナーシップ登録制度があるが，これに関して，【1-248】がある。

【1-248】　イタリア人夫と日本人妻について，オランダ国法における登録パートナーシップ制度に基づく同居契約解消登録により離婚が成立した旨の報告的離婚届について，同国の方式により離婚が成立したものとして処理して差し支えないとされた事例

平成16年4月26日民一1320号民事局第一課長回答

イタリア人夫と日本人妻がオランダ国の方式により協議離婚した旨の報告的離婚届の処理について（照会）
……現在，オランダ国においては婚姻の解消手続として，通常の離婚判決の登録とは別に婚姻状態から「パートナーシップ登録」と称する同居契約登録への変更が認められ，その後，当事者の合意により（裁判官の関与なく）同登録を解消した場合には，離婚の成立を認める簡便な制度が存在することが添付の在外公館からの調査報告により確認されています。
本件離婚届は，この同居契約解消登録の手続を経て離婚が成立したとしてなされたものであり，その処理については，伊丹支局長意見のとおり取り扱って差し支えないものと考えますが，一方で添付の同国民法抜粋においては，同居契約解消登録の日を離婚成立とする根拠が明らかにされておらず，その有効性につきいささか疑義がありますので，何分の御指示を賜りたく照会いたします。
……
外務省の調査により，オランダ国においては婚姻状態から「パートナーシップ登録」と称される同居契約登録に変更した後当事者の合意で同登録を解消した場合に婚姻の終了を認める「瞬間離婚」と呼ばれる特有の制度があ

ることが確認されており，当職としては，本件について，同居契約解消登録の日である平成14年12月13日をもってオランダ国の方式による離婚が成立したものと認め，届書に添付されている同居契約に関する登録抄本をいわゆる戸籍法第41条証書として取り扱って差し支えないと考えますが，参考となる先例もなく，同居契約登録の解消をもって離婚が成立したものと認めてよいか疑義もあります。

……

2002年11月25日，アムステルダム市にて婚姻は同居契約に変更受理
2002年12月13日，アムステルダム市にて同居契約解消登録

……

オランダ民法（抄）

第1巻
第5編　婚姻
第1節　婚姻成立の要件……
第5節　婚姻の無効……
第77条のa
　　三，転換証明書が登録パートナーシップの登録簿に記録された時点で，転換は婚姻を終了させ，パートナーシップ登録を開始させる。この転換は，転換前に生まれた子に対する父権に影響を与えない。
第6節　婚姻の存在の証明
第78条　オランダで成立した婚姻の存在は，次の条で定める場合を除いて，婚姻証明書，又は，第80条のfで示す転換証明書によって，それを証明することができる。
第79条　婚姻届が存在しない，又は紛失された場合，又は，婚姻証明書が登録されていない場合，その婚姻は証人，又は文書によってその存在を証明することができる。（但書省略）
第5編のA　パートナーシップ登録
第80条のa
　　四，パートナーシップ登録を希望する者は，民事上の身分に関する詳細を提出し，以前，パートナーや配偶者として登録したことがある場合は，前のパートナーや配偶者の氏名を示して，当事者の一方が住所を有するところの市民登録官に通知しなければならない。

……

第80条のc
　　c，お互いの合意で，パートナーシップ登録の終了に関して合意に達し，その時，その内容がパートナーシップ登録の両当事者と1人以上の弁護士，又は公証人によって日付を記して署名された書面による誓約書に記

載され，その誓約書が市民登録官によって登録される場合。
　d．当事者の一方の請求によって解消する場合。
……
第80条の f
　一．当事者の双方が，パートナーシップ登録から婚姻への転換を希望する旨を市民登録官に告示する場合，当事者の一方が住所を有するところの市民登録官は転換証明書を作成することができる。パートナーシップ登録の当事者が，共にオランダ国外に住所を有し，オランダにおいてもパートナーシップ登録を婚姻に転換することを希望し，また，少なくとも当事者の一方がオランダ国民である場合は，その転換は，ハーグ市の市民登録官によって行わなければならない。……
　三．転換証明書が婚姻登録簿に登録された時点で，転換はパートナーシップ登録を終了させ，婚姻を開始させる。この転換は，転換前に生まれた子に対する父権に影響を与えない。
第6編　配偶者の権利と義務……
第9編　婚姻の解消
第2節　離婚
第151条　離婚は，婚姻が回復し難いほど破綻している場合においては，夫婦の一方の請求により宣告される。……

回　答
　本年1月20日付け戸第51号をもって当局長あて照会のあった標記の件については，平成14年12月13日をもってオランダ国の方式による離婚が成立したものと認め，戸籍法第41条の証書の謄本提出による報告的届出として処理して差し支えないものと考えます。

　　オ　夫婦の氏
　オランダでは，妻は婚姻後も婚姻前の氏を続称することができるが，夫の氏を称することも，妻の氏の前に夫の氏を付加することもできる（民法第1巻9条1項）。これに関して，オランダ人と結婚した日本人女性が，夫婦の双方の氏を結合した氏への変更を求めた事案において，戸籍法107条1項の「やむを得ない事由」があるとして，申立てを認容した裁判例（神戸家明石支審平成6年1月26日家月47巻6号78頁）がある。

(16) ガイアナ（ガイアナ共和国）
　日本人男とガイアナ人女との報告的婚姻届について，ガイアナ国の方式による婚姻を行った旨の戸籍係作成名義の婚姻登録証明書が提出された場合，同証明書を戸籍法41条の証書謄本として取り扱って差し支えないとした事例（昭和51年９月29日民二5173号民事局第二課長回答）がある。

(17) ガーナ（ガーナ共和国）
　婚姻に関する先例として，日本に在住するガーナ人男女が聖路加国際病院の司祭の司式によりキリスト教の方式によってした婚姻であり，婚姻証明書も発行されているものであるが，日本の国際私法の規定によれば，婚姻の方式は，婚姻挙行地の法律によらなければならないから，両当事者がガーナ人である場合であっても，日本で婚姻する場合は，日本法の定める方式に従って，市町村長に婚姻届をしなければならないし，婚姻の両当事者が同一国籍を有し，その属する国の駐日領事又は大公使によってその属する国の方法に従って婚姻した場合は，その婚姻は，日本法による婚姻とはいえないが，例外的に日本法上有効なものとして認められるところ，本件司祭の司式した本件夫妻の婚姻は，いずれの方式にもよっていないので，日本法上有効な婚姻とは認められないとしたもの（昭和40年３月11日民事甲521号民事局長回答）がある。これは，既に死亡したガーナ人男の遺産相続を巡り，その夫人に相続権があるのかが問題となり，ガーナ大使館から照会があったものである。平成元年法例改正後は，婚姻の方式は，挙行地の法だけではなく，当事者の一方の本国法による方式も有効となったので，同様の事案について有効性を認めることができるであろう。

(18) カンボジア（カンボジア王国）
　ア　カンボジアの婚姻法
　　カンボジアの婚姻については，1989年に成立した婚姻及び家族法が規定している。同法によると，結婚は強要されてはならない（婚姻及び家族法４条）。婚姻適齢は，男20歳，女18歳であるが，女性が妊娠しているときは，両親等の同意により，適齢に達しなくても婚姻可能である（同法５条）。同性婚，近親婚，重婚などは禁止されており（同法６～８条），夫の死亡，結婚無効又は離婚の後300日間の待婚期間がある（同法９条）。

婚姻する場合，婚姻の儀式を公示する（同法12条）。その後10日以内に異議がなければ，挙式をし（同法13条），登録官の面前で婚姻の取り決めをすることで成立する（同法14条）。夫と妻は同等の権利義務を持つ（同法29条以下）。遺棄，暴力など同居継続を不可能とする根拠があれば離婚の申立てができる（同法39条）。双方が同意すれば離婚することができる（同法40条）。双方が離婚を申し立てた場合，自発的で強要されたものでなければ人民裁判所は離婚を許可する（同法58条）。離婚について争いがある場合，同居を継続することができない重大な事実があるときは，離婚を許可する（同法59条）。妻が妊娠している場合，夫は，出産後1年間は離婚を求めることはできない（同法68条）。外国に住むカンボジア人間又はカンボジア人と外国人の結婚は，両者の住んでいる国にあるカンボジア大使館又は領事館で行う（同法79条）。外国に住んでいるカンボジア人間又はカンボジア人と外国人の結婚の解消はカンボジアで有効である（同法81条）。なお，虐待は裁判離婚の理由とされているが，2005年には家庭内暴力禁止法が制定されている。その中には，精神的，身体的，経済的，性的暴力が含まれている。

イ　婚　姻

　クメール共和国（カンボジア）人男の婚姻届について，独身証明を婚姻要件具備証明書として取り扱って差し支えないとされた先例（昭和50年4月5日民二1769号民事局長回答）があったが，この回答を踏まえて，町長が発行する独身証明書でもよいかについて照会がされたのに対し，カンボジア王国人男と日本人女との創設的婚姻届に添付されたカンボジア王国人男に関する同国プノンペン市ドゥーンペン区プサートゥメイ第一町長発行の独身証明書を婚姻要件具備証明書として取り扱って差し支えない旨回答した事例（平成20年1月17日民一156号民事局第一課長回答）がある。

ウ　離　婚

　カンボジアでは，上記のとおり，双方が合意により離婚をすることを認めているが，裁判所で許可を得る必要があり，当事者の合意だけでは離婚は成立しない。カンボジア人夫と日本人妻との協議離婚届を受理するのは相当ではないとした事例（昭和55年6月9日民二3247号民事局長回答）

があるのは，そのためであると考えられる。なお，平成元年法例改正後は，夫婦の一方が日本に常居所を有する日本人であるときは日本の法律によるとされたので，協議離婚は認められることになった。

(19) **キューバ（キューバ共和国）**

　キューバの婚姻法は，キューバ民法（1969年改正）が定める。婚姻適齢は21歳以上であるが，父親の許可があれば，男14歳以上，女12歳以上まで婚姻可能である。重婚，近親婚は禁止され，死別又は離別から301日間再婚が禁止される。婚姻は，成年の証人2名とともに裁判官の面前で挙式をし，成立する。協議離婚が認められているが，1994年の改正までは裁判所の判決が必要とされ，その後は，公正証書によることが必要とされている。裁判離婚は，不貞，虐待，重大な侮辱等が離婚原因とされている。

　婚姻に関し，日本人男とスペイン人女とがキューバ共和国において同国の方式により婚姻した旨のサンタ・マリア・デル・ロサリオ市役所戸籍係作成の婚姻証明書が同国駐在の日本大使館に提出されたケースについて，この婚姻証明書を戸籍法41条に規定する証書の謄本として，処理して差し支えないとした事例（昭和44年5月17日民事甲1091号民事局長回答）がある。

(20) **ギリシャ（ギリシャ共和国）**

　ア　国　籍

　ギリシャ人男と婚姻した日本人女は，婚姻により当然にギリシャ国籍を取得するものと解されるので，国籍法8条（現11条）によって日本国籍を喪失することはない（昭和50年2月27日民事五発995号民事局長回答）とされていた。しかし，国籍法の改正により，現在では，婚姻によってはギリシャ国籍を取得することはない。

　イ　婚　姻

　ギリシャの婚姻関係については，民法の親族編に規定されている。婚姻適齢は18歳以上であり（民法1350条），重婚，近親婚は禁止され，原則として10か月の再婚禁止期間がある（同法1365条）。また，キリスト教徒と異教徒との婚姻，ギリシャ正教会の聖職者と修道女との婚姻など宗教的な理由により婚姻の禁止規定がある（同法1353条以下）。東方正教会のキリスト教徒は，教会婚によることが必要であり，その他のギリシャで

認められている宗教に属する者は、その宗派の婚姻の形式によるとされている。ギリシャ正教会等の教会婚のほか一般の民事婚が認められている。不貞行為、重婚など一定に事由があれば離婚することができる。ギリシャ人男と日本人女が、日本でギリシャ正教会の儀典にのっとり法的結婚をした旨の在日ギリシャ総領事の証明書があっても、その婚姻は日本法上有効とは認められない。また、この婚姻によって日本人女がギリシャ国籍を取得しても、日本国籍を当然には喪失しないとした事例（昭和37年8月22日民事甲2374号民事局長回答）がある。他方、ギリシャ人男と日本人女との婚姻届につき、日本の教会において法的に婚姻したものである旨のギリシャ総領事発行の証明書を添付して婚姻届があったときは、右証明書を要件具備証明書とみなして受理して差し支えないとした先例（昭和40年12月20日民事甲3474号民事局長回答）、ギリシャ人男と日本人女がギリシャの方式により婚姻した旨の同国区役所発給の婚姻証明書を戸籍法41条に規定する婚姻証書の謄本として取り扱って差し支えないとされた事例（昭和60年6月22日民二3530号民事局第二課長回答）がある。

ウ　離婚

　ギリシャでは協議離婚が認められていないので、ギリシャ人夫と日本人妻との離婚については、平成元年改正前の法例では夫の本国法が準拠法となるため、ギリシャ人男と日本人女との協議離婚届があっても受理できず、その者の婚姻が夫の父母の同意を欠くものであれば、婚姻無効の裁判を得る必要があるとした事例（昭和43年6月4日民事甲1679号民事局長回答）、日本において婚姻したギリシャ人男と日本人女の夫婦につき、ギリシャ法上離婚を有効に成立させるためには、離婚の裁判を得なければならないとした事例（昭和43年7月13日民事甲2336号民事局長回答）がある。このように協議離婚は認められないが、裁判離婚は認められており、姦通、重婚、2年以上の悪意の遺棄、婚姻生活の破綻などが離婚原因とされている（民法1438条以下）。

(21)　キルギス（キルギス共和国）

　キルギスの婚姻法は、ソ連当時の婚姻及び家族に関する法律がそのまま使われていると言われる。婚姻適齢は男女とも原則として18歳以上であり、

重婚，近親婚は禁止され，裁判所が精神病，知的障害であると認めた場合にも禁止される。婚姻は，国家市民登録局へ意思表明し，その1か月後に成立する。キルギスの風習として，アラ・カチューという略奪婚の一種が残されていると言われる。女性の意志に反して男性が実家に女性を連れ込み，監禁に近い状態で囲い込み，数日間とどまれば，白いスカーフを頭に掛け，それを受け入れると，結婚承諾とみなされる。ソ連時代からアラ・カチューは禁止されているが，事実上残っており，最近では，その法定刑を引き上げるなど，防止する方向にあるが，なお，女性の地位は低い状態に置かれているようである。

　キルギス人との婚姻に関して，日本人男（25歳）とキルギス人女（20歳）が同国の方式により婚姻した旨の在中国キルギス共和国大使館発行の婚姻証明書を添付して報告的婚姻届がされた場合において，同証明書を戸籍法41条の規定する証書として取り扱って差し支えないとされた事例（平成10年5月27日民二1008号民事局第二課長回答）がある。

(22)　グアテマラ（グアテマラ共和国）

　グアテマラの婚姻関係については，グアテマラ民法が規定する。婚姻適齢は男女とも16歳以上であり，役所への届出又は弁護士立会のもとで行い，当該役所又は弁護士が婚姻証明書を発給する。離婚は，裁判所の判決又は公正証書により行うことができる。

　婚姻に関し，日本人男とエルサルバドル人女とがグアテマラ共和国の方式による婚姻をしたとして報告的届出をした場合において，同国弁護士が発給した婚姻証明書を戸籍法41条に規定する婚姻証書として取り扱って差し支えないとした事例（平成2年8月24日民二3740号民事局第二課長回答）がある。

(23)　ケニア（ケニア共和国）

　ケニアの婚姻関係は民法が定めている。婚姻適齢は，原則として男女とも16歳以上であり，重婚，近親婚は禁止されている（民法35条）。婚姻する場合，登記官に婚姻の公告及び婚姻の申請をしなければならない。

　日本人男とケニア人女との婚姻届について，これを受理して差し支えないとされた先例【1-249】がある。

【1-249】 日本人男とケニア共和国人女との婚姻届を受理して差し支えないとされた事例

昭和53年3月8日民二1341号民事局第二課長回答

　　　日本人男とケニア共和国女との婚姻届の受否について（照会）
　標記の件について当局管内平支局長から，日本人男とケニア共和国人女との婚姻届の受否につき，別添のとおり指示を求められましたが，ケニア共和国の婚姻法等が不明であり，受否を決しかねますので何分の御指示を賜わりたく，お伺いいたします。
……
いわき市長殿
　私の，婚姻届の提出に必要な本国の権限ある官憲又は駐日代表機関発給の婚姻要件の具備を証する書類を求めることができませんので出生証明書をかわりに添付してお届けします。
昭和52年12月23日
……

　回　答
　本年1月24日付け戸第51号をもって照会のあった標記の件については，これを受理して差し支えないものと考える。
（参照）ケニア婚姻法　仮訳（抄）
婚姻の前提条件
第8条　(1)　二人の者が婚姻することを望む場合，一方の当事者は，所定の様式の婚姻公告及び婚姻の申請を申立人が常居所を有する地区の登録官に提出しなければならない。
(2)　省略（文字の書けない者又は言葉の話せない者の手続に関する規定）
第11条　(1)　登録官は本法第8条による婚姻公告の申出から21日間経過後3か月の期間が満了する前の一定の時に，以下の各点について宣誓陳述書によって確認した上で所定の様式の婚姻許可証を発行する。
　(a)　一方当事者が，婚姻許可証交付前少くとも15日間その地区に住んでいたこと
　(b)　婚姻の両当事者が，前婚死別又は離婚をしていない時（編注・初婚の時）は，21歳になっていること，又はより若い場合には，第19条に述べるところの，書面及び宣誓陳述によって与えられた承諾が添付されていること
　(c)　当該婚姻について，血縁関係あるいは姻族関係による障害，又は，そ

の他の法律上の障害が何もないこと
　(d)　当事者のいずれもが，それによって当該婚姻が禁ぜられるべきものとして，先住民の法又は慣習により，あるいは，回教法によって他の者と婚姻中でないこと
(2)及び(3)　省略（宣誓陳述提出に関する規定）
第12条　婚姻が，公告後3か月以内に挙行されなければ，婚姻公告及びこれに続くすべての手続は無効である。
　　当該婚姻の当事者間の婚姻は法律上有効になされ得るが，そのためには婚姻公告を改めて申立てなければならない。
第14条　大臣は，婚姻に法律上の障害がないこと，及び場合によっては婚姻に必要な承諾が得られていることを，宣誓陳述書によって確認した場合は，その裁量により婚姻公告の申出及び登録官の婚姻許可証を得ることを免除し，所定の様式の免許状を与える。その免許状により，それに記載された当事者間の婚姻は，登録官又は許可を受けた宗派の公知の聖職者の面前で行うことができる。
承諾
第19条　婚姻の当事者が21歳未満で，前婚死別又は離婚をしていない時は，その者の法定代理人によって署名された当該婚姻についての承諾書及び第11条に述べた宣誓陳述が添付されていない限り，婚姻許可証又は免許状は交付されない。
無効婚
第35条　(1)　ケニアにおいては，血族関係又は姻族関係に基づいて，イギリスで無効婚とされている場合，又は婚姻の時に当事者の一方が先住民の法又は慣習によって現に他に配偶者を有する場合の婚姻は無効である。
(2)　当事者が婚姻の時に16歳未満である場合，当該婚姻は無効である。
(3)　両当事者が，次の各場合において故意に婚姻の締結を認容した場合は，当該婚姻は無効である。
　(a)　認可された教会又は登録官の管轄区域以外の場所で婚姻した場合（大臣の免許状で許された場合を除く）
　(b)　偽名を用いて婚姻した場合
　(c)　登録官の婚姻許可証又は大臣の免許状なしに婚姻した場合
　(d)　いずれかの宗派の公知の聖職者又は登録官によらずに婚姻した場合
(4)　なお，右の規定を遵守しない場合以外は，無効婚でない。
第36条　本法に従ったすべての私的婚姻は，いかなる見地からも完全に合法的なものである。

(24) **コロンビア（コロンビア共和国）**

　コロンビアの婚姻関係については，婚姻・離婚法が規定しており，1976年に改正がされている。それによると，婚姻は男女の契約（婚姻・離婚法113条）とされ，権限のある官吏の前で自由な意思によって表明される必要がある（同法115条）。婚姻適齢は18歳以上であり（同法116条），未成年者は親の同意が必要である（同法117条）。人違いによる婚姻，14歳以下の男子又は12歳以下の女子の婚姻，自由意思に基づかない婚姻などは無効である（同法140条）。夫又は妻の不貞行為，重要な義務の不履行，暴行・虐待，常習的泥酔，2年以上の別居などが離婚原因となる（同法154条）。離婚判決の確定により，原則として婚姻関係は解消される（同法160条）。外国での婚姻の離婚は夫婦の住所地法による（同法163条）。離婚原因がある場合又は合意がある場合，身体上の別居ができる（同法165条）。身体上の別居により，同居生活，夫婦生活は原則として解消される（同法167条）。

　日本人男とコロンビア共和国人女との婚姻届の受理に関して，これまではコロンビア共和国領事館が本人の所持するパスポートの記載事項により婚姻要件を具備することを証明して交付していたが，パスポートだけでは発行時以後の身分の異動が分からないことから昭和52年4月からは領事館では発行しなくなり，本国の役所に直接申請するように指導があり，これに基づいて本国のコロンビア人女の母親が証言し，市の公証人の面前で署名した書面をもって婚姻要件を具備しているとして，婚姻届を受理して差し支えないものと考える旨回答した先例（昭和53年1月20日民二393号民事局第二課長回答）がある。

　また，コロンビア共和国人夫婦の創設的離婚届について，実質的成立要件として，同国の協議離婚に関する法令の定めに基づき同国内の公証役場において所要の手続を経ることを要するとした事例（平成22年9月13日民一2277号民事局第一課長回答）がある。

(25) **サウジアラビア（サウジアラビア王国）**

　イスラム教国であり，イスラム婚姻法が適用される。サウジアラビア人が日本で婚姻しようとする場合，本国の内務省に結婚許可の申請をし，内務省が許可すると，婚姻許可証が送付されることになっている。この点に

関し，サウジアラビア人男と日本人女の創設的婚姻届において，同国内務省の婚姻許可が下りず，婚姻要件具備証明書の発行がされない場合には，その婚姻届を受理することはできないとした【1-250】がある。

【1-250】 サウジアラビア人男と日本人女との創設的婚姻届において，同男につき婚姻要件具備証明書の添付がない上，同国内務省の婚姻許可を得ていない場合には，当該婚姻届は受理することができないとされた事例

平成15年9月19日民一2811号民事局第一課長回答

> サウディ・アラビア王国人男と日本人女との創設的婚姻届の受否について（照会）
> ……当職としても，同局長意見のとおり受理すべきでないと考えますが，いささか疑義がありますので照会いたします。
> ……
> 一，事件の概要（照会の趣旨）
>   本件は，サウディ・アラビア王国（以下「サウディ国」という。）人男と日本人女との創設的婚姻届が岡山市長あて届出されたものであるが，サウディ国男について本国法上の要件を具備しているか否か疑義があるとして受理照会されたものである。
>   なお，サウディ国男と日本人女との創設的婚姻届がされた場合におけるサウディ国男の本国法上の婚姻要件を具備しているものとして受理して差し支えないとする先例（戸籍誌665-64）が示されているところであるが，その内容から判断すると受理に際し，必要なサウディ国男の本国法上の要件を具備しているとして取り扱ってよいとする書面は，①国籍証明書，②同国内務省発行の結婚許可書に基づく在日サウディ国大使館作成の「婚姻に異議のないことの証明書」，③独身であることの宣誓書，④②及び③の日本語訳文が必要であると思われる。
> 二，検討事項
>   (一) 本件は，創設的な婚姻届であることから，法例第13条の規定に基づき，婚姻の成立要件は各当事者につきその本国法とされていることからサウディ国男についてはサウディ国法が，日本人女については日本法（民法）により判断されることとなる。
>   このうち，日本人女については，婚姻届書に戸籍謄本を添付すること

により民法に規定される婚姻要件を充たしていることは容易に判断することが可能である。
㈡　サウディ国男の本国法上の婚姻要件を具備していることの証明については前述に示したものであるが，本件届出にあっては，同国内務省からの結婚許可証（在日サウディ国大使館の証明書）が添付できないとして照会がされているものである。

　ところで，要件具備証明書を制度として発行しない国，もしくは発行制度としてはあるが，本国が本人の身分関係等を把握していないためその証明書を取得することができない等の場合にあっては，要件審査の原則に戻り，当事者の本国法の内容（民法，親族法等）における婚姻要件を明らかにし，その身分関係事実を証明する証書等に従い審査することとされている。

　すなわち，当事者の本国法に関する証書（出典を明示した法文の写し等），身分関係事実については国籍証明書，出生証明書等が該当することとなる。

　そこで，本件において当事者であるサウディ国男が提出している（出典の写し）同国における婚姻要件は次のとおりとされている。
①　女性の親に結婚を求めること。
②　結婚相手がイスラム教であること。
③　結婚相手が近い血縁関係でないこと。
④　男が15歳以上，又は親の許可を求めること。
⑤　女が現在結婚していないこと。
⑥　妻が4人以下であること。
㈢　サウディ国男について婚姻要件を具備しているか否か

　本件については，届書添付書面から上記㈡①乃至⑥の要件を充たしていると判断が可能であり，サウディ国男の本国における身分関係上婚姻要件は充足しているものと考えられる。

　なお，②については法例第33条の規定により排除することは可能であるが妻となる日本人はすでにイスラム教への入信（添付書面中，入信宣誓証明書）をしている事実が認められる。

　また，⑥についてはサウディ国男からの独身である旨の宣誓書（戸籍誌に示されている取り扱いと同様）が添付されていることから問題はない。

　ところで，当事者であるサウディ国男はすでに1年程前に同国内務省に対し結婚許可証の発行について依頼しているところであるが未だ許可証が発行されるに至っていない。

　このことについて，ある一般人がホームページ（インターネット）に

掲載している記事において，サウディ国男と日本人女の婚姻にあたり，同国男に対し結婚許可証が同国内務省から発行されるまでに３月から３年程度の期間を要することとなるというものである（届書添付書面に参考として添付する。）。

　なお，本件届出においてサウディ国男が提出している同国においてサウディ国人と外国人との結婚において結婚許可が認められないとする条件は次のとおりとされている。

　①政治家及び政府で働いている者，②政府の宗教関係で働いている者，③国王の下で働いている者及び国家の人間，④外務省及び外務省関係の人，⑤サウディ国の政治機関の外国で働いている人，⑥警察官，⑦秘密警察官，⑧サウディ・アラビア国立及び私立の学生，⑨株式会社の重役及び社長，⑩内務省で働いている者すべて，⑪政府の弁護士及び弁護士関係者，⑫税関で働いている者，⑬政府で働いている特別の立場の者

　①乃至⑬に該当しなければ，サウディ国内務省から結婚許可を得ることが出来るとされている。

　したがって，本件婚姻当事者であるサウディ国男については，届書添付書面から上記の①乃至⑬に該当するものではなく，同国内務省からの結婚許可が認められるものと推測することが可能であると考える。

　しかしながら，サウディ国男の身分関係事実における本国法上の婚姻要件及び同国における結婚が許可されるであろう要件を備えていることから未だ同国内務省より結婚許可証の発行は得ていないが，同国における本国法上の要件を具備しているものと推測は可能であるものの，あくまで同国における婚姻要件は，個人の婚姻意思及び本国法上の身分関係事実における婚姻要件以外の点において，国家（サウディ国内務省）における婚姻の許可が絶対的要件である可能性もあり，婚姻の許可によって初めて本国法上の婚姻要件を具備しているものとして取り扱うべきものと思料する。

三，結　論

　よって，以上のことからサウディ国男については日本人女との婚姻意思並びに同国における身分関係上の要件及び同国内務省からの許可証が発行されるであろう要件を具備しているものと認められるが，国家の結婚許可を得ることが適当であると判断し，同許可によって初めて本国法上の婚姻要件を具備したものとして取り扱うべきことから，本件婚姻届は受理すべきでないと思料する。

……

回　答

客年12月11日付け戸第491号をもって照会のあった標記の件については，受理することはできないものと考えます。

(26) シンガポール（シンガポール共和国）

ア　シンガポールの婚姻法

シンガポールの婚姻関係については婦人憲章が規定している。婚姻適齢は男女とも18歳以上であり，重婚，近親婚は禁止される。婚姻に当たり，登録官に婚姻の通知書を提出し，挙式を承認する許可書を得て，3か月以内に挙式をしないと手続は無効となる。挙式後に婚姻の登録がされる。婚姻後3年経過し，遺棄，虐待等の事由があれば裁判離婚ができる。

イ　婚　姻

婚姻に関し，シンガポール人男と日本人女の婚姻届に，東京回教寺院が発行した同寺院における婚姻成立の証明書及びシンガポールの婚姻登録所が発行した婚姻が有効である旨の証明書が添付されている場合，これらを婚姻要件具備証明書として取り扱い，婚姻届を受理するのが相当であるとした事例（昭和58年2月25日民二1285号民事局第二課長依命回答）がある。

ウ　離　婚

離婚に関し，シンガポール人夫と日本人妻との離婚調停事件について，両名は日本で婚姻をしたが，昭和46年に夫は妻を置いてパリに行き，妻を放置しており，これはシンガポール離婚条例の1つである遺棄に該当し，また日本民法770条1項2号に該当するとし，当時の家事審判法24条に基づいて離婚審判をした事例（京都家審昭和49年6月3日家月27巻4号91頁）がある。また，日本人女とシンガポール人男との報告的離婚届について，添付されたシンガポール共和国下級裁判所における最終判決日として記載された日を離婚判決確定日として受理して差し支えないとした事例（平成21年8月31日民一2050号民事局第一課長回答）がある。

(27) ジンバブエ（ジンバブエ共和国）
　ア　ジンバブエの婚姻法
　ジンバブエ国民の多くはショナ語（バントゥー諸語の1つ）を話す民族であり，ショナ族には11月に結婚をしてはいけないなどの習慣があるようであるが，法的な規制があるのか定かではない。裁判所は，いかなる場合に離婚を認容できるかについては，婚姻訴訟法に規定されており，3年間の婚姻期間の経過した後，6か月の遺棄期間がある場合，不治の精神病で過去10年以内に5年間以上看護治療を受けた場合，有罪判決を受けて15年以上の懲役刑に処せられた場合などが離婚原因として掲げられている。
　イ　婚　姻
　婚姻に関し，日本人男とジンバブエ人女間の婚姻届について，ジンバブエの登録委員が作成した同女の婚姻歴がない旨の証明書及び同女が21歳であることを示す出生証明書，ジンバブエでは外国人との婚姻は禁止されておらず，親の同意が必要であるのは16歳から18歳までであり，それに該当しないが，親は同意していることなどの記載された同女の申述書が添付されたケースについて，婚姻届を受理して差し支えないとした事例（昭和57年3月6日民二1901号民事局第二課長回答）がある。
　ウ　離　婚
　離婚に関し，ジンバブエ人夫と日本人妻との離婚訴訟において，平成元年改正前の法例により準拠法となる夫の本国法が一部しか明らかではないが，それを手がかりとして不明部分を条理により補い，妻からの離婚請求を認容した裁判例（前掲【12】札幌地判昭和59年6月26日家月37巻7号65頁）がある。
　なお，ジンバブエ国籍法（1984年）によると，「親権者」とは，(a)父が死亡した場合，裁判所の命令により若しくは子の後見に関する法律の規定に基づき母に子の監護権が与えられた場合又は子が嫡出でない子である場合には，当該子の母，(b)その他の場合には，当該子の父である（国籍法2条1項）。この法律の適用上，成年年齢に達した場合又は成年年齢に達しなくとも婚姻した場合には，成年に達したものとみなす（同条2

項）とされている。

(28) **スイス**（スイス連邦）
　ア　スイスの婚姻法
　スイス国籍の男と婚姻した外国人女性は，スイス国籍を自動的に取得していたが，1992年1月1日からは，帰化申請によりスイス国籍を取得することとなった。したがって，同日以降にスイス人と婚姻をした日本人女性は，スイス国籍を取得することにより，自己の意思により外国籍を取得した者として日本国籍を喪失する。婚姻は登録所（Standesamt）への届出により成立する（一定の異議申立期間がある）。有責配偶者からの離婚請求の場合，1年から3年の範囲で再婚を禁止できるとされていたが，欧州人権裁判所では，これを人権規約12条違反であると判断した。スイス民法131条は，待婚期間違反の場合でも取り消すことはできないと規定する。なお，2004年6月10日，スイス議会は，同性カップルのパートナーシップ登録を認め，年金受領権，相続権が認められるが，養子縁組の権利は認められていないと報じられている。

　スイスの夫婦財産制については，松倉耕作『スイスの夫婦財産法』（千倉書房，1977），親子法については，同『概説スイス親子法』（信山社，1995），同『スイス家族法・相続法』（信山社，1996）がある。なお，スイスは性同一性障害の出生登録の訂正を認めている。詳しくは，大島俊之「性同一性障害者との国際結婚の効力―日本のある審判を契機として―」神戸学院法学30巻3号759頁以下（2000）参照されたい。

　イ　国　籍
　上記のとおり，1991年までは，スイス国籍の男と婚姻をした日本人女は，自動的にスイス国籍を取得するとされており，また，昭和25年の新国籍法施行までは，外国人と婚姻し，その夫の国籍を取得すれば，日本国籍を喪失するとされていた（昭和3年6月27日民事7944号民事局長回答）。旧国籍法施行当時に日本人男と婚姻をした外国人妻の国籍に関して，旧国籍法第5条第1号の規定により妻（スイス人女）は日本国籍を取得して夫の戸籍に入籍することはいうまでもないが，スイス法においては婚姻の当時自国人たる妻の国籍についてはその変動を外国の立法の内容いか

んによって決する，すなわち外国人たる夫の国の法律により夫の国籍を取得する場合は自国の国籍を喪失するとされているので，婚姻の当時スイス国籍をも保持していたものとは解されない。したがって，旧国籍法施行中に離婚した同女は，原国籍を回復しないため当時一家創立すべきであったにもかかわらずその手続を遺漏したものと解し，現在同女が所在不明であれば，戸籍法24条の規定により監督法務局の長の許可を得て一家創立による戸籍を編製した上，改製の対象とするのが相当と考えて差し支えないとした事例（昭和35年10月27日民事甲2661号民事局長事務代理回答）がある。

ウ　婚　姻

スイス人と日本人との婚姻に関しては，在日スイス大使館においてスイス国の方式によって婚姻することができるが，その婚姻が日本法上有効に成立するためには，日本の市区町村長に婚姻の届出をしなければならないとした先例として【1-251】がある。

その後の婚姻に関する先例として，在本邦スイス大使館でスイス人男と婚姻する日本人女に対し，要件具備に関する証明書に記載された者と当該婚姻する者とが同一人に相違ないことの証明を求められた場合，同依頼にかかる「同一人に相違ないことの証明書」とは，市町村長が発給する婚姻要件具備に関する証明書に記載された者と，スイス大使館において婚姻を挙行しようとする者とが同一人であることの証明書と解されるが，日本の戸籍制度によっては，そのような証明書の発給に応じることはできないと回答した事例（昭和41年1月31日民事甲314号民事局長回答）がある。

【1-251】　在日スイス大使館で行うスイス人男と日本人女との婚姻手続について，同婚姻が日本法上有効に成立するためには，日本の市区町村長に婚姻届をしなければならないとした事例

　　　　　　　　　　　　　昭和40年11月8日民事甲3172号民事局長回答

在本邦スイス大使館から……，同スイス大使は同国民法第41条第3項の規

定に基き，戸籍吏の行う権限を有するので，本邦に居住のスイス人男と日本人女との婚姻を行うが，その場合，同女は日本の当該官公庁から同口上書2.に記載の証明書の発給を受け，同大使館に提出しなければならないので当該官公庁において，これを発給するようあっ旋願いたい旨，当省に依頼してきました。

　ついては委細別紙口上書写（仮訳文添付）により御了知の上，下記事項とともに貴見御回示願いたく依頼します。

　なお，同口上書1.の同一人に相違ないことの証明書については，警察庁に対しこれを発給するよう依頼しますので申し添えます。

記

1．スイス人男と日本人女との婚姻が同大使館において同国の方式に従って行われた場合，その婚姻は日本法（法例第13条第1項〔注：平成元年改正前のもの。以下同じ〕）上では有効な婚姻とは認められない（昭和27年9月18日民事甲第274号民事局長回答）ので，同口上書2．前段に記載のその婚姻が効力とともに承認される旨の証明書は日本の当該官公庁においてこれを発給することができないと考えるが，そのとおり解してよろしいか。

2．同口上書2．後段に記載の婚姻要件具備に関する証明書については，外国在留邦人が外国の方式によって婚姻する場合は，日本の当該官公庁（市区町村長，法務局長若しくは地方法務局長又は在外公館長）がこれを発給する権限を有しており，（昭和31年11月20日民事甲第2659号民事局長回答）かつ，同証明書（昭和35年9月26日民事㈡発第392号民事局第二課長回答）は「事件本人は未婚であって，かつ，婚姻能力を有し，国籍何々何某と婚姻するにつき日本国法上何等の法律的障害のない」ことを証明することになっているが，同証明書は実質的要件についてのみ証明するもの（方式の有効であることをも含めて証明するものでない。）と考えるがどうか。

　もしそうであるとすれば，前記婚姻は日本法上有効な婚姻とは認められない（前記1参照）が，同大使館の同国法令実施上の必要及び便宜をも考慮し，前記当該官公庁（ただし在外公館長を除く。）においてこれを発給するのが適当と考えるがどうか。

3．前記2．の証明書を発給してよろしい場合，前記民事㈡発第392号民事局第二課長回答で示された同証明書の様式は本件の場合においても，これをそのまま用いてよろしいかどうか，もし修正を要する場合はその様式及び前記日本人女が未成年者である場合（民法737条）には，父母の同意がないと婚姻能力を有するとは言い難いが，その場合における同証明書の様式についても，あわせて回示願いたい。

4．本件が実施される際は当該官公庁に対し周知方よろしくお願いする。

口上書

（仮訳）
スイス国大使館
　……スイス国大使館は外務省に敬意を表するとともに，スイス国民法第41条第3項により，スイス国政府は在日スイス国外交代表の長に戸籍吏の権限を自動的に付与する旨を通報する光栄を有する。この資格において，在日スイス国外交代表の長は戸籍簿を備え，これに記入を行ない，これの抄本を発給し，婚姻を取り行なう。
　戸籍に関する1953年6月1日付スイス国政令第148条の規定においては，婚約者の婚姻は婚約が公示せられる以前に戸籍吏たる大使によって取り行なうことができない。婚約の公示を行ない得る為には，特に下記書類がスイス国籍の男性との婚姻を望む日本の婚約女性により提出されることを要する。即ち，
1．当人に相違ないことと，当人の国籍及びその本籍とを証明する日本の所管官憲の発給する証明書。
2．スイス国法律により行なわれる婚姻がその効力と共に承認されることを証明する日本所管官憲の声明書，もしくは，日本の法律によれば日本婚約女性がスイス国籍の男性と婚姻を行なうことにつき，何等の故障も存在しないことを証明する婚姻資格証明書。
　スイス大使館は，外務省が所管官憲に対し，上記書類をその申請者に発給するよう仲介の労を取られれば幸甚である。
　東京にて，1965年8月27日

回　答
　9月27日付中移総第7268号をもって照会のあった件について左記のとおり回答する。
　　　　　　　　　　　　　　記
一，貴見のとおり。
二，貴見のとおり。
三，引用の昭和35年9月26日民事㈡発第392号民事局第二課長回答による証明書様式により証明されることとなる。
　　なお，当該日本人女が未成年者であるときは，その父母の同意のあることが要件とされているので，右証明書のほかに，父母の同意を証する書面を徴することとなる。
四，依頼の趣旨により善処する。
　　なお，当該婚姻が日本法上有効に成立するためには，日本の市区町村長に婚姻届をしなければならないので，スイス大使においても当事者等に対してその旨指導されることが望まれる。

おって，市区町村長に対してする婚姻届には，スイス人男についてスイス官憲の発給する「当人は未婚であって，国籍日本何某と婚姻するにつきスイス法上何等の法律的障害のない」旨の証明書の添附を要するので念のため。

エ　離　婚

　スイス人と日本人との協議離婚に関して，スイス人夫と日本人妻の協議離婚届は，スイスにおいては協議離婚が認められないこと，また反致も認められないことから受理しないのが相当とされた事例（昭和62年7月31日民二4008号民事局長回答）があるが，平成元年法例改正後は，離婚の準拠法が改正され（法例16条，通則法27条），夫婦の一方が日本に常居所を有するものと認められる場合又は夫婦に最も密接な関係がある地が日本であることが認められる場合は，協議離婚の届出を受理することができる。

(29)　スウェーデン（スウェーデン王国）

ア　スウェーデンの婚姻法

　スウェーデンでは，1987年に新婚姻法が制定され，1988年1月1日から施行されている。18歳以上であれば親権者の同意なく婚姻が可能であり，近親婚，重婚が禁止されている。婚姻するには権限のある挙式執行者の下で挙式をする必要がある。協議離婚はなく，一定の考慮期間を経て裁判所に離婚の申立てをすることが必要である。スウェーデン婚姻法については，菱木昭八朗「スウェーデン新婚姻法―その後」家月47巻5号85頁以下，『各国法律と要件』（（中）319頁以下）を参照されたい。またウェブサイトとしては，菱木スウェーデン法研究所のウェブサイトに掲載がある（http://www.senshu-u.ac.jp/School/horitu/researchcluster/hishiki/hishiki_db/thj0090/swedishfamilylaw.marrige.index.htm）。なお，1994年にパートナーシップ法が制定されており，2009年には同性婚も認められている。

イ　婚　姻

　新婚姻法施行前の事例として，副牧師による結婚証明書が添付されていることに基づき，日本人男とスウェーデン人女との日本における婚姻届を受理して差し支えないとされた事例（昭和43年8月15日民事甲2730号民

事局長回答）がある。

　また，従来からスウェーデンで成立した婚姻を証する書面（戸籍法41条の証書）として，届出人に同国税務署保管の「婚姻証明書」の写しを提出させていたところ，最近になり一部の税務署において右写しの提供に難色を示すケースが見られることから，これに代え，税務署発給の「身分事項証明書」及び婚姻の方式を証する書面として，スウェーデン国の方式で婚姻した場合は挙行者が婚姻当事者に発給する「婚姻証書」を，スウェーデン国以外（第三国）の方式で婚姻した場合は当該国の権限ある機関が発給する証書をそれぞれ身分事項証明書と一緒に提出させる方法で確認できると考えられるとして，その旨の照会回答をするとともに，法務局民事行政部長，地方法務局長あてに通知がされた（平成6年5月9日民二3007号民事局第二課長通知）。

　ウ　離婚

　スウェーデン在住のスウェーデン人夫と日本在住の日本人妻の間において，夫からスウェーデンの裁判所に提起した離婚の訴えについて，双方が離婚の意思を有している場合において，離婚を宣言する判決が1962年1月29日にされたときは，同年2月6日に離婚の効果が発生するとされた事例（昭和38年2月8日民事甲367号民事局長回答），日本人女とスウェーデン人男がデンマークにおいて裁判離婚をした場合において，同裁判所の離婚許可があったときにデンマーク王国の方式により離婚が成立したものとして処理して差し支えないとした事例（昭和42年10月25日民事甲2927号民事局長回答）がある。なお，スウェーデン人夫と日本人妻間の協議離婚届について，両名の結婚は，日本の法律と規則によって行われ，又離婚も日本で行われるため大使館としては一切の書類をこの件について発行はできないし，この場合スウェーデンの法律は適用されないとするスウェーデン大使館からの回答に基づき，同協議離婚届を受理して差し支えないとした事例（昭和47年5月2日民事甲1764号民事局長回答）がある。

(30)　スペイン

　ア　スペインの婚姻法

　スペインの婚姻法は，スペイン民法に規定されている。婚姻について

は，同性婚も異性婚も，その要件，効果は同じである（婚姻法44条）。婚姻には合意が必要であり，条件，期限を付することはできない（同法45条）。未成年者及び既婚者は婚姻できない（同法46条）。近親婚は禁じられる（同法47条）。裁判官，市長，公務員の面前での婚姻又は法で認められた宗教的儀式により婚姻できる（同法49条）。いずれの場合も身分登録簿への登録によって効力を生じる（同法61条）。婚姻の方式によらず，婚姻後3か月以上が経過して，双方又は他方の同意を得た一方が申し立てた場合，他方の同意を得ないで一方が申し立てた場合には，法的別居を宣言できるが，生命，身体等の危険がある場合には3か月の経過は不要である（同法81条）。裁判所は，夫婦の一方又は双方若しくは他方の同意を得た一方の申立てにより，81条の要件を満たす状況のある場合に離婚を宣言する（同法86条）。婚姻の解消は，裁判所の離婚判決のみによって行われる（同法89条）。詳しくは，WIPO（世界知的所有権機関）のホームページhttp://www.wipo.int/wipolex/en/details.jsp?id=9338を参照されたい。

　なお，スペインでは，1980年代から最高裁によって出生証書中の性別の変更について認めている。この点については，大島俊之「スペイン法における性転換の取扱」神戸学院法学21巻4号515頁以下（神戸学院大学法学会，1992）参照されたい。

イ　婚　姻

　日本人男とスペイン人女とがキューバ共和国において同国の方式により婚姻し，その婚姻証明書が同国駐在の日本大使館に提出され，これが戸籍法41条に規定する証書の謄本に準ずるものとして認められた事例（昭和44年5月17日民事甲1091号民事局長回答）がある。

ウ　離　婚

　スペインでは，カトリックの伝統から離婚を禁止していたが，1981年に離婚を認める法（民法の婚姻に関する規定を改正し，婚姻の無効，別居，離婚の事件で遵守すべき手続を定める法律）により，民法典が改正され，その後は離婚が認められている。同改正法によると，1年以上の裁判上の別居，2年以上の協議による別居，5年以上の事実上の別居が離婚原因とされ

ている（笠原俊宏「スペイン国際離婚法における離婚保護の展開」東洋法学第53巻第2号219頁以下（東洋大学法学会，2009）参照。）。離婚が禁止されていた当時の裁判例として，スペイン人夫と日本人妻間の夫婦関係調整事件につき，離婚の準拠法は，夫の本国法によるべきところ，離婚を認めないスペイン婚姻法は公序良俗に反するとして，日本民法により調停離婚の成立を認めた事例（東京家調昭和37年9月17日家月15巻1号164頁）がある。

また，日本在住のスペイン人男と日本人女の協議離婚届を受理して差し支えないとされた事例（昭和60年8月1日民二4609号民事局長回答）がある。確かにスペインでは双方の合意による離婚が認められているが，裁判所の許可を必要とするのであり，裁判所のチェックが何も入らない協議離婚届が受理されてよいのか疑問がないではない。しかし，平成元年法例改正後は，上記のケースでは，夫婦双方が日本に在住するようであり，日本が常居所であれば，日本法が適用されるので，いずれにしても，協議離婚届は受理することができる。

(31) **スリランカ**（スリランカ民主社会主義共和国）

スリランカ婚姻法では，婚姻適齢は男16歳以上，女12歳以上であり，重婚，近親婚は禁止されている。離婚については，裁判離婚のみが認められている。

婚姻に関し，セイロン（当時。現在のスリランカ）市民の配偶者である日本人が1948年セイロン市民権法により同国の市民として登録を受けた場合，国籍法8条（昭和59年改正前のもの。現在11条）の規定により日本国籍を喪失するとした先例（昭和28年5月6日民事甲750号民事局長回答）がある。また，日本に居住するセイロン人男と日本人女との婚姻について，夫の婚姻要件具備証明書の入手が困難であることから，これに代えて本人の宣誓書，外国人登録証明書を添付して婚姻届出があった場合，受理して差し支えないとした事例（昭和34年1月30日民事甲168号民事局長回答）がある。

離婚に関し，スリランカの婚姻登録条令は，協議離婚を認めておらず，これを準拠法とする日本人女とスリランカ人男の協議離婚届は受理すべきではないとした事例（昭和51年1月16日民二626号民事局第二課長回答）があるが，平成元年法例改正前のものであり，改正後は，日本に常居所があれば日本

民法が適用されるから，協議離婚は可能となった。

(32) **スロバキア**（スロバキア共和国）

　スロバキアの婚姻法については，スロバキア家族法が規定しており，婚姻適齢は，16歳以上であり，近親婚は禁止される。協議のみの離婚は認められず，裁判所の関与が必要である。

　婚姻に関し，チェコスロバキア国について，同国人と婚姻をした日本人女は，夫の国籍を取得するとした大正時代の事例（大正9年9月1日民事2971号民事局長回答）がある。また，日本人男と婚姻したチェコスロバキア人女からの帰化申請について，あらかじめ同国の国籍を離脱した上，これを証する同国官憲発給の証明書の添付を求めるとする事例（昭和50年12月4日民五6982号民事局長回答），日本人男とチェコスロバキア人女が同国の方式により婚姻し，地区国民委員会発給の婚姻証明書を添付して，婚姻届がされた場合，この証明書はチェコスロバキア家族法に基づいて権限を有する者が発給したものと認められることから，本件婚姻は同国の方式により有効に成立していると解され，戸籍法41条により処理して差し支えないとした事例（昭和53年10月2日民二5455号民事局第二課長回答）がある。

(33) **タ　イ**（タイ王国）

　ア　タイの婚姻法

　　タイでは，婚姻については民商法（1976年10月15日改正）に規定がされている。婚姻適齢は，17歳以上であるが，正当な事由があれば，17歳未満でも裁判所が許可できる（婚姻法1448条）。直系血族，養親子間などの婚姻は禁止される（同法1450条，1451条）。婚姻は両性の合意によってのみ成立し，登録官の面前で宣言する必要がある（同法1458条）。外国におけるタイ人同士の婚姻，タイ人と外国人との婚姻は，タイの法律又は婚姻挙行地の法律に定める方式によってすることができる（同法1459条）。夫婦は同居，扶助義務があり（同法1461条），同居の継続によって身体的あるいは精神的健康が著しく損なわれるような場合には，裁判所に別居の許可を求めることができ，扶養料の支払を命じることができる（同法1462条）。書面により協議離婚をすることができ，登録されている婚姻の場合には，登録により有効となる（同法1514条，1515条）。離婚により婚姻

財産は平等に分配する（同法1533条）とされている。
イ　国籍
　タイ人男と婚姻した日本人女の国籍に関して，同女は昭和21年6月5日，シャム国（タイの旧名）人男と婚姻したが，旧国籍法18条（昭和25年改正前のもの）によれば日本人が外国人の妻となり夫の国籍を取得したときは日本の国籍を失うこととなり，また，シャム国籍法3条4号によれば外国人である女子でシャム人と婚姻した者はシャム人とするとの規定があるので同女は当然に日本の国籍を喪失しシャム国の国籍を取得したものと考えられる。したがって，その当時国籍喪失による除籍の記載がなくても日本の国籍を喪失したことになる。同女が離婚し日本の国籍を回復する場合，帰化の手続が必要であり，その際，シャム国国籍法5条の規定により同国政府の許可を得なければならないとされた事例（昭和25年9月12日民事甲2468号民事局長回答）がある。なお，これは自己の意思に基づく国籍の取得ではないから，昭和25年改正後の国籍法では，日本国籍を喪失しない（国籍法11条1項）。

ウ　婚姻
　婚姻に関する先例として，ニュージーランドに在住するタイ人男と日本人女が同国駐在タイ大使館で婚姻登録をしても，挙行地の方式による婚姻とみることができないから，日本法上は，この婚姻を有効と見ることはできないとした事例（昭和44年12月19日民事甲2733号民事局長回答）があるが，平成元年改正後の法例及び通則法では，婚姻の方式は当事者の一方の本国法も有効となった（法例13条3項，通則法24条3項）。
　また，日本人男とタイ国人女の婚姻届について，タイ国官憲発給の婚姻要件具備証明書を添付させるのが相当であるが，具備証明書の取得が困難のときは，その旨及び婚姻要件具備の申述書を提出させて受理して差し支えないとされた事例（昭和51年9月3日民二4909号民事局第二課長回答），タイ国人男と日本人女間のアメリカ合衆国ペンシルバニア州における婚姻について，同州市長が発給した婚姻証明書を戸籍法41条に規定する婚姻証書として取り扱って差し支えないとされた事例（昭和58年2月25日民二1282号民事局第二課長依命回答）がある。

(34) タンザニア（タンザニア連合共和国）

　タンザニアの婚姻については，1971年に成立した婚姻法に規定されている。婚姻適齢は，男18歳，女15歳であり，最初の妻の同意があれば重婚は認められる。タンザニア人が帰化により外国籍を取得したときは，タンザニア国籍を喪失する（昭和46年5月4日民五390号民事局第五課長回答）。

(35) チ　リ（チリ共和国）

　チリでは，スペイン法の影響を受けて，配偶者が5年以上生死不明であるなどの場合を除いては，長らく離婚が認められていなかった。そこで，日本人妻からチリ共和国人夫に対する離婚請求事件においては，平成元年改正前の法例30条（公序良俗違反）により，夫と妻の共同生活の一時的な停止を認めるにとどまり婚姻解消の効果を伴う離婚を認めないチリ共和国婚姻法の適用を排斥して法廷地法である日本民法を適用し，請求を認容した事例（東京地判昭和55年10月3日家月34巻5号76頁，判タ441号142頁），日本在住の日本人妻から，チリ在住のチリ人夫に対する離婚請求について，チリ共和国婚姻法により，婚姻の解消自体が認められず単に夫婦の共同生活の停止を認めるにとどまることが，我が国の公序良俗に反するとして，平成元年改正前の法例30条（公序良俗違反）により，チリ共和国の法律の適用を排斥し日本国民法を適用して，離婚を認めた事例（東京地判昭和58年12月16日判時1125号134頁，判タ523号209頁）など，公序則により日本では離婚を認めてきた。これらは，いずれも平成元年法例改正前の事案であり，平成元年法例改正以降の離婚の準拠法については，共通本国法，共通常居所地法以外には，夫婦のいずれか一方が日本人で，その常居所が日本にある場合には，準拠法は日本国民法となる（平成元年改正後の法例16条，14条。通則法27条，25条）から，このようなケースではチリ共和国の法令を適用する必要はなくなった。また，チリでは，長期にわたり，離婚を認めるよう改正すべきであるという動きが何度もあったが，その都度，離婚を認める改正は実現してこなかった（その経緯については，黒木三郎・奥山恭子「チリにおける離婚法案の審議と「1972年法案」」比較法学11巻1号71-92頁（早稲田大学比較法学研究所，1976）に詳しく解説されているので参照されたい。）。しかし，ようやく，2004年5月，離婚を認める改正法が成立し，法的に離婚が認められることになったことから，

その後はチリ共和国の法令が準拠法となる場合，チリ共和国の法令が離婚を認めていないから公序良俗に反するとして適用を排除する必要はなくなった。その詳細については，笠原俊宏「チリ国際婚姻法の改正」東洋法学55巻2号269頁以下（東洋大学法学会，2011）を参照されたい。

なお，チリの国籍に関し，次のような先例がある。チリ国政府発行の身分証明書により，1952年にチリ国籍を取得したと認められる日本人男について，チリ国憲法5条及び同国国籍法によれば，外国人は帰化によるほか同国籍を取得できないので，同人は国籍法8条（現11条）により当然に日本国籍を喪失したものと考えられ，国籍喪失者については，戸籍法103条により配偶者又は四親等内の親族から国籍喪失届をすべき（当時。昭和59年改正後は，届出事件の本人を含む）であるが，その届出がない場合，同法105条に基づき，職権で記載すべきではないかとの照会に対し，添付の身分証明書を戸籍法103条に規定する国籍喪失を証する書面として取り扱って差し支えなく，事件本人の母から任意の届出が期待できないときは職権記載して差し支えないとした事例（昭和39年12月21日民事甲4012号民事局長回答）がある。

(36) **デンマーク**（デンマーク王国）

ア　デンマークの婚姻法

デンマークでは，婚姻適齢は21歳とされているが，父母や後見人の同意があれば21歳未満でも婚姻が可能である。重婚，近親婚は禁止され，10か月の再婚禁止期間がある。婚姻には教会婚と民事婚がある。また，2012年6月15日から登録パートナーシップ制度により，同性婚も正式に認められている。離婚については，合意又は判決による別居制度があり，また，一定期間の別居を要件として，合意による離婚（国王の許可），判決離婚が認められている。

イ　婚　姻

婚姻については次のような先例がある。まず，在日本デンマーク大使館から，デンマークにおける婚姻成立の手続には行政婚（市役所等で行なうもの）と教会婚（教会で行うもの）とがあり，海外においてはデンマーク人間ないしデンマーク人外国人間の婚姻はデンマーク領事ないしデン

マーク外交機関により行われ得るが，今般同国々内関係法規改正の参考とするため，デンマークの教会代表（例えば戸籍事務等について国の授権ある横浜海員教会付牧師）により日本において行われた婚姻は日本政府機関においても有効とみなされ日本の戸籍に登録され得るかどうかなどについて質問があったという照会に対し，デンマークの教会代表（例えば横浜海員教会付牧師）によって日本において行われた婚姻は，デンマーク法がその効力を認め，かつ当事者がデンマーク人である場合に限り日本法上も効力が認められると回答した事例（昭和40年3月1日民事甲479号民事局長回答）がある。また，デンマーク人男と，日本人女との婚姻届受理に関し，調査資料がなく，デンマーク婚姻法及び国際私法等が不明のため，夫の本国法上婚姻要件を具備しているかどうか調査することが困難でありかつ，婚姻許可証明書が昭和24年5月30日民事甲1264号民事局長回答の趣旨による「その国の権限ある官憲の発給した婚姻能力を証する書面」に該当するか否かについても，疑義があるとしてされた照会に対し，本件結婚には，デンマーク法によれば何ら差し支えがないことを証明し，併せて，デンマーク法によれば，デンマーク市民が海外で結婚する時何らの予告々示を行う必要はない旨付記されたデンマーク国コルソールの警察部長名の文書が添付されているケースについて，受理して差し支えないと回答した事例（昭和44年11月25日民事甲2606号民事局長回答）がある。

ウ　離　婚

　デンマークでは，1年6か月別居し，その後も同居を回復しない場合において離婚及び子の扶養等について合意したときは，国王の許可により離婚ができ，また2年6か月別居したときは，夫婦のいずれからも離婚の許可を求めることができるとされている。これに関して，デンマーク人夫と日本人妻との間に離婚調停が成立した事例（神戸家調昭和37年7月4日家月14巻11号164頁）があるほか，デンマーク人男（デンマーク居住），日本人女（日本居住）夫婦の協議離婚届について，デンマーク王国大使館の日本の法律に従って行われた別居又は離婚の判決はデンマークにおいて有効である旨の確認に基づいて，これを受理して差し支えない旨回答した事例（昭和42年8月19日民事甲2409号民事局長回答），デンマーク人男

と日本人女間の協議離婚届について、デンマーク国サイゴン市領事の確認に基づいて、これを受理して差し支えないとされた事例（昭和46年6月7日民事甲2058号民事局長回答）などがある。いずれも、平成元年法例改正前のものであり、同改正後は、日本人妻が日本に常居所を有するものと認められる場合又はデンマーク人夫が日本に常居所を有するものと認められる場合若しくは夫婦に最も密接な関係がある地が日本であることが認められる場合は、協議離婚の届出を受理することができることになった。

　また、デンマーク方式による離婚に関しては、デンマーク王国に在住する日本人夫婦間において、同国の方式によって裁判離婚が成立した場合、日本民法770条の要件を満たしているものでなくても裁判離婚により離婚が成立したものとして扱ってよいとされた事例（昭和34年11月4日民事甲2441号民事局長回答）、日本人女とスウェーデン人男がデンマークにおいて裁判離婚をした場合において、同裁判所の離婚許可があったときに王国の方式により離婚が成立したものとして処理して差し支えないとされた事例（昭和42年10月25日民事甲2927号民事局長回答）がある。

(37)　トーゴ（トーゴ共和国）

　婚姻適齢は、男20歳以上、女17歳以上であり、重婚、近親婚は禁止され、300日の待婚期間がある。

　婚姻に関し、トーゴ共和国人男と日本人女の創設的婚姻届について、日本に在住する同男が市民としての権利を享受し、非禁治産者で、日本法に従い婚姻できる成人であること、トーゴ共和国は、一夫多妻婚、一夫一婦婚を承認し、挙式の際、その選択を届け出るとされていることを記載したロメ市役所及び戸籍事務担当官の署名のある婚姻能力証明書等が添付されているケースについて、これを受理して差し支えないとした事例（平成13年10月16日民一2692号民事局第一課長回答）がある。

(38)　トリニダード・トバゴ（トリニダード・トバゴ共和国）

　婚姻制度は、コモン・ローの適用がある場合とヒンズー婚姻法、イスラム婚姻法では、婚姻適齢も含めて異なっている。裁判離婚しか認められていない。

婚姻に関し，トリニダード・トバゴ（トリニダッド・トバゴ）共和国官憲の発行した独身証明書及び在大阪英国総領事館の発行した婚姻障害のない旨を記載した証明書が，同国人の婚姻要件具備証明書に該当するとし，同国人男と日本人女の婚姻届を受理して差し支えないとした事例（平成12年4月7日民二936号民事局第二課長回答）がある。婚姻障害がない旨の証明書は，法務省登録官室発行のもので，婚姻法に基づく婚姻登録等の調査の結果，1982年から1999年3月5日までの間に婚姻の記載はなく，ヒンズー教の婚姻法の下で保管された同期間の記録及びイスラム教の婚姻法の下で保管された同期間の記録にも婚姻の記載がない旨が記載されており，いずれの婚姻法に基づく記録にも婚姻の記載がないことが明記されている。

離婚に関し，平成元年法例改正前のケースについて，トリニダード・トバゴには協議離婚制度がなく，同国人男と日本人女との間の平成元年10月16日に提出された協議離婚届は受理しないのが相当とされた事例（平成2年3月22日民二957号民事局第二課長回答）がある。同国の法例の調査の結果として，「当国においては協議離婚制度はなく，当国離婚関係法令によれば，全ての離婚は当事者一方の申立てにより裁判を通じて成立するものとし，又，国際私法（準拠法）上の渉外離婚については，当事者（一方がトリニダード・トバゴ国籍）が居住（引き続き2年）している当該国（主権を有する独立国）の法的機関において決定をみた判決は当国の裁判所の認定をもって効力を有するとなっている」との報告が添付されている。なお，これは，平成元年法例改正前のものであり，同改正後は，日本に双方の常居所があり，又はいずれかが日本人で日本に常居所があれば，日本法が適用になるので，協議離婚は可能となる。

⑶⁹ トンガ（トンガ王国）

日本人男とトンガ王国人女との婚姻届を受理して差し支えないとされた事例（昭和53年1月20日民二407号民事局長回答）の中で，当時のトンガ王国外務省の回答が付されている。それによると，トンガ国の婚姻法は，1926年婚姻及び登録法が施行されていること，精神病者，15歳未満の者，18歳未満で保護者の書面による同意のない者は婚姻の許可を与えられない（婚姻法5条）。近親婚は禁止され（同法6条，7条），副登録吏に婚姻の法律上の

障害がない条件を満たしている旨の婚姻許可証を与える権能があること（同法9条），婚姻許可証が与えられ，司祭する牧師によって挙式し，牧師の署名と証人2名が必要であること（同法13条），正当な手続を経ても，最高裁がコモンローに基づき無効を宣言した場合，重婚の場合，近親婚の場合，詐欺による婚姻の場合，婚姻適格がない場合，婚姻は無効となること（同法16条），1915年国籍法は，外国人と結婚し，夫の国籍を取得する権利を行使し，実際に夫の国籍を取得するトンガ国の女性は，外国の国籍を取得する日からトンガ国籍を喪失する（同法4条2項）と規定する。なお，日本の婚姻法による日本国民と日本に住所を有するトンガ国民との婚姻は，その場合にイギリスのコモン・ローにおける国際私法の規定が適用されるときに限り，トンガ国においても承認される。

⑷⓪ **ニジェール**（ニジェール共和国）

　ニジェール人男と婚姻した日本人女は，婚姻の時にニジェール国籍を取得するとされている（国籍法14条）。婚姻年齢は，女性15歳以上，男性18歳以上とされているが，実際には，あまり守られておらず，幼くして婚姻する女性が多く，社会問題となっているようである（公益財団法人プラン・ジャパンのホームページhttp://www.plan-japan.org/girl/news/120814.html参照）。イスラム法が国教とはされていないが，実質的にムスリムが多数を占めるため，イスラム法に近い運用もされているようであり，家族法の制定の動きもあったが，まだ近代的な家族法は制定されていないようである。ニジェールに関する先例としては，日本人女及びニジェール人男の間でニジェール共和国の方式により婚姻が成立した旨の証明書を添付して届出がされた報告的婚姻届について，受理して差し支えないとした事例（平成22年4月28日民一1092号民事局第一課長回答），ニジェール共和国人男と日本人女との創設的婚姻届について，ニジェール人男から公的な独身証明書の提出を求めた上で，ニジェール人男について独身であることが確認できれば，受理して差し支えないとされた事例（平成21年2月27日民一474号民事局第一課長回答）がある。

(41) ニュージーランド
　ア　ニュージーランドの婚姻法
　ニュージーランドでは，1955年に婚姻法が制定され，1959年に一部改正されている。1955年に成立したニュージーランド婚姻法及びその一部改正法については，ニュージーランドの立法ウェブサイトhttp://www.legislation.govt.nz/act/public/1955/0092/latest/DLM292028.htmlに掲載されている。2004年には，シビル・ユニオン法が制定され，同性カップルにも一定の保護が与えられ，2013年に成立した改正婚姻法（Marriage Amendment Act）により，婚姻の定義が性別に関わりのない2人の結合と変更され，2013年8月19日から同性婚も法的に認められることになった。その詳しい内容については，ニュージーランド内務省（The Department of Internal Affairs）のウェブサイトにQ&Aの形で掲載されているので参照されたい（http://www.dia.govt.nz/Services-Births-Deaths-and-Marriages-Marriage-Amendment-Act-Questions-and-Answers?OpenDocument）。
　ニュージーランド婚姻法では，婚姻適齢は16歳以上であり（婚姻法17条），未成年者の婚姻は両親等の同意が必要である（同法18条）。この法律で要求される婚姻の許可又は儀式が得られない場合，婚姻は無効である（同法21条）。近親婚は禁止される（Schedule 2。今回の同性婚を認める改正により，これも改正されている）。
　離婚については，別途，別居と離婚に関する法が規定しているようであり，協議離婚は認められておらず，裁判による別居と離婚の制度がある。具体的な手続等については，ニュージーランド家庭裁判所のウェブサイトに詳しく案内が掲載されている（同HPについては，http://www.justice.govt.nz/family-justice/を参照）。
　ニュージーランドの出生，死亡及び婚姻登録法（1995年改正）は，性同一性障害の出生証書上の性別表記の訂正を一定の要件のもとで認めている（同法28条，29条）。詳しくは，前掲大島「性同一性障害と性別表記の変更・訂正」参照されたい。
　イ　婚　姻
　ニュージーランド人男と日本人女との婚姻につき，婚姻届書添付の在

日ニュージーランド総領事の証明書に，当事者が駐日ニュージーランド軍隊内において婚姻登録した当日をもってニュージーランド法上有効に婚姻が成立した旨記載されているが，これは平成元年改正前の法例13条1項ただし書に抵触し同証明書は単に夫の本国法上婚姻要件具備の証明書として取扱うほかないと思料する旨の照会に対し，貴見のとおり取り扱うのが相当であり，なお，当該婚姻は，市町村長がその届書を受理することにより日本法上有効に成立することとなると回答した事例（昭和31年6月27日民事甲1433号民事局長回答）がある。

また，ニュージーランド国に在住するタイ人男と日本人女が同国駐在のタイ国大使館で婚姻登録をしても，挙行地の方式による婚姻とみることができないから，日本法上は当該婚姻を有効とみることができないとした先例（昭和44年12月19日民事甲2733号民事局長回答）がある。同先例によると，当時，外務省を通じて在ニュージーランド大使館からニュージーランドの外務省法規局（Legal Division）に照会したところ，法務省とも協議の結果として，ニュージーランドにおける婚姻法（Marriage Act1955）に基づく方式（同法により任命されたRegistrar又はofficiating ministerによってMarriage Register Bookに当該結婚が記録されることが成立要件である）によって，本件タイ国人男と日本人女との婚姻が行われていない限り，有効に成立しているものとみなされないとの回答がされている。なお，平成元年法例改正後は，婚姻の方式は，婚姻挙行地の法律によるのを原則とするが，いずれか一方の国の方式によることも認められることになったので，本件のような場合婚姻は有効となる。

ウ　離　婚

別居合意に基づき2年以上別居しているニュージーランド人夫婦からの離婚申立てについて，本件離婚の準拠法であるニュージーランド国の婚姻訴訟手続法21条による離婚原因があり，日本民法770条1項5号にも該当するとした裁判例として【1―252】がある。なお，ニュージーランドの家族法については，古くは，三木妙子「ニュージーランドにおける家族法の改正」比較法学第7巻第2号147-262頁（早稲田大学比較法研究所，1972）に詳しい解説がされており，また，最近の家族法について

は，梅澤彩訳，小川富之監修「ニュージーランド家族法—抄訳(1)〜(24)」戸籍時報646号から677号（日本加除出版，2009-2011）にかけて順次抄訳が掲載されている。

【1-252】 本件当事者であるニュージーランド人夫婦は，別居合意に基づき本審判の日まで2年以上別居しているから，本件離婚の準拠法たるニュージーランド国の婚姻訴訟手続法21条による離婚原因があり，日本民法770条1項5号にも該当するとされた事例

横浜家横須賀支審昭和53年2月16日家月32巻4号62頁

(当裁判所の判断)
　　………申立人と相手方とは1968年1月20日ニュージーランドのクリストチャーチ市の聖○○○○○教会で1955年のニュージーランド婚姻法に従い結婚したこと，申立人はニュージーランドのクリストチャーチ市生れであり，相手方は英国ロンドン市生れであることが認められ，………相手方は現にニュージーランドの国籍を有するものと認められる。
　……本件訴訟はわが国の裁判管轄権に属するものと解するのを相当とする。
　本件離婚の準拠法は夫たる申立人の本国法ニュージーランド法である（法例第16条本文［注：平成元年改正前のもの］）。申立人審問の結果と相手方の訴訟における答弁の趣旨を総合すると，当事者双方は離婚につき合意していることが認められるが，ニュージーランド法は同意による離婚を認めていないから，日本法による協議離婚に相当する離婚を認めることはできない。ニュージーランド国の1968年改正の婚姻訴訟手続法第21条によれば「捺印証書またはその他の書面によってなされたか，口頭によってなされたかを問わず，原告と被告が別居合意（agreement for separation）の当事者であること，及び右の合意が十分な効力を有しており，かつ，2年以上のあいだ十分な効力を有してきたこと」，「被告が，正当な理由なく，故意に原告を遺棄し，かつ，2年またはそれ以上のあいだ，原告をひきつづきそのような遺棄の状態においたこと」のいずれをも離婚原因としている。本件において被告は「正当な理由なく，故意に原告を遺棄し」たものではないと主張しているところ………原告は1976年2月初旬以前に被告との別居を容認したことが認められるから，両者は別居合意に基づき本審判の日までに2年以上別居していることになり，ニュージーランド法上の離婚原因が存在するとともに，わが民法第770条第1項第5号の「婚姻を継続し難い重大な事由」がある場合に当たることになる。………

⑷2　ネパール（ネパール連邦民主共和国）

　ネパール婚姻法によると，婚姻適齢は，男18歳以上，女16歳以上であり，当事者間の年齢差は20歳を超えないものとされている。重婚，近親婚は禁止される。婚姻するには，婚姻官に申請し，認可された場合，3か月以内に習慣又は伝統に基づき挙行することにより婚姻が成立する。その後，婚姻登録簿に記載され，婚姻証明書が発行される。協議離婚が認められている。

　婚姻に関し，日本人男とネパール人女がネパール王国（当時）の方式により婚姻し，同国の婚姻登録事務所発給の婚姻登録証明書を添付してされた報告的婚姻届は，受理して差し支えないとした事例（昭和52年11月25日民二5829号民事局第二課長回答）がある。

　離婚に関し，ネパール人夫と日本人妻との協議離婚届は，ネパール法上協議離婚が認められるので，受理して差し支えないとした事例（昭和62年11月10日民二5596号民事局第二課長回答）がある。なお，平成元年法例改正後は，日本人妻が日本に常居所があれば日本法が適用され，協議離婚が認められることになった。

⑷3　ノルウェー（ノルウェー王国）

ア　ノルウェーの婚姻法

　ノルウェーの婚姻法については，ノルウェー民法（Lov om ekteskap）及びノルウェー婚姻法（The Marriage Act/1991.7.4法律No47）に規定されている。また，ノルウェーでは，登録パートナーシップ法（Registered partnership law,1995）が制定されており，同性の2人は，パートナーシップの合意をすることにより，この法律に従ってパートナーシップの登録ができる。婚姻法（Marriage Act）の婚姻に関する第1章は，パートナーシップにも適用されるが，既に婚姻しているかパートナーシップ登録をしている場合には，パートナーシップの合意はできない。

　婚姻適齢は18歳以上であり，18歳未満の者は，親権者の同意又は州知事の許可が必要である（婚姻法1条）。近親婚，重婚は禁止される（同法3条，4条）。婚姻するには，婚姻挙行者に婚姻要件具備証明書を提出し（同法6～10条），婚姻挙行者の面前で挙式を行うことが必要である（同法

11条)。

夫婦双方、又はその一方が同居を継続できないと判断した場合、州知事に対し、別居の請求ができる(同法20条)。離婚は、別居が認可されてから1年の経過が必要であり(同法21条)、別居届が提出されなかった場合、別居開始の時から最低2年の経過が必要である(同法22条)。重婚の場合、虐待の場合などは、離婚のための別居期間は必要ではないが、虐待から2年が経過した場合又は子が虐待を受けるなどしたことを知ってから6か月以上が経過した場合は離婚の請求ができない(同法23条)。夫婦間に16歳未満の子どもがいる場合、調停の申立てをし、親権、面接交渉、永続的居所について、子の最善の利益を考慮して合意することが必要である(同法26条)。詳しくは、「各国法律と要件」下60頁以下参照されたい。

イ　国　籍

ノルウェー国人男と婚姻した日本人女は、夫の国籍を取得するので日本国籍を喪失するとした事例(昭和22年8月15日民事甲791号民事局長回答)があるが、昭和25年の新国籍法施行後は、日本国籍を喪失することはなくなった。

ウ　婚　姻

ノルウェーで同国人男と婚姻した日本人女から結婚許可書の送付があった場合は、婚姻証明書の提出があったものとして処理する(昭和39年1月30日民事甲203号民事局長回答)。これに基づき、ノルウェーで同国人男と婚姻した日本人女から送付された結婚証明書を、婚姻証書と認められた事例(昭和40年8月25日民事甲2437号民事局長回答)がある。

エ　離　婚

夫ノルウェー人、妻日本人間の離婚について、ノルウェー国の県知事発給の離婚証明書を添付して妻から本籍地市町村に離婚届がなされた場合受理して差し支えないとされた事例(昭和45年8月17日民事甲3669号民事局長回答)がある。

⑷ **パキスタン**（パキスタン・イスラム共和国）
　ア　婚　姻
　パキスタンの婚姻法は，ムスリム（イスラム教徒）の場合とそうでない場合とでは異なっている。ムスリムの男性の場合，4人まで婚姻可能であるが，日本法では，重婚はできないので，日本人とムスリムであるパキスタン人との婚姻については，双方的婚姻障害事由として，パキスタン法では合法でも，日本法では違法となり，婚姻障害事由となる。
　パキスタンでは，婚姻要件具備証明書を発行していない。そのため，どのような書類があれば，婚姻届出を受理してよいかが問題となる。この点に関して，ムスリムであるパキスタン人男と日本人女との婚姻につき，パキスタンの官憲発給の婚姻要件具備の証明書を入手することがパキスタン大使館ではできず，本国で入手するためには8か月の期間がかかるという事案で，本人の婚姻していない旨の申述書と年齢確認のできる証明書のみで，婚姻要件具備証明書がなくても当該婚姻届を受理して差し支えないとされた事例（昭和42年12月22日民事甲3695号民事局長回答），パキスタン人男と日本人女の婚姻届について，パキスタン人男から要件具備証明書を提出できない旨の申述書及び重婚でない旨の宣誓書を徴した上受理して差し支えないとされた事例（平成6年10月5日民二6426号民事局第二課長回答）がある。
　イ　離　婚
　パキスタンでは，通常の離婚原因のほか，夫の一方的意思表示によって離婚することを認めるタラーク離婚（449頁参照）がある。
　平成元年改正前の法例16条は，離婚原因が生じたときの夫の本国法によるが，日本法においても離婚原因がなければ離婚の宣告はできない旨を規定していた。その当時の裁判例として，日本人妻のパキスタン人夫に対する離婚請求事件において，パキスタン人夫が日本人妻と別居した後パキスタン人女性と婚姻し子までもうけていることは，夫が他女と婚姻の外形を有したことを離婚原因とするパキスタン・イスラム共和国の離婚法10条2項及び日本国民法770条1項5号に該当するとして，同請求を認容した事例（浦和地判昭和58年12月21日家月37巻2号156頁，判時1112号

112頁，判タ519号252頁）があるほか，日本人妻からパキスタン人夫（ムスリム）に対する離婚請求を認容した事例として【1-253】がある。

【1-253】 日本人妻がムスリムであるパキスタン人夫に対し，離婚を求めた事案において，平成元年改正前法例16条に基づき，ムスリム婚姻解消法を適用して離婚を認め，また，同法例20条に基づき，パキスタン法を適用して子らの親権者（後見人）を母と指定した事例

名古屋地岡崎支判昭和62年12月23日判時1282号143頁

　まず本件離婚の準拠法について考えるに，法例16条［注：平成元年改正前のもの。以下同じ］の規定によれば，離婚の準拠法は，その原因たる事実の発生したときにおける夫の本国法によるべきであるから，夫である被告の本国法すなわちパキスタンの法律によるべきこととなる。……
　ところで，被告はムスリム（Muslim）であるところ，パキスタン国内においてムスリム（Muslim）にはイスラーム法が適用される……。
　1939年ムスリム婚姻解消法（The Dissolution of Muslim Marriageges ACT 1939,1939年法律第8号，1939年3月17日）2条2号によると，「イスラーム法に基づいて婚姻をした女性は，夫が2年間にわたって妻の扶養を懈怠し，または出来なかった場合には婚姻解消の判決を取得することができる。」と規定されている（……）。仮に右婚姻がイスラーム法に基づいたものでなかったとしても，1961年ムスリム家族法令（The Muslim Family laws Ordinance 1961,1961年法令第8号，1961年3月2日）第1条2項，8条，9条，12条の各規定の趣旨，精神に鑑みれば，右規定を類推適用するのが相当である（……）。
　そうとすれば，前記認定事実は，「夫が2年間にわたって妻の扶養を懈怠している」との規定に該当すると認めるのが相当であり，また，同時に，日本民法770条1項5号所定の婚姻を継続し難い重大な事由にも該当するといわなければならない。
　したがって，原告の離婚請求は理由がある。
　三　次に子の親権者の指定について判断する。まず，この点の準拠法について考えるに，未成年の子に対する親権・監護権の帰属，分配の問題は，親権・監護権の内容や行使方法と密接に関連するものであるから，法例20条により，親子関係の準拠法である父の本国法によるのが相当であると解される。そうすると，父の本国法すなわち被告の本国法であるパキスタンの法律が適用されることになる（日本法への反致はない。）。

そして，パキスタン国1890年ザ，ガーディアンズアンドウァーズ法（……）17条によれば，裁判所は未成年者の福祉のために諸般の事情を考慮して後見人（Guardian）を選任することができる旨規定しているところ，前記認定の下では，未成年者2名の親権者はいずれも原告と定めるのが相当である。

⑷5 バハマ（バハマ国）
　バハマの婚姻法については，バハマ家族法に規定されている。婚姻適齢は男女ともに18歳以上であり，重婚は禁止されている。不貞行為，虐待，2年以上の遺棄行為，5年以上の別居などが離婚原因とされている（婚姻法16条）。婚姻に関し，韓国人男と日本人女がバハマ共和国の方式により婚姻した旨のバハマ婚姻登録官作成名義の証明書を添付してされた報告的婚姻届について，同証明書は，戸籍法41条に規定する証書として取り扱って差し支えないとされた事例（平成9年11月10日民二1999号民事局第二課長回答）がある。

⑷6 パラオ（パラオ共和国）
　パラオは，国連の信託統治領であり，アメリカ合衆国の委任統治下にある。しかし，戸籍上は，独立国と同様パラオ国の方式により婚姻などと記載がされている。
　婚姻に関し，パラオ共和国人男と日本人女との創設的婚姻届に，同男が同国公証人の面前でした未婚であること等の宣誓供述書，パラオ裁判所発行の出生証明書が添付されているケースについて，これらにより，婚姻要件を具備していると認められるから，受理して差し支えないとした事例（平成20年5月23日民一1475号民事局第一課長回答），パラオ人男と日本人女夫婦につき，パラオ共和国パラオ民事訴訟裁判所による離婚の判決に基づき届出された報告的離婚届について，受理して差し支えないとされた事例（平成22年6月9日民一1444号民事局第一課長回答）がある。また上記のとおり，パラオは，米国の委任統治領西カロリン群島のパラオ島という取扱いであったため，戸籍には同島民という表示をする扱いで差し支えないとされていた（昭和35年7月21日民事甲1862号民事局長回答）が，現在では，パラオ国として

記載されている。

⑷7) パラグアイ（パラグアイ共和国）

　パラグアイの婚姻法は，1985年に成立した市民法典の第三章が規定している。婚姻適齢は男女とも16歳以上であり，300日間の再婚禁止期間がある。協議離婚は認められず，裁判離婚しかないが，外国に居住する場合はその国の法令によるとされている。同法施行前のものとして，日本人男とパラグアイ共和国人女との婚姻の届出に基づいて記載された，創設的婚姻事項について，右婚姻届に添付されたパラグアイ国戸籍担当官発給の婚姻証明書を戸籍法41条に規定する証書の提出があったものとして，同国の方式により婚姻が成立した旨の記載に戸籍訂正をすべきものとされた事例（昭和58年2月23日民二1057号民事局第二課長回答）がある。また，子の親権については，裁判所で決めることが必要とされている（少年法74条）ところ，未成年の子（パラグアイ国籍）を有するパラグアイ人夫と日本人妻から右の子の親権者を妻と記載してなされた協議離婚届を受理することができないとされた事例（平成10年11月25日民二2244号民事局第二課長回答）がある。

⑷8) バルバドス

　バルバドスの婚姻については婚姻法が定めている。婚姻適齢は，16歳以上であり（婚姻法4条），近親婚，重婚は禁止される（同法3条，5条）。婚姻するには，婚姻の公示予告をし，婚姻許可証又は婚姻証明書の交付を受けて，婚姻担当官等により挙行される（同法5条）。

　バルバドス人父（米国国籍）と日本人母との間の婚姻後の出生子であるバルバドス人女と日本人男の婚姻届について，同女が日本で生まれ，バルバドスに出生届をしていなかったため，婚姻要件具備証明書が得られないケースについて，本人の婚姻要件を具備しており，証明書が得られない理由がある旨の申述書及び外国人登録証明書により，婚姻届を受理して差し支えないとした事例（平成7年3月30日民二2644号民事局第二課長回答）がある。

⑷9) フィジー（フィジー共和国）

　フィジーの婚姻については，フィジー婚姻法が規定しており，婚姻適齢は男18歳以上，女16歳以上であり（婚姻法12条），21歳未満の者は保護者等の同意が必要である（同法13条）。重婚は禁止されており（同法15条），婚姻

するには，証人２人以上の立会いで挙式を行うことが必要である（同法25条）。

　婚姻に関し，フィジー人男と日本人女がフィジー国の方式により婚姻した旨の同国結婚局長発給の婚姻証明書を戸籍法41条の規定する婚姻証書謄本として取り扱うのが相当とされた事例（昭和57年４月28日民二3239号民事局第二課長回答），日本人男とフィジー人女の婚姻届について，同女の申述書，出生証明書，パスポートの抜粋等が添付されている場合において，これを受理して差し支えないとした事例（昭和58年９月13日民二5418号民事局第二課長依命回答）がある。

(50)　フィンランド（フィンランド共和国）
　ア　フィンランドの婚姻法
　　フィンランド婚姻法（1987年４月16日改正）によると，婚姻は合意及び儀式によって成立する。婚姻適齢は原則として男女とも18歳以上であり（婚姻法４条），重婚（同法６条），近親婚（同法７条），養親子婚（同法８条）は禁止される。婚姻に際しては，婚姻障害事由を審査官が審査し，法定の婚姻障害がないと認めたときに婚姻障害がないことの証明書を発行する（同法12条，13条）。離婚については，引き続き２年以上の別居をしている夫婦を除いては，婚姻解消の申立てをしてから６か月の熟慮期間が必要である（同法25条，26条）。当事者の申立てにより，財産の分配，同居の終了の申立てができる（同法24条），離婚又は同居の終了事件については，子の最善の利益を考え，子の監護権，面接交渉権に関し，命令を発することができる（同法32条）。
　イ　婚　姻
　　日本人男とフィンランド人女の婚姻届に，教会（牧師）発行の結婚有資格証明書等を添付して届出があった場合，これを受理して差し支えないとされた事例（昭和49年１月26日民二593号民事局長回答）がある。
　ウ　離　婚
　　フィンランド国ヘルシンキ裁判所における同国人男と日本人女夫婦間の裁判離婚は，夫婦が共同して訴えを提起しているので，妻からの届出によって戸籍の記載ができるとされた事例（昭和41年９月２日民事二発830

号民事局第二課長回答）がある。また，フィンランド人夫婦の協議離婚届については，フィンランドでは協議離婚が認められていないので受理すべきではないが，反致が認められているのか否か明らかではないとしてされた照会に対し，受理しないのが相当であると回答した事例（昭和62年4月27日民二2358号民事局長回答）がある。

(51)　ブルガリア（ブルガリア共和国）

　ブルガリア家族法（1968年）によると，宗教的儀式は民事婚に影響を与えない（家族法2条）とし，婚姻の儀式は，市議会において，公式に，かつ厳粛な雰囲気において執行され，配偶者のいずれか一方が正当な理由により市議会に行くことができないときは，婚姻の儀式は市議会以外の場所で公務員の立会いのもとで行われ（同法3条），婚姻をしようとする者は，登記所において婚姻障害となる事情のないこと（婚姻要件として，原則として18歳以上であること，特に重要な理由があれば16歳以上なら裁判所長の特別の許可を得て婚姻できること，重婚でないこと，禁治産宣告を受けていないこと，子孫又は配偶者の生命，健康に重大な危険のある病気でないこと，近親婚でないこと）を述べ，健康診断書を提出する必要がある（同法5条）。文官身分の係官は，婚姻しようとする者について審査し，婚姻の意思を確認して婚姻証明書を作成する（同法6条）ことになっている。

　平成元年改正前法例13条は，婚姻の方式は，婚姻挙行地によるとされ，婚姻成立要件は各当事者の本国法によるとしていた。これに関して，ブルガリア人男と日本人女がタンザニア共和国駐在のブルガリア大使館においていわゆる領事婚をし，その婚姻証書の写を添付した婚姻届が妻の本籍地市区町村長に送付されてきた場合，その婚姻証書を要件具備証明書とみなし，我が国の方式による婚姻届として受理して差し支えないとされた事例（昭和46年2月23日民事甲631号民事局長回答）がある。なお，平成元年法例改正後は，婚姻の方式は，当事者の一方の本国法による方式も有効であり，上記先例のケースでは，我が国の方式によっても差し支えがなくなった。

(52)　ベトナム（ベトナム社会主義共和国）

　ア　ベトナム家族法

　　ベトナムは，1976年にベトナム社会主義共和国が誕生するまでは，南

北に分かれており，異なる法制度が存在した。その後，1986年に婚姻法・家族法が制定され，2001年に大幅な改正がされ，現在の家族法となっている（ベトナムの家族法及び国籍法については，伊藤弘子訳，小川富之監修「ベトナム家族法―抄訳　国籍法(1)～(3)」戸籍時報653号・655号・656号（日本加除出版，2010）を参照）。ベトナム家族法によると，婚姻適齢は男性20歳以上，女性18歳以上であり，婚姻は両性の合意により成立し（家族法9条），重婚，近親婚，養親子婚，同性婚は禁止される（同法10条）。離婚については，基本的に和解を奨励しており，裁判所においても和解を勧めるものとされている（同法86条，88条）。婚姻関係が破綻している場合，裁判所は離婚を許可できる（同法89条）。当事者が離婚，財産分割，子の養育等について合意が成立した場合，裁判所は合意を承認する（同法90条）とされ，裁判所の承認を伴う協議離婚が認められていると解される。

イ　国　籍

　戸籍及び婚姻要件具備証明証等に記載する「ヴィエトナム」の国名の表示方法について，ヴィエトナム共和国は南ベトナム，ヴィエトナム民主共和国は北ベトナムと略称表示して差し支えないとされていた（昭和49年2月9日民二988号民事局第二課長回答）が，昭和51年7月2日に上記のとおりベトナム社会主義共和国が誕生してからは，ヴィエトナムと一般名称を用いてよいとされ，平成15年に国名表記がベトナムに変更され，現在に至っている。

ウ　婚　姻

　昭和25年の国籍法制定以前の国籍法（旧国籍法）では，日本人男の妻となった外国人は，日本国籍を取得するとされていたことから，日本人男と結婚をしたベトナム人女について，ベトナム民主共和国ハノイ市への婚姻届抄本（昭和34年9月23日民事甲2135号民事局長回答），ベトナム共和国の婚姻証明書（昭和34年11月28日民事甲2730号民事局長回答，昭和35年9月6日民事甲2230号民事局長回答）が，婚姻証明書に該当するとした先例がある。また，婚姻適齢に関して，日本在住の南ベトナム人男女の婚姻届は，女が婚姻適齢である18歳に達した後でなければ受理しないのが相当とした先例（昭和51年7月13日民二4008号民事局第二課長回答）がある。

ベトナム社会主義共和国が誕生して間がないころ，ベトナム人男女の婚姻届を受理するに当たり，在ベトナム日本大使館に調査を指示したところ，同国に対し同国外務省領事部から口上書が送付されたとし，これにより，婚姻届を受理して差し支えないとした先例【1-254】があり，建国当時のベトナム社会主義共和国の家族法が記載されている。

【1-254】 ベトナム人男，女の婚姻届を受理して差し支えないとされた事例

昭和51年12月7日民二6180号民事局第二課長回答

> 　ヴィエトナム人を当事者とする婚姻届の取扱いについて（照会）
> 　当局管内東京都渋谷区長から，別紙のとおりヴィエトナム人を当事者とする婚姻届について受理伺いがありましたが，その本国法が不明であり許否を決しかねますので，何分の指示を得たく照会します。
> …………
>
> 　回　答
> 　本年7月28日付け二戸一第616号をもって当局長あて照会のあった標記の件については，受理して差し支えないものと考える。……

エ　離婚

　南ベトナム人夫と日本人妻との離婚について，当時のベトナム共和国では離婚を原則として禁止しているが，これは我が国の公序良俗に反するとして，平成元年改正前の法例30条により，その適用を排除して，日本民法に基づいて離婚を認めた裁判例（東京地判昭和38年9月6日家月16巻1号124頁）がある。また，日本風の氏名で帰化した元ベトナム人夫とその日本人妻とが帰化前のベトナム名を称することを希望して，夫婦の氏及び夫の名の変更を求めた事案において，片仮名による氏名変更を認めた審判例（神戸家審昭和57年11月8日家月36巻2号88頁）がある。なお，オーストラリア人夫とベトナム人妻との離婚について日本を密接関係地とした事例については，オーストラリアの先例【1-226】参照。

(53) ベネズエラ（ベネズエラ・ボリバル共和国）

ベネズエラの婚姻法については，民法が規定しており，婚姻適齢は原則として男16歳以上，女14歳以上であり（婚姻法46条），重婚，近親婚は禁止されている。

婚姻に関し，日本人男とベネズエラ人女から申請された創設的婚姻届に，同女についての同国ミランダ州ロス・サリアス市公証人局発給の婚姻要件具備証明書及び同州ロス・テケス市民事登記係発給の出生証明書等が添付されている場合，これを受理して差し支えないとした事例（平成21年2月25日民一446号民事局第一課長回答）がある。

(54) ペルー（ペルー共和国）

ア　ペルーの婚姻法

ペルー民法によると，制度として婚約が認められ（民法239条，240条），未成年者（男子16歳以上，女子14歳以上で，相当な理由があり，裁判所により免除された者を除く），慢性，伝染性，遺伝性の病気又は子孫に危険を及ぼし得る欠陥を有する者，慢性的精神病と判断される者，聴覚，視覚障害者で自己の意思を明確に表現できないもの又は既婚者は，婚姻できず（同法241条），近親婚は禁止され（同法242条），原則として300日の待婚期間がある（同法243条）。未成年者の婚姻は父母の同意が必要である（同法244条）。婚姻中の財産については詳細な規定があり（同法295-331条），一定の要件のもとで法定財産制から分離財産制への変更ができる（同法329条）。離婚原因は，姦通，暴力，婚姻生活違反，重大な侮辱，2年以上の理由なき家庭放棄，共同生活を耐え難くする恥ずべき行為，幻覚剤や麻薬の常用，婚姻後の重度の性病，婚姻中突然の同性愛，2年以上の拘禁刑判決，2年経過後の慣習的別居である（同法333条）。自分の行為を離婚訴訟の理由にはできず（同法335条），離婚原因によっては訴訟提起の期間的制限がある（同法339条）。離婚の場合，原則として，子は別居を獲得した配偶者に委ねられ，双方に別居原因がある場合には，原則として7歳以上の男子は父親に，女子及び7歳未満の男子は母親に委ねられる（同法340条）。離婚訴訟においても，裁判官は，和解の可能性があるときは，別居を宣告できる（同法358条）とされている。

イ　婚　姻

　外国での婚姻について日本で婚姻の届出をする場合，外国での婚姻証明書が必要である。多くの国では各宗教寺院等が婚姻の儀式を行っており，そのような宗教寺院が発行する婚姻証明書は有効なものとして取り扱われる場合もあるが，次第に各国とも行政官庁への届出がなければ，民事上有効な婚姻とは認めない法制へと変化してきている。これに関して，1988年以降にペルー国リマ大司教区で発行する婚姻登録証明書の様式と異なる婚姻証明書が提出されたことから，これを有効な婚姻証明書として扱うことができるかという照会に対し，これについて，戸籍法41条に規定する婚姻証明書として取り扱うことができないと回答した事例（平成4年9月30日民二5676号民事局第二課長回答）がある。また，ペルー国ウアチョ司教区発行の婚姻証明書は戸籍法41条に規定する婚姻証明書として取り扱うことができないかという照会に対し，これは宗教上の婚姻をした旨を証する書面であり，宗教上の婚姻は，市区町村役所の戸籍簿に記載されない限り，民事上の効力は発生しない（ペルー民法典（1936年8月30日法律）124条及び126条）ことから，これをもって婚姻が有効に成立したものとは認められず，有効な証書として取り扱うことができないものと考えるとされた事例（平成6年2月16日民二941号民事局第二課長回答）がある。いずれも既に死亡した人に関するもので，婚姻年月日は定かではないが，現在のペルー民法では，いずれにしても，市区町村役所の戸籍簿への記載が必要であり，教会で挙式をしただけでは，民法上有効な婚姻とはならない。

　日本の方式でブラジル人男と協議離婚をしたペルー人女が，新たにペルー人男との創設的婚姻届をした場合，先決問題として，先の協議離婚が有効に成立していることが必要である。しかし，ペルー共和国では，裁判離婚しか認められていないので，ペルー共和国では離婚が成立していないことになる。それでも婚姻届を受理してよいかという照会に対し，本件婚姻の先決問題である離婚について法例により定められた準拠法により有効に成立していれば，当事者の本国法上離婚が成立していない場合でも，本件婚姻は重婚に当たらないものと考える旨の回答がされた事

例（平成18年1月20日民一128号民事局第一課長回答）がある。
ウ 離婚
　ペルーには協議離婚，調停離婚の制度はなく，裁判離婚しか認められていないが，日本法を適用して協議離婚を認めた先例がある。1つは，ボリビア人夫とペルー人妻の離婚について，共通の本国はなく，夫は定住者として1年以上日本に滞在し，日本に常居所があるが，妻は日本に在住して1年以内であるから常居所は日本にないものの，日本に来て，日本の方式により婚姻し，その後，両名とも日本に定住していることから，離婚の際に最も密接な関係がある地が日本であると認定することができるので，協議離婚届を受理して差し支えないと考えるがどうかという照会に対し，貴見のとおりと回答をした事例（平成4年2月28日民二887号民事局第二課長回答）である。もう1つは，婚姻に際して，前婚が解消していない場合，重婚となるので　前婚が解消しているのかどうかが先決問題となるところ，日本の方式によりブラジル人男と協議離婚したペルー人女とペルー人男との創設的婚姻届について，当該婚姻成立の先決問題であるペルー人女の離婚の準拠法に関して法廷地である我が国の法例の規定に従い，日本民法を適用し，協議離婚は日本で有効に成立していると解されるが，ペルー共和国では裁判離婚しか認められておらず（ペルー民法349条，335条）同国では離婚が成立していないと考えられることから，本件婚姻届は受理できないと考えるがどうかという照会に対し，本件婚姻成立の先決問題である離婚について法例により定められた準拠法により有効に成立していれば，当事者の本国法上成立していない場合であっても，本件婚姻は重婚には当たらないものと考えるとの回答をした事例（平成18年1月20日民一128号民事局第一課長回答）である。いずれも協議離婚であるので，ペルー法で，離婚が有効に成立しているとして扱われるか疑義があるが，少なくとも日本国内では有効に離婚が成立しているものとして扱ってよいとしたものである。
　また，ペルー人夫と日本人妻との離婚調停事件について，離婚並びにそれに伴う子の親権者の指定及び子との面接交渉権につき，いずれもペルー法を適用して，妻を親権者と定め，夫の子に対する面接交渉事項を

定めた上，家事審判法24条（当時）により離婚審判をした裁判例（東京家審昭和63年2月23日家月40巻6号65頁）がある。

(55) **ベルギー（ベルギー王国）**

　ベルギーの婚姻法は，ベルギー民法が規定する。婚姻適齢は男女とも18歳以上である（民法144条）。1974年成立の離婚法により，裁判離婚と合意離婚とが認められた。合意離婚（協議離婚）は，婚姻後2年以上経過し，双方が23歳以上の場合に認められ，裁判所の面前で6か月ごとに2回婚姻を解消したい旨を繰り返す必要があり，裁判所は，離婚意思を確認した上，離婚を宣言する。

　婚姻に関し，日本人男とベルギー人女との婚姻届において，同女の婚姻要件について，添付の同意書のほか，同女が以前の婚姻によって拘束されていないこと（同法147条），近親婚を禁止する制限条項を犯さないものであること（同法161-163条）の官憲発給の証明書を添付させ，出生登録証の抜粋には生年月日の記載がないので，その記載をしたものを添付するか，生年月日の証明書を添付した上で受理するのが相当であるとした先例（昭和43年9月30日民事甲3096号民事局長回答）がある。

(56) **ポーランド（ポーランド共和国）**

　ポーランドの婚姻関係は家族法に規定されている。婚姻適齢は18歳以上であり，協議離婚は認められていない。完全かつ長期の別居状態があれば，離婚を請求できるが，原則として，有責配偶者は離婚請求ができない（家族法56条）。婚姻に関し，日本人男とポーランド人女の婚姻届について，添付されたポーランド人民共和国発行の簡略婚姻証明書（大使館が翻訳）を戸籍法41条の婚姻証明書として取り扱って差し支えないとした先例（昭和49年11月20日民二6039号民事局長回答）がある。

(57) **ボリビア（ボリビア多民族国）**

　ボリビアの婚姻については，家族法が規定している。宗教婚は，法律上の婚姻ではなく，民事法上の効力が生じるためには婚姻の登録が必要とされている。婚姻を希望する場合，登録所に出頭して婚姻意思を表明し，2人の証人が婚姻障碍のないことを証言し，手続終了後15日以内に儀式を行うことが必要である（家族法57条-60条）。在東京ボリビア領事館では，婚姻

要件具備証明書を発行している。婚姻適齢は，原則として，男性16歳以上，女性14歳以上である（同法44条）。精神病により禁治産宣告を受けた者の婚姻，重婚，近親婚等は禁止されている（同法45-49条）。原則として300日の待婚期間が規定されている（同法52条）。

　ボリビア人夫とペルー人妻の離婚の際に最も密接な関係がある地が日本であると認定され，協議離婚届を受理して差し支えないとされた事例（平成4年2月28日民二887号民事局第二課長回答）については，ペルーの先例として記載したとおりである。

(58)　**ポルトガル**（ポルトガル共和国）

　ア　ポルトガルの婚姻法

　ポルトガルでは，1966年に新しい民法典が制定され，1967年6月1日から施行されているが，親族法及び相続法に関しては，1976年憲法改正に伴い，1977年に大改正があり，夫と妻の権利を平等とすること，カトリック教徒について禁じられていた離婚を認めること，婚外子の差別をなくすことなどの改正が行われた。

　ポルトガルでは，男女とも18歳以上は親の同意なくして婚姻することができるが，重婚は禁止され，原則として婚姻解消後300日は婚姻が禁止される。夫婦は別氏であり，結合氏も認められる。当事者は協議により裁判所に離婚を請求でき，子がある場合，子の利益について十分に配慮をしているか確認の上，協議離婚を宣告する判決をする。婚姻義務に対する意図的な違反や共同生活の破綻は離婚原因となる。

　イ　婚　姻

　在日ポルトガル人男と日本人女とが日本でポルトガル国の方式によって婚姻し，婚姻に関する同国領事の証明書を添付して市町村長に婚姻の届出があった場合は，そのまま受理して差し支えないが，婚姻の効力は市町村長の受理によって発生するとした事例（昭和28年8月15日民事甲1458号民事局長回答），中国上海市におけるポルトガル人男と日本人女との婚姻について，ポルトガル国上海市総領事の証明文書等に基づき，婚姻が有効に成立したと認められるとし，旧国籍法18条（日本人が外国人の妻となり，夫の国籍を取得したときは日本国籍を失う）により婚姻により日本人女

が国籍を喪失した旨の戸籍記載をするよう回答した事例（昭和33年2月12日民事甲340号民事局長回答）がある。

ウ　離　婚

1976年改正ポルトガル民法を適用し離婚を認容した裁判例がある。ポルトガル人夫と日系カナダ人妻間の離婚訴訟において、Xはポルトガル国籍を有するものであるから、婚姻の準拠法は平成元年改正前の法例16条によって夫の本国法であるポルトガル法によるべきところ、同国法に日本国法への反致の適用はなく、かつ同国の1975年5月27日付大統領令第261号により改正された同国民法1792条によると法定別居原因が即ち離婚事由となるが、夫は妻の所為が同大統領令により改正された同国民法1778条1項(f)に定める法定別居原因「他の配偶者による家庭の完全遺棄が3年以上になった場合」に該当すると主張するが、妻の所為が遺棄に相当したとするもその期間は僅か約2か月にすぎず、その後夫は前記認定のように訴外Tと事実上の婚姻生活を始めていることが認められているから、夫の主張は採用できない。しかし更に法定別居原因として同国法同条同項(h)に「自由な合意の下に行われた事実上の別居が連続5年間にわたつた場合」と定めているところ、同事由は我が国民法770条1項5号に定める「裁判上の離婚原因たる婚姻を継続し難い重大な事由」に相当するから、夫の請求は理由があるのでこれを認容するとしたものである（横浜地判昭和51年8月13日ジュリ640号165頁）。また、平成元年法例改正後のものとして、ポルトガル人夫と連合王国人妻の離婚の際に最も密接な関係がある地が日本であると認定され、協議離婚届を受理して差し支えないとされた事例（平成4年7月17日民二4372号民事局第二課長回答）がある。

エ　氏の変更

外国人男（ポルトガル人）と夫の氏を称して婚姻した日本人女については、夫の氏を称するものとして同女につき新戸籍を編製すべきところ、戸籍事務がこのような処理を認めていない以上、その救済として戸籍法107条による氏の変更手続によることを認めるのもやむを得ないとして、日本人女につき夫の氏に変更することを認めた事例（東京家審昭和43年2

月5日家月20巻9号116頁)がある。

(59) マ　リ（マリ共和国）
　マリ共和国の婚姻関係は，婚姻及び後見法に規定されている。婚姻適齢は，男21歳以上，女18歳以上である（同法11条）が，両親の同意があれば，18歳以上の男，15歳以上の女は婚姻可能である。
　日本人女とマリ共和国人男との創設的婚姻届に，同男のマリ共和国発給の独身証明書が添付されていた場合において，その証明書が，マリ共和国の法制上婚姻の成立に必要な要件を備えていることを証明する書面と認められるとして，これを受理して差し支えないとされた事例（平成16年4月13日民一1178号民事局民事第一課長回答）がある。

(60) マレーシア
　ア　マレーシアの婚姻法
　マレーシアは，1963年に成立し，1965年にマレーシアからシンガポールが独立した。多宗教国家であるが，イスラム教が連邦の宗教とされている。婚姻法については，イスラム教徒（ムスリム）には各州のイスラム家族法が適用され，同法では，男性から女性に対し，3回にわたり，離婚の意思が示されれば離婚が成立するとされるタラーク離婚がある。これは，女性には認められていないが，婚姻の際，夫が一定の約束に違反をした場合，妻から離婚を求めることができる旨の合意をすることにより，この離婚を宣言する権利を妻に委譲できるとされている。また，妻が夫に対し，対価を支払って，夫の承諾のもとで離婚をすること，夫が行方不明になったり，扶養料の支払を怠った場合，妻から離婚を求めることも認められている。
　また，イスラム教以外の宗教には，それぞれの婚姻法が適用される人的不統一国である。イスラム家族法の婚姻適齢は，男18歳以上，女16歳以上である。イスラム教徒の男性はイスラム教徒の女性又は啓典の民の女性としか婚姻できないなど宗教上の制限がある。婚姻するには登録官に対し挙式の許可申請をし，許可を得て挙式し，登録官が登録をする。また裁判所の許可を得て婚姻期間中の男性は別の女性と婚姻契約をすることができるとし，多妻婚を認めている。イスラム教徒以外の市民には，

通常の婚姻が認められているが,やはり,挙式の許可申請をし,挙式をして登録をする。

イ　婚　姻

　婚姻に関しては,日本人女とマレーシア人男とのマレーシア国の婚姻登録証明書を添付した婚姻報告届を受理して差し支えないとされた事例（昭和51年8月6日民二4499号民事局第二課長回答),日本人男とマレーシア人女の婚姻につき,マレーシア・サバ州イスラム評議会発給にかかる婚姻証明書を添付してなされた報告的婚姻届を受理して差し支えないとされた事例（昭和56年5月18日民二3160号民事局第二課長回答）がある。

ウ　離　婚

　マレーシア人夫と日本人妻の離婚に関して,当事者の一方である相手方が日本国籍を有する本件離婚については,日本の裁判所が裁判管轄権を有するが,その準拠法については平成元年改正前の法例16条によると離婚原因発生当時の夫の本国法によることになるとし,夫である申立人の離婚原因発生当時の本国法であるイギリスの国際私法原則によると当事者の双方又は一方が住所を有する地（法廷地）の法律を適用すべきものと解されるから,本件については同法例29条により結局日本の法律が適用されることになるとして家事審判法24条（当時）により審判離婚をした事例（東京家審昭和39年8月11日家月17巻2号67頁),日本人妻とマレーシア人夫との間の離婚につき合意が成立している場合に裁判離婚しか認めない西マレーシア民事離婚法6条を適用して家事審判法24条（当時）により審判離婚を認めた事例（東京家審昭和58年4月25日判時1123号105頁）がある。

エ　氏の変更

　氏の変更に関して,元中国系マレーシア人でカナダ国籍の夫をもつ日本人妻から氏の変更許可を求めた事案において,夫の氏の日本語表記「テイ」とは異なるが,夫が日本人や中国人向けに使用している呼称である「鄭」に氏を変更することを許可した事例（カナダの判例【1-203】）がある。

(61) ミクロネシア（ミクロネシア連邦）

1979年5月10日，ミクロネシアの各地区が連邦を構成する州となり，ミクロネシア連邦が構成された。これに伴い，議会選挙が実施され，ミクロネシア憲法が制定され，1991年9月17日国連に加盟した。日本は，1988年12月に外交関係を開設した。

我が国が同国を承認する前のミクロネシア人男と日本人女の婚姻について，ミクロネシア人を国籍を有しない者として，平成元年改正前の法例27条2項（国籍ヲ有セサル者ニ付テハ其住所地法ヲ以テ本国法ト看做ス）により，その準拠法を住所地法とした先例（平成元年4月6日民二1286号民事局第二課長回答）がある。

(62) 南アフリカ（南アフリカ共和国）

婚姻適齢は，原則として男女とも21歳以上であり，重婚は禁止されている。婚姻は，証人2人以上の立会いで挙式することにより成立する。

南アフリカ共和国では，白人と非白人との婚姻を禁止しており，日本人も非白人に分類されていたところ，これに関して，この禁止規定は人種差別であり，公序良俗に反するから平成元年改正前法例30条により排除すべきであるとする説と婚姻要件を具備しないので，受理すべきではなく，個別に公序良俗違反であるとの司法判断を待つべきであるとする説とがあることも踏まえて，日本人男と南アフリカ共和国人女との婚姻届を受理して差し支えないとした先例（昭和48年11月17日民二8601号民事局長回答）がある。この差別が我が国の公序良俗に反したことは明白であり，妥当な処理である。

その後，日本人男と南アフリカ共和国人女が同国の方式によって婚姻した旨の同国内務相発行の婚姻証明書が身分証明書の中に記載されている場合，これを戸籍法41条の婚姻証明書として受理して差し支えないとした先例（昭和57年9月9日民二5669号民事局第二課長回答）が出されている。

(63) ミャンマー（ミャンマー連邦共和国）（旧：ビルマ）

ミャンマーは1989年にビルマから名称を変更した連邦共和国である。ミャンマーでは，国の定めた婚姻法はなく，婚姻については，それぞれの人が属する宗教ごとに婚姻の方式が異なっている。例えば，仏教徒の場合，

男は身体的に婚姻可能となり，女は20歳以上であれば婚姻可能であるとされ，その地区の裁判官又は区長の署名が必要とされている。

　仏教徒であるビルマ人女と日本人男の婚姻届について，添付の婚姻宣誓書をもって婚姻要件具備証明書とみなし，受理して差し支えないとした先例（昭和50年2月27日民二994号民事局長回答）がある。

　また，ミャンマー人男と日本人女の婚姻届について婚姻要件の具備を証明する書面として，事件本人の母の口述書が添付され，さらに，ミャンマー国地方裁判所公証弁護士が作成した独身証明書の追加提出があった場合，これらをもって婚姻要件を具備していることを証する書面として取り扱って差し支えないとした先例（平成7年9月14日民二3747号民事局第二課長回答），日本人男とミャンマー人女との創設的婚姻届について，双方の実質的成立要件が満たされた届出として受理して差し支えなく，また，従前，仏教徒のミャンマー人の婚姻に係る実質的成立要件とされていた共同生活の開始については，現在は形式的成立要件と考えて差し支えないとされた事例（平成23年12月6日民一2951号民事局第一課長回答），日本人男とミャンマー人女との創設的婚姻届について，届書に添付された「FAMILY LIST」により事件本人が独身であることが認められることから受理して差し支えないとされた事例（平成23年7月27日民一1780号民事局第一課長回答）がある。

　ミャンマー家族法については，スザンヌ・スミス（足立文美恵訳，小川富之監修）「ミャンマー家族法(1)(2)」戸籍時報638号・639号（日本加除出版，2009年）参照されたい。

(64)　メキシコ（メキシコ合衆国）

　ア　国　籍

　昭和10年に帰化によりメキシコ国籍を取得した者は，兵役関係について調査が困難な場合には満40歳に達した日に日本国籍を喪失し，併せて，帰化後に同人と婚姻をした日本人女は，1934年メキシコ国籍及び帰化法20条により婚姻した日にメキシコ国籍を取得し，夫が日本国籍を喪失した日に日本国籍を喪失するとした先例（昭和38年11月22日民事甲3104号民事局長回答）がある。

イ 婚　姻

　メキシコの婚姻関係については民法が規定している。婚姻適齢は男が16歳以上，女が14歳以上であり（民法148条），18歳未満は親の同意が必要である（同法149条）。近親婚，重婚は禁止され，300日間の待婚期間がある。教会での結婚式では法的な婚姻とはならず，したがって，日本人男とメキシコ人女がメキシコ国で婚姻した旨の教会発行の婚姻証明書は，戸籍法41条の婚姻証明書に該当しない（昭和59年12月18日民二6668号民事局第二課長回答）。これに対し，日本人男とメキシコ人女とのメキシコの方式による町長発行の婚姻証明書が提出された場合，同証明書を戸籍法41条の証書謄本として取り扱って差し支えないとされた事例（昭和51年12月23日民二6471号民事局第二課長電信回答）がある。

　また，メキシコ法上では重婚は当然無効であり，メキシコ民法248条は，「前婚が，後婚のときに存在する場合には，たとえ善意であっても後婚は無効である。前婚の配偶者が死亡したと信じて善意に婚姻した場合にも後婚は無効である。無効の申立ては前婚の配偶者，その卑属，相続人，後婚の当事者のいずれからもできる。」となっているので，日本人男とメキシコ人女の重婚について日本人男の戸籍に婚姻の旨の記載をする必要はなく，日本人男とメキシコ人女の重婚中に出生した子は嫡出でない子であるとした事例（昭和47年11月13日民事五発952号民事局第五課長回答）がある。

ウ 離　婚

　メキシコでは，双方が成年に達しており，婚姻から1年以上が経過している場合において，子どもがいないときは，戸籍原簿判事の面前で離婚の意思を言明し，更に15日後に判事が当事者の出頭を求めて離婚を宣言することにより離婚することができる（民法272条，274条）。また，姦通，治療できない精神病などの場合，裁判により離婚ができる（同法267条）。

　離婚に関する先例判例として，上記のとおり，戸籍原簿判事の面前で離婚の意思を言明することによる離婚の規定を踏まえて，調停期日において，当事者双方に離婚についての合意があることは確認され，また調停期日に当事者双方に離婚することにつき合意ができたことが確認され

たので，メキシコ共和国連邦メキシコ民法典（1932年10月1日施行）267条17項，272条2項によりこれを相当と認めて，離婚の調停をしたことを明記し，併せて，本調停は日本国家事審判法21条により確定判決と同一の効力を有するものであることを付記して調停を成立させた事例（東京家調昭和49年8月13日家月27巻6号98頁），裁判当時メキシコ国に住所を有していた日本人夫婦がメキシコ国の裁判所がした離婚判決の最終判決を同国駐在の北米合衆国副領事が証明し，その証明書を添付して裁判離婚の届出があった場合に，判決謄本及び確定証明書が添付されていないとして，便宜，協議離婚届として受理された事例（昭和38年5月29日民事甲1561号民事局長回答），メキシコ共和国でアメリカ人夫と日本人妻との離婚判決がされ，原告である夫から離婚判決書の写しが送付されたが，当該裁判が夫の所属州法上離婚原因に該当するか否かが明らかでないとの理由，被告とされた日本人妻が自分の知らないところで行われたものでミネソタ州に法定住所があるのにメキシコの裁判所で離婚されるのは納得できないと述べていること等により，日本人妻の戸籍に離婚の記載をすべきでないとされた事例（昭和45年1月13日民事甲15号民事局長回答），原告が主張する離婚判決は，メキシコ共和国チワワ州ブラボス地方第一民事裁判所において，被告とされた本件の原告は，公示送達により，訴訟開始に必要な呼出手続をされただけで敗訴の判決がされたことが明らかであるから，右判決は，少なくとも民事訴訟法200条2号（現118条2号）の要件を欠き，（前認定の事実によれば被告は住所地を離れたメキシコ共和国に訴を提起したのであるから，同条一号所定の要件を具備しているかどうかも極めて疑わしいが）その余りの点を判断するまでもなく，我が国においてその効力を承認することができないものであると判断された事例（東京地判昭和46年12月17日判時665号72頁，判タ275号319頁，ジュリ513号113頁）などがある。

(65) モーリシャス（モーリシャス共和国）

婚姻に関し，モーリシャスにおいて作成された日本人男とモーリシャス女の婚姻証書及びその間に出生した婚姻前の子を両名の間の子と認める出生証書は，戸籍法41条の規定する婚姻及び認知の証書として取り扱って差し支えないとした事例（昭和49年10月21日民二5678号民事局長回答）がある。

(66) モルドバ（モルドバ共和国）

モルドバの婚姻については家族法が規定をしている。婚姻適齢は男性18歳以上，女性16歳以上であり，近親婚，重婚等は禁止されている（家族法14条）。協議離婚は認められず，妻が妊娠中又は子が1歳未満の場合，離婚の訴えを提起できない。

婚姻に関し，日本人男とモルドバ人女の創設的婚姻届がされ，同女についてモルドバ共和国キシニョフ市結婚登録所発行の結婚の記録がない旨の証明書が添付されていた場合，これを受理して差し支えないとした先例（平成17年2月4日民一311号民事局第一課長回答）がある。

(67) モロッコ（モロッコ王国）

モロッコ国籍法（1958年）によると，モロッコヘブライ身分法に従うユダヤ教徒告白のモロッコ人を除き，モロッコイスラム教徒に適用される身分法規，相続法は，全ての国民に対し適用される。ただし，非イスラム，非ユダヤモロッコ人に対しては次の規定が適用される。すなわち，(1)一夫多妻の禁止，(2)哺乳に関する規則は適用外，(3)離婚は，和解の試みが成立せず，離別の申請理由についての調査が行われた後，裁判所において宣言されなければならない。抵触の際は，夫又は父の法律が優先する（国籍法3条）とする。成年は21歳であり（同法4条），モロッコ人と婚姻した外国人女は，少なくとも2年以上モロッコで常住所に世帯を持った後，モロッコ国籍の取得のため法務大臣に申告できる（同法10条）。

モロッコに関する先例として，モロッコ人男と日本人女の婚姻届について，独身証明書と見られる書面が添付されているだけで婚姻要件具備証明書がない場合において，モロッコ人男から重婚でない旨の宣誓書を徴した上受理して差し支えないとした事例（昭和62年7月2日民二3458号民事局第二課長回答）がある。

(68) ヨルダン（ヨルダン・ハシェミット王国）

国民の多くはイスラム教徒（スンナ派）であり，イスラム婚姻法がある。したがって，ヨルダン人男は重婚でも婚姻要件を具備していることになるが，日本人と婚姻する場合，婚姻障害となるから，独身であることが必要である。ヨルダン（当時はジョルダンと呼んでいた）人男と日本人女の婚姻届

について，ヨルダン人男の申述書，パスポートの写し，本国官憲発給の独身証明書が添付されていて，婚姻要件を具備していることが認められるとして，これを受理して差し支えないとした事例（昭和60年10月18日民二6511号民事局長回答）がある。また，日本人女とヨルダン人男がヨルダンの方式により婚姻した旨の同国内務省市民登録課担当官発給の婚姻証明書を戸籍法41条に規定する証書の謄本として取り扱って差し支えないとした事例がある（昭和60年３月７日民二1471号民事局第二課長回答）。在ヨルダン日本国大使館発給の渡航証明書により入国（来日）したパレスチナ発給の旅券を所持している男と日本人女から創設的婚姻届がされた場合において，同男について，これを無国籍であるとし，準拠法については日本法によるのが相当であるとし，婚姻届に添付されている資料により婚姻要件を満たしているとして当該婚姻届を受理して差し支えないとした事例（平成13年１月29日民一229号民事局第一課長回答）がある。

(69)　ラオス（ラオス人民民主共和国）

ラオス政府は，チンタナカーン・マイ（新思考）という構造改革のもとで，1986年に新経済メカニズムを導入し，市場経済化のための法律，法制度の整備を推進し，日本に対しても法整備を要請し，我が国からも法整備のための人材が派遣されている。2001年にラオス家族法が制定され，2008年に離婚等について改正がされている。

婚姻適齢は原則として18歳以上だが，15歳まで下げることが可能である。婚姻の合意ができれば，登録申請を行い，登録官は，要件の具備を審査して登録する。儀式は婚姻成立の要件とはされていない。婚姻無効及び離婚については裁判所の手続が必要であり，離婚理由としては，不貞行為，悪意の遺棄に相当する行為，暴力行為などが列挙されている。裁判所は，まず和解を試み，和解ができない場合，離婚判決へと進む。妻が妊娠中であるか子が１歳未満の場合，夫からの離婚請求は制限される。

婚姻に関し，日本人男とラオス人女の婚姻届に，ラオス官憲発給の婚姻要件具備証明書の添付がなくても，これを受理して差し支えないとされた事例（昭和61年６月３日民二4354号民事局長回答）がある。

離婚に関し，ラオス難民夫婦の妻から夫との離婚及び子の親権者を母と

定める判決を求めた事案について，平成元年改正前の法例16条により準拠法となるべきラオス法が同国の政変後未整備であるから準拠法の内容が不明な場合に準じるべきであるとし，条理によって判断すべきところ，政変前のラオス旧民法を補充的に適用し，請求を認容した事例（広島地判昭和61年1月30日家月38巻6号43頁）がある。

なお，ラオスの家族法については，伊藤弘子・大川謙蔵訳，小川富之監修「ラオス家族法(1)～(3)」戸籍時報680・681・683号（日本加除出版，2012），『2010年度「ラオス身分関係法制調査研究」報告書』（法務省ホームページ http://www.moj.go.jp/content/000082828.pdf），「ラオス人民民主共和国家族法（仮訳）」民事月報63巻1号（法務省民事局，2008年）など参照。

(70) **ラトビア**（ラトビア共和国）

婚姻適齢は，男女とも18歳以上であるが，婚姻に関し，日本人男とラトビア人女の創設的婚姻届について，同女について添付されたラトビア共和国リガ市役所の結婚障害欠如宣誓書が，独身であること，婚姻障害がないことの正当な証明書として認めることができるとして，これを受理して差し支えないとされた事例（平成15年3月24日民一837号民事局第一課長回答）がある。

(71) **リトアニア**（リトアニア共和国）

婚姻適齢は原則として18歳以上であり，重婚，近親婚は禁止されるほか，精神的障害も禁止事由に加えている。リトアニアでは法務省が婚姻要件具備証明書を発行している。

婚姻に関し，日本人男とリトアニア人女の婚姻届について，添付されたリトアニア法務省作成名義の婚姻に関する証明書を，権限ある本国官憲発行の婚姻要件具備証明書と認めて受理して差し支えないとした事例（平成7年10月23日民二4085号民事局第二課長回答）がある。

リトアニアでは，リトアニア婚姻法（民法）が制定されているが，現時点で施行されているのかは定かではない。その英訳については，次のサイトを参照されたい。「Bibliotecanonica」ホームページ http://bibliotecanonica.net/docsac/btcacj.htm

(72) リビア

　婚姻に関し，日本人女とリビア人男がリビアの方式により婚姻した旨の同国法務省発給の婚姻証明書の写しを戸籍法41条の規定する婚姻証書の謄本として扱い，同婚姻届を受理して差し支えないとした事例（昭和56年12月15日民二7462号民事局第二課長回答）がある。

(73) ルーマニア

　ルーマニアの婚姻については家族法に規定があり，婚姻適齢は，男性18歳以上，女性16歳以上であり（同法4条），重婚は禁止され（同法5条），4親等以内の血族及び姻族の婚姻も原則禁止であり（同法6条），養親子間の婚姻（同法7条），後見人と被後見人との婚姻（同法8条）も禁止されている。精神障害者の一部も同様である（同法9条）。

　戸籍小箱266号の「婚姻要件の具備を証する書面としてルーマニア人男の前婚の離婚証明書を添付して届出された日本人女との創設的婚姻届について」戸籍739号67頁以下（テイハン，2003）は，ルーマニア本国では婚姻要件具備証明書を発行しておらず（在日ルーマニア大使館では発行しているとのこと），本国が発行した離婚証明書を直ちに婚姻要件具備証明書と認めることはできないが，これと相手方の戸籍及び当事者の申述書等によって，これらの要件の確認が可能であるから，それによって要件を確認できれば，受理して差し支えないとする。なお，婚姻要件については，戸籍594号59頁以下参照されたい。

　婚姻に関し，日本人男とルーマニア人女との婚姻届について，同女から本国法上の婚姻要件を具備している旨の申述書を徴した上で，同届を受理して差し支えないとした事例（平成4年6月30日民二3763号民事局第二課長回答）がある。

第2部　渉外親子法

第1　渉外親子法総論

1　実親子関係の成立

(1)　嫡出親子関係の成立

ア　準拠法の決定

　平成元年改正前の法例は，子が嫡出であるか否かは，子の出生当時における母の夫（父）の本国法によって決定する（17条）とし，父の属人法主義によっていたが，改正後は，子の出生当時における夫婦の一方（父又は母）の本国法により嫡出であるときは，その子は嫡出とするとし，父又は母の選択的適用主義を採用し（法例17条1項），現在の法の適用に関する通則法に引き継がれている（通則法28条1項）。子の出生当時，夫が死亡していた場合には，父死亡時の本国法を夫の本国法とみなす（通則法28条2項，法例17条2項）。子が懐胎した当時は夫婦であったが，死亡時に既に離婚していた場合，離婚時の父母の本国法が適用されると解されている。[1] 選択的適用主義が採用されたのは広く嫡出子の成立を認めようとする趣旨であることから，反致を適用すべきかについて争いがあるが，これを否定する明文規定がない以上，適用を肯定すべきであろう。[2]

イ　準拠法の適用範囲

　平成元年改正前の法例17条は，「子ノ嫡出ナルヤ否ヤハ」と規定し，嫡出推定だけではなく，嫡出否認についても明文で規定を置いていたが，

---

[1] 山田・第3版477頁，溜池・第3版490頁，木棚他・概論196頁。なお，神前他186頁は夫婦が出生前に離婚していても本条が適用されることに争いはないとするが，基準時には触れていない。また，溜池・講義前同頁は，立法論的には解釈上の問題を避けるために，婚姻解消当時の本国法とすべきであるという。

[2] 山田・第3版477頁，神前他187頁参照。

改正後は,「子ガ嫡出ナルトキハ」と規定された。そのため,嫡出否認について適用されるのか条文上明らかではなくなったが,嫡出否認についても適用されると解されている[3]。【2-1】は,その裁判例である。夫婦の双方の本国法により嫡出が推定される場合,双方の本国法により嫡出性が否認されるのでなければ,嫡出性は否認されないと解される[4]。【2-2】は,これを前提とし,双方の本国法により嫡出性が否認されるとした裁判例である。夫婦の双方の本国法により否認権者,否認期間が異なる場合,それぞれの否認権者がその否認期間内に否認の訴え又は調停・審判の申立てをすることが必要であると解されるが,一方の申立てにより開始された調停において他方の参加があれば,合意に相当する審判をすることも可能であるとされている[5]。

母が再婚した後,子が出生した場合において,前婚と後婚とのいずれについても嫡出性が推定されるときがある。嫡出推定が重複すると,それによって父が誰であるかは定まらないから,嫡出子ではあっても,いずれの夫の子かを定めることが必要となる。我が国の民法が準拠法となる場合には,父を定める訴えによることになるが,外国の法律が準拠法となる場合も,これに準じて条理に従い父を定めることになる[6]。

通則法28条1項は,「夫婦の一方の本国法で子の出生の当時におけるものにより子が嫡出となるべきときは,その子は,嫡出である子とする」と規定しているが,婚姻が無効であったり,取り消されたりした場合でも,子の嫡出性を認める国もあれば,婚姻中,子の父が死亡した場合でも,子の嫡出性を認める国もあり,有効な婚姻関係にある夫婦の子だけを「嫡出子」とする日本の法制とは異なる観点から嫡出性を考える法制度が存在する(誤想婚,無効婚)。そのような場合,通則法28条1項

---

3) 山田・新版476頁,溜池・講義465頁,櫻田・第6版305頁,木棚他・概論196頁,神前他184頁,澤木・道垣内・入門118頁。
4) 山田・新版477頁,溜池・講義465頁,櫻田・第6版305頁,木棚他・概論197頁,神前他185頁。
5) 南敏文『改正法例の解説』(法曹会,1992)110頁。
6) 溜池・講義463-465頁は,この点を詳しく解説している。なお,南・解説110頁,山田・新版476頁も,同様の趣旨と解される。

（法例17条）が適用されるか。これについては，扶養，相続等個別的法律関係が問題となる場合にはそれぞれの条項を適用し，国籍，戸籍の記載など一般的に親子関係の成立自体が問題となる場合には通則法28条1項（法例17条）を適用すべきであるとする見解，[7] 婚姻が無効又は取り消された場合には嫡出性の問題として通則法28条（法例17条）によるべきであるが，婚約中に出生した子の場合は，本来，嫡出でない子であるものが一定の場合に嫡出子としての法的地位が認められるとする制度であり，通則法29条（法例18条）によるべきであるとする見解，[8] 婚約子には触れず，婚姻が無効又は取り消された場合に，その婚姻から生まれた子の嫡出性も通則法28条（法例17条）によるとする見解[9] などがある。

【2-1】 日本人夫がタイ人妻との婚姻中に生まれた子を相手方にして嫡出子否認の申立てをした事案について，法例17条1項（通則法28条1項）により日本法及びタイ国法を適用して嫡出子否認の23条審判をした事例

水戸家審平成10年1月12日家月50巻7号100頁

> 本件は，相手方の母が相手方を懐胎当時，申立人と婚姻関係にあったものであるから，申立人と相手方との親子関係の存否は嫡出親子関係の問題となり，この関係について法例上明確な規定はないが，法例17条1項［注：通則法28条1項］は，嫡出の推定を受け，かつ，それが否認されない場合を規定しているので，嫡出否認の問題も同条によることになる。そうすると，同条により，申立人の本国法である日本法と相手方の母の本国法であるタイ国法とが準拠法となる。

【2-2】 日本国籍の申立人（父）から公簿上嫡出子とされている子を相手方として申し立てられた嫡出子否認事件について，法例17条（通則法28条）により，申立人の本国法である日本法と相手方の母の本国法である

---

[7] 山田・新版478-479頁。
[8] 溜池・講義466-467頁。
[9] 櫻田・第6版305頁，木棚他・概論196頁，澤木・道垣内・入門118頁。

コロンビア法とが準拠法となるとして，日本法，コロンビア法の双方によりそれぞれ嫡出子の推定がされ，嫡出子否認をすることができるとされた事例

名古屋家審平成7年5月19日家月48巻2号153頁

> 本件は，相手方の母であるA［注：コロンビア人］が相手方を懐胎当時，申立人と婚姻関係にあったものであるから，申立人（父）と相手方（子）との間の親子関係の存否は嫡出親子関係の成否が問題となる。そうすると，法例17条［注：通則法28条］により，申立人の本国法である日本法と相手方の母の本国法であるコロンビア法とが準拠法となる。

(2) 嫡出でない親子関係の成立

ア 総説

　嫡出でない親子関係の成立については，出生の事実によって認める事実主義（血統主義，ゲルマン主義とも言う）と一定の方式による認知によって認める認知主義（意思主義，ローマ主義とも言う）とがあり，我が国は，認知主義を採用している。平成元年改正前の法例18条は，認知の場合のみを規定していたが，改正後は，双方の場合について規定している。

　ある子が嫡出子か嫡出でない子かが問題となる場合，法例17条と18条の双方が適用されるのか，まず，嫡出子か否かが17条により検討され，嫡出子の要件を否定された場合にはじめて18条により嫡出でない子か否かが検討されると解されるのか説が分かれている。平成元年改正前の法例に関して，これについて判示したのが【2-3】であり，まず法例17条を適用して嫡出子か否かを検討すべきものとされた。改正後の法例についても同様に解されており，[10]したがって通則法においても同じである。

---

10) 道垣内・総論97-98頁，百選117頁。

【2-3】 親子関係の成立については，まず嫡出親子関係に成立についての準拠法を適用し，嫡出親子関係が否定された場合，嫡出でない親子関係の準拠法を検討すべきである

最判平成12年1月27日民集54巻1号1頁，判時1702号73頁，判タ1024号172頁

> 親子関係の成立という法律関係のうち嫡出性取得の問題を1個の独立した法律関係として規定している旧法例17条，18条［注：平成元年改正前のもの。以下同じ］の構造上，親子関係の成立が問題となる場合には，まず嫡出親子関係の成立についての準拠法により嫡出親子関係が成立するかどうかを見た上，そこで嫡出親子関係が否定された場合には，右嫡出とされなかった子について嫡出以外の親子関係の成立の準拠法を別途見いだし，その準拠法を適用して親子関係の成立を判断すべきである。
>
> 旧法例17条によれば，子が嫡出かどうかはその出生当時の母の夫の本国法によって定めるとされており，同条はその文言上出生という事実により嫡出性を取得する嫡出親子関係の成立についてその準拠法を定める規定であると解される。そうすると，出生以外の事由により嫡出性を取得する場合の嫡出親子関係の成立については，旧法例は準拠法決定のための規定を欠いていることになるが，同条を類推適用し，嫡出性を取得する原因となるべき事実が完成した当時の母の夫の本国法によって定めるのが相当である。

イ　出生による嫡出でない親子関係の成立

通則法29条1項前段（法例18条1項前段）は，「嫡出でない子の親子関係の成立は，父との間の親子関係の成立については子の出生の当時の父の本国法により，母との間の親子関係についてはその当時における母の本国法による」と規定しており，出生の事実による嫡出でない親子関係の成立について配分的適用主義を採用した。この適用に関しても，扶養相続等具体的法律関係に関して問題となる場合には，それぞれの準拠法によるべきであり，国籍，戸籍等嫡出でない親子関係の成立が一般的に問題となる場合に適用されるとする見解[11]と特にその点を問題とすること

---

11) 山田・新版482頁，木棚他・概論198頁。

なく適用されるとする見解[12]とがある。
　ウ　認知による嫡出でない親子関係の成立
　(ｱ)　準拠法の決定
　　認知による嫡出でない親子関係の成立については，平成元年改正前の法例18条1項は，父又は母に関しては認知当時の父又は母の本国法，子に関しては認知当時の子の本国法によるとし配分的適用主義を採っていたが，平成元年改正後の法例18条2項前段は，選択的適用主義を採用し，同趣旨の通則法29条2項前段は，「子の認知は，前項前段の規定により適用すべき法によるほか，認知の当時における認知する者又は子の本国法による」と規定した。したがって，子の出生当時の認知する者の本国法，認知当時の認知する者の本国法，認知当時の子の本国法のいずれによっても認知することができる。[13]これに関する裁判例として，父の本国法によった例として【2-4】，【2-5】，子の本国法によった例として，【2-6】【2-7】がある。

　　父が子の出生前に死亡したときは，死亡当時の父の本国法が1項の父の本国法とみなされ，2項に掲げた認知する者又は子が認知前に死亡したときは，死亡当時のその者の本国法を2項の本国法とみなされる（通則法29条3項，法例18条3項）。胎児の認知については規定がなく，また，胎児には国籍がないことから，2項の適用に関しては，認知当時の母の本国法をもって子の本国法とみなされると解されている。[14]この点についての平成元年の基本通達は，【2-8】のとおりである。

　　通則法29条1項後段（法例18条1項後段も同旨）は，「この場合において，子の認知による親子関係の成立については，認知の当時における子の本国法によればその子又は第三者の承諾又は同意があることが認知の要件

---

12) 溜池・講義469頁。なお，櫻田・第6版308頁，神前他187頁は，通則法29条（法例18条）1項前段が事実主義と認知主義の双方について適用される原則的規定であるとするだけで，いずれに与みするのか定かではない。
13) 山田・新版483頁，溜池・講義470頁，櫻田・第6版309頁，澤木・道垣内・入門118頁など。
14) 山田・新版483頁，溜池・講義472頁。神前他189頁は，「学説は，この場合母の本国法を子の本国法と解している」とする。

であるときは，その要件をも備えなければならない」と規定し，同条2項で認知する者の本国法とする場合にも準用している。これは，認知をされる子の利益を保護するための規定であり，セーフガード条項と呼ばれている。

　法例18条（通則法29条）についても反致の適用があるかどうか学説は分かれているが，これを否定する明文はなく，肯定すべきであろう。ただし，セーフガード条項については争いがあり，反致の適用がないとする説が有力であり，平成元年の改正の際に発出された基本通達【2-8】は，反致の適用を否定している[15]。

【2-4】　大韓民国国籍の女性と日本国国籍の男性の間に出生した子が，父死亡後に請求した認知事件について，法例18条（通則法29条）により日本法を適用した事例

東京地判平成2年3月19日判タ766号26頁

> 　法例18条1, 2項［注：通則法29条1, 2項］によれば，子の出生当時の父・認知当時の認知者（被告）の本国法（日本法）又は認知当時の子（原告）の本国法（韓国法）の選択的適用が認められているところ，本件にあらわれた諸般の事情に照らし，日本法を適用するのが相当である。

【2-5】　大韓民国国籍の女性と日本国国籍の男性の間に出生した子が，父死亡後に請求した認知事件について，法例18条（通則法29条）により日本法を適用した事例

東京地判平成2年9月26日判タ767号36頁

---

15) 山田・新版484頁は，そのように述べた上，しかし，子の本国の国際私法から日本法への反致が認められている場合，日本法を適用することが，必ずしも常に子の保護に欠けることになるとは限らないこと，法例18条1項後段の規定が抵触法的ではなく法例32条の「当事者ノ本国法ニ依ルベキ場合」に当たらないとして反致の可能性を否定する点についても，国際私法規定の表現の問題にとどまり必ずしも反致否定の理由にはならないことなどから，反致否定の見解を改め，これを認めるべきであるとする。

466　第2部　渉外親子法

> 本件については，子の出生当時の父の本国法である日本法によるべきところ，右認定事実によれば，原告は，A（母）が被告と性的関係をもった結果懐妊され，出生したものと認めるのが相当である。

【2-6】 イギリス国籍の男性と日本国籍の女性の間に出生した子の認知事件について，法例18条（通則法29条）により日本法を適用した事例

東京地判平成2年12月25日判タ767号36頁

> 法例18条1項，2項［注：通則法29条1項，2項］によれば，本件認知については，認知の当時の子の本国法である日本の法律を準拠法として適用し得ることが明らかである。

【2-7】 朝鮮国籍の男性と日本人国籍の女性の間に出生した子の認知事件について，法例18条により日本法を適用した事例

東京地判平成3年5月16日判タ773号26頁

> 日本人である原告の本件認知請求については，法例18条［注：通則法29条］により，認知の時の子の本国法すなわち我が国の民法によることができるところ，民法787条によれば，右認定の事実関係の下において，本件認知請求は理由がある。

【2-8】 法例の一部を改正する法律の施行に伴う戸籍事務の取扱いについて（認知関係部分）

平成元年10月2日民二3900号民事局長通達

> 第1～第3　（略）
> 第4　認知
> 　1　創設的届出
> 　　(1)・(2)　（略）
> 　　(3)　胎児認知の場合

> 胎児認知の届出があったときは，改正法例第18条［注：通則法29条］第1項後段及び第2項の適用上，「子の本国法」を「母の本国法」と読み替えて受否を決するものとする。

(イ)　準拠法の適用範囲

　認知に関する準拠法は，任意認知・強制認知が認められるか，認知する能力があるか，認知できる子に制限があるか，胎児認知・死後認知が認められるか，姦通による子の認知ができるか，死後認知に出訴期間があるか，遺言による認知・無能力者による認知ができるか，認知するのに第三者又は公的機関の同意が必要かなどの問題に適用される[16]。

　平成元年法例改正前は，配分的適用主義を採っていたため，当該外国法で認知が認められない場合，公序則により，その適用を排除した事例が少なからず見られた。例えば，【2-9】は，父の本国法であるリヒテンシュタイン公国法では死後認知を認めていないが，死後認知を認めないことは公序良俗に反するとして，これを認容した事例，【2-10】は，強制認知を認める規定のないミズーリ州出身の米国人父に対する認知請求について，同州法の適用を公序則に反するものとして，認知の訴えを起こすことができるとした事例である。いずれも，改正後の法例では公序則によらなくても，認知の訴が認められるケースである。

　死後認知の出訴期間の制限については，我が国の死後3年という期間より短くても，直ちに公序良俗に反するとはいえないと考えられている。【2-11】は，平成元年改正前の法例が適用される事案について，大韓民国民法864条（当時）は死後認知の出訴期間を父又は母の死亡を知った日から1年に限定するが，これを公序良俗に反するとは認め難いとした事例である。【2-12】は，平成元年改正後の法例が適用される事案ついて，同様の判断をした事例である。なお，大韓民国民法864条はその後2005年に改正され，出訴期間は死亡を知った日から2年とされている。

---

16) 山田・新版484頁，溜池・講義471頁，櫻田・第6版311頁，木棚他・概論199頁，神前他188頁，澤木・道垣内・入門120頁。

468　第2部　渉外親子法

　　父の本国法が事実主義を採るため，認知がなくても嫡出でない親子関係が認められる場合において，子が本国法に基づいて認知を求めることができるか，[17] また，日本人を母とする子の認知請求について子の法定代理人が認知請求をできるのかは，いずれの準拠法によるべきか。これについて判断したのが【2-13】である。最高裁は，平成元年改正前の法例が適用される事案に関して，中華民国民法では自己の子を養育した事実があれば当然に認知の効力が生じるが，我が国では認知の要件を具備しないから認知の訴えを提起できるとした上で，法定代理人が提起できるか否かは嫡出でない子の認知の要件のうち子に関する要件の問題であり，また，嫡出でない子の母が，嫡出でない子の法定代理人として，右訴を提起できるか否かは親子間の法律関係に属する問題であるから平成元年改正前の法例20条に従い定めるべきであるとした。改正後の法例18条2項・通則法29条2項では，認知当時の子の本国法によることができるから，日本法が適用され，認知の訴を提起できることに問題はなく，法定代理人が認知の訴えを提起できるか否かも同項により日本法が適用され，親子間の法律関係についての平成元年改正後の法例21条・通則法32条は，子の本国法が父又は母の本国法と同一の場合，もし父母の一方がいないときは他の一方の本国法と同一の場合には，子の本国法によるから，いずれにしても日本法が適用されることになる。なお，この最高裁判決では，父が事実上養育したにとどまるのであるが，父の本国法上，事実主義により父子関係が裁判により確定している場合には，強制認知があった場合と変わらないから，さらに認知をすることはできないもの

---

[17] 山田・新版485頁は，「理論的には，非嫡出親子関係が成立している以上，認知の必要はない。しかし，実際には，父子関係が問題となった場合，認知が前提として要求されることもある。一般的に事実主義の法制は認知を積極的に排斥するものではなく，認知主義の法制にとって事実主義にもとづく親子関係の成立は認知の妨げとはならない。できるかぎり父子関係の成立を認めようとする立法趣旨からすれば，右のような場合には認知をすることができるものというべきである。」と言う。溜池・講義472頁も「事実主義というのは，非嫡出親子関係の成立について認知を要しないとしているにすぎず，認知を積極的に否定しているものとは考えられない。それゆえ，父の本国法が事実主義を採用することは，子の本国法による認知を妨げるものではないと解される。」とし，櫻田・第6版311頁，木棚他・概論200頁も同旨であり，戸籍実務もこれを前提としている。

と考えられ【2-15】は，これを前提とする。

　任意認知を認めるか否かは通則法29条（法例18条）により準拠法を定めるべきであるが，出生届に任意認知の効力を認めるべきか否かは，任意認知の方式の問題であるから通則法10条2項（法例8条2項）が適用され，行為地法による任意認知の方式によって有効とされれば，その方式を具備したものと判断される。相続権を主張する中華民国人の子について，認知に関し平成元年改正前法例18条を適用し，任意認知を認め，その方式に関しては法例8条2項（平成元年法例改正前後で同一である。通則法10条2項も同旨）を適用し，出生届に認知届としての効力を認めたのが【2-14】である。

【2-9】　平成元年改正前の法例30条により，死後認知を認めないリヒテンシュタイン公国法を排除し，日本民法を適用した事例

東京地判昭和47年3月4日判時675号71頁

　本件はY（父）についてはリヒテンシュタイン公国の法律により，X（子）については日本の法律によることになるところ，リヒテンシュタイン公国法には子が父の死後認知を求める場合について明文の規定が存在しない。そしてまた，同国には認知の法律関係について反致を認める規定も存在しない。しかしながら，嫡出でない子が法律上自らの父を定め戸籍に父の記載を得ることは，法律上も事実上も子にとって生涯にわたる重大な事柄であり，これを実現する唯一の方法である認知の訴を，父子関係が明確に認定できる場合にも許されないとすることは，何ら責任のない子から正常な社会生活をする権利を奪うにも等しく，死後認知を認めるわが国の法制度のもとにおいて右のように死後認知を認めないリヒテンシュタイン公国法の適用結果を認めることは，法例30条［注：平成元年改正前のもの］にいう公序良俗に反するものと言わなければならない。

【2-10】　嫡出でない子に認知を求めることを許さないとすることは，平成元年改正前の法例30条にいわゆる公序良俗に反する場合に当たり，父の本国法に認知に関する規定がなくとも，子の本国法にその規定がある場

合は父に対する認知の訴えができるとした事例

東京高判昭和32年11月28日下民集8巻11号2200頁

> わが国において嫡出でない子が事実上の父を明にし，その者との間に法律上の父子関係を生ぜしめるには，その認知を受ける以外にその方法がなく，このような関係が生じなければこれに伴う法律上の効果を受けることができないのであるから，嫡出でない子に認知を求めることを許さないで放置することは結局一般社会生活の組織秩序に不当な影響を及ぼすこととなり，法例第30条［注：平成元年改正前のもの］にいわゆる公序良俗に反する場合に当たるものというべきである。このような場合には，たとえ，右父の本国法に認知に関する規定がなくとも，右子の本国法にその規定がある限り，右子はその本国法により右父に対する認知の訴を起すことができるものと解するのが相当である。

【2-11】 死後認知の出訴期間を1年に限定している大韓民国民法の適用の結果が，公序良俗に反しないとされた事例

最判昭和50年6月27日家月28巻4号83頁

> Aの本国法である大韓民国民法864条によれば，父又は母が死亡したときは，その死亡を知った日から1年内に検事を相手方として認知請求の訴を提起することができると定められている。してみると，本件認知の訴は，子である上告人らの関係では出訴期間内に提起されたことになるけれども，父たるべきAの関係で出訴期間を徒過しており，結局認知の要件を具備していないことが明らかであって，本件訴は不適法たるを免れない。また，大韓民国民法の右規定は，父又は母の死亡後における認知請求の訴を認めたうえ，出訴期間をその死亡を知った日から1年に限定したものであるからといって，これを日本民法787条の規定と対比してみても，その適用の結果がわが国の公序良俗に反するものとは認め難い。

第1　渉外親子法総論　*471*

【2-12】　死後認知の訴えについて出訴期間の制限を定めた日本民法，韓国民法の立法趣旨から，具体的事案に応じて出訴期間の適用をしないとの解釈を容れる余地がないとした事例

東京地判平成4年9月25日家月45巻5号90頁

　　死後認知の訴えにつき出訴期間の制限を定めた日本国民法787条ただし書及び韓国民法864条の立法趣旨は，認知請求者の利益保護の要請と法的安定性の要請という二つの法益の衡量を図ることにあると解される。しかし，右二つの法益の衡量をふまえて出訴期間が明定された以上，右二つの法益に関する個別の事情を具体的事案において彼此衡量して前者の要請が後者の要請に優る場合には出訴期間の制限を適用しないとの解釈をいれる余地はないものというべきであ［る。］

【2-13】　中華民国の国籍を有する血統上の父が嫡出でない子を養育している場合，同国法では親子関係が生じるが，その子が日本国籍を有するときは，認知の効力は生じないから嫡出でない子は父に対する認知の訴えを提起でき，その場合，原告勝訴の確定判決があるまでは，平成元年改正前の法例20条にいう「父アラサルトキ」に当たるとした事例

最判昭和44年10月21日民集23巻10号1834頁，家月22巻2号38頁，判時577号71頁，判タ241号75号

　　上告人が被上告人を自己の子として養育している事実にもとづき，その本国法たる中華民国民法1065条1項後段による認知の要件がすでに具備していると解すべき……であるけれども，他方，被上告人に関しては，その本国法たるわが民法には，……血統上の父が非嫡出子を自己の子として養育している事実のみにもとづき，当然に，認知の効力を発生させる旨の規定がないから，……上告人が任意に認知の届出をするか，または，……被上告人ないしその法定代理人等が上告人に対し認知の訴を提起してそれに対する勝訴の判決を得るか，あるいは，家事審判法23条2項に従い，右判決にかわる認知の審判を得るか，そのいずれかの手続を経ないかぎり，いまだ被上告人の認知の要件は完全に具備したことにはならない……
　　被上告人ないしその法定代理人等が，……上告人に対して認知の訴を提起

しうるものとし，子たる被上告人に関しても，認知の要件が完全に具備するようにすることは，中華民国民法の法意にそうもので……本件認知の訴は，法例30条〔注：平成元年改正前のもの。以下同じ〕に従い中華民国民法の適用を排除するまでもなく適法な訴である……非嫡出子のためその血統上の父と認められる者に対して認知の訴を提起しうるものとする場合に，非嫡出子の法定代理人においてもこれを提起することができるか否かは，非嫡出子の認知の要件のうち子に関する要件の問題であると解すべきであるから，法例18条1項後段に従い，非嫡出子の本国法により，これを定めるべきところ，被上告人の本国法たるわが民法787条は，非嫡出子の法定代理人においても右訴を提起することができるものとしている。そこで，さらに，右の場合において，非嫡出子の母が，非嫡出子の法定代理人として，右訴を提起しうるか否かは，親子間の法律関係に関する問題であるから，法例20条に従い，これを定めるべきところ，同条は，その準拠法につき，『親子間ノ法律関係ハ父ノ本国法ニ依ル若シ父アラザルトキハ母ノ本国法ニ依ル』と規定しているが，本件のように，非嫡出子のためその血統上の父と認められる者に対して認知の訴を提起する場合には，それに対する勝訴の確定判決があるまでは，非嫡出子の法律上の父はいまだ確定しないのであって，右規定にいう『父アラサルトキ』に該当するというべきであるから，同条後段に従い，母の本国法により，これを定めるべきものである。

【2-14】 嫡出でない子につき，父から，これを嫡出子とする出生届がされ，又は嫡出でない子としての出生届がされた場合において，右各出生届が戸籍事務管掌者によって受理されたときは，その各届は，認知届としての効力を有する

最判昭和53年2月24日民集32巻1号110頁，家月30巻8号39頁，判時883号25頁，判タ362号213頁

Aが死亡当時中華民国国籍を有する者であったことを認め，法例にいう同人の本国法を中華民国法であるとして，同人の相続関係につき法例25条〔注：平成元年改正前のもの。以下同じ〕により，また同人のした認知に関し同法18条により，中華民国民法を適用した原審の認定判断は正当として是認することができる。……嫡出でない子につき，父から，これを嫡出子とする出生届がされ，又は嫡出でない子としての出生届がされた場合において，右各出生届が戸籍事務管掌者によって受理されたときは，その各届は認知届と

しての効力を有するものと解するのが相当である。

【2-15】 子が日本人である場合，認知する者の本国法が事実主義を採用している場合でも，認知届を受理すべきであるとした事例

平成元年10月2日民二3900号民事局長通達

第一～第三 ……
第四　認知
　1　創設的届出
　　(1)　子が日本人である場合
　　　　日本民法上の認知の要件が当事者双方に備わっている場合は，認知の届出を受理する。認知する者の本国法が事実主義を採用している場合であっても，認知の届出を受理する。第三の2(2)により父の氏名が戸籍に記載されている場合も，同様とする。ただし，後記2(2)により戸籍法第63条の類推適用による届出があり，かつ，父の氏名が戸籍に記載されている場合は，認知の届出を受理することができない。
　　　　日本民法上の認知の要件が当事者双方に備わっていない場合において，認知する者の本国法により認知することができる旨の証明書を添付した認知の届出があったときは，改正法例第33条（公序）〔注：通則法42条〕の規定の適用が問題となるので，監督局の長の指示を求めるものとする。
　　(2), (3)　……
　2　報告的届出
　　(1)　……
　　(2)　子の出生の当時における父の本国法が事実主義を採用している場合において，父子関係存在確認の裁判が確定したときの報告的届出は，子又は父からの戸籍法第63条の類推適用による届出として受理する。

　(ウ)　認知の無効・取消し
　　認知の無効，取消しも通則法29条（法例18条）が適用されると解されているが，選択的適用であることから，複数の法が適用される場合において，複数の法が認知を認めていれば，それぞれの法で認知が無効又は

取消しにならない限り，認知は無効又は取消しにはならない。また，同様に認知保護の観点から，ある法では無効となり，他の法では取消しとなる場合には取り消すことができるにとどまると解される[18]。

　認知の無効・取消しについて出訴期間がある場合，認知保護の観点から言えば，それぞれの法で無効・取消しとならない限り，認知は有効であると解する方がよい。しかし，実際に父親でない者が認知をした場合において，そのことが明らかになっているのに，他方の法によって認知の無効・取消しの出訴期間を超えているからといって，これを有効とするのがよいのかは別問題である。実の父親によってされた認知だけを保護すればよいと考えれば，むしろ，一方の法によって無効・取消しとなる場合，他方の出訴期間経過を理由として，これを有効とするのは相当ではないことになろう。【2-16】は，平成元年改正前の法例に関して，認知者（父）については大韓民国民法が，子については日本国民法が適用されるケースについて，日本国民法によって認知が無効とされるときは大韓民国民法によって認知が無効とされなくても，認知の効力を否定できるとした事例である。

【2-16】 大韓民国の国籍を有する者から認知された日本国の国籍を有する者は，大韓民国民法の規定する出訴期間を経過した後においても，認知無効の訴えを提起することができる

最判平成3年9月13日民集45巻7号1151頁，家月43巻12号48頁，判時1405号33頁，判タ773号78頁

　　法例18条1項［注：平成元年改正前のもの。以下同じ］は，認知の要件につき，父又は母（以下「認知者」という。）に関しては認知の当時の認知者の属する国の法律によりこれを定め，子（以下「被認知者」という。）に関しては認知の当時の被認知者の属する国の法律によりこれを定める旨を規定しているが，同条は，国籍を異にする認知者と被認知者との間の身分関係を肯定するのに確実を期するとともに，不確実な身分関係を排除するため，認

---

[18] 山田・新版485-486頁，溜池・講義472頁，南・解説128頁。

知者及び被認知者のそれぞれの本国法によって認知の要件を具備する場合に認知の効力を肯定することができるものとした規定であると解すべきである。したがって，認知者及び被認知者の各本国法の規定する認知の有効要件が異なる場合には，一方の本国法によって認知が有効とされるだけでは足りず，他方の本国法によっても認知が有効とされるときに，初めて認知の効力を肯定することができ，認知者及び被認知者の各本国法の規定する認知の無効要件が異なる場合には，一方の本国法によって認知が無効とされるときは，他方の本国法によって認知が無効とされないときであってもなお，認知の効力を否定することができるというべきである。

そして，右のような法例18条1項の趣旨にかんがみれば，子が父に対して認知を求めるにつき，出訴期間の制限がある場合には，父又は子の一方の本国法の規定する出訴期間を徒過していれば，当該認知を求める訴えは不適法として却下を免れないが（最高裁昭和50年(オ)第93号同年6月27日第二小法廷判決・裁判集民事115号161頁参照），子が父に対して父がした認知の無効確認を求めるにつき，出訴期間の制限がある場合には，父及び子の双方の本国法の規定する出訴期間を徒過していない限り，当該認知の無効確認を求める訴えを適法として，認知の効力の有無を判断すべきものである。

(エ) 認知の方式

認知の方式については，通則法34条（法例22条）が適用される[19]。したがって，認知の成立を定める準拠法のいずれでもよいし，行為地法によってもよい。なお，外国に在る日本人は，戸籍法の規定に従って，その国に駐在する日本の大使，公使又は領事に届出することができることは婚姻の場合と同様である（戸籍法40条）。遺言による認知は，通則法34条の認知の方式によるのではなく，遺言の方式の準拠法に関する法律による。出生届が認知としての効力を有する場合のあることは前掲【2-14】のとおりである。

(オ) 認知の効力

平成元年改正前の法例18条2項は，「認知ノ効力ハ父又ハ母ノ本国法ニ依ル」と規定していたが，改正後は，「子ノ認知ハ」として，認知の

---

19) 山田・新版486頁，溜池・講義470頁，木棚他・概論199頁，澤木・道垣内・入門121頁。

要件と効力を区別しない規定となり，現在の通則法29条2項に引き継がれている。法例18条2項には，認知による身分の取得，認知の遡及効，撤回の可否などが含まれると解されていた。これについては，認知の効力については特別の抵触規定は不要であるとし，認知された子がいかなる身分を取得するかの問題は，親子の具体的権利義務の問題と区別して取り扱わなければならないのかは疑問であり，認知の遡及効の問題は，具体的な法律関係について認知の効力がいつから認められるかの問題と考えれば，それは問題となる法律関係の準拠法によるものということができ，認知の撤回は，認知の無効・取消しに関するものであるから，認知の要件のうちに含まれるものと考えられるとする見解[20]，改正前は認知の成立について準拠法の配分的適用主義が採られていたため，認知の効力をこれによらしめることが困難であるので，特に認知の効力についての規定が必要とされたが，通則法29条（平成元年改正後の法例18条）は認知の成立につき配分的適用主義を採用しないから効力を成立と同じ準拠法によらしめることができ，以上の準拠法のいずれによっても認知が認められる場合において，認知の効力について，準拠法により内容を異にするときは，一般的に子に最も有利な準拠法によるべきであるとする見解[21]，平成元年改正前法例18条2項は，嫡出でない親子関係の発生確定の直接的効果，つまり，認知の遡及効や撤回可能性を意味すると解されていたが，改正後は解釈に委ねられたとし，認知の遡及効の問題を含めて認知の準拠法による趣旨と解する見解[22]，改正法例は選択的連結によったので，認知の効力は成立の準拠法によらしめることが可能となったとし，認知の直接的効果，つまり嫡出でない親子関係の成立（及び認知の遡及効，撤回の禁止など）は，認知の準拠法によるが，複数の準拠法が直接的効果として異なるものを定めている場合には，一般的に子にとって最も利益となる準拠法によるものとされるとする見解[23]などがある。

---

20) 山田・新版487頁。
21) 溜池・概論470-471頁。
22) 木棚他・概論199頁。
23) 櫻田・第4版271-272頁。

(カ) 経過規定

　平成元年改正の法例の経過規定である附則2項本文は，「この法律の施行前に生じた事項については，なお従前の例による。」と規定する。認知については，「認知の時」が基準となる。強制認知の場合は，事実審の最終口頭弁論期日である。[24] このことを判示したのが【2-17】（前掲【2-12】）である。

【2-17】 平成元年の改正法例経過規定の附則2項本文について，認知の訴えによる認知の効力か判決確定により生じるから，最終弁論期日前に認知する者が死亡しても，附則2項は適用されない

東京地判平成4年9月25日家月45巻5号90頁

> 改正法例の経過規定である附則2項本文には，「この法律の施行前に生じた事項については，なお従前の例による。」とあるが，認知の訴えによる認知の効力は判決確定により生ずるものであるから，事実審の最終口頭弁論期日が右施行前であるならともかく，認知する者が右施行日前に死亡したからといって右附則2項が適用されるものではないと解される。

エ　準　正

(ア) 準拠法の決定

　通則法30条1項（法例19条1項）は，「子は，準正の要件である事実が完成した当時における父若しくは母又は子の本国法により準正が成立するときは，嫡出子の身分を取得する」と規定する。準正は，嫡出でない子として出生した者が後に嫡出の身分を取得する制度であり，平成元年改正前の法例には規定がなく，平成元年改正前法例17条の趣旨から，その原因となる事実の発生当時の父の本国法によると解されていた。【2-18】は，その一例である。平成元年改正後は，上記のとおり選択的連結を採用しており，準正保護（favor legitimationis）の観点から，広く準

---

[24] 山田・新版488頁，南・解説216頁。

正の成立を認めている。なお，準正は嫡出でない親子関係の存在が前提問題として存在しており，嫡出でない親子関係がそもそも成立しない場合には，準正は認められない。

【2-18】 準正による嫡出子の身分取得についての準拠法は，子の嫡出性に関する平成元年改正前の法例17条に準じ母の夫の本国法によるべきであり，その本国法は準正の要件発生時の本国法である

東京家審昭和47年2月14日家月25巻2号115頁

> 準正とは婚外親子関係の発生と父母の婚姻との結合を法律要件とする法律効果であり，いわば父母の婚姻を要件とする婚外子の嫡出化といえるものであるから，子の嫡出性取得の性質を有する問題といえる。わが国の法例には準正に関する規定を欠くけれども，上記のような準正の性質に照らし，子の嫡出性に関する法例17条［注：平成元年改正前のもの］に準じ，母の夫の本国法によるべく，ただし，その本国法は子の出生時でなく，準正の要件発生時たる父母の婚姻時の本国法によるべきものと解される。

(イ) 準拠法の適用範囲

どのような場合に準正が認められるのかが準拠法の適用範囲である。両親の婚姻のほか認知が必要か否か，姦通子の場合準正が認められるか，準正の効力が遡及するかなどがこれに含まれると解されている[25]。両親の婚姻の成立，嫡出でない親子関係の成立などは含まれない。

オ 親子関係の存否確認

前掲【2-3】のとおり，親子関係の存否確認については，まず，嫡出親子関係の存否を確認し，これが否定された場合，次に嫡出でない親子関係の存否を確認すべきであるとする17条，18条段階適用説が平成元年改正前の法例に関する判例の立場であり，平成元年改正後の法例及び通則法にも基本的に妥当すると考えられる[26]。出生後に嫡出性を取得する

---

25) 山田・新版494頁。
26) 17条を優先的に考える説として道垣内・総論97頁がある。17条と18条との関係については，上記最高裁判決の評論はいずれもこれを妥当とし，百選117頁（青木清）も同旨

第1　渉外親子法総論　479

準正については，平成元年改正前の法例19条を類推適用すべきであるとの見解もあった。また，外国戸籍に嫡出子として登載されている場合には17条，嫡出でない子として登載されている場合には18条によるとする説，嫡出か否かを明確に区別しない国もあるとして，両規定を段階的又は同時的に適用すべきとする説[27]，嫡出か否かを問わず一般に親子関係の確認を求めるものであるから，法例に規定がないものとして，条理により処理するのが妥当であり，累積的に適用すべきであるとする説[28]などもある。

　なお，実親子関係の存否について，我が国の民法が認めていない親子関係を確認した外国裁判所の裁判が我が国において効力を有するか否かに関し，分娩をしていない母と子の実親子関係を認めることは，我が国の公序良俗に反するとして，民事訴訟法118条3号に反するとして，その効力を否定したのが【2-19】である。

【2-19】　民法が実親子関係を認めていない者の間にその成立を認める内容の外国裁判所の裁判は，民訴法118条3号にいう公の秩序に反するものとして，我が国において効力を有しない

最決平成19年3月23日民集61巻2号619頁，家月59巻7号72頁，判時1967号36頁，判タ1239号120頁

---

(1) 外国裁判所の判決が民訴法118条により我が国においてその効力を認められるためには，判決の内容が我が国における公の秩序又は善良の風俗に反しないことが要件とされているところ……それが我が国の法秩序の基本原則ないし基本理念と相いれないものと認められる場合には，その外国判決は，同法条にいう公の秩序に反するというべきである……。実親子関係は，身分関係の中でも最も基本的なものであり，様々な社会生活上の関係における基礎となるものであって，……どのような者の間に実親子関係の成立を認めるかは，その国における身分法秩序の根幹をなす基本原則ない

である。
27)　溜池・講義474頁。
28)　山田・新版497頁，小野寺規夫「渉外親子関係と認知の準拠法」（判タ747号460頁）。

し基本理念にかかわるものであり，……我が国の身分法秩序を定めた民法は，同法に定める場合に限って実親子関係を認め，それ以外の場合は実親子関係の成立を認めない趣旨であると解すべきである。
(2) 我が国の民法上，母とその嫡出子との間の母子関係の成立について直接明記した規定はないが，民法は，懐胎し出産した女性が出生した子の母であり，母子関係は懐胎，出産という客観的な事実により当然に成立することを前提とした規定を設けている（民法772条1項参照）。また，母とその非嫡出子との間の母子関係についても，同様に，母子関係は出産という客観的な事実により当然に成立すると解されてきた……子を懐胎し出産した女性とその子に係る卵子を提供した女性とが異なる場合についても，……実親子関係が公益及び子の福祉に深くかかわるものであり，一義的に明確な基準によって一律に決せられるべきであることにかんがみると，現行民法の解釈としては，出生した子を懐胎し出産した女性をその子の母と解さざるを得ず，その子を懐胎，出産していない女性との間には，その女性が卵子を提供した場合であっても，母子関係の成立を認めることはできない。

2 養親子関係の成立及び離縁

(1) 総　説

　養親子関係についての諸国の立法例は多岐にわたっており，これを認めない国，養親子関係を身分法的な契約とする国，裁判所等の公的機関による宣言によって成立する制度とする国がある。一般に国際私法としては，契約型であるが，アメリカ，イギリスなどは後者の宣言型であり，これを前提として，養子縁組に関する裁判の管轄，準拠法及び承認に関する条約が締結されている。なお，国際養子縁組について子を保護する必要性があることから，1993年，国際養子縁組に関する子の保護及び協力に関する条約が採択されている。我が国の養子縁組制度は，基本的に契約型である。

(2) 養子縁組の要件（実質的成立要件）

　　ア　準拠法の決定

　　　平成元年改正前の法例19条1項は，養親，養子の配分的適用主義を採用していたが，改正後の20条1項前段は，「養子縁組ハ縁組ノ当時ノ養親ノ本国法ニ依ル」とする。ただし，その場合，子の保護に欠けること

がないようにするため，養子の本国法が養子縁組の成立について養子若しくは第三者の承諾若しくは同意又は公の機関の許可その他の処分のあることを要件とするときは，その要件も具備することが必要であるとするセーフガード条項が設けられた（同項後段）。この規定はそのまま通則法31条に引き継がれて現在に至っている。したがって，日本人が外国人を養子とする場合，養子の本国法の保護要件を具備しているかどうかが問題となるが，養子の本国の官公署の発行した要件具備証明書の提出があれば，養子の本国法上の保護要件が備わっているものとして取り扱うこととされている。これが【2-20】である。

　反致が成立するかについて学説は分かれている。これを否定する見解もある[29]が，反致について規定する通則法41条（法例32条）は，通則法31条（法例20条）の場合を除外してはおらず，これを肯定するのが相当であろう[30]。

　夫婦共同縁組については，養親となる夫婦の国籍が異なる場合，それぞれの養親の本国法が適用される。したがって，夫婦の一方の本国法が夫婦共同縁組でなければ養子縁組ができないと定める場合において，他方配偶者の本国法によると養子縁組ができないと規定するときは，いずれも養子縁組はできないことになる[31]。

【2-20】 法例の一部を改正する法律の施行に伴う戸籍事務の取扱いについて（養子縁組関係部分）

平成元年10月2日民二3900号民事局長通達

第一〜第四　（略）
第五　養子縁組
　1　創設的届出
　　養子縁組については，縁組の当時の養親の本国法によることとされ，

---

29) 炔場準一「養子縁組・離縁の準拠法及び国際的管轄」（実務家審法5・257頁）。
30) 山田・新版502頁，櫻田・第6版319頁。
31) 山田・新版503頁，南・解説144頁，溜池・講義481頁，櫻田・第6版319頁，澤木・道垣内・入門127頁。なお，木棚他・概論202頁も同旨であろう。

養子の本国法が養子縁組の成立につき養子若しくは第三者の承諾若しくは同意又は公の機関の許可その他の処分があることを要件とするときは，その要件をも備えなければならないこととされた（改正法例第20条）。
　この改正に伴い，養子縁組の届出については，次の取扱いとする。なお，当事者の本国法の決定は，第1の1(1)イの例による。
(1)　養親が日本人である場合
　　日本民法上の養子縁組の要件が当事者双方に備わっているかどうかを審査し，これが備わっている場合は，養子の本国法上の保護要件を審査する。この場合において，養子の本国の官憲の発行した要件具備証明書の提出があるときは，養子の本国法条の保護要件が備わっているものとして取り扱って差し支えない。

イ　準拠法の適用範囲

　養子縁組の許否，その要件については，通則法31条（法例20条）前段及び後段が適用される。養子縁組の成立には，裁判所の許可を要するとする場合，我が国の家庭裁判所がその許可を代行できると一般に解されている。養子縁組が裁判所の決定によって成立する場合も，我が国の家庭裁判所が代行できるとする説もあったが，実務上，本国法での養子決定を養子縁組の実質的成立要件として，これを家庭裁判所の審判で代行し，養子縁組の成立についての方式については縁組地法である日本法の方式である届出によって縁組の成立をさせるとする，いわゆる分解理論が採られていた。その後，特別養子縁組制度ができ，我が国の家庭裁判所でも決定により養子縁組を成立させることができるようになったため，外国法上の決定型の養子縁組についても，日本の家庭裁判所の決定により縁組を成立させることができると解されるに至っている。これを前提に【2-21】（前掲【2-20】と同じ通達）では，我が国の家庭裁判所の決定により養子縁組の成立をさせた場合には，特別養子縁組の届出と同様に受理するものとされている。[32]

---

32) 山田・新版506頁，溜池・講義480頁，澤木・道垣内・入門126頁，櫻田・第6版318頁など，決定型の養子縁組についても我が国の家庭裁判所が代行できるとする解釈を採ることについては，概ね好意的である。もっとも，普通養子縁組を特別養子縁組の審判手

【2-21】 法例の一部を改正する法律の施行に伴う戸籍事務の取扱いについて（養子縁組届出関係部分）

平成元年10月2日民二3900号民事局長通達

第一～第四（略）
第五　養子縁組
　2　報告的届出
　　(1)　我が国における養子縁組の成立
　　　ア　養親の本国法が普通養子縁組について裁判所の決定等により縁組を成立させる法制を採用している場合において，家庭裁判所の養子縁組を成立させる旨の審判書謄本を添付して養子縁組の届出があったときは，その届出は戸籍法第68条の2［特別養子縁組の届出］により受理する。ただし，この場合においては，同法第20条の三［特別養子縁組の新戸籍の編成］の規定を適用しない。

---

(3)　養子縁組の効力

　養子縁組の効力に関して，平成元年改正前の法例19条は，養子縁組の成立を同条1項に，養子縁組の効力を同条2項に，それぞれ分けて規定をしていたが，改正後の法例20条は，要件と効力を分けないで規定し，通則法31条に引き継がれている。したがって，養子縁組の無効取消原因についても，通則法31条（法例20条）1項前段及び後段が適用される。養親の本国法では取消原因にすぎない場合も，通則法31条1項後段の適用により養子の本国法で無効原因とされている場合には，養子の保護のため，より重大な瑕疵を認める法律を適用し，無効となると解される[33]。

(4)　養子縁組の方式

　養子縁組の方式については，親族関係の法律行為の方式に関する通則法34条（法例22条）が適用される。したがって，養親の本国法によることも

　続で代行させるのは相当ではなく普通養子縁組許可の審判で代行できると解する見解として，木棚他・概論203頁。
[33]　山田・新版506頁は，保護要件の欠缺という理由で，養子の本国法ではなく養親の本国法によるべきであるとした旧説を改めて，上記のように解している。南・解説137頁。

484　第2部　渉外親子法

できるし，縁組地の法によることもできる。夫婦共同養子縁組について夫婦の国籍が異なる場合も，縁組地法の方式を満たせば共同縁組を成立させることは可能である。[34] この点を判示したのが【2-22】である。

【2-22】　韓国人の妻を有する日本人の夫が，15歳未満の韓国人の子との間の養子縁組許可を申し立てた事案において，準拠法である日本法により必要的夫婦共同縁組であるとした上，養親の本国法の適用については，養父子関係と養母子関係を分離して，それぞれの本国法を各別に適用し，申立人に対し，妻とともに未成年者を養子とすることを許可した事例

札幌家審平成4年6月3日家月44巻12号91頁

　形式的成立方法をまず検討すると，日韓民法によれば，申立人と未成年者の養子縁組は家庭裁判所の許可を得た上で（民法798条本文），縁組届が受理されることにより成立する（民法800条）のに対し，Aと未成年者の養子縁組は，家庭法院の許可を要せず，縁組届が受理されることにより成立する（韓国民法878条，881条）のであり，また，法例22条，20条〔注：通則法34条，31条〕によれば養子縁組の方式は行為地法によることができるところ，日本法が定める普通養子縁組の成立の方式は戸籍管掌者に対する届出である（民法799条，739条，戸籍法66条，68条）から，結局，申立人が未成年者を養子とするについての家庭裁判所の許可を得た上，申立人とAの夫婦がともに未成年者と養子縁組する旨の届出を申立人とAの夫婦と未成年者の代諾権者である法定代理人親権者母B（なお，未成年者は15歳未満のため代諾によることにつき民法797条，韓国民法869条，法定代理権につき韓国民法909条1項，911条）が戸籍管掌者にすることによりこれを成立させることも可能と解される。

(5)　離　縁
　ア　準拠法の決定
　　離縁の準拠法について平成元年改正前は，離縁当時の養親の本国法としていたが，改正後の法例20条2項は，離縁について，同条1項前段を

---

34)　南・解説145頁，山田・新版513頁。

適用するとし，縁組の準拠法による旨明らかにしており，そのまま通則法に承継されている（通則法31条）。その方式も縁組の場合と同様である。

　イ　準拠法の適用範囲

　　離縁の許否，方法，直接的効力について適用される。養親の本国法が離縁を認めていない場合，公序良俗に反するとして，日本法を適用した審判例が多数ある。【2-23】は，その一例である。死後離縁が認められるか否かも準拠法の適用範囲であり，縁組当時の養親の本国法によることになる。

【2-23】　養子に対する養育義務を全く懈怠している米国（テキサス州）在住の米国人養父に対し，実母とともに日本国内に居住している日本人未成年者養子から申し立てた離縁調停事件において，養子離縁を認めないテキサス州の適用を平成元年改正前の法例30条により排除し，家事審判法24条により離縁の審判をした事例

那覇家審昭和56年7月31日家月34巻11号54頁

本件離縁については法例19条2項［注：平成元年改正前のもの。以下同じ］により養親の本国法に準拠すべきところ，養親の本国法であるアメリカ合衆国テキサス州法においては離縁が認められておらず，同法に準拠する限り，申立人と相手方とは離縁することはできないことになる。しかしながら，本件において離縁を認めないとすれば，前記のとおり養親子としての実体を全く伴わない親子関係が単に形式的に継続するのみであって……本件においては，法例30条により外国法たる養親の本国法を適用せず，離縁を認める法廷地法である日本民法を適用するのが相当であると解する。

3　親子間の法律関係

(1)　準拠法の決定

　嫡出親子関係，嫡出でない親子関係，養親子関係のいずれについても，親子の間に発生する権利義務関係は，通則法32条（法例21条）による。これらをそれぞれに準拠法を区別する立法例が多いが，我が国は，平成元年

改正前から区別することなく扱っている。

通則法32条（法例21条）によると，まず，子の本国法が父又は母の本国法と同一であるとき，及び，父又は母の一方がいない場合において他方の父又は母と子の本国法が同一であるときは，子の本国法が適用され，それ以外の場合は，子の常居所地法が適用される。平成元年改正前の法例20条は，親子間の法律関係は，父の本国法により，父がいないとき母の本国法によると定めていたが，男女不平等であるとして改められたものである。

子の常居所をどのように認定するかについて，平成元年の基本通達は詳細な規定を置いている（【2-24】）。また，日本国との平和条約に基づき日本の国籍を離脱した者等の出入国管理に関する特例法（平成3年法律第71号）等の施行に伴い，同通達中第8の1の㈡のウは，平成4年1月6日民二155号民事局長通達により変更されている。変更後の内容は，【2-24】のウの次に記載のとおりである。

なお，通則法32条（法例21条）は，親子関係が成立当時という限定をしておらず，したがって，子の本国法，常居所が変更になれば，それに基づいて準拠法も変更されることになる。その場合，親子間の法的効力が変更される場合があるので注意が必要である。

【2-24】 子の常居所の認定について

平成元年10月2日民二3900号民事局長通達

第八　常居所の認定
　事件本人の常居所の認定については，次のとおり取り扱って差し支えない。次の基準によっていずれの国にも常居所があるものと認定することができない場合は，原則として居所地法による（改正法例第30条）が，疑義がある場合は，監督局の指示を求めるものとする。
　一　我が国における常居所の認定
　　㈠　事件本人が日本人である場合
　　　　事件本人の住民票の写し（発効後1年内にものに限る。）の提出があれば，我が国に常居所があるものとして取り扱う。ただし，後記二㈠の事情が判明した場合を除く。
　　　　事件本人が国外に転出し，住民票が消除された場合でも，出国後1

年内であれば，我が国に常居所があるものとして取り扱う。出国後1年以上5年内であれば，事件本人が後記二㈠ただし書に記載した国に滞在する場合を除き，同様とする。

㈡ 事件本人が外国人である場合

　出入国管理及び難民認定法による在留資格（同法第4条第1項各号。以下，号数のみを示す。）等及び在留期間により，次のとおり取り扱う。在留資格及び在留期間の認定は，これらを記載した外国人登録証明書及び旅券（日本で出生した者等で本国から旅券の発行を受けていないものについては，その旨の申述書）による。

ア　次に掲げる者については，引き続き5年以上在留している場合は，我が国に常居所があるものとして取り扱う。

　㈦　第5号から第8号まで，第10号から第13号まで又は第16号（同法施行規則第2条第3号に該当する場合に限る。）のいずれかに該当する者

　㈵　第5号から第8号まで又は第10号から第13号までのいずれかに該当する者の配偶者及び未成年の子で配偶者のないもの

　㈼　成年に達した後に日本人の養子となった者

イ　次に掲げる者については，引き続き1年以上在留している場合は，我が国に常居所があるものとして取り扱う。

　㈦　第14号に該当する者

　㈵　第16号（同規則第2条第1号に該当する場合に限る。）に該当する者。ただし，成年に達した後に養子となった者を除く。

ウ　次に掲げる者については，我が国に常居所があるものとして取り扱う。

　㈦　我が国で出生した外国人で出国していないもの（ア又はイに該当する者を含む。）

　㈵　ポツダム宣言の受諾に伴い発する命令に関する件に基づく外務省関係諸命令の措置に関する法律（昭和27年法律第126号）第2条第6項に該当する者

　㈼　第16号（同規則第2条第2号に該当する場合に限る。）に該当する者

　　　ウについては，平成4年1月6日民二155号民　事局長通達により次のとおり変更された。
　　　ウ　我が国に常居所があるものとして取り扱う者
　　　　㈦　我が国で出生した外国人で出国していないもの（ア又はイに該当する者を含む。）

　　　　(イ) 別表第二の「日本人の配偶者等」（日本人の配偶者を除く。）又は「永住者の配偶者等」（永住者等の子として本邦で出生しその後引き続き本邦で在留している者に限る。）の在留資格をもって在留する者
　　　　(ウ) 日本国との平和条約に基づき日本の国籍を離脱した者等の出入国管理に関する特例法（平成3年法律第71号）に定める「特別永住者」の在留資格を　もって在留する者

　　エ　次に掲げる者については，我が国に常居所がないものとして取り扱う。
　　　(ア) 第1号，第2号，第4号又は第9号のいずれかに該当する者
　　　(イ) 日本国とアメリカ合衆国との間の相互協力及び安全保障条約第6条に基づく施設及び区域並びに日本国における合衆国軍隊の地位に関する協定第9条第1項に該当する者
　　　(ウ) 不法入国者及び不法残留者
　二　外国における常居所の認定
　(1) 事件本人が日本人である場合
　　　旅券その他の資料で当該国に引き続き5年以上滞在していることが判明した場合は，当該国に常居所があるものとして取り扱う。ただし，重国籍の場合の日本以外の国籍国，永住権を有する国又は配偶者若しくは未成年養子としての資格で滞在する場合における外国人配偶者若しくは養親の国籍国においては，1年以上の滞在で足りる。
　(2) 事件本人が外国人である場合
　　　外国人の国籍国における常居所の認定については，1(1)に準じて取り扱い，国籍国以外の国における常居所の認定については，1(2)に準じて取り扱う。

(2) 準拠法の適用範囲

ア　親　権

　親子間の法律関係は，我が国では親権として規定されており，他の国々においても，親の子に対する権利として，親権ないし監護権が規定されている。この親の子に対する身上監護及び財産管理のすべての事項について適用される。なお，親権又は監護権には，親の子に対する監護義務が含まれており，ドイツでは親権を配慮（Sorge）に改め，英国では，

監護権（custody）から親責任（parental responsibility）へと変更された。これらもまた親子間の法律関係の問題である離婚に伴う親権者の指定が離婚の効力の問題として法例16条（通則法27条）によるべきであるとする説もあるが、平成元年法例改正後は、親子間の法律関係として法例21条（通則法32条）によるとするのが多数であり、実務、先例もそのように扱っていることは離婚の効力について述べたとおりである。認知に伴う親権者の指定については、認知の効力の問題として法例18条2項（通則法29条2項）によるのか法例21条（通則法32条）によるのかが問題となるが、これも、離婚と同様、認知の直接的な効果ではなく、親子関係の法律関係であると解される。この点の裁判例として【2-25】がある。

親権に基づく子の引渡しについても通則法32条が適用される。人身保護法に基づく場合も、拘束者、請求者の親権・監護権帰属の判断に際しては本条により準拠法を定めるべきである。外国法には子の引渡しについて直接強制を認めるものがあるが、我が国において、これを直ちに認めることはできない。【2-26】は、子の引渡しを命じた外国判決がその事案の内容に照らし、現時点において執行することが公序良俗に反するから、旧民事訴訟法200条（現118条）3号の要件を欠いているとして執行判決の請求を棄却した事例である。なお、国際的な子の奪取については、不法に国外に子が連れ去られた場合、速やかに常居所地に子を返還するための国際的協力制度として、1980年ハーグ国際私法会議において、国際的な子の奪取の民事面に関する条約（Convention on the Civil Aspects of International Child Abduction）が採択され、1983年に発効した。我が国も、2013年6月12日に国会でハーグ条約実施法が成立し、2014年4月1日から施行されている。

面会交流権（面接交渉権）が親権そのものの効力かについては争いがあるが、これも親子の法律関係として通則法32条（法例21条）が適用されると解されている。【2-27】は、フランス人父から日本人母に対し長女（フランスと日本の二重国籍）との面接交渉を求める申立てについて、法例21条（通則法32条）により、母の本国法と同一である子の本国法である日本法に従って判断した事例であり、【2-28】は、アメリカ人父が日

本在住の日本人母に対しアメリカ国籍の子との面接交渉を求める申立てについて，法例21条により，父と子の本国法がいずれもテキサス州法であるとして，同州法に従って判断した事例である。

【2-25】 韓国人母から日本人父に対して，認知された韓国人未成年者の親権者の指定を求めた事案において，我が国の家庭裁判所の親権者指定の審判をもって韓国の家庭法院の決定に代えることができるとして母を親権者に指定した事例

金沢家小松支審平成8年3月11日家月48巻8号102頁

本件は，韓国人である申立人が日本人である相手方に対し，韓国人である事件本人の親権者指定の審判を求めているところ，……その準拠法は法例21条［注：通則法32条］により子の本国法である大韓民国法によるべきである。……大韓民国民法909条4項は，婚姻外の出生子が認知された場合，父母の協議により親権を行使する者を定めるが，その協議が調わないとき又は協議をすることができないときは，当事者の請求により家庭法院がこれを決定すると定めている。この家庭法院の決定は，……我が国の家庭裁判所が民法819条5項に基づき親権者の指定の審判を行う場合と実質を同じくするものというべきであるから，我が国の家庭裁判所の指定の審判をもってこれに代えることができる……

【2-26】 アメリカ合衆国テキサス州地裁判決中，子の引渡しなどの給付を命ずる部分を執行することは子の福祉に反する結果をもたらし，全体として旧民事訴訟法200条（現118条）3号の要件を欠くとして，執行判決請求を認容した原判決を取り消し，棄却した事例

東京高判平成5年11月15日家月46巻6号47頁，判タ835号132頁

民事訴訟法200条［注：現118条］3号の要件が充足されているか否かを判断するに当たっては，当該外国判決の主文のみならず，それが導かれる基礎となった認定事実をも考慮することができるが，更に，少なくとも外国においてされた非訟事件の裁判について執行判決をするか否かを判断する場合に

は，右裁判の後に生じた事情をも考慮することができると解するのが相当である。外国裁判が公序良俗に反するか否かの調査は，外国裁判の法的当否を審査するのではなく，これを承認，執行することがわが国で認められるか否かを判断するのであるから，その判断の基準時は，わが国の裁判所が外国裁判の承認，執行について判断をする時と解すべきだからである。……これを本件についてみるに，〈証拠略〉によれば，次の事実が認められ……言葉の通じないアメリカ合衆国において，言葉の通じない支配保護者のもとで生活することを強いることになることが明らかである。Aが幼児であるならばいざ知らず，本件口頭弁論終結時において，間もなく11歳になろうとしているのであるから，このようなAを，現時点において，右のような保護状況に置くことは，同人の福祉に適うものでないばかりでなく，かえって，同人の福祉にとって有害であることが明らかであるというべきである。したがって，Aの単独支配保護者を控訴人から被控訴人に変更した本件外国判決を承認し，これを前提とした本件外国判決中の給付を命ずる部分を執行することは，Aの福祉に反する結果をもたらすもので公序良俗に反するというべきである。

【2-27】 二重国籍を有する子との面接交渉を求める申立てについて，法例28条（通則法38条）1項により子の常居所地が本国法となるとし，法例21条（通則法32条）により母の本国法と同一である子の本国法が準拠法になるとした事例

京都家審平成6年3月31日判時1545号81頁

　　本件は，フランス人の父（申立人）から，日本人の母（相手方）に対して，フランス及び日本の二重国籍を持つ当事者間の長女（事件本人）との面接交渉を求める事案であるところ，……準拠法については，法例21条［注：通則法32条］に従い母の本国法と同一である子の本国法の日本法が準拠法である。（なお，法例28条1項［注：通則法38条1項］により二重国籍を持つ事件本人の本国法は，事件本人の常居所である日本であると解される。）

【2-28】 アメリカ国籍をもつ申立人（父）からの面接交渉申立事件において，法例21条（通則法32条）及び28条3項（通則法38条3項）によりテキサス州法が準拠法となるとし，同州家族法では，親であっても一定の場合には

子に対する面接交渉権が制限される場合のあることが定められており，本件においては面接交渉権が制限される特別の事情があるとして，申立てを却下した事例

東京家審平成7年10月9日家月48巻3号69頁

> 本件においては，事件本人及びその父である申立人がアメリカ合衆国国籍を有しており，かつ，テキサス州の市民であり，事件本人が出生以来来日するまで，同州に継続して居住していたのであるから，本件については，法例21条〔注：通則法32条〕及び28条3項〔注：通則法38条1項〕によりテキサス州法が準拠法になるものと解される。……前記テキサス州家族法第2編（親と子），第14章（（親権，監護権及び子の養育）の中の第3条（14.03）「子の監護及び子との面接交渉」の規定のうち，(d)には「裁判所は，子の監護及び面接交渉が子の最善の利益に合致しないと認める場合及び親の監督と面接交渉が子の肉体的情緒的福祉を害する危険性があると認める場合を除き，親の監護あるいは面接交渉を拒否できない。」と規定されており，親であっても一定の場合には子に対する面接交渉権が制限される場合のあることが定められている。……本件において，上記のような面接交渉権が制限される特別の事情があるかどうかについて検討してみると，……事件本人が申立人に嫌悪感を抱き，申立人を避け，申立人との交流を頑に拒否しているという事情が認められる。そうすると，このような状況のもとで，事件本人の意に反する面接交渉を認めることは，事件本人の情操を著しく害し，同人に対して過大な精神的苦痛を与えることとなり，事件本人の福祉や利益に反することが明らかである。

イ　親子間の扶養義務

　親子間の扶養義務についても親子間の法律関係であるから，通則法32条（法例21条）の親子間の法律関係に該当するが，扶養義務については，「子の扶養義務の準拠法に関する条約」が批准され，同条約では婚姻をしていない21歳未満の子からの扶養請求については子の常居所地法によるとされている。そして，これを受けて，扶養義務の準拠法に関する法律が制定されていることから，親子間の扶養義務については，同法2条1項本文（扶養義務は，扶養権利者の常居所地法によって定める）が適用される

ことになる。[35]

ウ　子の氏

氏名についての国際私法は，基本的に人格権，氏名権の問題として本人の本国法によるとされているが，夫婦の氏など身分関係の変更等により生じる氏の変更について，学説，判例が分かれていることは先述のとおりである。子の氏については，親子間の法律関係の準拠法によるとするのが多数説であると言われるが，子の人格権を考慮する学説も少なくない。[36] いずれにしても，戸籍実務は，子の氏は，親の氏に従い，氏の変更は，戸籍法の規定によると解しており，国際私法上の解釈とは必ずしも一致していない。すなわち，父又は母が外国人である者（戸籍の筆頭に記載した者又はその配偶者を除く）でその氏をその父又は母の称している氏に変更しようとするものについては，戸籍法107条1項が準用され（同条4項），やむを得ない事由がある場合に限り，家庭裁判所の許可を得て，変更ができるにとどまる。

4　親子関係事件の国際裁判管轄権

親子関係事件の国際裁判管轄権については，総論で述べたとおり，親族関係における国際裁判管轄権の問題として，原則的には，被告が住所を有する国の裁判所が国際裁判管轄権を有し，被告が行方不明であるなど，一定の場

---

35) 山田・新版522頁，溜池・講義487頁，櫻田第6版324頁，神前他196頁。
36) 溜池・講義487頁は親子間の法律関係の準拠法によるとするのが多数説であると言い，自らは，子の人格権である氏名権の問題として，子の本国法によるべきであるとする。櫻田・第6版324頁は，法例21条によるのが通説であるが，戸籍実務は子の本国法説も有力に主張されているとする。木棚他・概論216頁以下は，基本的には法例21条によるとするが，氏の持つ人格権的側面を考えて，当事者の本国法によるものとしつつ，当事者に準拠法選択を認めて身分関係の効力の準拠法によることもできると解釈する方が条理に適うのではあるまいかという。山田・新版522頁は，子の本国法によるべきであるとする説が有力であるが，場合を分けて考える必要があり，子が出生により親の氏を称すべきか否か及び認知，養子縁組など身分関係の変動に伴う子の氏の変更の問題は，親子間の法律関係の問題として，法例21条によるべきであり，子が父又は母と氏を異にする場合，その氏を父又は母氏に変更するのは，子の意思に基づく氏の変更の問題であり，ただ，変更の範囲が父又は母の氏に限定されるにすぎないから，かような子の氏の変更は，氏名権の問題として，子自身の本国法によるべきであるとする。

合には例外的に原告が住所を有する国の裁判所に国際裁判管轄権があると解される。しかし、親子関係事件の場合、子の福祉という観点が入ることから、子が住所を有する国が国際裁判管轄権を有するとする考え方もある。非訟手続である審判手続では、一般に子の住所地国に国際裁判管轄権があると解されている[37]。【2-29】は、中国で出生したＸが日本人母とともに来日し、Ｙと婚姻し、Ａを出産した後、Ａの親権者を定めないまま離婚し、Ｘが事実上Ａを養育しており、Ａを日本に帰化させようと考えたが、Ｙが行方不明となったため、Ｙを相手に日本で親権者指定の申立をしたというケースであり、Ｙが行方不明であることに加えて、子の生活関係の密接性を考慮して我が国に国際裁判管轄権があることを判示している。

【2-29】 中国籍を有する父母の間の子の親権者指定の申立事件について、子の生活関係と密接な地が日本であり、かつ、相手方が所在不明であるとして、我が国の国際裁判管轄権を認めた事例

大阪家審平成6年12月2日家月48巻2号150頁

> 本件の国際裁判管轄権につき検討するに、親権者又は監護者の指定事件については、子の生活関係の密接な地での審判がなされることが子の福祉に適合し、かつ、本件では相手方の所在が明らかでないことに照らすと、わが国が裁判管轄権を有し、かつ、未成年者の居住地を管轄する当裁判所が国内管轄権を有するというべきである。

---

[37] 松原正明「渉外的子の監護紛争の処理」岡垣学・野田愛子編『講座家事実務審判法』第5巻225頁（日本評論社、1990）、百選183頁。

第2　渉外国別親子法

1　大韓民国・朝鮮民主主義人民共和国

(1)　大韓民国・朝鮮民主主義人民共和国の親子法
ア　大韓民国親子法の変遷と概要

　大韓民国（以下単に「韓国」という）の親子法の変遷については，おおむね韓国婚姻法について述べたのと同様である（第1部第2の1(1)ア参照）。すなわち，韓国民法は，1958年2月22日法律第471号として成立し，1960年1月1日から施行されており，1977年12月31日改正法（法律第3051号）により大幅な改正がされた後，その後も部分的改正を経て現在に至っていること，韓国民法施行までは，朝鮮民事令，日本の旧民法，同民法施行法などが効力を持っていたが，韓国民法の施行によって廃止され，その後は，韓国民法が実質的な意味での親族，相続法の基本法となっていることは，婚姻法について述べたとおりである。

　親子法については，韓国民法第4編第4章に規定しており，日本国民法とかなり類似した規定が置かれるに至っているが，異なる点もある。例えば，妻が婚姻中に懐胎した子は夫の子と推定され，婚姻後200日後又は離婚後300日以内に出生すれば嫡出子と推定される（韓国民法844条）のは日本国民法と同様であるが，2005年法改正により，夫だけではなく妻も嫡出否認ができるようになり（同法846条），また，我が国の民法と同様，出訴期間は知ったときから1年間とされていたのが，2年間に改められた（同法847条）。子の養育責任や面接交渉権及びその制限については，以前から明文で認められていたが，2005年法改正により，面接交渉の制限については，当事者の申立てだけではなく，職権で制限し，又は排除することができるようになり（同法837条の2第2項），2007年改正により，面接交渉権は，子を直接養育しない父母の一方の権利とされていたのを，非監護親と子の両者に面接交渉できる権利に改めた（同条1項）また，認知した場合にも，養育責任の取決めや面接交渉についての

条項が準用されることとなった（同法864条の２）。養子制度については，戸主制度の維持から，かつては，戸主に直系卑属がいない場合の死後養子，遺言による養子，婿養子が認められ，直系長男子の養子縁組が禁止され，養父と同姓同本でない養子は養家の戸主を相続することを禁止し，戸主である養子は離縁できないとされていたが，いずれも，1990年法改正により削除された。

また，2011年３月７日法律第10429号により，成年年齢が満20歳から満19歳に引き下げられ（民法４条），禁治産，限定治産制度を改めて，新たに成年後見，限定後見，特定後見制度を導入し，制限行為能力者の能力を拡大し，後見を受ける者の福利，治療行為，住居の自由等に関する身上保護規定を導入するなどのほか，我が国の任意後見制度や後見登記制度に相当する規定を設けるなど，日本の成年後見制度に類似した改正を行った。これらの規定は，2013年７月１日施行されている。そして，2011年５月19日法律第10645号により，単独親権者が死亡した場合，生存者である親は，家庭法院に対し親権者変更の請求をし，未成年者の福利のため適切ではない場合には，家庭法院は，職権で後見人を選任することができるものとし，他方，親族等から後見人選任の請求をし，未成年者の福利のため適切ではない場合には，家庭法院は，職権で生存者である親を親権者に指定できることとするなど（同法909条の２新設），単独親権者死亡の場合のほか養子縁組の取消し，養父母双方の死亡などにより，子に親権者がいない状態が生じた場合において，家庭法院が子の福利にとって適切な法定代理人を選任する手続を設けた。同様に親権喪失等の場合における家庭法院による法定代理人の選任（同法927条の２新設），単独親権者が遺言で未成年者の後見人を指定した場合における家庭法院による親権者の指定（同法931条２項新設）の規定を新設した。これらも2013年７月１日から施行されている。

また，2012年２月10日法律第11300号により，養子に関する規定が大幅に改正され，2013年７月１日から施行されている。その主な改正点は，未成年者の養子縁組については家庭法院の許可を得なければならないとし，その養育状況，養子縁組の動機，養父母の養育能力等を考慮して許

可しないことができるとしたこと（同法867条1項，2項），13歳以上の未成年者は，原則として法定代理人の同意を得て自ら養子縁組ができ，13歳未満の未成年者は法定代理人が代諾するが，正当な理由がなく法定代理人が同意又は代諾しない場合などには，その同意又は代諾がなくても，家庭法院は養子縁組を許可できるとしたこと（同法869条），未成年者が養子となる場合，原則として父母の同意が必要であるが，父母が3年以上，子に対する扶養義務を履行していない場合などには，家庭法院は，父母の尋問をした上で，父母の同意なくして養子縁組を許可することができるとしたこと（同法870条），父母の同意は，成年者が養子になる場合にも必要とされているが，正当な事由がなく父母が同意を拒否するときは，家庭法院は，父母を尋問した上で，同意に代わる審判をすることができるとしたこと（同法871条），被成年後見人の養子縁組について成年後見人又は被成年後見人の父母が正当な理由なく同意を拒否した場合も，家庭法院は，父母を尋問した上で，養子縁組を許可できるとしたこと（同法873条）である。

イ　朝鮮民主主義人民共和国親子法の変遷と概要

　朝鮮民主主義人民共和国（以下単に「共和国」という。）の親子法の変遷については，おおむね共和国婚姻法について述べたのと同様である（第1部第2の1(1)イ参照）。すなわち，「共和国民法及び家族法は，1990年に制定され，1993年に改正され，その後，民法については1999年に改正され，家族法については，2004年に改正されている。」と改める。子の問題については家族法に定めがあり，それによると，夫と妻とが離婚する場合，子の養育者は合意により定め，合意ができない場合には裁判所が定めるものとし，3歳以下の子は，やむを得ない事由がなければ母が養育する（家族法22条）。子を養育しない父又は母は子が労働する年齢に至るまで養育費の支払義務があり，子の数に応じ，月収の10乃至30パーセントの範囲で裁判所が定める（同法23条）が，養育費を支払っていた当事者が労働能力を失ったり，養育者が婚姻し，継父母の扶養を受ける場合，利害関係人は養育費の免除を裁判所に請求できる（同法24条）。婚姻外子も婚姻子と同様に扱われる（同法25条）。子の教育は父母の義務であ

り，子女の教育を適正に行い，知得体を備えた自主的人格者に育てなければならない（同法27条）。父母は子を養育し未成年子の代理人となり，子は労働能力を失った父母の世話をしなければならない（同法28条）。継父母と継子との関係は実父母と実子との関係と同じである（同法29条）。公民は他人の未成年子を養育できるが，養子に保育教育をする能力がない者は養子縁組できない（同法30条）。養子縁組は，養子となる者の実父母の同意及び6歳以上の養子となる者の同意が必要であり（同法31条），住民行政機関の承認を受け，身分登録機関への登録により行う（同法32条）。養父母と養子との関係は実父母と実子との関係と同じであり，養子縁組により縁組成立以前の父母との関係は消滅する（同法33条）。合意により離縁ができ，合意ができない場合，裁判所が解決する（同法34条）。祖父母にも孫の養育義務があり，成人に達した孫は祖父母の世話をしなければならない（同法35条）。兄弟姉妹にも扶養義務があり（同法36条），未成年者と労働能力のない者は，扶養能力のある家庭成員が扶養し，それがいない場合には，別居する父母，祖父母，子，孫，兄弟姉妹が扶養し（同法37条），それらもいない場合，国家が世話をする（同法38条）。父母の世話を受けられない未成年者のため後見人を定める（同法40条）が，祖父母兄弟姉妹が後見人になることができ（同法41条），後見人がない場合や争いがある場合，住民行政機関が後見人を定める（同法42条）。後見義務の遂行状況を監督する事業は住民行政機関が行う（同法45条）。

　1995年対外民事関係法は，上記のとおり，我が国の通則法に相当するが，日本など外国に居住する共和国公民が同法施行前にした養子縁組，後見等の法律行為は，それを無効とすることができる事由がない限り，共和国内でもその効力が認められる（同法15条）。実父母，実子女関係の確定については，父母の婚姻関係に関係なく，子女の出生当時の本国法を適用する（同法39条）。養子縁組と離縁については養父母の本国法を適用するが，養父母が国籍を異にする場合には，養父母が共に居住している国の法を適用し，養子女となる者の本国法で，養子女となる者又は第三者の同意若しくは国家機関の承認を養子縁組の条件とする場合には，その条件を備えることが必要であり，養子縁組，離縁の方式については，

これを行う国の法により，その条件を備えた場合にも有効である（同法40条）。父母と子女とに関係する効力については子女の本国法を適用し（同法41条1項），父母と子女のうち一方が共和国に居住する公民である場合，共和国法が適用される（同法41条2項）。共和国に居住，滞留する外国公民に後見人がいない場合，共和国法により後見人を定める（同法43条）。外国に居住している共和国公民の養子縁組，離縁，父母と子女の関係，後見，遺言については，居住国の法を適用する（同法47条）。養子縁組，離縁，父母と子女の関係，後見，扶養関係と関連した紛争については，当事者が共和国に居住している場合にのみ，共和国の当該機関が管轄権を有する（同法54条）。

(2) 日本における韓国・朝鮮籍の法制と運用

ア 終戦までの韓国・朝鮮籍の取扱い

終戦までの韓国・朝鮮籍の取扱いについては，婚姻法における韓国・朝鮮籍の法制と運用で述べたとおりであり（第1部第2の1(2)ア参照），韓国・朝鮮の国籍を持った人は，民籍法に基づき民籍に登載されていたが，1910年の日本の韓国・朝鮮併合後は，朝鮮戸籍令により，朝鮮戸籍に登載され，元来の日本人は，内地戸籍に登載された。日本人が，朝鮮人の養子となり，朝鮮人の家に入った場合，当該日本人は朝鮮戸籍に登載され，同時に日本戸籍からは除籍された（共通法3条1項）。

終戦までの事例としては次のようなものがある。まず，認知に関しては，朝鮮人の父に認知された内地人女の嫡出でない子は，共通法3条3項に該当する者でない限り当然に父の家に入る（昭和6年7月13日質418号全州地方法院郡山支庁上席判事回答）ところ，朝鮮人より内地人女の子の認知届があった場合は，その子が女子又は17歳未満の者であるときは，届書の1通を朝鮮の当該府尹又は面長に送付し，その入籍を待って除籍する（大正12年10月22日民事3975号民事局長回答）とされ，また，朝鮮人は，内地人の嫡出でない子を認知することができるが，認知された子が戸主であるときは父の家に入ることはできない（大正15年9月18日民事6942号民事局長回答）とされていた。

養子縁組に関しては次のような事例がある。現行韓国民法では，13歳

未満（2012年改正により2013年7月1日から）の養子縁組については法定代理人が縁組の承諾をすることとし，2005年法改正で，後見人が縁組を承諾する場合には家庭法院の許可を得ることとされたが，戦前も，15歳未満の朝鮮人の子の養子縁組には，父母の承諾が必要であるとされた（大正7年11月21日民2296号法務局長回答）。また，現行韓国民法では，上記のとおり，婿養子，入夫制度は廃止されたが，戦前は日本にも朝鮮にも家制度があり，朝鮮人は日本人の単純養子，婿養子又は入夫となることができ，日本人が朝鮮人を養子又は入夫とするには内務大臣の許可を要しない（大正10年4月15日民事2918号民事局長回答）が，内地人は朝鮮人の養子となることはできないとされていた（大正10年12月28日民事4030号民事局長回答）。そして，奉祀者でない朝鮮人男は内地人との婿養子縁組婚姻により内地人である養親の家に入る（大正12年5月30日民事1813号民事局長回答）ことができるが，奉祀者たる朝鮮人は養子縁組により他家に入ることができない（大正12年4月17日民事1198号民事局長回答）とし，また，長二男を有する朝鮮人戸主は，男子を養子とすることができない（昭和5年9月13日民事623号民事局長回答）とされていた。兵役の義務がない内地人男は招婿により朝鮮の家に入ることができ，内地人の養子となった朝鮮人の二男は父の兄（朝鮮人）と養子縁組をすることができ（昭和7年11月15日朝鮮総督府法務局長回答），朝鮮人女が内地人の養子となる場合は，年齢に関係なく，その家に在る父母及び戸主の同意を必要とする（昭和10年10月31日朝鮮総督府法務局長回答）とした事例がある。妻子ある朝鮮人分家戸主が内地人との縁組をするときは，妻も縁組の当事者となることを要し，朝鮮の慣習では廃家の観念はなく（昭和10年11月25日民事甲1323号民事局長回答），内地人の婿養子となった朝鮮人は，離縁離婚の場合には共通法第3条第3項に抵触しない限り実家に復籍する（昭和11年4月10日民事甲350号民事局長回答。なお，この事例は昭和27年4月19日民事甲438号民事局長通達により変更されている。）とされた。

なお，手続に関する事例としては，朝鮮人の認知，出生，婚姻，縁組等の届出の要件は，その欠缺の有無について当事者より証明させるべきでなく，戸籍吏において調査する（大正10年4月15日民事2918号民事局長回

答）ものとされ，朝鮮人男が内地人女の子につき庶子出生届をしたときは，子は父の家籍に入る（昭和3年4月30日民事5539号民事局長回答）とされた。終戦後も，朝鮮人，台湾人の戸籍事務は従前どおり市町村役場において取り扱い（昭和20年11月7日民事特甲526号民事局長回答），朝鮮人の戸籍事務は従前どおり取り扱う（昭和21年6月4日民事甲357号民事局長回答）とし，内地人の戸籍に入る朝鮮人男子の入夫，婚姻，養子縁組，婿養子縁組等は終戦後も従前どおり取り扱う（昭和21年8月31日民事甲536号民事局長回答）とした各事例がある。

イ　終戦後平和条約発効までの韓国・朝鮮籍の取扱い

㈠　一般的取扱い

　終戦後から昭和27年4月28日の平和条約の発効までは，朝鮮籍に登載された者も日本人として扱われたが，共通法（大正7年法律第39号）に基づく異なる法地域の外国人として，日本人とは区別されていたこと，昭和23年1月1日から我が国では新戸籍法が施行されたが，それまでは戸籍がなく，入籍通知制度があったことは，婚姻関係について触れたとおりである（第1部第2の1(2)イ）。

　すなわち，共通法は，内地（樺太を含む），朝鮮，台湾，関東州，南洋群島を異なる「地域」とし（共通法1条），民事に関しては，それぞれの地域の法令を適用することとし（同法2条），一つの地域の法令によりその地域の家に入る者は他の地域の家を去ることとし（同法3条1項），一つの地域の法令により家を去ることを得ない者は他の地域の家に入ることはできない（同法3条2項）と規定していた。したがって，韓国・朝鮮については，その地域の法令が適用されることになる。

　なお，戦後，朝鮮及び台湾等に送付すべき戸籍の届書類は，別に指示あるまで受理市町村においてそのまま保管する（昭和24年1月12日民事甲4139号民事局長通達）こととし，平和条約発効（昭和27年4月28日午後10時30分）までに受理した朝鮮人・台湾人等の届出等の処理は，従前どおり取扱うものとされた（昭和27年5月22日民事甲715号民事局長通達）。朝鮮人は平和条約によって国籍の帰属が決定するまで日本国籍を有するものと解される（昭和25年2月3日民事甲269号民事局長第六課長回答）が，朝鮮人に対し

ては，改正民法親族編の適用がないものと解されるから，朝鮮に在籍する子に対して，たとえ家庭裁判所が内地在籍の父母の氏を称する許可を与えても，これに基づく入籍届は受理しないのが相当であるとされた（昭和25年2月25日民事甲550号民事局長電信回答）。

(イ)　朝鮮人による内地人の認知

朝鮮人父が内地人母の子を認知した場合，その効力は父の属する地域である朝鮮の法令が適用され，朝鮮民事令では，朝鮮人が認知すると，その庶子となるとされていた。そして，上記のとおり，共通法3条1項は，その地域の家に入る者は他の地域の家を去るとし，朝鮮地域の家に入ると，内地の家を去るとされ，朝鮮民事令11条により，朝鮮の慣習が適用され，庶子となった子は戸主の同意を得なくても当然に朝鮮人父の家に入ることになるから，内地の家から出ることになる。

当初，朝鮮人又は台湾人男が，内地（日本）人女の嫡出でない子を認知する届出をした場合は，子は当然に朝鮮又は台湾の戸籍に入るものとして処理する（昭和23年11月12日民事甲2155号民事局長回答）とされ，また，朝鮮人である父に認知された内地在籍の子は，父の戸籍に入る（昭和23年12月15日民事甲2321号民事局長回答）。したがって，平和条約発効前日本人女と朝鮮人男との内縁関係中に生まれた子は，外国人登録の対象にはならないが，父がその子を認知すればその対象となる（昭和24年1月26日民事甲144号民事局長回答）と解された。当時の国籍法（明治32年法律第66号）は，父が日本人であるときは子を日本人とし（同法1条），父が不明か無国籍で母が日本人の場合，その子は日本人とされた。また，日本人の子が認知により外国の国籍を取得したときは，日本の国籍を失う（同法23条）。したがって，父が認知するまでは日本人女の子は日本人であるが，朝鮮人である父が認知をすると，上記朝鮮民事令11条により，朝鮮の慣習が適用され，朝鮮の家の戸籍に入る（国籍に準じる朝鮮の地域籍を取得する。）から，日本の地域籍を失うことになる。

しかし，昭和25年7月1日，旧国籍法が廃止され，新たに新国籍法が成立，施行され，出生の時に父又は母が日本国民であるときは，日本国籍を取得するとされた（同法2条1号）。つまり，母が日本国籍であれば，

父が日本国籍でなくても日本国籍を取得することになったのである。そこで，従前の通達も変更され，新たに，朝鮮又は台湾人男に認知された内地人女の子，又は朝鮮，台湾人女の子を認知した内地人父については，いずれもその身分事項欄に認知の記載をするにとどめる（昭和25年12月6日民事甲3069号民事局長通達。以下「3069号通達」という）ものとされた。すなわち，3069号通達後に朝鮮人父に認知された内地人女の子はその後も引き続き戸籍法の適用を受け，その子は外国人登録の対象とならず，また，その子については後見が開始する（昭和26年3月6日民事甲408号民事局長回答）。3069号通達後に朝鮮又は台湾人男から認知された内地人女の子は内地人である（昭和26年3月6日民事甲409号民事局長回答）とされた。また，3069号通達は，朝鮮又は台湾と内地間における父子の認知のみに関するものであるから，内地人が朝鮮人又は台湾人との縁組又は婚姻等によって内地戸籍から除かれるべき場合に当たるときは従前どおり除籍してよい（昭和26年3月6日民事甲423号民事局長回答）。3069号通達は，その発出された日から適用すべきものであり，その後に，内地人父が朝鮮人又は台湾人の子を認知しても日本国籍を取得しない。また，同日以後に朝鮮人又は台湾人に認知された内地人の子は戸籍法の適用を引き続き受けているものであり，また，選挙権等の行使にも影響はない（昭和26年3月9日民事甲425号民事局長回答）。朝鮮又は台湾に在籍する父に内地人女の子が認知されたときは，子の身分事項欄に認知の記載をするとともに，父欄に父の氏名の記載をする（昭和26年4月20日民事甲839号民事局長回答）。また，3069号通達前に朝鮮人たる父に認知されたが，除籍されないまま引き続き日本人たる母の戸籍に記載されている子については，市町村長限りの職権で除籍する（昭和33年6月10日民事甲1193号民事局長心得回答）とされた。つまり，内地人女の子を朝鮮人男が認知した場合，3069号通達は，その発出の日をもって，取扱いを異にすることとし，発出前に認知された場合には朝鮮籍に入り，発出の日以降に認知された場合には日本の戸籍法の適用を受けると解していたので，平和条約の発効により，前者は日本国籍を失い，後者は日本国籍のまま残ることになったのである。

　この点について，3069号通達以前でも，認知により父である朝鮮戸籍

に入り，平和条約の発効により日本国籍を失うというのは，家制度を前提としたものであり，公序良俗に反するとの主張に対し，この取扱いが公序良俗に反するものではないと判断したのが【2-30】である。朝鮮民事令により，朝鮮の戸籍に入るのは家制度に基づくもので公序良俗に反し，家制度に立脚する朝鮮民事令自体がその適用が許されないとして，認知により，認知者の家に入ることもなく，内地の家を去ることもないから，共通法3条1項に該当せず，朝鮮戸籍に入籍され内地戸籍から除籍されるべき者とはならなかったものというべきであり，平和条約発効により日本国籍を喪失しないとした原審の判断に対して，朝鮮民事令自体が公序良俗に反するとは言えず，また，内地の法令上家を去ることを得ざる者に当たるということもできないとして，共通法3条の適用の結果，本件認知により，日本の国内法上朝鮮人としての法的地位を取得したとして，平和条約の発効により日本国籍を喪失したと判示した。これは，国籍法施行以前のものであったが，その後，下級審では，3069号通達以前の認知であれば，新国籍法施行後も朝鮮の地域の家に入るものとして，日本国籍の喪失を認めた裁判例が出されている（大阪地判平成11年2月24日判タ1019号134頁，大阪地判平成11年3月19日訟月48巻8号1909頁）。

　これに対し，【2-31】（上記平成11年2月24日大阪地裁判決の上告審）は，上記新国籍法が施行された後に朝鮮人父から認知された子は，内地の戸籍から除籍される理由がないとして，平和条約の発効により日本国籍を喪失しないと判示した。すなわち，旧国籍法は上記のとおり外国人父の認知により外国籍を取得するとその子は日本国籍を失う旨規定していたが，新国籍法は自己の意思に基づかない身分行為による国籍喪失を採用しなかったから，認知は国籍に準じる地域籍得喪の原因とはならない，そうすると，3069号通達発出の日以降に限定せず，新国籍法施行後にされた認知は同様に解すべきであるという。3069号通達がその後の認知について朝鮮の地域の家に入らないと解釈した根拠が新国籍法の施行にあるとすると，新国籍法施行後3069号通達発出前の認知も同様に解すべきことになるから，判示は妥当である。

第2　渉外国別親子法／1　大韓民国・朝鮮民主主義人民共和国　505

【2-30】 内地人女の嫡出でない子であって昭和23年6月に朝鮮人男により認知された者につき，昭和27年4月28日の平和条約の発効により日本国籍を喪失しているとした事例

最判平成10年3月12日民集52巻2号342頁，家月50巻9号75頁

　　本件認知によって庶子となった子が朝鮮民事令11条により朝鮮慣習の適用を受けて父の家に入るとすれば，共通法3条等により，子は父の朝鮮戸籍に入り，内地から朝鮮への地域籍の変動を生ずること（その結果，国籍の変動を生ずること）にもなる。しかし，父に認知された際に，非嫡出子が母の戸籍にとどまるものとするか，父の戸籍に入籍するものとするかは，基本的には立法政策の問題であって，そのこと自体が直ちに個人の尊厳ないし男女平等主義に反するということはできない。これを地域籍ないし国籍の変動の問題としてとらえてみても，当時，施行されていた旧国籍法23条は，子が認知によって父の国の国籍を取得した場合に日本の国籍を喪失する旨を規定していたところであり，このような規定にもかんがみると，認知により母の地域籍を去って父の地域籍に入ることは，平和条約の発効によって日本の国籍を喪失することにつながるとしても，内地の公序良俗に反するとまでいうことはできない。そうすると，本件認知により被上告人が朝鮮人父の戸籍（地域籍）に入るということが内地の公序良俗に反するということはできないものと解するのが相当である。

【2-31】 国籍法（昭和25法律第147号）施行後に朝鮮人父から認知された子は，平和条約の発効によっても日本国籍を失うことはないと判断された事例

最判平成16年7月8日民集58巻5号1328頁，家月57巻3号104頁，判時1870号3頁，判タ1163号107頁

　　共通法3条は，……いわゆる地域籍の得喪を定める規定であり，地域籍は，当時の法制の下において，上記の地域ごとに国籍に準ずる役割を果たしていた。……旧国籍法23条本文は「日本人タル子カ認知ニ因リテ外国ノ国籍ヲ取得シタルトキハ日本ノ国籍ヲ失フ」と規定していたところ，昭和25年7月1日施行の国籍法は，自己の意思に基づかない身分行為によって日本国籍を失うという法制は採用せず，旧国籍法23条の規定も廃止した。地域籍の得喪が，旧国籍法の前記規定に準じて定められていたことに照らすと，上記のような

法制の変動の結果，上記の国籍法施行日以降においてされた親の一方的な意思表示による認知は，もはや地域籍の得喪の原因とはならなくなったものというほかはなく，朝鮮人父によって認知された子を内地戸籍から除籍する理由はなくなったものというべきである。昭和25年12月6日付け法務府民事局長通達「朝鮮又は台湾と内地間における父子の認知について」は，……地域籍についても，朝鮮又は台湾と内地間における父子の認知に関する従前の取扱いを新しく施行された国籍法の趣旨に準じた取扱いに改めたものである。そうすると，上記民事局長通達の取扱いを，同通達発出日の昭和25年12月6日以降の認知に限定する理由はなく，前記説示のように，国籍法施行の同年7月1日以降の認知についても，同様の取扱いを行うべきである。

(ウ) 嫡出でない子の取扱い

上記のとおり，日本人女の子で認知がされていない子は，父の国籍が知れない者として，新国籍法施行前から日本の国籍として扱われていたから，平和条約発効によっても日本国籍を喪失しないことになる。また新国籍法施行後は，朝鮮人である父が認知をしても，朝鮮の地域籍には入らないから，日本人女の出生した嫡出でない子について，朝鮮人男から庶子出生届を提出しても，新法施行後は受理できないとされた（昭和25年2月16日民事甲455号㈡144号民事局長回答）。なお，嫡出でない女子（出生届により既に戸籍に入籍されているが虚偽の届出なる由）を有する母が，その女子の出生後2か月を経過してさらに嫡出でない男子を出生したとする出生届書が非本籍地から送付されたときは，そのまま受理するのほかないとした事例（同455号回答）がある。

昭和25年12月6日民事甲3069号民事局長通達発出前の日本人男が朝鮮人の子を認知した場合の取扱方は，(1)子につき新たな氏を定め新戸籍を編製する。(2)この場合の新戸籍の戸籍事項欄の記載例は「認知の届出により年月日本戸籍編製㊞」の振り合いによる（昭和24年7月19日民事甲1648号民事局長回答）とされ，同号通達後は，認知によっては内地と朝鮮及び台湾間の籍の異動は生じないものとされた。

内地人の子が朝鮮人又は台湾人父に認知された場合は，子につき後見が開始し，朝鮮人又は台湾人の子が内地人父に認知された場合は，母が

親権者となると解するのが相当である（昭和26年6月22日民事甲1214号民事局長回答）。

(エ) 離婚後の親権者の取扱い

　婚姻により内地人女が朝鮮人男の戸籍に入った場合において，その夫婦が離婚をするときは，子の親権者は当然に父となる。このことについての事例として，旧法中朝鮮人男が婚姻によって内地人女の戸籍に入りその夫婦が，新法施行後離婚する場合は，未成年の子の親権を父が行う旨を定めて差し支えないが，内地人女が婚姻によって朝鮮人男の戸籍に入ったものであれば，その夫婦が離婚する場合は，父が当然未成年の子の親権者となるので，離婚届書に親権者を定める協議に関する記載を要しないとしたもの（昭和25年2月3日民事甲281号㈡65号民事局長回答），朝鮮人男と婚姻し，夫の戸籍に入った内地人女は，平和条約発効前に離婚すれば復籍するが，夫婦間に生まれた未成年の子の親権は，父が行うものと解するとしたもの（昭和25年4月5日民事甲883号民事局長回答），朝鮮人男と婚姻して朝鮮の戸籍に入った内地人女について，内地の家庭裁判所で離婚の調停が成立して，この夫婦間の未成年の子の親権者を母と定めても，その親権は子と同籍する父が行うものと解するとしたもの（昭和25年8月7日民事甲2095号民事局長回答）がある。ただし，韓国2005年改正民法以降は，父母の協議で定めることとなった（同法909条4項）。なお，その他に，未成年の子がある日本人女が，夫の死亡後，朝鮮人男と再婚して朝鮮の戸籍に入った場合は，その子について後見が開始するとし，夫死亡後，朝鮮人男と婚姻した日本人女が，前婚解消後300日以内に生んだ嫡出子については，後見が開始するとしたものがある（昭和27年4月4日民事甲393号民事局長回答）。

(オ) 朝鮮人と内地人との養子縁組

　平成元年の法例改正前は，養子縁組の要件は各当事者につきその本国法により，養子縁組の効力及び離縁については養親の本国法によるとされていた（平成元年改正前法例19条）。また，平和条約発効までは，共通法が適用され，養子縁組により，その地域の法令により，その地域の家に入る者は他の地域の家に入るとされ，朝鮮人男の養子となった内地人は，

朝鮮戸籍に入ることになり，平和条約の発効により日本国籍を失うこととなった。

朝鮮人夫婦が日本人未成年者女を養子とすることができるかについて，これを否定した裁判例として【2-32】，【2-33】がある。養子縁組の目的は祭祀者を作ることにあり，女性は祭祀者になれないという朝鮮の慣習を前提としている。なお，これを肯定して，未成年者養子縁組を許可した審判例（水戸家審昭和32年11月12日家月9巻11号112頁）がある。

【2-32】 朝鮮人夫婦が日本人女を養子とするに際し，養親の本国法は北朝鮮ではなく，朝鮮の慣習法が適用されるとし，女は祭祀者になれないから養子とすることはできないとした事例

神戸家審昭和32年10月10日家月9巻11号110頁

> 朝鮮において養親についての要件が如何に定められてあるかを見ると慣習によって養子をなすには其の者が男なること，既婚者なること，男子なきこと，又は男子ありたるも婚姻をなさずして死亡せしことを必要とする（旧慣委員会決議，民事慣習回答彙集付録23頁）となっている。故に，申立人Aが養親となり得ないことは明らかであるが，申立人Bについては一応要件を具備している如くであるが，朝鮮の養子制度が祖先及び自己の祭祀を行わしめるため擬制の子を作る必要のために存在するのであり，畢竟祭祀者を定めるにあるのであって，且つ女は祭祀者になり得ないことが慣習であるから，申立人Bは女子である日本人Cを養子にすることはできないと解せざるを得ない。

【2-33】 朝鮮人が日本人女を養子としたことは，朝鮮の慣習に反し無効であるとして，戸籍法113条による戸籍訂正を許した事例

京都家審昭和33年7月15日家月10巻10号66頁

> 本件申立の要旨は申立人は昭和22年7月○○日朝鮮全羅南道……Aと養子縁組し昭和25年12月○日除籍されたが，右養子縁組は朝鮮の慣習に反したもので無効である。即ち朝鮮人の養子縁組については別段の立法がなされてい

ないと考えられるのでその要件については，なお，朝鮮の慣習によるべきであり，そうすれば養子となるべき者は男であることが要件となり，女を養子とした本件養子縁組は無効であるというのである。
　よって……必要な事実を調査したところ申立事実を認めることができるので本件申立は理由があるものとして認容し主文のとおり審判する。

　また，朝鮮人と内地人との養子縁組に関しては，次のような先例がある。すなわち，朝鮮人男と内地人女との間の嫡出子出生届がされた場合，これによって子を日本の戸籍に記載することはできず（昭和22年8月16日民事甲789号民事局長回答。ただし，平和条約発効後は，昭和27年4月19日民事甲438号民事局長通達，昭和27年12月16日民事甲830号民事局長電信回答により変更された），民法の応急措置法施行に伴う戸籍事務等の取扱いに関する通達（昭和22年4月16日民事甲317号民事局長通達）は朝鮮人には適用されないから，朝鮮人の婚姻又は縁組に関する要件は，従前の例により処理する（昭和22年12月27日民事甲1751号民事局長回答。ただし，平和条約発効後は，昭和27年12月19日民事甲855号民事局長回答により変更された）とされ，また，旧民法当時に養子縁組をした者が新民法施行後離縁をした場合，離縁事項は，養親と養子の身分事項欄に記載しなければならないとし，夫婦の一方が他の一方の未成年の子を養子とした場合，未成年者の子に対する親権は実親と養親との共同行使となる（昭和23年3月16日民事甲149号民事局長回答）とされた。大韓民国政府統治下の所領に本籍のある者に関する戸籍の届出等は，従来どおり朝鮮人に関するものとして取り扱う（昭和23年8月30日民事甲2801号民事局長回答）とし，朝鮮人，台湾人等の縁組は，婚姻に準じ従来どおり取り扱う（昭和23年10月15日民事甲3311号民事局長回答）とされた（平和条約発効後は，朝鮮人，台湾人についても一般の外国人と同様に取り扱われるようになった）。旧法当時に戸内で筆頭者でない叔父と養子縁組した者が，新法施行後に離縁する場合は，同籍の実父（筆頭者又はその配偶者でない）について新戸籍を編製し，その新戸籍に復籍する（昭和23年11月12日民事甲2155号民事局長回答）とされた。
　縁組によって内地の戸籍に入った元朝鮮人が，養親の長女と戸内婚姻

し，その後離縁，離婚をしたときは朝鮮の戸籍に復するが，離婚，離縁等によって朝鮮の戸籍に復籍した後，内地の戸籍に在る自己の子を，子の入籍届によって朝鮮の戸籍に引き取ることはできない（昭和24年4月1日民事甲674号民事局長回答）。朝鮮人女が内地人の養子となる場合は，年齢に関係なく，戸主及び父母の同意を要する（昭和24年11月14日民事甲2652号民事局長回答）。内地人男が朝鮮人夫婦の養子となる縁組届を他の市町村長から送付のあった場合，そのまま受理する（昭和24年11月15日民事甲2657号(二)548号民事局長回答）。

　新国籍法施行（昭和25年7月1日）までは，外国人を養子とするには法務総裁の許可を必要としたが，朝鮮人及び台湾人を養子とするときは届出だけで足りる（昭和24年11月15日民事甲2670号民事局長回答）。婚姻又は養子縁組により内地の戸籍に入った朝鮮人は，離婚又は離縁により朝鮮人の身分に復する（昭和24年11月15日民事甲2670号民事局長回答）。15歳未満の日本人男が不法入国者でない朝鮮人の養子となる縁組の届出があった場合は，これを受理し除籍して差し支えない（昭和24年12月7日民事甲2821号(二)617号民事局長回答）。内地人が朝鮮人である未成年男子（奉祀者でない者）を養子とする場合は，養親となる者について民法798条本文の適用があるから，家庭裁判所の許可を要するものと解するのが相当である（昭和25年3月7日民事甲626号民事局長回答）。婚姻によって朝鮮の戸籍に入った内地人女は，実方の父母と養子縁組によって内地の戸籍に入籍することができる（昭和25年3月7日民事甲626号民事局長回答）。当事者双方が縁組の要件を備えている場合は，内地人も朝鮮人の養子となることができる（昭和25年3月27日民事甲782号民事局長回答）。旧法当時戸主たる養母（家女でない）が隠居し，養子が家督相続によって戸主となった後，養母がその実方に復籍している場合，養子は，新法施行後実方の父母の氏を称して実方戸籍に入籍することができる（昭和25年3月27日民事甲782号民事局長回答）。養子縁組により内地人の戸籍に入籍した朝鮮人が，朝鮮に在籍する自己の15年未満の嫡出子を養子とする場合，縁組の承諾は後見人及び親族会がする（昭和25年4月10日民事甲933号民事局長回答）。

　旧法中朝鮮人男に認知されたが，共通法3条3項の適用を受け，現に

内地に在籍する子は，親子間に縁組の要件を具備していれば，縁組によって朝鮮の戸籍に入籍できる（昭和25年4月12日民事甲955号民事局長回答）。内地人は奉祀者でない朝鮮人を養子とすることができる（昭和25年5月1日民事甲1136号民事局長回答）。養子が同籍の養父に認知された後，家督相続により戸主となっている旧法の戸籍で，新法施行後離縁するときは，当事者の各身分事項欄に離縁事項を記載し，養父母欄及び養父母との続柄記載を消除する（昭和25年5月16日民事甲1274号民事局長回答）。旧法中父母の代諾により養子縁組をしたところ，新法施行後に養子と父との間に親子関係不存在確認の裁判が確定した場合でも，縁組は同籍の母の代諾のみによって有効に成立しているものと解される。前項の場合において父と養子との間に継親子関係があれば，継父の資格で代諾したものと解して取り扱うのが相当である。前二項の場合において母が縁組当時養子と同籍していない場合は，その縁組は無効である（昭和25年6月10日民事甲1631号民事局長回答）。兵役関係があったため内地人と離縁離婚しても，朝鮮戸籍に復さず内地に一家創立している婿養子であった者が，現在朝鮮戸籍に復するには，朝鮮在籍者との縁組によってその養親の戸籍に入るほかない（昭和25年6月22日民事甲1746号民事局長回答）。

　内地人の養子となった朝鮮人男が生存養親とのみ離縁した場合は，朝鮮の実方に復籍する（昭和25年9月12日民事甲2485号民事局長回答）。朝鮮の慣習によると，その家に祭るべき祖先を有する戸主は，本家相続をするための縁組のほかは，縁組によってその家を去ることができない（昭和26年5月18日民事甲1032号民事局長回答）が，奉祀者たる朝鮮人男が内地人の養子となる縁組届が誤って受理されたときは有効に成立する（昭和26年5月9日民事甲949号民事局長回答）。内地の戸籍にある朝鮮人夫婦が，朝鮮在籍の自分達の嫡出子（奉祀者でない15年未満）とする縁組の代諾は，子が内地に居住していても後見人と親族会がする外なく，家庭裁判所の選任した特別代理人は代諾できない（昭和26年7月2日民事甲1373号民事局長回答）。内地人養父の戸籍に入った朝鮮人養子が，内地人と妻の氏を称する婚姻によって妻の戸籍に入った後，養父と離縁した場合，養子は朝鮮の戸籍に復籍せず現在の戸籍にとどまる（昭和26年11月27日民事甲2275

号民事局長通達）。朝鮮の家の戸主である父が行方不明であってその同意が得られない朝鮮人が，日本内地人の養子となる縁組届は受理できない（昭和27年2月23日民事甲180号民事局長回答）。

　ウ　平和条約発効から韓国民法施行までの韓国・朝鮮籍の取扱い
　㋐　一般的取扱い

　昭和27年4月の平和条約発効により，韓国・朝鮮は，他の外国と同様の取扱いとなり，平和条約発効に伴う朝鮮人，台湾人等に関する国籍及び戸籍事務の処理については，同題名の基本通達（昭和27年4月19日民事甲438号民事局長通達）が発出されている（同通達にいう「もと朝鮮人又は台湾人であった者」の解釈については，昭和28年7月22日民事甲1261号民事局長回答を参照）。平和条約は昭和27年4月28日午後10時30分に発効したのであるから同時刻前に受理した朝鮮人，台湾人等に関する戸籍届出等の処理はすべて従前通りである（昭和27年5月22日民事甲715号民事局長通達）。また，韓国民法が昭和35年1月1日に施行されているが，その後の朝鮮人の身分に関しては，従前の取扱いの慣習に代わり，すべての朝鮮人に韓国民法親族編に則って処理することとされた（昭和34年12月28日民事甲2987号民事局長通達）。

　㋑　子の国籍

　平和条約発効により，それまで外国人として扱われてこなかったもと朝鮮人であった者は，その日を境に日本国籍を持たない外国人として扱われることになった。平和条約発効前に朝鮮人夫と離婚し内地の戸籍に復籍した日本人女が，同条約発効後に離婚後300日以内に子を出生した場合，その子は韓国人として取り扱うとした事例（昭和27年8月9日民事甲32号民事局長回答）がある。

　平和条約発効後朝鮮人及び台湾人が日本人とする婚姻，縁組等の届出を受理するときの要件の審査は，朝鮮人については朝鮮の慣習により，台湾人については中華民国民法の規定による（昭和27年5月29日民事甲756号民事局長回答）とされ，朝鮮人を当事者とする婚姻又は縁組の届出を受理するには，朝鮮と表示しているものを区別してその婚姻及び縁組の実質的要件を判断する必要はなく，上記民事甲756号回答による取扱いを

するものとされた（昭和28年1月14日民事甲40号民事局長回答）。その後，朝鮮人については，1960年1月1日から施行された大韓民国民法（1958年法律第471号）によるものとされた。

　国籍欄に「大韓民国」又は「韓国」と表示した朝鮮人の帰化申請書は別段訂正させる必要はないが，戸籍及び国籍事務の取扱上は南北朝鮮を区別せず「朝鮮」と記載する（昭和28年12月25日民事五発208号民事局第五課長回答）として，当初韓国の表示も認めていたが，その後，平和条約の発効により日本の国籍を失った在日朝鮮人の取得する国籍は一律に朝鮮である（昭和31年11月7日民事甲2568号民事局長事務代理回答）と明示された。しかし，その後，この表示については，昭和41年1月17日の日韓条約発効に伴い，戸籍届出者の国籍の表示に関する戸籍の記載は「韓国」として差し支えない（昭和41年9月30日民事甲2594号民事局長通達）とされた。

　平和条約発効に伴う国籍の帰属に関し，その具体的な適用に関しては，新法施行後平和条約発効前に内地人男と朝鮮人女が婚姻し婚姻前の出生子につき戸籍法62条の出生届をしたときは，子は嫡出子として内地の父母の戸籍に入籍し平和条約の発効によって日本国籍を喪失しない（昭和28年2月25日民事甲246号民事局長回答）としたもの，日本人女の嫡出でない子を朝鮮人男が昭和25年12月6日以後で平和条約の発効前に認知した場合，子は平和条約発効の日から，朝鮮の国籍をも取得する（昭和31年6月13日民事甲1200号民事局長回答）としたもの，朝鮮人男と婚姻した日本人女が婚姻前に出生した子について，平和条約発効前に，戸籍法62条の出生届がされた場合，その子の国籍は朝鮮である（昭和32年5月4日民事五発244号民事局第五課長回答）としたもの，旧法当時日本人B女が朝鮮人A男と婚姻したが，婚姻及び除籍の記載を遺漏したまま，夫A死亡後平和条約発効前日本人C男と婚姻し，実方戸籍からCの戸籍に入籍の記載がなされている事案で，ABの婚姻継続当時Bの出生した子Dが，Cから新法施行前なされた庶子出生届（大正3年戸籍法83条は，父の庶子出生届は認知の効力を有すると規定していた）によりCの戸籍に入籍している場合，右の庶子出生届は無効であり，Dの国籍は朝鮮である（昭和33年5月24日民事甲980号民事局長心得回答）としたもの，朝鮮人父の死亡後元日本人母が復

氏届によって内地に新戸籍を編製し，その後右夫婦間の子が母の氏を称する入籍届によって母の戸籍に入籍している場合，右の届出はいずれも無効であるから，同人等は日本の国籍を有しない（昭和34年3月6日民事五発94号民事局第五課長回答）としたもの，朝鮮人男と日本人女の夫婦の長期間別居中に出生した子につき，母が離婚し日本人男と再婚した後に後夫からの認知の裁判が確定した場合は，子と前夫間の父子関係はこれによって否定されたものとし，子は国籍法2条3号（現2条1号）により出生と同時に日本国籍を取得したものとして取り扱う（昭和34年10月12日民事甲2221号民事局長回答）としたもの，平和条約発効前朝鮮人男と日本人女の婚姻前の出生子につき戸籍法62条の出生届を昭和24年7月5日にした後，右夫婦が日本人の養子となっている場合でも，右の子は同条約発効の日に日本国籍を喪失している（昭和34年10月19日民事五発民事局第五課長電報回答）としたもの，日本人夫婦の妻が朝鮮人男と通じて出生した子（届出未済）について右夫婦及び実父が死亡後に，右子から帰化申請があった場合は便宜そのまま受理して差し支えない（昭和34年12月11日民事甲2809号民事局長回答）としたものなどがある。

(ウ) 嫡出親子関係の成立

　総論で述べたように平成元年改正前の法例は，子の嫡出性については父の属人法主義によっていた。当時の先例としては次のようなものがある。すなわち，平和条約発行前に朝鮮人男と婚姻して除籍された日本人女がさらに日本人男と婚姻して夫の戸籍に入り，その間に出生した三子を後夫との嫡出子として届け出て戸籍に記載されている場合，後婚は無効である。したがって三子は前婚の夫との間の嫡出子として取り扱うほかはない（昭和28年12月8日民事甲2146号民事局長回答）。朝鮮人男Aとその妻Bとの間の子として朝鮮戸籍に記載されているCは，事実は日本人女と上男Aとの子であっても親子関係が否定されない限りABの嫡出子として取り扱うほかない。またCはBとの親子関係が否定されても，旧法当時父Aからされた出生届（認知の効力を有する）により朝鮮国籍を有することに変わりはない（昭和29年4月22日民事五発156号民事局第五課長回答）。日本人男と朝鮮人女とが婚姻の届出をし，次いで婚姻後200日以内の出

生子について嫡出子出生届があれば，子は日本人である父の戸籍に入る（昭和31年6月6日民事甲1201号民事局長回答）。婚姻継続中夫以外の朝鮮人男との間に出生した出生届未済の子は，婚姻中の夫婦間の嫡出子としての身分を有するものであるから，日本国籍を有する出生届未済の者として取り扱う（昭和31年10月12日民事甲2312号民事局長回答）。

㈒　嫡出でない親子関係

(ⅰ)　出生による嫡出でない親子関係

　嫡出推定を受けない嫡出でない子は，朝鮮人男による認知又は準正により朝鮮人男が父とならない限り，母の子として入籍される。したがって，平和条約発効後に朝鮮人男と婚姻した日本人女が婚姻後200日以内に出生した嫡出でない子の出生届はこれを受理し，子を母の戸籍に入籍させる（昭和28年4月4日民事甲429号民事局長回答）。そのことは朝鮮人男が庶子出生届をした場合も同様であるから，新法施行直後に出生した日本人女の嫡出でない子につき，朝鮮人男から庶子出生届がなされたのを誤って受理していることを発見した場合は，嫡出でない子としての追完届をさせる（昭和31年2月24日民事二発80号民事局第二課長回答）ことになった（ただし，昭和40年1月7日民事甲4016号民事局長通達により変更された。なお，昭和57年4月30日民二2972号民事局長通達参照。），また，旧戸籍法施行当時朝鮮人男Aと日本人女Bの内縁中に出生した子Cにつき，右父より直接本籍地の朝鮮面長に庶子出生届を送付したが，その後に交付を受けた面長発給の戸籍謄本に丙の記載がなされていない場合は，母から改めて嫡出でない子として届出をなさしめCを日本人として取り扱う（昭和31年7月9日民事甲1569号民事局長回答）ことになる。

　朝鮮人男による認知等が明確ではない場合も日本人女の嫡出でない子として扱う必要がある場合がある。この点に関し，昭和19年7月に朝鮮人男と婚姻した元日本人女が婚姻前同男との間に出生した子について，出生届がされた事実が明らかでなく，かつ，朝鮮の戸籍にも記載されていない場合は，母から嫡出でない子（日本人）として出生届をさせて差し支えないとした事例（昭和32年11月8日民事五発602号民事局第五課長回答），朝鮮人男と日本人女の夫婦間の婚姻前の子について，父死亡後母から嫡

出子出生届がされたのを誤って受理した場合は，当該届書につき母から嫡出でない子と訂正する旨の追完届をさせて処理し，右子が外国人登録をしているときはこれを消除する必要があるとした事例（昭和34年5月15日民事甲1012号民事局長回答）がある。なお，新法（昭和23年1月23日施行）施行後朝鮮人男と日本人女の内縁関係によって生まれた嫡出でない子につき朝鮮人男から嫡出子出生届がなされた後，さらに右の女から嫡出でない子の出生届がされた場合は，先の嫡出子出生届を無効と解し，右の嫡出でない子の出生届を受理して差し支えないとした事例（昭和35年2月18日民事甲361号民事局長回答）がある。

(ii) 認知による嫡出でない親子関係

新国籍法施行前に朝鮮人男が認知した日本人女の嫡出でない子は朝鮮籍に入り，平和条約の発効により日本国籍を失うことになるのは上記のとおりであり，その子が日本国籍を取得するためには，帰化の手続を要することになった（昭和27年4月19日民事甲第438号民事局長通達）。そして，朝鮮人男に認知された日本人女の嫡出でない子で朝鮮人としての身分を取得している者（日本在住）は，平和条約発効後は日本に帰化すれば母の戸籍に入ることができる（昭和27年5月30日民事甲763号民事局長回答）。その場合，朝鮮人男に認知された15歳未満の嫡出でない子の帰化申請は，父と同時にするのが望ましいが子のみについて申請があったときは受理して差し支えないとした事例（昭和28年12月16日民事五発188号民事局第五課長回答）がある。反対に，日本人父に認知された朝鮮人母の子は，認知により日本国籍を取得しないし，出生当時，朝鮮戸籍令の適用を受け朝鮮戸籍に登載されていた母の子は，その後母が離婚により内地戸籍に復したとしても，内地戸籍に登載されるべきものに当たらないから，日本国との平和条約（昭和27年条約第5号）の発効により日本国籍を喪失するとした裁判例（大阪高判昭和56年10月22日行裁集32巻10号1852頁）がある。

出生届に認知としての効力が認められるかについては，一般に本人の意思に基づいて提出された出生届には認知としての効力があるとされており，裁判例もそのように解している。韓国人男と日本人女との間に出生し，旧国籍法施行当時父によって嫡出子出生届がされた婚外子は，韓

国戸籍法上右届出に認知の効力が認められるので，当時の韓国国籍法によって韓国籍を取得し，同時に旧国籍法23条により日本国籍を喪失しているから，右の子からの就籍許可申立ては理由がないとした事例（東京家審昭和50年1月11日家月27巻10号77頁），出入国管理令24条4号リに該当するとして退去強制令書発付処分を受けた者が，日本人女の嫡出でない子であり，また，昭和25年2月当時の朝鮮籍男による嫡出子出生届が，同人の意思に基づいて提出されたものではなく認知の効力をもたないから，日本国籍を有する者であるとして，右退去強制令書発付処分が取り消された事例（東京地判昭和56年2月5日訟月27巻5号951頁），相続人か否かに関して，韓国人である父が嫡出でない韓国人である子につき，日本においてした嫡出子出生届は，認知届としての効力を有するとした事例（山口地判昭和54年1月31日判タ388号114頁），韓国籍の父が嫡出でない子（韓国籍）について日本でした嫡出子出生届が戸籍事務管掌者に受理された場合，右届は認知届としての効力を有するとされた事例（大阪高判昭和56年3月27日ジュリ752号3頁）などがある。また，先例としては，朝鮮人又は台湾人と婚姻した日本人女の婚姻前に出生した子について，婚姻後に同夫婦から嫡出子出生届がされた場合は，同出生届は，戸籍法62条の規定により認知届出の効力を有するとし，また，旧法施行当時妻のある朝鮮人男と日本人女の間に出生した嫡出でない子を，右朝鮮人男夫婦の嫡出子として出生届がされている場合は，その出生届には認知の効力があるから，出生子の国籍は朝鮮であるとした事例（昭和32年12月5日民事五発653号民事局第五課長回答）がある。

　朝鮮在籍の夫婦間の嫡出子とする父からの出生届が受理された後に，届書添付の出生証明書によってその子が朝鮮人男と日本人女との間に出生した嫡出でない子であることが明らかになった場合について，父の認知の効力は認められないので，母から同居者とする追完届によって処理する（昭和28年2月26日民事甲266号民事局長回答）とされていたが，昭和57年4月30日民二2972号民事局長通達により，父からの出生届に父の認知の効力を認める取扱いに変更された。これは，父からされた虚偽の嫡出子出生届には認知の効力があるとした最高裁判決（昭和53年2月24日民集

32巻1号110頁）を受けてのものである。

　なお，父母の婚姻が平和条約発効後にされた場合は，子は直ちに母の現在の戸籍に入籍し，同条約発効前であれば従前の母の戸籍（母につき朝鮮人男又は台湾人男との婚姻による除籍記載ある戸籍）に入籍させるとした事例（昭和27年12月19日民事甲855号民事局長回答），朝鮮人男又は台湾人男と日本人女との間に出生した子について，父母婚姻後，父から戸籍法62条の嫡出子出生届をした場合は，その届出が平和条約発効の日前であるときは，3069号通達にかかわらず，出生子は当然父母の戸籍に入るとした事例（昭和39年4月21日民事甲1574号民事局長回答）がある。

　朝鮮人である父が認知をした場合，旧法例は認知をした父の本国法によるとされていたため，当時の韓国の慣習により，その子は認知によって父の国籍を取得し，父の親権に服するとされていた（昭和28年11月28日民事甲2230号民事局長回答，昭和28年12月15日民事甲2314号民事局長回答）が，1962年の韓国国籍法の改正により，朝鮮人である認知によって当然には韓国の国籍を取得しないこととなった。

　韓国人と朝鮮人の内縁中の子を日本において認知するときの手続は日本人間と同様であり，認知された子の国籍はその本国が決定する（昭和28年12月19日民事五発183号民事局第五課長回答）。父に認知された，父母ともに朝鮮人である嫡出でない子が父とともに日本に帰化した場合，帰化の届出の際，子が特に父と異なる氏又は本籍を定める旨の意思表示をしない限り，その子は父の戸籍に入るものとして取り扱って差し支えない。また，父は帰化と同時に親権者となる（昭和30年2月22日民事甲298号民事局長回答）。

　日本人男が朝鮮人の子を認知した場合は，その子は朝鮮籍のままであり，その母が親権者である。すなわち，朝鮮人である未成年の子が日本人である父に認知された場合は母が親権者であり（昭和28年11月28日民事甲2230号民事局長回答），朝鮮人女の嫡出でない子が日本人男に認知された後，帰化手続によって日本の国籍を取得した場合，帰化の届出の際子が特に父と異なる氏又は本籍を定める旨の意思表示をしない限り，その子は父の戸籍に入るものとして取り扱って差し支えない（昭和30年2月22日

民事甲298号民事局長回答）とされ，また，日本人男が朝鮮人女の胎児を認知したときは，被認知者の出生届によりその子につき新戸籍を編製する（昭和31年12月3日民事二発619号民事局第二課長回答）ことになる。そして，日本人である夫が朝鮮人である妻の婚姻前に生んだ子について戸籍法62条により認知の効力を有する出生届をし，父の身分事項欄に認知に関する記載がされている事例で，子が帰化により父の戸籍に入る場合，父の身分事項欄に「長女何某年月日帰化」と記載する（昭和34年1月19日民事二発18号民事局第二課長回答）とされた。なお，平和条約発効後日本人男と朝鮮人女間の婚姻後200日以内に生まれた子について，母から嫡出でない子として出生届があり，同日父から認知届があった後，右の出生届が父からの嫡出子出生届に訂正する旨の追完届がされ，これに基づいて戸籍の記載がされた上，さらに戸籍訂正許可の裁判によって父の身分事項欄の認知事項を消除している場合はそのままにしておくとした事例（昭和34年6月19日民事甲1082号民事局長回答）がある。

(iii) 嫡出でない親子関係と準正

準正については，平成元年の法例改正前は規定がなく，同改正前法例17条に準じて，父（母の夫）の本国法によると解されていた。したがって，戸籍の筆頭者又はその配偶者でない男に胎児認知されている朝鮮人女の子について父母婚姻後戸籍法62条に規定する嫡出子出生届があったときは，父が戸籍の筆頭者又はその配偶者でないときは，父について戸籍法17条の適用があり（昭和31年6月11日民事甲1300号民事局長回答），新戸籍を編製するとされた。また，朝鮮人甲男と婚姻した日本人乙女が婚姻後200日以内に出生した子丙につき母乙から嫡出でない子として出生届がされ丙を乙の戸籍に入籍した後，甲から丙に対する認知届がされた場合は，昭和34年8月28日民事甲1827号民事局長通達の趣旨により丙を生来の嫡出子として取り扱い，戸籍訂正の手続により同人の戸籍を消除する（昭和34年10月19日民事甲2332号民事局長回答）とされた。

(iv) 親子関係の存否確認

親子関係に関する準拠法は，平成元年改正前法例は，父の本国法によるとし，父がいないときは母の本国法によるとされた（平成元年改正前法

例20条)。したがって，朝鮮人父と子との親子関係の存否を確認する場合の準拠法は，韓国民法施行前は，朝鮮の慣習により，同法施行後は，韓国民法によることになる。もっとも親子関係の存否は事実上のものであるから，朝鮮の慣習による場合と韓国民法による場合とで差異はないものと考えられる。ただし，韓国民法施行後は，嫡出推定の規定があり，嫡出推定が働く場合には，嫡出否認の手続によるべきことは我が国の民法の解釈と同じである。

韓国民法施行前の裁判例として，大阪家審昭和39年9月12日家月17巻2号65頁がある。これは，韓国戸籍上韓国人間の嫡出子である子の親子関係不存在確認事件につき，準拠法として法例17条及び同18条1項の趣旨を類推して，両親には大韓民国法を，子には日本法を適用し，かつ，親子関係存否確認の方法は手続法的な問題であるから法廷地法によるべきであるとして，家事審判法23条の審判をした事例である。また，【2－34】は，戸籍上の韓国人間の嫡出親子関係のうち母子関係の不存在確認につき，法例18条（平成元年改正前のもの。認知の要件は認知当時の父又は母の本国法，子に関しては認知当時の子の属する国の法，認知の効力は父又は母の本国法とする旨を規定していた）の趣旨は婚外親子関係一般の成立の問題に通ずる準則を表現するものとして同条に基づき準拠法を定めた事例であり，また，【2－35】も，戸籍上韓国人夫婦の子として記載されている子と日本人である母との間との母子関係存在確認につき，準拠法として平成元年改正前法例18条を類推適用し，家事審判法23条の審判をした事例である。これに対し，【2－36】は，平成元年改正前法例17条により韓国法を適用した事例である。

なお，韓国人夫婦間の子とされている場合の親子関係存否確認に関し，戸籍上韓国人夫婦の嫡出子とされているが，実はその韓国人夫を父とし日本人女を母とする婚外子である場合に，実母との間の親子関係存在確認をした事例（前橋家高崎支審昭44年3月10日判タ241号270頁），韓国人夫婦間の嫡出子についての母子関係不存在確認を求める申立ては，嫡出親子関係及び嫡出でない親子関係のともにないことを明らかにするものであるから，嫡出関係については平成元年改正前法例17条により母の夫の本

国法を，嫡出でない関係については法例上規定はないが，子の出生当時の父又は母の本国法を適用すべきであるとした事例（東京家審昭和43年8月22日家月21巻2号190頁，判タ240号320頁）がある。また，親子関係の存否確認に関連する先例として，A（朝鮮人男）B（元日本人女）夫婦間の子として外国人登録をしている丙及び丁は，その実は，右乙が日本人の先夫（Bと正式離婚後死亡）と事実上の離婚後Aとの内縁関係中に出生した子であるため，右先夫の嫡出子の推定を受ける事案で，いまAB夫婦からの申立てにより甲と丙丁間における親子関係存在確認の判決が確定したとしても，甲と丙丁との親子関係を形成する認知の効力も先夫と丙丁との親子関係を否定する効力も生じないとしたもの（昭和30年8月24日民事甲1718号民事局長回答），夫甲との婚姻継続中に妻乙が他男と通じて出生し甲乙間の嫡出子として戸籍に記載されている丙は，乙の離婚除籍後に甲丙間に父子関係を否定する裁判が確定しても，これによって直ちに甲の戸籍から除くことができないとしたもの（昭和31年7月12日民事甲1487号民事局長回答）などがある。

【2-34】 戸籍上の韓国人間の嫡出親子関係のうち母子関係の不存在確認につき，平成元年改正前の法例18条の趣旨は婚外親子関係一般の成立の問題に通ずる準則を表現するものであるとして同条を準拠法とした事例

大阪家審昭和40年11月10日家月18巻5号90頁，判タ200号195頁

　一般に虚偽の出生届に基づき外国の戸籍に母子として記載されている場合に，その表見上の母子間に親子関係がないことを明らかにするについての準拠法については，わが国の「法例」に直接明言した規定はないが，法例18条〔注：平成元年改正前のもの。以下同じ〕に従い当事者となる親子双方の各本国法によるべきものと解する（本件では母子関係のみが問題となるのであるから法例17条の適用を考慮する必要はない）。法例18条はなるほど明文上は「認知」についてのみ規定しているが，それはわが国の民法が婚外親子関係の成立をもっぱら認知のみにかからしめているかのように規定している（母子関係の存否は分娩の事実のみによって定まると解すべきであるのにわが民法779条は婚外母子関係の存否にも認知を必要とするかのように表現している。）ことに対応するものであって，その本来の趣旨は婚外親子関係一

般（認知によると出生の事実によるとを問わず）の成立の問題に通ずる準則を表現するものと解するのが相当だからである。

【2-35】 戸籍上韓国人夫婦の子として記載されている子が日本人である相手方を母であるとして申し立てた母子関係存在確認の調停において、準拠法として平成元年改正前の法例18条を類推適用し、家事審判法23条の審判をした事例

東京家審昭和41年2月4日家月18巻10号83頁、判タ206号209頁

　本件は、虚偽の出生届出に基づき、韓国戸籍に親子として記載されている場合に、その表見上の韓国人の母と子との間に母子関係が存在せず、その子と日本人の実母との間に母子関係が存在することを確認することを求めるものであるが、かかる非嫡出子と母との間の親子関係は父との間の親子関係が認知によって発生するのとはことなり、一般に分娩出産の事実によって発生するものと解される（棄児の場合の如きは認知によつて発生するものと解される）。したがって、かかる場合の準拠法については、法例に直接の規定はないが、子の認知に関する法例18条1項［注：平成元年改正前のもの］の規定の類推適用により、子である申立人については大韓民国民法、母である相手方については日本民法を準拠法とみるのが相当である。

【2-36】 韓国人妻が夫と別居中に日本人男との間に生んだ子につき、夫に対し、父子関係不存在確認を申し立てた事案について、平成元年改正前の法例17条を適用して、夫との間の父子関係不存在確認の審判をした事例

東京家審昭和41年3月29日家月18巻11号95頁、判タ208号226頁

　申立人は相手方Aとの婚姻により、遅くとも平和条約発効の日である昭和27年4月28日以降日本の国籍を喪失し韓国人となったもので、その後Bとの婚姻外関係によって出生したCもまた韓国人である。……
　その準拠法は、法例第17条［注：平成元年改正前のもの］に則り、相手方

C出生当時の母である申立人の夫たる相手方Aの本国法即ち韓国法である。而して韓国法によれば，夫婦が別居中妻が他男と通じて儲けた子については，利害関係人から親子関係不存在確認の審判の申立が家庭法院に対してなされ得る……。当裁判所は，以上の事実関係及び法律関係に鑑み，相手方Aと相手方Cとの間に父子関係の存在しないことは明らかであるから，当事者間のその旨の合意に相当する審判をなすべきものとし，家事審判法第23条に則り，主文のとおり審判する。

(v) 親子関係不存在確認と権利の濫用

　ところで，大韓民国民法2条2項は，我が国の民法1条3項と同様に権利の濫用を許さない旨の規定を置いている。長年月の間親子として生活してきた後に親子関係がないことが判明した場合，親子関係不存在の確認を求めることは権利の濫用となるのではないかが問題となる。この点について，虚偽の出生届により韓国籍のAB夫婦の実子として養育され，30年以上にわたってAB夫婦と実の親子として生活してきたY（韓国人）に対して，AB夫婦の実子Xらが，YとAとの間の親子関係不存在確認の訴えを起こした事案がある。一審及び控訴審は，虚偽の出生届であるとして親子関係不存在確認を認めた。これに対し，最判平成20年8月3日判時2006号77頁・判タ1269号127頁は，YとAとの間で長期間にわたり実親子と同様の生活の実体があったこと，Aが死亡しておりYがAとの間で養子縁組をすることがもはや不可能であることを重視せず，また，Yが受ける精神的苦痛，経済的不利益，XらがYとAとの間の実親子関係を否定するに至った動機，目的等を十分検討することなく，Xらにおいて上記実親子関係の存在しないことの確認を求めることが権利の濫用に当たらないとした原審の判断には，判決に影響を及ぼすことが明らかな法令の違反があるとして原判決を破棄して差し戻した。

(オ) 養親子関係の成立

　平和条約発効後に朝鮮人及び台湾人が日本人とする婚姻，縁組等の届出を受理するときの要件の審査は，朝鮮人については朝鮮の慣習により，台湾人については中華民国民法の規定によるとされ（昭和27年5月29日民

事甲756号民事局長回答），その婚姻及び縁組の要件及び方式は，一般の外国人と同様もっぱら法例の規定によって定まる準拠法による（昭和27年12月19日民事甲855号民事局長回答）。なお，昭和35年1月1日以降は，同日施行の大韓民国民法（1958年法律第471号）によることになる。朝鮮人の双方又は一方が当事者となる婚姻，縁組等の届出について，要件具備証明書の交付を受けることができないときは，その旨の申述書及び本人の身分関係を証する戸籍謄抄本等を提出させる（昭和28年7月7日民事甲1126号民事局長通達）。

平和条約発効後婚姻した朝鮮人男と日本人女の夫婦が日本人を養子とする場合には，養子は養母の戸籍に入り養母が筆頭者以外の者であれば養母について新戸籍を編製する（昭和28年12月2日民事甲2272号民事局長回答）。

3069号通達以後に朝鮮人である父に認知された日本人女の嫡出でない子が母と養子縁組する場合の代諾権者は父であり，右の養子が朝鮮の家の奉祀者であっても縁組成立の妨げとならない（昭和28年12月21日民事甲2469号民事局長回答）。

平和条約発効後は養子縁組により国籍の移動は生じないから，日本人が朝鮮在籍の自己の嫡出子を養子とする縁組は，法律上の利益がなく，認められない（昭和29年8月16日民事甲1628号民事局長回答）。

朝鮮人である15年未満の子が縁組をする場合において，父母がその家になく，父が日本人であるときは，代諾権者を定めるには，父の本国法である民法の規定による（昭和29年12月28日民事甲2778号民事局長通達）。

在日朝鮮人又は台湾人を当事者とする婚姻届又は養子縁組届等を受理する場合において，本国当該官憲発給の婚姻又は縁組の要件具備の証明書を提出することができない当事者については，同証明書を提出することができない旨の当事者の申述書及びその身分関係を証する戸籍謄抄本又は本人の登録原票記載事項証明書を提出させ，これらの書類に基づき婚姻又は縁組の要件の有無を審査して届出を受理して差し支えない（昭和30年2月9日民事甲245号民事局長通達）。

在日朝鮮人又は台湾人の婚姻又は養子縁組の届出を受理する場合の要件具備の審査については，上記甲245号民事局長通達による（昭和30年2

第2　渉外国別親子法／1　大韓民国・朝鮮民主主義人民共和国　525

月18日民事甲332号民事局長回答）。

　朝鮮人夫婦が従前と異なる氏名で日本に帰化したが，その者の子で平和条約発効前日本内地人と養子縁組した者が離縁する場合，その養子が単身者であれば，その養子は実父母の戸籍に入る（昭和29年11月15日民事二発428号民事局第二課長回答）。

　昭和25年4月に朝鮮人男甲が日本人乙夫婦と養子縁組し，昭和25年5月に甲の子である朝鮮人丙及び丁が父甲及び日本人である母戊の代諾で乙夫婦と養子縁組し，昭和25年6月に甲が戊の氏を称する婚姻により戊の戸籍に入籍し丙及び丁が嫡出子の身分を取得している場合において，今乙夫婦と丙及び丁が離縁するときは，丙，丁につき各別に新戸籍を編製し，丙，丁が父母の戸籍に入るには，さらに父母の氏を称する入籍手続による（昭和30年4月8日民事甲631号民事局長回答）。

　平和条約発効行前養子縁組で内地に入籍した乙の父甲（元朝鮮人）が日本に帰化した後乙が養親と離縁するときは，乙は父甲の戸籍に復籍する。申出により新戸籍を編製した後においては甲の氏を称し入籍することはできない。なお，実母が死亡しているときの離縁協議者は，父甲である（昭和30年11月29日民事甲2435号民事局長回答）。

　在日朝鮮人の婚姻又は養子縁組等を受理する場合の要件具備の証明書として在日朝鮮人総連合会の証明資料によることはできない（昭和30年12月15日民事二発603号民事局第二課長通知）。

　男子を有する朝鮮人男が数人の内地人女子を養子とした縁組の届出は朝鮮の慣習によれば無効であるが，届出が受理され戸籍の記載がされた上は，養子縁組無効の裁判があるまでは，そのままとして差し支えない（昭和31年3月27日民事甲384号民事局長回答）。

　朝鮮人が日本人の養子となる場合，養子となる者の戸主の同意を得ることができないときは，届出人にその旨の申述書を提出させ，養子縁組届を受理して差し支えない（昭和31年4月2日民事甲705号民事局長回答）。

　旧国籍法当時縁組によって内地戸籍に入籍していた父母が子を残して離縁し朝鮮の戸籍に復している場合において，15歳未満のその子が日本人の養子となる縁組をするときの代諾者は後見人である（昭和32年5月1

日民事甲831号民事局長回答)。

　朝鮮人夫婦を養親とし，15歳未満の日本人女を養子とする縁組届出は朝鮮の慣習によれば無効であるが，届出が受理され，戸籍に記載されている場合には，当該縁組を無効とする戸籍法116条の裁判又は戸籍法114条の戸籍訂正許可の裁判がされない限り，戸籍の記載はそのままとしておくのが相当である（昭和32年7月17日民事甲1371号民事局長回答)。

　旧法中日本人女Ａが朝鮮人ＢＣ夫婦の養子となり，その養父Ｂが目下所在不明のため養母Ｃが双方の名義で養子Ａと協議離縁の届出をした場合，これを受理して差し支えなく，養親が家族であっても戸主の同意を要しない（昭和32年9月11日民事甲1702号民事局長回答)。

㈮　法定代理権

　この時期に発出された法定代理権に関係する先例として，次のようなものがある。

・朝鮮人である父の認知により朝鮮の戸籍に入籍している日本人女の子（15歳未満）が父死亡後日本に帰化する場合の法定代理人は母である（昭和27年6月11日民事局第五課長電報回答)

・元日本人女と同女の継子（両親朝鮮人）がともに帰化申請をするに当たり，継子の実父が死亡等の事由により親権を行使し得ない場合は，元日本人女が継子の法定代理人となる（昭和28年8月18日民事局第五課長電報回答)

・朝鮮人男が元日本人女と離婚後，その婚姻中に挙げた15歳未満の子に代わってした帰化許可申請に対して許可があったとき，その者の帰化の届出は後見人を選定させた上，すべきであるが，子に代わって帰化許可申請をした父から届出があった場合には便宜これを受理して差し支えない（昭和28年10月16日民事甲1865号民事局長回答)

・朝鮮人夫婦が離婚したのちは同夫婦間の未成年の子に対して父が親権を行使することができない場合でも母は親権者とはならない（昭和28年11月18日民事甲2187号民事局長指示。なお1990年の韓国民法の改正（1991年1月1日施行）により離婚後の親権者は父母の協議により定めることとされた)

・日本に在住し，朝鮮人を父とし日本人を母とする未成年の子について父が所在不明で事実上親権が行えない場合に，父母が婚姻していない

ときは，日本の法律により後見人を選任するのが相当であるが，父母が婚姻していて母が朝鮮の国籍をも有しているときは，母が親権を行う（昭和29年5月13日民事甲1020号民事局長電報回答）
- 日本人女が日本人男である夫の死亡後，台湾人男との婚姻により夫の国籍を取得している場合において，同女と亡先夫間の子に対する親権は，母が行い，後見人ある未成年者が成年に達し，市町村長限りの職権で後見終了の記載をするには，「後見終了職権記載書」を作成する（昭和29年11月5日民事甲2306号民事局長回答）
- 裁判離婚した朝鮮人夫婦間の子について親権者を母と定める旨の離婚請求事件の追加判決が確定し，母からその子の帰化許可申請書の提出があったときは，これを便宜受理して差し支えない（昭和30年2月4日民事甲209号民事局長回答）
- 平和条約の発効前朝鮮人男と婚姻した元日本人女が行方不明のその夫と裁判離婚後，同人らの15歳未満の子とともに帰化申請する場合は子につき後見人を選任する（昭和30年4月19日民事甲785号民事局長電報回答）
- 朝鮮人甲男と婚姻した元日本人乙女が平和条約発効後離婚し，乙女は朝鮮人丙男と婚姻し，夫婦ともに帰化によって日本国籍を取得したが，甲乙間の嫡出子となっているA男，B女と甲との間に父子関係不存在確認の裁判が確定し，更に丙がA，Bを認知したときは，A，Bは乙，丙の共同親権に服する（昭和30年9月26日民事甲2062号民事局長回答）
- 朝鮮人である父と日本人である母との間に昭和18年出生した庶子が父と共に日本国に帰化した場合その庶子の親権は母のみが行使する（昭和30年12月3日民事甲2559号民事局長回答）
- 朝鮮人男と日本人女が平和条約発効前に婚姻したのち夫が死亡したため，同女は日本人の養子となり内地戸籍に入籍している事案で，同夫婦間の15歳未満の嫡出子の親権は母が行使する（昭和31年5月1日民事局第五課長電報回答）
- 朝鮮人男が元日本人女と離婚後その婚姻中に出生した15歳未満の子に代わってした帰化許可申請に対して許可があったときその者の帰化の届出は後見人を選定させた上すべきであるが，子に代わって帰化許可

528　第2部　渉外親子法

申請をした父から届出があった場合便宜受理して差し支えない（昭和31年7月12日民事二発382号民事局第二課長回答）
・朝鮮人男AがBと婚姻中，日本人女Cとの間に子Dを出生し，Dが旧法中庶子出生届によってAB戸籍に入籍している場合において，Aが死亡したときは，Dの親権者はCである（昭和31年7月31日民事甲1729号民事局長回答）
・朝鮮人Aの妻Bが，平和条約発効前夫婦間の嫡出子Cを残し離婚により内地戸籍に復籍した後Aが死亡している場合は，Cの親権はBが行うから後見人を選任すべきでない（昭和33年11月1日民事甲2291号民事局長回答）
・朝鮮人と離婚した元日本人女とその夫婦間の嫡出子（15歳未満）がともに帰化し，その子の帰化届をする場合，便宜母からできる（昭和34年12月26日民事局第五課長電報回答）

㈠　戸籍関係

　平和条約発効後は，それまで朝鮮戸籍にある日本人という扱いをされていた者は，他の国と全く同じ外国人として扱われるようになり，他方，韓国民法が制定されていないことから，従前どおり，朝鮮の慣習に従った処理も残ることになり，戸籍の取扱いに関して，多くの照会回答等が発出されている。

　旧法当時父母の戸籍に入ることができないため一家創立した子の戸籍に未婚の父母が各別に入籍している場合において，その父母が各別に分籍するときは，子は父の新戸籍に入る（昭和27年6月19日民事甲852号民事局長回答）。まだ，当時は旧法に基づく戸籍が残っており，それを新法に基づく戸籍にすべて改製されるまでは，このような運用が必要であった。旧戸籍の改正作業は昭和32年に完了した（昭和32年法務省令第27号参照）。

　平和条約発効後に婚姻した朝鮮人男と日本人女の婚姻前の出生子につき父から嫡出子出生届があったときは，子は嫡出子として母の戸籍に入る（昭和27年12月16日民事甲830号民事局長電信回答）。平和条約発効後は，婚姻，認知により，本人及び子の国籍の移動は生じなくなったためである。

　平和条約発効後に朝鮮人男と婚姻した日本人女の婚姻前の出生子の戸籍法62条による出生届は，朝鮮においては，未だ身分関係を律する法律

が制定されていないので，目下のところ決議のとおりこれを受理する（昭和28年1月13日民事甲39号民事局長回答）。韓国民法制定後は同法によることになる。

　婿養子又は入夫の夫婦につき妻を筆頭者として新戸籍を編製後，妻が死亡している場合は，昭和27年8月5日民事甲1102号民事局長通達によって夫を筆頭者にすることはできない（昭和28年1月29日民事甲73号民事局長回答）。かつて，旧法中家督相続により婿養子が戸主となり，新法施行後その婿養子夫婦が更に他の者と養子縁組をしたため新戸籍を編製する場合，戸籍の筆頭者は妻である（昭和23年10月11日民事甲2195号民事局長回答）とされていたが，その後，上記1102号通達により夫婦の申出により夫を筆頭者とすることができるようになった。同通達は新戸籍を編製する場合であり，筆頭者を妻と定めた後に同人が死亡した場合に夫が筆頭者になるという趣旨ではない。

　平和条約発効前縁組により内地戸籍に入籍した元朝鮮人が同条約発効後離縁したときは同人につき新戸籍を編製する。その者の父が帰化により既に新戸籍が編製されていても申出により父の戸籍に入籍することはできない（昭和29年8月6日民事二発280号民事局第二課長回答）。父の戸籍から縁組により入籍し，元の戸籍の戻るわけではないから，新戸籍の編製が必要となる。

　朝鮮人男と日本人女間の婚姻前の出生子について，平和条約発効前に同朝鮮人父から戸籍法62条の嫡出子出生届があった場合は，その届出の時期が昭和25年12月6日（3069号通達発出の日）以後であっても，出生子は直ちに朝鮮の父母の戸籍に入籍する（昭和30年8月30日民事五発961号民事局第五課長回答）。嫡出子出生届には認知の効力があり，朝鮮戸籍に入るから，3069号通達にかかわらず，平和条約発効により，日本国籍を失うことになる。なお，現行の戸籍法施行後は，認知による戸籍の異動は認められていない。

　平和条約発効後，日本人男と婚姻した朝鮮人女がその先夫との間に生まれた子とともに帰化した場合，その子は，帰化届出の際特に母と異なる氏又は本籍を定める旨の意思表示をしない限り，母の戸籍に入る（昭

和31年6月13日民事甲1314号民事局長回答）とした事例，平和条約発効後朝鮮人男と婚姻した日本人女（筆頭者及びその配偶者以外の者）が，右の婚姻前に出生した子について，夫から戸籍法62条の規定により嫡出子出生届があった場合は，母について新戸籍を編製し子はその新戸籍に入るが，子は朝鮮の国籍をも取得する（昭和33年11月1日民事甲2271号民事局長回答）とした事例，朝鮮人の改名については，戸籍法107条の規定の適用がないが，なお，朝鮮人である子の出生届出に当たりその届書に子の名を誤記した場合であれば，当該出生届に正当な子の名を追完させることができる（昭和30年2月16日民事甲311号民事局長回答）とした事例がある。

　誤った届出の処理について次のような先例がある。すなわち，婚姻届未済の朝鮮人父母の間に出生した子について，父から庶子出生届があっても受理しないのが相当である（昭和30年3月10日民事甲478号民事局長電報回答）。朝鮮人男と日本人女との間に昭和21年1月及び昭和22年4月に出生した子について，父である朝鮮人男から父母婚姻中の子として当時嫡出子出生の届出がされ，次いで，昭和24年8月に同父母の婚姻の届出がされている事案で同婚姻の届出については朝鮮人男の父母及び戸主の同意がない場合でも，その婚姻を無効とする確定裁判がない限り，妻の戸籍はそのままとしておくのが相当であり，子の出生届については，父母婚姻の旨を追完せしめる取扱いで差し支えない（昭和30年11月30日民事甲2476号民事局長回答）。旧民法施行中，朝鮮人女の嫡出でない子が日本人父に認知され，その戸籍に入籍した後，朝鮮の母の戸籍に親族入籍しても，その子が父の法定推定家督相続人であるときは，その入籍は無効であるから戸籍法114条の戸籍訂正申請により入籍による除籍の記載を消除して回復する（昭和31年5月25日民事五発34号民事局第五課長回答）。平和条約発効前に長男を有する朝鮮人又は未婚の朝鮮人と養子縁組し朝鮮の戸籍に入った元日本人より帰化許可の申請があった場合，その縁組は無効なものであっても縁組無効の裁判に基づく戸籍訂正申請をしない限りそのまま受理して差し支えない（昭和31年10月4日民事甲2280号民事局長回答）。

　朝鮮人が子の出生届をしてから相当期間経過後に，子の名に誤記があるとの理由で全然別の名前を付し追完届をした場合受理して差し支えな

い（昭和31年12月18日民事甲2854号民事局長回答。なお，この事例の追完届は，出生の届出時に届出人が真に子の名を誤記したと認められる場合に限り認められるとする［昭和52年２月21日民二1354号民事局第二課長回答］）。新法施行（昭和23年１月１日）後に朝鮮人男と日本人女との嫡出でない子（２名）について１人を同男から同人と婚姻中の朝鮮人女間の嫡出子として，他の１人を同男と同日本人女間の嫡出子として，誤った出生届がされていることを発見した場合は，実母の嫡出でない子に追完させた上実母の戸籍に入籍させる（昭和32年５月８日民事甲846号民事局長回答）とされたが，その後，新法施行後父から届け出た嫡出子出生届に基づいて戸籍の記載がされた後に，子について母子関係存否に関する裁判又は父母の婚姻無効の裁判が確定したときは戸籍法116条に規定する戸籍訂正手続により，子の母欄及び父母との続柄欄を訂正し，出生事項中届出人の資格を訂正することなく，戸籍記載全部を子の出生当時の母の戸籍に移記する（昭和40年１月７日民事甲4016号民事局長通達）とされた。なお，嫡出でない子についてした嫡出子出生届又は嫡出でない子の出生届が誤って受理されている場合，当該届出には認知の効力があるとされてからは，そのような取扱いの記載がされることになった（昭和57年４月30日民二2972号民事局長通達）。

エ　韓国民法施行後平成元年法例改正までの韓国朝鮮の取扱い
㈦　一般的取扱い

　大韓民国民法（1958年法律第471号）が制定され，韓国の民事法令は基本的に同民法によって取り扱われることになった。その後数度の改正を経て，1977年12月31日法律第3051号により大幅な改正が行われ，1979年１月１日から施行された。親子関係については，親権者に関する909条１項及び２項について改正がされ，親権者については父優先から父母の協議によることとなったほかは，大きな違いはない。なお，1990年１月13日法律第4199号により，養子制度において抜本的改正がされたのは上記のとおりである。

㈣　子の国籍及び準拠法

　子の国籍の記載に関して，国籍「朝鮮」と記載されている戸籍について，必要やむを得ない理由を付して，「韓国」又は「大韓民国」と引き

直して謄写した謄抄本の交付申請があった場合，これを交付してよいとされ（昭和35年4月14日民事甲882号民事局長回答），また，日韓条約後は，必要やむを得ない理由がなくても「韓国」と表示するとなったことは，上記昭和41年9月30日民事甲2594号民事局長通達のとおりである。なお，同通達中，大韓民国の国籍を証する書面には，日韓協定に基づく永住許可書，永住許可に関する記載のある登録原票記載事項証明書も含まれるものとして取り扱って差し支えない（昭和42年6月1日民事甲1800号民事局長通達）。

　また，朝鮮人の身分行為について適用すべき本国法は，韓国人，北朝鮮人とを区別することなく，我が国が承認する韓国民法であり（昭和35年6月6日民事五発135号民事局第五課長回答），実務上は事件本人が特に韓国人であることを否定しない限り，朝鮮人については原則として大韓民国法を本国法とする取扱いがされることになった。

　韓国人と婚姻した外国人女及び同国人に認知された外国人である子の韓国国籍得喪の時期については，(1)韓国人の妻となった外国人は，婚姻が有効に成立したときから韓国の国籍を取得したものとみなす。(2)その妻が，その原国籍を婚姻後6か月以内に喪失しないときは，期間経過とともに韓国の国籍を失う。(3)妻の原国籍の喪失は，身分行為の結果であると自己の意思に基づく場合であるとを問わない。(4)右に関し，婚姻が日本で挙行された場合は，婚姻届が日本の市町村役場で受理されたとき有効となる。(5)外国人の子が認知によって韓国の国籍を取得する場合も右に準ずる（昭和39年7月14日移総4481号外務省移住局長回答）とされた。

　子の国籍の取扱いに関して発出された通達，照会回答等としては，次のようなものがある。すなわち，日本戸籍に在籍の日本人男が，他方昭和18年に養子縁組により朝鮮戸籍に入籍していても共通法3条3項の解釈によると，縁組は無効で朝鮮戸籍に入籍し得ないものであるから同人は引き続いて日本国籍を保有している（昭和40年11月27日民事甲3287号民事局長回答）。昭和28年1月27日沖縄在籍の日本人甲男と婚姻した朝鮮人乙女及び同人間の父に認知された子の国籍の認定については新国籍法を適用し妻子ともに国籍は朝鮮である（昭和40年12月7日民事五発357号民事局第

五課長回答)。日本人男が朝鮮人の氏名を詐称して朝鮮人女と朝鮮の方式によってした婚姻及び朝鮮人女が日本人の氏名を詐称して日本人男と日本の方式によってした婚姻は有効であり，その婚姻中に出生した子は，日本国籍を有する(昭和46年11月18日民事甲3427号民事局長回答)。昭和24年に朝鮮籍男から朝鮮籍女との嫡出子として出生届がなされている場合には，後日，同父母間に婚姻関係がなく，かつ同朝鮮籍男と内地籍女との内縁中の出生子であることが判明した場合であっても，当該出生子は，父の朝鮮戸籍に入籍すべきものであり，現在においては日本国籍を有しない(昭和47年12月25日民事五発460号民事局第五課長回答)。これは，男のした出生届には認知の効力があり，父が認知すれば父の戸籍である朝鮮戸籍に入ることになり，平和条約の発効により日本国籍を失うからである。これに対し，韓国人と離婚した同国人女の胎児を，離婚後3か月目に日本人男が認知し，その胎児が父母離婚後300日以内に出生したときにおいて，出生後母の前夫との間に親子関係不存在確認の裁判が確定したときは，先にされた胎児認知届の効力が認められるので，出生子は国籍法2条1号に該当し日本国籍を取得するとされた事例(昭和57年12月18日民二7608号民事局長回答)がある。離婚後300日以内に出生した子は，前夫の嫡出推定を受け認知することができないが，前夫との親子関係不存在が確定すれば，先にした認知が有効となり，「出生の時に父が日本国民であるとき」は日本国籍を取得するとの当時の国籍法2条1号に該当するとされたものである。なお，その後国籍法は改正され(昭和59年法律第45号)，同条同号は，「出生の時に父又は母が日本国民であるとき」となり，現在に至っている。

　ところで，大韓民国国籍法は，1948年に制定され，1962年及び1963年に一部改正されている。当初，外国人であって，大韓民国の国民である父又は母が認知した者は大韓民国の国籍を取得する(同法3条)とされていたが，1962年11月21日法律第1180号により，国籍がなく，または大韓民国の国籍を取得することにより6か月以内にその国籍を喪失するにいたる外国人であって，大韓民国の国民である父又は母が認知した者は大韓民国の国籍を取得するとされた。そこで，大韓民国国籍法の一部改

正後は，父の認知により韓国国籍を取得後6か月以内にその原外国国籍を喪失しなかったときは6か月経過した日に韓国国籍を喪失する。その場合，認知の効果によって親子関係は出生の時に遡るが韓国国籍の取得の時期とは関係がない。韓国国籍法12条7号の国籍喪失に関する規定は認知によって韓国国籍を取得した場合にも適用がある（昭和41年3月15日中移総1681号外務省中南米・移住局長回答）とされ，また，大韓民国国籍法の第1次改正法（1962年11月21日法律第1180号）施行後第2次改正法（1963年9月30日法律第1409号）施行までの間に，韓国の国籍を有するものと婚姻又は認知されたため，韓国国籍を取得することになった日本人が日本国国籍を離脱しないまま6か月を経たときは同人は，一度取得した韓国の国籍を6か月経たときに喪失する（昭和42年11月16日領659号外務大臣官房長回答）とされた。なお，その後大韓民法国籍法は，1997年法律第5431号により大幅に改正され，出生による国籍取得につき父母両系血統主義を採用し，それに伴う後天的二重国籍の解消措置として規定の改正・新設が行われている。

(ウ) 子の帰化

　朝鮮人男と日本人女とが婚姻し，子が生まれた場合，いずれも朝鮮籍に入り，平和条約発効により日本人としての国籍を失うので，日本国籍を取得するためには，帰化の手続が必要となる。しかし，朝鮮の慣習により父が親権を有することから，元日本人母が子とともに帰化する場合，誰が帰化手続を行う権限を有するのかが問題となる。この点について，15歳未満の子丙を有する朝鮮人甲乙夫婦（乙は元日本人）が離婚した後乙と丙が帰化し，丙について乙から母の資格で帰化の届出があった場合は受理して差し支えない（昭和35年3月30日民事甲709号民事局長回答）とした事例がある。平成元年の法例改正後は，子の親権者について子の本国法あるいは，子の常居所地法によることとされ，また韓国民法では第1次(1977年)，第2次(1990年)の改正を経て，未成年の子は父母の共同親権に服することとなったので，この点の疑義はなくなった。なお，日本において，日本人女が日本人男と婚姻中に朝鮮人男との間に子が出生し，朝鮮戸籍に入っているケースについて，父母が死亡した後に帰化許可申

請があった場合，日本人男との嫡出子として兄（同居者）から出生届を提出させる（昭和40年8月30日民事甲2452号民事局長回答）とした事例，日本人男の妻である朝鮮人女が，夫以外の日本人男に認知されている子とともに帰化し，子の戸籍が母と別に編製されるときは出生事項中に母の帰化後の戸籍との関連をつけることは差し支えない（昭和40年12月27日民事甲3717号民事局長回答）とした事例がある。

㈐　子の法定代理人（親権者）

　子の親権者については，韓国民法の施行（1960年1月1日）により，子は父の親権に服従するとされたが，1977年改正により，父母の共同親権を原則とし，意見が一致しない場合は父が行使するとされ，さらに1990年改正では，父母の共同親権の原則のみとし，認知又は離婚の場合，協議で親権を行使する者を定め，協議が調わないとき又は協議できないときに当事者の請求により家庭法院が決定するものとされた。そして，2005年改正で，父母の共同親権のほか養父母の共同親権も明記し，また，認知又は離婚の場合，父母の協議で親権を行使する者を定めるよう義務づけ，また，協議が調わないとき又は協議ができないときには，当事者は家庭法院に対しその決定を請求することを義務づけた。したがって，現在の韓国法では，離婚に際しては，親権者を定める合意をするか家庭法院に親権者を定めることを請求するか，いずれかを行わなければならない。

　韓国民法施行当時は，父がいないとき又は親権を行使できないときは，その家にある母が親権を行使する（当時の同法909条2項）とされていたことから，韓国新民法施行（1960年1月1日）後の同国においては，父母離婚後未成年者の親権者たる父が所在不明のため親権を行使できないときは曽祖父が法定後見人となり，それらの者が存しないか又は後見の事務を行うことができない場合は，母が法定後見人となるものと解する（昭和35年3月5日民事五発59号民事局第五課長回答）。したがって，1990年改正までは，朝鮮人夫婦に対する離婚の判決において未成年の子の親権者を母と指定してもその指定は無効と解するほかない（昭和35年5月31日民事甲1293号民事局長回答）し，朝鮮人夫婦に対する離婚の判決において離婚

後の親権者を母と指定した場合，判決の理由中に親権に関しては，平成元年改正前法例30条の規定に則り父の本国法の適用が排除され法廷地法たる日本民法が適用される旨説示していても，同親権指定は無効と解するほかはない（昭和36年10月27日民事五発256号民事局長第五課長回答）とされていた。この解釈は，1977年改正まで続いた（昭和53年10月3日民二5408号民事局長通達参照）。もっとも，上記のとおり，帰化の場合は柔軟な運用がされ，朝鮮人夫婦に対する離婚の判決において親権者を母と指定されても，その指定は無効であるが，母から子（15歳未満）の法定代理人として帰化申請があった場合は便宜受理して差し支えない（昭和36年10月27日民事五発256号民事局第五課長回答）とされた。また，昭和23年2月に，日本人女の嫡出でない子を朝鮮人男が認知したが，その朝鮮人男及びその親族が所在不明の場合は，同嫡出でない子の親権者は，同日本人女であるとした事例（昭和37年9月18日民事甲2667号民事局長回答）がある。

　後見人については，次のような先例がある。朝鮮国籍を有する未成年者の後見人の地位は，その者が日本に帰化しても変わらない（昭和37年11月22日民事甲3261号民事局長回答）。朝鮮から帰化した者に，帰化前に選任されていた未成年者の後見人は，帰化後も引き続きその未成年者の後見人であるから，帰化許可の際法務局発行の帰化者の身分証明書に右後見事項を記載し，市町村はその証明書によって，後見事項を記載する（昭和37年8月31日民事甲2482号民事局長回答）。

　1977年改正後は，原則として父母の共同親権が認められるようになり，従前と異なる取扱いがされるようになった。先例としては，韓国人未成年者に対する親権者を母と指定し，又は父から母に変更する調停が成立し，これに基づく戸籍の届出があればこれを受理して差し支えないとしたもの（昭和56年11月13日民二6602号民事局長通達），韓国人未成年者に対する親権者を母と指定し又は父から母に変更する裁判（審判）が確定し，これに基づく届出あれば，これを受理して差し支えないとしたもの（昭和53年10月3日民二5408号民事局長通達），韓国人夫と日本人妻が離婚後，その間の未成年の子の親権者につき平成元年改正前法例30条を適用し，父から母に変更する審判が確定し，これに基づく戸籍の届出があった場合

は，これを受理して差し支えないとしたもの（昭和53年10月3日民二5409号民事局長回答），韓国人男に認知された日本人女の未成年の子の親権者は父及び嫡母であるが，嫡母がないときは父であるとしたもの（昭和56年11月6日民二6420号民事局長回答），韓国人男に認知された日本人女の未成年の子は，嫡母がないとき又は嫡母が親権を行使することができないときは父の単独親権に服し，改正前の韓国民法による親権者の地位は，改正法律附則第2項で規定する従前の法律により生じた効力には該当せず，改正法の規定により新たに親権者が定められるとしたもの（昭和56年11月6日民二6421号民事局第二課長回答），韓国人男に認知された日本人女の15歳未満の嫡出でない子（日本の単有国籍）が日本人男と養子縁組する場合の縁組代諾者は父であり，嫡母があるときは父と嫡母であるとし，なお父が代諾権を行使できないときは嫡母であり，父及び嫡母がなく又は代諾権を行使できないときは生母であるとしたもの（昭和56年11月6日民二6422号民事局長回答），韓国人夫と日本人妻が未成年の子の親権者を母と定めて離婚の調停が成立し，これに基づく戸籍の届出があった場合はこれを受理して差し支えないとしたもの（昭和56年11月13日民二6603号民事局長回答），韓国人である夫が日本人である妻の未成年の子を養子とした場合，養子は養父と実母の共同親権に服する。この場合には，子の身分事項欄に共同親権に服する旨の記載をするとしたもの（昭和61年3月12日民二1806号民事局長回答）などがある。

(オ) 嫡出親子関係

準正子の氏及び戸籍の取扱いに関する昭和35年12月6日民事甲3091号民事局長通達は，一般的には外国人である父（母）と日本人である子の間には適用がないが，具体的事件については監督局の指示を得て処理する（昭和36年1月20日民事甲183号民事局長回答）とされていたが，これは昭和62年10月1日民二5000号民事局長通達により，準正によって嫡出子となった子は，当然に父母の氏を称することにはならず，父母の氏を称するには，戸籍法98条の規定による入籍届によることに変更された。

これに関連して，新法施行後平和条約発効前に婚姻届未済の朝鮮人男と日本人女間に出生した子につき父から嫡出子出生届がされ誤って受理

されている場合で，上男女が婚姻した上父母婚姻の旨の追完届をした場合は嫡出子として処理するとした事例（昭和35年12月9日民事甲3092号民事局長回答）がある（ただし，この点は，最判昭和53年2月24日民集32巻1号110頁及び昭和57年4月30日民二2972号民事局長通達により，父がした嫡出子出生届に父の認知の届出の効力が認められ，婚姻により準正の効果が生じるから，本件のような問題は生じなくなっている。）。

　夫婦の子を別の夫婦の子として出生届出をした場合，戸籍担当者にはその事実の判断ができないから，通常，親子関係不存在の確認をして，戸籍の訂正をすることが必要となる。しかし，日本人母の子を外国人夫婦の子として出生届をしても，戸籍には記載がされないから，単にその出生届を無効なものとし，改めて日本人の子として出生届をすれば有効なものと考えてよい。そこで，平和条約発効後朝鮮人男Aと日本人女Bの夫婦間の子を，朝鮮人CD夫婦の嫡出子として出生届をしたのを，事実と一致する届出とするには，CDと子の親子関係不存在確認の裁判をするまでもなく，改めてAからAB夫婦間の嫡出子として出生届をなさしめ，先の出生届を無効として処理する。この場合，先の出生届に，その旨を明らかにしておくとした事例（昭和36年6月14日民事甲1227号民事局長回答）がある。しかし，他方，新法施行後婚姻関係のない朝鮮人男甲と日本人女Bとの間に出生した子Cにつき父からABを朝鮮人夫婦として嫡出子出生届がされた後，同父と実母が婚姻届をし，さらにCについて戸籍法62条の出生届がされた場合，当該出生届は受理することができない。先に提出された出生届については，父から母の戸籍の表示，出生子の父母との続柄等を訂正する旨の追完及び父母の婚姻により嫡出子の身分を取得する旨の追完をさせるとした事例（昭和40年5月13日民事甲796号民事局長回答）がある。また，婚姻関係にない朝鮮人男と日本人女間に出生した嫡出子でない子につき3069号通達前，朝鮮人男から正妻との間に出生した嫡出として出生届がされ，その後された上日本人女から嫡出でない子として出生届は受理できない。子については，朝鮮人妻又は実母との母子関係の存否に関する裁判を得て朝鮮人男から先になされた嫡出子出生届に母の氏名及び父母との続柄を訂正する旨の追完の届出をさ

せるとした事例（昭和40年5月13日民事甲794号民事局長回答）。なお、日本人母の嫡出でない子が、昭和25年12月25日に朝鮮人たる父に認知され、同日その父母が婚姻している場合には、当該出生子は嫡出子の身分を取得するが、母の戸籍から除籍すべきでない（昭和43年7月22日民事甲2644号民事局長回答）。

㋕　嫡出でない親子関係

（ⅰ）　出生による嫡出でない子

　出生による嫡出でない子に関する先例としては次のようなものがある。すなわち、日本人の母Dが出産した子Cにつき、朝鮮人の父Aが、その妻Bとの間に出生した子として、旧法施行当時出生届をしている事案について、これを実母Dの子とするには、Aから同出生届につき母をDとする旨の追完届をさせるのが相当であるが、甲がその追完届をしないときは、丁から追完届をさせ、これを出生届と一括して処理して保存する取扱いが相当である（昭和37年9月14日民事甲2625号民事局長回答）とされたが、その後、母子関係存否確認の裁判を得、父母との続柄を訂正する旨の追完の届出をすることと変更された（昭和40年5月13日民事甲794号民事局長回答）。新民法（昭和23年1月1日施行）施行後日本人女の出生した嫡出でない子について、朝鮮人男とその妻（朝鮮人）間の嫡出でない子として届出がされ、その後父が死亡している事例につき、その子を実母の子として戸籍に記載するには、当該出生届を無効とし、改めて実母から嫡出でない子としての出生届をさせるのが相当であるとした事例（昭和35年3月28日民事甲731号民事局長回答）があるが、昭和39年6月30日民事甲2240号民事局長回答、昭和40年1月7日民事甲4016号民事局長通達、昭和57年4月30日民二2972号民事局長通達により取扱いが変更されている。朝鮮人男と日本人女間の内縁中の出生子について、平和条約発効後朝鮮の戸籍に父からの出生届により朝鮮人父母の子として入籍している場合において、子を日本人女の嫡出でない子として出生届をするには朝鮮人母との母子関係不存在確認の裁判を得させた上でする。父子関係が認められる場合は朝鮮戸籍を戸籍法41条の証書とみなして子の戸籍に認知の記載をして差し支えないとした事例（昭和41年11月7日民事甲3244号民事局

長回答）がある。

　嫡出でない子Ｃを有する日本人女Ｂは，旧法中朝鮮人男Ａと婚姻の届出と同時にＡとともにＣの嫡出子出生の届をしＣを朝鮮のＡ戸籍に入籍させた後，ＡＢは日本に帰化し夫婦につき新戸籍を編製した事案で，ＡとＣとの親子関係不存在確認の裁判が確定した場合は，Ｃの新たな出生届により，出生当時の母の戸籍に入籍させるとした事例（昭和37年10月２日民事甲2818号民事局長電報回答），昭和15年に朝鮮人男Ａと婚姻した元日本人女Ｂが，Ａ行方不明後同国人男Ｃと内縁関係に入り，新法施行後ＤＥの２子を出生し，ＣからＢＣ間の嫡出子として出生届がされている場合，その後ＡＢ間のＡの生死が長期不在を原因とする離婚判決が確定していても，帰化事務処理上は，ＤＥをＢの嫡出でない子として，母の姓を称するものと認定して差し支えないとした事例（昭和39年８月19日民事五発239号民事局第五課長回答），新法施行後，朝鮮人女と日本人男との間に出生した嫡出でない子につき，同男が本妻との間の子として嫡出子出生届をしている場合は，戸籍法116条又は113条の規定に基づく戸籍訂正申請により子につき新戸籍を編製するとした事例（昭和40年１月６日民事甲4003号民事局長事務取扱回答），日本人女が朝鮮人男と協議離婚後300日以内に出生した子について，同男は出生子の出生する１年６か月以前に北朝鮮に帰還した事実が法務省入国管理局登録課長の回答書により明らかとなっても，嫡出でない子の出生届をすることはできないとした先例（昭和40年３月16日民事甲597号民事局長回答），朝鮮人男と日本人女の婚姻無効の裁判が確定した場合，同男女間に出生した子については，3069号通達前に嫡出子出生届をしたものは認知の効力を認め朝鮮の父の戸籍に入るが，同通達以後嫡出子出生届をしたものは父母の嫡出でない子として取り扱うとした事例（昭和40年４月23日民事甲869号民事局長回答），婚姻関係にない朝鮮人男と日本人女間に出生した嫡出子でない子につき3069号通達前，朝鮮人男から正妻との間に出生した嫡出子として出生届がされ，その後された同日本人女から嫡出でない子としての出生届は受理できない，子については，朝鮮人妻又は実母との母子関係の存否に関する裁判を得て朝鮮人男から先にされた嫡出子出生届に母の氏名及び父母との続柄を

訂正する旨の追完の届出をさせるとした事例（昭和40年5月13日民事甲794号民事局長回答），婚姻関係にない朝鮮人男と日本人女間に出生した子（出生証明書なし）について，昭和24年5月に父から朝鮮人妻との間の嫡出子として出生届がされている場合は，実母との親子関係存在確認の裁判を得させ，その理由中に出生届をした父と父子関係が認められるときは，父から実母に関する事項及び続柄を嫡出でない子とする追完届をさせ，これを併せて保存するとした事例（昭和40年7月5日民事甲1709号民事局長回答），内縁関係にあった朝鮮人男甲と日本人女乙との間の嫡出でない子丁（昭和20年3月16出生）が甲の朝鮮人である本妻との間の子として朝鮮戸籍に記載されているが，入籍事由や年月日が不明のときは，丁を乙の嫡出でない子とする出生届は受理する。その子は日本及び朝鮮両国籍を有するとした事例（昭和40年9月29日民事甲2832号民事局長回答）がある。婚姻関係にない朝鮮人男と日本人女との間の子が昭和27年11月17日，同人間の嫡出子として届出がされている場合において，新たに母から嫡出でない子の出生届があったが，これは受理すべきでない。先に提出された出生届につき，父（父から追完ができないときは母）から母の戸籍の表示，氏名，生年月及び出生子の父母との続柄を訂正する旨の追完をさせ母の戸籍に入籍させるとした事例（昭和41年1月12日民事甲208号民事局長回答）がある。なお，この点については，事実上の父子関係が否定されていない限り，先にされた嫡出子出生届に認知の届出の効力を認める先例が変更（昭和57年4月30日民二2972号民事局長通達）された後は，その届出が3069号通達の前にされている場合は子は父の朝鮮の戸籍に入籍することとなる。ただし，3069号通達発出以前でも，国籍法施行後は同様に解すべきことは，前記【2-31】のとおりである。

(ii) 認知による嫡出でない子

　朝鮮人男に認知された日本人女の子は，共通法3条の地域である朝鮮籍に入籍し，平和条約の発効とともに日本国籍を喪失することは上記のとおりである。したがって，旧法中内地人である母の戸籍にある嫡出でない子に対し朝鮮人である父から認知届がされたが，子の除籍を遺漏したまま新法施行後その子は日本人男と自己の氏を称する婚姻をして新戸

籍を編製した後婚姻外の子を入籍させている戸籍を訂正する場合の処理要領は，朝鮮人男から認知された子は朝鮮戸籍に入籍事由が生じているので，戸籍法24条2項による職権で同人の新戸籍を消除，その他所要の訂正をし，同人を除籍する（昭和35年5月19日民事甲1253号民事局長回答）。

　新法施行後平和条約発効前日本人男と朝鮮人女間の嫡出でない子について男からされた嫡出子出生届が非本籍地で受理され，同男女が婚姻し妻が日本国籍を取得した後，同条約発効後同出生届につき父母婚姻の旨の追完届があった場合受理して差し支えないが，認知の効力は追完届の時に発生するから，その子の国籍は朝鮮である（昭和37年2月1日民事甲220号民事局長回答）。これについては，上記のとおり，昭和57年4月30日民二2972号民事局長通達により出生届に認知の効力を認めることになった。そうすると，平和条約発効前に認知されたことになり，新国籍法施行以降であれば，認知によって国籍の変動はなく，したがって，平和条約発効によって日本国籍を失わないことになる。

　朝鮮人男が，3069号通達後，日本人女の子を認知し，その後日本に帰化し，従前と異なる氏名で新戸籍を編製した場合，同認知した子は当然には同父の帰化後の戸籍に入籍しないので，父子の関係を戸籍上明らかにするため，父の戸籍には認知事項，子の戸籍には父が帰化した旨を記載し，父欄を更正する取扱いをして差し支えないとした事例（昭和37年8月13日民事甲2298号民事局長回答）がある。なお，これについても新国籍法施行後3069号通達発出前も同様に解すべきことは上記のとおりである。

　日本人女と朝鮮人男が平和条約発効前に婚姻した後，この婚姻前の出生子を同条約の発効前に同朝鮮人男が認知した事案については，その認知が昭和25年12月6日民事甲3069号民事局長通達の前後にかかわりなく，右出生子は認知により当然に朝鮮の父の戸籍に入籍するものとして取り扱うのが相当であるとし，また，同子の除籍手続が遺漏している事案については，監督局の長の許可を得て除籍するのが相当である（昭和38年8月26日民事甲2480号民事局長回答）。

　認知者が死亡したため被認知者から検察官を相手方とする認知無効の裁判が確定し，同判決に基づく戸籍訂正申請がなされたときは受理する

のが相当である。その被認知者が認知により朝鮮人である父の戸籍に入籍した後日本に帰化している場合の戸籍訂正は別途戸籍法113条の手続によるとした事例（昭和42年2月10日民事甲295号民事局長回答）がある。朝鮮人父から認知された場合，新国籍法以前は，朝鮮籍に入り，そのまま平和条約が発効すると，日本国籍を失い，帰化が必要となる。認知が無効であれば，朝鮮籍に入らず，したがって日本国籍を失わないから，帰化も必要がなかったことになる。したがって，その旨の戸籍訂正をすることが必要となる。

(キ) 養親子関係

韓国民法施行後は，韓国人については同法が準拠法となるが，朝鮮出身者について，北朝鮮法を適用するか，韓国法を適用するかは，明瞭ではなかった。【2-37】は，北朝鮮に本籍を有する未成年者につき，平成元年改正前の法例27条3項（地方に依り法律を異にする国の人民については，その者の属する地方の法律に依る）を類推して朝鮮法を適用すべきだが，北朝鮮も大韓民国も朝鮮全土を代表する政府として認められていないとし，北朝鮮法と韓国法のいずれを適用すべきかは，本人の意思を基準とすべきであるとして，韓国法を適用した事例であり，【2-38】は，南朝鮮出身者について韓国法を適用し，新しく制定，施行された韓国民法では養子縁組に法院が関与していないとして，養子縁組許可の申立を却下した事例である。また，大阪家審昭和37年8月22日家月15巻2号163頁は，北朝鮮帰還の意思をもつ南朝鮮に本籍を有する者と日本人未成年者との養子縁組につき，準拠法として平成元年改正前の法例27条3項の類推によりその帰国の意思を標準とし北朝鮮法を適用すべきであるところ，同法が不明であるから条理により判断すべきであるが，その場合には韓国民法を参照するのが妥当であるとした事例である。

養子縁組に関する先例としては次のようなものがある。
・朝鮮人相互が養子縁組をした場合養子は養親の戸籍に入るが養子の姓は変わらないとした事例（昭和35年9月26日民事甲2403号民事局長回答）
・旧法当時朝鮮人の養子となり養親の戸籍に入った者の朝鮮における戸籍が，戸籍訂正によって消除されていても当該縁組は有効であり，そ

の者の国籍は特段の証明がない限り朝鮮であるとした事例（昭和35年10月4日民事甲2486号民事局長事務代理回答）
・朝鮮人男に認知された日本人女の嫡出でない15歳未満の子が，日本人と養子縁組をする場合に，養子に代わって縁組の承諾をする法定代理人は，父が行方不明のときは父に配偶者があればその配偶者が親権者として，配偶者がないか親権行使のできないときは実母が親権者として代諾権を行使するほか，家庭裁判所の許可を要するとした事例（昭和38年11月16日民事甲3097号民事局長回答）

なお，認知の場合，離婚時の親権者の協議の規定が準用され，本件の代諾者も父母が協議し，協議できないときは家庭法院が決定するとの法改正がされたことは先に述べたとおりである。北朝鮮在籍者を当事者とする養子縁組届出の受理に当たり，養子の父母が所在不明のときは，選定後見人から親族会の同意があった陳述書が提出されても，親族会の同意書とみて処理することはできない（昭和41年2月14日民事甲383号民事局長電報回答）。なお，一般に北朝鮮から来日したことが明らかである朝鮮人については朝鮮民主主義人民共和国の法律を本国法とするのが戸籍事務の取扱いである（昭和51年9月8日民二4984号民事局第二課長回答）。旧法中朝鮮人男が内地人夫婦の養子となり養家に入籍し，その後婚姻して1子をもうけたのち，旧法施行中離縁したことにより養子とその妻及び子とも内地戸籍から除籍されている事案については，養子は離縁当時兵役の義務を有していたので，戸籍訂正又は追完手続により内地に一家創立による新戸籍を編製すべきであり，いずれも同人らは日本国籍がある（昭和38年9月12日民事甲2575号民事局長指示）とした事例及び昭和19年に日本人男が朝鮮人の養子となる縁組届を朝鮮においてしている場合には，養子が縁組当時満4歳であれば，兵役法の適用がないから，当該縁組により，朝鮮の戸籍に入るものとして処理する。したがって，同養子は，平和条約の発効とともに日本の国籍を失う（昭和43年3月18日民事甲662号民事局長回答）とした事例がある。戦前は，兵役の義務のある男子は，朝鮮の家に入ることができなかったので，日本人の養子となった朝鮮人も，離縁に際し，朝鮮籍に移ることができなかったし，また，兵役法の適用がな

い年齢であれば，朝鮮籍に入ることができたので，このような取扱いがされていたのである。なお，氏に関して，平和条約発効後，日本人の養子となった朝鮮人が，日本人と婚姻届をし，その後帰化後の氏を養親の氏とし，本籍を養親と異なる地に指定して帰化して新戸籍を編製している事案で，その養子が離縁した場合に称する氏は，養子が任意に定められる（昭和37年9月27日民事甲2716号民事局長回答）とした事例がある。

【2-37】 日本人と北朝鮮に本籍を有する未成年者間の養子縁組につき，養子となるべき者の準拠法として，法例27条3項の類推解釈により，本人の意思を基準として，韓国民法を適用した事例

高知家審昭和37年1月8日家月14巻4号221頁

　事件本人の本国法につき考えるに，事件本人が北朝鮮に本籍を有する朝鮮人であることは上記認定の事実により明らかである。ところで朝鮮には大韓民国政府及び朝鮮民主主義人民共和国政府なる二つの政府が対立し，夫々法律を制定し，互に朝鮮の全領土全人民に対する支配権を主張しているが，実際には三八度線を境界とし，その南を大韓民国政府（南朝鮮政府）が，北を朝鮮民主主義人民共和国政府（北朝鮮政府）が，夫々支配しているに過ぎず，いずれも朝鮮の全領土全人民を支配し代表する政府であるとの承認を得ていないのが現状である。従って朝鮮に住所，居所を有する朝鮮人等がその地に現実に強行せられている南朝鮮政府又は北朝鮮政府の法律を当然自己の本国法として受取りその支配に服すべきはやむを得ないこととしても，当該法律が現実に支配を及ぼしていない地域に住む朝鮮人までが非選択的にそのいずれかに服従しなければならない理由はなく，まして上記認定のような事情にある事件本人が，単にその本籍が北朝鮮の支配地域にあるとの理由のみで，北朝鮮政府の法律を当然にその本国法として受取り服従しなければならない理由はないものと思われる。
　結局本件の事件本人の如き者にはむしろ在所地法たる日本法を適用するのが妥当であると思われるが，朝鮮が独立し，事件本人も朝鮮の国籍を有するに至った以上朝鮮の法律を適用する外はない。ところが朝鮮における法状態は上記の通りであって，法例第27条第3項の「地方に依り法律を異にする」場合に類似している。よって同条を本件に類推適用すべく，しかるときは「その者の属する地方の法律」が準拠法となる。しかるに本件においては「その者の属する地方」の決定につき，住所，居所，過去の住所，過去の居

所等何等基準となるものがなく，(本籍地はあるがこれを基準とすることは上記の通り理由なく) 本人の意思が唯一の基準というべきである。

よって本件については上記認定の事件本人の意思に従い，大韓民国の民法を適用してその要件を定むべく，大韓民国の民法によっても本件養子縁組は縁組要件に何等かくるところはない。

【2-38】 韓国人夫婦が韓国人たる自己の直系卑属を養子とするにつき，我が家庭裁判所の許可を要しないとして，その申立てを却下した事例

神戸家姫路支審昭和35年4月20日家月12巻6号157頁

按ずるに法例第19条 [注：平成元年改正前のもの] により準拠法とせられる申立人ら及び事件本人の本国法である大韓民国民法 (1958年法律第471号) の規定によれば申立人らが事件本人を養子とするについて，縁組の妨げとなる事由はないものと認められるうえ，同法は未成年者の養子縁組について法院その他国家機関の許可又はこれに類する処分を全く要件としていない。そして申立人らがわが国の方式により縁組をなすとしても養親となるべき者が自己の直系卑属を養子とするにはたとえ養子となるべき者が15歳未満の未成年者であつても，家庭裁判所の許可を要しないことはわが民法第798条の明定するところであるから，事件申立はその必要の理由を欠き却下すべきものとし主文のとおり審判する。

(ク) 戸籍関係

嫡出でない子が外国人である父に認知され，父母婚姻により嫡出子の身分を取得した後，父が帰化し夫を筆頭者として新戸籍を編製する場合，子は直ちに父母の新戸籍に入籍する (昭和36年3月24日民事甲699号民事局長回答) が，朝鮮人男と日本人女の婚姻前の子につき，婚姻後父から嫡出子出生届がされその子は母の戸籍に入り，その後父母が離婚し，父が帰化した上父母が夫の氏を称し再婚した場合，子は当然には父母の新戸籍に入らない (昭和36年5月13日民事甲1135号民事局長回答)。

国籍の表示に関連して次のような先例がある。すなわち，朝鮮人父が出生届をし母と子のみが帰化した場合，子の出生事項中届出人たる父の

国籍の記載を省略することはできないとしたもの（昭和41年2月28日民事甲626号民事局長電報回答），平和条約発効前の届出によってされている婚姻事項及び認知事項中の「朝鮮○○郡……」とあるを「大韓民国○○郡……」と訂正することの許可の審判がされても「朝鮮」の部分を「大韓民国」と訂正することはできないが，戸籍の記載と相違する郡以下の部分については訂正できるとしたもの（昭和41年5月7日民事甲1049号民事局長回答）がある。なお，平和条約発効後，朝鮮人が日本人と婚姻，養子縁組等をした場合，所要の証明書があれば，戸籍記載を「韓国」にすることができ，既に「朝鮮」と記載されている場合も，「韓国」と訂正できる。朝鮮人の国籍の表示について，戸籍の届書に国籍を「韓国」又は「大韓民国」と記載されている場合に，旅券の写し又は国籍証明書の添付がされているときは，戸籍の記載を「韓国」として差し支えない。従前の取扱いによって朝鮮と記載しているものについて，韓国と訂正されたいとの申出についても，韓国官憲発給の証明書があれば，市町村長限りの職権で訂正できる（昭和41年9月30日民事甲2594号民事局長通達）。朝鮮人の国籍の表示について，韓国人が日本に帰化してその届出があった場合，又は日本国籍を離脱して国籍喪失報告があった場合は，帰化者の身分証明書又は国籍喪失報告書における国籍の表示に基づいて戸籍に記載する（昭和41年9月30日民事甲2594号民事局長通達）。戸籍に国籍「朝鮮」と記載されている者が，届書に「韓国」又は「大韓民国」と記載してこれを変更しようとする場合の添付すべき韓国官憲発給の国籍証明書には，大韓民国国民登録証及び平和条約発効後に発給された戸籍謄抄本を含むが，外国人登録証明書をもってこれに代えることはできない。なお，婚姻・縁組に関し要件具備証明書を添付したときはさらに国籍証明書を添付させる必要はない。また，婚姻縁組等につき要件具備証明書を提出できない「韓国」籍の者については，その旨の申述書等により要件を審査する従前の取扱いによって処理して差し支えない（昭和41年12月6日民事甲3320号民事局長回答）とされ，平和条約締結後は，国籍表示についてはかなり緩やかな運用となっている。

そのほか帰化に関して，次のような先例がある。

・朝鮮人である子が先に帰化した後，父母が帰化した場合，氏が同一で本籍が異なる場合でも，子が父母と同籍する旨の申出があれば，父母の戸籍にその子を入籍させて差し支えないとした事例（昭和40年4月10日民事甲782号民事局長回答）

・氏の表記に関して，朝鮮人の養子となった日本人の縁組事項に記載の養親の国籍及び氏名を，養親が日本に帰化したのち，国籍の記載の消除と，氏名を日本名に訂正するよう申出があっても応じられないが，養子が転籍等の事由で新戸籍を編製する際は，帰化後の氏名に引き直して記載して差し支えないとした事例（昭和37年8月20日民事甲2369号民事局長回答）

・離婚後の復籍に関し，元内地に本籍を有していた日本人女が，旧法中朝鮮に本籍を有する男と婚姻してその戸籍に入籍した後，夫死亡後昭和23年に内地に本籍を有する男と婚姻してその戸籍に入籍したが，その後昭和26年にその女が離婚した場合の復籍戸籍は，朝鮮戸籍であるとした事例（昭和37年8月28日民事甲2411号民事局長回答）

・嫡出でない子の出生届に関し，朝鮮人夫婦の子として朝鮮戸籍に入籍している出生子につき，日本人女が，母子関係存在証明書のみを添付した嫡出でない子の出生届を日本国総領事に提出し，これが受理送付された場合であっても，母子関係存在証明書のみでは，母子関係が真実であるかどうか疑問があり，また，日本人かどうかも認定し得ないので戸籍の記載はすべきでないとした事例（昭和47年12月27日民事甲5658号民事局長回答）

・名の追完に関し，韓国（朝鮮）人出生子の「名」の追完届は，出生の届出時において届出人が真に子の名を誤記したと認められる相当の理由がある場合に限り認められるもので，事実上名の変更を来すような場合にまでこれを認める趣旨ではないとした事例（昭和52年2月21日民二1354号民事局第二課長回答）

なお，父の認知による国籍の得喪に関し，本妻を有する朝鮮人男が，昭和21年に日本人として仮戸籍編製の申告により戸籍編製後，日本人女と婚姻し，その間に1男1女を設け，朝鮮人父からの嫡出子出生届によ

り同夫婦の戸籍に入籍し，その後当該仮戸籍は編製過誤により消除された場合，その婚姻は無効として戸籍法114条により所要の訂正をするとともに同出生子のうち昭和25年12月6日以前に出生届がされている子については朝鮮の国籍を有するものとして処理するとした事例（昭和40年4月22日民事甲846号民事局長回答）がある。これも3069号通達発出の日をもって国籍の変更が生じなくなるという解釈に立つもので，【2-31】の趣旨からは，国籍法が施行された昭和25年7月1日以降の認知についても，同様の取扱いをすべきことから，同日以前に出生届がされている子についてのみ朝鮮の国籍を有するものとして処理すべきことになる。なお，旧法中朝鮮籍の父から庶子出生届がされその子が母の戸籍に記載されている事例で，戸籍面上父が朝鮮に本籍を有する者であることが明白でないときは職権による戸籍訂正でその子を消除することは相当でない。その子の出生届が事実は母の戸主からされているときは，戸籍法113条による訂正手続で事実に合致させる戸籍訂正は差し支えないとした事例（昭和40年10月2日民事甲2859号民事局長回答）がある。

オ　平成元年法例改正後の韓国・朝鮮の取扱い

(ｱ)　一般的取扱い

　平成元年に成立した法例の一部を改正する法律の施行（平成2年1月1日）に伴う戸籍事務の取扱いについては，平成元年10月2日民二3900号民事局長通達が発出されていること，法の適用に関する通則法（平成18年6月21日法律第78号）が制定され，法例（明治31年6月21日法律第10号）が廃止されたことは既に記載したとおりである。平成元年法例改正により，嫡出親子関係の成立については，子の出生当時の母の夫の属した国の法律から，夫婦の一方の本国法にして子の出生当時の法によるとされたこと（法例17条の改正），嫡出でない子の認知については，それぞれの認知当時の父又は母の本国法，子の認知当時の本国法とされていたが，子の出生当時の父又は母の本国法及び認知当時の認知者又は子の本国法によるものに変更され（同法18条の改正），新たに準正についての条文が付加され（同法19条新設），養子縁組については，養子縁組の要件は各当事者の本国法，その効果及び離縁については養親の本国法とされていたもの

が，養子縁組当時の本国法とし，セーフガード条項を付加し（同法19条から20条へ），親子間の法律関係については，父の本国法，父がいない場合は母の本国法とされていたのが，子の本国法が親の本国法と同一のときは子の本国法，それ以外は子の常居所地法とし（同法20条から21条へ），主として父優先主義を父母平等主義へと改め，子のためのセーフガード条項を設けたほかは，変更はなく，従前の先例，判例が生きているものと考えられる。また，通則法については，条文の位置や表現に変更があったものの，親子関係に関する内容については法例の内容を承継しており，その解釈についても，基本的に維持されていると考えられる。

(イ) 嫡出親子関係

　韓国民法865条は，嫡出否認の訴えや認知に対する異議若しくは認知請求の訴え等ができる者は，他の事由を原因として，嫡出子関係存否確認の訴えを提起できると規定しており，実親子関係不存在確認請求訴訟は，実親子関係という基本的親族関係の存否について関係者間に紛争がある場合に対世的効力を有する判決をもって画一的確定を図り，これにより実親子関係を公証する戸籍（現在は登録簿）の記載の正確性を確保する機能を有するものであると解されるから，真実の実親子関係と戸籍（登録簿）の記載が異なる場合には，実親子関係が存在しないことの確認を求めることができると解されている。しかし，我が国の民法同様，実質的な嫡出親子関係が形成され長期間が経過している場合にこれを許すことが相当性の範囲を逸脱し，権利の濫用となる場合があり得る。この点について判示したのが，【2-39】である。同判決は，権利濫用となる可能性があるとして，親子関係不存在確認をした原審判決を取り消して差し戻した。差戻審である名古屋高裁平成20年7月3日判決は，これを受けて，30年以上にわたり実の親子関係にあり，控訴人も嫡出子としての相続を認めていたことなどから，権利の濫用に当たるとした。

　ところで，韓国民法865条2項は，親子関係存否確認訴訟は，当事者の一方が死亡したときは，その死亡を知った日から2年内に検事を相手方として訴えを提起することができるとし，訴えを提起できる期間を制限している（2005年法律第7427号による改正前は，1年内とされていた）。戸籍

第2　渉外国別親子法／1　大韓民国・朝鮮民主主義人民共和国　551

上の子らが死亡した父との間の親子関係存在確認を求める訴訟が死後1年経過後に提起された事案（改正前）について，1審判決は，出訴期間を経過しているとして，これを却下したのに対する控訴審判決が【2-40】である。これは，父親が死亡した後相当期間経過して，戸籍どおりの嫡出親子関係を争うものが現れたため，確認の必要が生まれたという事案であり，戸籍どおりの確認を求める場合には，同条項は適用されず，仮に適用されるとしても，上記の経緯から出訴期間を制限することは公序良俗に反するとして訴えを適法として認容した事例である。

【2-39】　真実の親子関係と異なる出生届出に基づき戸籍上実親子として記載されている場合，長期間実親子として生活し，既に親が死亡し養子縁組もできないような一定の事情があるときは，親子関係の不存在を第三者が求めることは権利の濫用として許されないとし，権利濫用に該当しないとした原審の判断は相当ではないとしてこれを破棄して差し戻した事例

最判平成20年3月18日判時2006号77頁，判タ1269号127頁

　真実の親子関係と異なる出生の届出に基づき戸籍上Aの実子として記載されているBが，Aとの間で長期間にわたり実の親子と同様に生活し，関係者もこれを前提として社会生活上の関係を形成してきた場合において，実親子関係が存在しないことを判決で確定するときは，虚偽の届出について何ら帰責事由のないBに軽視し得ない精神的苦痛，経済的不利益を強いることになるばかりか，関係者間に形成された社会的秩序が一挙に破壊されることにもなりかねない。また，Aが既に死亡しているときには，BはAと改めて養子縁組の届出をする手続（韓国民法866条以下）をしてその実子の身分を取得することもできない。韓国民法2条2項は，権利は濫用することができない旨定めているところ，韓国大法院1977年7月26日判決（大法院判決集25—2—211）が，養子とする意図で他人の子を自己の実子として出生の届出をした場合に，他の養子縁組の実質的成立要件がすべて具備されているときは，養子縁組の効力が発生することを肯定した趣旨にかんがみても，同項の解釈に当たって，上記のような不都合の発生を重要な考慮要素とすることができるものというべきである。

　そうすると，戸籍上の両親以外の第三者であるCが，Bとその戸籍上の父

であるAとの間の実親子関係が存在しないことの確認を求めている場合において，AB間に実の親子と同様の生活の実体があった期間の長さ，判決をもって実親子関係の不存在を確定することによりB及びその関係者の受ける精神的苦痛，経済的不利益，改めて養子縁組届出をすることによりBがAの実子としての身分を取得する可能性の有無，Cが実親子関係の不存在確認請求をするに至った経緯及び請求をする動機，目的，実親子関係が存在しないことが確定されないとした場合にC以外に著しい不利益を受ける者の有無等の諸般の事情を考慮し，実親子関係の不存在を確定することが著しく不当な結果をもたらすものといえるときには，当該確認請求は，韓国民法2条2項にいう権利の濫用に当たり許されないものというべきである。

【2-40】 韓国民法865条2項（2005年改正前のもの）が親子関係不存在確認訴訟についてその出訴期間を当事者の一方が死亡したことを知った時から1年内と制限していることについて，戸籍どおりの内容の確認を求める場合には同条項は適用されず，仮に適用されるとしても，法例33条により公序良俗に反するとし，1年経過後の訴え提起を認めた事例

大阪高判平成18年10月26日判タ1262号311頁

本件条文に定める出訴期間の定めは，親ないし子の一方が死亡した場合，法律関係の混乱を長引かせないために，戸籍上の親子関係と異なる親子関係を主張する場合には，死亡の日から一定期間内に検察官を相手に，親子関係の存否確認の訴を提起しなければならないとの趣旨を定めた規定であると考えられる。

したがって，本件条文の出訴期間の定めは，戸籍の記載と異なる親子関係の存否の確認請求について適用があり，戸籍の記載どおりの親子関係の確認を求める場合には，適用されないと解釈することができる。仮に，韓国法である本件条文について，この解釈をとることができず，本件事例にも適用されると解釈せざるを得ないとすれば，上記のとおりの具体的事情が存在する本件事例に，本件条文を適用することは，我が国の公序良俗に反するものであり，法例33条の規定［注：通則法42条］により，本件事例については，本件条文が適用されないといわざるをえない。我が国では，親子関係確認の訴は，確認の利益が肯認される限り原則として許され，その出訴期間を定めた規定は存在しない。

以上のとおりで，本件訴は適法である。

(ウ)　嫡出でない親子関係
　認知に関する先例として，日本人男と外国人女間の嫡出でない子につき出生届及び認知届がなされた後に日本国籍確認の裁判が確定し，その判決の謄本を添付して先の出生届及び認知届に対しそれぞれ追完届がされた場合は，各追完届はこれを受理した上，子について新戸籍を編製し，その身分事項欄に出生事項及び認知事項を記載する，日本人父の戸籍については，各追完届を資料として，その身分事項欄に記載されている認知事項を戸籍法24条2項の訂正手続により職権で訂正するとした事例（平成10年1月16日民二94号民事局長回答）がある。この当時は，外国人女の子を，出生後に日本人父が認知をしても，当然には日本国籍を取得しないと解されていたが，その子について日本国籍確認判決が確定した場合には，日本人として受理をする旨の取扱いをしてよいという趣旨である。
　なお，平成元年改正前法例の事案であるが，韓国民法844条は，日本民法同様に嫡出推定について規定をしているところ，同条による嫡出推定を受けない婚姻中の嫡出子（韓国では「親生子」と呼んでいる）について，「平成元年法律第27号による改正前の法例18条1項によれば，本件において訴外Aがした右認知の効力についての準拠法は韓国民法になるところ，任意認知について規定した同法855条は，一般に，子が親生子の推定を受けているときは親生否認の訴えによって否認されない限り認知できないが，子が親生子の推定を受けない婚姻中の出生子である場合には，父子関係不存在確認の訴えによって戸籍上の父が親生父でないことが確定された後でなければ認知届は受理されないと解されている。しかし，本件のように，既に認知届が受理され，被告Yの韓国戸籍からは原告Xの親生子の推定が明らかでなく，同被告との間の父子関係不存在確認の請求が認容されるときは，既に認知届が受理された子の利益を保護する趣旨から，上訴外Aの認知届は有効なものと解するのが相当である」として父子関係確認の利益はないとした裁判例（福岡地判平成6年9月6日判

タ876号254頁）がある。

(エ)　養親子関係

普通養子縁組に関する裁判例として，次の事例がある。

韓国人の妻を有する日本人の夫が，15歳未満の韓国人の子との間の養子縁組許可を申し立てた事案において，準拠法である日本法により必要的夫婦共同縁組であるとした上，養親の本国法の適用については，養父子関係と養母子関係を分離して，それぞれの本国法を各別に適用し，申立人に対し，妻とともに未成年者を養子とすることを許可した事例であるが，形式的及び実質的成立要件について次のように判示する。すなわち，「形式的成立方法をまず検討すると，日韓民法によれば，申立人と未成年者の養子縁組は家庭裁判所の許可を得た上で（民法798条本文），縁組届が受理されることにより成立する（民法800条）のに対し，A（申立人妻）と未成年者の養子縁組は，家庭法院の許可を要せず，縁組届が受理されることにより成立する（韓国民法878条，881条）のであり，また，通則法34条，31条（法例22条，20条）によれば養子縁組の方式は行為地法によることができるところ，日本法が定める普通養子縁組の成立の方式は戸籍管掌者に対する届出である（民法799条，739条，戸籍法66条，68条）から，結局，申立人が未成年者を養子とするについての家庭裁判所の許可を得た上，申立人とAの夫婦がともに未成年者と養子縁組する旨の届出を申立人とAの夫婦と未成年者の代諾権者である法定代理人親権者母B（なお，未成年者は15歳未満のため代諾によることにつき民法797条，韓国民法869条，法定代理権につき韓国民法909条1項，911条）が戸籍管掌者にすることによりこれを成立させることも可能と解される。次いで，申立人と未成年者の養子縁組につき民法所定の実質的成立要件について検討すると，前記認定したところによれば，縁組許可申立てを却下すべき事由はなく，また，法例20条1項後段が養子縁組の成立につき要求する保護要件，すなわち，未成年者の本国法である韓国民法869条の『養子となる者が15歳未満であるときは，法定代理人がこれに代わって養子縁組の承諾をする』点についても，前記認定のとおり未成年者の法定代理人親権者母Bにおいて未成年者が申立人・Aと養子縁組することを承諾し満足している。さら

に，Aと未成年者の養子縁組につき韓国民法所定の実質的成立要件等について検討すると，前記認定したところによれば，縁組の成立を妨げる事由はなく，また，要件を満足している。」(札幌家審平成4年6月3日家月44巻12号91頁)。

なお，法例改正前の事案に関するものであるが，韓国籍から帰化して日本国籍となった養父母と配偶者のある韓国人の養子縁組について，韓国で届出がされ，日本の戸籍法41条による届出がされなかった場合の養子縁組の効力を認めた裁判例 (津地四日市支判平成9年10月28日判タ971号213頁) がある。

(オ) 特別養子縁組

平成元年法例改正後の特別養子縁組の裁判例として次の事例がある。

日本人夫婦が妻とその前夫との間に生まれた子の婚外子 (妻の孫。韓国国籍) を特別養子とする縁組の申立てをした事案について，「本件は，養父母となる日本国籍の申立人夫婦と養子となる韓国籍の事件本人との間の特別養子縁組であるから，通則法31条 (法例20条) により，その準拠法は，申立人夫婦の本国法である日本民法であり，事件本人の保護要件についてはその本国法である韓国法となるところ，韓国法の実質法である大韓民国民法869条，870条等に照らして，事件本人の保護要件は満たされていると思料される」とした上で，日本民法における特別養子縁組の要件について検討し，事件本人の福祉にとって，申立人らの現在の監護養育環境に置いておくことが適切ではあるが，実母と養親となろうとする夫婦との間に親族関係があり，実母と事件本人との接触も継続しているので，実方との親族関係を法的に断絶してもかえって複雑な人間関係を生じることにもなりかねないこと，事件本人は超過滞在の状態にあるところ，特別養子縁組が成立したとしても，必ず特別在留許可がされるというものではないことなどから，特別養子縁組を成立させることが事件本人の利益のため特に必要であるとは言い難く，民法817条の7所定の要件を欠くとして，申立てを却下した事例 (千葉家審平成11年4月14日家月51巻11号102頁) がある。

また，日本人夫婦を養親となるべき者，実母が所在不明であり，実父

とされる男性とは法的な親子関係が形成されていない韓国国籍を有する未成年者を養子となるべき者とする特別養子縁組成立の申立てについて，養親の本国法である日本民法817条の6ただし書の「父母がその意思を表示することができない場合」に該当するとし，また，子の保護要件については，大韓民国法が適用されるものとして，同国民法870条の要件である直系尊属の同意が得られたとして，申立てを認容した事例（福島家会津若松支審平成4年9月14日家月45巻10号71頁）がある。

(カ) 親子間の法律関係

親子間の法律関係について，平成元年改正前法例は，原則として父の本国法とし，父がいないときにだけ母の本国法によるとされていた（改正前20条）が，平成元年法例改正後は，子の本国法が父又は母の本国法と同一なる場合（父母の一方がいないときは他方の本国法と同一なる場合）には，子の本国法により，その他の場合には，子の常居所地法によると規定され（改正後21条），通則法におおむね承継されている（通則法32条）。

韓国人である申立人が日本人である相手方に対し，韓国人である事件本人の親権者指定の審判を求めた事案について，平成元年改正後の法例21条（通則法32条）により，子の本国法である大韓民国民法が準拠法となるところ，「大韓民国民法909条4項[注：2005年法律第7427号による改正前のもの]は，婚姻外の出生子が認知された場合，父母の協議により親権を行使する者を定めるが，その協議が調わないとき又は協議をすることができないときは，当事者の請求により家庭法院がこれを決定すると定めている。この家庭法院の決定は，親権保有者である父母が倶存して親権を共同行使すべき場合に，その父母が婚姻中でないために父母の共同親権が円満に行使されないために未成年の子の保護が充実されないことが憂慮され，このような問題点を解消するために共同親権主義に対する例外を認定し，単独親権行使者を指定することができるように配慮した趣旨と理解されるところ，我が国の家庭裁判所が民法819条5項に基づき親権者の指定の審判を行う場合と実質同じくするものというべきであるから，我が国の家庭裁判所の指定の審判をもってこれに代えることができるものと解すべきである」とした事例（金沢家小松支審平成8

年3月11日家月48巻8号102頁）がある。なお，大韓民国民法909条4項は，2005年に改正され，「親権を行使する者」を「親権者」に，「当事者の請求により」を「職権によって又は当事者の請求により」に改め，表現も一部変更された。その後，2007年改正により，これらの場合には，父母の協議により親権者を定めなければならないものとし，また，協議ができない場合又は協議が調わない場合には当事者は家庭法院にその指定を請求しなければならないこととされた。

2 中華人民共和国・中華民国

(1) 中華人民共和国・中華民国の親子法
ア 中華人民共和国親子法の変遷と概要

　1949年に中華人民共和国が成立し，その翌年に中華人民共和国民法が制定されたこと，1980年9月10日，新婚姻法が公布され，1981年1月1日から施行されたこと，2001年4月28日，1980年婚姻法（以下「80年法」という。）を基本的に維持しながらも，必要な修正を行う家族法改正が行われ，同日，施行され，現在に至っていることは，婚姻法について述べたとおりであり，親子関係に関する事項も婚姻法に含まれている。

　現行の中華人民共和国婚姻法の第一章総則では，婚姻の自由，一夫一婦制，男女平等の婚姻制度の実行，女性・子ども及び高齢者の合法的権益の保護，計画出産という基本原則（同法2条）が述べられ，80年法を承継したものであり，第二章以下も基本的には80年法が承継されていることは婚姻法について述べたとおりである。

　親子に関係する条項を見ると，子は親に養育費の請求ができ（同法21条），子の姓は夫，妻いずれでもよく（同法22条），嫡出子と嫡出でない子の差別は許されない（同法25条）。協議離婚（同法31条），裁判離婚（同法32条）が認められている。協議離婚の場合，婚姻登記機関に出頭して申請し，双方が自由な意思に基づくこと，子や財産問題について適切な処理をしていることを確認できれば，離婚証が発給される（同法31条）。父母と子の関係は父母の離婚により消滅しない。離婚後子は父又は母のいず

れに養育されるかを問わず，依然として父母双方の子である（同法36条1項）。離婚後，父母は子に対し依然として扶養及び教育の権利と義務を有する（同条2項）。離婚後授乳期間中の子は，授乳する母親によって養育されることを原則とする。授乳期後の子について，父母双方の間に扶養問題で争いが生じ，協議が調わないときは，人民法院が子の権益及び父母双方の具体的状況に基づいて判決する（同条3項）。子に対する養育費（生活費，教育費）についても父母双方の協議によるのが原則であるが，協議が調わないときは，人民法院の判決による（同法37条1項）。子の生活費，教育費についての協議又は判決に関しては子が必要とするときに父母のいずれか一方に対し協議又は判決で定められた当初の額を超える合理的請求を行うことを妨げない（同条2項）。離婚後，直接子を養育していない父又は母は面会交流（探望子女）の権利をもち，他方はこれに協力する義務を有する（同法38条1項）。面会交流権の行使方法，期日は当事者間の協議によるが，協議が調わないときは人民法院の判決による（同条2項）。面会交流が子の心身の健康にとって不利であるときは人民法院は面会交流を中止させることができる。中止事由が消滅した後は，面会交流権を回復させなければならない（同条3項）。各種の扶養費，財産分割，子に会う行為等に関する判決又は裁定の履行拒否に対して人民法院は法に基づき強制執行することができる（同法48条）。なお，2001年修正法で，新たに，救助措置と法律責任の規定が置かれたことは，婚姻法について述べたとおりである。

また，養子縁組について，1991年養子縁組法（収養法）が成立し，1992年4月1日から施行されている。これは，原則として14歳未満の父母のいない子，実父母不明の棄てられた子，実父母が養育できない子を対象とし（同法4条，7条），養親となる者（収養人）は，原則として，子のいない30歳以上の者に限られ（同法6条，7条），原則として，1人の子しか養子にできない（同法8条）。断絶型の養子縁組であり（同法23条），原則として子が成人に達するまでは協議離縁ができない（同法26条1項本文）が，養親と養子に出した者（送養人）との間で協議ができた場合や養子が成人に達した後に養親子間で協議ができた場合には離縁ができる

（同法26条1項ただし書，27条）。なお，民族自治地方（自治区・自治州・自治県）では，当地の情況に併せて弾力的，補足的規定を制定することができるとされており（同法32条），これらの自治地方の法を適用するときは，併せて参照する必要がある[1]。

中華人民共和国では，渉外民事関係法律適用法が2010年に制定され，2011年4月1日から施行されている。親子関係に関する事項として，親子の身分関係，財産関係については，原則として共通常居所地法を採用しており，これがない場合には，当事者いずれかの常居所地法又は国籍法のうち弱者に有利な法を適用する（同法25条）。養親子関係については，その要件，手続は養親子の常居所地により，その効力は養子引取時の養親の常居所地法による（同法28条）とされている。

イ　中華民国親子法の変遷と概要

中華民国民法のうち，親族，相続編については，1930年12月26日に制定公布され，1931年5月5日から施行されていること，その後，中華民国政府は台湾に移り，1985年6月3日，民法親族編，相続編の改正法が成立したこと，その後数度の改正を経て現在に至っていることは婚姻法について述べたことと同じであり，近時頻繁に改正がされており，その適用に当たっては注意が必要である[2]。

民法第四編親族の第三章は父母と子について，第四章第一節は未成年者の監護について規定している。婚姻関係の存続中に受胎した子は婚生の子（嫡出子）と推定され，夫婦の一方又は子は，それぞれ子が嫡出子ではないことを知ったときから2年以内に否認の訴えを提起できる（同法1063条）。嫡出でない子は，実父母が婚姻したとき嫡出子とみなされ（同法1064条），また，実父が認知すれば嫡出子とみなされる。実父が養育すれば認知したものとみなされ，実母は認知を要しない（同法1065条）。嫡出でない子又はその実母は実父の認知を否認できる（同法1066条）。受

---

1) 中華人民共和国家族法については，加藤美穂子『中国家族法問答解説［婚姻・養子・相続］』（日本加除出版，2008）参照。
2) 中華民国家族法の最近の改正については，徐瑞静「中華民国家族法の改正」東洋法学第53巻2号319頁以下（東洋大学法学会，2009）参照。

胎期間に同居した父，父作成の文書により実父と証明できるとき，実母が父に強姦されたとき，父の権勢の濫用により姦淫されたときなど一定の事由があれば，子は成年に達して2年以内，実母又は法定代理人は出生後7年以内に，認知の請求ができ（旧同法1067条），ただし，実母が受胎期間内に姦通し，又は放蕩生活をしたときは認知を請求できない（旧同法1068条）とされていた。しかし，その後，同法1068条は削除され，同法1067条は，嫡出でない子の実父であると認めるに足りる事実があるとき，嫡出でない子又はその実母若しくはその他の法定代理人は，実父に対して，実父死亡後はその相続人等に対して，認知の訴えを提起することができる旨を定めた。夫婦が離婚するときは，協議で子に関する権利義務を単独又は共同で行使するが，協議をしないとき，協議が調わないときは，法院が選定し，また，協議内容が子に不利益をもたらすときは法院はその内容を変更でき，権利を行使し又は義務を負う者が保護及び教育扶養の義務を果たしていないときは，他方の親，子，関係機関等の請求により法院が権利義務の行使や負担の内容・方法を変更でき，また，法院は，請求又は職権により，未成年の子との面接交渉の方式及び期間を定めることができ，面接が子の利益を害するときは，これを変更できる（同法1055条）。父母がともに権利行使に適合しないときは，法院は，適当な人を監護人に選任できる（同法1055条の2）。認知をした場合も同様である（同法1069条の1）。養子縁組については，養親の年齢は養子より20歳以上長じていなければならず（同法1073条），配偶者を有する者は，原則として配偶者とともにしなければならず（同法1074条），配偶者のある者が養子となるにはその配偶者の同意を得なければならない（同法1076条）。養子が7歳未満の場合は，その法定代理人が意思表示をし，満7歳以上の未成年者が養子となる場合には法定代理人の同意が必要である（同法1076条の2）。養子縁組は書面で行い，法院の許可が必要である（同法1079条）。養子縁組は，双方の同意により終了させることができるが，書面によることを要し，養子が7歳未満のときは，離縁後の法定代理人の同意が必要である（同法1080条）。法院は，虐待，重大な侮辱等一定の事情があれば，養子縁組の終了を宣言できる（同法1081条）。子は

父母を孝敬し，父母は子の保護，教育，扶養の権利義務を有する（同法1084条）。父母が権利を濫用したときは，最も近い尊属又は親族会議が糾正し，効果がなければ，法院にその権利の全部又は一部の停止を求めることができる（旧同法1090条）と規定をしていたが，その後同条は改正され，父母の一方が子に対する権利を濫用するとき，法院は，未成年子，主管機関等の請求により，又は職権により，子の利益のため，その権利の全部又は一部を停止することを宣告することができると規定した。未成年子に父母がいないとき，又は父母が等しくその未成年の子に対する権利義務を行使，負担ができないときは，監護人を置かなければならない（同法1091条）。監護人は被監護人の法定代理人となる（同法1098条）。

　なお，中華民国における国際私法である中華民国渉外民事法律適用法が，中華民国99年（2010年）4月30日に全部改正され，同年5月26日に公布され，同100年（2011年）5月26日から施行されている。その詳細については，笠原俊宏「中華民国国際私法（渉外民事法律適用法）の改正」（上）戸籍時報659号63-73頁（日本加除出版，2010），（下の一）戸籍時報664号24-35頁（日本加除出版，2011）を参照されたい。

(2) **日本における中国・台湾籍の法制と運用**

　終戦までの中国，台湾籍の取扱いについては，共通法において我が国の「地域」として扱われ，原則として各地域の法令をその本国法とし，台湾については，台湾総督に法律と同等の命令を発する権限が与えられ，台湾島民については慣習や条理に委ねられていたこと，終戦後平和条約発効までの取扱いについては，台湾籍に登載された者は，朝鮮籍に登載された者と同様，内地籍に登載された元来の日本人とは区別して扱われたが，台湾籍に登載された者も日本人としての地位を失ってはいなかったこと，平和条約発効から日中国交回復までの取扱いについては，昭和27年4月28日，日本国と中華民国との平和条約（昭和27年条約第10号）が締結され，同年8月5日，発効し，同条約に基づき，日本国は，台湾及び澎湖諸島並びに新南群島及び西沙群島に対する全ての権利，権原及び請求権を放棄したことが承認され，1941年2月9日までに締結された日本国と中華民国との全ての合意は無効とされ，この条約の適用上，中華民国の国民には，台湾及び

澎湖諸島の全ての住民及び以前にそこの住民であった者，並びにそれらの子孫で，台湾及び澎湖諸島において中華民国が現に施行し，又は今後施行する法令によって中国の国籍を有するものを含むものとみなされたが，この条約は，昭和47年，中華人民共和国との国交回復（日中国交回復）により，破棄されたこと，日中国交回復後の取扱いは，中華人民共和国が中国の唯一の合法政府であることが承認されたが，国際私法の本国法の決定においては，日中国交回復後も，客観的に表明された当事者の国家帰属意思を基準とするのが相当と考えられていることなど，いずれも渉外婚姻法の中国・台湾籍の法制と運用について述べたとおりである。

(3) **中国・台湾に関する判例・先例**

ア 終戦までの中国，台湾籍の取扱い

(ア) 国籍及び戸籍

終戦までに中国にわたり，中国に残留された孤児たちが日本に帰国したが，戸籍が確認できない場合，戸籍上日本国籍を取得するためには就籍の手続が必要となる。【2-41】，【2-42】は，中国に残留した日本人の子について就籍の申立てを認めた審判例であり，【2-43】は，日本人父の嫡出子であると認定し，日本国籍を認めた裁判例である。

【2-41】 亡父が日本人である中国残留の子女2名からの就籍申立事件につき，父母の婚姻の成立を認めて就籍を許可した事例

松山家大洲支審昭和59年12月4日判夕553号234頁

日本戸籍への就籍を許可するには，日本国籍の取得が要件とされるところ，申立人が出生等により日本国籍を取得したか否かは，我が国の国籍法によって決定される。そして，申立人両名のうち，申立人A……については旧国籍法（明治32年法律66号）が，申立人B……については，……現行国籍法（昭和25年法律147号）が，それぞれ適用される。新旧国籍法は，いずれも，出生の時父が日本人であることを日本国籍取得の要件としており，上記認定のとおり，申立人両名の父は日本人Cであることが認められ……法例13条［注：平成元年改正前のもの］によれば，婚姻成立の実質的要件は各当事者の本国法により，その形式的要件は挙行地法によるとされており，適用法規

は，いずれも婚姻当時のそれによると解される。……以上の次第からして，申立人両名の父母であるCとDは，申立人両名の出生以前において，実質的要件及び形式的要件からして法律上の婚姻をしていたものと認めることができ，そうすると，申立人両名は，Cの嫡出子として法律上の父を日本人として出生したものであり，出生によって日本国籍を取得したものということができる。

【2-42】　日本国外で出生し，戦後中国に残留を余儀なくされた者について，いったんは自分の子と認めた日本人女がこれを否定するに至ったため就籍許可の申立てをした事案において，生育の事情等諸般の状況から同日本人女の子とは認められないが，父が日本人であること，仮にその父が法律上の父でないとしても母が日本人であったことは疑いないと解されるから日本国籍を有するとして，これを認容した事例

東京家審昭和53年3月31日家月31巻1号82頁

　本件において申立人の父母についてはいずれもその氏名，本籍等を明らかにすることができないのであるが，前認定の事実からすると，申立人の父も母も日本から満洲に渡った日本人であることは明らかである。もっとも，申立人出生当時父母が婚姻していたか，あるいは婚姻していないが，生前認知をしたものであるかは現段階においてこれを明らかにすることはできないから出生当時父が法律上の父であったか否かは明らかでないけれども，仮に法律上の父がないとしても母が日本人であったことは疑いないと解されるから，結局申立人は日本人を父又は母として出生したものであって日本国籍を有すると認むべきである。

【2-43】　戦前の中国で日本人父と中華民国人母との間に出生した子（いわゆる中国残留混血孤児）からの国籍存在確認請求事件において，父母の婚姻関係につき，詳細な事実認定により，婚姻挙行地法である当時の中華民国法上の儀式婚の成立及び婚姻当時の父母の婚姻意志の存在をいずれも肯定し，その婚姻が有効に成立したものと認めた上，同人らの間の嫡出子である子が出生により，日本国籍を取得したものとして，その請求

を認容した原判決を維持した事例

東京高判昭和63年9月29日家月41巻4号59頁，判時1291号56頁，判タ690号171頁

> 被控訴人は昭和17年○月○日，中華民国上海市においてAとBとの間に子として出生したことが認められ，……AとBは昭和15年12月ころ当時中華民国上海市において婚姻した夫婦であるから，被控訴人はAの嫡出子として法律上の親子関係を有し，出生と同時に日本国籍を取得した，と主張するので検討する……被控訴人が右婚姻の成立を主張する当時Aが日本人であり，Bが中華民国人である……日本人と外国人との婚姻の準拠法については，法例13条1項［注：平成元年改正前のもの。以下同じ］によれば，婚姻成立の実質的要件は各当事者の本国法に，その形式的要件は婚姻挙行地法とされているので，右婚姻の有効性については，実質的要件はAについては日本法，Bについては中華民国法により，形式的要件は，……中華民国法によりそれぞれ判断される……まず婚姻成立の形式的要件の具備について検討すると，……AとBとの婚姻は，婚姻挙行地である中華民国法の方式上有効に成立したものということができる。
> 次に婚姻成立の実質的要件の具備について検討すると，……本件婚姻の宴席のあった当時において，AとBとの婚姻についてその実質的成立要件である婚姻意思が存在し一旦有効な婚姻として成立したものと認められる……以上のとおり，AとBとは昭和15年12月ころ婚姻した夫婦というべきであり，……被控訴人は昭和17年○月○日中華民国上海市において右両名の間に子として出生したのであるから，被控訴人はAの嫡出子であるというべきである（法例17条，旧民法820条）
> ……したがって，その余の点について判断するまでもなく，被控訴人は，日本人の嫡出子であるから，旧国籍法1条によって出生と同時に日本国籍を取得したものというべきである。

(イ)　嫡出でない親子関係

中華民国民法では，認知の規定は明確ではないが，一般に父が事実上の養育をしていれば，認知をしたものとして扱われている。その場合，我が国においても認知をしたものと解されるかが問題となった。旧国籍法3条は，「父カ知レサル場合又ハ国籍ヲ有セサル場合ニ於テ母カ日本人ナルトキハ其子ハ之ヲ日本人トス」と規定しており，日本人母の嫡出

でない子は出生により日本国籍を取得する。しかし，日本人である子が認知によって外国の国籍を取得したときは日本国籍を失うとされていたから，有効に認知がされていれば，日本国籍を失うことになる。この点について判示したのが【2-44】，【2-45】であり，いずれも事実上の養育では日本国籍を失わないとした。また，日本人父と中国人母との間に出生した嫡出でない子が父の死後26年が経過して，亡父に対し，認知請求をした場合，これが認められるかについて，これを肯定した裁判例が【2-46】である。これに対し，戦前において日本の地域とされていた台湾出身者（本島人）の嫡出でない子が認知を求めた事案について，昭和16年当時，台湾には，妾制度があり，その間の子は認知を要せず，当然に嫡出でない子とされており，そのような場合に認知を要しないという慣習法が公序良俗に反するとはいえないとし，したがって，認知を求める訴えの利益がないとして却下した裁判例が【2-47】である。

【2-44】子の父の本国法である中華民国民法では，いわゆる養育を受けたことによる認知がされたと認める余地があるとしても，旧国籍法23条の「認知」を受けて日本国籍を失ったとは認められないとして，原審判を取り消した上，抗告人が就籍することを許可した事例

大阪高決平成14年8月7日家月55巻1号94頁

　抗告人は，幼いころからＡに養育されていた事実が認められるところ，父の本国法である当時の中華民国民法には，いわゆる養育を受けたことによる認知（撫育認知）の規定があり，上記事実からすると，父の本国法である中華民国民法上は，父による認知がされたと認める余地がある。
　しかし，一方，子の抗告人の本国法であるわが国の民法は，当時から今日まで届出又は裁判による認知以外の認知を認めておらず，父からその子として養育された事実のみに基づき認知の効力を発生させる旨の規定を欠いているから，前記のような事実があったとしても，わが民法上は，抗告人について認知の効力を認めることはできないというべきである［。］

【2-45】 日本人母の子として出生した者の就籍許可申立事件について，中国人父と日本人母とが子の出生時に婚姻したとは認められず，また，子を中国人父が認知をしたとも認められず，中国人父が事実上養育した事実があっても日本法上認知の効力は生じないとして，日本に国籍があるとし，就籍を許可した事例
東京高判昭和57年1月27日東高民時報33巻1号6頁，訟月28巻5号1015頁

　　　法例第18条第1項［注：平成元年改正前のもの］は，非嫡出子の認知の要件の準拠法について，父に関しては認知の当時父の属する国の法律により，子に関しては認知の当時子の属する国の法律によるべきものと定めており，認知が有効に成立するためには，父の本国法における認知の要件を具備するとともに，子の本国法における認知の要件を具備しなければならず，そのいずれかを欠くときには認知は有効に成立しないものというべきである。胎児認知の場合には，被認知者である胎児には国籍も本国法もないのであるが，出生後に取得すべき本国法によるのでは準拠法が出生まで定まらないという不都合を生じうるので，母の本国法をもって胎児の本国法とみなすのが相当であると解され，認知が有効に成立するためには，父の本国法における認知の要件を具備するとともに，母の本国法における認知の要件を具備しなければならないことになる。

　2　〈証拠略〉によると，被控訴人の血統上の父Aの本国法である中華民国民法第1065条は，婚生でない子であって，その生父が認知したものはこれを婚生の子とみなす旨を定めるとともに，婚生でない子を生父が養育したときは，これを認知したものとみなす旨を定めていることが認められる。したがって，仮に，右規定が控訴人主張のような要件のもとに胎児養育認知をも認める趣旨のものであり，本件の場合に胎児養育認知の要件を具備し又は出生とともに養育認知の要件を具備しているものとすれば，中華民国法上は認知が有効に成立したことになるのであるが，被控訴人の母の本国法であるわが民法上は，血統上の父が非嫡出子を養育した事実があるというだけで当然に認知の効力を発生させる旨の規定はなく，もとより胎児養育認知を認める規定もないから，被控訴人に関しては，その余の要件について論ずるまでもなく，胎児認知の要件を具備したものとはいえず，被控訴人は旧国籍法第3条により生来的に日本国籍を取得したことになり，その本国法は養育認知を認めない日本法であるから，被控訴人に関しては出生と同時に認知の要件を具備したということもできないのであって，被控訴人の出生時にAと被控訴人との間に法律上の父子関係があったものと

することとはできない。

【2-46】 日本人母と中国人父との間の子が父死亡後26年目に認知を求めた事案について，民法787条ただし書所定の出訴期間は，訴え提起が可能となった時から起算すべきであるとした事例

福岡高判昭和60年7月2日家月37巻10号67頁

　民法787条但書所定の出訴期間は，父又は母の死亡が客観的に明らかとなり，かつ，子，その直系卑属又はこれらの者の法定代理人において認知の訴えを提起することが可能な状況下にあったことを前提としているものと解されるところ，本件にあっては，Aは昭和31年9月25日に死亡し，異国にある被控訴人がAの死亡を知ったのは昭和30年代の後半であって，被控訴人がAの死亡の日から3年以内に認知の訴えを提起することが事実上絶対に不可能であったこと及びその事情は前記認定のとおりであり，右の事実に照らして考えると，被控訴人が出訴期間を遵守しなかったことはまことにやむをえないものというべきであるから，本件について前同条但書所定の出訴期間は，右の訴提起が不可能である事情が解消したとき，すなわち日中平和条約が締結され，被控訴人が日本国に入国することができた昭和56年9月21日を起算日とするのが相当である。そして，本件訴えは，昭和57年5月25日に提起されたのであるから，適法というべきである。

【2-47】 亡A（台湾人）の子らが亡Aの父である被承継人のAに対する認知を求めた事案について，亡Aとその父との親子関係については，出生当時の台湾における慣習法が適用されるところ，同慣習法によれば，認知するまでもなく親子関係が成立しているから，認知を求める訴えの利益がないとして，これを却下した事例

大阪高判平成19年9月13日家月60巻3号38頁

　被承継人は日本人，Aは中国人であるところ，法の適用に関する通則法（以下「通則法」という。）29条2項は，子の認知は，同条1項によるほか，認知当時における認知する者又は子の本国法によると規定し，さらに同法附

則 2 条は，同法の規定は，施行日（平成19年 1 月 1 日）前に生じた事項にも適用するとしている。そこで，Aの子である被控訴人らは，認知する者（被承継者）の本国法である日本国民法787条に基づき，被承継人の嫡出子でなく，かつ認知もなされていないAについて，被承継人の子であることの認知を求めるのに対し，控訴人は本案前の抗弁として，A出生当時の被承継人の本国法によれば，被承継人とAの間には，すでに法律上の父子関係が形成されており，重ねて認知を求める本件訴えは，訴えの利益を欠く旨主張する。……そこで，……職権によって調査すると，Aが出生した昭和16年当時の台湾地域には，「民事ニ關スル法律ヲ臺灣ニ施行スルノ件」（大正11年勅令第406号）により，大正12年 1 月 1 日から日本国民法が施行されていたが，「臺灣ニ施行スル法律ノ特例ニ關スル件」（同年勅令第407号）により，本島人（日本の施政下にあった台湾地域出身者）のみの親族及び相続に関する事項については，日本国民法第 4 編及び第 5 編の規定を適用せず，別に定めるものを除く他は慣習によるとされており，同地域における当時の慣習法として，正妻を有する男子が，併せて他女子（妾）と婚姻する夫妾婚姻制度が認められ，同婚姻により配偶者に準ずる地位を取得し，夫の家に入るとされていた妾の出生子は，当然に庶子の身分を取得するという血統主義を採用し，これにより認知を要せずして，妾（生母）の夫との父子関係が形成されるという身分法秩序が実施され，これらの身分関係は「戸口規則」（明治38年臺灣總督府令第93号）により戸口調査簿に登載されて公証されることになっていたことが認められる。……したがって，その当時は，内地と台湾では，同じ日本国内ではあっても，本島人同士の父子における非嫡の父子関係の成立については，その他の父子における非嫡の父子関係の成立とは，適用される法令を異にしていた……そして，この法律関係につき，共通法（大正 7 年法律第39号） 1 条 1 項は，台湾を一の地域とし，同法 2 条 2 項は，民事に関して地域によって異なる法令が適用される場合について，法例を準用するものとし，各当事者の属する地域の法令をもって本国法とすると規定している。……さらに，現時点において，上記法例に相当する法令である通則法29条 1 項は，非嫡の父子関係の成立について，子の出生当時における父の本国法によると定めている。……以上の法令の定めを本件に適用すると，本件において被承継人とAが，Aの出生時において，ともに本島人であったことは明らかであるから，被承継人とAとの間の父子関係の成立については，共通法 2 条 2 項による法例（現時点では通則法29条 1 項）の準用により，子であるAの出生当時の父である被承継人の本国法とされる台湾地域に適用されていた慣習法によって決定されることになる。……これによれば，被承継人とAとの父子関係は，被承継人と夫妾婚姻関係にあったBがAを出産することにより，被承継人の認知を待つまでもなく成立している……このように，父と非嫡出子

の間の父子関係を出生の事実により成立させるという制度が公序良俗（通則法42条）に反するとはいえない……よって，上記により成立した被承継人とAとの間の父子関係は，日本においてもその効力を認めることが相当である。

(ウ) 養親子関係

中華民国人が日本人の養子となった後離縁した場合には日本国籍を喪失し，一家を創設しないとした事例（昭和6年11月12日民事1170号民事局長回答），日本人が中国人の養子となり，その国籍を取得しても，日本の国籍を喪失しないので，単に縁組の記載をするにとどめ，養子を除籍しないとした事例（昭和11年9月3日民事甲1090号民事局長回答）などがある。

(エ) 親子の法律関係

中国残留孤児から親子関係存在の確認を求める訴訟を提起したが，その母が生前原告を実の子であると認めた経緯はあるものの，認めるに至った理由，根拠，事情は明らかではなく，父の親族が認めたことがあるものの，それも根拠，確信があってのことではなく，その後は疑念を抱くに至っていることなどの経緯を認定した上，既に死亡した父母との親子関係を肯認するに足りる証拠はないとして請求を棄却した裁判例（神戸地判昭和63年4月26日判時1301号130頁）がある。

イ　終戦後平和条約発効までの取扱い

(ア) 国籍及び戸籍

終戦後しばらくは，旧国籍法が適用されていたが，昭和25年現行の新国籍法が公布・施行された。旧国籍法では，父系主義が採られ，父が日本人でない場合，母が日本人であっても，日本国籍を取得しないとして扱われ，出生の時，父が日本人である場合，日本国籍を取得するものとされていた。外国人男と婚姻した日本人妻は夫の国籍を取得することから，その間の子もまた，その外国籍を取得するものとされていた。すなわち，中国人男と婚姻した日本人女は夫の国籍を取得するから，婚姻中に出生した子も中国国籍を取得し，外国人登録の対象となるとされた（昭和23年8月27日民事甲2480号民事局長回答）。これに対し，父が中国人であり，母が日本人である場合でも，父母が婚姻しておらず，父が認知もし

ていないときは，日本国籍を失わない。この点について判示したのが【2-48】である。また，旧国籍法4条は，日本において生まれた子の父母が「共ニ知レサル」とき又は無国籍のときは，その子は日本人であると定めていたが，その意義について判示したものに【2-49】がある。

【2-48】 旧国籍施行当時日本人女と中国人男との間に出生した子について，父母が婚姻し，又は父が認知したとは認められないから出生当時から日本人であるとして，日本国籍確認を認めた事例

東京地判昭和55年7月25日判時978号39頁，判タ423号125頁

　　原告は昭和13年○月○日神奈川県……においてAとBの子として出生し……Aは中華民国国籍を有し……Bが出生により日本国籍を取得し……原告が無国籍者として外国人登録されている……もしBが原告の出生時Aと婚姻関係にあったとすれば，Bは中華民国国籍を取得し（中華民国国籍法第2条第1号），日本国籍を喪失していた（旧国籍法［注：明治32年法律第66号］第18条）のであって，原告は生来的に中華民国国籍のみを取得していたものであるし，また，仮にそうでないとすれば，原告は生来的に日本国籍を取得したところ（旧国籍法第3条），旧国籍法施行時にAから認知されていれば原告は認知のときから中華民国国籍を取得し（中華民国国籍法第2条第2号），同時に日本国籍を喪失した（旧国籍法第23条）ものというべきである……原告の出生当時，AとBが婚姻関係にあったか否かについてみるに，……婚姻が有効に成立するためには法例第13条第1項［注：平成元年改正前のもの］により，婚姻成立の要件は両名につきその各本国法の定める要件を具備することを要し，その方式は婚姻挙行地の法律による……ところ，……AとBの婚姻挙行地は我が国というべきであるから右両名の婚姻が有効に成立するためには……婚姻の届出がされ，かつこれが戸籍吏に受理されなければならない……結局，婚姻の届出及びその受理がなされた事実を認めることはできないことに帰するから，AとBが有効な婚姻関係にあったものということはできない。……AとBは原告の出生当時法的には内縁関係にあったものであるから，原告は旧国籍法第3条により日本国籍を取得したもので，Bの非嫡出子というべきである。そこで以下，原告がAの認知により日本国籍を喪失したか否かについて検討する。……Aが原告を嫡出子とする出生届を提出したとするには疑問が残らざるを得ない。……結局，Aが原告の出生直後ころ原告を嫡出子とする出生届を提出したとする前記の推認は困難という

第2　渉外国別親子法／2　中華人民共和国・中華民国　*571*

他なく，他にこれを認めるに足りる証拠はない……法例第18条第1項［注：平成元年改正前のもの。以下同じ］は認知の要件については各当事者の本国法による旨定め，その方式については法例第8条第1項及び第18条第2項により父又は母の本国法によるものと定めている。これを本件についてみると，右認知の方式については父であるAの本国法である中華民国法による方式によることができるものと解されるが，……中華民国戸籍法はその第21条に「婚生でない子を認知するときは，認知の登記をしなければならない。」と規定している……しかし，本件全証拠によっても右認知の登記がなされたことを認めることはできない……以上の次第であるから，原告は日本国籍を有する母Bの非嫡出子として出生した者で，旧国籍法第3条により生来的に日本国籍を取得したというべきであり，以後これを喪失したものとは認められないというべきである。

【2-49】 旧国籍法4条前段の「父母カ共ニ知レサルトキ」とは，法律上及び事実上の父並びに子を分娩した母がいずれも判明しない場合のほか，事実上の父は判明しているがその子との法律上の父子関係が存在せず，かつ，生母が判明しない場合をも含むと解するのが相当であり，これを棄児にのみ限定すべき理由はない。

東京高判昭和58年6月29日家月36巻7号82頁，判時1085号54頁，判タ509号199頁

　　旧国籍法4条の規定を同法1条ないし3条の各規定を対比して統一的に解釈すれば，同法4条前段の「父母カ共ニ知レサルトキ」とは，子との間に法律上の親子関係の存在する父及び母が共に知れない場合をいうものと解するのを相当とするところ，母とその非嫡出子との間の親子関係は原則として分娩の事実により当然発生すると解すべきであるから，結局右規定の適用を受けるのは，事実上の父及び子を分娩した母がいずれも判明しない場合並びに事実上の父は判明しているが，これと子との間に法律上の父子関係が存在せず，かつ，生母が判明しない場合であると解するのが相当である。

　(ｲ)　嫡出でない親子関係

　　終戦後平和条約発効までは，台湾人を父とする日本人母の子は日本国

籍であるが，台湾地域の法が適用され，親権者は父とされた。その結果，旧法中台湾人たる父から庶子出生届をした子（母は日本人女）の親権は，父が行使し，母を親権者に指定する審判はできないとされた（昭和24年7月13日家庭甲143号家庭局長回答）。また，母が婚姻前に生んだ嫡出でない子の出生届を婚姻後にした場合，その子は，出生当時の母の属した戸籍に入るとされた（昭和23年4月16日民事甲450号民事局長回答）が，平和条約発効後は，子をいったん出生当時の母の戸籍に入籍させ，同日付けで子について新戸籍を編製すると改められた（昭和33年1月25日民事二発27号民事局第二課長回答，昭和33年5月24日民事甲1029号民事局長心得回答，昭和38年10月29日民事甲3058号民事局長通達）。

新国籍法施行後に中国人父が内地人の子を認知し，その後その母と婚姻すれば子が嫡出子の身分を取得するので，その婚姻届に追完させて父母との続柄訂正をする。その後中国人夫が帰化し，妻を戸籍の筆頭者とする旨の帰化届を提出した場合に，既に妻が戸籍の筆頭者であればその戸籍に入る（昭和26年8月17日民事甲1652号民事局長回答）。なお，平成元年の法例の一部改正（法律第27号）により，準正嫡出子となるか否かは法例第19条，通則法30条によることになる。昭和25年12月6日民事甲3069号民事局長通達後に内地人女の子が朝鮮又は台湾人男の認知により子が除籍されている場合は監督局の長の許可を得て戸籍の記載を回復する（昭和26年12月28日民事甲2427号民事局長回答）。

(ウ) 養親子関係

養子縁組に関し次のような先例がある。日本人が中華民国人の養子となる場合は，縁組の当事者によって要件を具備していることを証明した書面を添付させる。また，縁組によっては日本の国籍を喪失しない（昭和22年12月9日民事甲1687号民事局長回答）。日本人男が中華民国人の養子となる縁組届を受理したときは，縁組の記載をするにとどめる（昭和23年12月14日民事甲2086号民事局長回答）。

旧民法施行中父母の代諾により養子縁組をしたところ，新民法施行後に養子と父との間に親子関係不存在確認の裁判が確定した場合でも，縁組は同籍の母の代諾のみによって有効に成立しているものと解される。

その場合において父と養子との間に継親子関係があれば，継父の資格で代諾したものと解して取り扱うのが相当である。また，これらの場合において母が縁組当時養子と同籍していない場合は，その縁組は無効である。昭和20年当時中華民国において台湾人女と内地人男との婚姻届を同地駐在日本国領事がその在職当時に受理した旨の証明書を発行し，いまその書類を添付して婚姻の申出があっても受理できないが，本人が同証明書を外務省に呈示して婚姻届受理証明書の交付を受け，これを添付して改めて申出をしてきた場合は受理して差し支えない（昭和25年6月10日民事甲1631号民事局長回答）。

　ところで，中華人民共和国では，1991年（平成3年）に養子縁組法（収養法）が制定され，養子縁組は人民政府民政部門で登記することになり，登記をしなければ養子縁組は成立しない（15条）ことになったが，それ以前は，事実上の養子縁組が行われていた。この事実上の養子縁組が成立しているかどうかについて争われた裁判例があり，肯定した事例（神戸地判平成10年3月30日判タ1007号280頁）と否定した事例（東京地判平成8年11月11日判タ955号264頁）とがある。

ウ　平和条約発効から日中国交回復までの取扱い
㈠　国籍及び戸籍
　平和条約発効後の台湾人の国籍及び戸籍事務の処理については，韓国・朝鮮について触れたとおり，「平和条約の発効に伴う朝鮮人，台湾人等に関する国籍及び戸籍事務の処理について」の通達（昭和27年4月19日民事甲438号民事局長通達）で定められている。すなわち，条約発効の日から後は，台湾人は，内地居住者を含めて全て日本国籍を喪失し，条約発効前に婚姻又は養子縁組により内地戸籍に入籍すべき事由の生じている者は内地人であり，引き続き発効後も日本国籍を保有し，反対に元内地人であった者も条約発効前に婚姻又は養子縁組により内地戸籍から除籍されるべき事由の生じている者は台湾人であり，発効後は日本国籍を喪失する。条約発効後は，内地人と台湾人が婚姻又は養子縁組をしても，国籍の変動は生じない。なお，同民事甲438号通達第1⑵の「もと朝鮮人又は台湾人であつた者」の解釈については，昭和28年7月22日民事甲

1261号民事局長回答を参照されたい。

平和条約発効後の中国人又は台湾人の国籍及び戸籍に関する先例としては，次のようなものがある。

・旧国籍法施行中中国人男と婚姻した日本人女につき中国駐日代表団（中国駐日領事館）において中国国籍を取得していない旨を証明している場合は，帰化事件の処理上は無国籍者として取り扱うとした事例（昭和28年7月30日民事局第五課長電報回答）

・ハルピンにおいて婚姻の事実がない日本人女と中国人男との間に出生した子は日本国籍を有するとした事例（昭和29年3月23日民事五発120号民事局第五課長回答）

・日本人男と中華民国人女との婚姻前に出生した子について父母婚姻後，父たる日本人男が戸籍法62条により出生届をする場合において中華民国領事が，同子は出生当初から同国の国籍を取得していない旨の証明をしたときは，その子を無国籍者として取り扱うほかはないとした事例（昭和30年10月26日民事二発526号民事局第二課長回答。これは平成元年法例改正により変更されている）

また，認知によっては内地と朝鮮及び台湾間の籍の異動は生じないものとされたこと（3069号通達）から，母の前夫日本人が死亡してから300日後で，母が実方へ復氏する前に出生した子について，母が実方へ復氏した上，出生子の父中国人と婚姻し次いで日本国籍を離脱した後，父から戸籍法62条の規定による出生届があった場合，子は出生当時の母の氏を称し，その戸籍に入籍する（昭和31年11月5日民事甲2560号民事局長事務代理回答）。

また，当時の国籍法では，父が中国人であるときは，母が日本人であっても子は中国籍を取得するとされていた。昭和59年法律第45号による国籍法の改正により，昭和60年1月1日からは，父又は母のいずれかが日本人であれば，子は日本国籍を取得することとなった。国籍法改正前の先例として，次のようなものがある。

・日本人女の子で旧民法施行中，中国人である父よりされた庶子出生届出により父の国籍を取得し，日本国籍は有しないものと解された事例

とした事例（昭和33年3月19日民事甲577号民事局長心得回答）
・就籍の届出により新戸籍を編製した男が日本人女と婚姻し，夫婦間に子が出生した後，同男が中国人であることが判明し，就籍取消しの審判が確定した場合は，同出生子は出生当時より中国国籍を取得しているものとして取り扱うとした事例（昭和33年6月20日民事五発277号民事局第五課長回答）
・終戦前に日本軍の軍属として徴用されたとして台湾籍から消除され，かつ，華僑登録もしていない元台湾人男が平和条約発効後日本人女と婚姻し，その夫婦間に出生した子については中国人として出生届をさせる。その父子が帰化許可申請をする場合には，無国籍者として取り扱うとした事例（昭和33年8月14日民事甲1791号民事局長回答）
・旧民法当時中華民国人男が無籍者と偽って日本人女戸主と入夫婚姻し戸主となっている場合，入夫婚姻による日本国籍取得は無効である。したがって妻は同婚姻により日本国籍を喪失したものと解する。その夫が旧法中妻の婚姻前の子を認知している場合，子のうち17歳未満の者は認知と同時に，また，17歳以上の子は兵役の義務がなくなった時に日本国籍を喪失したものとして取り扱うとした事例（昭和36年2月6日民事甲311号民事局長回答）
・旧民法当時中国人男と婚姻した元日本人女からその婚姻前に出生した子について嫡出でない子として出生届がされたが，その子は夫婦の内縁関係中に出生したものであることが判明した場合，旧国籍法23条により子は中国国籍を取得すると同時に日本国籍を喪失したものとして取扱い，母の従前戸籍に入籍させた上，国籍喪失届により除籍するとした事例（昭和36年2月7日民事甲325号民事局長回答）
・学齢に達した嫡出でない子の出生届について監督局で調査の結果，出生子は旧国籍法施行当時母と中国人男との内縁関係によって生まれ，現在父母が婚姻している事実が判明した場合，子は中国国籍を有するものと解するが，同国の国籍取得の時期が旧国籍法施行当時であることの証明がない限り日本国籍を保有するものとして取り扱うとした事例（昭和36年6月20日民事甲1419号民事局長回答）

・台湾人男と日本人女間の内縁中の出生子につき、父から昭和24年に嫡出子出生届がなされている場合は、同人は平和条約の発効と同時に日本国籍を喪失したものとして処理するのが相当であるとした事例（昭和42年7月31日民事甲558号民事局第二課長回答）

ところで、平和条約発効により、従来の台湾人は日本国籍を失ったが、在日中国人には中華人民共和国に属する者と中華民国（台湾政府）に属する者とがおり、平和条約発効後は、いずれも外国人として扱われることになる。しかし、上記いずれに帰属するのかが客観的にも主観的にも認定しがたい場合が生じる。そこから、いずれの中国をも支持しない在日中国人について、その国籍の取扱いがどうなるのか問題となった。そのような事例として、【2-50】、【2-51】がある。いずれも、中華人民共和国と中華民国のいずれに属するとも決め難いから、無国籍に準じて処理をするとしている。

【2-50】 日本に居住する中国人について、中国に帰国する意志もなく、中華民国・中華人民共和国いずれの政府をも支持する考えもなく、日本への帰化を希望するなどの事情がある場合には、無国籍に準じて処理するのが相当である

熊本家審昭和46年3月1日家月23巻8号57頁、判タ270号377頁

法例第19条1項〔注：平成元年改正前のもの。以下同じ〕により、養子縁組の要件は各当事者の本国法によるべきであるから、まず申立人についてはその本国法である日本法を適用すべきである。一方、事件本人は中国籍を有するところ、同国は中華民国政府と中華人民共和国政府とが相対立しているから、そのいずれの政府の法を本国法として適用すべきであるかを事件本人の密接度を中核として考えると、事件本人は幼時を山東省で過したが、適令期が到来しても就学せず、一応本国は中国となつているが、真実はその国籍取得に疑いがないでもなく、今後中国に帰国の意思もなく、上述いずれの政府を支持する考えも有しないこと前認定のとおりであるから、かかる場合には、中国のいずれかの政府の法を本国法として適用するよりか、むしろ無国籍に準じて処理するのが相当であると思料する。そうだとすれば、法例第27条2項に準じ事件本人の住所地法である日本法を同人の本国法と看做すべきである。

【2-51】 日本に居住し，中国本土に帰る気持ちも中華人民共和国政府を支持する考えも持たず，また中華民国に渡る考えもなく，日本に帰化したいと希望する中国人については，本国法決定の基準となる国籍をいずれとも決めかねるから，無国籍者に準じて処理すべきである

東京家審昭和44年5月28日家月21巻12号175頁，判タ248号315頁

> 中国には中華民国政府と中華人民共和国政府とが対立しており相手方らについていずれの政府の法を本国法として適用すべきかが問題であるから考えると，……によると相手方Aの出身地は中国本土の上海市であること，Aは終戦後中華人民共和国政府の成立前に香港に渡り，その後間もなく渡日し，以来日本に滞留して貿易商を営んでいるもので，中国本土に戻る気持は勿論中華人民共和国政府を支持する考えも持たないし，また中華民国に渡る考えもなく，日本に帰化したい考えを懐いていることが認められ，以上の事実によると，Aの本国法決定の基準である国籍をいずれともきめかねる事態であるから，当裁判所はAについてはむしろ無国籍に準じて処理すべきものと解し，法例27条2項〔注：平成元年改正前のもの〕に準じ同人の住所地法である日本法によるべきものと判断する。

(イ) 嫡出親子関係

　嫡出子に関する先例としては，次のようなものがある。前述のとおり，昭和60年1月1日までは，父中国人，母日本人の子は日本国籍を取得しないものとされていた。すなわち，中国人男と日本人女の婚姻後200日以内に出生した子につき嫡出子の出生届があったときは子は日本国籍を取得しない（昭和29年11月18日民事甲2468号民事局長電報回答）。

　また，旧国籍法施行当時は，中国人男と婚姻した日本人女は日本国籍を喪失し，中国籍を取得するとされていたが，その子については当然に日本国籍を喪失するわけではない。したがって，旧国籍法施行当時中国人男と婚姻したため日本国籍を喪失した日本人女の子につき母とともに日本国籍を喪失した旨記載がされている場合，その子は日本国籍を喪失していないから戸籍訂正を必要とすると解されていた（昭和35年1月19日民事甲129号民事局長電報回答）。

嫡出子の出生届を父がすべきものとされていた（昭和51年の改正前の戸籍法52条1項）ことから，父が出生届をしない場合の取扱いが問題となったことがある。これについて，日本在住の中国人男と日本人女とが婚姻後180日以内に出生した子の嫡出子出生届を父が拒んでいる場合，母よりの嫡出子出生届を受理して差し支えない（昭和31年4月16日民事甲744号民事局長回答）とした事例がある。その後，戸籍法改正（昭和51年法律66号）により52条1項が改正され，父又は母が出生届出義務者となり，昭和59年の改正（法律第45号）により52条4項が新設され，父・母が出生届をすることができない場合は，その者以外の法定代理人も届出ができることに改められた。

嫡出子の出生届に関し，中華民国には戸籍登記簿があり，これに嫡出子として記載されている子について出生届がされた場合に関して，平和条約発効後台湾において中華民国人男と同地の方式で婚姻した日本人女が婚姻前に出生した子（出生届未済）が台湾の戸籍登記簿に夫婦間の嫡出子として記載されていることから，子は認知されたものと認められるとして，嫡出子出生届出がされた場合は受理するとした事例がある（昭和35年10月28日民事甲2607号民事局長事務代理回答。）。

(ウ) 嫡出でない親子関係

ⅰ 認知の準拠法

嫡出でない子についての先例は多数ある。平和条約発効前，嫡出でない子を有する台湾人女が内地人男と婚姻して夫婦につき新戸籍が編製されている場合に，その新戸籍に前記の子を入籍させるには，当該嫡出でない子は平和条約発効により日本国籍を失い，中国籍となることから，まず，内地人男が認知をし，中国法により，日本人の認知を受けた台湾人の子は中国籍を喪失することから，その証明書を添付して，無国籍者として帰化申請手続を経て，夫婦の戸籍に入籍させる（昭和27年10月6日民事甲389号民事局長回答）。

中国人男と日本人女の間の子は，中国人男が認知をし，又は中国人男と婚姻していない限り，日本人女の嫡出でない子として，日本の戸籍に登載することになる。このことを示す先例として，旧国籍法中に日本人

女が中国において中国人男との間に出生した子を母が携えて帰国し，同女から嫡出でない子として出生届があった場合，同女の戸籍に中国人男との婚姻の記載又は挙行地の方式による婚姻があったことを確認されない限りそのまま受理するほかない（昭和32年7月4日民事二発257号民事局第二課長事務代理回答）としたもののほか，同旨の先例が多数ある（昭和33年7月22日民事五発327号民事局第五課長回答，昭和33年12月1日民事甲2477号民事局長回答，昭和39年10月6日民事甲3345号民事局長回答など）。

　嫡出でない子の出生届を受理してよいかどうかについての先例も多くあり，これを受理してよいとした先例として次のものがある。

・中国本土から引揚者たる母が外地で出生した嫡出でない子の出生届をしたが出生証明書を添付することができない事案で，監督法務局の長において受理を認可して差し支えないとされた事例（昭和31年1月26日民事甲152号民事局長回答）

・父日本人甲，母中華民国人乙との間に昭和24年に出生した婚姻外の子丙につき，同年父甲より出生地に庶子出生届をし，出生地では誤ってこれを受理し，右届書を保管中であるが，今先の庶子出生届を認知届にする旨の甲の追完届及び，母乙からの嫡出でない子の出生届があった場合は，これを受理し，子丙について新戸籍を編製して差し支えないとした事例（昭和31年3月31日民事甲609号民事局長回答）

・婚姻関係が明らかでない，日本人女と中国人男との間に昭和30年に中国で出生した子を伴って引き揚げた後，日本人女からその子について嫡出でない子として出生届をした場合は受理するとした事例（昭和34年10月21日民事甲2353号民事局長回答）

・学齢に達した子の出生届出（嫡出でない子）事件を監督局で調査した結果，出生子は中国人男と日本人女間に出生した子であり，かつ外国人登録をしていることが判明した場合でも，父母が婚姻していることを証する資料がないときは同出生届をそのまま受理するとした事例（昭和35年12月22日民事甲3194号民事局長回答）

・日本人女が，中国在住当時中国人男との間に出生した3人の児童につき，日本引揚のとき同伴した2人の児童と，中国の父の許に残してき

た1人の児童を，日本に引揚後本籍地で嫡出でない子として出生届があった場合これを受理するとされた事例（昭和37年6月27日民事甲1789号民事局長回答）

　これに対し，受理を不相当とし，あるいは，何らかの書類を追完させて受理するとした事例として，中国本土において中国人男と事実婚をした日本人女が，同男との間に出生した子を連れて日本に一時帰国し，中国密山鎮人民委員会の発給した結婚を証する旨の証明書を添え，その子について母から嫡出子出生届をした場合，その証明書は婚姻証明書と認められないので，出生届については嫡出でない子の出生届に追完させた上処理する（昭和33年12月1日民事甲2477号民事局長回答。なお，昭和40年1月7日民事甲4016号民事局長通達により変更された。）

・中国人父，日本人母の嫡出でない子について，出生届がされないまま昭和13年に父とともに中国に渡り，いま日本帰還のため日本の国籍証明書の発給方申請があった場合，これに応じられないとされた事例（昭和41年12月23日民事五発1224号民事局第五課長回答）

・日本人女と中国人男との内縁中に出生（大正9年）し，日本において父母の許に養育され成長したと称する者につき，父母の死亡後に同居者から日本人の嫡出でない子としての出生届（出生証明書の添付なく，かつ，事件本人は中国人として外国人登録をしている）があった場合は受理できないとし，その者を戸籍に記載するには就籍の手続によるのが適当であるとした事例（昭和33年9月16日民事二発436号民事局第二課長回答）

・新法施行後中国人男が日本人女（婚姻関係がない）の嫡出でない子について嫡出子出生届をした場合その届出は父の本国である中華民国法上認知の効力を有するので，これを認知届として取り扱い，改めて母より嫡出でない子としての出生届をさせた上，その戸籍に認知の記載をする。その届出が新国籍法施行前であれば，国籍喪失の記載をして除籍するとした事例（昭和33年12月23日民事甲2648号民事局長回答）

・旧国籍法施行当時日本人男と婚姻した中国人女が夫の戸籍に入籍後，婚姻前に出生した子につき父から嫡出子出生届がされたところ，その子（婚姻当時未成年者）は旧国籍法15条の規定により母の婚姻した日に

日本国籍を取得したものであるから，婚姻届に追完させ，これにより母の戸籍に入籍させる。次に，父から新たに認知届をさせるか又はその嫡出子出生届を認知届とする追完をさせた上，認知の記載をするとした事例（昭和38年12月20日民事甲3243号民事局長回答。なお，昭和25年改正の国籍法では日本人と婚姻した外国人妻が日本国籍を取得することはなくなった。）

・旧民法中中国本土人男と婚姻した日本人女の婚姻前の子について，その父母死亡後に出生当時の同居者から嫡出でない子としての出生届があった場合，出生届の受否についての調査の結果から，同出生子が，かつて中国人父に養育された事実があるときでも，旧国籍法施行当時に中国国籍を取得した証明がない限り日本国籍を有するものとして処理して差し支えないとした事例（昭和39年5月1日民事甲1634号民事局長回答）

ⅱ 胎児認知

中華民国では胎児認知を認めていないことから，日本人が中国人女の胎児を認知した場合の効力が問題となる。これに関して，日本人男が中国人女の胎児を認知し，その子が出生した場合，中華民国民法は胎児認知を認めないことを理由として，国籍法2条1号の適用がなく，したがって，日本国籍を取得しないとした事例（昭和28年9月3日民事甲1602号民事局長回答）がある。また，日本人から認知されている外国人女の胎児が，父母の婚姻前に出生し，婚姻後に嫡出子出生届がされた場合は，直ちに父の戸籍に入籍させて差し支えない。この場合，日本人父について胎児認知の記載をするとともに，子についても胎児認知の記載をするとした事例（昭和31年6月11日民事甲1300号民事局長回答）がある。

中国人が日本人の子を認知した場合，その子は中国籍を取得し，日本国籍を離脱する。これに関する先例として，中華民国人である父が日本人である嫡出でない子を認知する場合には，胎児認知，死亡した子の認知，遺言による認知等の場合を除き，日本人相互間の認知の場合と同様に処理して差し支えない（昭和30年4月21日民事甲784号民事局長回答）とし，中華民国大阪駐在総領事発給の国籍証明書により日本人女が中国人男と婚姻をしたことが認められ，また日本人女の嫡出でない子を中国人男が

認知したときは中国国籍を取得し，いずれも日本国籍を離脱することができ（昭和29年11月16日民事甲2379号民事局長回答），国籍法（昭和25年法律第147号）施行前に中華民国人である父に認知された嫡出でない子の母，妻及び子について，旧国籍法21条の適用はなく，日本国籍を喪失したものとして除籍されている場合は，戸籍法113条により戸籍訂正し（昭和30年4月26日民事二発185号民事局第二課長回答），日本人男（成年者）が国籍法施行前である昭和20年に中国人である父の認知により日本国籍を喪失した後，昭和21年になって日本人女と婚姻したが，同認知の取消しの裁判が確定した場合は，被認知者は日本国籍を喪失しないものと解し，この婚姻は日本人間の婚姻として戸籍訂正するのが相当であり，中華民国人である父に認知された嫡出でない子が中華民国の国籍を取得し，日本の国籍を喪失した場合でも，その者の妻子については，旧国籍法21条の適用がなく，日本の国籍は喪失しない（昭和30年4月30日民事甲820号民事局長回答）とした。

　また，認知に関し，旧国籍法施行当時中国人男と日本人女の内縁夫婦間に出生した子を父から嫡出子として出生届をしたのが受理されたところ，新国籍法施行後婚姻した上父から同届出につき嫡出子として母の戸籍に入籍する旨の追完届がされ，一方中国領事館発給の証明書により中国国籍を有することが明らかであるため，その子は日中両国の国籍を併有するものと認定された事例（昭和34年2月19日民事甲316号民事局長回答）がある。なお，これに関して，届出人の資格を父として嫡出子又は嫡出でない子の出生届が受理された場合は，認知の届出の効力が認められている（昭和57年4月30日民二2972号民事局長通達）。また，認知が錯誤により無効となる場合についての処理方法に関して，旧民法中日本人女の嫡出でない子が中国人男に認知され，その後父が死亡している場合で，同認知の記載を消除するには認知無効の確定裁判によって処理すべきであり，認知届出の錯誤を理由とする戸籍訂正許可の審判があってもこれに基づく戸籍訂正の申請は受理すべきでないとした事例（昭和34年6月11日民事甲1238号民事局長回答）がある。

　ところで，中華民国民法1065条1項は，嫡出でない子（非婚生子）で

あってその生父が認知した者は，これを婚生の子とみなす旨及び生父が養育したときは，これを認知したものとみなす旨を規定しており，実父が事実上子を養育していれば，認知したものとみなされるから，新たに認知をすることを求める必要はないことになる。しかし，我が国では，その実父がその子を養育し認知とみなされる状況にあるのかどうなのか必ずしも明らかではない。そこで，そのような場合，中華民国人である父に対し認知を請求することができるのかどうかが問題となる。この点については，中華民国で認知とみなされる事実上の養育があるとしても，我が国では明確ではないとして，認知の訴えを提起できると解する裁判例（東京地判昭和40年1月27日家月18巻4号92頁，判タ173号217頁）が出されていたが，最高裁判所でこの点に関して，中華民国で実父が嫡出でない子を養育している場合でも，その子が日本国籍を有するときは，認知の届出又は認知の裁判をしなければ認知の効力が生じないから，その嫡出でない子は認知の訴えを提起できる旨判示したのが【2-52】（【2-13】と同じ）である。

【2-52】 中華民国の国籍を有する血統上の父が嫡出でない子を養育している場合においても，その嫡出でない子が日本の国籍を有するときは，認知の届出又は認知の裁判を経ないかぎり，いまだ認知の効力は生ぜず，嫡出でない子は父に対する認知の訴えを提起できる

最判昭和44年10月21日民集23巻10号1834頁，家月22巻2号38頁，判時577号71頁，判タ241号75頁

法例18条1項［注：平成元年改正前のもの］は，非嫡出子の認知の要件の準拠法につき，「其父又ハ母ニ関シテハ認知ノ当時父又ハ母ノ属スル国ノ法律ニ依リテ之ヲ定メ其子ニ関シテハ認知ノ当時子ノ属スル国ノ法律ニ依リテ之ヲ定ム」と規定しているから，本件において，右規定に従い，非嫡出子たる被上告人の認知が有効に成立し，その効力が完全に発生するためには，一方において，その血統上の父と認められる上告人に関し，その本国法による認知の要件が具備するとともに，他方において，子たる被上告人に関し，その本国法による認知の要件が具備することが必要であって，そのいずれかを

欠いても，被上告人の認知は有効に成立しないものというべきである。したがって，本件において，上告人に関しては，所論のように，上告人が被上告人を自己の子として養育（撫育）している事実にもとづき，その本国法たる中華民国民法1065条1項後段による認知の要件が具備しているとしても，さらに，被上告人に関しても，その本国法による認知の要件が具備しないかぎり，いまだ被上告人の認知は有効に成立しないものといわなければならない。……中華民国民法は，一般的に，血統上の父に対して認知の訴を提起することを禁止しているものではなく，むしろ，同法1067条において，相当広範囲にこれを許しているのであり，また，同法1065条1項後段の場合においても，血統上の父が非嫡出子を自己の子として養育している事実さえあれば，もはやそれ以外の何らの手続をも要せず，当然に，認知の効力が発生するとしているにすぎないのである。したがって，本件において，被上告人ないしその法定代理人等が，さらに，わが民法787条に従い，上告人に対して認知の訴を提起しうるものとし，子たる被上告人に関しても，認知の要件が完全に具備するようにすることは，中華民国民法の法意にそうものでこそあれ，それに牴触するものではないというべきである［。］

(エ)　養親子関係

　平和条約発効後に台湾人が日本人を養子とする旨の養子縁組の届出を受理するときの要件の審査について，台湾人については，中華民国法の規定によることとされた（昭和27年5月29日民事甲756号民事局長回答）が，その取扱いは，昭和47年9月29日の日中国交回復後も変わっていない。

　台湾人を当事者とする養子縁組届等を受理する場合において，本国当該官憲発給の縁組の要件具備の証明書を提出することができない当事者については，同証明書を提出することができない旨の当事者の申述書及びその身分関係を証する戸籍謄抄本又は本人の登録原票記載事項証明書を提出させ，これらの書類に基づき縁組の要件の有無を審査して届出を受理して差し支えない（昭和30年2月9日民事甲245号民事局長通達）とされ，また，台湾人の養子縁組の届出を受理する場合の要件具備の審査については，上記甲245号民事局長通達による（昭和30年2月18日民事甲332号民事局長回答）とされていたが，平和条約の発効前から中国の国籍を有する在日中国人を当事者とする養子縁組届についても，上記甲245号民事局長通達の取扱いに準ずる（昭和31年4月25日民事甲839号民事局長通達）とさ

れた。なお，平成13年6月15日民一1544号民事局長通達により，「中華民国」又は「中華民国人」は「中国」又は「中国人」と変更された。

養子縁組の手続に関して，日本在住の日本人夫婦が，台湾在住の中国人（未成年者）を養子とする場合，行為地である中国の法律の定める方式により「収養契約書」及び「収養証書」を作成しているときは，それ等の書類を提出させて縁組の記載をして差し支えない（昭和37年5月28日民事甲1454号民事局長回答）。また，日本人夫婦が，中国人夫婦のうち夫のみを養子とする届出に，その妻が同意した台湾台南地方法院所属公証人の認証した収養証書が添付されている事案について，受理して差し支えないとされた事例（昭和38年10月16日民事二発429号民事局第二課長回答）がある。

なお，養子縁組後に日本に帰化し，その後，離縁をした場合の戸籍に関して，中国人父A母Bの子CがBの父D母E（いずれも日本人）と縁組後帰化しD・Eの戸籍に入籍したが，D死亡後Eとのみ離縁した場合，Cは任意に氏，本籍を設定できる。また，BがAと離婚の上単身帰化し，D・Eと同一呼称で戸籍を編製し，その戸籍にCが入籍するには入籍届によって差し支えないとした事例（昭和42年10月9日民事甲2691号民事局長回答）がある。

ところで，平和条約発効後は，台湾戸籍に入っていた者は日本国籍を失い，その後は，台湾に樹立されている中華民国の法令の適用を受けることになる。そして，養子縁組については，平成元年改正前の法例19条が，養子縁組の要件は各当事者に付きその本国法によると規定をしていたので，それぞれの当事者に適用されるべき法律がそれぞれ準拠法となる。これに関する審判例としては，東京家審昭和35年11月8日家月13巻2号185頁，東京家審昭和42年12月19日家月20巻7号68頁・判タ233号217頁，東京家審昭和42年3月7日家月19巻10号163頁，判タ226号205頁，東京家審昭和43年11月11日家月21巻5号66頁・判タ241号271頁などがある。前三者は，それぞれの要件を確認した上，養子縁組を許可した事例であり，後一者は，それぞれの要件を確認し，子の福祉に沿わないとして，養子縁組を却下した事例である。

なお，民法応急措置法施行後，台湾人の養子となった日本人の平和条約発効後における国籍の帰属について，共通法3条1項は，旧民法の家の制度を前提としたものであり，日本国憲法及び民法応急措置法の施行によって家の制度が廃止された結果その前提を失い実質上失効したものであるから同法施行後にされた台湾人との養子縁組には前記法条の適用はなく，本件抗告人はその養子縁組によって内地の戸籍から除籍されるべき事由の生じたものに該当せず，国内法上台湾人としての法的地位を有しないから平和条約発効後も日本国籍を有するとした大阪高決昭和48年3月20日家月26巻1号34頁・判時708号43頁がある。

(オ)　親権・法定代理権

中国人夫婦の離婚後の親権者に関して，日本在住の中国人夫婦が未成年の子の親権者を母と定める旨の協議離婚届出を住所地の役場へした後は母のみが子の法定代理人として帰化の申請をすることができるとした事例（昭和28年8月10日民事甲1242号民事局長回答），未成年の子を有する中国人父母が離婚の裁判又は調停において，その一方を子の「監護人」と定めたのち，その子が帰化した場合の戸籍には「監護人」を「親権者」と記載するとした事例（昭和39年6月6日民事甲2057号民事局長回答）がある。

親権者である日本人母が中国人又は台湾人と婚姻した場合の親権の帰属に関して，日本人女が日本人男である夫の死亡後，台湾人男との婚姻により夫の国籍を取得している場合において，同女と亡先夫間の子に対する親権は，母が行うとした事例（昭和29年11月5日民事甲2306号民事局長回答），父が死亡し，母が子に対して親権を行使していた場合において，母が中華民国人と婚姻し，日本国籍を失っても，母は依然として子に対して親権を行使するとした事例（昭和31年9月18日民事甲2127号民事局長回答）がある。

親権者の指定がない場合の親権行使について，旧法中庶子出生届により日本人父の戸籍に入籍した台湾人女の嫡出でない子に対する親権は，特に父母の協議で父を親権者と定めない限り母が単独で親権を行使するとした事例（昭和30年10月25日民事五発1129号民事局第五課長回答），親権者の指定がされないまま裁判離婚した元台湾人男と元日本人母間の15歳未満

の子について，母から帰化申請をすることができるとした事例（昭和39年3月11日民事五発61号民事局第五課長回答）がある。

　ところで，中華民国民法では，親子の利益が相反するとき，特別代理人を選任する旨の規定が置かれていない。そこで中華民国法が準拠法になる場合において，親子の利益が相反するときは，特別代理人を選任しなくてよいのかが問題となる。【2-53】は，中華民国民法には，特別代理人を選任すべき旨の規定が置かれていないから，選任の必要がないとして，特別代理人選任の申立ては不要であるとして却下をした事案であり，同旨の裁判例として，東京家審昭和41年7月7日家月19巻3号94頁・判タ213号216頁がある。

【2-53】　中国人母の債務の担保として中国人子の不動産に抵当権を設定する場合，中華民国法では，親子間に利益相反関係ある場合に未成年子のために特別代理人の選任を要する旨の規定はないから，法定代理人である母は，適法な代理行為をする権限があるとして特別代理人選任の申立てを却下した事例

　　　　　　　　長崎家審昭和46年5月10日家月23巻10号92頁，判タ271号388頁

　　中華民国民法によれば，本件のような場合［注：中国人母子間で，母の債務の担保として子の不動産に抵当権を設定する場合］母子間に利益相反関係ありとして民法第826条に定めるような特別代理人の選任を求むべき規定はなく，かえって同国民法によれば本件の如き場合でも法定代理人である母は未成年者のために適法な代理行為をなす権限を有し，あえて特別代理人の選任を必要としないものと解せられる。

　エ　日中国交正常化後の取扱い
　㈦　国籍及び戸籍
　　昭和47年9月29日の日中国交正常化により，中国本土政府との国交が樹立され，台湾政府は正式に国家としては認められなくなったが，国際私法の適用においては，中華人民共和国の国籍を有する者については，

同国法が適用され，中華民国の出身者については中華民国法が適用されるという運用に大きな変化はない。したがって，国籍等の表記においては変動があるものの，私法の適用においては，日中国交回復以前と大きな変化は見られない。まず，昭和47年9月以降に発出された通達・回答等の先例について概観する。

昭和47年9月以降においても，昭和60年の国籍法改正までは，出生時に母が日本国民でも父が外国人であれば，その子は日本国籍を取得しないものとされ，これを前提として国籍が決められていた。これに関連する先例として，内地籍女と台湾籍男との間に昭和23年1月1日に出生した嫡出でない子について，同月7日に右台湾籍男から届出人「父」として嫡出子出生届がなされていたところ，昭和33年になって，母から父母との続柄を「非嫡出子」，届出人を「母」とする追完届がされ，これにより母の戸籍に入籍している場合において，その子は，出生当時父が台湾籍であったことから日本国籍を有しないとして母の戸籍から消除された事例（昭和47年11月25日民事甲4938号民事局長回答），反対に，内地籍男，台湾籍女間の嫡出子が，台湾の戸籍に母とともに中国人として登載され，中国人として処遇されている場合でも，出生当時父が日本国籍であったことから，日本国籍を喪失していないとされた事例（昭和47年12月4日民事五発852号民事局第五課長回答）がある。

昭和60年の改正前から父母が国籍を有しないで日本で出生した子は，日本国籍を有するとされていることから，日中国交正常化前に中国の国籍喪失許可を得た元中国人夫婦の間に，同国籍喪失後，日本で出生した子は，国籍法2条4号（現国籍法2条3号）に該当し，日本国籍を取得する（昭和48年1月9日民事五発274号民事局第五課長回答）。

出生時に父が知れないか無国籍であり母が日本人である子は，日本国民とされているから，日本人女の嫡出でない子である男と，同男と昭和15年に婚姻により内地籍に移った元台湾人妻及びその間の嫡出子が，それぞれ駐日中国代表団又は台湾戸政事務所に中国人として届出をし，台湾戸籍に中国人として登載されている場合でも，これらの者は日本国籍を有し，また，日本国籍を有するとされた男と婚姻した日本人女が，こ

の婚姻により中国国籍を取得したとして日本国籍を離脱している場合は，同女は日本国籍を有しないとされ，帰化許可のときに日本国籍を有していた者に対し帰化許可がされたとしても当該帰化処分は，前提を欠くものとして当該無効であり，同人の戸籍は，当初から日本国籍を有していたものとして処理するのが相当であるとされた事例（昭和48年3月16日民五2152号民事局長回答）がある。

　中国人母の子は，日本人父との嫡出子でなく，かつ，認知もしていない場合には，日本国籍を取得することはない。そのため，昭和15年に日本人父と中国人母との間に中国で出生したと称する者でも，父母の婚姻の事実及び父から認知されたことを証明する資料がない場合には，日本国籍がないとされた（昭和48年5月12日民五3709号民事局長回答）。また，旧民法中，内地籍女の嫡出でない子として出生し，母の戸籍に入籍している者は，父が不明で母が日本人であるから，日本国籍を取得する。そして昭和27年7月7日に母と台湾籍父との婚姻により母が中国籍を取得したことに伴い，母に随従して台湾の父母の戸籍に嫡出子として登載されている場合において，中国国籍取得の経緯が明らかでないところから，同人を日本国籍を有する者として取り扱って差し支えないとされた（昭和48年8月1日民一5849号民事局長回答）。無国籍者（元中国）男と日本人女夫婦間の嫡出子は，国籍法2条3号（昭和59年改正前のもの）により，日本国籍を有するものと認められるので，当該出生子については，嫡出子出生届により日本人母の戸籍に入籍させて差し支えない（昭和48年10月4日民二7502号民事局長回答）。

　内地籍夫婦の養子となって内地籍に入籍した場合や内地籍の嫡出でない子で外国人の認知を受けていない場合には，台湾戸籍に登載されていたとしても，日本国籍を失わない。そのことを示した先例として，次のようなものがある。

・内地籍夫婦との養子縁組により内地籍に入籍し，一方，台湾戸籍登記簿に登載され，かつ中国旅券で入国している者について日本国籍を有するとされた事例（昭和49年1月22日民五434号民事局長回答）
・台湾の戸籍に中国人として記載されており，かつ中国人として入国し

た者が，昭和16年当時台湾籍から養子縁組により内地籍に入籍している事実があり，以後自己の志望により中国国籍を取得したという事実が見受けられないところから，日本国籍を有するものとして取り扱って差し支えないとされた事例（昭和50年6月25日民五3329号民事局第五課長回答）

・日本人女の嫡出でない子が，台湾の戸籍登記簿に中国人として登載されており，かつ昭和47年に台湾から中国旅券で入国し中国人として外国人登録をしている場合に，同人が日本国籍を有するとされた事例（昭和49年4月16日民五2067号民事局長回答）

昭和59年改正前の国籍法10条は，①外国の国籍を有する日本国民は，日本国籍を離脱することができる，②国籍を離脱するには法務大臣に届け出なければならない，③国籍を離脱した者は日本国籍を失うと規定し，同12条は，①法務大臣は帰化を許可したとき，又は国籍離脱の届出を受理したときは，官報にその旨を告示しなければならない，②帰化又は国籍の離脱は，前項の告示の日から効力を生じると規定していた。したがって，仮に国籍離脱の届出を受理し，官報にその旨を告示したとしても，その届出人が外国の国籍を有する日本人でない場合には国籍離脱の効果は生じないことになる。このことを判示した裁判例として，【2-54】がある。

また，国籍法5条（昭和59年法改正後は6条）は，一定の条件を充たすものについて，法務大臣が帰化を許可することができるとされている。この帰化の許可，不許可は，行政庁の処分であり，法務大臣の不許可決定は取消訴訟の対象となる。また，実務上，親権者とその親権に服する未成年の子の帰化許可申請を同時にさせ，双方について同時に許否決定をする親子同時申請主義が採られていることについて，これが親子国籍独立主義に反するかが問題となった事例がある。【2-55】は，親子同時申請主義は親子国籍独立主義に反するものではなく，親権に服する子との同時申請がないことを理由として帰化申請を却下した処分に裁量権の逸脱，濫用の違法はないとしたものである。

なお，中国人男が日本人の名を借りて日本人女と婚姻した後，その記

載を誤ったものとして戸籍法113条に基づく戸籍訂正の申立てがされた場合において，その訂正を許可した裁判例（東京家審昭和48年12月14日家月27巻3号83頁）がある

【2-54】 昭和59年改正前の国籍法10条の規定による国籍離脱について，外国の国籍を有しない日本国民のした国籍離脱届が法務大臣により受理され，その旨の告示がされたとしても，これによって国籍離脱の効力が生じない

東京高判平成4年4月15日判時1423号75頁，判タ802号118頁

> 本件のように後発的に二重国籍要件を欠く場合が発生することは十分予想されるところ，このような場合に控訴人主張［注：受理によって国籍離脱に公定力が生じる］のように解すると，必然的に無国籍者が生じることとなるが，これに対処するための規定は存しない。このような事態は無国籍の発生防止を目指す改正前国籍法の趣旨に反するものといわなければならない。しかも，本件国籍離脱届出は，被控訴人の両親が提出したものであり，被控訴人が当時3歳であるから，被控訴人の意思によらずに誤った届出がなされたものである。そして，昭和59年法律第45号の現行国籍法によれば，国籍離脱はその届出によって当然に効力を生ずるとされている。これらの事情を考慮するならば，改正前国籍法における国籍離脱の効力要件として実体的要件を充たすことも要求していると解すべきところ，被控訴人は外国国籍を有するものでなかったのであるから，国籍離脱の効力は生ぜず，現在も日本国籍を有しているものである。

【2-55】 台湾人男と婚姻し日本国との平和条約発効により日本国籍を失い，その後離婚した元日本人からの帰化許可申請について，前夫の嫡出子との推定を受け同人の親権に服する子があることを考慮し，法務大臣がこれを不許可とした処分が相当であるとされた事例

広島高判昭和58年8月29日行裁集34巻8号1429頁，訟月30巻2号222頁

> 旧国籍法15条は，親の帰化の効力を子にも及ぼしていた（親子国籍同一主義）が，現行国籍法は，親の国籍変更に伴って，当然に子の国籍に変動が生

ずることを認めていない（親子国籍独立主義）。しかし，諸外国には，親の帰化の効果を，未成年もしくは一定の低年齢の子に及ぼす立法も，多数見受けられ……現行国籍法も，日本国民の子である外国人については，その帰化条件を緩和している（6条2号）。このことは，親子の国籍が異なることによって生ずるおそれがある種々の弊害……を考慮すると，親子の国籍を同一にして同一の国内法規に服させるのが，むしろ望ましい……現行国籍法が親子国籍独立主義をとっていることにかかわらず，帰化申請者に未成年の子があるときは，親の帰化申請と同時に未成年の子についても帰化申請をさせ，双方の帰化を同時に許可する取扱をすることは，十分の合理性を有するものといわねばならない。……また，法務大臣が帰化申請の許否判断をするにあたって……許可の前提として，申請者の身分関係の整序を求めることは，肯認されて然るべき要求といわねばならない。従って，帰化申請者の表見上の身分関係が真実のそれと合致しないときは，その身分関係が整序されるまで，原則として帰化を許可しないとする帰化実務上の方針は，これまた法務大臣の正当な裁量の範囲に属するものというべきである。

(イ) 嫡出親子関係

　嫡出子の出生届の受理に関して次のような先例がある。すなわち，父日本人母中国人の婚姻後，中華人民共和国内で出生した嫡出子の出生届が受理された事例（昭和52年10月7日民二5115号民事局長回答），中国人男と日本人女の離婚後87日目に出生した子は，中国法上の婚生子（日本法にいわゆる生来の嫡出子）と認められるので，嫡出子出生届が受理された事例（昭和53年7月28日民二4279号民事局長回答），中国人男と無国籍女間の嫡出子（無国籍）について，父母離婚後にされた後見開始届を受理すべきでないとされた事例（昭和57年7月12日民二4429号民事局第二課長回答）がある。

　ところで，中華民国民法では，婚姻関係により受胎して生まれた子（嫡出子）を婚生の子とし（旧同法1061条），妻の受胎が婚姻関係の存続中に係るものであるときは，婚生の子と推定し（旧同法1063条1項），夫の子ではないと証明できるときは，妻又は夫は，子の出生を知った日から1年以内に否認の訴えを提起できると規定していた（旧同条2項）。そこから，婚生の子と推定される場合には，否認の訴えしかできないのか，子の出生を知った日から1年以上経過した場合には否認することはでき

ないのかが問題となった。この点について判示したのが【2-56】，【2-57】である。

　なお，その後，これらの規定は改正され，婚姻関係によって懐胎出生した子を嫡出子とし（同法1061条），妻の懐胎が婚姻継続中であるときは嫡出推定がはたらき（同法1063条1項），夫婦の一方又は子が，子が嫡出子ではないことを証明できるとき，否認の訴えを提起できる（同条2項）が，原則として，子が嫡出子ではないことを知ったときから2年以内に行うとされた（同条3項）。

【2-56】　婚姻期間中に懐胎された子でも，懐胎期間中に同棲の事実のないことが外観上明白な場合には，嫡出推定は及ばず，法廷地法である日本法に基づき親子関係不存在確認ができる

横浜家審昭和48年10月2日家月26巻6号52頁

　申立人が同国法上嫡出の推定を受けるかどうかについて考えるに，一般に嫡出推定の制度は夫婦の同棲という正常な生活関係の存在を前提とするものというべきであって，……懐胎期間中夫婦の同棲がなかったことが外観上明白な事実関係があり，妻が夫の子を懐胎することが不可能と認められるときは，……その子については嫡出の推定は及ばないものと解すべきである。……申立人の母Aが申立人を懐胎した当時Aと相手方とは事実上の離婚状態にあったのであるから，申立人については嫡出の推定が及ばないというべきである。

　ところで，中華民国法上，かかる嫡出の推定を受けない子において親子関係の存否を争う方法に関する規定は不明であるが，親子関係の成立に関して同国と類似の法制を有する法廷地法たるわが民法上，かかる場合には当事者の一方が通常の親子関係不存在確認の訴を提起し得るものと解されているから，中華民国法の適用上もこの立場によるべきものと解される。そして，一般に訴訟手続については法廷地法によるべきであるから，本件についてはわが国の家事審判法23条による審判が許されることは明らかである。

594　第2部　渉外親子法

【2-57】　中華民国民法では，妻の受胎が婚姻関係の存続中に係るときは，生まれた子は婚生の子（嫡出子）と推定するとしているが，懐胎期間中，夫婦が事実上離婚状態にあったなどの事情により夫の子でないことが外観上客観的に明白である場合は，嫡出推定を受けないとする日本法と同様に解するのが相当である

新潟家十日町出審昭和53年9月19日家月31巻12号91頁

　　中華民国民法をみると，その1062条1項で，子の出生の日から溯って第181日から第302日までを受胎期間と定め，その1063条1項で，妻の受胎が婚姻関係の存続中にかかるものであるときは，その生まれた子は，これを婚生の子（嫡出子）と推定する，としている。
　　そうすると，前認定によれば，申立人の受胎期間が，母Aと中国人Bの婚姻関係の存続中にかかるため，この点だけからすると，申立人は，Bの嫡出子と推定されることになる。
　　しかし，この嫡出推定については，これと同趣旨の日本民法772条では，懐胎期間中，夫婦が事実上離婚状態にあったとか，夫が出征中・在監中などの事情により，夫の子でないことが外観上客観的に明白である場合には，同条の嫡出推定を受けないと解釈されており，これと同趣旨の中華民国民法においても，特段の事由のない限り，同様に解するのが相当である。

　(ウ)　嫡出でない親子関係
　　i　認知の準拠法
　　嫡出でない子の出生届に関して，中国本土において日本人女と中国人男との間に出生し，母とともに日本に帰国した子の嫡出でない子の出生届がされたが調査の結果父母の婚姻の事実が明らかになされないため同出生届を受理して差し支えないとされた事例（昭和48年3月1日民二1805号民事局長回答），日本人女が中国本土において中国人男との間に出生した子につき嫡出でない子の出生届があり，法務局で調査した結果，母の供述その他から，昭和23年当時の中華民国民法の定める方式によって父母の婚姻が成立していることが認められるとして，同出生届は受理すべきでないとされた事例（昭和53年1月21日民二431号民事局長回答）がある。
　　ii　胎児認知
　　中華人民共和国では胎児認知の規定がないため，日本人男が中華人民

共和国人女の胎児を認知する認知届は受理すべきでない（昭和58年3月3日民二1330号民事局第二課長回答）とされていたが，平成元年の法例改正により，選択的適用主義が採用された結果，日本人男が中国人胎児の認知をすることができるようになった。平成元年法例改正前の認知に関し，中華人民共和国から引き揚げた日本人男とともにその内縁の妻として日本に入国した中国人女の婚姻，並びに嫡出でない子の認知について，申述書等を添付してその届出があったときは，いずれもそのまま受理して差し支えないとした事例（昭和47年12月6日民事甲5034号民事局長回答），中国人を当事者とする認知届を受理して差し支えないとされた事例（昭和48年8月21日民二6456号民事局長回答），中国在住の中国人成年者の承諾がない日本人男からの認知届を受理して差し支えないとされた事例（昭和51年11月19日民二5987号民事局第二課長回答），中華人民共和国人男がした日本人女の嫡出でない子を認知する認知届の受理が認められた事例（昭和58年12月13日民二6941号民事局第二課長回答）などがある。

　ところで，平成元年改正前の法例18条1項は，認知については，父又は母に関しては，認知当時の父又は母の属する国の法律により，子に関しては認知当時の子の属する国の法律によると規定していたが，日本在住の日本人である子が中国人である父に対し認知請求をした事案において，その父が中華人民共和国に属するのか中華民国に属するのかが争われたのが【2-58】である。父がいずれに属するとしても，強制認知の訴え提起を妨げないとする。

　また，前掲【2-52】と同様，この時期に関する事例について，中華民国父の養育を受け，中華民国法では認知の効力が生じているとしても，我が国において認知の訴えを提起できるとしたものに，大阪地判昭和55年5月26日判タ423号136頁，東京高判昭和56年7月13日家月34巻9号72頁・東高民報32巻7号163頁・判時1013号34頁がある。その場合，中華民国法では，認知請求について，子の出生後5年間権利を行使しないときは認知請求ができなくなる旨規定していることについて，これを適用することは公序良俗に反するとして平成元年改正前の法例30条に基づき，その適用を排除したのが【2-59】である。上記期間を定めた中華民国

民法1067条は、その後改正され、現在では、期間を制限することなく、嫡出でない子の実父であると認めるに足りる事実があるとき、嫡出でない子又はその実母若しくはその他の法定代理人は、実父に対し、認知の訴えを提起できるとし、実父が死亡した後も、相続人に対し認知請求ができる旨規定されている。なお、中国人父のした出生届について認知の効力があるのかどうかが争われた事案について、これを認めた【2-14】があることは先述のとおりである。

真実の父ではないのに認知をしたものであるとして、日本人男が中華民国人に対し認知無効の訴えを提起できるかについて判断した上、23条審判をしたものに【2-60】がある。

【2-58】 日本在住の日本人を母とする子の認知について、父の本国法を中華民国法とした上で、なお書きで、仮に生父が中華人民共和国法の適用を受け、血縁主義をとっていても、日本人である子が強制認知の訴えを提起する妨げにはならないとした事例

東京高判昭和50年4月24日判時784号70頁

> なお、かりに控訴人が現在中華人民共和国政府の定める法律によって現実に規律をうけている者であるとしても、〈証拠略〉によれば、1950年公布施行にかかる中華人民共和国婚姻法において、婚姻外の父子関係の成立は、認知主義をとらず血縁主義をとっていると認められ、我が法例の解釈上生父の属する国が血縁主義をとっていても日本人たる子が強制認知の訴を起す妨げとならないことについては、多くの判例や学説の殆ど一致して承認するところであるから、上記結論にかわりはない。

【2-59】 日本人子から中国人父に対し中華民国法上の出訴期間経過後に提起された認知請求事件について、平成元年改正前の法例30条により、その生存認知に関する出訴期間を子の出生後5年間に制限する中華民国法の適用を排除し、請求を容認した事例

神戸地判昭和56年9月29日家月34巻9号110頁、判時1035号118頁

被告が原告の血統上の父と認めることができたとき，日本国民法によれば，原告は法律上，被告を父として定められ，親子関係が成立し，父と子の自然血族的な愛情の交流，親子関係の展開，それに伴う相互の権利・利益が保護される唯一の方法であることに鑑みると，本件に中華民国法を適用し，出訴期間徒過による認知請求権の消滅をもって，法律上において，父と確定される者が生存し確認されているのにかかわらず原告の請求を排斥することは，如何に法制の違いから来る身分関係に伴う法的安定保持のために止むを得ない技術的問題と理解しても，法例30条［注：平成元年改正前のもの］にいう公序良俗に反する結果となるというべきである。
　したがって，本件については，法例30条により中華民国法の適用を排除すべきである。

【2-60】　真実の父でない日本人男が中華民国人の婚外子に対してした認知について，平成元年改正前の法例18条1項により，父については日本民法，子については認知の当時その属した国である中華民国の民法を適用し，認知無効確認の審判をした事例

東京家審昭和57年6月24日家月35巻9号117頁

　認知無効につきその準拠法を考えるに，認知無効の問題は認知の実質的・形式的要件に欠缺があるか否かの問題と解されるから，認知成立の準拠法に従うべきである。従って法例18条1項［注：平成元年改正前のもの］により解決すべきところ，法例18条1項によれば，父である申立人については日本法が，子である無国籍の相手方については認知の当時その属する国の法律であった中華民国法が，それぞれ適用されることになる。……父たる申立人に適用される日本法に関しては，……真実に反する認知（民法786条参照）が無効であることは一般に認められ……かかる場合には認知者自身もその無効を主張しうる……相手方に適用される中華民国民法においても，認知無効を直接定めた明文の規定はなく，わずかに中華民国民法1066条において「非婚生子女或其生母，對於生父之認領，得否認之」と定めるのみであるが，解釈上，この規定は無効の一事例を示すものであってこのほかにも真実に反する認知を含め認知の無効を主張しうる場合があることが認められている。そしてその無効の主張は，中華民国民事訴訟法585条の規定に従ってなしうるのである。

㈎　養親子関係

　養子縁組の届出の受理に関して，これを受理してよいとした先例には次のものがある。

・日本人（養親）と中国人（台湾養子）との養子縁組届に申述書等を添付して届出があったときは，そのまま受理して差し支えないとした事例（昭和47年12月21日民事甲第5609号民事局長回答）

・日本人男と中国人女（成年者）の養子縁組届について，これを受理して差し支えないとした事例（昭和49年8月17日民二4688号民事局長回答）

・日本人夫婦と中国人男から台湾台北地方法院公証人作成の認証書を添付して養子縁組届があり，この証書が，戸籍法41条に規定する養子縁組証書として取り扱って差し支えないとした事例（昭和49年10月23日民二5706号民事局長回答）

・中国公証員が発給した養子縁組事項の記載のある親族関係証明書を添付して日本人女を養母とし，中国人が養女とする養子縁組の届出があった場合に，同証明書を戸籍法41条の養子縁組証書の謄本として取り扱って差し支えないとした事例（昭和58年5月10日民二3000号民事局第二課長回答）

・日本人と中華人民共和国人との間の養子縁組について，要件具備証明書が得られない場合は，中国の公証処が発給する「養子の実父母が養子縁組に同意する旨の同意の声明書」の公証書及び養子が一人子（独生子女）でないことの証明書を添付させた上，受理して差し支えないとした事例（平成元年7月21日民二2634号民事局長回答）

・日本人が配偶者（中国人）の嫡出子を養子とする縁組の届出につき，日本の公証人が発給した実母の同意書を添付している場合は受理して差し支えないとした事例（平成3年10月25日民二5494号民事局長回答）

　これに対し，養子縁組の届出を受理するのは不相当とされた先例として次のものがある。

・日本人女が中華人民共和国人夫婦を養子とする養子縁組届出について，本国官憲発給の要件具備証明書の添付がないので受理すべきでないとした事例（昭和58年3月18日民二1993号民事局第二課長依命回答）

・実子を有する中華人民共和国人夫婦を養親として同国人女を養子とする養子縁組届について，本国官憲発給の要件具備証明書の添付がないので受理すべきでないとした事例（昭和58年3月29日民二2284号民事局第二課長依命回答）

・日本人男と中国人夫婦の養子縁組届について，中国では夫婦共同縁組が要件とされていないため養子となる中国人夫との届出については実母の同意を証する書面と要件具備証明書が添付されているので受理できるが，中国人妻との届出については実父母の同意を証する書面と要件具備証明書が添付されていないので受理しないのが相当であるとした事例（昭和61年11月13日民二8052号民事局第二課長回答）。

中華民国民法1073条は，養親の年齢は養子より20歳以上長じていなければならないと規定しており，日本人と中国（台湾）人との養子縁組について，養親（日本人）が養子（中国人）より20歳以上年長でないため，中華民国民法1073条を適用して受理できないとされた事例（昭和51年9月8日民二4984号民事局第二課長回答）がある。

協議離縁をする場合の届出人について，中国人妻（台湾系）の連れ子（同国籍）を養子とした日本人男が養子の親権者を実母と定めて離婚した（法例改正前）後に，協議離縁する場合の届出人は，養子が15歳未満であるときは養父と実母であるとされた事例（平成3年1月22日民二429号民事局長回答）がある。

ところで，日中国交正常化後は，中華人民共和国政府が唯一の政府であることが確認されたことから，日本人と中国人との養子縁組について，中華人民共和国法を適用すべきか，それとも中華民国における中国人については中華民国法を適用すべきかが問題となるが，当事者が主観的に中華民国政府の支配に服し，中華民国法の適用を希望しているときは，我が国の裁判の効果が及ぶ限度において中華民国法を準拠法として指定できるとした裁判例として，東京家審昭和48年4月3日家月25巻10号108頁がある。

中華民国法を適用する場合に関し，次のような裁判例がある。まず，中華民国民法1074条は，配偶者を有する者が縁組をするには，夫婦の一

方が他方の子を養子とする場合を除き，その配偶者とともにしなければならないと規定しているが，単独でも養子縁組を成立させることが法の趣旨にもとるものではないと認められる特段の事情がある場合には，縁組の意思を欠く当事者の縁組のみを無効とし，縁組の意思を有する他方の配偶者と相手方との間の縁組は有効に成立したものと認めてよいとしたもの（長野家審昭和53年3月8日家月31巻6号59頁）がある。なお，同条において，夫婦の一方が他方の子を養子とする場合の除外規定が明示されていなかったころの裁判例に，日本国籍を有する申立人（養父となる者）と中華民国国籍を有する未成年者との間の養子縁組許可申立事件において，未成年者とその母である申立人の妻との婚外親子関係の成立に関する準拠法を，平成元年改正前法例18条により未成年者及びその母の本国法である中華民国民法によるべきものと解した上，同法1065条2項によれば，非婚生子（嫡出でない子）とその実母との関係はこれを婚生子（嫡出子）とみなす旨規定されているから，未成年者は我が国法上も申立人の妻の嫡出子であるということができ，夫婦が共同して縁組をする必要はなく，また，養子縁組に関する他の要件も充足しているとして，申立てを認容した裁判例（松江家浜田支審昭和63年8月23日家月40巻12号35頁）がある。

　中華民国民法1073条の1は，直系血族間の養子縁組を禁止しているが，同条が追加新設される以前において，夫日本人，妻台湾人の夫婦と両名の孫である台湾人未成年者との養子縁組が無効であることを理由に戸籍訂正の許可を求めた事案において，当該縁組当時の台湾法には明文の規定はないものの，慣習法上も判例法上も祖父母が孫を養子にすることは禁じられていたとして，戸籍法113条により戸籍の訂正を許可したもの（京都家審昭和62年2月19日家月39巻11号144頁）がある。

　中華民国民法は，養子縁組は，全て法院に認可を申し立てなければならず（同法1079条4項），法院は，養子縁組が養子に不利であると認めるに足りる事情があるとき，養子が成年者の場合において縁組が実父母に不利益となるときは，認可してはならない（同条4項・5項）と規定していた。これを踏まえて，日本国籍を有する申立人と日本国在住の中国（台湾）籍を有する成人の事件本人間の養子縁組につき，中華民国法によ

れば，成年者を養子とする場合にも裁判所（法院）の認可を要するところ，我が国の家庭裁判所の許可をもって上記中華民国法にいう裁判所（法院）の認可に代えることができるとして，養子縁組許可の申立てを認容した事例（東京家審昭和62年3月12日家月40巻8号92頁）がある。上記中華民国民法1079条は，その後改正され，新たに1079条の1ないし5が設けられたが，養子縁組は裁判所の許可が必要であること（1079条の1），養子が成年者であって，その縁組が実父母にとって不利益となるときは認可してはならないこと（1079条の2第2号）は同じであり，上記審判の先例的価値に変化はないと考えられる。

なお，渉外養子縁組無効確認事件において，原告がその住所地裁判所に訴を提起し，被告がこれに応訴した場合には，その受訴裁判所に裁判管轄権を認めるのが相当であるとし，その養子縁組の成立が平成元年改正法例施行前である場合には，改正法例附則2項に則り旧法例の該当条項が適用されるとし，中華民国民法においても，養子縁組の当事者間に収養・被収養意思（養子縁組の意思）の合致を欠く場合には，その養子縁組は無効と解するのが相当であるとされた裁判例（神戸地判平成3年1月30日判タ764号240頁）がある。

また，日中国交正常化後は，養子縁組についても中華人民共和国法を適用すべき場合が生じてきたが，1991年に収養法（中華人民共和国養子縁組法）が制定されるまでは，中国の養子縁組の法制は必ずしも明らかではなかった。そのため，日本人と中華人民共和国人の未成年者との養子縁組の要件に関する準拠法について，その内容が裁判所においてつまびらかにすることができないとして，条理によって判断するとした裁判例（京都家審昭和50年3月10日家月27巻11号61頁），中華人民共和国においては，養子縁組に関する専門法はいまだ制定されていないが，同国婚姻法20条の精神に照らし，養子縁組関係の成立を容認することができるとした裁判例（東京家審昭和62年3月26日家月40巻10号34頁），中華人民共和国に比較的近似する社会主義国の立法を参考にして養子縁組の要件について判断をした裁判例（名古屋家審昭和58年11月30日家月36巻11号138頁）などがある。

(オ) 親子間の法律関係

　平成元年法例改正前の法例20条は，親子間の法律関係は父の本国法によると規定しており，子の親権者については父の本国法が適用されることになる。子の父の本国法が中華人民共和国法の場合，同国婚姻法では，当事者の合意のみによる協議離婚及び親権者の指定は認められておらず，婚姻登記機関に双方が出向いて自由な意思により協議離婚をすること，子や財産関係について適切な処理を行っていることが確認されなければ離婚は認められず（同法31条），また，離婚後の子の扶養及び教育の権利と義務は父母双方が有する（同法36条2項）。しかし，我が国では，子の養育について実質的なチェックをしないまま，これを受理していた。中国人夫と日本人妻の間の子の親権者に関して次のような先例がある。子の親権者を母と定める中国人夫と日本人妻間の協議離婚届出がされても，中華人民共和国婚姻法には，離婚の際に父母の協議で子の親権者を定める旨の規定がないので，そのまま受理することはできない。もっとも，子を扶養する者として母を指定した趣旨であれば，その旨をその他欄に記載させた上，これを受理する（昭和52年10月6日民二5114号民事局長回答）という。平成元年法例改正後は，子の本国法あるいは子の常居所地法が準拠法となるから，上記の場合，日本法が適用され，協議離婚届出はそのまま親権者の指定があるものとして，受理されることになった。

　なお，親権者指定の準拠法に関し，離婚に伴う子の親権者指定は親子間の法律関係の準拠法によるとした事例（東京地判昭和49年5月30日判時758号31頁）がある。また，日本人母と中華民国人父の間の子の監護費用に関して，中華民国法を準拠法としながら，同法に明文はないものの，生活保持義務があるとして，その支払を命じた裁判例として，【2-61】がある。

【2-61】　日本人母と中華民国人父との間の子の監護費用の分担について，平成元年改正前の法例20条により中華民国民法が準拠法となるところ，明文の規定はないものの，未成熟子の生活を保持する義務があり，かつ，一括払いをすべき特段の事情があるとした事例

長崎家審昭和55年1月24日家月34巻2号164頁

> 法例20条［注：平成元年改正前のもの］に基づき，事件本人の父である相手方の本国法たる中華民国民法をみるのに，同法1051条……1055条……これら各規定の解釈上，協議離婚又は裁判離婚において，子に関する監護を夫婦が協議し，或は法院が酌定をする際，子の扶養（監護費用の負担）に関してもこれを決定することができると解されているのであるが，右の理は，協議離婚又は裁判離婚後においても妥当する……監護費用分担の在り方については，同国民法上明文の規定はないけれども，親族間の扶養に関する同民法1117条ないし1119条の規定内容並びに親子関係の特質に照らし，親は，自己の最低生活を維持してなお余力を有する限り，未成熟子に対し，その生活を自己の生活の一部として保持する義務を負う……およそ，子から親に対する扶養請求は，要扶養状態の変動性その他の扶養請求権の特性に鑑み，定期的給付をもってなされるのを建前とするところ，監護費用の分担は，これを形式的にみれば，右扶養請求とは異なり，父母の間で定められ，かつその間で効力を有するに止まるのであるから，将来の分について，一括払いを請求することもできる筋合いである。しかしながら，他面，監護費用分担の問題は，これを実質的にみた場合，子の扶養としての性質を帯有していることも否定できないところである。かような監護費用分担請求の二面的性格に照らすと，監護費用は，毎月その月分を支給するのを原則とし，将来に亘る分の一括払いを相当とする特段の事情があるときは，例外的にこれを肯定すべきものと解釈するのが相当である。

オ　平成元年法例改正後の取扱い

(ア)　一般的取扱い

平成元年法例改正（平成2年1月1日施行）に伴う戸籍事務の取扱いについては，平成元年10月2日民二3900号民事局長通達に規定されていること，法の適用に関する通則法（平成18年6月21日法律第78号）施行後も基本的に維持されていることは，先述のとおりである。

(イ)　国籍及び戸籍

戸籍法104条1項は，日本国籍を留保する旨の届出は出生の日から3か月以内届出をしなければならない旨規定するが，同条3項は，天災その他出生の届出のできる者の責めに帰することができない事由によって

その期間内に届出ができないときは，届出をすることができるに至った時から14日以内に届出をすべき旨規定している。これに関して，日本人父と中国人母間の嫡出子として中国で出生した嫡出子について，日本国籍を留保する旨記載した出生の届出がSARSによる混乱を理由として届出期間経過後にされた場合に，その遅延理由が戸籍法104条3項の届出人の責めに帰することができない理由に該当するとされた事例（平成15年11月18日民一3426号民事局第一課長回答）がある。

(ウ) 嫡出でない親子関係

中華人民共和国では，認知についての規定はなく，非嫡生子（嫡出でない子）については事実上の父子関係を認定し証明書が発行されることになっている。また，婚姻中の夫婦の子についても嫡出推定の規定はないが，事実上夫の子という推定（婚生推定）がはたらくと解されている。中国人男と婚姻中の同国人女の胎児につき，日本人男からされた認知届について，中国法における事実上の嫡出推定（婚生推定）が及ぶので受理すべきでないとされた事例（平成9年2月4日民二187号民事局第二課長回答）がある。

(エ) 養親子関係

養子について，中華人民共和国では，養子縁組法（収養法・1991年採択，1998年改正・1999年施行）が制定されており，中華民国では，民法（昭和4年施行，昭和57年改正）に規定されている。養子縁組の準拠法は，養親の本国法であるが，子の本国法の保護要件を充足する必要がある。中華民国法では，一定の年齢差があれば，成年者も養子となることができ（民法1073条），その場合も，裁判所の許可が必要である（同法1079条1項）。これも保護要件に該当すると考えられるが，我が国の家庭裁判所の許可審判をもって代えることができるとしたものに【2-62】がある。中華人民共和国では，子の保護要件として実父母の同意が必要である。日本人と中華人民共和国人との間の養子縁組について，要件具備証明書が得られない場合は，中国の公証処が発給する「養子の実父母が養子縁組に同意する旨の同意の声明書」の公証書及び養子が一人子（独生子女）でないことの証明書を添付させた上，受理して差し支えない（平成元年7月21

日民二2634号民事局長回答）が，中国政府発行の公証書に日本人男の継女とされている証明書を添付して養子縁組が成立したとの報告的届出は，受理しないのが相当とされた事例（平成4年12月22日民二7055号民事局第二課長回答）がある。また，収養法8条は，養子は，原則として一人だけしかできないと規定しているが，日本人夫と中国人妻とが日本人の未成年子2名を特別養子とする申立てについて，公序則を定める平成元年改正後の法例33条を適用して，収養法8条を排除し，未成年者2名との養子縁組を認めた裁判例（神戸家審平成7年5月10日家月47巻12号58頁），永住者の資格で日本に居住する中国人夫婦が妻の兄夫婦の嫡出子を養子とする創設的縁組届出について，養親となる夫婦は中華人民共和国養子縁組法7条2項における華僑であると認められるが，妻の兄の子は姻族であることから，同法7条1項及び2項の「3代以内の同輩の傍系血族の子を養子とするとき」に該当しないため養子縁組をすることはできないとされた事例（平成22年6月23日民一1540号民事局第一課長回答）などがある。

　日本人が中国人を養子とする場合の取扱いについては，【2-63】がある。また，断絶型の渉外養子縁組の一般的な記載方法について，渉外的な養子縁組届の処理について（平成6年4月28日民二2996号民事局長通達）が発出されていることは先述のとおりである。

　養子縁組については，養親の本国法が準拠法となることは特別養子の場合も同様である。したがって，日本人が養親となる場合の特別養子縁組については，我が国の特別養子の要件を具備していることが必要である。これに関する先例として，日本人夫婦が6歳未満の中国人女を同国の方式により養子とする縁組が成立し，その報告的届出に基づき日本人夫婦の戸籍に普通養子縁組としての記載がされた後，これを特別養子縁組とする旨の追完届がされたが，日本民法上の特別養子縁組の成立要件である我が国の家庭裁判所の審判に相当するものがないので，当該追完届を受理すべきでないとされた事例（平成7年10月4日民二3959号民事局第二課長回答），アメリカ人男と日本人女の夫婦が6歳未満の中国人女を中国の方式により養子とする縁組が成立し，戸籍に普通養子縁組として記載された後，これを特別養子縁組とする旨の追完届がされた事案につい

て，外国人養子縁組実施弁法（1993年11月10日施行）に規定する手続により養子縁組が成立した場合であっても，日本民法上の特別養子縁組の成立要件である我が国の家庭裁判所の審判に相当する処分・決定等が存在しないので当該追完届を受理すべきではないとされた事例（平成8年5月28日民二995号民事局第二課長回答）がある。

【2-62】 日本国籍を有する申立人と，中国（台湾）国籍を有する成人の事件本人間の養子縁組許可申立事件につき，中華民国民法によれば，成年者を養子とする場合にも法院の許可を必要とするところ（当時の中華民国民法1079条），上記要件は，法例20条1項後段（通則法31条）にいういわゆる保護要件に該当すると解し，我が国の家庭裁判所の許可審判をもって代えることができるとした事例

水戸家土浦支審平成4年9月22日家月45巻10号75頁

　本件養子縁組については，法例20条1項前段〔注：通則法31条1項前段〕により養親の本国法である日本の法律が適用されるところ，本件の養子となる者は成年者であるので，我が民法上は家庭裁判所の許可は要しないのである。しかし，同条1項後段は，養子の本国法が養子縁組の成立につき公の機関の許可等を要件とするときは，その要件をも備えることを要する旨，いわゆる保護要件を定めているところ，本件の養子となるべき者の本国法である中華民国民法は，養子縁組をするときは法院の認可を得なければならないと定めており，同法は，右の認可に際しては，縁組の無効又は取消原因の有無，縁組が養子に不利であると認められる事実の有無等を判断することになっている。そこで，右法院の認可は，公の機関が後見的作用として事前に養子縁組の実質的成立要件について判断して処分を行うものであり，いわゆる保護要件に該当し，我が国の家庭裁判所が未成年者の養子縁組について許可の審判を行う場合と実質を同じくするものというべきであるから，我が国の家庭裁判所の許可の審判をもってこれに代えることができるものと解される。

【2-63】 日本人が中国人を養子とする場合の取扱いについて

平成22年6月23日民一1541号民事局第一課長通知

1　養子が10歳未満である場合

　養子縁組には，法の適用に関する通則法（平成18年法律第78号）第31条第1項後段の要件（以下「養子の保護要件」という。）として，中国人実父母の同意が必要である（中国養子法第10条参照）が，同意の方式については，定めがない。

　したがって，中国人実父母が縁組代諾者として届出人となり，養子縁組届書に署名・押印している場合には，中国人実父母の同意書が添付されていなくても，それらの同意があるものと取り扱って差し支えない。

　なお，養子本人の同意は，不要である（同法第11条参照）。

2　養子が10歳以上で15歳未満である場合

　養子縁組には，養子の保護要件として，中国人実父母の同意及び養子本人の同意が必要であるが，同意の方式については，定めがない。

　したがって，中国人実父母が縁組代諾者として届出人となり，養子縁組届書に署名・押印している場合には，中国人実父母の同意書が添付されていなくても，それらの同意があるものと取り扱って差し支えない。

3　養子が15歳以上である場合

　養子縁組には，養子の保護要件として，中国人実父母の同意及び養子本人の同意が必要であるが，同意の方式については，定めがない。

　したがって，養子本人が養子縁組届書に署名・押印している場合には，養子本人の同意書が添付されていなくても，その同意があるものと取り扱って差し支えない。

㈲　親子間の法律関係（離婚後の養育）

　中華人民共和国婚姻法は，離婚後の子の養育については，父母が引き続き扶養及び教育の権利義務を有する（同法36条2項）とし，授乳期後の子について養育問題で争いがあり，協議ができないときは，人民法院が子の権利や利益，父母双方の具体的情況に基づいて判決をする旨規定されている（同条3項）。これについて，我が国において，日本の家庭裁判所が人民法院の判決に代えて，審判により判断することができるとした裁判例（前橋家審平成21年5月13日家月62巻1号111頁）がある。

3 アメリカ合衆国

(1) アメリカ合衆国親子法概説

　アメリカ合衆国の親子法については，同国の婚姻法について述べたとおり，各州により異なっており，それぞれの州法が準拠法となる。アメリカ合衆国における子の監護については，法的監護（legal custody）と身上監護（physical custody）があり，法定代理権等は前者，事実上の監護養育は後者に属する。我が国の親権と監護権の区分に近い。また，我が国では父と母が共同で監護する共同監護の事例は少ないが，アメリカでは，共同監護（joint custody）が広く認められている。アメリカ合衆国の養子制度は，いずれも断絶型であり，我が国の普通養子のような合意による養子縁組は認められていない。各州法には詳細な条文が置かれており，その全てを把握するのは容易ではない。例えば，カリフォルニア州法では，家族法（Family Code）が定められており，その第8章（DIVISION 8）では，子の監護について規定している。3000条から3465条までの規定が置かれており，子の最善の利益原則から始まり，共同監護（同法3080～3089条），訪問権（面会交流権Visitation Rights：同法3100～3105条））のほか，親子に対するカウンセリングの規定（同法3190-3192条）なども設けられている（同州法は，カリフォルニア州のホームページhttp://www.leginfo.ca.gov/cgi-bin/calawquery?codesection=fam&codebody=&hits=20参照）。

(2) アメリカ合衆国に関する判例・先例

ア 国籍及び戸籍

　旧国籍法は，出生時に父が日本人でない場合，母が日本人でも日本国籍は取得しないとされていた（旧国籍法1条）ため，米国人男と日本人女の婚姻後200日以内に日本で出生した子は嫡出子であるが，父の国籍を取得し得ない場合は，無国籍と解するほかないとした事例（昭和26年8月6日民事甲621号民事局長回答），米国人男と日本人女との婚姻後に出生した子は，生来嫡出子として取り扱われるため，その子が父の国籍を取得することができない場合には，無国籍者として取り扱うことになるとした事例（昭和27年4月24日民事甲527号民事局長回答）があったが，国籍法改正

（昭和59年法律45号）により，昭和60年１月１日以後に出生した子は，日本国籍を取得することになった。

同様に，国籍法改正（昭和59年法律第45号）以前は，出生の時に父が日本国民でなければ，母が日本国民であっても，日本国籍を取得しないとされていたことから，米国人を父，日本人を母とする嫡出子の名を漢字で表記した出生届は受理しないのが相当であるとした事例（昭和57年２月16日民二1480号民事局第二課長回答）があったが，現在では，日本国籍を取得する（国籍法２条１号）ため，漢字表記の出生届も受理される。

その他，米国に関する先例として，次のようなものがある。

・公海上の米国登録商船内での出生は，米国修正憲法14条１節の「合衆国で生まれ，または……」云々とある「合衆国で生まれたもの」に該当しないとした事例（昭和30年８月30日民事五発952号民事局第五課長依命回答）

・日本で日本人父，日米二重国籍者である母間に出生した子が，米国旅券の発給を受けて渡米した事実がある場合において，その子は，出生当時母が日米二重国籍者であったところから，出生により，米国籍をも取得していたものであって，日本国籍は喪失していないと認定された事例（昭和47年３月31日民事五発45号民事局第五課長回答）

・米国人男Ａと日本人女Ｂ間の嫡出でない子として日本で出生した子Ｃが，Ａ，Ｂとともに渡米し，米国で市民権証明書の発給を受け，米国旅券を所持して本邦に入国したが，Ｃは，Ａ，Ｂ婚姻後，Ａから駐日米国領事館にＡ，Ｂ間の子として出生届がなされたことにより，いわゆる準正によって米国の市民権を取得したものであって，日本国籍を喪失していないとされた事例（昭和47年５月11日民事五発500号民事局第五課長回答）

・日本人である母が，米国内の刑務所に服役中に出生した子の日本国籍を留保する旨記載された出生届が届出期間経過後に提出され，その遅延理由が戸籍法104条３項に規定する届出人の責めに帰することができない事由に当たるとされた事例（平成５年６月３日民二4318号民事局第二課長回答）

イ　嫡出親子関係

　婚姻中の夫婦の間に生まれた子は，嫡出子であるが，代理母によって出生した子につき，精子提供者と卵子提供者との間の嫡出子として出生届がされた場合，両名の嫡出子として受理ができるかが争われたケースについて判示したのが最決平成19年3月23日民集61巻2号619頁である。同決定は，日本人夫婦の卵子と精子を用いて体外受精・体外着床により米国人女性が分娩した子らについて，日本人夫婦は，ネバダ州裁判所から日本人夫婦が子らの父母であるとする裁判を受け，その旨のネバダ州出生証明書を添付して自らの子として東京都品川区長に対し出生届を提出したところ，ネバダ州裁判所の裁判は公序良俗に反し（民訴法118条3号），子らを嫡出子として認めることはできないとして受理されなかった事案について，民法に定めない嫡出親子関係を認めることはできず，懐胎，出産した者を母親とするのが民法の趣旨であるとして，上記区長の処分を相当として是認したものである。

　なお，嫡出子出生届に関して，カナダ人男と離婚したアメリカ人女が離婚後93日目に生んだ子について，その後，同女と婚姻した日本人男から戸籍法62条の嫡出子出生届がされても，受理しないのが相当とされた事例（昭和60年2月1日民二527号民事局第二課長回答）がある。

ウ　嫡出でない親子関係

(ア)　認知の準拠法の取扱い

　認知の準拠法について，平成元年法例改正前は，その要件に関して認知をする父又は母については，認知当時のその本国法，子については認知当時の子の本国法とされていた（同法18条1項）が，平成元年改正により，認知する者又は子の本国法とされ（同法18条2項），現在に至っている（通則法29条2項）。

　戦後当初は，一般に米国人男が日本人女の嫡出でない子を認知する届出があったときは，一般の認知の届出と同様受理して差し支えないとされていた（昭和23年12月1日民事甲3722号民事局長回答）が，その後，米国人男から日本人女の嫡出でない子の認知届があったときは，市区町村長から司法事務局経由で法務庁民事局に照会しなければならない（昭和24年

3月23日民事甲645号民事局長通達）とされ，さらにその後，日本人の嫡出でない子を米国人男が認知する届書にその者の所属する州の法律によってこの認知が日本の法律によってできる旨の証明書（証明書発行権限のある官庁の署名があるもの）を添えて届け出たときは市町村長限りで受理できる（昭和25年8月29日民事甲2324号民事局長通達）とされた。なお，その後の認知の取扱いについては，総論について述べたとおりである。

日本人男が米国人女（本国法ヴァージニア州）の子を認知するに当たり，子の本国法が不明であり，仮にヴァージニア州を本国法であるとしても，その保護要件が明らかではないとして，どのような添付文書が必要かという照会に対し，事件本人の本国法をアメリカ合衆国ヴァージニア州法と認め，母の承諾（署名）を保護要件として，受理して差し支えないとした先例（平成17年3月28日民一802号民事第一課長回答），日本人女の嫡出でない子について米国人男（ハワイ州）から同国ハワイ州衛生局発行の父の記載のある出生証明書を添付して認知届がされた事案につき，同証明書を戸籍法41条に規定する認知証書と取り扱って差し支えないとされた先例（平成16年3月29日民一887号民事第一課長回答）がある。

(イ)　嫡出推定と認知

一般に嫡出推定が働らいている場合，認知することはできないが，嫡出推定の規定に該当する場合でも，嫡出推定が働らかないときは，認知ができると解されている。そうした理由で，認知を認めたものに次の裁判例がある。

・日本人妻が米国人夫との別居中に日本人男性との間でもうけた子から，当該日本人男性を相手に申し立てられた認知調停事件において，法例18条（平成元年改正前）により認知について適用される日本国民法779条によれば，認知が認められるためには子が嫡出でないことを要するが，子の嫡出性については法例17条によって米国カリフォルニア州法が適用されるところ，本件においては同法の嫡出の推定が一応及ぶものの，これが証拠により覆される場合に当たるので，認知の要件が満たされるとして，家事審判法23条により，申立てどおりの合意に相当する審判をした事例（福岡家審平成元年5月15日家月42巻1号116頁）

- 子の本国法（米国コロラド州法）が認知を認めないことは公序良俗に反するとして米国人子から日本人父に対する認知請求について日本民法を適用し，また，米国コロラド州法上の嫡出推定は夫により懐胎されたものでないことについて十分な証拠があれば覆えすことができるとして，同法により嫡出子の推定を受ける子の日本人父に対する認知請求を認めた事例（名古屋家審昭和49年3月2日家月26巻8号94頁）
- 米国オハイオ州の判例等によれば，婚姻中に懐胎され，あるいは出生した子は嫡出子と推定され，この推定は，子の懐胎時において夫婦関係のなかったことの明確な証拠により覆すことができるとされているとして，米国人（オハイオ州）夫と婚姻中の日本人妻が性交不能の夫と別居して後，他男（日本人）との間に懐胎し，離婚約1か月後に生んだ子につき，嫡出推定が覆されるものと判断し，子からの他男に対する認知請求を認容した事例（那覇家審昭和49年1月30日家月27巻3号87頁）
- 日本人妻が米国人（イリノイ州）夫との婚姻解消後300日以内にドイツ人男との間に生んだ子につき，離婚当時の母の夫の本国法たる米国イリノイ州法により，その嫡出推定は覆えし得るとして嫡出でない子と認定し，当該子に対するドイツ人男の認知につき，準拠法であるドイツ法には認知制度はないが，このような場合には強制認知による父子関係の確定は許されるとして家事審判法23条により認知の審判をした事例（東京家審昭和41年2月23日家月18巻10号87頁）
- 米国カリフォルニア州法及び同州判例では，婚姻中に出生した子の嫡出推定は，夫が完全に不在で妻と一切の交渉を持ち得ないこと等を示す十分な証拠によって覆えすことができ，これに基づき，米国人（カリフォルニア州）夫と婚姻中の日本人妻が夫と別居後日本において他男（日本人）との間に生んだ子につき，嫡出推定を受けない子と認定した上，他男（日本人）に対して認知の審判をした事例（東京家審昭和40年2月24日家月17巻5号83頁）
- 米国人（オクラホマ州）夫と婚姻中の日本人妻が夫帰米し事実上の離婚状態にある間に日本において他男（日本人）との間に生んだ子につき，嫡出推定を受けない子と認定した上認知の審判をした事例（名古屋家

審昭和40年12月6日家月18巻7号74頁）

(ウ)　胎児認知

　米国ノース・カロライナ州においては，胎児認知は認められていない。したがって，日本人女の胎児を同州人男が公証人の面前で認知の宣誓をした旨の証明書を添付の上，日本人女（母）から，同出生子につき米国籍を取得するものとして出生届があっても受理すべきでなく，日本人女の嫡出でない子の出生届に補正させた上受理するのが相当であるとした事例（昭和54年6月4日民二3297号民事局第二課長回答），米国ウエストヴァージニア州には胎児認知の制度がないので，同州にドミサイルを有する米国人男の日本人女の胎児に対する認知届出は無効であり，胎児認知に関する戸籍の記載は戸籍法24条2項の規定に基づき消除するのが相当とされた事例（昭和60年4月20日民二2071号民事局第二課長回答）があるが，いずれも3900号通達により，平成2年1月1日以降に作成された胎児認知調書の場合，異なる取扱いがされている（同通達参照）。

　また，他方で，日本在住の米国人男（オレゴン州）がした日本人女の胎児を認知する届出を受理して差し支えないとされた事例（昭和59年10月29日民二5428号民事局第二課長回答）がある。本事例の場合，現在では，3900号通達により日本法が適用される。最近の事例としては，日本人男が米国カリフォルニア州に属する母の胎児を認知する届の受否について，母の同意（署名のみで押印なし）を要件として受理して差し支えないとした事例（平成16年7月29日民一2139号民事第一課長回答），日本人男が米国ワシントン州に属する女の胎児を認知する届出について，子の本国法である米国ワシントン州の認知に関する法制に保護要件に関する規定がないことが判明したとして受理して差し支えないとした事例（平成23年9月15日民一2181号民事局第一課長回答），日本人男が米国アイダホ州法を本国法とする女の胎児を認知する届出について，子の本国法である米国アイダホ州の認知に関する法制に保護要件に関する規定がないことが判明したとして受理して差し支えないとした事例（平成25年1月7日民一10号民事局第一課長回答）がある。

(エ) 認知と父の氏への変更

　米国人を父とする日本国籍の嫡出でない子の氏を，父の認知後その父の氏に変更することを認めた事例（東京家審昭和39年2月14日家月16巻7号77頁）がある。

エ　養親子関係

(ア)　準拠法

　養子縁組の準拠法については，平成元年の法例改正後は，養親の本国法とされているが，それ以前には，養子縁組の要件は各当事者につき，その本国法によってこれを定めるとされている（平成元年改正前法例19条）ことから，米国人が養親となる日本人との縁組届には，養親の本国法である米国の所属州の法律に照らし，日本の法律による養子縁組ができることの要件具備に関する証明書を添付させる（昭和26年6月21日民事甲1289号民事局長回答）とされていた。また，養父が米国の，養母と養子は日本の国籍を持っている場合の養子離縁の取扱いは，法例19条2項（平成元年改正前。養子縁組の効力及び離縁は養親の本国法による）の規定による準拠法によって判断されるとした事例がある（昭和26年6月21日民事甲1290号民事局長回答）

　なお，米国人夫が日本人妻の嫡出でない子を養子とする縁組につき，同国ハワイ州の巡回家庭裁判所において養子決定がされ，その決定書の謄本を添付して，その子から縁組届があった場合は，報告的届出として受理するとした事例（昭和54年8月1日民二4255号民事局第二課長回答）がある。

(イ)　配偶者の子を養子とする場合の準拠法

　日本国民法では，配偶者の子を養子とする場合には，子が未成年者の場合でも，家庭裁判所の許可は不要とされている（民法798条ただし書）が，平成元年改正前法例18条は，養子縁組の要件は，各当事者の本国法によるとし，同改正後法例20条は，養親の本国法によるとし，保護要件について子の本国法を適用するとされており，いずれの場合も，養親の本国法及び子の本国法の許可要件が必要となり，家庭裁判所の許可が必要となる場合がある。この点について判断をした裁判例として次のものがある。

- 日本在住の米国人（オクラホマ州）が配偶者の未成年の子を養子とするにつき，養親の本国法を適用して許可の審判をした事例（山形家酒田支審昭和37年2月26日家月14巻6号130頁）
- 米国人が配偶者の子である未成年の日本人を養子とする場合について許可審判をした事例（大阪家審昭和32年2月27日家月9巻2号54頁）
- 申立人，未成年者，未成年者の母，いずれも米国人であるが，全て我が国に居住している場合は，事件の性質及び裁判所関与の目的からみて，その養子縁組事件の国際非訟管轄権は我が国の裁判所にあるとして，妻の連れ子の養子縁組事案につき，米国ニューヨーク州法上の養子縁組の要件である裁判所の決定を我が国の家庭裁判所の許可をもって代え得るとした事例（神戸家審昭和39年6月8日家月17巻1号129頁）
- 当事者の法定住所は米国にあるが，日本において相当永続的に生活を営んでいる場合にはその養子縁組の裁判管轄権は日本にあるとし，法廷地法である日本法によれば，自己の配偶者の子を養子とするにつき許可はいらないが，本国（アメリカ及びカナダ）において承認されるため縁組許可の審判をした事例（東京家審昭和36年7月18日家月13巻11号108頁）
- 日本在住の米国人が配偶者の子（米国人）を養子とするにつき，本国法であるカンサス州法を適用して縁組許可の審判をした事例（東京家審昭和36年3月29日家月13巻7号129頁）

(ウ) 米国州法と隠れた反致の適用

　アメリカ合衆国では，州ごとに適用すべき法律が異なるため，同じ米国人でも，準拠法を定めるに当たっては，住所地（ドミサイル）の法が適用されると解されている。これをアメリカ合衆国外にも適用すると，日本に住所地があると判断される場合には，反致により，日本法が適用されると考えることが可能となる。その旨を判示した裁判例は多く，次のようなものがある。

- 米国人夫婦である申立人らが申し立てた特別養子縁組申立事件において，いわゆる「隠れた反致」理論により，裁判管轄権を有する法廷地法をもって事件審理の準拠法とする旨定めたアメリカ抵触法第2リス

テイトメント289条の法理に従い，本申立てについての専属的な裁判管轄を有する日本法が準拠法として適用されるとし，日本法の適用を前提として，特別養子縁組が認められた事例（青森家十和田支審平成20年3月28日家月60巻12号63頁）

・米国人夫（コネチカット州）が日本人妻の子（日本人先夫との間の嫡出子）を養子とする養子縁組について，法例32条（反致）（通則法21条）の規定を適用して日本法を準拠法として受理して差し支えないとされた事例（平成8年8月16日民二1450号民事局第二課長回答）

・米国（ペンシルバニア州）在住の米国人夫婦と日本人未成年者間の養子縁組につき，養子となるべき者の住所が日本にあることなどを理由にペンシルバニア州法に関し反致を認め，養親についても日本法を適用して縁組を許可した事例（熊本家審昭和61年12月17日家月39巻5号59頁）

・日本在住の米国人（ミシガン州出身）と日本人未成年者間の養子縁組につき，準拠法上反致を認めて養親についても日本法を適用し，申立てを認容した事例（徳島家審昭和60年8月5日家月38巻1号146頁）

・米国在住の米国人夫婦と日本人未成年者間の養子縁組については，いわゆる反致が成立し，養親となるべき者らについても法廷地法である日本法が適用されるとした事例（岡山家審昭和53年10月6日家月32巻1号169頁）

・日本に居所を有する米国人（カリフォルニア州民）が配偶者の子（日本人）を養子とするにつき，養子となるべき者のドミサイルが日本にあるとして反致を認めた上，日本民法が配偶者の直系卑属を養子とする場合に裁判所の許可を要しないとする規定は，単に許可を不要とするだけで許可を求めている場合に裁判所が許否を決する権限までを否定する趣旨とは解せられず，全て裁判所の養子決定を必要とする申立人の本国法を尊重して，許否を決すべきであるとした事例（東京家審昭和44年8月19日家月22巻4号76頁）

・養子となるべき米国人未成年者（オハイオ州）は，日本に住所を有しないが，養親となるべき米国人夫婦（フロリダ州）は，軍属として日本に居住する場合に，同夫婦の住所は日本にあると認定して日本に裁判管

轄権を認め，かつ準拠法上反致を認めた事例（東京家審昭和40年6月18日家月18巻2号113頁）

これに対し，反致の成立を否定した次のような裁判例もある。いずれも，日本に住所のないケースであり，反致を否定したのは妥当である。

・米国に住所を有する米国人と日本人未成年者との養子縁組に関し，米国国際私法の原則における養子縁組の準拠法としての「法廷地法」は，裁判権概念と密接な関係を有する概念であって，日本のように裁判権概念と準拠法概念とを直接関連せしめない法制の国が，法廷地であるということをもって，前記米法上の「法廷地法」が日本法であると考えることはできないとして，反致を認めなかった事例（東京家審昭和41年9月2日家月19巻4号110頁）

・日本に本国法上の住所を有していないが判示居住関係によれば外国人間の養子縁組事件について日本の裁判所に裁判管轄権を認めることができるとし，米国国際私法上養子縁組の準拠法についてはいわゆる法廷地主義を採っているものというべきところ，それは裁判管轄権概念と密接な関係を有する概念であって，日本のように裁判管轄権概念と準拠法概念とに直接関連を持たせない法制のもとでは，日本が法廷地であるからといって反致により直ちに日本法を適用すべきであるとはいえないとした事例（東京家審昭和43年8月6日家月21巻1号128頁）

㈎ 特別養子縁組の成立

ところで，我が国の普通養子は，養子縁組によって実父母及びその親族との関係は断絶しないが，米国州法の多くは，断絶型の養子縁組であり，したがって，米国州法を適用して養子縁組を認める場合には，普通養子としての許可審判ではなく，断絶型である特別養子の審判をすべきであると考えられる。この点を判示したのが，次の裁判例である。

・米国（ワシントン州）人夫婦と日本人未成年者との養子縁組について，ワシントン州法によれば，養子と実父母の関係が断絶することから，主文としては，我が国における特別養子の主文とするのが相当であるとした事例（横浜家横須賀支審平成7年10月11日家月48巻12号66頁）

また，外国でされた養子縁組について我が国の特別養子として受理で

きるかについては，我が国の特別養子の要件を具備する必要があるのではないかと考えられる。この点についての先例として，米国ワシントン州の上級裁判所において成立した米国人男日本人女夫婦が日本人を養子とする縁組の報告的届出について，我が国の特別養子縁組が成立したものとして処理するのが相当とされた事例及びその場合の戸籍記載例（平成4年3月26日民二1504号民事局長回答）があるが，我が国の特別養子の要件を具備していないとして受理しなかった事例として，次のものがある。

・米国人男と日本人女の夫婦が6歳未満の中国人女を中国の方式により養子とする縁組が成立し，戸籍に普通養子縁組として記載された後，これを特別養子縁組とする旨の追完届がされた事案について，外国人養子縁組実施弁法（1993年11月10日施行）に規定する手続により養子縁組が成立した場合であっても，日本民法上の特別養子縁組の成立要件である我が国の家庭裁判所の審判に相当する処分・決定等が存在しないので当該追完届を受理すべきではないとされた事例（平成8年5月28日民二995号民事局第二課長回答）

・米国カリフォルニア州の上級裁判所において成立した米国人男（55歳）と日本人女（51歳）の夫婦が日本人（日本人女の嫡出でない子-5歳）を養子とする縁組の報告的届出について，日本民法上の特別養子縁組の成立要件である父母（実親）の同意（民法817条の6）がないため特別養子縁組が成立したものと認めることはできないので，普通養子縁組が成立したものとして処理するのが相当であるとされた事例（平成10年2月9日民二255号民事局第二課長回答）

(オ) 養子縁組と氏名の変更

我が国の養子縁組では，養子は，養親の氏を称する（民法810条）とされているところ，養子が外国人の養子となっても，養親の本国法において，その旨の規定がなければ，当然に養子の氏は変更されない。そのため，養子縁組と同時に氏の変更の申立てがされる場合がある。また，養親が外国人であり，外国において生活をする場合，当該外国において生活するのに適した名に変更する必要が生じる場合があり，そのため，養子について名の変更が求められる場合がある。これに関する裁判例は多

いが，次のようなものがある。

- 米国人夫婦と日本人未成年者の養子縁組につき米国ニュージャージィ州法と日本民法を適用して養子縁組の成立を許可し，養子縁組後の未成年者の称すべき氏名については，平成元年改正前法例19条により父の本国法たるニュージャージィ州法によるべきところ，同州の養子縁組法は養子決定をする裁判所が養子決定に当たり養子の氏名を養子決定申立書に記載されている新氏名に変更することを認めていると解され，この権限は日本における親の氏と異なる場合の氏の変更許可及び名の変更許可についての家庭裁判所の権限に類似するものと考えられるとして，未成年者の氏を養親と同じ氏に，名を米国人らしい名に変更した事例（鳥取家審昭和50年9月18日家月28巻10号100頁）

- 養子縁組後に養子の称すべき氏については，親子間の法律関係の問題として，平成元年改正前法例20条により父の本国法を適法すべきであるとし，また外国法が準拠法となる場合，自国の実体法との相違により，自国の裁判所が同準拠法を適用する手続法上の権限を有しないときは，有する権限のうち類似の権限によりその実体法を適用すべきであるとして，米国（ニューヨーク州）法における養子決定の際の氏の変更を子の氏変更許可の権限により許可審判した事例（東京家審昭和45年8月17日家月23巻4号84頁）

- 養子縁組後も養親（ニューヨーク州）と氏を異にしている養子（ニューヨーク州）の氏を養親の氏に変更するにつき，準拠法として平成元年改正前法例20条（親子間の法律関係）を適用し，準拠法たる米国実体法上氏の変更が認められても，手続法たる日本法においてその権限が認められていない場合は，米国実体法を適用する手続法上の権限と類似する我が国の手続法上の権限によって，その実体法を適用実現するほかないと解し，子の氏変更許可の権限によってこれを許可審判した事例（東京家審昭和41年6月8日家月19巻1号63頁）

- 子の氏変更申立事件において，日本国法例と養子の本国法である米国イリノイ州の養子法に準拠して，養子の氏名の変更を許可した事例（浦和家審昭和36年8月29日家月13巻12号61頁）

そのほかにも，米国人夫婦と日本人未成年者との養子縁組許可事件において，縁組の許可とともに養子の氏を養親の氏に変更した事例（宮崎家審昭和34年12月23日家月12巻3号150頁，東京家審昭和32年9月5日家月9巻10号49頁），米国人と日本人未成年者間の養子縁組許可事件において，縁組許可とともに，養親の本国における事件本人の名を米国式の名に変更することを認めた事例（福岡家審昭和32年9月26日家月9巻10号51頁）などがある。

(カ) 離縁及び養子縁組無効

離縁を認めていない米国州法を排除して，離縁を認めた裁判例として次のようなものがある。

・養子離縁制度を認めない米国カリフォルニア州法は公序良俗に反するとして，平成元年改正前法例30条により同法の適用を排除し，日本国法を適用して養子離縁を認めた事例（水戸家審昭和48年11月8日家月26巻6号56頁）

・養子に対する養育義務を全く解怠している米国（テキサス州）在住の米国人養父に対し，実母とともに日本国内に居住している日本人未成年者養子から申し立てた離縁調停事件において，養子離縁を認めないテキサス州法の適用を平成元年改正前法例30条により排除し，家事審判法24条により離縁の審判をした事例（那覇家審昭和56年7月31日家月34巻11号54頁）

なお，養子縁組の届出は受理されたが，その要件を具備していないとして養子縁組無効の24条審判をした事例がある。すなわち，日本においてなされた米国人夫（ヴァージニア州）と妻の子（日本人）との間の養子縁組につき，米国の裁判所の養子決定，我が国の家庭裁判所の許可審判のいずれも得ていない無効な縁組であるとして，家事審判法24条により縁組無効確認の審判をした事例（津家審昭和42年4月1日家月19巻10号168頁）である。

オ　親子間の法律関係（親権・法定代理権）

(ア) 親権者・監護者指定と国際裁判管轄

国際裁判管轄については，国際主義ないし世界主義的立場に立ち国際

訴訟制度の存在を認め司法的国際交通の訴訟面における安全保障という目的に沿って定めようとするのが最近の通説であると指摘されており（山田・第3版460頁），明確な基準はなく，条理に従って解釈すべきと解されている。【2-64】は，米国籍の元夫と米国内で離婚した日本国籍の元妻が，両名の間で生まれた未成年者の監護者を母親単独に変更すること及び養育場所を日本に変更することを求めた事案の抗告審において，既に米国内において米国を居住場所とする合意が成立しており，元妻は，裁判所の命令に違反して未成年者を連れて帰国し，本件申立てをしたもので，未成年者の居所又は常居所地が日本にあると認められないとして，我が国の国際裁判管轄を否定した事例である。また，親権者指定の国際裁判管轄について，米国裁判所で公示送達により離婚判決のあった米国人父と日本人母間の日本在住の未成年子についての親権者指定につき，父の本国法であるカリフォルニア州法においては，未成年子の監護養育者の指定については子の住所地を管轄する裁判所に裁判権があり，また，離婚した母が未成年子と同居している場合は母の住所をもって子の住所とされるとして，我が国の裁判所に管轄権を認めた事例（那覇家沖縄支審昭和56年11月5日家月34巻9号90頁）がある。

【2-64】 渉外子の監護に関する処分事件について，日本に国際裁判管轄を認めることができないとして申立てを却下した原審判が是認された事例

東京高決平成20年9月16日家月61巻11号63頁

2　抗告人は，未成年者の児童育成手当及び児童手当の受給を開始し，未成年者の国民健康保険証や乳幼児医療証の発行を受け，未成年者が保育園に通園を始めているから，未成年者が抗告人の住所において共に生活を送っていることは明らかであり，その住所地に国際裁判管轄があることは明らかである旨主張する。
　しかし，上記引用の原審判の理由説示のとおり，抗告人は，アメリカ合衆国内を未成年者の居住場所とする内容の監護計画に合意し，その監護計画は同国の裁判所の命令として承認されたものである。その命令の居住スケジュールの下において，抗告人が，未成年者を連れて一時帰国し，その

まま滞在を続け，未成年者の児童育成手当及び児童手当の受給を開始し，未成年者の国民健康保険証や乳幼児医療証の発行を受け，未成年者を保育園に通園させているとしても，上記命令に反して一方的に作出した状態を理由として，未成年者の住所又は常居所地が日本にあると認めることはできないというべきである。したがって，本件各申立てについて我が国に国際裁判管轄を認めることはできない。抗告人の主張は採用することができない。

(イ) 親権者指定の準拠法

親権者指定の準拠法は，親子間の法律関係として，現在は通則法32条によって指定されるところ，平成元年改正前法例20条は，親子間の法律関係は父の本国法により，父がいないときは母の本国法によるとされていたため，親権者指定については，まず，父の本国法によって準拠法が指定されていた。その当時の裁判例として次のようなものがある。

・米国フロリダ州において離婚した米国人夫（フロリダ州在住）と日本人妻（日本在住）の間の子の親権者指定につき，平成元年改正前法例20条により準拠法となるべきフロリダ州法に関し反致を認め，子の住所地法である日本法を適用して親権者を定めた事例（東京家八王子支審昭和61年10月7日家月39巻3号62頁）

・米国人（ノースカロライナ州）男と日本人女の離婚判決がノースカロライナ州でなされた後，その間の未成年子の親権者指定が申し立てられた事案において，平成元年改正前法例20条（通則法31条）によって準拠法とされる米国ノースカロライナ州法中，裁判所は児童の利益及び福祉を最善に促進すると認める個人，代理人，団体又は施設に対しかかる児童の監護権を与えなければならない旨の規定を適用して未成年子の母である申立人を親権者に指定した事例（山口家岩国支審昭和52年11月4日家月30巻11号77頁）

・申立人日本人妻と相手方米国人（カリフォルニア州）夫間の未成年子に関する親権者指定事件について，我が国に国際裁判管轄権があることを認め，次いで，準拠法に関して，米国の監護権に関する州際抵触法理によれば，実体的準拠法指定の問題は裁判管轄権の問題と判然分離

して論議されておらず，子の福祉・利益に最も密接に関連し，最も有効適切な監護権に関する裁判を下し得る裁判所（最も重視されるべきは子の住所地裁判所）が，その法廷地法に準拠して裁判を行い，その後は，未成年子の置かれた状況の変化に対応し，子の福祉を最高の指標として関係する管轄裁判所がそれぞれ法廷地法により必要な変更・取消しの裁判をなし得るという原則が認められ，カリフォルニア州法においても同法理を前提としており，また，同州際間の抵触法理論は特段の事情のない限り国際間の法律関係にも適用されるとして，法廷地法である我が国の法への反致を認め，日本民法により親権者指定の審判をした事例（松山家宇和島支審昭和51年1月9日家月29巻3号101頁）
・未成年者の監護その他福祉に関する問題については，未成年者の住所地の裁判所に裁判管轄権があるとするのが国際私法の原則であり，これに反する当事者間の管轄合意は拘束力がないとし，また，我が国の裁判所における渉外的子の監護者決定は，専ら我が国の国際私法である法例によるべきところ，渉外的身分関係の安定と子の福祉の増進という公益性の強い親子間の法律関係については，私的自治の原則を認める余地がなく，法例に反する当事者間の準拠法に関する合意は拘束力がないとした上，メキシコの裁判所においてされた共同監護の決定を，コロラド州法の適用によって，単独監護に変更決定した事例（東京家審昭和44年6月20日家月22巻3号110頁）

がある。

平成元年法例改正後は，親子間の法律関係は，子の本国法が父又は母の本国法（もし父母のいずれかがいないときは他方の本国法）と同一であるときは子の本国法により，その他の場合には子の常居所地法によるとされている（法例21条。通則法32条も同趣旨）。それを前提とした裁判例として次のようなものがある。

・米国人父が日本人母との婚姻中に日米両国籍を有する未成年者を日本から米国に連れ去り，同国の第1審裁判所で父母の離婚と未成年者に対する共同親権を認める判決がされたが，上訴審裁判所で子の監護に関する問題については国際裁判管轄がないとして上記判決中華人民共

和国同親権を定めた部分が取り消された場合において，母が未成年者を連れて日本に帰国し，日本の裁判所に親権者指定の申立てをした事案について，未成年者の常居所地は日本にあるとして我が国の国際裁判管轄を認め，法の適用に関する通則法32条，38条1項によれば，本件についての準拠法は日本法であるとした上，母が専ら未成年者の監護に当たっており，未成年者も現在の生活環境に適応しているなど判示の事情の下では，母を未成年者の親権者と指定するのが相当であるとした事例（横浜家小田原支審平成22年1月12日家月63巻1号140頁）

・米国人夫と中国人妻との間の離婚事件において，離婚の準拠法を離婚の密接関連地法である日本法とし，親権者指定の準拠法を親子の共通本国法であるオハイオ州法とした事例（横浜地判平成10年5月29日判夕1002号249頁）

・離婚した日本人母とミシガン州出身の米国人父との間の米国人未成年者の親権者指定申立事件について，未成年者の住所地である日本に裁判管轄権があるとした上，準拠法については，法例21条及び28条3項（通則法32条，38条）により，父と未成年者との共通本国法であるミシガン州法が適用されるところ，米国抵触法理によれば，いわゆる隠れた反致を認めることができるとして，日本民法を適用し，日本人母を単独親権者と指定した事例（那覇家審平成3年4月1日家月43巻10号44頁）

(ウ) 親権者が欠けた場合の準拠法

親権者がいない場合，我が国の民法では，未成年後見が開始する（民法840条）が，これが親子関係に関する法律問題であるのか，後見に関する法律問題かについては，明確ではなく，調整問題と呼ばれていることは総論で触れたとおりである。平成元年改正前の法例20条は，親子間の法律関係について，原則として父の本国法を準拠法と定め，同法23条は，後見について，原則として被後見人の本国法を準拠法と定めていたが，これに関する裁判例として，米国アーカンソー州に法定住所を有する米国人を父とし，日本人を母として出生し，日本に居住する嫡出子について，同州の法律によれば，未成年者の父母が所在不明である場合，後見開始の原因である自然の後見人（父母）がない状態にあるとして，平成

元年改正前法例23条２項により日本の法律を適用して後見人を選任した事例（名古屋家審昭和50年２月26日家月27巻12号70頁）がある。

(エ) 認知と親権者

平成元年改正前の法例下における親権帰属について，米国人男が日本人女の嫡出でない子を認知した場合，父と子が米国移民及び国籍法301条(a)項(7)号及び309条に規定する要件を具備している場合であれば，子は出生の時に遡って米国の国籍を取得するが，子の親権は誰が行使するかは，父の所属する米国の州の法律によることとなるので，一概にはいえないとした事例（昭和29年12月24日民事甲2601号民事局長回答）がある。

(オ) 共同親権と戸籍の記載

米国では，共同親権が認められているため，米国において共同親権が定められることがしばしばある。その場合の戸籍の表記について，米国ハワイ州の家庭裁判所がした，日本人夫・米国人妻を当事者とする離婚判決の主文中に，父母離婚後の未成年の子の親権を父母共同親権と定められた場合は，日本人子の戸籍に親権事項の記載を要し，その記載例は，「　年　月　日親権者を父及び母と定められる㊞」とするとした事例（昭和58年３月７日民二1797号民事局長回答），米国カリフォルニア州上級裁判所において言い渡された日本人夫，米国人妻の離婚判決中，その間の子を離婚後も父母の共同監護下に置くことを定めている場合に，その離婚判決の効力が認められ，子の戸籍に「親権者を父母と定められた」旨の親権事項を記載して差し支えないとされた事例（昭和58年９月７日民二5328号民事局第二課長回答）などがある。

(カ) 面接交渉（面会交流）

面接交渉については，我が国では，子の監護に関する処分の中で認められており，独立した権利とはされておらず，子の監護に関する問題は，親子関係に関する通則法32条（法例21条，平成元年改正前法例20条）に基づいて準拠法が指定される。面接交渉に関して，国際裁判管轄が問題となった事例が【２-65】であり，そのほか面接交渉に関する裁判例として次のようなものがある。

・米国籍を持つ申立人（父）からの面接交渉申立事件において，法例21

条及び28条3項（通則法32条，38条）によりテキサス州法が準拠法となるとし，同州家族法では，親であっても一定の場合には子に対する面接交渉権が制限される場合のあることが定められており，本件においては面接交渉権が制限される特別の事情があるとして，申立てを却下した事例（東京家審平成7年10月9日家月48巻3号69頁）

・未成年者の監護その他その福祉の増進に関する問題については，未成年者の住所地の裁判所に国際的裁判管轄権があるが，特段の事情のない限り，未成年者は監護者の住所にその住所を有すると見るのが合理的であるとして，我が国の国際的裁判管轄を認め，法例20条（平成元年改正前のもの。親子間の法律関係は父の本国法による）による準拠法であるニューヨーク州法によれば，離婚裁判所のした子の監護に関する裁判を，子の福祉のための必要により変更することができるとされており，外国裁判所のした離婚判決に伴う子の監護の決定についても同様であって，かつ，同州法を含めアメリカ法においては，同監護の決定とともに裁判所は監護者とならない親の面接交渉について裁判すべきものとしているとして，離婚調停で定められた事件本人についての面接交渉の条項を変更した事例（東京家審昭和50年8月12日家月28巻6号87頁）

【2-65】 相手方及び未成年者は外国に居住しており，日本に国際裁判管轄を認めなければならない特段の事情もないとして，子の監護に関する処分（面接交渉）事件について，日本の裁判所の国際裁判管轄を否定した事例

東京家審平成20年5月7日家月60巻12号71頁

　子の監護に関する処分事件に関する国際裁判管轄については，……条理によって定めるしかない（……）。……相手方が行方不明その他特段の事情がない限り，相手方の住所地国に国際裁判管轄があるとするのを原則とし，……子の福祉という観点から，子と最も密接な関係を有する地である子の住所地国にも国際裁判管轄を認めるのが相当である。これを本件についてみると……相手方及び未成年者は，いずれもペンシルバニア州に住所を有するから，ペンシルバニア州に国際裁判管轄がある……。そこで，本件について，

我が国に国際裁判管轄を認めなければならないような特段の事情が存在するかにつき判断するに，……相手方は未成年者とともに，……日本からペンシルバニア州に転居し，未成年者は……ペンシルバニア州で生活することになること，前件調停条項を変更するにあたっては相手方及び未成年者の生活状況等の調査が必要であること，申立人は，現に，……調停をペンシルバニア州……に申し立てており，同裁判所に……国際裁判管轄を認めるほうがより子の福祉の観点から適切な判断をなし得るのみならず，当事者の出頭等の便宜にも資すること，また，ペンシルバニア州UCCJEAによれば，子の監護に関する処分事件に関する「排他的かつ継続的な管轄」は原則として監護に関する処分を最初に下した州が持つとされているが，その州が第5422条に従ってもはや排他的かつ継続的な管轄を有しないと判断した場合（……）はその限りではないとされており（第5423条），その場合にはペンシルバニア州の裁判所が……管轄を持つとされていることにかんがみると，本件においては，我が国に本件子の監護に関する事件の裁判管轄を認めなければならないような特段の事情は存在しない……。

㈱　養育費支払・子の引渡しと強制執行

　米国の裁判所において，養育費の支払や子の引渡しが命じられた場合，同判決に基づいて，我が国において強制執行ができるかどうかが問題となったケースがある。【2-66】【2-67】【2-68】は，いずれも執行を否定したものである。

【2-66】　日本に住所を有する日本人に対しアメリカ合衆国オハイオ州に在住する未成熟子の養育費の支払等を命じた同州の裁判所の判決が民事訴訟法（平成8年法律第109号による改正前のもの）200条1号及び2号の所定の要件を欠くとされた事例

東京高判平成9年9月18日高民集50巻3号319頁，判時1630号62頁，判タ973号251頁

　条理上，本件外国訴訟のうちの養育費請求事件の国際裁判管轄権は，同事件の被告とされた被控訴人の住所地のある日本の裁判所にあると認めるのが相当……本件外国判決の承認・執行が求められた段階で，外国裁判所が当該

渉外事件を審理判決する権限を有していたかどうかという国際裁判管轄権の問題は……わが国の国際民事訴訟法の原則によって判断されるべき問題である……わが国の国際民事訴訟法は，……アメリカ民事訴訟法上同州の裁判所に管轄権が認められているとしても，直ちにわが国の国際民事訴訟法上も同州の裁判所に本件外国訴訟の国際裁判管轄権があると認めることはできない……。

民事訴訟法200条2号は，……被告が訴訟を知らず，又は防御の機会を与えられないで判決がされたときは，その判決は公平とはいい難いので，その被告が日本人である場合には，当該判決は承認・執行されないとしたものと解されるから，……被告の語学力の程度にかかわらず，当該文書の翻訳文が添付されていることが必要である……。本件についてみると，……被控訴人が控訴人の母親を同行して渡米し，アメリカ合衆国オハイオ州デイトン市のホテルに滞在中……英文の訴状を送達したというものであり，このような送達は，……司法共助法制に従って行われるべきものであるにもかかわらず，これに従わずに行われた送達であり，かつ，……訴状に日本語の翻訳文の添付はなかったことが明らかであって，……有効な送達があったと認めることはできない……。

【2-67】 日本人間において米国ミネソタ州裁判所が養育費の支払についてした支払義務者の使用者に対して給与から天引きして直接送金することを命じる旨の判決は，我が国の強制執行制度にそぐわず，そのままでは我が国で執行することができないとした事例

東京地判平成8年9月2日判時1608号130頁

民事執行法24条，民事訴訟法200条［注：現118条］により，外国判決の給付を命じた部分につき執行判決を求める訴えは，わが国において当該外国判決を承認しこれに基づく執行を可能とすることを目的とするものであるから，同条にいう外国裁判所の判決は，わが国の強制執行に親しむ具体的な給付請求権を表示してその給付を命じる内容を有する判決のみをさし，当該外国判決の給付を命じる部分が，わが国の強制執行にそぐわず，同部分につき執行を許可しても，そのままではわが国において強制執行をすることができないような内容を有する外国判決については，執行判決を求める利益がないのみならず，給付を命じる部分を承認し，執行を許可することもできないものというべきである。

本件についてこれをみると，本件外国判決主文第3項は，Aの養育費の支払につき，判決の当事者でない被告の使用者等に対し，支払期限及び金額を明示して，この金額を給与等から天引し，……送金すべきことを命じていることが明らかで……このような養育費支払についての給与天引制度は，アメリカ合衆国の前記法律によって認められたもので，わが国には存在しない。したがって，右判決主文第3項について強制執行を許可しても，わが国による強制執行をすることができないし，わが国の強制執行に親しむ被告の原告に対する具体的な給付請求権を表示してその給付を命じる内容を有するものとは認められないから，本件外国判決中養育費の給付を命じる部分については，これを承認し執行を許可することはできないものというべきである。

【2-68】 アメリカ合衆国テキサス州地裁判決中，子の引渡しなどの給付を命ずる部分を執行することは子の福祉に反する結果をもたらし，全体として民事訴訟法200条（現118条）3号の要件を欠くとして，執行判決請求を認容した原判決を取り消し，棄却した事例
東京高決平成5年11月15日高民集46巻3号98頁，家月46巻6号47頁，判タ835号132頁

　Aが日本に居住してから既に4年余を経過しており，同人は，最初のうちは，日本語が理解できず苦労をしたが，小学5年生の現在では，言語の障害もかなり少なくなり，明るく通学しており，かえって，現在では英語の会話や読み書きができない状態にあるのであるから，いま再び同人をしてアメリカ合衆国において生活させることは，同人に対し，言葉の通じないアメリカ合衆国において，言葉の通じない支配保護者のもとで生活することを強いることになることが明らかである。Aが幼児であるならばいざ知らず，本件口頭弁論終結時において，間もなく11歳になろうとしているのであるから，このようなAを，現時点において，右のような保護状況に置くことは，同人の福祉に適うものでないばかりでなく，かえって，同人の福祉にとって有害であることが明らかであるというべきである。したがって，Aの単独支配保護者を控訴人から被控訴人に変更した本件外国判決を承認し，これを前提とした本件外国判決中の給付を命ずる部分を執行することは，Aの福祉に反する結果をもたらすもので公序良俗に反するというべきである。以上のとおりであるから，本件外国判決は，全体として民事訴訟法200条［注：現118条］3号の要件を欠くというべきである。

(ク) 子の引渡しと人身保護請求

　米国（ウィスコンシン州）において単独親権者に指定された米国人父親から子を日本において養育している母親に対してされた人身保護請求事件について，請求者の監護の下に置くことが子の福祉の観点から著しく不当なものであることが一見して明らかであるとはいえないから，決定手続ではなく，判決手続によるべきであるとした最高裁決定（最決平成22年8月4日家月63巻1号97頁，判時2092号96頁，判タ1332号55頁）がある。

(ケ) 親子関係存否確認

　親子関係の存否確認の準拠法については，諸説があるが，一般に嫡出推定が働く場合，嫡出否認によるべきであり，親子関係不存在確認はできないと解されている。しかし，嫡出推定の規定を置いている場合でも，一定の場合に嫡出推定が働かない旨を明文で規定している国もあり，解釈上，嫡出推定が働かない事情があるときは親子関係存否確認ができるとの解釈が認められている場合もある。親子関係存否確認が問題となった事例として次のようなものがある。

・日本人妻が米国人夫と裁判離婚した後これに近接した日に出産した子と夫との間の親子関係不存在確認請求事件につき，平成元年改正前の法例17条（嫡出か否かは母の夫の本国法による）を類推適用し，子の出生当時の母の夫の本国法であるジョージア州法を適用した上，懐胎時に妻と夫が別居していたことにより嫡出性の推定は覆されるとして親子関係不存在確認の裁判をした事例（浦和地判昭和57年5月14日家月36巻2号112頁，判時1058号99頁，判タ475号181頁）

・戸籍上日本人夫と米国人妻との間の子として記載されている子と表見上の母との間の母子関係不在確認につき，平成元年改正前の法例17条及び18条1項を類推適用し，また，親子関係の存否確定に関し，手続法上米国法における個別的証明主義を我が国法の包括一元主義に修正した事例（東京家審昭和41年4月9日家月18巻12号66頁）

・元日本人母（現在米国人）と日本人子との間の婚外母子関係確認調停事件につき，準拠法として，平成元年改正前の法例18条1項の類推解釈により，子の出生当時の本国法（日本民法）を適用して，母子関係存

在確認の審判をした事例（前橋家審昭和36年11月14日家月14巻4号224頁）
　㈡　利益相反と特別代理人選任
　親子の利害が相反する場合，我が国の民法では，特別代理人を選任することになる（民法826条）。この点に関して，米国人（ミズリー州）父母が子に代わって子の財産の処分行為をする場合，準拠法である米国ミズリー州法によれば後見人を選任して行わせる場合に当たるが，我が家庭裁判所はこのような後見人を選任する権限はなく，この場合は日本法上の特別代理人を選任して行わせる場合に類似するとして特別代理人を選任した事例（東京家審昭和40年12月20日家月18巻8号83頁）がある。

4　フィリピン（フィリピン共和国）

(1)　フィリピン親子法概説

　フィリピンの親子については，フィリピン家族法（1988年）に規定されているほか，養子縁組に関して，フィリピン国際養子縁組法（1995年），国内養子縁組法（1998年），児童少年福祉法（1974年）などに規定されている。父母の婚姻中に懐胎又は出生した子は嫡出子であり（家族法164条），婚姻外に懐胎した子は原則として嫡出でない子である（同法165条）。成年に達した者は養親となることができ，養子となる者は，原則として，未成年者に限られ，養親は，原則として，養子よりも16歳年長でなければならない（同法183条）。父母は共同して子に親権を行使し（同法211条），両親が別居した場合，裁判所の指定した方が親権を行使するが，子が7歳以上の場合は子の選択を尊重する（同法213条）。外国人又は外国に永住するフィリピン人がフィリピン国籍の15歳未満の子どもをフィリピン国外で申立てをし，試験監護を経て養子決定がされる場合，国際養子縁組法が適用される（同法3条）。

(2)　フィリピン共和国に関する判例・先例

　ア　国籍及び戸籍
　㈠　国籍に関する先例
　旧国籍法（昭和25年7月1日廃止）では，子は出生のときにその父が日

本人であるとき日本人とし（同法1条），父が子の出生前に離婚，離縁により日本国籍を失ったときは，懐胎時に父が日本人であれば1条を適用し（同法2条1項），父母がともにその家を去った場合，母が子の出生前に復籍したときを除いては日本国籍を取得しない（同法2条2項）とされていた。そのため，日本在住の日本人男とフィリピン人女は，フィリピンにおいて婚姻したとしているが婚姻証明がない以上内縁関係とみるほかはないが，フィリピン人女の出生した子のうち，庶子出生届がされた子は，日本国籍を有し出生届がされていない子は無国籍と解する（昭和33年10月17日民事甲2069号民事局長回答）とされ，フィリピンで現地の方式により婚姻した日本人男とフィリピン人女との間に昭和5年に同地で出生した嫡出子は，フィリピン市民権を選択していない限り出生届によって父母の戸籍に入籍させる（昭和34年10月10日民事甲2166号民事局長回答）とされた。つまり父が日本人であれば，当然に日本国籍を取得できたのである。ただし，現在では，昭和59年国籍法の改正により，出生届とともに法定期間内に国籍留保届をしなければ，出生時にさかのぼり日本国籍を失う（国籍法12条）ことになる。

その他，国籍に関する先例として，次のようなものがある。

・フィリピンで日本人男とフィリピン人女間の内縁中に出生した子について，就籍の許可の審判があり就籍届出がされても受理すべきでないとした事例（昭和42年2月18日民事甲334号民事局長回答）
・旧国籍法施行当時，日本人男と婚姻したフィリピン人女の前夫との間の未成年のフィリピン人の子は，母とともに日本国籍を取得するとした事例（昭和44年6月12日民事五発699号民事局長回答）
・日本人夫婦の戸籍にその嫡出子として入籍している者が，フィリピン人女の嫡出でない子であると認定され，日本国籍を有しないとされた事例（昭和47年3月23日民事五発378号民事局第五課長回答）
・日本人男とフィリピン人女との内縁中の子としてフィリピンで出生したと称する者が，父母の婚姻並びに父の認知の事実が見受けられず，かつ母がフィリピン人とすればフィリピン国籍を取得するものの，フィリピン人としてフィリピン官憲に登録した事実もなく，また母子

関係を認定できる公的資料もない以上，その者の国籍は無国籍と認定せざるを得ないとされた事例（昭和48年3月1日民事五1831号民事局第五課長回答）
・旧国籍法施行中，フィリピン人女の嫡出でない子として同国で出生した子について，日本人男が父として出生届をしていることがフィリピンの出生登録簿証明書で明らかな場合に，同人を日本国籍を有する者として取り扱って差し支えないとされた事例（昭和48年9月14日民事五7159号民事局長回答）

(イ) 国籍に関する裁判例

国籍に関する裁判例として，【2-69】がある。これは，法律上の婚姻関係にない日本人（父）とフィリピン共和国籍を有する母との間において我が国で出生した子らが，出生後父から認知を受けたことを理由として，国籍取得届を提出したところ，日本国籍を取得していないものとされたことから，日本国籍を有することの確認を求めた事案の上告審であり，国籍法3条1項の規定が，日本国民である父の嫡出でない子について，父母の結婚により嫡出子たる身分を取得した者に限り日本国籍の取得を認めていることによって，同じく日本国民である父から認知された子でありながら，父母が法律上の婚姻をしていない嫡出でない子は，日本国籍を取得することができないという区別は，子が国籍取得届を提出した当時においては，合理的な理由のない差別となっていたといわざるを得ず，憲法14条1項に違反するとした事例である。

なお，日本で出生したが，フィリピン人が母親である可能性が高いケースについて，国籍法2条3号に該当するとして日本国籍の確認が求められたのに対し，「父母がともにしれないとき」とは，父及び母のいずれも特定されないときをいい，ある者が父又は母である可能性が高くても，これを特定するには至らないときは，同要件に当たるものとし，社会通念上，父及び母がだれであるかを特定することができないと判断される状況にあることを立証すれば，「父母ともに知れない」という要件に当たると一応認定できるものと解して，国籍確認を認めた事例（最判平成7年1月27日民集49巻1号56頁，家月47巻7号134頁，判時1520号32頁）が

あり，同じく母がフィリピン人であるかは確認できず，父が日本人であることが強く推測されるが，これも確認できないとして，「父母ともに知れないとき」に該当するとして就籍を許可した事例（横浜家審平成15年9月18日家月56巻3号68頁）がある。

【2-69】 国籍法3条1項が，日本国民である父と日本国民でない母との間に出生した後に父から認知された子について，父母の婚姻により嫡出子たる身分を取得した（準正のあった）場合に限り届出による日本国籍の取得を認めていることによって，認知されたにとどまる子と準正のあった子との間に日本国籍の取得に関する区別を生じさせていることは，遅くとも上告人が国籍取得届を提出した平成15年当時において，憲法14条1項に違反していたものである

最大判平成20年6月4日民集62巻6号1367頁

　日本国民である父又は母の嫡出子として出生した子はもとより，日本国民である父から胎児認知された非嫡出子及び日本国民である母の非嫡出子も，生来的に日本国籍を取得することとなるところ，同じく日本国民を血統上の親として出生し，法律上の親子関係を生じた子であるにもかかわらず，日本国民である父から出生後に認知された子のうち準正により嫡出子たる身分を取得しないものに限っては，生来的に日本国籍を取得しないのみならず，同法〔注：国籍法〕3条1項所定の届出により日本国籍を取得することもできないことになる……結果，日本国民である父から出生後に認知されたにとどまる非嫡出子のみが，日本国籍の取得について著しい差別的取扱いを受けている……以上のような差別的取扱いによって子の被る不利益は看過し難いものというべきであり，このような差別的取扱いについては，前記の立法目的との間に合理的関連性を見いだし難い……とりわけ，日本国民である父から胎児認知された子と出生後に認知された子との間においては，日本国民である父との家族生活を通じた我が国社会との結び付きの程度に一般的な差異が存するとは考え難く，日本国籍の取得に関して上記の区別を設けることの合理性を我が国社会との結び付きの程度という観点から説明することは困難である。また，父母両系血統主義を採用する国籍法の下で，日本国民である母の非嫡出子が出生により日本国籍を取得するにもかかわらず，日本国民である父から出生後に認知されたにとどまる非嫡出子が届出による日本国籍の取

得すら認められないことには，両性の平等という観点からみてその基本的立場に沿わないところがあるというべきである。上記……説示した事情を併せ考慮するならば，国籍法が，同じく日本国民との間に法律上の親子関係を生じた子であるにもかかわらず，上記のような非嫡出子についてのみ，父母の婚姻という，子にはどうすることもできない父母の身分行為が行われない限り，生来的にも届出によっても日本国籍の取得を認めないとしている点は，今日においては，立法府に与えられた裁量権を考慮しても，我が国との密接な結び付きを有する者に限り日本国籍を付与するという立法目的との合理的関連性の認められる範囲を著しく超える手段を採用しているものというほかなく，その結果，不合理な差別を生じさせているものといわざるを得ない。……以上によれば，本件区別については，これを生じさせた立法目的自体に合理的な根拠は認められるものの，立法目的との間における合理的関連性は，我が国の内外における社会的環境の変化等によって失われており，今日において，国籍法3条1項の規定は，日本国籍の取得につき合理性を欠いた過剰な要件を課するものとなっているというべきで……国籍取得の要件を定めるに当たって立法府に与えられた裁量権を考慮しても，この結果について，上記の立法目的との間において合理的関連性があるものということはもはやできない……国籍法3条1項の規定が本件区別を生じさせていることは，憲法14条1項に違反するものであったというべきである。

イ　嫡出でない親子関係

(ア)　認知に関する先例

　認知に関する先例として，認知が有効か否かが争われたものとして次のようなものがある。

・在ソウルのフィリピン国総領事が作成した，同国人男が日本人女の出産した子を認知する旨の宣誓供述書は，フィリピン民法278条に規定する公的文書に該当し，同法281条2項に規定する裁判所の承認のない認知も有効であるとして，認知が成立するとした事例（昭和57年8月30日民二5401号民事局第二課長依命通達）

・フィリピンの身分登録官が作成した，日本人男とフィリピン人女との間に出生した嫡出でない子の出生証明書を認知の証書として取り扱って差し支えないとした事例（昭和58年3月23日民二2006号民事局第二課長依命回答）

・日本人男から本国在住のフィリピン人女の胎児を認知する届出を受理して差し支えないとした事例（昭和61年3月31日民二2231号民事局第二課長回答）
・日本人がフィリピン人妻の子を認知する届出について受理して差し支えないとした事例（平成元年12月28日民二5551号民事局第二課長回答）
・日本人男と婚姻中のフィリピン人母から出生し，母の夫の嫡出推定を受ける子について，同夫との親子関係不存在確認の審判が確定した後，母から同審判書の謄本を添付してされた出生届及び夫以外の日本人男からされた認知届を受理して差し支えないとした事例（平成11年2月9日民二250号民事局長回答）
・フィリピン人女が日本人男との協議離婚後300日以内に米国内で出生した子（出生前に日本人他男から胎児認知されている。）について，日本人男との親子関係不存在確認の裁判を得た上，国籍留保届出期間経過後にされた出生届を受理して差し支えないとした事例（平成12年3月29日民二765号民事局第二課長回答）
・日本人男がフィリピン人女の嫡出でない子を同国の方式により認知したとして，同女から出生証明書及び認知宣誓供述証明書を添付してされた報告的認知届は受理することができないとされた事例（平成16年3月9日民一662号民事第一課長回答）
・日本人男がフィリピン人女の嫡出でない子をフィリピンの方式により認知したことを証する書面を添付した報告的認知届を同フィリピン人女が届出した場合，当該フィリピン人女に届出人としての資格は認められないが，当該認知書を職権記載を促す申出書として取り扱った上で，認知者に対し，戸籍法44条に基づく催告を行い，認知者から届出がされないときは，当該届出書を資料として職権記載をするのが相当であるとした事例（平成24年1月31日民一284号民事局第一課長回答）

(イ) 認知と日本国籍の取得

出生の時に父又は母が日本国民であるときは，出生により日本国籍を取得する（国籍法2条1号）が，出生後に認知されても，当然には日本国籍を取得しないとされていた（平成20年改正前国籍法3条1項）。そのため，

フィリピン人母の離婚後300日以内に出生した子と母の日本人前夫との間の親子関係不存在確認の審判確定後に，他の日本人男から区長に対し，子の出生届，認知届及び各追完届が提出されたが，区長は各追完届の不受理処分をしたところ，これを不服とする子が認知届の追完届の不受理処分の取消しを求める申立てを家庭裁判所にしたが，最高裁判所平成9年10月17日判決にいうところの「嫡出推定がされなければ胎児認知がされたであろうと認めるべき特段の事情」がある場合には当たらず，前記不受理処分に違法はないとして，却下された事例（横浜家川崎支審平成10年10月7日戸籍680号47頁）もあった。また，出生後に認知された子から日本国籍の確認を求めたのに対し，国籍法2条1号は憲法14条1項に違反しない旨を判示したのが，【2-70】である。そして，前掲【2-69】が国籍法3条1項を違憲であるとし，国籍法3条が改正され，日本人父によってフィリピン人の子が認知された場合，その旨の届出の時から日本国籍を取得することになったのである（現行国籍法3条1項・2項）。

【2-70】 法律上の婚姻関係のない日本国民である父と，フィリピン国籍を有する母との間に出生した上告人が，出生の約2年9か月余り後に父から認知されたことにより，出生のときに遡って日本国籍を取得したとして，被上告人に対して，日本国籍を有することの確認及び日本国籍を有するものとして扱われなかったことによる慰謝料の支払を求めた訴訟の上告審で，国籍法2条1号は憲法14条1項に違反しないとして，上告を棄却した事例

最判平成14年11月22日判時1808号55頁，判タ1111号127頁

法［注：国籍法］2条1号は，日本国籍の生来的な取得についていわゆる父母両系血統主義を採用したものであるが，単なる人間の生物学的出自を示す血統を絶対視するものではなく，子の出生時に日本人の父又は母と法律上の親子関係があることをもって我が国と密接な関係があるとして国籍を付与しようとするものである。そして，生来的な国籍の取得はできる限り子の出生時に確定的に決定されることが望ましいところ，出生後に認知されるか否かは出生の時点では未確定であるから，法2条1号が，子が日本人の父から

出生後に認知されたことにより出生時にさかのぼって法律上の父子関係が存在するものとは認めず，出生後の認知だけでは日本国籍の生来的な取得を認めないものとしていることには，合理的根拠があるというべきである。以上によれば，法2条1号は憲法14条1項に違反するものではない。

(ウ) 嫡出推定と認知

フィリピン法では，嫡出推定が働く場合，原則として認知はできない。この点に関し，子の出生前300日のうち最初の120日の期間内に夫婦関係が全く不可能であった旨の立証があれば，嫡出推定を覆すことができるとし，認知請求を認めた事例（那覇家審昭和47年9月1日家月25巻6号160頁）がある。

ウ　養親子関係

(ア) 養親子関係に関する先例

養親子関係に関する先例として，次のようなものがある。

・日本人女と婚姻中の日本人男がフィリピン人女と重婚し，単独で同女の子と養子縁組をしても，フィリピン民法では重婚が無効とされているため，この養子縁組は日本民法795条の規定に違反する無効なものとして取り扱うのが相当であるとした事例（昭和61年8月7日民二5972号民事局第二課長回答）

・日本人夫がフィリピン人妻の嫡出でない子を養子とするときは，フィリピン人母と嫡出でない子についても家庭裁判所の許可を得て，市区町村長に養子縁組届をすることにより縁組が成立する。また，右縁組届の際子が14歳未満であっても，母について特別代理人の選任を要しないとした事例（昭和63年6月29日162回東京戸籍連絡協議会決議）

・日本人男が配偶者であるフィリピン人女とともに同女の未成年の嫡出でない子を養子とする場合，養子の本国法であるフィリピン家族法188条3号によれば養親の10歳以上の嫡出子の書面による同意を要するとされるが，この要件は法例20条1項後段所定の要件（いわゆる保護要件。通則法31条1項後段）に該当するので，養親となるべき日本人男の10歳以上の嫡出子の同意書の添付がない縁組届はこれを受理すること

ができない（平成7年7月7日民二3292号民事局第二課長回答）とした事例。
(イ) 養親子関係に関する裁判例

　養親子関係については，通則法31条（法例20条）により，縁組当時の養親となるべき者の本国法によるが，保護要件に関しては，養子となるべき者の本国法の成立要件も備えなければならず，その法的効果については養親の本国法によることになる。フィリピン国内養子縁組法が施行される1998年2月25日以前には，フィリピン児童少年福祉法典に基づき，裁判所が養子縁組も決定をするとされていた（同法36条）が，国内養子縁組法においても，裁判所の養子縁組決定に基づいて行うものとされた。すなわち，審理命令の公示が実施され，かつ，申立てに異議が出されず，同法11条によるケース・スタディ，養親の適格性，試験養育の報告，提出された証拠の検討を行った後，裁判所が，申立人らが養親となる適格性があり，養子の最善の利益に合致することに確信を抱いた場合に養子縁組決定を行うこととし，その決定は，申立時に遡って効力を有するものとした（同法13条）[3]。

　これに関して，国内養子縁組法施行以前のケースであるが，日本国籍を持つ夫とフィリピン国籍を持つ妻が共同で妻の嫡出でない子であるフィリピン国籍の未成年者と養子縁組をすることの許可を求めた事案において，法例20条（通則法31条）1項後段の規定に基づき，フィリピンの児童少年福祉法典により裁判所の養子縁組決定を要するが，その決定を求めることが困難な特別な事情があるとして，例外的に我が国家庭裁判所の養子縁組許可の審判をもってこれら要件を満たすものと解するのが相当であるとされた事例（山形家審平成7年3月2日家月48巻3号66頁）がある。

　また，フィリピン国内養子縁組法では，養子が10歳以上の場合は，その養子の同意，養親及び養子に10歳以上の嫡出子や養子がいる場合には，その同意，養親及びその配偶者と同居する養親の10歳以上の嫡出でない

---

[3] フィリピン国内養子縁組法の英文については，下記サイトを参照。
　http://www.lawphil.net/statutes/repacts/ra1998/ra_8552_1998.html。上記13条はその抄訳である。

子がいる場合には，その同意を，それぞれ得なければならない（同法9条）とされている。これに関する裁判例として，日本国籍を有する夫とフィリピン国籍を有する妻が共同で妻の嫡出でない子であるフィリピン国籍の未成年者と養子縁組をすることの許可を求めた事案において，本件ではフィリピン家族法で養子縁組の要件とされている養親となる者の嫡出子で満10歳以上の者の書面による同意を得られる見込みがないが，同意がないことにより養子となる者の福祉が害される事情は皆無であり，他方，扶養を必要としている者に養親となる者による扶養を法律上当然に求め得る子としての地位を否定することは，養子となる者の福祉を著しく害し公序良俗に反するとして，同法の適用を排除し，養子縁組を許可した事例（水戸家土浦支審平成11年2月15日家月51巻7号93頁）がある。

フィリピン国内養子縁組法7条は，養親の資格要件を定めているが，原則として夫婦共同縁組であることを要する旨を規定する。同法が施行される以前においても，夫婦共同縁組は要求されており，これに関して，日本人夫とフィリピン人妻とが，フィリピン共和国人の子（事件本人）を養子とする許可を求めた事案において，法例20条（通則法31条）1項前段に従い，日本人夫と事件本人との関係について適用される日本法と，フィリピン人妻と事件本人との関係について適用されるフィリピン法とは，養子縁組の形式的要件を異にするが法例22条ただし書（通則法34条ただし書）によれば養子縁組をする場所である日本の方式によることができるので，フィリピン人妻と事件本人との関係についても戸籍管掌者への届出によることができ，これによって，フィリピン法の要求する夫婦共同縁組の要件を充足すると解した事例（盛岡家審平成3年12月16日家月44巻9号89頁）がある。

フィリピンの養親子関係については，「渉外養子縁組に関する研究」27頁以下参照されたい。

エ　親子間の法律関係（親権・法定代理権）

(ア)　親権者・監護者指定と国際裁判管轄

フィリピンに関する親権者指定の裁判例について，国際裁判管轄が問題となった裁判例が【2-71】である。これは，フィリピン人母である

抗告人が，日本人父である相手方と婚姻し，事件本人（フィリピン国籍）が出生し，その後相手方と協議離婚し，事件本人とともにフィリピン国内に居住しているところ，日本国内に居住する相手方に対し，事件本人の親権者を自己と定めることを求めて親権者指定申立てをした事案の抗告審であり，国際裁判管轄がないとして，これを却下した原審（千葉家松戸支審平成17年6月6日家月58巻11号45頁）を破棄して，国際裁判管轄を認め，申立てを認容した事例である。

【2-71】 母（フィリピン国籍・同国居住）が，父（日本国籍・日本居住）に対し，事件本人（母と同居・フィリピン国籍）の親権者指定審判を申し立てた事案において，親子関係事件の国際裁判管轄については，相手方が行方不明その他の特段の事情のない限り相手方の住所地国を原則とし，併せて，子の福祉という観点から，子と密接な関係を有する地である子の住所地国にも認めるのが相当であるから，相手方住所地国である我が国に国際裁判管轄が存在するというべきであるとした事例

東京高決平成17年11月24日家月58巻11号40頁，判タ1213号307頁

親権者指定の裁判に関する国際裁判管轄については，フィリピン国と我が国の間において定める条約は存在しない上に，我が国法上の明文の規定は存在しないため，条理により定めるほかはない。そうとすれば，離婚事件のみならず，親子関係事件（本件親権者の指定の事件も含まれる。）についても，相手方が行方不明その他の特段の事情のない限り，相手方の住所地国を原則とするのが相当である。もっとも，親子関係事件の中でも本件のように未成年者の親権者を指定する裁判の場合については，子の福祉という観点から，子と密接な関係を有する地である子の住所地国に国際裁判管轄を認める合理性も否定できないことから，この場合は，上記相手方住所地国と併せて子の住所地国にも国際裁判管轄を認めるのが相当である。これを本件についてみるに，上記認定事実によれば，相手方は我が国に住所を有するから，相手方住所地国である我が国に国際裁判管轄が存在するというべきである。

(イ) 親権者指定の準拠法

　親権者指定の準拠法は，通則法32条（法例21条）が規定しており，親子間の法律関係として，子の本国法が父母の本国法と同一である場合，子の本国法によるとされ，その他の場合は子の常居所地法によるとされている。これに基づき，日本人父から行方不明のフィリピン国籍の母を相手方として嫡出でない子の親権者指定の申立てがされた事案について，法例21条（通則法32条）により事件本人の本国法であるフィリピン法が適用されるところ，同法上，嫡出でない子の親権者とされている母親が親権を行使することが不可能となった場合に嫡出でない子の親権者を父親に指定することができるかどうかに関する規定はなく，準拠法の欠缺の場合に該当するから，結局条理により日本国民法を適用するのが相当であるとし，民法819条5項4項に従って子の親権者を申立人とした事例（岐阜家審平成6年3月9日家月47巻11号80頁）がある。

　なお，平成元年法例改正前の法例20条は，親子間の法律関係は，原則として父の本国法によるとされていたところ，父の本国法としてフィリピン法が適用される場合，フィリピン法では離婚を認めていないため，離婚の際の親権者指定に関する条項が存在しない。その場合，フィリピン法を排除して日本民法を適用した事例と法定別居の際の監護者の指定に関する条項を類推適用した事例とが存在していた。前者の事例として，香港において離婚したフィリピン人夫と日本人妻との間の子（英国籍）の親権者指定の事案につき，平成元年改正前の法例20条を適用しフィリピン法を準拠法とすべきものとした上，離婚を認めないフィリピンにおいては離婚後の親権の帰属についての法律を欠いており，準拠法の欠缺の問題として条理により日本法を適用すべきであるとして，民法819条5項により親権者の指定をしたもの（東京家審昭和62年4月27日家月39巻10号101頁），後者の事例として，未成年子の親権者指定の準拠法たるフィリピン共和国民法中，法定別居判決の際における未成年子の監護権者の指定に関する106条3項の趣旨を類推適用して子の利益を考慮し，母である日本人妻を親権者に指定した事例（浦和地判昭和59年12月3日家月37巻12号53頁）がある。

なお，平成元年改正前の親子関係に関する準拠法は，法例20条により，原則として父の本国法であるが，父がいないとき母の本国法とされていた。これに基づき，日本人妻からフィリピン人夫に対する離婚請求を認容するに当たり，これに伴う子の親権者の指定は親子間の法律関係の問題であるから，平成元年改正前法例20条に規定する準拠法によるべきであるとした上，その準拠法であるフィリピン共和国民法には離婚に伴う子の親権者決定に関する規定がないので，法定別居判決の際における子の監護権者の指定に関する同法106条3項の趣旨を類推し，子の利益を考慮して母である日本人妻を親権者に指定した事例（浦和地判昭和59年12月3日家月37巻12号53頁，判タ556号201頁）がある。

(ウ) 子の引渡しの準拠法

親権に基づく子の引渡しについては，親子関係に関する問題として，通則法32条が適用され，子の本国法が父又は母の本国法（父母の一方が死亡，又は知れない場合にあっては，他の一方の本国法）と同一である場合には子の本国法により，その他の場合には子の常居所地法によることになる。これに関して，親権者の監護状況が劣悪で，その監護状況から緊急に離脱させる必要があるなど，子の福祉に反することが明らかな特段の事情がある場合を除いては，親権者が未成年者を監護養育することが相当であるところ，相手方である日本人父は，未成年者（2歳）に対する健康面の配慮，養育態度，監護能力に格別問題がない申立人であるフィリピン人母の親権を侵害した違法状態を継続しており，未成年者が安定した現状にあるとしても，これを主張することは許されないとして，本案申立て認容の蓋然性及び保全の必要性があるものと認め，相手方に対し，未成年者の仮の引渡しを命じた事例（さいたま家審平成20年4月3日家月60巻11号89頁）がある。この事例では，父が日本人であり，日本に子の常居所地があると解されるから，日本法が適用され，原則として母が親権者となる（民法819条4項）が，フィリピン家族法が適用された場合でも，原則として母が親権者となる（同家族法176条）から，結論に差異はない。

(エ) 親子関係存否確認

親子関係存否確認に関する先例として，フィリピン人女が日本人男と

の協議離婚後300日以内に米国内で出生した子（出生前に日本人他男から胎児認知されている）について，日本人男との親子関係不存在確認の裁判を得た上，国籍留保届出期間経過後にされた出生届を受理して差し支えないとした事例（平成12年3月29日民二765号民事局第二課長回答）がある。また，親子関係不存在確認の裁判例として，フィリピン人男性と日本人女性の婚姻成立から180日後に出生したため，法例17条（通則法28条）によって準拠法とされるフィリピン共和国民法255条によりフィリピン人男性の嫡出子と推定される子から，真実は日本人女性が夫であるフィリピン人男性と別居中に日本人男性との間に出生した子であることを理由に，フィリピン人男性を相手方として申し立てた親子関係不存在確認事件において，フィリピン共和国民法255条によると，「子の出生前300日のはじめの120日の期間において夫が妻と性交することの物理的不可能性の立証」をもって嫡出推定に対抗でき，本件については，夫婦が別居して2年半以上経過した後に申立人が出生したことが認められるので嫡出推定は及ばず，父子関係が存在しないとして，家事審判法23条により申立人と相手方間に親子関係が存在しない旨の審判をした事例（大阪家審昭和59年6月25日家月37巻5号66頁）がある。

なお，親子関係存否確認と国際裁判管轄及び準拠法について判示したものに，【2-72】がある。

【2-72】 申立人母（フィリピン国籍）から相手方（日本国籍）に対する親子関係不存在確認申立事件について，双方とも我が国内に住所を有し，我が国の裁判所でいわゆる23条審判をすることに合意している場合，我が国に国際裁判管轄権があり，また，申立人の母が申立人を懐胎した当時，相手方と婚姻関係にあったので，嫡出親子関係が成立するか否かの問題であるとして，旧法例17条（通則法27条）を適用し，申立人の母と相手方のいずれの本国法によっても申立人は嫡出子ではないとした事例

名古屋家審平成7年1月27日家月47巻11号83頁

本件は，申立人の母Aがフィリピン国籍，相手方が日本国籍であり渉外事

件として，国際裁判管轄権が問題となるところ，わが国にはこの点に関する成文法はないので条理によって解釈することとなるが，申立人，相手方共に日本国内に住所を有し，また，当事者双方は，わが国の裁判所で審理，判断するについて，何ら異議を止めず，本件調停に出席し，上記合意をしているのであるから，日本の裁判所に管轄権があると認められる。

本件は，申立人（子）が相手方（父）との間に親子関係が存在しないことの確認を求めるものであるが，申立人の母が子である申立人を懐胎当時，相手方と婚姻関係にあったため，それは相手方と申立人との間に嫡出子親子関係が成立するか否かの問題であるから，準拠法としては，法例17条［注：通則法28条］によることとなる。そうすると，申立人の母の本国法であるフィリピン法と相手方の本国法である日本法とが適用される。なお，フィリピン民法15条によれば，「家族の権利及び義務又は人の身分，地位及び法的能力に関する法律は，フィリピン市民が外国に居住している場合においても，その者を拘束する。」と規定しているのであるから，日本法に反致されることはない。

5 イギリス（グレートブリテン及び北アイルランド連合王国）

(1) イギリス親子法

イギリス（グレートブリテン及び北アイルランド連合王国，以下「英国」ともいう。）は，イングランド，スコットランド，ウェールズ，北アイルランドの連合体であり，一般に判例法，制定法ともに，地方により異なること，1996年家族法（Family Law Act 1996）が基本的な家族の法として制定されていること，2000年刑事司法及び裁判所援助法（Criminal Justice and Courts Service Act 2000）の第2章では，子供と家庭裁判所への助言と援助サービス（CHILDREN AND FAMILY COURT ADVISORY AND SUPPORT SERVICE）について規定し，その頭文字をとったCAFCASS（HPはhttp://www.cafcass.gov.uk/）という機関が設置され，家事事件への助言，援助を行っていること，2004年児童法（Children Act2004）が制定され，家事手続への助言と援助に関して規定をしていることなどについては，婚姻法について述べたとおりである。なお，CAFCASSの統計によると，その取扱い件数は，2008年以降毎年増加している。すなわち，2008年4月から2009年3月までの1

年間（2008年度という）の受理件数は6,488件であったが，2009年度は8,832件，2010年度は9,203件，2011年度は1万245件となり，2012年度は，同年12月までで8,135件となっており，前年度を上回る件数となっている[4]。

(2) イギリスに関する判例・先例

ア　国籍及び戸籍

　香港が中国に返還されるまではイギリスの領土であったため，日本人を父母として香港で出生した子の戸籍事務取扱いは，イギリス国籍法が適用されるが，出生の場所を表示する場合は「香港」と記載するという事例（昭和39年9月7日民事甲2922号民事局長回答），香港における英国籍を有する嫡出でない子の出生登録に日本人父が父として署名している場合は，香港方式の認知があったものとして取り扱って差し支えないとした事例（昭和58年3月25日民二2226号民事局長回答）がある。

　英国人女がベトナム人男と婚姻継続中に日本人男との間に出生した子につき，同夫婦の離婚判決謄本によれば，この夫は事件本人の出生する3年前から行方不明である場合でも，当該出生子を母の嫡出でない子として出生届をすることはできないとした事例（昭和43年11月21日民事甲3131号民事局長回答）があるが，事前に3年間行方不明であることを示して親子関係不存在確認の手続を経た上で届け出ることにより，嫡出子としての戸籍記載を免れることができる。

　英国の新国籍法（1983年1月1日施行）は，出生による国籍の取得につき，同国内で出生した事実のほかに父又は母が子の出生の時に英国市民であること又は同国に定住していることを条件としているので，同国及びその属領で出生した子（日本人夫婦の子）については，日本の国籍法9条（現12条）の規定は適用されないとした事例（昭和57年12月23日民二7606号民事局長回答）がある。

---

[4] CAFCASSの統計については，CAFCASSホームページの内右参照。http://www.cafcass.gov.uk/PDF/September%202011%20care%20demand%20update.pdf

イ　嫡出でない親子関係

(ア)　認知の準拠法

平成元年改正前の法例では，親権など親子間の法律関係については，原則として父の本国法と定められていた（同法20条）が，内縁関係にある日本人男と英国人女との間に出生した15歳未満の子を認知した父が，その子に代わって帰化許可の申請をした場合，父母の協議で父を親権者と定めた事案であれば，当該申請書を受理して差し支えないとした事例（昭和30年11月21日民事五発175号民事局第五課長回答）がある。

(イ)　胎児認知

平成元年改正前の法例は，認知は，認知する父母についてはその本国法，子についてはその本国法が準拠法となると規定していた（同法18条）が，当時の先例として，日本在住の英国人女の胎児を日本人男が認知する届出は受理できるが，その胎児認知の届出は母の住所でするとした事例（昭和29年3月6日民事甲509号民事局長回答）がある。

ウ　養親子関係

(ア)　配偶者の子を養子とする場合の準拠法

平成元年法例改正前の養子縁組の要件についての準拠法は，各当事者の本国法とされていた（同法19条）。我が国では，配偶者の子を養子とする場合には，子が未成年者であっても，家庭裁判所の許可を要しないが，英国では，基本的に断絶型の養子縁組であり，裁判所の決定が必要であると解されるところ，我が国には，特別養子縁組制度ができる前には，養子縁組の許可権限しか家庭裁判所にはなく，我が国の家庭裁判所の許可により，養子決定に代える運用がされていた。例えば，養親となるべき者の配偶者の実子（英国人）を養子とする場合，養子については英国法が準拠法となるが，英国法では未成年者との養子縁組は，裁判所の養子決定によって成立するものとされているので，本件についても養子決定を要するところ，同決定は，我が国の家庭裁判所の許可審判をもってこれに充てることが相当であるとした裁判例（神戸家審昭和53年2月21日家月31巻12号97頁）がある。

なお，日本人が配偶者の実子（香港籍）との養子縁組の許可を求めた

事案において，反致を認めた上，日本民法798条ただし書は，単に許可を不要とするだけで許可審判をすることを禁じている趣旨とは解されず，また，渉外的養子縁組の場合は家庭裁判所の後見的役割とその機能から許可の申立てがあった限りでその適否を判断することは意義のないことではないとして同申立てを許可した事例（大阪家審昭和57年12月22日家月36巻5号112頁）がある。しかし，もし，香港において英国本国と同様に，養子縁組に裁判所の決定が必要であるとすれば，これを我が国の家庭裁判所の許可権限により養子決定と同じ効力を認めてよいかが問題となる。また，反致が成立し，香港における法令ではなく，日本法が適用されるとすると，許可は不要であると解すべきであろう。

(イ) 特別養子縁組の成立

平成元年の改正前の法例では，養子縁組の要件について，各当事者の本国法によることとし，その効力及び離縁については，養親の本国法によるとされていた（平成元年改正前法例19条）が，昭和62年に特別養子制度が新設され，我が国においても，断絶型の養子縁組ができるようになった。これを踏まえて，英国国籍を有する申立人（養父となるべき者）及び日本国籍を有する申立人（養母となるべき者）と日本国籍を有する未成年者間の特別養子縁組につき，法例19条1項（平成元年改正前）により，申立人（養父となるべき者）については英国養子法を，申立人（養母となるべき者）及び未成年者については日本国民法をそれぞれ適用して，特別養子縁組成立の申立てを認容した事例（京都家審昭和63年6月28日家月40巻12号44頁）がある。同様の事案について，英国籍である養父となるべき者と養子となるべき者との間では，英国養子法が適用されるとし，英国養子法によると，養子縁組は養子をとる者の申請により権限ある裁判所のする養子縁組決定により成立し（英国養子法12条），養子縁組決定は，児童（養子となる者）が，少なくとも出生後12か月を経過した者で，決定に先立つ12か月の間継続して申請者ら又はそのいずれかと同居していた者でなければ，これを行うことはできず，また，裁判所は，児童が申請者らと家庭環境の中で共にいることを十分に観察する機会が当該家庭の存在する地域を管轄する地方当局に与えられていたと認める場合を除いて

は，養子縁組決定をすることができない（同法13条(2), (3)）ものとされているところ，上記養子縁組決定の性質及び地方当局による観察が要求される目的に照らすと，上記養子縁組決定は，我が国の家庭裁判所がする特別養子縁組成立の審判をもって，地方当局の観察は，我が国の家庭裁判所がする民法817条の8に基づく特別養子縁組審判前の監護（期間は上記英国養子法の規定により12か月となろう）の状況の考慮をもって，それぞれ代えることができるものと解されるとし，それぞれの要件を充足するものとして特別養子縁組の成立を認めた事例（東京家審平成元年10月24日家月42巻7号47頁）がある。

　イギリスの養子制度については「渉外養子縁組に関する研究」199頁以下参照されたい。

エ　親子間の法律関係（親権・法定代理権）

(ｱ)　親権者・監護者指定と国際裁判管轄

　親権者・監護者指定は，親子間に関する法律関係として，通則法32条（法例21条）が適用され，子の本国法が父又は母の本国法（父母の一方が死亡し，又は知れない場合にあっては，他の一方の本国法）と同一である場合には子の本国法により，その他の場合には子の常居所地法によると規定されている。また，複数の国籍を有する場合，常居所地のある国の法を本国法とし，常居所地がない場合，最も密接な関係のある国の法が本国法となる（通則法38条1項，法例28条1項）。これに基づき，妻（フランス国籍）から夫（英国籍）に対する，離婚及び子（英国，フランスの二重国籍）の親権者指定調停申立事件において，相手方の住所地国を日本として我が国に国際裁判管轄権を認め，親権者の指定については，法例28条1項，21条により子に最も密接な関係がある国を英国として，同国法を適用し，離婚及び親権者を相手方父と指定する旨の合意はあるが，離婚の準拠法である日本民法とは異なり，親権者指定についての準拠法である英国法には協議ないし調停離婚制度がないから，離婚と併せて親権者の指定をする場合には調停で行うのは相当でないとして，家事審判法24条により調停に代わる審判をした事例（水戸家審平成3年3月4日家月45巻12号57頁）がある。また，同様の趣旨により，日本人妻と英国人夫との離婚及び子の

親権者指定の調停において，24条審判をした事例（浦和家審平成元年6月29日家月41巻12号126頁）がある。

(イ)　面接交渉

離婚後，非親権者である英国人父から子との面接交渉を求めた事案につき，父の本国法である英国法に関し反致を認め，日本法を適用して申立てを認容した事例（東京家審昭和62年3月31日家月39巻6号58頁），別居中の夫（英国居住の英国人）が妻（日本在住の日本人）に対して，子（5歳）との面接交渉に関する審判前の保全処分を求めた事案において，両親間の対立，反目が激しいことのみを理由に直ちに面接交渉が許されないとするのは相当でなく，なお子の福祉に合致した面接の可能性を探る工夫と努力を怠ってはならないとして，申立てを却下した原審判を取り消し，差し戻した事例（名古屋高決平成9年1月29日家月49巻6号64頁）がある。

(ウ)　親子関係存否確認

英国法上嫡出の推定は夫の妻に対する不接近の証明により覆えすことができ，それには特別の手続を要しないから，法廷地法たる我が国の手続法上は親子関係不存在確認の手続で摘出の推定を覆えし得るとした事例（神戸家審昭和43年2月14日家月20巻9号113頁）がある。

6　ドイツ（ドイツ連邦共和国）

(1)　ドイツの親子法

ドイツの家族法は，民法典（BGB）のViertes Buch.（第4編）であるFamilienrecht（家族法）に規定されており，日本の親族法におおむね該当し，親子関係についても規定する。ドイツでは，早期から子の権利性を認め，1979年7月18日の親権法改正により，elterliche Gewalt（親権）をelterliche Sorge（親の配慮）に改め，子の福祉に配慮をした規定の仕方をとっている。そして子の権利条約の批准（1992年）を経て，1997年には，子の手続保護人制度（Verfahrenspfleger）を設け，子の意思を代弁する役割を手続保護人が担っている点が特徴的である。

第2　渉外国別親子法／6　ドイツ　651

(2) ドイツに関する判例・先例
　ア　国籍及び戸籍
　　(ア)　国籍の得喪
　　旧国籍法（明治32年法律第66号）は，日本人である子が認知により外国籍を取得したときは，日本国籍を失うと規定していた（23条）ことから，ドイツの国籍に関する戦前の先例として，日本人女の私生子をドイツ人たる父が認知したときは，子は日本国籍を喪失するとしたもの（大正11年7月22日民事2781号民事局長回答）がある。他方，旧国籍法施行当時ドイツ人父により，日本方式で認知された日本人女の嫡出でない子は，日本の国籍を失わないとした事例（昭和45年4月18日民事甲1133号民事局長回答）がある。
　　昭和25年7月1日に新国籍法が施行され，父が知れない場合において母が日本国民であるときは日本国民となるとされ（国籍法2条3号），また，自己の志望により外国籍を取得した場合（同法8条）でなければ，婚姻や認知によって日本国籍を失うことはなくなった。これを受けて，日本人女はドイツ人男との婚姻によって日本国籍を喪失しないとし，また，日本人の出生子（婚姻前の子）はドイツ人男の認知によって日本国籍を喪失しないとした事例（昭和25年9月5日民事甲2434号民事局長回答）がある。日本人女とドイツ人男との婚外子は，母の嫡出でない子として出生の時に日本国籍を取得し，後日父に認知されても，日本国籍を喪失することはないとした事例（昭和43年4月5日民事甲767号民事局長回答）でも，この点は確認されている。
　　なお，旧国籍法は日本人女が外国人と婚姻した場合，日本国籍を失うとされていたことから，旧国籍法施行中，日本人女とドイツ人男の婚姻届前の子として，母から嫡出でない子の出生届があり，母につき新戸籍を編製して，その子を入籍した後，父母の婚姻届と父から新国籍法施行後認知届をしている事案について，父母婚姻届受付日が子の出生前であることが発見された場合，母は旧国籍法18条により日本国籍を喪失しており，また，出生子はドイツ人母の嫡出でない子であり日本国籍を有しないので，所要の戸籍訂正をするとした事例（昭和39年5月23日民事甲1939

号民事局長回答）がある。
　ところで，1975年1月1日からドイツ国籍法の改正法が施行され，【2-73】のように取扱いが変更された。

【2-73】①　1975年1月1日施行のドイツ国籍法の改正法律により，日本人父，ドイツ人母間の嫡出子が，出生によりドイツ国籍を取得しても当該嫡出子は，これにかかわりなく，出生により日本国籍をも取得する。

【2-73】②　1953年3月31日以降，1974年12月31日以前に出生したドイツ人母と外国人父との間の嫡出子は書面による相当の声明に基づいてドイツ国籍を取得できるという前項のドイツ国籍法の改正法律の規定により，日本人男とドイツ人女の間の嫡出子が，本人又はその法定代理人の表明により，ドイツ国籍を取得した場合には，日本国籍を喪失する

昭和50年5月8日民五2477号民事局長回答

　大使館は，
　(イ)　1975年1月1日以降出生した，また出生する独逸人母と日本人父との間の子は独逸国籍の他依然として日本国籍を取得するかどうか。また，
　(ロ)　1953年4月1日以降1974年12月31日以前に出生した独逸人母と日本人父との間の嫡出子は，声明により独逸国籍を取得する可能性を行使した場合と雖も，日本国籍を維持出来るものかどうかの
2点につき御好意ある通知を戴ければ甚だ感謝に堪えない。
　独逸側にとっては，1975年1月1日以前及び以降に出生した子のため日本国籍の点に就き出来ることなら統一的解決がとられることが望ましい。何故なら1953年4月1日以降出生した独逸人母と日本人父との間の嫡出の子についてこれまで出生に因る独逸国籍の取得が阻まれていたのは一重に，独逸立法者がその以前に基本法第3条2項に対応する規定を定めていなかったことに起因しているからである。
　大使館はこの機会を藉り，外務省に対し改めて深甚なる平素の敬意を確認する。東京，1975年2月14日

　回　　答
　　本年3月4日付け領領第60号をもって御照会のあった標記の件については，

左記のように考えます。
　　　　　　　　　　　記
イ　日本人父ドイツ人母間の出生子の日本国籍取得の有無について
　　子の出生時に日本人父との間に法律上の父子関係が認められる場合は，母の国籍であるドイツ国籍の取得にかかわりなく，出生により日本国籍を取得する（国籍法第2条第1号及び第2号参照）。
ロ　1953年4月1日以降1974年12月31日以前に出生した日本人父ドイツ人母間の嫡出子が，1975年1月1日以降にドイツ国籍を取得したい旨の表明をしてドイツ国籍を取得した場合における日本国籍喪失の有無について
　　ドイツ国籍の取得が本人自ら行った表明又は法律上代理権を有する者において本人に代わって行った表明による場合は，日本国籍を喪失する（国籍法第8条参照）。

　(イ)　東ドイツ
　ドイツは，戦後，冷戦終結までドイツ連邦共和国とドイツ民主共和国に分裂していた。前者を西ドイツ，後者を東ドイツと略称することについては，昭和49年2月9日民二988号民事局第二課長回答が差し支えないと述べていたが，昭和54年10月16日民二5141号民事局第二課長通知では，戸籍及び婚姻要件具備証明書等の記載は正式名称を用いるとされ，ベルリンの壁が崩壊し，ドイツ連邦共和国に統一されてからは，ドイツという一般名称を用いてよいことになった（平成2年12月3日民二5452号民事局第二課長通知）。この分裂時代の東ドイツの先例として，東ドイツ国で出生した日本人夫婦の子は，出生の事実のみによっては，同国の国籍を取得しないので，出生届に国籍留保の意思を表示する必要はないとしたもの（昭和51年8月31日民二4915号民事局第二課長回答）がある。
　イ　嫡出でない親子関係
　平成元年改正前の法例は，認知の要件は，その父又は母に関しては認知の当時の父母の属する国の法律によって定め，その子に関しては認知当時の子の属する国の法律によって定めるとしていた（平成元年改正前法例18条）。これに関して，日本人妻が米国人（イリノイ州）夫との婚姻解消後300日以内にドイツ人男との間に生んだ子につき，離婚当時の母の夫の本国法である米国法により，その嫡出推定は覆えし得るとして嫡出

ない子と認定し，当該子に対するドイツ人男の認知については，準拠法であるドイツ法には認知制度はないが，このような場合には強制認知による父子関係の確定は許されるとして家事審判法23条により認知の審判をした事例（東京家審昭和41年2月23日家月18巻10号87頁）がある。

なお，ドイツでは，1998年民法改正により，嫡出子と嫡出でない子との区別が廃止され，父が父性を承認し，母がこれに同意した場合，父と子の親子関係が成立し，父が父性を承認しない場合，母又は子本人は，家庭裁判所に訴えを提起し，その確認を求めることができるとされた。これに関して，夫と婚姻中の外国人女の胎児を認知した日本人男からの報告的認知届について，前夫及び胎児の母（ともにドイツ国籍）の本国法において，本件認知がドイツ法上有効に成立しており，かつ，日本法上において公序に反するものではないことから受理して差し支えないとされた事例（平成24年11月8日民一3037号民事局第一課長回答）がある。

ウ　養親子関係

養子縁組の成立について，平成元年改正前の法例は，各当事者につき，その本国法による旨を規定していた（平成元年改正前法例19条）ところ，ドイツ人女が日本人夫とともに，日本人夫婦の養子となる養子縁組届を受理して差し支えないとした事例（昭和42年8月31日民事甲2439号民事局長回答）がある。

同じく平成元年改正前のドイツ連邦共和国人と日本人との養子縁組に関する先例として次のようなものがある。

・ドイツ連邦共和国民法の養子に関する規定（1976年改正）によれば，成年者を養子とする場合は，養親となる者と養子となる者との申立てに基づき後見裁判所が養子縁組の宣告をすることになっており，同法に定めるその他の要件も満たしているとして，家庭裁判所が同後見裁判所の宣告に代えて両名の申立てを許可した事例（東京家審昭和59年3月27日家月37巻1号153頁）。

・日本人男が自己の配偶者（ドイツ人）の子（ドイツ人）を養子とするにつき，ドイツ法によれば縁組の準拠法は養親の属する国の法律であるが，縁組に必要な同意は専らドイツ法が適用されるべき旨が定められ

ているところから，縁組の実質的要件についてはドイツ法に従うのが相当であるとし，縁組に関する我が国の家庭裁判所の許可審判は，ドイツ法上の裁判所の認許と制度手続は異なるが，縁組の当否を審査する点において類型を同じくし，本質上著しい差異はないから，我が家庭裁判所の許可審判をもって同認許に代えることが許されるとした事例（長崎家佐世保支審昭和42年2月20日家月19巻9号92頁）
・日本在住の米国人夫，ドイツ人妻が日本人未成年者を養子とすることを許可した事例（東京家審昭和36年2月10日家月13巻6号168頁）

　ドイツの養子制度については「渉外養子縁組に関する研究」210頁以下参照されたい。

エ　親子間の法律関係

　ドイツに関連する事例として，ドイツに在住する申立人母が16歳の娘との面接交渉を親権者である相手方父に対し求めたのに対し，具体的な面接の回数や方法を定めるのは困難であり，事件本人の年齢等を考慮して，申立人と事件本人との面接についての指針を主文において示した事例（浦和家審平成12年10月20日家月53巻3号93頁）がある。

7　カナダ

(1)　カナダ親子法

　カナダは，州に分かれており，親子法も州ごとに異なる。基本的に離婚後も共同監護が認められており，父母との面接交渉だけではなく，祖父母との面接交渉も認められている。例えば，ブリテッシュ・コロンビア州では，Family Relations Act（家族関係法）が制定されており，子の監護，後見，配偶者と子のサポート，財産分与，年金などを含んでいる。

（参考）

カナダ・ブリテッシュコロンビア州のFAMILY LAW ACTについては，州のホームページhttp://www.bclaws.ca/civix/document/LOC/complete/statreg/--%20F%20--/Family%20Law%20Act%20［SBC%202011］%20c.%2025/00_Act/11025_00.htm，同州のFAMILY RELATIONS ACTについては，市

民団体であるPAPAのホームページhttp://www.pa-pa.ca/FRA.htmlを参照されたい。

(2) カナダに関する判例・先例

　ア　国籍及び戸籍

　　旧国籍法では，日本人女は外国人と婚姻し，夫の国籍を取得すると，日本国籍を喪失する（旧国籍法18条）が，父が知れない場合において母が日本人であるときは，その子は日本人となる（同法3条）ことから，英領カナダ人男又はオーストラリア人男と婚姻した日本人女の婚姻前の出生子について戸籍法62条の出生届があった場合は受理できるとした事例（昭和27年9月2日民事甲167号民事局長回答），日本人女がカナダより，カナダ船に乗船して日本に帰国の途中同船船舶内で子を出生し，日本に上陸後出生届をした場合において，カナダ大使館においてその子が同国国籍を取得していない旨の証明をしたときは，同出生届を受理して差し支えないとした事例（昭和30年12月10日民事甲2544号民事局長回答）がある。

　　昭和59年改正後の国籍法では，日本人である母から出生した子は，日本国籍を取得する（同法2条1号）が，改正前は，父が日本人ではない場合，当然には日本国籍を取得しないとされていた。その当時の先例として，カナダ人男と婚姻した日本人女が，婚姻成立200日以内に出生した子を，嫡出でない子として出生届があった場合カナダ人男の住所が同国オンタリオ州にあったときは，子は嫡出子と推定されるから受理できないが，同人が日本に住所を有していたものであれば受理するとした事例（昭和37年12月10日民事甲3557号民事局長回答）がある。

　　なお，旧国籍法施行当時帰化によりカナダの国籍を取得した者は，徴兵令による徴集延期の手続をした場合であれば満37歳，そうでなければ満40歳に達した日に日本国籍を喪失する。また，同人の子で同国籍喪失前カナダで生まれた日本国籍保有者は，国籍離脱届により国籍を喪失するとした事例（昭和38年11月6日民事甲3077号民事局長回答）がある。

　イ　嫡出でない親子関係

　　嫡出でない親子関係については，通則法29条1項により，父との間の親子関係については子の出生当時における父の本国法により，母との間

の親子関係についてはその当時における母の本国法によるとされ，子の認知については，そのほか認知の当時における認知する者又は子の本国法によるとされ，認知する者の本国法によるときは，認知の当時における子の本国法によればその子又は第三者の承諾又は同意があることが認知の要件であるときは，その要件をも備えなければならないとされている（同条1項・2項）。したがって，日本人男がカナダ人女の子を認知する場合，認知される子の本国法であるカナダ国ブリティッシュコロンビア州法上の保護要件があれば，これを具備する必要があるが，その点が不明であるとしてされた照会に対し，認知される子の本国法である同州法には保護要件がないことが判明したとして，そのように判断して差し支えないと回答した事例（平成22年9月9日民一2248号民事局第一課長回答）がある。また，カナダ国アルバータ州の方式による報告的認知届について，同州の法制上，出生証明書の父欄に子が記載されていることをもって認知の成立が認められることから，受理できるとされた事例（平成25年8月29日民一734号民事局第一課長回答）がある。

ウ　養親子関係

(ｱ)　準拠法

　平成元年改正前の法例では，養子縁組の要件については，各自の本国法によるとされていた（平成元年改正前法例19条）ところ，カナダ人男に認知された日本人女の嫡出でない子（15歳未満）が，日本人である祖父と養子縁組をする場合，母が縁組の承諾権を有するが，行先不明の場合は後見人を選任した上その者が代諾するとした事例（昭和39年12月2日民事甲3797号民事局長回答）がある。

　我が国で特別養子縁組が新設・施行される前においては，裁判所の決定により養子縁組が成立する場合でも，我が国の家庭裁判所の普通養子の許可権限によってこれを代行できるとする審判例が出されていた。この点に関して，カナダ（ブリティシュ・コロンビア州）国籍を有する申立人夫婦と日本国籍を有する未成年者との間の養子縁組許可申立事件について，養親は我が国にドミサイル（住所）を有するものではないと認めて反致の適用を排除し，平成元年改正前の法例19条1項により，養親の要

件については申立人の本国法であるカナダ国ブリティッシュ・コロンビア州養子縁組法を，養子の要件については未成年者の本国法である日本国民法をそれぞれ適用することとした上，カナダ国ブリティッシュ・コロンビア州養子縁組法に規定されている裁判所による養子縁組命令については我が国の家庭裁判所の許可審判をもって代え得るとして，本件養子縁組を許可した事例（東京家審昭和62年12月17日家月40巻10号59頁）がある。

(イ)　特別養子縁組の成立

カナダ人夫婦が日本人を事件本人として申立てた特別養子縁組事件において，法例20条1項により，準拠法として申立人らの本国法であるカナダ国ブリティッシュ・コロンビア州法を適用し，同州の養子法における監督官の職務内容及び権限の大半が日本国の家庭裁判所調査官の職務内容及び権限と共通しており，日本国の家庭裁判所調査官による調査及びその調査結果報告書をもって同養子法における監督官による調査及びその報告書に代えることが許されるとされた事例（高松家審平成6年1月13日家月47巻12号47頁）がある。

なお，特別養子縁組を規定する法改正（昭和62年法律101号）以前には，特別養子縁組を成立させる権限が我が国の家庭裁判所になかったことから，養子縁組の許可の方式により，養子縁組を成立させる運用が行われていた。その事例として，カナダ国籍を有する申立人夫と日本国籍を有する申立人妻が，カナダにおいて里親として養育している子（1歳8月）を両名の養子とすることを求めた養子縁組許可申立事件において，養子となる者の常居所地がある日本国が国際裁判管轄を有するとした上，申立人夫につき準拠法となるカナダ国ブリティッシュ・コロンビア州養子法で求められている監督官の調査及びその報告書については，日本国の家庭裁判所調査官による調査及びその調査報告書をもって代え得るとして，養子縁組を許可した事例（千葉家市川出審平成元年6月23日家月41巻11号102頁），7年以上宣教師として日本に居住するカナダ人（ブリティッシュ・コロンビア州）夫婦が日本人未成年者を養子とするにつき，カナダ国際私法上のドミサイルは日本にないとして反致を認めず，養親の本国法であるカナダ・ブリティッシュ・コロンビア州の養子決定は，縁組の方式の

部分と実質的要件を審査する部分とに分けて考えられるから，後者の部分は我が家庭裁判所の許可審判によって代行し得るとした事例（宮崎家審昭和42年4月4日家月19巻11号122頁）などがある。

また，カナダ・アルバータ州に関する事例として，カナダ在住のカナダ人夫婦が日本人未成年者を養子とするにつき，平成元年改正前の法例29条の反致が成立するとして日本法を適用して許可審判した事例（熊本家審昭和40年9月28日家月18巻3号93頁）がある。

カナダの養親子制度については「渉外養子縁組に関する研究」161頁以下参照されたい。

エ　親子間の法律関係

(ア)　子の監護に関する処分の準拠法

子の監護に関する処分は，離婚の効果として離婚の準拠法によるよりはむしろ親子間の法律関係として平成元年改正前の法例20条を適用すべきであるとした事例（東京家審昭和44年6月13日家月22巻3号104頁）がある。

(イ)　親権者指定の準拠法

離婚の際の子の親権者監護者指定に関する法律関係は，離婚を契機として生じた新たな親子間の法律関係と解しうるから，平成元年改正前の法例20条により父の本国法を適用すべきであるとした事例（岡山地判昭和44年3月20日家月22巻5号94頁）がある。

8　フランス（フランス共和国）

(1)　フランス親子法

フランスの人口学者，歴史学者，家族人類学者であるエマニュエル・トッドによれば，フランスには，絶対核家族（ブルターニュ地方），平等主義核家族（北部），直系家族（地中海沿岸を除く南部），外婚制共同体家族（地中海沿岸）の伝統が混在しており，黒人移民との混血にも無頓着であると指摘されており，直系家族である日本とは，その家族構造の性格を異にしている。しかし，フランス民法は，これらの地域差を区別することなく，親子法について統一した規定を置いている。すなわち，第1編（人）の第

7章は実親子関係について，第8章は養親子関係について，第9章は親権について，第10章は未成年後見，親権解放について，それぞれ規定をしている。第7章では，嫡出子と嫡出でない子に共通する規定（同法310条の1-311条の23），嫡出子に関する規定（同法312条-333条の6），嫡出でない子に関する規定（同法334条-342条の8）を置いている。婚姻中の夫婦の子は夫の子とされるが，夫は，法廷において，夫の子であり得ないことを証明することにより，子を否認できる（同法312条）。婚姻の180日前に生まれた子は，嫡出子であり，懐胎当時からそのように扱われるが，夫は同法312条により子を否認できる（同法314条）。離婚後300日以上経過して出生した子，父が不在であることが言明された場合及び行方不明後300日以上経過して出生した子は，嫡出推定が働かない（同法315条）。嫡出否認がされなくても，母は離婚後に実父と婚姻する場合に限り，子の嫡出性を争うことができる（同法318条）。

第8章では，完全養子縁組（同法343条-359条）と普通養子縁組（同法360条-370条の5）について規定する。完全養子縁組は，双方とも28歳以上又は婚姻後2年以上経過している夫婦が法的別居をしていない限り，養子縁組の申立てができる（同法343条）。夫婦の一方が，28歳以上であれば，他方の配偶者が意思表示できない場合を除き，その同意を得て養親となることができる（同法343条の1）。前条の年齢要件は，配偶者の子を養子とする場合はこの限りではない（同法343条の2）。養親は養子となるべき者よりも，15歳以上年長でなければならないが，養子となるべき者が配偶者の子である場合は，10歳以上であればよい。ただし，裁判所は，理由があれば，前記年齢差がなくても養子決定ができる（同法344条）。養子となるべき者の年齢は15歳以下で，養親と6か月以上同居することが必要である（同法345条）。夫婦以外では複数人の養子にはなれない（同法346条）。実父母又は家族協議会が養子とすることに同意した子，国家の保護による子，同法350条に規定された遺棄された子は，養子にすることができる（同法347条）。普通養子は，養子の年齢に関わらず認められる（同法360条）。フランスにおける養子決定の効果は，フランス法による（同法370条の4）。

第9章では，子の人格に関する親権（同法371条-381条）と子の財産に関

する親権（同法382条-387条）について規定する。親権は，子の福祉を目的とする権利と義務の集合である（同法371条の1）。子は，父母の許可なくして，家庭から離れてはならず，法の決定により必要とされる場合に限り，家から引き離すことができる（同法371条の3）。子は祖父母と個人的関係を持つ権利がある（同法371条の4）。両親の別居は，親権の行使に影響を与えない（同法373条の2）。

第10章では，第1節は未成年者について，第2節は，後見について規定する。未成年者は18歳に満たない者をいう（同法388条）。後見については詳細な規定が置かれている（同法389-475条）。

(2) フランスに関する判例・先例

　ア　国籍及び戸籍

　昭和59年国籍法改正以前の先例として，国籍に関して，国籍法9条の規定は，外国で出生した子がその出生の事実のみによって，当該国の国籍を取得する場合にのみ適用があり，フランス国籍法1条2号の規定のように出生子がフランス国籍を取得するためにはフランスにおいて出生した事実のほかさらに出生子の父がフランスで出生したことを条件とするような場合には，国籍法9条の適用はないとしたもの（昭和30年2月22日民事甲331号民事局長回答）がある。

　同じく昭和59年国籍法改正前の先例として，就籍によって単身戸籍が編製されている子について，フランス人である母から認知届がされたときは，これを受理し認知の記載をするとともに戸籍法24条2項により当該戸籍を消除して差し支えないとした事例（昭和42年10月11日民事二発2888号民事局長回答），ニューヘブリデス諸島のサントー島（英，仏連合保護領）で結婚式を行った者のサントー行政府長の結婚報告書を所持する日本人男とフランス人女間に，右結婚式後同島で出生し，フランス官憲に出生登録がされている子が，国籍法2条1号の規定により日本国籍を取得したものとされた事例（昭和47年7月8日民事五発652号民事局第五課長回答）がある。

　なお，比較的最近の先例として，フランス共和国で出生した子について，国籍留保届出期間経過後にされた出生届の遅延事由が戸籍法104条

3項の「届出人の責めに帰することができない事由」に該当するとされたもの（平成9年3月11日民二445号民事局第二課長回答）がある。

イ　嫡出でない親子関係

(ア)　認知の準拠法

平成元年改正前の法例では，認知の要件は，その父又は母に関しては認知の当時父又は母の属する国の法律によってこれを定め，その子については認知当時の子の属する国の法律によるとされていたが，その当時の先例として，国籍法改正（昭和25年）後日本人男とドイツ人女間に，フランス国内で出生した子について，婚姻後父から同国駐在日本国大使館に戸籍法62条の出生届がされた場合，子はその認知の効力によりドイツ国籍を喪失し，また，フランス国籍も取得しないので無国籍となるとしたもの（昭和34年2月14日民事甲276号民事局長回答）がある。

(イ)　胎児認知

日本人女がフランス国において出生した嫡出でない子の出生届及びモロッコ人男が同子を出生前にフランス国の方式により認知した旨の証明書を添付して認知届があった場合，モロッコ王国においては，胎児認知の制度がないので，当該認知届は受理することができないが，当該子は，出生により日本国籍を取得することとなるとした事例（昭和55年2月15日民二872号民事局長回答）がある。なお，平成元年法例の改正後は，子の本国法にもよることができるので，日本法が適用され，胎児認知は有効であり，したがって，上記のケースでも，母の同意のもとで認知届を受理することができるようになった。

ウ　養親子関係

(ア)　準拠法

養子縁組については，縁組当時の養親の本国法によるとされている（通則法31条，法例20条）が，平成元年法例の改正前は，養子縁組の要件は各当事者につきその本国法による（平成元年改正前法例19条）とされていた。そこで，日本在住のフランス人夫婦と日本人未成年者間の養子縁組許可申立事件において，養親となる者の本国法であるフランス民法上の単純養子縁組の要件及び未成年者の本国法である日本国民法上の普通養子縁

組の要件をいずれも満たしているものと認めた上，フランス民法において，養子縁組の成立につき必要とされる裁判所の養子決定について，我が国の家庭裁判所の許可をもって代えることができるとして，養子縁組許可の申立を認容した事例（東京家審昭和62年6月1日家月40巻10号43頁）がある。

また，日本に住所を有するフランス人夫婦とオーストラリア人未成年者間の養子縁組については，上記のとおり，フランス及びオーストラリアの法が準拠法となるところ，フランス民法，オーストラリア未成年者養子縁組法上の裁判所の養子決定は，我が家庭裁判所の許可審判とその機能において大差はないとして，家事審判法による同許可の審判権限の類推適用によって許可審判した事例【2-74】がある。

【2-74】 日本に住所を有するフランス人夫婦とオーストラリア人未成年者間の養子縁組につき，フランス民法，オーストラリア未成年者養子縁組法上の裁判所の養子決定は，我が家庭裁判所の許可審判と大差はないとして，家事審判法による同許可の審判権限の類推適用によって許可審判した事例

東京家審昭和42年10月31日家月20巻4号54頁

　申立人らは，事件本人を準正養子（De la legitimation adoptive）にしたい意向を有していること，前記認定のとおりであるが，フランス民法は1966年の改正法によって，従前の普通養子，血縁断絶養子および準正養子の類別を廃し，新たに完全養子（De l'adoption pleémiére）（同法343条ないし359条）と単純養子（De l'adoption simple）（同法360条ないし370条の2）の類別を設けたのであって，申立人らの求める準正養子は，新しい完全養子に該当するものと思われる。そしてオーストラリヤ未成年者養子縁組法（1958年9月30日未成年者の養子縁組に関する法を統合する法律1条ないし20条）も未成年者の養子縁組を認めており，これは，フランス民法の完全養子とほぼ同一のものと解せられるので，本件養子縁組を成立させることが可能である。……また，未成年者養子縁組の成立には，フランス民法（353条ないし354条）も，オーストラリヤ未成年者養子縁組法（4条ないし11条）も，ともに裁判所の養子決定を要するのであるが，この養子縁組のため裁判所の養子決

定を要するかどうかの問題は、養親たるべき者の側、養子たるべき者の側双方に関する成立要件であるから、上記の如く、養親たるべき者がフランス人、養子たるべき者がオーストラリヤ人である本件養子縁組については、フランス民法とオーストラリヤ未成年者養子縁組法によって裁判所の養子決定が必要であると解される。そしてフランス民法およびオーストラリヤ未成年者養子縁組法の要求する裁判所の養子決定と、日本国民法の要求する家庭裁判所の許可審判とは、法制上異なる面をもつことは否定できないが、養子縁組が未成年者の福祉に合致するものであるか否か、および、実体法の要求する各要件を充足するものであるかどうかを審査する機能を営む点においては大差がないのであるから、フランス民法およびオーストラリヤ未成年者養子縁組法の要求する裁判所の養子決定は、日本国においては、家庭裁判所の許可審判をもって代用しうるものと解され、したがって当裁判所は本件養子縁組については、家事審判法9条甲類7号によって有する未成年者養子縁組に対する許可の審判権限の類推適用によって、許可、不許可を決することができるものと解する。

(イ) 特別養子縁組の成立

　フランス国籍を有する申立人（養父となるべき者）及び日本国籍を有する申立人（養母となるべき者）と日本国籍を有する未成年者間の特別養子縁組につき、法例19条1項により、申立人（養父となるべき者）についてはフランス民法を、申立人（養母となるべき者）及び未成年者については日本国民法をそれぞれ適用して、特別養子縁組成立の申立てを認容した事例（京都家審昭和63年6月9日家月40巻12号39頁）、フランス法に基づく断絶型の養子縁組の戸籍記載について、養子縁組後の子と父母の続柄を「長女」とし、養子縁組後の養子の身分事項欄に特記事項として「実父方の血族との親族関係の終了」と記載するのが相当とされた事例（平成23年2月9日民一320号民事局第一課長回答）がある。

　フランスの養子縁組制度については「渉外養子縁組に関する研究」222頁以下参照。

エ　親子間の法律関係

(ア) 親権者指定の準拠法

　平成元年法例の改正後の親子間の法律関係は、法例21条（通則法32条）

により，子の本国法が父又は母の本国法と同一である場合には子の本国法によるとされ，また，法例28条（通則法38条）1項は，当事者が二以上の国籍を有する場合には，その国籍を有する当時者が常居所を有する国もしその国がないときは，当事者に最も密接な関係がある国の法律を当事者の本国法とすると規定された。そこで，妻（フランス国籍）から夫（イギリス国籍）に対する，離婚及び子（イギリス，フランスの二重国籍）の親権者指定調停申立事件において，相手方の住所地国を日本として我が国に国際裁判管轄権を認め，離婚については，法例16条，14条（通則法27条，25条）により夫婦に最も密接な関係がある地を日本として我が国の民法を適用し，親権者の指定については，法例28条1項，21条（通則法38条1項，32条）により子に最も密接な関係がある国をイギリスとして，同国法を適用した事例（水戸家審平成3年3月4日家月45巻12号57頁）がある。なお，同事例は，調停申立事件であり，離婚及び親権者を相手方父と指定する旨の合意はあるが，離婚の準拠法である日本民法とは異なり，親権者指定についての準拠法であるイギリス法には協議ないし調停離婚制度がないことから，離婚と併せて親権者の指定をするには調停で行うのは相当でないとして，家事審判法24条により調停に代わる審判をしたものである。

(イ) 面接交渉

面接交渉に関して，フランス人の父（申立人）から，日本人の母（相手方）に対して，フランス及び日本の二重国籍を持つ当事者間の長女（事件本人）との面接交渉を求める事案について，同事件の国際的裁判管轄権に関しては，我が国には特別の規定も，確立した判例法の原則も存在しないが，子の福祉に着目すると子の住所地国である日本の裁判所に専属的国際裁判管轄権を認めるのが相当であるとし，また，準拠法については，法例21条（通則法32条）に従い母の本国法と同一である子の本国法の日本法が準拠法であるとし，法例28条1項（通則法38条）により二重国籍を持つ事件本人の本国法は，事件本人の常居所である日本であると解されるとした裁判例（京都家審平成6年3月31日判時1545号81頁）がある。なお，同裁判例は，既にフランス控訴院において面接交渉について判断が

されていることについて，フランス控訴院には国際裁判管轄権がないとして，改めて面接交渉についての定めを行っている。

9　ロシア（ロシア連邦）（旧：ソ連）

(1)　ロシア連邦の親子法

　帝政ロシアは，ソビエト革命により，ソビエト連邦の一部として，ロシア共和国となった。ロシア共和国では，1964年に民法典が編纂され，同年5月から施行されているが，ソビエト崩壊後のロシア連邦では，1995年に家族法が制定されている。その中で，親子関係についても規定がされており，これまでに数度にわたり，改正されている。ロシア連邦の家族法についてはJAF BASE（個人の収集したホームページ）（http://www.jafbase.fr/docEstEurope/RussianFamily Code1995.pdf）を参照されたい。

　歴史的にみると，家族法は，ソビエト誕生の頃から，民法典とは別途制定され，改正を重ねて作られてきている。ソビエト連邦時代には，帝政時代と全く反対に婚姻における外部的な強制を排除し，女性や子の権利を強く主張するものだったが，その半面，早婚や一夫多妻など各民族の伝統的な風習を否定するとともに，例えば二人の自由な意思決定に基づかない婚姻を要求するなどしてそれらの規定に従わない場合には，懲役刑を含む刑事罰をもって強制するという形で，国家が国民に押しつける内容のものとなっており，近代的な家族法の理念に立脚するものではなかった。現在の親子法には，親の子に対する権利義務のほか，子の氏名権（59条），変更権（60条）などについても規定があり，また，祖父母，兄弟姉妹と子とがコミュニケーションをとる権利（67条）なども規定されている。

(2)　ロシア連邦の判例・先例

　ロシア連邦又は旧ソ連当時の判例・先例はあまり多くはない。認知による嫡出でない親子関係について，次のような先例がある。すなわち，平成元年法例改正前の法例18条は，認知について，その子に関しては認知当時子の属する国の法律による旨定めていたので，ソビエト連邦国人の場合には，子の本国であるソビエト連邦の認知の要件具備証明書の添付が必要で

あるというのが原則であった。この点について、子が日本人男とソビエト連邦人女の内縁関係によって出生した子を父が認知するについて、子の本国官憲より認知の要件具備に関する証明書を得られない場合でも、同認知届を受理できるとされた事例がある（昭和34年7月11日民事甲1508号民事局長回答）。本件の出生子は、日本人である父とソビエト連邦人である母との間にその内縁関係が継続中に出生した嫡出でない子であることは、認知届書に添付の念書により明らかであり、このように事実上の父が明らかな場合であれば、仮に子の本国法に認知に関する規定がなくとも、法例30条（平成元年改正前のもの。公序規定）に規定する趣旨により当該認知届はこれを受理して差し支えないかという照会に対する回答である。

また、日本人男がロシア人女と他男との間の婚姻中に出生した子を認知する創設的認知届が提出されたが、出生証明書及び父子関係を立証する証明書に疑義があるとしてされた照会に対し、認知届に添付された父子関係証明書がロシアにおいて認知が成立したことを証する書面であることが判明したので、当該書面を戸籍法41条1項に定める証書として取扱い、受理して差し支えないとした事例（平成23年4月22日民一1043号民事局第一課長回答）がある。

10　オーストラリア（オーストラリア連邦）

(1)　オーストラリア親子法

オーストラリア親子法については、主に1975年オーストラリア家族法改正法（オーストラリア政府のホームページhttp://www.comlaw.gov.au/Details/C2011C00537参照）に規定されているほか、各州において養子縁組法が定められており、18歳未満の子について養子縁組が認められている。

(2)　オーストラリアに関する判例・先例

ア　嫡出親子関係

オーストラリア人男と日本人女の夫婦が、事実上離婚してから300日後に出生した子でも、法律上離婚してから300日以内であれば、夫婦間の嫡出子として推定を受ける。オーストラリア人男と日本人女間に離婚

後300日以内に出生した子は，事実上の離婚後300日後に出生してもオーストラリア人男との間の嫡出子である。右の出生子は，日本の住所地の裁判所において親子関係不存在確認の裁判をすることができるとした事例（昭和37年9月14日民事甲2566号民事局長回答）がある。

イ　嫡出でない親子関係

アメリカ人夫婦の養子となっている日本人女の嫡出でない子に対し，オーストラリア在住のオーストラリア人男から同国の治安判事が署名した認知に関する宣誓書を送付し，これによって母が認知届をした場合は，当該宣誓書の原文写（訳文をつけること）を戸籍法41条に規定する証書の謄本に準じて受理して差し支えないとした事例（昭和34年1月29日民事甲124号民事局長回答）がある。

また，平成元年法例改正前の法例18条は，父の認知については父の本国法によるとされていたところ，日本人母からオーストラリア人男に対する認知の訴えについて，父の本国法が準拠法となるが，オーストラリア連邦各州では強制認知を認めていないことは我が国の公序良俗に反するとして日本民法を適用した事例として東京地判昭和55年5月30日判タ417号152頁がある。

ウ　養親子関係

養子縁組の効力に関して，アイルランド人が日本人を養子とする縁組について，オーストラリア国西オーストラリア家庭裁判所の養子縁組決定により養子縁組が有効に成立しているものと認められた事例（昭和60年4月12日民二1971号民事局第二課長回答）がある。

日本に住所を有するフランス人夫婦とオーストラリア人未成年者間の養子縁組につき，フランス民法，オーストラリア未成年者養子縁組法上の裁判所の養子決定は，我が国の家庭裁判所の許可審判とその機能において大差はないとして，家事審判法による同許可の審判権限の類推適用によって許可審判した裁判例（東京家審昭和42年10月31日家月20巻4号54頁）がある。

オーストラリアの養子制度については，「渉外養子縁組に関する研究」242頁以下参照。

11 ブラジル（ブラジル連邦共和国）

(1) 国籍及び戸籍

　昭和25年の新国籍法9条により，日本の国籍を留保する意思を表示しようとするときは，出生の日から14日以内に出生届出とともにすべき（戸籍法104条1項）であり，天災等によりその責めによらずに届出ができないときは，届出可能になったときから14日以内に届け出すべきとされた（同条2項）。しかし，ブラジルでは，日本公館の事務処理の実情に鑑みて，当分の間，帰国後14日以内であれば，同条2項の届出として受理する取扱いを行っていた。これを変更したのが【2-75】であり，届出を受理できる態勢ができたので，今後は，出生後ブラジル国内で14日を経過している場合，特段の事情がなければ，帰国後に国籍留保の届出を受理しないとしたものである。なお，国籍留保届出期間は，昭和59年国籍改正法により，出生後3か月以内に改正されている。

【2-75】　ブラジル国で出生した子につき日本でする出生及び国籍留保の届出については，戸籍法104条2項（現3項）に該当すべき事由がない限り，期間経過後の出生及び国籍留保届は受理できないとして先例を変更した事例

　　　　　　　　　　　　　昭和28年4月20日民事甲656号民事局長通達

ブラジル国で出生した子につき日本でする出生及び国籍留保の届出について
　標記の子の出生及び国籍留保の届出については，ブラジル国に在る日本公館の事務処理の実状にかんがみ，外務省条約局長の申越しにより，当分の間，その父又は母が日本に帰国後14日以内にその届出をしたときは，これを戸籍法第104条第2項［注：現行3項］に該当する届出と解して受理するよう客年10月22日附民事甲第483号本官通達第1項をもって指示したところである。しかるところ，その後同国駐在公館における事務処理が軌道に乗り，従前受理未済であった標記の子の出生及び国籍留保の届出はすべてその受理を完了し，本年1月1日以後の出生子については，出生後14日以内に前記の届出が受理できる態勢となった模様である。ついては，今後は標記の子につきその父又は母から日本に帰国後14日以内に出生及び国籍留保の届出がなされても，

出生後同国において既に14日を経過している場合は，他に戸籍法第104条第2項に該当すべき特別の事情がない限りこれを受理すべきでなく，もっぱら帰化の手続によらしめるようその取扱を改めることとする。

　すなわち，昭和59年法律45号による改正前の戸籍法104条1項では，国籍法9条1項に規定する国籍留保の意思表示は，出生届のできる者が出生の日から14日以内に国籍留保の届出をしなければならないとし，同条2項では，天災その他届出義務者の責めに帰することができない事由により期間内に届出ができないときは，届出ができるようになった時から起算するとされていた。この2項に該当するかどうかが問題となった事例がある。

　1つは，ブラジルで出生した女子の出生届について，戸籍法104条2項に該当する書面の添付がないため外務省に返送したところ，今回さらに在ベレーン総領事の遅延理由書（前段事由：届書を仮受付の際届出人の婚姻届書と同時に受付け，不備の箇所があり追記せしめるため届出人に返送し，再提出のために要した郵便期間を含んでいるため。後段事由：戸籍法104条2項に該当するかは，添付したブラジル国官憲発給の出生証明書によって認定できると思われるため。）を添え送付があったので，該理由書前段事由により戸籍法104条2項の規定に該当するものと認め受理差し支えないと考えるがどうかという照会に対し，受理して差し支えないとした事例（昭和39年2月5日民甲273号民事局長回答）である。

　もう1つは，昭和57年6月29日ブラジル国で出生した，日本人父・ブラジル人母間の嫡出子について，昭和58年7月11日父から国籍留保届書の送付が直接本籍地にあり，受理伺いがされたケースである。遅延理由書によれば，サンパウロ市までは1,000キロの距離があり，妻は日本語が不自由で，事件本人が出生の時産後の日だちが悪くて家を離れることができず，1年後領事館に赴いた結果直接本籍地へ送付するよう指導されたと記載されている。しかし，添付の出生証明書によれば事件本人が出生して7日後に出生の登録をしており，郵便事情の発達した現在においては直ちに領事館又は本籍地に対しても郵送による届出ができるものと思われ，既に1年以上も経過した本件については戸籍法104条2項に該当するとは考えられず，

受理しないのが相当であると思われるとしてされた照会に対し，貴見のとおりとの回答がされている（昭和58年10月31日民二6212号民事局第二課長回答）。

　前記のとおり，現在では，国籍留保の届出は出生の日から3か月以内とされ（戸籍法104条1項），期間は長くなっているが，出生の届出とともにしなければならないとされていること（同条2項），天災等により責めに帰することができない事由により届出ができなかった場合には，届出できるようになってから14日以内に届出すべきものとされていること（同条3項）は従前どおりである。

　なお，出生地主義を採る国で出生した場合でも，日本の在外公館職員などの場合には，その子が滞在国で出生しても，同国の出生による国籍取得に関する法律は適用されず，したがって，国籍留保の届出は不要である（昭和32年9月21日民事甲1833号民事局長通達）。それでは，外務省派遣技術協力専門家の子が出生地主義を採るブラジル国で出生した場合はどうかについて，在外公館職員と同一と解して差し支えなく，その場合，戸籍の記載は出生事項中父の資格を「父（外務省派遣専門家）」とするのが相当との回答がされている事例（昭和57年8月4日民二4844号民事局第二課長回答）がある。

(2) 嫡出親子関係の成立

　日本法では嫡出否認ができるが，ブラジル法では嫡出否認ができない場合において，当事者間に合意が成立し，その合意が相当と認められた場合，ブラジル法を排除して，日本法に基づいて，23条審判ができるかが問題となった裁判例（大津家審平成12年1月17日家月52巻7号101頁）がある。平成元年改正後の法例17条（通則法28条）により，相手方の出生当時の申立人及び母の本国法であるブラジル民法が準拠法であるが，同法によると，嫡出子否認の申立ては認められないが，「相手方が申立人の子でないことは明らかであり，申立人，相手方，母とも日本で生活し，その生活の本拠は日本にあり，相手方，母は今後も日本で生活する予定である本件において，本件嫡出子否認の申立てを認めないのは相手方である『子の福祉』を著しく害することとなり，我が国の社会通念に反する結果を来し，ひいては我が国の公序良俗に反するというべきである」として，法例33条（通則法42条）によりブラジル民法の適用を排除し，日本民法を適用し，嫡出否認を認め

(3) 嫡出でない親子関係の成立

　ブラジルでは，嫡出でない父子関係の成立については，事実主義ではなく，認知主義を採っている。したがって，父親が認知をしないと，嫡出でない子としての届出は受理できないことになる。すなわち，ブラジル人女の嫡出でない子の出生届が受理された後，当該出生届につきブラジル人父の氏名を記載する旨の追完届がされたが，ブラジル国は，父子関係の成立につき事実主義ではなく認知主義を採用しているとして，これを受理すべきでないとされた事例（平成15年8月22日民一2347号民事局第一課長回答）がある。

　また，認知の認定資料について，日本人男とブラジル人女の婚姻前にボリヴィア共和国で出生した3人の子につき，婚姻後にされた父からの認知届の処理についての照会回答がある。すなわち，被認知者の本国法であるボリヴィア共和国の身分法が不明であるが，同国に認知制度が存するとした場合，添付されている出生証明書によれば，出生（登記）台帳に父の氏名が登録されていることから，出生子はそれぞれ登録された日に認知が成立したものとして，当該証明書を戸籍法41条の規定による証書として取り扱って差し支えないかという照会に対し，出生登録の日に認知が成立したものとして取り扱って差し支えないと回答した事例（平成3年7月4日民二3729号民事局長回答）である。なお，このような場合，届出をした日本人男に認知の意思や時期を確認する方法もあるが，本事例では，その後，日本人男の消息がつかめないため，その意思確認ができないというケースである。

　平成元年改正前の法例18条は，認知について，父母については認知当時の本国法，子に関しては認知当時の子の本国法を準拠法とするとされていた。そこで，ブラジル国籍を有する母が，夫との裁判上の別居期間中に，日本国籍を有する相手方の子を懐妊した事案につき，同法例18条により，父である相手方については日本国民法を，子である申立人についてはブラジル民法を，それぞれ適用して，家事審判法23条により認知の審判をした事例（東京家審昭和62年10月8日家月40巻10号49頁）がある。当時のブラジル民法355条は「私生子はその父母双方によりまたは各別に認知せられること

を得」と定めており，当時の「ブラジル離婚法（1977年12月26日法律第6515号）3条によれば「法的別居は相互の貞節義務を終結する」と定められ申立人の母Aは1983年8月先夫Bとの法的別居の効力が生じた後である1984年相手方と知り合い申立人が出生したのであるから，申立人は申立人の母と先夫との婚姻の効力が及ばない時期の懐胎出生であり非嫡出子と同視すべき身分関係にあると解することができる。」とし，また当時の「民法363条は懐胎の時母がその推定の父と内縁関係にあつたことを認知の要件としているが，申立人の母と相手方とは申立人の懐胎の時内縁関係にあったことも前記認定事実から明白であり，その他同民法183条1項ないし6項，358条の認知障害事由に該当する事情も認められない。」とし，日本民法でも嫡出推定が及ばないから，認知が可能であるとする。「結局，申立人の被認知適格についてはブラジル民法，日本民法いずれも形骸化した婚姻の継続している時期に出生した子と父との関係について婚姻の効力を制限的に解する制度を有するものであり，父子関係の実体に即した法律関係の形成を容認しているものであるから，これを肯認することができる。」としている。

　ブラジル民法は，2002年に大幅に改正され，認知に関する352条から367条までの条文は，そのまま現行民法の1607条から1617条に承継されている。また，民法1597条2号では，婚姻解消，死亡，法的別居又は婚姻取消後300日以内に出生した子は婚姻中に懐胎したものと推定され，ブラジル民法上は嫡出推定が働くことになるが，婚外子親子関係の調査に関する法律（1992年法律第8560号）では，子の差別廃止の観点から，出生証明書には嫡出子，嫡出でない子の区別は記載しないことなどを定め，事実上の父の認知の範囲も拡大している。婚姻中の母から生まれた子であっても，夫以外の事実上の父とともに出生登録を行う場合には，事実上の父を父として出生登録ができることになっており（『全訂　渉外戸籍のための各国法律と要件』（下）255頁），上記推定よりも優先するとされている。

(4) 養親子関係の成立

ア 養子縁組の要件

　平成元年改正前の法例19条は，各当事者につきその本国法によるとされていたことから，日本に居所を有するブラジル人夫，ブラジル在住の日本人妻と日本人未成年者との養子縁組について，養子となるべき未成年者が日本に住所を有する日本人であるなどの事情から管轄権を認めた上で，改正前法例19条により，ブラジル合衆共和国民法と日本民法が適用されるとし，その要件を検討した上，いずれの養子縁組法の要件も充足しているとして，これを許可した裁判例（東京家審昭和40年5月27日家月17巻11号132頁）がある。

イ 養子縁組の効力

　ブラジルでは，1988年の新憲法施行後，養子と実子とを差別することが禁じられたため，非断絶型の養子縁組は認められなくなり，現在は，断絶型の養子縁組だけが認められている。養親は18歳以上で，養子とは16歳以上の年齢差が必要である。12歳以上の養子については本人の同意が必要であり，父母が不明又は家族権が解任されている場合には，その同意は不要である。裁判所の決定により成立し，実父母との関係は断絶される。

　ブラジル国在住の日本人夫婦が，ブラジル人女を同国の方式により養子（完全養子）とした旨の証明書を提出した場合の処理について，本件は，昭和55年11月14日同国裁判所の許可の判決及びこれに基づき同月27日新らたに出生証明書の登録をしている事実が認められるので，登録の日に有効に養子縁組は成立しているものと解される。したがって，戸籍法41条の規定による報告的届出として処理するのが相当であるとした事例（昭和57年6月11日民二3906号民事局第二課長回答）がある。

　ブラジルの養子制度については，「渉外養子縁組に関する研究」185頁以下参照。

　なお，満21歳未満（未成年）のブラジル人は，外国に帰化してもブラジル国籍は喪失しないとした事例（昭和51年10月8日領二307号外務大臣官房領事移住部長回答）があるが，現在ブラジルの成人年齢は18歳である。

12　その他の国々の判例・先例

　その他の国々関する関係法令については，『全訂渉外戸籍のための各国法律と要件』に詳しく紹介されているので，同書を参考にされたい（本書の法令の記述についても同書に負うところが大きい）。ここでは，その他の国々に関する判例・先例について紹介するとともに，必要な範囲で関連法令についても触れることにする。参考となる先例・判例のある国々ついてアイウエオ順に紹介する。

(1) **アイルランド**

　アイルランドは，出生地主義であり，アイルランドで出生すると，同国籍を取得する。アイルランドには，養子縁組に関する法律があり，夫婦共同縁組が原則で，7歳未満の子を養子にできる。担当部局の決定により養子縁組が成立する。

　他国の裁判所の決定に代えることができるかについて，アイルランド人が日本人を養子とする縁組について，オーストラリア国西オーストラリア家庭裁判所の養子縁組決定により養子縁組が有効に成立しているものと認められた事例（昭和60年4月12日民二1971号民事局第二課長回答の事例と同じ）がある。

(2) **アフガニスタン**（アフガニスタン・イスラム共和国）

　正式名称は，2004年からアフガニスタン・イスラム共和国である。アフガニスタンの法制度は定かではないが，一般にイスラム諸国においては，養子縁組は禁止されており，その要件等を定めた法令の規定がないことが多い。日本人妻がアフガニスタン・イスラム共和国（以下「アフガニスタン国」という。）人夫の成年のアフガニスタン国籍の子を養子とする創設的養子縁組届について,アフガニスタン国における養子縁組に関する法令に,養子の保護要件に関する規定が存在しないため,受理して差し支えないとした事例（平成23年8月8日民一1879号民事局第一課長回答）がある。

(3) **アルゼンチン**（アルゼンチン共和国）

　ア　国　籍

　アルゼンチンは，生地主義国であり，同国内で出生すると，同国籍を

取得する。したがって3箇月以内に日本国籍を留保する意思表示をしないと日本国籍を失う（国籍法12条）。これに関して，アルゼンチン国で生まれた外務省派遣の在外日本人学校教員の子は，出生によって同国の国籍を取得しないから，日本国籍を留保する必要はないが，アルゼンチン国は，国籍法9条（現12条）の外国に当たらないと解すべきでないとした先例（昭和51年6月28日民二3532号民事局第二課長依命通知）がある。

なお，国籍の喪失に関して，旧法中アルゼンチンで出生した日本人の子がアルゼンチンの国籍を取得し，国籍留保せず，日本国籍を失った後，日本に帰化した場合，アルゼンチン国籍を喪失するものと解して取り扱うとした事例（昭和36年2月6日民事甲326号民事局長回答）がある。現行国籍法5条1項5号では，帰化の許可条件として日本国籍取得により，その国籍を失うことが必要である。

イ　嫡出でない親子関係

アルゼンチンでは，任意認知，裁判認知が認められているが，嫡出子と嫡出でない子とが判明しないように出生証明書が作成されることになっており，出生証明書には認知した旨が明記されていない。そこで，アルゼンチン共和国で出生し，同国市民登録局発行の出生証明書に父の表示がされているときは，同国の方式によって認知がされたものと認められるから，子は父母の婚姻によって準正嫡出子の身分を取得すると解される（昭和49年8月20日民二4766号民事局長回答）。

ウ　養親子関係

アルゼンチンには単純養子縁組と完全養子縁組とがある。アルゼンチン人が日本人を養子とする創設的養子縁組届について，アルゼンチン法により反致が成立し，日本民法における養子縁組の実質的成立要件及び子の保護要件を満たしていることが認められたため，受理して差し支えないとされた事例（平成25年12月20日民一997号民事局第一課長回答）がある。なお，司法研修所編『渉外養子縁組に関する研究』（法曹会，1999）193頁にアルゼンチンの養子縁組に関する審判例が2例紹介されている。

(4) **イタリア**（イタリア共和国）
　ア　嫡出親子関係
　イタリアは，父母両系血統主義をとっており，日本人夫婦の子はイタリアで生まれてもイタリア国籍を取得しないから，国籍留保の届出は不要である。
　イタリアにも嫡出否認の制度があり，イタリア人夫から日本人妻との間の子に対する嫡出否認の申立てについて23条審判をした裁判例がある。すなわち，準拠法は平成元年改正前の法例17条により子の母の夫の本国法であるイタリア民法であるとし，「イタリア民法231条によると夫は婚姻中懐胎された子の父であるとされ，同法235条1項は出生前300日から180日が経過する期間において夫が遠出の理由により又はその他の事実によって妻と同居することが事実上不可能であつた場合には，夫は婚姻中懐胎された子を否認することができ，同244条は子の出生の通知から3ヵ月の期間内に否認の訴えを提起することを要すると定められている。」とし，「本国法を適用する手続は法廷地の裁判手続によるべきものと解されるところ上記イタリア民法による否認の訴えはわが人事訴訟法27条の否認の訴と同旨の手続と解せられ，人訴27条の訴は家事審判法23条の合意に相当する審判の対象とされているので，家庭裁判所において家事審判法23条の審判において申立人の本国法の適用により，申立てと同旨（未成年者○○○○が申立人の子であることを否認する）の審判をなし得るものと判断される」とした（東京家審昭和48年5月8日家月25巻12号63頁）。
　イ　嫡出でない親子関係
　イタリアでは，嫡出でない子の親子関係の形成について事実主義ではなく，認知主義を採用している。日本人男がイタリア人女の子を認知した旨の記載のある同国市役所発給の出生証明書を戸籍法41条の認知の証明書として取り扱って差し支えないとされた事例（昭和58年3月8日民二1824号民事局長回答）がある。また，古い先例であるが，イタリア人男が日本人である嫡出でない子を認知する場合には，胎児認知，死亡した子の認知，遺言による認知等の場合を除き，日本人相互間の認知の場合と同様に処理して差し支えないとした事例（昭和30年9月15日民二461号民事局

第二課長回答）がある。

　なお，日本人夫とイタリア人妻との間の離婚訴訟において，日本とイタリアの二重国籍を有する子らの養育費の支払に関して，日本法を準拠法として適用した裁判例（東京地判平成7年12月26日判タ922号276頁）がある。扶養義務の準拠法に関する法律2条によれば，扶養義務は，扶養権利者の常居所地法，当事者の共通本国法，日本法の段階的連結とされており，この事案では子らは日本国籍も有していることから，共通本国法は日本法となる。

(5)　イラン（イラン・イスラム共和国）

　ア　国際裁判管轄

　親権者変更申立事件の国際裁判管轄に関する裁判例がある。すなわち，日本に住むイラン人の父親が西ドイツに住む日本人の母親に対して母親と同居している未成年者の親権者変更の調停を申し立てた事案において，親権者変更申立事件の国際的裁判管轄権は，特段の事由のない限り，未成年者の住所地又は常居所地の国にあり，我が国には国際的裁判管轄権はないとして，調停の申立てを不適法として却下する審判をした（東京家審平成元年9月22日家月42巻4号65頁）。

　イ　国籍

　国籍法改正（昭和59年法律第45号）前は，出生時に母が日本国民であっても，父が日本国民でなければ日本国籍は取得しない扱いがされていたところ，イラン国人男と同国において同国の方式により婚姻したと申し立てる日本人女が，日本で子を出生した場合，同婚姻を証する書面を呈示できない限り，出生子は日本国籍を有する者と解して，母の戸籍に嫡出でない子として入籍させるほかはないとした事例（昭和38年11月1日民事甲3071号民事局長回答）がある。

　ウ　嫡出でない親子関係

　ところで，イランには，姦通罪があり，姦通をした女性は，鞭打ち刑や石打ちによる死刑に処せられる。2010年にも石打ち刑の宣告を受けた女性の死刑執行に対する批判が欧米で高まったことがある。すなわち，イランでは，婚外子の存在を認めておらず，したがって，婚外子の存在

を前提とする認知制度も存在しない。イランには婚外子について父子関係を認める制度がないため，イラン人男から日本人女の嫡出でない子に対してされた認知届は受理しないのが相当とされた事例（昭和60年12月3日民二7611号民事局長回答）がある（なお，その後，平成元年10月2日民二3900号民事局長通達第4により，本件のようなケースでは，日本法によって認知することができるようになった）。

しかし，このように認知を認めないのは，子の福祉を害するおそれがあるため，公序則により，イラン法の適用を排除する裁判例【2-76】が出されている。

【2-76】 平成元年改正前の法例18条により準拠法となるイラン国民法が強制認知及び反致を認めていないことから，同法30条に基づきイラン国民法の適用を排除し，日本国民法を適用するのが相当とした事例

東京地判昭和45年9月26日判時620号62頁，ジュリ489号161頁

> 法例第18条［注：平成元年改正前のもの。以下同じ］によれば，認知の要件は認知各当事者間の本国法が総合的に適用されることになるから，本件の場合，日本国民法とイラン国の法律が適用されることになる……イラン国民法（昭和32年1月イラン資料第19輯イラン国民法第2，第3巻日本イラン協会発行参照）には，子が父の死後において父に対し強制認知を求めることを認容した規定はなく，また認知の法律関係について反致を認める規定もない。……しかし，嫡出でない子が法律上自らの父を定め，戸籍に父を記載されることは，子にとって重大な意義を有することであり，このための唯一の方法である認知の訴を許さないことは，わが国においては法例第30条にいう公序良俗に反するものといわなければならない。

エ 養親子関係

イラン人夫A（イスラム教徒）と日本人妻Bがイラン人未成年者C（宗教未定）との養子縁組の許可を求めた事案において，Cが日本国に住所ないし常居所を有するから我が国に国際裁判管轄があるとし，準拠法については，AとCとの関係では養親の本国法であるイスラム法が適用さ

れ、BとCとの関係では日本法が適用され、保護要件についてはCの本国法によるが、Cの宗教は決まっていないとして最密接関係地の法として日本法が適用されるとした上、ABはCと今後も日本で居住する予定であり、ABとも共同での養子縁組を望んでいることなどを考慮すると、イスラム法を適用して養子縁組を認めないことは、我が国の公の秩序に適合しないというべきであるから、法の適用に関する通則法42条により、その適用を否定するのが相当であるとして養子縁組を認めた審判例（宇都宮家審平成19年7月20日家月59巻12号106頁）がある。

オ　親子間の法律関係（親権）

　イラン国とコロンビア国の両方の国籍を有する申立人母からイラン国籍を有する相手方父に対し、イラン・コロンビアの二重国籍を有する子の親権者を相手方から申立人に変更する審判を求めた事案について、親権者変更を認めた審判例（東京家審平成22年7月15日家月63巻5号58頁）がある。同審判によると、申立人の本国法はコロンビア法、相手方及び未成年者の本国法はイラン法となる（通則法38条1項本文）ところ、イランは人的不統一国であり、通則法40条1項の「規則」がないため、密接関係地法とすべきところ、相手方はイスラム教徒であり、未成年者は入信していないが、相手方の親族と同居しており、いずれもイラン・イスラム法が相手方及び未成年者の本国法となる。そうすると、本件における準拠法は、相手方及び未成年者の共通本国法であるイラン・イスラム法となるが（通則法32条）、相手方が受刑中であり、親権者としての義務を果たせないことから未成年者の親権者を相手方から申立人に変更する必要性が高く、相手方もこれに賛成の意向を示しているのにもかかわらず、イラン・イスラム法に準拠するときには、親権は常に子の父が有し、母への親権者変更ができないことになり、公序良俗に反するから、通則法42条により、イラン・イスラム法を適用せず、日本法（民法819条6項）を適用して、未成年者の親権者を相手方から申立人に変更するのが相当であるとしたものである。

カ　その他

　直接家事に関するものではないが、イラン人親子に関して、次のよう

な判決がある。日本に不法残留したイラン国籍を有する女性及びその実子（女）が，退去強制令書の発付処分等を受けたことから，その処分等には裁量権の逸脱濫用があるとして退令処分の取消請求等を求めたところ，原審ではいずれもその申立てが棄却された。そして，これに対する控訴審において，子については，イラン人の母の兄及びその妻（日本人）との間で養子縁組をしており，その養子縁組には実態があり，かつ養親は共に医師の資格を持って稼働していること，現在8歳になるが，日本で生活をしてきており，イランに帰った場合，生活の困難が予想されること等を理由として，同子を強制送還することは，裁量権の範囲を逸脱した違法があると認定して原審を取り消した事例（東京高判平成23年5月11日判時2157号3頁）がある。

(6) インド

ア 国　籍

インドの国籍に関する先例として，インドで出生した日本人夫婦の子の出生届出が旅行によって遅延をしたケースについて国籍留保届出を受理したが，インドで出生した場合，インド国籍を取得するのか，また，届出遅延を理由に戸籍の訂正をすべきかとの照会について，インド大使館に照会したところ，インドでは出生地主義を採っているから，国籍留保届が必要であるが，本件遅延は戸籍法104条2項に該当するから，訂正の必要はない旨回答した事例（昭和31年5月18日民事甲1044号民事局長回答）がある。なお，本事例当時は，インドは，国籍取得について出生地主義を採っていたが，1986年改正により血統主義に改められ，1987年7月1日から施行されている。また，外国で生まれたことによってその国の国籍を取得した日本国民は，戸籍法の定めにより国籍を留保する意思表示をしなければ出生時に遡って日本国籍を失う（昭和59年改正前の国籍法9条）とされていたが，昭和59年改正により，出生により外国の国籍を取得した日本国民で国外で生まれたものは，戸籍法の定めにより国籍を留保する意思表示をしなければ出生時に遡って日本国籍を失う（昭和59年改正後の国籍法12条）と改められた。その場合，出生した日から14日以内に届出をすることが必要である（昭和59年改正前の戸籍法104条1項）が，天災等の

責めに帰することのできない事由によってその期間内に届出ができないときは，届出ができるようになった時から起算する（同条2項）とされていたが，これも昭和59年改正により，出生した日から3か月以内に届出をすればよいとの改正がされ（昭和59年改正後の戸籍法104条1項），天災等責めに帰することのできない事由によってその期間内に届出ができないときは，届出ができるようになった時から14日以内に届出をすべきこととされた（昭和59年改正後の戸籍法104条3項）。

イ　嫡出親子関係

インドの親子関係に関する規定は少なく，慣習法によるものが多いと言われている。昭和59年改正前国籍法では，子の国籍は，子が出生当時の父の本国法によるから，インド人父の嫡出子であると認定されれば，母が日本人であっても，日本国籍を取得しない。この点に関して，インド外務省への照会回答を踏まえて「当該出生子は，その嫡出性決定の準拠法である1872年インド証拠法第112条の規定に照らし，インド人男の生来の嫡出子と認められるので日本国籍を有しないものと解される。したがって渋谷区長が本件出生届に基づいてした新戸籍の編製は錯誤であるので，先に渋谷区長が受理した非嫡出子出生届を嫡出子出生届に訂正する旨の追完届をさせたうえ，当該戸籍を消除するのが相当である。」と回答した事例（昭和54年12月5日民二6033号民事局第二課長回答）がある。上記インド外務省の回答は次のとおりである。

㈠　インドには子供の嫡出性の決定について，インド国内法によるか，あるいは，この子供の生れた国の法律によるかを規定した法律はない。

㈡　本件に関する唯一の条項は，1872年のインド証拠法112条で，次のとおり定めている。

「子供の母と男性との間の合法的婚姻の継続中又は，婚姻解消後，母が再婚せず，その280日以内に子供が生れたという事実は，婚姻当事者が子供の出来たときに，お互いに接触しなかった事実を示し得ない限り，この子供が男性の嫡出子であることの決定的証拠である。」

㈢　斯くの如く，この条項により，もしも子供が合法的婚姻の継続中に生れれば，婚姻後何日目に生れようとこの子供は嫡出子である。ただ

しこの法律はインドにのみ適用される。

㈣　インド国外で生れた子供はその生れたときに父がインドの国民であれば，この子供も血統によりインド国民である（1955年公民権法第4条参照）。

なお，国籍法の改正（昭和59年法律第45号）及び平成元年法例改正により，子が出生当時父又は母のいずれかが日本国民であれば，その子は日本国籍を取得し，父又は母のいずれかの法律により嫡出子とされれば，その嫡出子となるから，本件のようにインド人父，日本人母の間で，婚姻中に出生した子は国籍法により日本国籍を取得し，通則法28条（法例17条）により，インド民法が適用され，嫡出子となる。したがって現在では日本人の嫡出子として受理することが可能である。

ウ　嫡出でない親子関係

日本人男とインド人女間の婚姻前の出生子について，日本人男から認知届を受理して差し支えないとされた事例（昭和52年3月11日民二1593号民事局第二課長依命回答）がある。他方，ヒンドゥ教徒であるインド人男と日本人女間の婚姻前の出生子について，母死亡後に父であるインド人男からされた認知届を受理して差し支えないとされた事例（昭和57年10月8日民二6181号民事局第二課長回答）がある。同回答では，認知届の受理によって子は準正されず，また，子の戸籍に後見人就籍事項が記載されていても，右認知によって父が当然に親権者となるものと解して職権で後見終了の旨を記載することは相当でないとされていたが，平成元年法例改正後は，準正子となる（平成元年10月2日民二3900号民事局長通達第3の3参照）。

(7)　インドネシア（インドネシア共和国）

ア　国　籍

インドネシアでは，国籍取得に関し父母血統主義を採っており，父又は母がインドネシア人であれば，その子はインドネシア国籍を取得する。また，国籍法改正（昭和59年法律第45号）まで，子は出生時の父の国籍を取得し，母の国籍は取得しない取扱いをしていたため，父がインドネシア人であり，母が日本人である場合には，その間の子は日本国籍を取得

しないとされていた。すなわち，日本の方式により婚姻したインドネシア人男と日本人女間の婚姻後200日以内の出生子は，生まれたときに父がインドネシア人であると解すべきであるから，日本国籍を有しないとした事例（昭和46年3月26日民事五発342号民事局第五課長回答）があったが，上記国籍法改正後は，日本国籍を取得する。したがって，外国で出生した場合，二重国籍となるので，国籍留保の届出（国籍法12条）をしないと日本国籍を喪失する。

イ　嫡出でない親子関係

インドネシア民法では任意認知が認められている。認知をした場合，出生証明書の裏面等に登録官が認知の記載をするものとされ，父欄に父の氏名が記載されているだけでは認知とは扱われない（『全訂　渉外戸籍のための各国法律と要件』（上）643頁参照）。認知をする場合，母の同意が必要である。したがって，日本人男からされたインドネシア人女の婚姻前の子に対する認知届について，母から認知に関する同意書を提出させた上で，創設的認知届として受理するのが相当である（平成8年5月17日民二955号民事局第二課長回答）。

また，インドネシアでは，強制認知を認めていない。この点に関し，強制認知を許さない旨のインドネシア共和国法は，我が国の公序良俗に反するとして，強制認知を認めた裁判例（横浜地判昭和58年11月30日判時1117号154頁）がある。

平成元年改正前の法例18条では，認知は，認知当時の認知をする父又は母の本国法によるとされており，したがって，インドネシア人女の胎児を日本人男が認知する届出があれば，これを受理するとした事例（昭和44年1月14日民事甲44号民事局長回答）がある。この点は，平成元年改正後の法例18条及び現行の通則法29条でも同じである。

ウ　養親子関係

日本人夫婦がインドネシア人（成人）を養子とする創設的養子縁組届について，養子となるべき者が成人であることから，決定型の養子縁組とする必要がないものの，成人について保護要件があるか分明でないとしてされた照会に対し，受理して差し支えないと回答した事例（平成21

年7月2日民一1598号民事局第一課長回答）がある。

　なお，平成元年法例改正前において，日本人がインドネシア人を養子とする養子縁組について，養子の実質的成立要件に関する準拠法は，反致により養親の本国法である我が国の民法である。しかし，子の親権に関しては，インドネシア共和国法を準拠法として適用するとした事例（昭和56年5月13日民二3097号民事局長回答）がある。しかし，インドネシアでは，孤児院又は社会福祉施設にいる子との養子縁組については特別法があり，この事例に基づいて養子縁組を処理するのは適当ではないと指摘されている（『全訂　渉外戸籍のための各国法律と要件』（上）645頁参照）。

(8)　**ウクライナ**

　日本人夫がウクライナ人妻の15歳未満の嫡出子（ウクライナ国籍）を養子とする養子縁組については，養親である日本人夫の本国法である日本民法が適用されるが，保護要件については養子となるべき者の本国法であるウクライナ法が適用される。そしてウクライナにおける養子縁組法制では，保護要件としてウクライナの政府機関の許可が必要とされているところ，当該養子縁組の届書の添付書面からは，当該許可を得ているとは認められず，受理しないのが相当であるとされた事例（平成25年1月17日民一29号民事局第一課長回答）がある。

(9)　**エクアドル**（エクアドル共和国）

　エクアドルでは，嫡出子，嫡出でない子の区別はされておらず，いずれも出生時には，子として扱われる。また，嫡出でない子の親子関係については，事実主義ではなく，認知主義を採用しており，任意認知，強制認知，胎児認知が認められている。エクアドル人男から日本人女の嫡出でない子に対する認知届があった場合，エクアドルにおける認知の規則が子側の法律に従うこととされているところから認知者についても日本民法が適用され，本国官憲発給の要件具備証明書が添付されていなくても，これを受理して差し支えないとされた事例（昭和62年1月23日民二242号民事局第二課長回答）がある。

(10)　**エチオピア**（エチオピア連邦民主共和国）

　エチオピアでは，嫡出でない親子関係に関し，事実主義ではなく認知主

義を採っており、父子関係については、母にとって正当なものであることが必要とされている。そのため、日本人がエチオピア人を認知するためには、子の本国法上の保護要件として母の同意が必要である（平成4年7月2日民二3779号民事局第二課長回答）。

(11) エルサルバドル（エルサルバドル共和国）

　ア　国　籍

　　エル・サルヴァドル共和国（平成15年以降はエルサルバドルと表記）においては国籍取得につき出生地主義を採っていないので、同国で出生した日本人夫婦の子の出生届出につき届書に国籍留保の旨記載させる必要はないとした事例（昭和42年3月15日民事甲384号民事局長回答）がある。

　イ　嫡出でない親子関係

　　エルサルバドル国の官憲が発行した同国人女の出生子の出生証明書について、同国には任意認知制度があり、出生登録の際、資料を添付して父親が署名をし、出生証明書に父親の資格が記載されていれば任意認知の方法として認められ、これに基づいて市役所の登録官が発行した証明書で役場の公印が押されていれば真正な証明書として取り扱うことに問題はなく、これを、戸籍法41条の認知証書の謄本として扱ってよいとした事例（平成11年3月3日民二419号民事局第二課長回答）がある。

(12) オーストリア（オーストリア共和国）

　ア　国　籍

　　出生による国籍の取得について、オーストリア法は、父母両系血統主義を採っており、日本人夫婦の子がオーストリアで出生しても同国籍を取得しないので、国籍留保の届出は不要である。

　　ところで、日本国民は自己の志望によって外国の国籍を取得したときは、日本の国籍を失うとされている（国籍法11条1項。昭和59年改正前は8条）ところ、日本人男のオーストリア公民権取得に伴い、同国国籍を取得した同人の妻及び未成年の子は、日本国籍法8条（現11条）に該当し、日本国籍を喪失するとされた事例（昭和54年12月3日民五5935号民事局長回答）がある。

イ　嫡出でない親子関係

　オーストリア民法では，嫡出子，嫡出でない子の区別を設けており，婚姻してから離婚後302日以内に出生した子は嫡出子と推定される。また，認知については，任意認知，強制認知が認められ，準正制度もある。

　日本人女の子をオーストリア人男が認知した場合に関して，オーストリア人男の認知に関する公証人調書を添付して，母から報告的認知届があった場合は，同公正証書の正本が裁判所へ送達されたことを明らかにする当該国官憲発給の証明書を添付させた上受理すべきである（昭和52年11月18日民二5716号民事局長回答）とした事例がある。

　また，これとは反対に，日本人男がオーストリア人女の嫡出でない子を同国の方式により認知した場合に関して，同国青少年局長の発給した認知を証する書面を添付して認知届があった場合は，報告的認知として受理して差し支えないとした事例（昭和54年10月5日民二4948号民事局第二課長回答）がある。

(13)　**オランダ（オランダ王国）**

ア　嫡出親子関係

　婚姻中及び婚姻解消後307日以内に出生した子は，母が再婚した場合を除き，前夫が父となる（オランダ民法197条）。したがって，オランダ人男と婚姻後18日目に日本人女が出産した子に関する嫡出子出生届について，受理するのが相当である（昭和57年4月28日民二3223号民事局第二課長回答）。

イ　嫡出でない親子関係

　未成年者（18歳未満）の外国人はオランダ人男が認知をすると，オランダ国籍を取得するとされていたが，1993年国籍法改正により，認知によりオランダ国籍を取得することはなくなった。認知をするには母の同意が必要である。また，2003年4月1日のオランダ国籍法改正後は，当該子が未成年者（18歳未満）である間に，認知したオランダ人により3年間養育された場合に，当該子の法定代理人がオランダ国籍を選択する宣言をすることによりオランダ国籍を取得することができることとされた（東京地判平成18年3月29日判時1932号51頁）。

ところで，旧国籍法（昭和25年7月1日廃止）では，外国人である未成年者を日本人父が認知をした場合，日本国籍を取得するとされていた（旧国籍法6条）ことから，日本人男が昭和24年6月にオランダ人女の嫡出でない子をオランダの方式により認知したが，その届出をしないまま所在不明となり，いま子の母から認知を証する書面とともに，戸籍記載の申立書が提出された場合には，子は日本国籍を取得し新戸籍を編製するとした事例（昭和32年8月28日民事甲1591号民事局長回答）がある。

　また，日本人男とオランダ人母とが婚姻し，その後，オランダで離婚判決が確定し，その中で，母が未成年子の後見人に指定され，日本人男は日本に帰国し，その後死亡した事案について，オランダ法によって父が親権者となっているかどうか不明でも，決定の日に親権者を母と定められたものと解し，職権により親権者指定事項の記載をして差し支えないとした事例（昭和53年7月18日民二4096号民事局第二課長回答）がある。

ウ　養親子関係

　オランダでは夫婦又は単身者による養子縁組を認めていたが，最近は同性者カップルによる養子縁組も認められている。事実上3年間扶養することが必要であり，養子となる者が14歳以上であれば，その同意が必要とされている。

　平成元年改正前法例は，養子縁組は各当事者の本国法とされていたところ，オランダにおいて同国人夫婦が日本人の子を養子とする縁組は，養親となるべきオランダ人についてオランダ法の要求する実質的要件が充たされ，かつ，当該縁組がオランダ法の定める方式によって有効に成立したときは日本法上も有効である。有効に成立した縁組は，当事者の報告により日本の戸籍に記載されるとした事例（昭和42年5月25日民事甲1754号民事局長回答），オランダ法上の養子決定も日本法上の許可審判も未成年者の福祉及び実体法上の縁組要件を審査する機能を営む点において手続上類似性を持つから，オランダ法の要求する決定は我が国家庭裁判所の許可審判をもって代用し得るとした裁判例（東京家審昭和44年9月22日家月22巻6号100頁）がある。

(14) カメルーン（カメルーン共和国）

　日本法では，自分の嫡出でない子も，嫡出子にするため，養子縁組をすることができるが，カメルーン共和国では，自分の子を養子とすることはできない。カメルーン共和国人女が，日本人夫とともに自己の嫡出でない子を養子とする縁組届は，カメルーン民法によれば，自己の子を養子とすることはできないとされているので，日本人のみとの単独縁組と訂正させた上受理して差し支えないとされた事例（平成3年2月18日民二1244号民事局長回答）がある。

(15) カンボジア（カンボジア王国）

ア　嫡出でない親子関係

　カンボジアには，婚姻及び家族に関する法律がある。嫡出でない親子関係については，未婚の父母の間に生まれた子を嫡出でない子（同法90条）とし，子の出生登録に際して戸籍担当官の面前で双方の子であることを認知することにより，その父母となる（同法91条）。父母の一方だけが認知した場合，その子は認知した親のみの子とみなされる（同法92条）が，出生登録後も認知は可能であり（同法93条），双方が認知した後婚姻すれば，その子は嫡出子となり，婚姻登録後の認知も可能である（同法94条）。

　ところで，日本人男によるカンボジア人女の嫡出でない子（カンボジア国籍）の創設的認知届出を受理するに当たり，法例18条（通則法29条）に基づき子の本国法であるカンボジア国の保護要件について審査を要するところ，完備ジアの法制度が明らかではないとして照会があったのに対し，カンボジア王国には認知制度があるものの，同国法上，保護要件はないものと考えられるので，受理して差し支えない旨の回答をした事例（平成21年10月30日民一2633号民事局第一課長回答）がある。なお，上記条項は，上記照会回答に参考として添付されたものに基づいている。

イ　養親子関係

　カンボジアでは，国際養子縁組法が2009年に制定されている。日本人がカンボジア人の子を養子とする養子縁組ついては，カンボジア国際養子縁組法による保護要件として裁判所の許可又は承認が必要であると解

されることから、これがない場合には受理しないのが相当とした事例（平成23年11月1日民一2593号民事局第一課長回答）がある。

なお、昔の事例として、成年のカンボジア人を日本人夫婦の養子とする縁組届が提出された事案について、これを受理して差し支えないとした事例（昭和50年8月19日民二4716号民事局長回答）がある。

(16) **ギリシャ**（ギリシャ共和国）

ア　国　籍

ギリシャでは、父母両系血統主義を採っている。したがって日本人夫婦の子がギリシャで生まれても、ギリシャ国籍を取得しない。その半面、父母のいずれかがギリシャ人であれば、ギリシャ国籍を取得する。ギリシャにおいて日本人男とギリシャ人女間に出生した嫡出子は、日本国籍を留保する意思を表示するまでもなく当然に父の国籍を取得するとした事例があるが、国籍法改正（昭和59年法律第45号）により、昭和60年1月1日以降に出生により外国で外国籍を取得した日本人は、日本国籍を留保する意思を表示しなければ、出生のときに遡って日本の国籍を失うことになる。

イ　嫡出でない親子関係

ギリシャでは、任意認知も、強制認知も認められているが、出生後5年が経過すると認知請求の訴えはできなくなる。ギリシャ人男と日本人女との婚姻前の出生子につき、ギリシャ人男から、駐日ギリシャ国総領事に対して認知届がされ、同領事発給の認知届受理証明書を添付して認知届があった場合は、戸籍法41条による証明書の提出があったものとして処理して差し支えないとされた事例（昭和53年9月13日民二4863号民事局第二課長回答）がある。

(17) **ケニア**（ケニア共和国）

ア　嫡出でない親子関係

ケニアには、認知に関する規定がないことから、事実主義を採っていると考えられる。したがって、認知調書というものはないから、日本人男とケニア人女との間の婚姻前の出生子について、日本人男からされた認知届を受理して差し支えないとした事例（平成11年4月23日民二873号民

事局第二課長回答），日本人男から在ケニア日本国大使にケニア人を母とする嫡出でない子2名についての認知届が届出されたが，いずれも母の独身証明書が提出できないとして，受理の可否について照会があったのに対し，これを受理して差し支えない旨回答した事例（平成24年12月18日民一3541号民事局第一課長回答）がある。

イ 養親子関係

　ケニアでは，未成年（18歳未満）の養子が認められており，裁判所は養子縁組要件を満たす場合に養子縁組命令を発令する。日本人女（単身，年齢45歳）がケニア人男（未成年者—単身，年齢17歳）を養子とする縁組について，ケニア共和国ナイロビ高等裁判所の養子縁組命令により縁組が有効に成立したものとしてその報告的養子縁組届がされたケースについて，これを受理して差し支えないとされた事例（平成10年3月24日民二573号民事局第二課長回答）がある。

(18) **コスタリカ**（コスタリカ共和国）

　コスタリカ親族法では，婚姻関係にない父母の子はすべて認知されることができるとされ，妊娠中や死後の認知も認めている。日本人女と婚姻したコスタリカ人男から，妻が婚姻前に出生した嫡出でない子について認知届があったときは，これを受理して差し支えなく，子は当該認知によって嫡出子の身分を取得するとした事例（昭和49年8月20民二4765号民事局長回答）がある。

(19) **コロンビア**（コロンビア共和国）

ア 国　籍

　コロンビアは，夫婦の一方がコロンビア国内に住所を有する場合において，子がコロンビア国内で出生したときは，コロンビア国籍を取得するが，日本人夫婦の子がコロンビアで生まれたというだけでは，コロンビア国籍を取得しない。コロンビア共和国において出生した日本人女の嫡出でない子は，日本国籍留保の意思を表示するまでもなく，出生により日本の国籍を取得するとした事例（昭和43年11月9日民事五発1326号民事局第五課長回答）がある。

イ　嫡出親子関係（嫡出否認）

　コロンビア民法は、父母が婚姻中に懐胎した子を嫡出子とし、婚姻後180日経過後に出生した子は夫の子とみなす。夫は、子の出生を知ってから60日以内に嫡出否認の訴えができる。

　日本国籍の申立人（父）から公簿上嫡出子とされている子を相手方として申し立てられた嫡出子否認事件（23条審判事件）について、法例17条（通則法28条）により、申立人の本国法である日本法と相手方の母の本国法であるコロンビア法とが準拠法となるとして、日本法の適用については、申立人が子の出生を知ってから1年以内にされているから嫡出否認の申立ては適法であるとし、コロンビア法の適用について、次のように判示する。すなわち、「コロンビア婚姻・離婚法213条によれば、父母の婚姻中に懐胎した子は嫡出子とされ、同法214条は『婚姻後引き続き180日を経過した後出生した子は、婚姻中の懐胎と考え、その夫を父とする。』と規定する。したがって、本件上記事実関係の下では、コロンビア法によっても、相手方は申立人の嫡出子となるものである。ところで、同法215条は『妻の姦通が、たとえ懐胎可能期間に行われたものであっても、夫はその事実のみによってその子に対する嫡出子としての承認を拒むことができない。但し、その期間中に姦通したことが証明されれば、夫がその子の父でないことを証明するに足るその他の如何なる事実についてもこれを証拠として認めることができる。』と規定しているので、申立人は、相手方に対し、嫡出子否認の訴を提起することができるものである。ところで、同法217条によれば、その訴の提起期間は原則として『この出産を知った日から60日以内』であるが、上記認定事実によれば、本件申立は、申立人が相手方の出産を知ってから60日以内になされたものである」とし、いずれの法においても嫡出否認が可能であり、本件事実関係のもとでは、嫡出否認をするのが相当であるとする（名古屋家審平成7年5月19日家月48巻2号153頁）。

ウ　嫡出でない親子関係

　コロンビアでは、任意認知、強制認知のいずれも認められている。これに関し、日本人男とベネズエラ人女間のコロンビア国で出生した婚姻

前の子につき，同国公証人発給の出生登録証明書に父が出生の届出をした旨の記載がある場合は，コロンビア国の方式による認知が成立したものと解して差し支えなく，これにより出生登録証明書を認知証書として取り扱うのが相当とされた事例（昭和56年5月22日民二3248号民事局長回答），日本人男とコロンビア人女間の嫡出でない子につき，コロンビア国公証人発給の出生登録証明書を認知証書の謄本として取り扱うのが相当とされた事例（昭和56年5月22日民二3249号民事局長回答）がある。

エ　養親子関係

　現行コロンビア法は完全養子だけを認めており，親権者及び養子本人の同意が必要であり，裁判所の審判により，申立受理の日から養子縁組が成立する。この点に関して，日本人がコロンビア人を養子とする場合には，養子の本国法（コロンビア共和国民法）により裁判所の許可を得ることが要件とされているので，この要件を欠く縁組届は受理することができない。なお，当該縁組について，我が国の家庭裁判所において許可の審判があり，その謄本を添付して届出があった場合は，受理して差し支えないとした先例（昭和55年1月7日民二3号民事局長回答）がある。

　裁判例としては，日本国籍を有する申立人とその配偶者の嫡出子でコロンビア国籍を有する子（20歳）との間の養子縁組許可申立事件につき，平成元年改正前の法例19条1項により，養親については日本国民法を，養子についてはコロンビア共和国民法をそれぞれ適用した上，同法上要求されている裁判所による決定については我が国の家庭裁判所の許可審判をもって代え得るとして，養子縁組を許可した裁判例（横浜家審平成元年3月23日家月41巻10号138頁）がある。

　なお，日本人男が配偶者（コロンビア人）の嫡出でない子（12歳・ヴェネズエラ国籍）を完全養子とする縁組がヴェネズエラ国で成立した旨の証明書が提出された場合に，我が国における普通養子縁組に該当する縁組が成立したものとして取り扱って差し支えないとされた事例（平成3年7月10日民二3775号民事局第二課長回答）がある。

オ　親子間の法律関係

　日本人男とコロンビア人女の協議離婚届書にコロンビア国籍を有する

当該夫婦間の子の親権者を一方に定める旨の記載がされているが，コロンビア法においては，子の親権は父母が共同して行うこととされていることから，離婚届書の親権指定の記載を消除させ，親権を父母共同親権とした上で，受理して差し支えないとされた事例（平成23年3月7日民一218号民事局第一課長回答）がある。

⒇ **サウジアラビア**（サウジアラビア王国）

サウジアラビアは父系血統主義であり，父がサウジアラビア人である場合，同国籍を取得し，子は父の氏を名乗り，婚姻しても父の氏は変わらない。

サウジアラビア人（当時はサウデイ・アラビア人と表記）男と日本人女との婚姻前の出生子の取扱いについての事例【2-77】がある。

【2-77】 サウジアラビア人男と日本人女との婚姻前の子の嫡出でない子としての出生届について，戸籍法62条の出生届及び必要な追完届けをさせて日本人女の戸籍に入籍させるのが相当であるとした事例

昭和41年4月8日民事甲1048号民事局長回答

> サウデイ・アラビア人男と日本人女との婚姻前の出生子の取扱いについて（照会）
>
> サウデイ・アラビア人男Aと日本人女Bとの内縁中に出生し外国人登録をしている子C（昭和17年10月13日生，出生届未済），D（昭和34年8月14日生，同月27日父Aから国籍サウデイ・アラビアABの長男として出生届出済）について，AB婚姻届後母BよりCの非嫡出子出生届とDのさきの出生届を非嫡出子出生届とする旨の追完（父欄の記載消除，母の戸籍の表示，出生子の氏名及び届出人の資格を同居者と訂正する旨等）が提出され受否伺があり調査したところ，ABは「昭和13年10月22日東京都で結婚しBはサウデイ・アラビアの国籍を取得している」旨の別紙サウデイ・アラビア大使奥書の証明書（同書中本籍地東京都渋谷区とあるは分家前の表示で，現在は神戸市灘区）を添付して昭和40年10月22日日本法上の婚姻届を提出し受理されており，Cは国籍サウデイ・アラビアとして昭和35年9月から昭和40年12月までアメリカに留学していた事実が判明しましたが，同国の身分法等が明らかでないのでその処理について何分の御指示お願いします。
> ……

回　答
　2月22日付戸第181号をもって照会のあつた件については，父から左記の届出をさせ，右の出生子を母の戸籍に入籍させるのが相当である。
記
一，丙について戸籍法第62条に規定する出生届
二，先にした丁の嫡出子出生届について，母の戸籍の表示，子の名の訂正及び父母の婚姻の旨等に関する追完届

　なお，父母婚姻前の出生子につき父から届出人の資格を父としてされた出生届が誤って受理された場合，その届自体に父の認知届出の効力を認めることになった（昭和57年4月30日民二2972号民事局長通達）。

⑵¹　**シンガポール（シンガポール共和国）**
　日本人夫婦の子がシンガポールで出生しても，その子はシンガポール国籍を取得しない。したがって，シンガポール共和国内で出生した日本人男とシンガポール人女との嫡出子の出生届には，国籍留保の意思表示は不要であり（昭和52年3月30日民二1719号民事局第二課長回答，昭和42年11月2日民事甲3120号民事局長回答），シンガポール共和国内で出生した日本人について，同国政府から発行される「出生抜粋証明書」を添付して出生の届出がされた場合は，これを受理して差し支えない（平成17年11月14日民一2643号民事局第一課長回答）。

⑵²　**ジンバブエ（ジンバブエ共和国）**
　ジンバブエでは，嫡出でない親子関係の形成について認知主義を採っており，日本人女の嫡出でない子を認知するジンバブエ人男からの認知届を受理して差し支えないとされた事例（昭和58年12月5日民二6885号民事局第二課長回答）がある。

⑵³　**スイス（スイス連邦）**
　ア　氏　名
　スイス婚姻法では，夫の氏が夫婦の氏となる（160条）が，妻になろうとする女は，自分が従前から称している氏を夫婦の氏に前置きすることを身分登録官に求めることができる。また，夫婦間の子は，父母の氏を

称する（民法270条1項）。すなわち，日本人男とスイス人女との間に出生した嫡出子の父母欄の母の氏名及び夫の身分事項欄の妻の氏名は，婚姻により妻は，スイス民法によって夫の姓を得るとされているので，嫡出子の母欄には婚姻後の母氏名を，夫の身分事項欄にも妻の変更後の氏名を記載することができる（昭和56年7月16日民二4543号民事局第二課長回答）。

イ　嫡出でない親子関係

嫡出でない子は母の氏を称する（民法270条）。父は認知することができる（親子法260条）。父が認知した場合でも，子の氏は変わらない。

ところで，妻と永年別居中のスイス人男が日本人女の出生した嫡出でない子を認知する旨の届出は，「姦通又は血族婚姻によって出生した子はその認知が認められない」とするスイス民法304条の規定に抵触し受理できない。また，その場合姦生子の認知を認めないスイス民法の規定が，我が国の公序良俗に違反するとして平成元年改正前の法例30条を適用することについては消極に解する（昭和41年4月14日民事甲1045号民事局長回答）とされていた。しかし，上記304条による認知に関する制限は，1976年6月25日に改正（1978年1月1日から施行）により，廃止された。したがって，日本人女の嫡出でない子をスイス人男（有配偶者）が認知した旨の同国チューリッヒ市民課民事官作成の認知報告書を添付して，同日本人母から認知届があった場合は，戸籍法41条に規定する証書の提出があったものとして受理して差し支えない（昭和54年5月11日民二2864号民事局長回答）。

ウ　養親子関係

スイスでは，養子縁組について詳細な規定を置いており，養親となるべき者は少なくとも2年間の監護及び養育を行ったことが必要であるなど，その要件も厳格である。これに対し，渉外養子縁組については取扱いが異なるようであり，この点に関する裁判例が【2-78】である。

【2-78】　日本在住のスイス人夫婦と日本人未成年者間の養子縁組につき，スイス法に関し反致を認め，日本法を適用して縁組を許可した事例

東京家審昭和61年1月28日家月38巻5号90頁

本件の養子縁組の許否を判断するに当たって適用すべき法律は，我が国の法例19条1項［注：平成元年改正前のもの。以下同じ］によれば，事件本人に関しては日本民法であり，申立人らに関してはその本国法であるスイス養子縁組法である。そこで，申立人らに関する準拠法につき法例29条による反致の成否を検討するに，スイスにおいて国際私法としての役割を有している1891年6月25日の「居住者及び滞在者の民事的法律関係に関する連邦法」は，その8条a，8条b及び8条cに渉外養子縁組に関する規定を置いているが，渉外養子縁組に適用される準拠法については，この中に直接的な規定はなく，立法者はこの問題の解決を実務にゆだねたものと解されている。そして，スイスの実務においては，当事者（養親となるべき者）の住所の存する外国においてその外国の実体養子縁組法に従って適法になされた養子縁組は，スイスにおいても当該外国法上認められている効果（単純養子縁組，完全養子縁組）を有するものとして扱われている。これは，結局，スイスの実務においては，渉外養子縁組の準拠法を当事者の住所地法としているのに等しいから，本件においては，法例29条により，申立人らに関しても日本民法に照らして養子縁組の許否を判断することができるものと考えられる。

⑷　スウェーデン（スウェーデン王国）
　ア　国　籍
　スウェーデンは出生による国籍取得について父母両系血統主義を採っており，日本人の子がスウェーデンで出生しても，当然に同国籍を取得しない。国籍に関して，スウェーデン市民権法改正案によると，スウェーデン人女の出生した子は同国の国籍を取得することとなるところ，日本人父とスウェーデン人女を母とする子の国籍については，(1)子が15歳未満の場合は，スウェーデン国籍の取得が日本法上適法な法定代理人からの申請であれば日本国籍を喪失し，適法な法定代理人からの申請でなければ日本の国籍は喪失しない。(2)子が15歳以上の場合は，子がスウェーデン国籍の取得に同意している時は日本の国籍を喪失するとした事例（昭和54年6月21日民五3492号民事局第五課長回答）がある。
　イ　嫡出でない親子関係
　スウェーデンは，嫡出でない親子関係の形成について，事実主義では

なく，認知主義を採用しており，胎児認知も認めている。この点に関して，日本人男がスウェーデン人女の胎児をスウェーデン国の方式により認知し，その届出があった場合は受理して差し支えないとし，なお，胎児認知の日は，父が認知の書面に署名した日とするのが相当であるとした事例（昭和54年9月5日民二4504号民事局長回答）がある。

また，スウェーデン人男が日本人女の嫡出でない子を認知する届出について，認知の要件具備に関する父の本国官憲の証明書を提出し得ない場合の取扱方の具体例を示した事例（昭和34年6月22日民事甲1307号民事局長回答）があったが，平成元年の法例改正により，スウェーデン人男について認知の要件具備証明書の添付は不要となった（平成元年10月2日民二3900号民事局長通達第4）。

ウ 養親子関係

養親となる者は原則として25歳以上であり，配偶者のある者が養子縁組をするときは共同で養子縁組をすることが必要である。養子が成年でも未成年でも，養子縁組成立のためには，裁判所の許可を得なければならない。なお，スウェーデン人夫婦と日本人未成年者間の養子縁組につき，スウェーデン法上スウェーデン人が外国において養子縁組をする場合の要件である内閣の許可を得ているとして許可審判をした裁判例（大阪家堺支審昭和37年5月17日家月14巻9号116頁）がある。

(25) スペイン

ア 国籍

スペインは，父母両系血統主義を採っており，日本人の子がスペインで出生しても，当然にはスペイン国籍を取得しない。すなわち，日本人夫婦がスペイン国で子を出生した場合，その子は出生の事実のみではスペイン国籍を取得しないので届出期間を経過した出生届でも受理して差し支えない（昭和50年9月11日民二5270号民事局長回答）。

イ 嫡出でない親子関係

嫡出でない親子関係について，スペインは事実主義ではなく認知主義を採用している。父母による任意認知のみでなく裁判認知もできる。認知の方式としては，出生届，遺言のほか公共証書によって行う。公正証

書も公共証書である。したがって，スペイン国公証人が作成した認知に関する公正証書を添付したスペイン人男が日本人女の嫡出でない子を認知する認知届は受理して差し支えない（昭和62年5月13日民二2475号民事局長回答）。

(26) **スリナム**（スリナム共和国）

スリナム共和国における出生による国籍の付与は，原則として血統主義である（昭和53年12月5日民二6420号民事局長回答）。

スリナムには，胎児認知に関する規定はないが，胎児認知が可能であり，母の同意は不要であると解されている。したがって，スリナム人女が婚姻前に同国で出生した子について，日本人男がスリナム国の方式により胎児認知をしていることが認められるので，父母婚姻後，日本人父からされた当該子の嫡出子出生届は受理して差し支えない（昭和55年4月3日民二2212号民事局長回答）。

(27) **スリランカ**（スリランカ民主社会主義共和国）

スリランカでは，婚姻中の夫婦の子は嫡出子とされ，嫡出推定の規定も置かれている。この嫡出推定を覆すことができるかが問題となった裁判例として【2-79】がある。

【2-79】日本人妻がスリランカ国人夫との婚姻中，単身日本に帰国して生んだ子について，スリランカ国法を適用して嫡出推定が働かないとし，子は昭和59年改正前の国籍法2条3号に該当し，日本国籍を有すると認め，日本民法を適用して家事審判法23条により，子の認知の審判をした事例

長崎家審昭和53年2月22日家月31巻7号76頁

法例18条［注：平成元年改正前のもの。以下同じ］によると，子の認知の要件は，その父に関しては認知の当時父の属する国の法律によりこれを定め，その子に関しては認知の当時子の属する国の法律によりこれを定める旨規定されている。従って，父たる相手方については日本民法によるべきであり，また子たる申立人については，母Aが日本国民であって，後記のとおり父が知れない場合に該当すると解されるので，国籍法2条3号により日本国民と

認められるが、たとえ申立人が国籍を有しない者と解されるとしても、法例27条2項によりその住所地法である日本民法によるべきことになるから、結局、いずれにしても、本件認知の要件は日本民法によって決せられる。……ところで、日本民法によると、被認知者は嫡出でない子でなければならないから（民法779条）、相手方が申立人を認知するためには、申立人が嫡出でない子であることを要する。そして、法例17条によると、子が嫡出であるか否かは、その出生当時母の夫の属した国の法律によってこれを定めることになっているところ、申立人の出生当時、母Aはスリランカ国籍を有するBとの間になお法律上の婚姻関係にあったのであるから、申立人が嫡出であるか否かはその母の夫Bの属するスリランカ国の法律によって定めるべきことになる。スリランカ国証拠法112条によれば、妻が婚姻中又は婚姻解消の日から280日以内に出生した子は、夫の子と推定されるが、ただし、子が懐胎されたと思われる時期に夫が妻と性交渉をもつことが不可能であったか、または夫が性的不能者であるかのいずれかを証明すれば右の嫡出推定をくつがえすことができる旨規定している。そして、スリランカ国においては、現在もなお旧宗主国である英国の法令類を準用しているところ、英国においては嫡出推定をくずすのに、何らの特別な訴を必要とせず、適宜その存否を個々的に、また先決問題としても争いうるのであるから、本件において、この嫡出推定を争いうるというべきである。……そこで、本件についてみるに、申立人の母Aとその夫Bとは、申立人出生に先立つ約1年10か月以前から事実上の離婚をして別居し、性交渉を全くもたなかったことが明らかであるから、嫡出の推定はくつがえされたというべく、従って申立人は嫡出子でないことはもとより、Bとの間に血縁上の親子関係もないので非嫡出父子関係も存在しないことはいうまでもない。……従って、申立人はその母Aと相手方との間に出生した嫡出でない子であることが認められるので、申立人が相手方に対して認知を求める本件申立は、日本民法によりすべて認知の要件をみたしている。

(28) **スロバキア（スロバキア共和国）**

スロバキアでは、胎児認知も認められている。日本人男がスロバキア人女の胎児を同国の方式により認知した旨の報告的認知届がされた場合において、同届書に添付された同国地方裁判所判事署名の証明書を胎児認知の成立を証する書面として取り扱って差し支えないとされた事例（平成13年2月20日民一490号民事第一課長回答）がある。

(29) ソロモン（ソロモン諸島）

　日本人男がソロモン諸島人女の嫡出でない子を認知する旨の認知届について，同届出に添付された子の母の独身証明書を有効な証明書として扱うことに疑義があり，また，認知制度が不明であるとして受否について照会があったのに対し，同届出に添付された宣誓書について，ソロモン諸島における独身を証明する公的な書類は宣誓書とされており，添付の宣誓書はソロモン諸島の公的な証明書と認められ，また，ソロモン諸島には認知制度がないため，認知された子の保護要件について考慮する必要がないことから，受理して差し支えない旨の回答がされた事例（平成24年8月31日民一2209号民事局第一課長回答）がある。

(30) タ イ（タイ王国）

　ア　国　籍

　　昭和25年の国籍法施行前の旧国籍法では，父が日本人である場合には，嫡出でない子でも日本国籍を取得するとされていた（旧国籍法1条）が，改正後は，出生時に父又は母が日本国民であることが必要であり，日本人の父が出生後に認知をしても，日本国籍を取得しないことになった。また，旧国籍法では日本人男の妻となった外国人は日本国籍を取得するとされていたが，改正後は，日本人男と婚姻をしても日本国籍を取得しないこととなった。したがって，新国籍法の下ではタイ国人女が日本人男と婚姻しても婚姻のみでは日本国籍を取得せず更に帰化の手続が必要であり，タイ国人女が日本人男と日本で同棲中新法施行後生んだ子はタイ国人女の嫡出でない子として母の国籍を有することとなり，日本人男と同棲中のタイ国人女が新法施行後に生んだタイ国人女の嫡出でない子の出生届出後に父から認知届をした場合は，父の身分事項欄に認知事項を記載するが子については戸籍の記載をしない（昭和26年8月3日民事甲1592号民事局長回答）とされた。なお，その後の国籍法改正（平成20年法律第88号）により，日本人男が認知をすれば，届出により日本国籍を取得できることになった。

　　タイでは，国籍の取得に関して出生地主義を採っていたため，日本人女がタイ国内で出産した場合，その子はタイ国籍を取得することになり，

したがって，国籍法9条（昭和59年改正前のもの），戸籍法104条（昭和59年改正前のもの）に基づき14日以内に出生届出とともに国籍留保の届出をしなければ，日本国籍を喪失すること，届出義務者の責めに帰することのできない事由によって期間内に届出できなかったときは，届出できるようになってから起算することとされていた。この点に関して，日本人女がタイ国内で出産した子につき，国籍留保の届出期間経過後にされた出生届に基づく戸籍の記載に国籍留保及び届出期間経過の事由を遺漏しているが，届出遅延の事由が届出人の責に帰するものでないことが判明し，その旨の戸籍訂正が認められた事例（昭和52年4月1日民二1720号民事局第二課長回答）がある。

しかし，その後，出生地主義は改められ，父又は母がタイ国人でなければ，タイの国籍を取得しないこととなったことに伴い，【2-80】のとおり，取扱いが改められた。

【2-80】タイ王国は，従来出生に基づく国籍の付与について出生地主義をとっていたが，1972年12月13日に公布されたNEC布告第337号布告公布の日以後において同国内で出生した者については，我が国の国籍法9条（現12条）の適用がない

昭和53年4月7日民二2172号民事局第二課長通知

　　　タイ王国内で出生した者の出生届の取扱いについて（通知）
　標記の件について，タイ王国は，従来，出生に基づく国籍の付与に関して出生地主義をとっていたが，1972年12月13日に公布されたNEC布告第337号をもってこれに条件を付しており，同布告公布の日以後同国内で出生した者については，我が国国籍法第9条［注：昭和59年改正前のもの。現在は12条］の適用がないことが判明したので，これを御了知の上，同国内で出生した者の出生届の取扱いについて遺憾のないよう管内支局長及び市町村長に対し周知方取り計らい願います。
（参照）
NEC布告第337号（1972年12月13日公布）（仮訳）
　移民法に基づかずに，あるいは一時的又は特別に入国を許可されて，タイ王国に入国している外国人を父又は母としてタイ王国内で出生した者は，

タイ国民ではあっても，タイ国に忠誠を欠くと考えられるので，国家の安全を保持するため，これらの者がこれ以上タイ国籍を取得又は保持することを許さないのが相当である。
　したがって，革命評議会議長は，ここに以下の布告を発する。
第1条　外国人を父として，又は法律上明らかな父なく外国人を母としてタイ王国内で出生した者であって，出生の時にその父又は母が次のいずれかに該当する者については，内務大臣が特に適当と判断して反対の命令をしない限り，そのタイ国籍をはく奪する。
(1)　タイ王国内に特別に居住を許可されている者
(2)　タイ王国に一時的に入国を許されている者
(3)　タイ王国に移民法に基づかずに入国している者
第2条　本革命評議会布告が効力を発する日以後にタイ王国内で出生した者で，第1条の規定に該当する者には，内務大臣が特に適当と判断して反対の命令をしない限り，タイ国籍は付与されない。
第3条　本革命評議会布告によって規定される事柄に関する，あるいは本布告に違反又は矛盾するすべての他の法令規則は，本布告によって代えられる。
第4条　内務大臣は，本革命評議会布告を施行する職責を負う。
第5条　本革命評議会布告は，左記の官報掲載の日から発効する。
ＢＥ2515年（西暦1972年）12月13日

　しかし，その後の1992年2月26日にタイ国籍法は改正され，父母両系血統主義を採用し，過去に遡って，父母のいずれかがタイ人である場合には当然にタイ国籍を取得することになった。したがって，これに基づいてタイ国籍を取得した場合，自己の志望による外国国籍取得ではないから，日本国籍を喪失しない。また，出生地主義も残されており，一時的滞在者，無許可入国者など一定の場合を除き，タイ国内で出生した者もタイ国籍を取得する。
　なお，国籍及び氏名等が不明の女が病院で出産した子につき出生届未済のまま母が行方不明となった後，病院長から出生届があった事案において，調査の結果出生子はタイ国籍を有する女の嫡出でない子と認められるので，その旨の付せんを付して受理して差し支えないとされた事例（平成4年1月8日民二178号民事局長回答）がある。

イ　嫡出親子関係

婚姻中又は婚姻解消後310日以内に出生した子は夫の子と推定される。ただし，婚姻後180日以内に出生した子は嫡出性を否定できるとされている。他方，再婚し，前婚解消後310日以内に出産したときは，子は後の夫の子と推定される。出生後1年以内に嫡出否認ができる。

旧国籍法施行中タイ国において日本人男とタイ国人女との間に出生した子（昭和24年生）につき，父母婚姻後タイ国官憲発給の出生証明書を添付して戸籍法62条の嫡出子出生届があった場合の取扱いについての事例が【2-81】である。

【2-81】　旧国籍法施行中タイ国において日本人男とタイ国人女との間に出生した子につき，父母婚姻後タイ国官憲発給の出生証明書を添付して戸籍法第62条の嫡出子出生届があった場合の取扱い

昭和40年8月4日民事甲1922号民事局長回答

記

一，別添のタイ国官憲発給の出生証明書によれば，事件本人Nの父は中○，母はSとなっている。タイ国民商法典第1524条，第1526条及び第1530条の規定から考えるに，タイ国においては嫡出子の身分は出生登録簿により証明され，父の申請により登録したときは，登録の日より嫡出子たる効力を生ずるものと考えられる。そうだとすれば，事件本人の出生証明書に父の記載がなされているところから，出生登録がされた昭和24年10月24日に，父により嫡出化（認知）がなされたものと解してさしつかえないか。

二，前項のように解してさしつかえないとすれば，旧国籍法第5条第3項の規定により，事件本人は日本国籍を取得しているものと解されるから，本件出生届は受理することなく，当該出生届をもって認知の効力をも証する書面としてその謄本を提出させ，これにより事件本人を父の戸籍に入籍させる取扱いでよいか。

なお認知の効力が父母婚姻の日もしくはそれ以後に生ずるものと解される場合には，事件本人はタイ国籍のみを保有していることになるので，この場合にも当該出生届は受理すべきでなく，婚姻証明書等タイ国方式による有効な認知がなされている旨を証する証書の謄本を提出させ，それにもとづき父の戸籍の身分事項欄に認知事項を記載することとなる。

三．前項前段の取扱いでさしつかえない場合，入籍の記載には日本名（N）を使用してさしつかえないかどうかも併せて御教示願います。
参考事項
　タイ国官憲発給の，現地方式による有効な認知がなされている旨の証書を提出するよう，事件本人の父に指示したが，タイ国においては，現行タイ国民商法典に照らして添附のタイ国官憲発給の出生証明書によりその点は明らかにされているので，それ以外には証明できない旨申立てています。
……

回　答
　6月5日付戸第1712号で照会の件については次のとおり考える。
一．貴見のとおり。
二．前段貴見のとおりであるが，当該認知を証する書面（出生証明）の提出及び父母の婚姻届に嫡出子の身分を取得する旨の追完届をさせて，父の身分事項欄に認知の記載をするとともに被認知者につき新戸籍を編製したうえ，父母婚姻による嫡出子の身分取得の記載をする。なお父の戸籍に入籍するにはその旨の申出をさせて処理するのが相当である。
三．日本名を使用してさしつかえない。
……

　なお，日本人夫がタイ人妻との婚姻中に生まれた子を相手方にして嫡出否認の申立てをした事案について，法例17条（通則法28条）により両国法を適用して嫡出否認を認めた裁判例（水戸家審平成10年1月12日家月50巻7号100頁）がある。
　すなわち，「本件は，相手方の母が相手方を懐胎当時，申立人と婚姻関係にあったものであるから，申立人と相手方との親子関係の存否は嫡出親子関係の問題となり，この関係について法例上明確な規定はないが，法例17条1項は，嫡出の推定を受け，かつ，それが否認されない場合を規定しているので，嫡出否認の問題も同条によることになる。そうすると，同条により，申立人の本国法である日本法と相手方の母の本国法であるタイ国法とが準拠法となる。本件相手方の場合，我が民法772条によって嫡出推定を受け，また，タイ国民商法典1536条前段の『婚姻中又は婚姻解消後310日以内の女性から生まれた子は，その時の実情に従っ

て，夫又は前夫の嫡出子と推定する。』との規定から，母の本国法によっても嫡出推定を受ける。そうすると，相手方の嫡出性を否認するためには，日本及びタイの法律を検討することを要する。」「嫡出否認について，日本民法774条及び775条は，夫が子又は親権を行う母に対する訴を行うと定め」「タイ国民商法典1539条は，夫又は前夫が母及び子を共同被告として裁判所に訴を提起すると定めている。」「日本民法777条では『夫が子の出生を知ったときから1年以内に提起しなければならない』と規定し，タイ国民商法典1542条は嫡出否認の訴の提起期間を子の出生から1年以内と定めている。」「日本民法776条で『夫が，子の出生後において，その嫡出であることを承認したときは，その否認権を失う』と規定する。申立人自ら相手方の出生届及び国籍留保届をなしているが，戸籍法53条で『嫡出子否認の訴を提起したときであっても，出生の届出をしなければならない』と定めていることから，出生届は義務的であり，本条の承認にはならないと解すべきである。また，タイ国民商法典1541条で『父子関係否認の訴は，夫又は前夫が，子を自分の嫡出子として出生登録したり，出生登録する準備又は同意をした後の訴であることが明らかな場合は，これを提起することができない』と定めている。同法典の規定している出生登録は，あくまでタイ本国の指していると解すべきであり，本件では申立人がこの出生登録をしたものではないから，同条は適用されない」などとして，嫡出否認について23条審判をした。

ウ　嫡出でない親子関係

　婚姻関係にない父母から生まれた子は，父母の婚姻や父からの届出又は判決により法律上の父子関係が生じる（タイ民商法1547条）。ただし父からの届出によるときは子や母の異議がないことが必要である（同法1548条）。

　タイ国法上夫の子と推定される子であっても，その夫によって懐胎されることが不可能な事情のもとに出生した場合は夫の子と推定されず，子から実父に対する認知請求ができるとした裁判例（東京家審昭和47年4月18日家月24巻12号80頁），日本人女の嫡出でない子に対するタイ国人男の認知届を受理して差し支えないとされた事例（昭和51年10月15日民二5416号

民事局長回答），日本人父からされた日本在住のタイ国人子（未成年者）の認知届出を受理して差し支えないとされた事例（平成6年5月10日民二3025号民事局第二課長回答），日本人男がタイ人女の嫡出でない子を認知する創設的認知届出について，子の本国法であるタイ法上の保護要件として母及び子の同意（子が幼少の場合は裁判所の判決）が必要とされているところ，子の同意に代わる裁判所の判決書が添付されていない場合，その届出は受理できないとされた事例（平成20年1月17日民一157号民事局第一課長回答），日本人男がタイ人女の胎児を認知する創設的認知届出について，胎児の認知についての保護要件が不明であるとしてされた照会に対し，タイ国には胎児認知の制度は存在せず，胎児認知関係の法令や保護要件に関する規定も存在しないことから，これを受理して差し支えない旨の回答をした事例（平成22年6月15日民一1470号民事局第一課長回答）がある。

なお，日本人男がタイ人女の嫡出でない子をタイ国の方式によって認知した場合の認知を証する書面としては，父の申請により登録した事件本人の出生証明書に父の記載があれば出生登録の日に認知されたものと解し，執政証明書を認知を証する書面として取り扱って差し支えないとしてきたが，出生証明書の父欄への記載は，事実上の父子関係を登録するにすぎず，別途，タイ国民商法1547条（互いに婚姻していない両親から生まれた子は，その後の両親の婚姻，父からの子であるとの登録，子であるとの裁判所の判決により，法律上の子となる）の要件のいずれかを備えなければ法律上の父子関係は成立しないことが判明したとして，今後は，出生証明書の父欄の記載を認知を証する書面とすることはできず，別途，父からの申請に基づく登録をしたことの証明書を認知を証する書面とする旨の通知（平成22年3月23日民一719号民事局第一課長通知）が発せられている。

また，日本人男がタイ人女の婚姻前の子（前夫の嫡出推定が及ぶ子）を認知することについて，日本人男から相談があった件につき，提示された書面は判決書ではないため，別途判決書と当該判決が確定したことを証する本国官憲が作成した書面を添付させる必要があるところ，本件については提示された書面（控訴説明書）から判決内容を確認することができることから，判決が確定したことを証する書面を添付すれば，創設的認

知届を受理することが可能であると回答して差し支えないとされた事例（平成24年7月23日民一1875号民事局第一課長回答）がある。

エ　養親子関係

　タイの養子法は，民法典のほか，1979年未成年者養子縁組法，1980年国際養子縁組に関する省令が規定している。連れ子養子，双子などの場合を除き，原則として2人以上の子を養子にできない。

　タイ国方式によってなされた縁組について民法795条の要件を具備していないため日本法上有効な縁組として認められなかった事例（昭和46年2月2日民事甲510号民事局長回答）がある。

　また，日本人男がタイ人（未成年者）を養子とする縁組届は，タイ国未成年者養子縁組委員会の許可を得なければならないので，その許可を証する書面の添付がない限り受理しないのが相当であるとされた事例（平成2年12月26日民二5688号民事局第二課長回答）がある。

　ところで，タイには，自己の嫡出でない子を嫡出子とするため養子縁組ができるかについて明文の規定がない。この点について，日本人男がタイ人妻の嫡出でない子を単独で養子とする縁組につきタイ国バーンケーン区役所発行の養子縁組登録証を添付して届出がされたが，タイ国の法制によれば，母が自己の嫡出でない子を養子とすることはできないとされており，したがって日本人男との単独縁組を認めて差し支えないと解されることから，同縁組登録証を戸籍法41条に規定する証書の提出があったものとして同届出を受理して差し支えないとされた事例（平成10年8月13日民二1516号民事局第二課長回答）がある。

(31)　タンザニア（タンザニア連合共和国）

　日本人男がタンザニア人である妻の未成年の嫡出でない子（タンザニア国籍）を養子とする養子縁組届がされた場合，子の本国法の保護要件を具備する必要があるところ，タンザニアにおける養子縁組法制による保護要件としては，社会福祉長官の承認，裁判所の許可及び養子となる者の父母の承諾が必要である。したがって，養子縁組届の添付書面からそれらの要件を満たしていることを確認することができない場合には，これを受理することは相当でないとされた事例（平成24年2月3日民一313号民事局第一課長回

答）がある。

(32) チ　リ（チリ共和国）
　ア　国　籍
　　チリは出生地主義を採っており，チリで出生すれば，チリ国籍を取得する。したがって日本人間の子でも，国籍留保手続をしないと日本国籍を喪失する。チリ国で出生した子につき，出生後2年近く経過して国籍留保付きで出生届が提出されたケースについて，出産に立ち会った医師が洋行不在中で，出生証明書の入手が不能であったため，法定期間内にその届出ができなかったことを理由とする場合，このようなやむを得ない理由によって出生証明書を添付できないものについては，戸籍法49条3項ただし書により，その事由を付記して届出することが認められているのであるから，「届出義務者の責に帰することができない事由」には該当しないのではないかという照会に対し，貴見のとおりとの回答がされた事例（昭和39年6月17日民事甲2096号民事局長回答）がある。
　イ　養親子関係
　　チリでは養親は40歳以上70歳以下であることが必要とされ，養親と養子の年齢差は15歳以上とされており，その保護要件としては，裁判所の許可が必要であり，また，未成年者を養子とする場合には，さらに法定代理人の承諾が必要であるとされている。ところで，我が国では，配偶者の子を養子とする場合には，家庭裁判所の許可を必要としていない（民法798条ただし書）ことから，日本人がチリ国籍の配偶者の子を養子とする届出も受理してよいかが問題となったケースについて，日本人がチリ共和国人妻の子を養子とする縁組届は，養子の本国法であるチリ共和国の法律では養子縁組の成立には裁判所の許可が要件とされているので，これに代わる我が国の家庭裁判所の許可がない限り受理しないのが相当であるとされた事例（平成元年4月17日民二1427号民事局長回答）がある。

(33) デンマーク（デンマーク王国）
　ア　国　籍
　　デンマークは，父母両系血統主義を採用しており，両親が日本人の子がデンマークで出生しても当然にはデンマーク国籍を取得しない。在デ

ンマークの日本人がデンマーク国籍を自己の意思に基づき取得したが，それと同時に，18歳未満の長男について国籍取得申請書に親が子に代わって国籍取得の希望の意思表示をできることになっており，その場合，その長男が本人の意思に基づいてデンマーク国籍を取得したと解釈できるのかが問題となったケースについて，日本法上適法な法定代理人によるデンマーク国籍の取得とは認められないので，日本国籍は喪失しないものと考える旨の回答がされた事例（昭和54年5月19日民五3087号民事局長回答）がある。

イ　嫡出親子関係

デンマークの子の法的地位に関する法律（1960年5月18日第200号）によると，母が婚姻中に懐胎した子は夫の子とみなされるが，母が他の者と性的交渉を有し，かつ，子がその他男の子であることが証明されたとき又は遺伝的資質等により夫の子でないことが確実である場合を除く（2条）とされている。また，「子の嫡出の推定」に関し，同法には日本の民法772条2項に相当する規定はなく，子の嫡出性につき疑問の生じた場合には，同法2条1項前段に基き「子の出生時における体重，身長その他の発育状態より判断して，子が懐胎せられたと推定される日時に，当事者が婚姻関係にあつたとき」は，子は嫡出子と認定される。したがって，デンマーク人男と日本で協議離婚した日本人女が，離婚後214日目に出産した子は，母が夫の子を懐胎することのない特段の事由のない限り嫡出子とみなされるから，母から嫡出でない子として出生届があっても受理すべきでないとされた事例（昭和39年4月28日民事甲1633号民事局長回答）がある。

ウ　養親子関係

デンマークでは，成年養子も，未成年養子も認められている。夫婦共同縁組が原則であるが，配偶者の子を養子とする場合には単独の養子縁組が可能である。ただし自己の実子と養子縁組はできない。養子となる者が12歳以上のときは，原則としてその子の同意が必要であり，また，18歳未満の者については実父母の同意が必要である。養子縁組は契約ではなく，所轄官庁の宣言が必要であり，その効果として，養子と実方と

の親族関係は消滅する。したがって，養親についてデンマーク法が適用になる場合も，養子の保護要件としてデンマーク法が適用になる場合も，当事者の合意のみで未成年者を養子とすることはできない。

これに関して，日本在住のデンマーク人夫婦が日本人未成年者を養子とする養子縁組許可審判事件について，申立書と1953年3月9日当裁判所の審判廷で行った申立人等の陳述及び事件本人の実母であるAの承諾に基づいて，その申立てが日本民法及びに申立人の本国であるデンマーク王国の養子に関する法令（デンマーク公使館副領事ＳＥＬＹＳＴＥＲ証明）とによつて理由あるものと認め，申立人夫妻が事件本人を養子とすることを許可するとした裁判例（東京家審昭和28年3月9日国際私法関係裁判例集849頁）がある。

(34) **ドミニカ共和国**

ドミニカ共和国には，認知制度があり，婚姻時又は挙式時に認知された子は，父母の婚姻により嫡出子となる。したがって，日本国への帰化によって戸籍が編製された者から，ドミニカ共和国人父母の婚姻により嫡出子の身分を取得したとして父欄を記載し，かつ，父母との続柄を訂正する申出がされた場合，認知証明書を提出させて父欄を記載した上，続柄の訂正等の申出は認めて差し支えない（昭和57年9月6日民二5441号民事局第二課長回答）とした事例がある。なお，ドミニカ共和国とは別にドミニカ国があるが，別の国である。

(35) **トリニダード・トバゴ**（トリニダード・トバゴ共和国）

ア　嫡出でない親子関係

トリニダード・トバゴは，事実主義ではなく，認知制度がある。父の認知については，父母共同で宣誓書を作成し，登録のため，提出することとされているが，父母共同での宣誓書の作成は方式の問題であり，実質的要件として母の同意が必要とまではされていないようであり，日本人男がトリニダード・トバゴ人（平成15年までこのように表示）女の嫡出でない子を認知する認知届を受理して差し支えないとされた事例（昭和59年1月27日民二584号民事局第二課長回答）がある。

イ　養親子関係

トリニダード・トバゴ法では，外国人と養子縁組をする場合，配偶者の一方がトリニダード・トバゴ人であったとしても，養子の有する国籍の法が適用される。したがって，トリニダッド・トバゴ人男が，配偶者である日本人女の嫡出子を養子とする養子縁組の実質的成立要件は，養子の本国法が準拠法となる（平成2年12月26日民二5675号民事局第二課長回答）。

(36)　トルコ（トルコ共和国）

胎児認知に関して，日本人男がトルコ人女の胎児を認知する届出があったが，認知に関するトルコ共和国の法制が明らかでないため，判断を決しかねるとしてされた照会に対し，同届出では，実質的成立要件としての日本法の要件及びトルコ法上の「保護者又は遺族の同意」の要件を満たしているので，受理して差し支えないとの回答がされた事例（平成23年5月30日民一1306号民事局第一課長回答）がある。

養子縁組について，トルコでは，養親となる者は35歳以上で，養子よりも18歳以上年長であることが必要とされている。養子となる者が判断能力を有するときは，その同意が必要であり，未成年者であるときは，両親又は裁判官の同意が必要である。養子縁組については，養子となる者が未成年でも，成年でも，裁判所の許可を得た上で公正証書を作成して行われるものとされており，不道徳な目的や営利目的の養子縁組の場合には，許可しないことができるとされている。この裁判所の許可は，日本の家庭裁判所が代行できると解される。日本人女（単身者，40歳）がトルコ共和国人男（成年の単身者，20歳）を養子とする創設的養子縁組の届出について，養子の保護要件として日本の家庭裁判所の許可を要すると解されるところ，当該許可書が添付されていないため，これを受理すべきでないとされた事例（平成15年8月21日民一2337号民事局第一課長回答）がある。

(37)　トンガ（トンガ王国）

嫡出でない子の両親が婚姻し，又は婚姻をしていたときは，嫡出子となる（嫡出法3条）。したがって，日本人女とトンガ王国人男の婚姻前に同国で出生した子は，同王国嫡出法によって父母の婚姻により嫡出子の身分を取得しているので，その子について戸籍法62条（婚姻中父母が認知をした場合

の届出）によることを明示した嫡出子出生届があったときは，戸籍法49条（出生による届出）による嫡出子出生届として受理して差し支えない（昭和59年1月23日民二498号民事局第二課長回答）。

⑶⑻ **ニカラグア**（ニカラグア共和国）

　ニカラグアは，出生地主義を採っており，日本人がニカラグアで出産した場合でも，その子はニカラグア国籍を取得する。また，嫡出でない親子関係の形成については，認知が必要であり，父は，登記，公正証書，遺言書によって認知ができる。日本人男によるニカラグア人女の嫡出でない子に対する認知について，父の氏名等が表示されている同国市役所発行の出生証明書によれば，出生台帳に父が登録されていることから，登録の日に認知が成立したものとして，当該証明書を戸籍法41条の認知証書として取り扱って差し支えないとされた事例（昭和59年5月2日民二2388号民事局第二課長回答）がある。

⑶⑼ **ニュージーランド**

　ア　氏の表記

　　日本人男とニュー・ジーランド人妻との間に出生した嫡出子の母欄の氏を夫の氏の片仮名表記にする旨の更正の申立てがあった場合，ニュー・ジーランドで，その旨の登録がされていることの証明書（入手困難な場合はその旨の記載のある旅券）を添付させ，夫の氏の記載を認める準拠法令名及びその該当条項を同大使館に調査，報告させ，父母双方による申出書に申出人により記入させることでよいかという照会に対し，同取扱いのほか，当該婚姻に際し，ニュー・ジーランド人妻が婚姻姓として日本人夫の氏を選択することを認める同国の実体法を準拠法として指定する同国の国際私法規定をも在ニュー・ジーランド大使をして調査報告させ，申出人をして母欄更正の申出書の「申出の事由」欄にこれを記載される措置をとられたいとした事例（昭和55年9月11日民二5397号民事局第二課長回答）がある。

　イ　嫡出親子関係

　　ニュージーランドでは，嫡出でない子は，父母の婚姻によって，出生の時から嫡出子であったものとみなされる。日本民法では，父母の婚姻

による準正については，婚姻の時から嫡出子となるので，その点に差異がある。

したがって，日本人女と婚姻したニュージーランド人男から認知届があっても，同国法においては，嫡出でない子は父母の婚姻により出生の時から嫡出子の身分を取得するとされているので，認知届は受理せず，先に受理した父母の婚姻届に対し，「事件本人は，父母の婚姻により嫡出子の身分を取得した」旨の追完届をさせて，戸籍の処理をする（昭和52年10月6日民二5118号民事局長回答）。

ウ　養親子関係

ニュージーランドの養子縁組法（1955年統合修正改正）によると，養子は21歳未満（同法3条1項）で，連れ子養子の場合は挙動縁組が原則である。保護要件としては実父母の同意（嫡出子の場合）のほか裁判所の許可（同法2条）が必要であり，裁判所の養子縁組命令により効力が生じる（同法14条）。英国及びニュージーランドの国籍を有する者が日本人配偶者の嫡出子を養子とする縁組届が提出されたが，養親となる者の本国法の認定に疑義があり，またニュージーランドにおける養子縁組関係法令等が不明であるため，受否を決しかねるとして照会のあった事案について，養親となる者の本国法はニュージーランド法とするのが相当であるが，ニュージーランド法においては，養子縁組に際し，裁判所の決定が必要であることから，受理しないのが相当とされた事例（平成25年3月7日民一219号民事局第一課長回答）がある。

⑷0　ネパール（ネパール連邦民主共和国）

ア　嫡出でない親子関係

認知された子が準正嫡出子たる身分を取得するか否かについては，嫡出親子関係の成立の準拠法を定めた平成元年改正前の法例17条の趣旨に従い父の本国法によるものと解されているので，父であるネパール人男の本国法により決せられることとなるが，ネパールにおける認知の実質的成立要件を定めた法令及び準正の成立を定めた法令は分明ではない。この点について，ネパール大使館の調査によっても，ネパール民法には認知及び準正に関する条項はなく，子の認知（推定）についても，証拠

が不十分な場合に限り，Evidence Act of 2031の第6章　裁判所における推定の根拠：他に証拠がない場合の(d)夫婦の婚姻中に生まれた子，また，夫婦の離婚又は夫の死亡の日から272日以内に生れた子は，裁判所において，同夫の子として推定されるとの規定により処理されるとのことである。また，ネパール外務省によると，正式に婚姻をしていない両親から生まれた子も，嫡出でない子とする旨の規定がないから，その子は嫡出子となると考えられる。したがって，ネパール人男からされた日本人妻の嫡出でない子に対する認知の届出は受理して差し支えなく，子は当該認知によって嫡出子の身分を取得する（昭和57年1月25日民二554号民事局長回答）。

イ　養親子関係

養子となる者の年齢については制限がない。保護要件として，実父母の同意とネパール政府の許可が必要である。日本人男（単身者・76歳）がネパール王国人男（成年の単身者・28歳）を養子とする創設的養子縁組の届出について，ネパール王国人養子の本国法上の保護要件として同国政府の許可を要するとされるところ，その許可を証する書面等の添付がないので，これを受理すべきではないとされた事例（平成16年9月10日民一2503号民事局第一課長回答），日本人夫婦が成年者であるネパール人を養子とする場合には，ネパール政府の許可が必要であるので，これの添付のない養子縁組届は，受理しないのが相当とされた事例（平成2年9月29日民二4364号民事局第二課長回答）がある。

(41)　ノルウェー（ノルウェー王国）

ノルウェーは，出生による国籍取得について父母両系血統主義を採用しており，夫婦の一方がノルウェー人の場合にはノルウェー国籍を取得する。また，ノルウェー嫡出子に関する法律（1956年12月21日法律9号，1972年6月16日法律44号改正）では，母が婚姻中に生まれた子は嫡出子とされるが，裁判所で夫が父ではないことを確定し，あるいは，別の男が父であることが確定したときは嫡出子にはならない。

ノルウェー人男と日本人女の婚姻中にノルウェーで出生した子について，子の母及び母の夫の承諾を得て，婚姻外の男性が認知し，県知事がその認

知を認定した場合には，父子関係が成立するとの法制度がノルウェーにあるから，日本人母からの嫡出でない子の出生届及び報告的認知届を受理して差し支えないとした事例（平成3年4月18日民二2594号民事局長回答）がある。

また，日本人女とその前夫であるノルウェー人男との離婚後300日以内，現夫である日本人男との婚姻後200日以内に出生した子については，法例17条（平成元年改正前のもの），民法772条によれば，母の前夫の子と推定されるから日本国籍は取得せず，また，ノルウェーの嫡出子に関する法律によれば，母の現夫の嫡出子とされるからノルウェー国籍も取得しないこととなる。したがって，同人の表見上の国籍は無国籍となるから，平成元年改正前法例27条2項によって日本法を本国法と認め，母の現夫に対する認知請求について23条審判をした事例がある（大阪家堺支審昭和52年5月23日家月31巻6号54頁）。

(42) **パキスタン**（パキスタン・イスラム共和国）

ア　嫡出でない親子関係

パキスタンでは，認知が効力を生じるためには，母親が認知することに同意し，かつ，認知しようとする者と母親との間に婚姻関係があり，他に父であると主張する者がいないことが必要とされている。認知しようとする男と子の母親とが婚姻をしていない場合には，認知することは認められていない。したがって，認知について，認知する者の本国法が準拠法となる限り（平成元年改正前の法例の場合），パキスタン人男から出された日本人女の嫡出でない子を認知する任意認知届は受理しないのが相当である（昭和58年11月4日民二6243号民事局第二課長回答）ということになる。平成元年改正後の法例18条（通則法29条）では選択的適用主義が採用され，セーフガード条項も含めて子の本国法で認知が認められれば，認知する者の本国法によって認知が認められない場合でも，認知による嫡出でない親子関係の形成が可能となったので，本件のような場合，認知を認めることができる。しかし，パキスタン国内において認知の効力が当然に認められるわけではない。

イ　養親子関係

パキスタンは，イスラム法制であり，イスラムでは，養子縁組を認め

ていない。パキスタン国人が養親となる場合には，養親の本国法が適用される（通則法31条，法例20条）。パキスタン人男とその配偶者である日本人女の嫡出子及び嫡出でない子との養子縁組届は養親となるべき者の本国であるパキスタン国には養子縁組制度がないので，受理することはできないとした事例（平成7年3月30日民二2639号民事局第二課長回答）がある。

⑷3 **パナマ**（パナマ共和国）

ア 国　籍

パナマ共和国憲法の改正規定（1972年10月2日公布）によれば，同国は，出生による国籍の付与について出生地主義を採用している（昭和53年1月10日民二341号民事局第二課長通知）。したがって，日本人夫婦又は一方の親が日本国籍の場合，国籍留保の届出をしないと，その子は日本国籍を喪失する（国籍法12条）。

イ　嫡出でない親子関係

パナマで出生した子は，パナマ国籍を取得するが，他方，認知制度を採っており，認知が必要である。そして，パナマ民法によると，公の登録による認知が認められており，駐パナマ共和国大使館に対する調査結果によると，出生登録をする機関は，選挙裁判所の市民登録総務局である。したがって，パナマ共和国で生まれたコロンビア人女の嫡出でない子につき，同女と婚姻した日本人男からパナマ共和国選挙裁判所市民登録総務局発行の父の表示のある出生証明書の提出があった場合は，出生登録の日に認知が成立したものと解し，これを戸籍法41条の規定による証書の謄本として取り扱って差し支えないとした事例（昭和60年6月28日民二3675号民事局第二課長回答）がある。

⑷4 **パプアニューギニア**（パプアニューギニア独立国）

パプアニューギニアは，父母両血統主義国であり，同国内で日本人の子が出生しても，パプアニューギニアの国籍を取得しない。また，パプアニューギニアには，準正の制度があり（婚姻法58条），出生後に父母が婚姻すれば，日本の戸籍法62条の届出ができ，当然に認知の効力を有することになる。なお，養子縁組に関して，日本人夫及びパプアニューギニア人妻と同妻の嫡出でない子（パプアニューギニア人）との創設的養子縁組届につ

いて，パプアニューギニアが養子縁組について裁判所の命令によって成立させる法制を採用しているため，パプアニューギニアの裁判所の命令又はこれに代わる日本の家庭裁判所の許可の審判がなければ，養子縁組届を受理できないとした事例（平成25年12月6日民一967号民事局第一課長回答）がある。

(45) **パラオ**（パラオ共和国）

パラオは，1947年に国連の太平洋諸島信託統治地域となり，1986年11月3日米国自治領へ移行し，1994年6月に独立している。1963年（昭和38年）当時，パラオ島の先住民は，無国籍者であるとされた。そして，無国籍者の母が嫡出でない子を日本で出生したときは日本国籍を有するが，その出生届を外国人として届出したため受理市町村に保管しているときは，その出生届に子の称する氏及び新戸籍編製の場所を記載する追完により，その子につき新戸籍を編製する。この場合，出生届出人の母が死亡しているときは，第2順位の出生届出義務者が追完届をするとされた事例（昭和38年1月7日民事甲3771号民事局長回答）がある。

(46) **パラグアイ**（パラグアイ共和国）

パラグアイは，事実主義ではなく，認知主義を採用している。パラグアイ共和国において出生した嫡出でない子について，日本人男が同国の方式によって認知していることが認められた事例（昭和55年8月22日民二5216号民事局第二課長回答）がある。

(47) **パレスチナ**（パレスチナ自治政府）

日本で出生したパレスチナ人父母間の嫡出子等の日本国籍の取得については，先例が変更され，(1)パレスチナ人を父母として日本で出生した嫡出子及び父が知れない場合でパレスチナ人を母として日本で出生した嫡出でない子は，出生によって日本の国籍を取得しないこととする。(2)この取扱いは，平成19年10月15日以降に出生した子について実施するとされた（平成19年10月3日民一2120号民事局第一課長通知）。

この通知に鑑み，日本で出生したパレスチナ人父母間の嫡出子出生届について，事件本人の父母の国籍につき「パレスチナ」と表記した上で，外国人夫婦間の嫡出子出生届として受理して差し支えないとされた事例（平成20年3月27日民一1091号民事局第一課長回答）がある。

(48) フィンランド（フィンランド共和国）

ア　嫡出親子関係

　父フィンランド人，母日本人の婚姻後97日目に出生した子について母からされた嫡出子出生届は受理するのが相当であるとした事例（昭和57年5月10日民二3303号民事局第二課長回答）がある。

イ　嫡出でない親子関係

　日本人男とフィンランド人女間の婚姻前の出生子についてフィンランド国の裁判所が発給した認知の証書を戸籍法41条に規定する認知証書の謄本として取り扱うのが相当であるとした事例（昭和57年5月20日民二3592号民事局第二課長回答）がある。

(49) ベトナム（ベトナム社会主義共和国）

ア　嫡出親子関係

　他の証拠によって夫婦の子ではないとされる場合を除いて，夫婦の婚姻中に生まれた子又は妻が婚姻中に懐胎した子は，その夫婦の子（嫡出子）として扱われる（家族法63条）。したがって，イギリス人女がベトナム人男と婚姻継続中に日本人男との間に出生した子につき，同夫婦の離婚判決謄本によれば，その夫は事件本人の出生する3年前から行方不明であることが認められる場合でも，当該出生子を母の嫡出でない子として出生届をすることはできないとした事例（昭和43年11月21日民事甲3131号民事局長回答）がある。

イ　嫡出でない親子関係

　ベトナムは，第二次世界大戦後，南ベトナム共和国とベトナム民主共和国とに分断されていたが，ベトナム戦争を経て，1976年に両国は統一され，ベトナム社会主義共和国が誕生し，現在に至っている。

　南ベトナムでは，1949年から1955年までベトナム国（越南国）が成立しており，その当時，日本人男とベトナム人女との婚姻前の出生子について戸籍法62条に基づき，長男の出生届がされたケースについて，次のような先例がある。すなわち，ベトナムでは，近親婚又はかん通によって出生した子以外の嫡出でない子について父の認知が可能とされているので，所問の出生子が同原因によって出生したものでない限り，当該出

生届に基づき父の戸籍のその身分事項欄に，先例（昭和28年6月12日民事甲958号民事局長回答）の趣旨による戸籍の記載をするのが相当である。なお，長女の戸籍の訂正の要否についても，同様である（昭和31年7月7日民事甲1555号民事局長回答）。

　1955年からベトナム戦争を経て1976年に統一されるまで，南ベトナムには，ベトナム共和国が成立していた。その当時のベトナム共和国の家庭裁判所の判決について，「既に出生証明により親子関係が認められており，父の認知を確認し，子の父の氏（名）を称する変更を許可したもの」と考えられるケースについて，裁判上の認知ではなく任意認知届として符せん処理して差し支えないか，若しくは戸籍法41条の証書（ベトナム官憲の発給した出生証明書に父の記載のあるもの）の交付をうけて処理すべきかという照会に対し，在ベトナム特命全権大使から送付された書類に，別添ベトナム共和国ドンズオン家庭裁判所発給の出生届代用証明書を追完し，これを戸籍法41条の証書の謄本に準ずる扱いとし，左記戸籍記載例により処理するのが相当であるとした事例（昭和44年5月23日民事甲1078号民事局長回答）がある。

　1976年のベトナム社会主義共和国へ統一される以前の先例として，ベトナム人女の子につき，日本人男が認知したと記載されているベトナム官憲発給の出生証明書を添付して，日本人男から認知の届出があった場合は，同出生証明書を戸籍法41条の規定による証書の謄本として取り扱うとした事例（昭和51年5月7日民二2846号民事局第二課長回答），日本在住の日本人男がベトナム共和国在住の同国人を認知する認知届を受理して差し支えないとされた事例（昭和51年7月17日民二4123号民事局第二課長回答）がある。また，南北統一後の先例としては，ベトナム人夫が日本人妻の嫡出でない子を認知する届出は受理して差し支えないとされた事例（昭和62年4月27日民二2337号民事局長回答），日本人男がベトナム人女の未成年子をベトナム方式により認知したとして，在ベトナム日本国大使に届出がされたが，ベトナムにおいて認知が成立した際に発行される認知認定決定書ではなく出生証明書をもって戸籍法11条に規定する認知証書と認めて受理してよいかとの照会に対し，届出書に添付された出生登録書を

もってベトナム社会主義共和国の方式によって認知が成立したものと認めて受理して差し支えない旨の回答をした事例（平成21年7月3日民一1615号民事局第一課長回答）がある。

ウ　養親子関係

　現行のベトナム社会主義共和国では，養子となる者は，原則として15歳未満の者とされ，養親との年齢差は20歳以上必要とされ，未成年養子では実父母又は保護者の同意が必要であり，9歳以上の場合には，養子となるべき者本人の同意も必要となる。

　ベトナム共和国当時の養子縁組については，1964年に婚姻，子孫関係及び共同財産に関する法律が制定され，同法141条は養子縁組について裁判所の批准が必要とされていることから，これが形式的要件か実質的要件かが問題となった。これについて，ベトナム養子法141条の規定する裁判所の批准は，養子縁組に関する実質的要件と解されるので，所問の養子縁組届は受理すべきではないとし，なお，当該縁組について我が国の家庭裁判所において許可の審判がされ，その審判書謄本を添付して届出があった場合は，受理すべきであるから念のため申し添えるとした事例（昭和42年3月18日民事甲620号民事局長回答）がある。なお，ここで「批准」というのはratifyの訳であり，ここでは認可と訳すべきもので，条約の批准という趣旨ではなく，その性質は裁判所の決定であり，日本の裁判所が代行できると解されている。

　その点を明らかにしたのが東京家審昭和42年5月24日家月19巻12号67頁である。ベトナムの大学を卒業しアメリカに留学後，日本に留学を希望して来日したところ，アメリカでの平和を求める発言が本国であるベトナム共和国を批判したものとして，そのまま帰国すると投獄され生命も危ないとのことから，その留学の希望を叶えるため，事情を知った日本人が本国の両親と連絡をとり，日本の裁判所に対し，そのベトナム人を自らの養子とする申立てをした事案について，子とする動機は，人道的に事件本人の生命を守り，かつ日本における留学の希望を叶えてやることにあるが，当事者間に真実親子関係を設定する意向があり，縁組から生ずる法律的効果を受ける意思があることは，ベトナム共和国民法の

縁組要件である「適正な動機」の要件を充足するものであるとして，日本人夫婦が日本に居所を有するベトナム共和国人成年者を養子とすることを許可した事例であり，同成年者間の縁組につき，ベトナム共和国民法の要求する民事裁判所の認許は，我が家庭裁判所の許可をもって代用しうると解した事例である。

　ベトナム社会主義共和国になってからは，養子縁組の要件も変わっており，現在では，主に1987年婚姻・家族法が規定する。また，外国人がベトナム人を養子とする渉外養子縁組については，ベトナム人民委員会の公認又は当該外国人が外国に居住している場合には国外のベトナム公認機関の認可が必要であるとされている。そのため，日本人夫婦が南ベトナム人男を養子とする場合は，同国の行政機関の承認を要し，承認を証する書面を添付しない養子縁組届は，受理できないが，日本の家庭裁判所で縁組許可の審判があり，その審判書謄本の添付があれば受理して差し支えないとされた（昭和51年7月13日民二4009号民事局第二課長回答）。このことを判示したのが盛岡家審昭和52年5月4日家月29巻11号105頁である。すなわち，ベトナム社会主義共和国1959年12月29日公布「婚姻及び家族に関する法律第13号」24条2項所定の単位行政委員会の承認は，養子縁組の当事者双方のための成立要件として定められているものと解されるので，本件養子縁組についても，養子となるべき事件本人の本国法として同法24条2項が適用され，上記単位行政委員会の承認が必要であると解すべきであるが，その制度の趣旨・目的は日本民法798条（未成年の養子）と同じくするものと解されるから，家庭裁判所の許可をもって同行政委員会の承認に代えることができる旨判示した。

　なお，最新のベトナム家族法については，立石直子訳，小川富之監修「ベトナム家族法-抄訳」戸籍時報698～700号・702号・703号・705号・706号（日本加除出版，2012-2013）を参照されたい。

(50)　**ベネズエラ**（ベネズエラ・ボリバル共和国）

　ア　嫡出でない親子関係

　ベネズエラは，事実主義ではなく，認知主義を採用しており，任意認知のほか強制認知，胎児認知も一定の要件のもとで認めている。任意認

知は，出生登録証明書，両親の結婚登録証明書，遺言によって可能であり，他の真正な公文書の記載によっても認められる場合がある。日本人男とベネズエラ人女間のコロンビア国で出生した婚姻前の子につき，同国公証人発給の出生登録証明書に父が出生の届出をした旨の記載がある場合は，コロンビア国の方式による認知が成立したものと解して差し支えなく，出生登録証明書を認知証書として取り扱うのが相当とされた事例（昭和56年5月22日民二3248号民事局長回答）がある。

イ　養親子関係

　ベネズエラの養子縁組については民法に規定されており，実子を養子とすることは認められていない。契約ではなく，裁判所の判断が必要であり，12歳以上の者が養子となる場合，その同意が必要である。断絶型ではなく，実親との親族関係は終了しない。日本人男が配偶者（コロンビア人）の嫡出でない子（12歳・ベネズエラ国籍）を完全養子とする縁組がベネズエラ国で成立した旨の証明書が提出された場合に，我が国における普通養子縁組に該当する縁組が成立したものとして取り扱って差し支えないとされた事例（平成3年7月10日民二3775号民事局第二課長回答）がある。

(51)　ペルー（ペルー共和国）

ア　嫡出でない親子関係

　ペルーは生地主義をとっており，ペルー国内で出生した子はペルー国籍を取得する。また嫡出でない親子関係の形成については認知主義を採っており，一定の要件のもとで死後認知，強制認知も認められている。

　ペルーでは，1852年民法により，出生登録証書又は洗礼登録証書により認知の効力が認められていたが，1936年改正により，洗礼登録証書は削除された。しかし，出生登録証書を発行する役場が近隣にない場合，洗礼登録証書にも認知の効力が認められていた。そのような経緯を踏まえて，「1936年改正前のペルー民法施行当時の認知の成立に関しては，平成14年1月30日付け法務省民一第274号貴局民事第一課長回答により，洗礼登録証明書に父の氏名の記載があるだけでは足りず，欄外に認知の旨が記載され，実父と証人2名の自署が必要とされているところ，本件認知事項記載申出書添付の洗礼証明書は，同回答の要件を満たしていな

いことから，当職としましては，洗礼登録機関である教区司祭から認知が有効に成立している旨の証明書が添付されているとしても，教区内部の判断であり，同回答の根拠となった1955年10月7日付けペルーの最高判決を覆すものではないと思料します。しかしながら，当該洗礼証明書は，認知する旨の記載はないものの父及び証人1名の自署があること，また，教区発行の証明書で示された教会法規の効力について疑義もあることから，本件処理に関して何分の御指示を賜りたく照会いたします。」という照会に対し，「平成15年2月20日付け戸第172号をもって照会のありました標記の件については，洗礼証明書に認知の宣言が記載されており，証書欄外の認知の記載は不要と解されるため，記載申出書に基づく職権記載をして差し支えないものと考えます。なお，平成14年1月30日付け法務省民一第274号当職回答は，ペルー国の認知の成立について，洗礼証明書欄外に認知の記載がされていることを要件とする趣旨ではなく，本回答と同様に，洗礼証明書に認知の宣言が記載されていれば足りるとする立場に立った上で，当該事案については同証明書にも同証明書欄外にも認知の記載がないことから，認知が成立しているとは認められないとしたものであることを申し添えます。」との回答がされ，そのような照会及び回答があった旨の通知がされた（平成15年12月24日民一3794号民事局第一課長通知）。

　なお，同通知以前の先例として，1852年制定のペルー民法（1936年改正）の施行当時（1930年）に行われた洗礼の証明書が認知を証する書面として認められなかった事例（平成14年1月30日民一274号民事局第一課長回答），日本人男とペルー人女間の嫡出でない子について，利害関係人から裁判（出生登録命令）によってされた出生登録証明書を添付して日本人父の戸籍に認知の記載方申出があった事案につき，同証明書をペルー国の方式による認知の成立を証する書面として取り扱うことはできないので，同証明書をもって戸籍の記載をするのは相当でないとした事例（平成9年7月10日民二1223号民事局第二課長回答）がある。

　ペルー共和国において成立したとする報告的認知届等の処理について，日本人男及びペルー人女の婚姻が有効に成立しており，被認知者は嫡出

子となることから，認知をすることはできず，認知事項を職権により記載することはできないとされた事例（平成26年1月15日民一48号民事局第一課長回答）がある。

イ　養親子関係

ペルーは断絶型の養子制度を採っており，原則として裁判所の判断が必要とされている。ただし孤児等については行政養子と呼ばれる制度がある（「ペルー共和国家族制度の概要について」戸籍730号40頁参照）。日本人男がペルー人女と婚姻し，そのペルー人女の嫡出でない未成年子（日本国籍）を夫婦共同で養子にする旨の養子縁組届出がされた事案について，ペルー国民法2087条が反致を明確に定めた規定であるか明らかでなく，受否を決しがたいとしてされた照会に対し，ペルー人女の本国法における渉外養子縁組に関する規定を反致規定と見て，ペルー人女について日本法を適用した上で受否を判断して差し支えないとの回答をした事例（平成22年12月13日民一3139号民事局第一課長回答）がある。

ウ　面接交渉権

家事審判法24条に基づく審判において，ペルー民法（1984年）289条は，「裁判官は判決中に，子女の監護に関し，親との音信が絶えることなきよう注意して規約を設けるものとする。」と定めているところ，同条は子との面接交渉に関する規約を裁判官が判決中で示すことを認めた条文と考えられるとし，当事者間の面接交渉に関する合意は相当なものと認めることができるため，この合意を，裁判所が離婚判決中に設ける規約として認めることが相当と思われるとし，離婚審判に付帯して面接交渉条項を定めた審判例（東京家審昭和63年2月23日家月40巻6号65頁）がある。

なお，ペルー共和国民事法のうち関連する条文については，笠原俊宏・除瑞静訳『ペルー共和国民法典中の人事・家事・渉外規定の邦訳(1)〜(11)』戸籍時報693号・694号・697〜700号・702号・705号・708号・713号（日本加除出版，2013〜2014）参照されたい。

(52)　**ポーランド（ポーランド共和国）**

ポーランドは，嫡出でない親子関係の形成について事実主義ではなく認知主義をとっており，胎児認知も認めている。認知については母の承諾が

必要である。平成元年改正前の法例18条は，各当事者の本国法の配分主義をとっていたので，子がポーランド人であるときは，子についてポーランド法が適用されるので，母の承諾が必要となっていた。これに対し，平成元年法例改正後の法例18条及び通則法29条では選択的適用主義が採用されたので，認知する父の本国法が適用されることとなった。しかし，セーフガード条項があるので，やはり，母の承諾が必要である。

日本人男が父としてポーランドで出生した子について出生届をしたケースについて，婚姻前の子であるから，ポーランド国籍を取得する。しかし，日本国籍を取得しないので，出生届として受理できないが，認知届として受理できるかについて，認知届として処理した事例（昭和39年8月18日民事甲2868号民事局長回答）がある。

⑸₃ **ボリビア（ボリビア多民族国）**

ボリビアは，国籍取得について生地主義を採っており，外国政府の用務のため国内にいる親の子である場合を除き，ボリビア国内で出生した子はボリビア国籍を取得する。したがって国籍留保届をしないと日本国籍を喪失する（国籍法12条）。また，嫡出でない親子関係の成立について，事実主義ではなく，認知主義を採っており，出生登録，公文書，遺言，証人2名が確認した私文書などにより認知することができる。これに関して，日本人男とボリビア人女との婚姻前にボリビア国で出生した子は，日本国籍を取得しないから，婚姻後に日本人男から届出された嫡出子出生届をしても日本人として戸籍に記載することはできないが，これを認知届として取り扱って差し支えなく（平成3年7月4日民二3728号民事局第二課長回答），その出生届にボリビアの出生登録機関である市戸籍総務局発行の父の表示のある出生証明書が添付してあった場合は，出生登録の日に認知が成立したものと取り扱って差し支えないとされた事例（同3729号民事局長回答）がある。また，旧国籍法施行時において，日本人男とボリビア人女との間で婚姻前に出生した子らの認知事項記載の申出について，添付された婚姻登録証の婚外子の認知欄に子が記載されていたことをもって，ボリビア多民族国の法制上，認知が成立したことを証する書面とすることはできないとした事例（平成24年12月20日民一3561号民事局第一課長回答）がある。

(54) ポルトガル（ポルトガル共和国）
　ア　国　籍
　　ポルトガルは父母両系血統主義を採っており，日本人夫婦の子がポルトガルで出生しても，同国籍を取得しない。すなわち，ポルトガル共和国は，出生による国籍の取得につき，同国で出生した事実のほかに父又は母が自国民であること等を条件としているので，同国で出生した子については日本国籍法9条（現国籍法12条）の規定は適用されない（昭和56年12月4日民二7095号民事局第二課長回答）。
　　なお，日本人母とポルトガル人男との間で日本で出生したが，ポルトガルの旅券を有していたことから，ポルトガル人として外国人登録された子について，出生届がなかったため，日本人の子として出生届がされ，同人の戸籍が作成され，併せてポルトガル大使館に対し，同人がポルトガル国籍を離脱した旨を通告した。ところが今回，本人が在留期間更新手続を申し出たという事案について，子は，ポルトガル人父が認知したことにより，旧国籍法の規定によって父の本国であるポルトガル国籍を取得し，日本国籍を失ったものと解されること，それにも関わらず，日本国籍を取得したとしてポルトガル国籍を失ったので，現在無国籍と解されることから，照会がされたところ，子は日本人の母の子として日本国籍を取得しており，日本国籍喪失の届がないから，当然に日本国籍を失わないとした事例（昭和32年1月10日民二4号民事局第二課長回答）がある。つまり，旧国籍法3条では，外国人父が認知をしなければ，父が知れざる場合として，母が日本人であれば，子は日本国籍を取得する。したがって，婚姻していないポルトガル人男と日本人女間の出生子は，嫡出でない子として出生届をし，母が筆頭者でない場合は，母について新戸籍を編製し，子はその戸籍に入る（昭和29年8月4日民事甲1596号民事局長回答）とされた。
　イ　嫡出でない親子関係
　　ポルトガルでは，嫡出でない親子関係の成立について，事実主義ではなく，認知主義を採っている。すなわち，任意認知は，出生届出，出生届の後の戸籍役場への届出，遺言，裁判所で作成された証書のいずれに

よっても行うことができるとされている。したがって，日本人女から，同人の嫡出でない子につき，ポルトガル人男の認知を証する書面を添付して，その旨の申出があった場合は，その申出を受理して差し支えない（昭和48年5月29日民二3954号民事局長回答）。

(55) 香　港
　ア　国　籍
　　香港は，中国返還後，中国の特別行政区となった。1990年に香港特別行政区基本法が中国全国人民代表大会において議決，成立し，1997年から実施されている。同法8条では，香港の従来の法律である普通法，衡平法，条例，付属立法と慣習法は，本法と抵触するか，あるいは香港特別行政区立法機関が改正したものを除いて，保留されるとされており，原則として従前の法令が維持されている。香港が返還される以前において，香港で出生した父日本人母中国人間の子の国籍留保の出生届出が中国人母からされた場合，戸籍の記載をして差し支えないとされた事例（昭和46年4月23日民事甲1608号民事局長回答）がある。

　イ　嫡出でない親子関係
　　母が婚姻をしていない場合，出生登録に父として記録されている者がいれば，その者が父であると推定される。香港における英国籍を有する嫡出でない子の出生登録に日本人父が父として署名している場合は，香港方式の認知があったものとして取り扱って差し支えないとした事例（昭和58年3月25日民二2226号民事局長回答）がある。

　ウ　養親子関係
　　香港では，従来から慣習法により養子縁組が認められていたが，1956年養子縁組条例が制定され，1972年まで慣習法と条例とが併存していた。原則として未成年者養子であり，裁判所の決定により養子縁組は成立する。養子縁組命令が出されると，養子は養親の嫡出子となり，実方親族との関係は消滅する。原則として夫婦共同縁組であるが，夫婦の一方の親の子を養子にする場合は，単独で養子縁組ができる。すなわち，日本人が配偶者の実子（香港籍）との養子縁組の許可を求めた事案において，反致を認めた上，日本民法798条ただし書は，単に許可を不要とするだ

けで許可審判をすることを禁じている趣旨とは解されず，また，渉外的養子縁組の場合は家庭裁判所の後見的役割とその機能から許可の申立てがあった限りでその適否を判断することは意義のないことではないとして申立てを許可した事例（大阪家審昭和57年12月22日家月36巻5号112頁）がある。

(56) **ホンジュラス**（ホンジュラス共和国）

ホンジュラスは生地主義を採っており，日本人夫婦の子がホンジュラス国内で出生したときは，その子はホンジュラス国籍を取得するため，日本政府に日本国籍留保の意思表示を出生後3か月以内にすることが必要である（国籍法12条）。

日本人男がホンジュラス人女の胎児を認知する創設的届出について，ホンジュラス共和国は認知制度を採用しているものの，認知される子の保護要件は存在しないことが判明したため，その届出を受理してよいとした事例（平成24年6月14日民一1489号民事局第一課長回答）がある。

(57) **マレーシア**

ア　国　籍

マレーシアでは，出生による国籍取得に関し，原則として生地主義を採っている。しかし，出生時に父母の一方がマレーシア人であるかマレーシアの永住者であることが必要である。すなわち，マレーシア連邦では国籍取得につき無条件に生地主義を採用しているとは認められないので，同国ビナン市で出生した日本人夫婦の子の出生届は国籍留保に関する部分を消除して受理する（昭和40年12月14日民事甲3688号民事局長回答）。

また，父がマレーシアで出生したマレーシア人であるなどの要件を満たせば国外で出生してもマレーシア人となる場合があるが，その要件を満たさないとマレーシア国籍を取得できない。その旨を判示したのが東京家審昭和49年12月27日家月27巻10号71頁である。すなわち，事件本人のマレーシア市民権は認められないこと，その理由は，(1)マレーシア市民としての子の登録申請は子の出生の1年以内になされなければならないこと，(2)父がマレーシア市民である子の登録申請は，その父自身によってなされなければならないことが認められること，マレーシア憲法

第2附則第2編1条(c)がこのことを規定していることなどを判示し，事件本人は母である申立人がマレーシア国籍を有するAとの婚姻中に出生したものであるから，その父はAと推定されるところ，日本の国籍法2条は父系主義を採り，出生の時に父が日本国民であるとき，父が知れない場合又は国籍を有しない場合において母が日本国民であるときに，子は日本国民となるものとしているから，事件本人は日本の国籍を取得することができず，また前記のとおりマレーシア国籍をも取得し得ない以上，無国籍ということになるとした。

なお，これは昭和59年国籍法改正以前の事例であり，現在では，母が日本人であれば，子は日本国籍を取得するので，無国籍にはならない。

イ　嫡出でない親子関係

(ア)　一般的要件

マレーシアでは，ムスリムの場合と非ムスリムの場合とでは，取扱いが異なる。ムスリムの場合，一定の場合を除いて婚姻関係にない男女から生まれた子は嫡出子ではなく，一定の条件を満たさないと認知をしても父子関係は生じず，また認知に対する反証も可能である。これに対し，非ムスリムの場合，婚姻中及び婚姻解消後280日以内に出生した子は夫の子と推定され，その間に性交渉のないことが証明されれば否認することができる。婚姻外で懐胎，出生した子は，嫡出でない子であり，出生登録証明書における父の表示（母親と共同で出生届をし，かつ，父が署名することを要する）や裁判によって父子関係が確定するとされている。

(イ)　日本人父によるマレーシア人子の創設的認知届

日本人父がマレーシア人子の認知をするためには，子の本国法上の保護要件として母の同意が必要となるため，母の同意書を提出させた上で，創設的認知届として受理して差し支えないとされた事例（平成18年1月27日民一200号民事局第一課長回答）がある。

(ウ)　扶養判決確定と父子関係の存在

マレーシアにおいて，日本人男がマレーシア人を認知する旨の届書が在ジェッセルトン領事館において受理され，出生証明書を添付して本籍地に送付された事案について，これを受理してよいかという照会につい

て，事件本人である子の国籍は，マレーシアであり，母の国籍は，無国籍であること，認知届当時の届出人の居所は，サラワク州であること，嫡出でない父子関係に関するサバ法は，英法と同様であり，認知手続を規定したものはなく，扶養条令があるのみであること，本件父子については，サバの裁判所において，父子関係が認定され，扶養判決が確定していること，本件認知届は，昭和42年6月20日在ジエッセルトン領事によって受理されたものであることなどの事実を前提として，本件は，昭和42年6月20日に在ジエッセルトン領事によって受理されたものとして処理されたい旨の回答をした事例（昭和43年2月16日民事甲280号民事局長回答）がある。

なお，これは平成元年改正前の法例によるものであり，改正後は認知について選択的適用主義が採用され，日本人父が認知をした場合，日本法において認知が認められれば，これによっても父子関係は成立することになる。

(エ) マレーシア人男による日本人女の子の認知

また，日本に留学していたマレーシア人男と日本人女との間に出生した子の認知につき，当事者に認知について合意があるとし，マレーシア法について詳細に調査をした上，それでもなお，不分明なところがあるが，マレーシア国においても少なくとも出生届の時点では我が国の任意認知と実質上ほぼ同一のものが認められていることは明らかであることなどの事実を認定した上で，準拠法の内容が不明である場合，条理を適用して日本人である子からマレーシア国籍を有する父に対する認知を認めることができるとして23条審判をした事例（札幌家審昭和49年7月23日家月27巻5号146頁）がある。

これも平成元年法例改正後は，日本法も選択的準拠法となるから，マレーシア法によらず，日本法によって認知が認められる。

ウ 養親子関係

(ア) 養子縁組の法制

マレーシアにおける養子縁組については，西マレーシアと東マレーシア（サバ州，サワラク州）とでは法制を異にしている。

日本人夫婦が，成年（1941年生まれ）のマレイシア人女を養子とする縁組届について，マレイシア人女が縁組の要件を具備していると認められないので受理しないのが相当であるとされた事例（昭和49年1月28日民二636号民事局長回答）がある。その理由は，マレーシアでは，西マレーシアでも東マレーシアでも，養子は21歳以下であることが必要とされているからである。

(イ)　裁判所の決定

　マレーシアの養子縁組には，登録による方法（Registration of Adoption Act 1952/ No.253）と裁判所の認可による方法（Adoption Act 1952/No.2571）とがある。外国人との養子縁組は裁判所の認可による方法が行われているようである。したがって，渉外養子縁組としては，裁判所の決定が必要と解される。この点について，日本国籍を有する申立人（養父となる者）とその配偶者の実子でマレイシア国籍を有する未成年者との間の養子縁組許可申立事件について，法例19条1項により，養親の要件については申立人の本国法である日本国民法を，養子の要件については未成年者の本国法であるマレイシア国の養子縁組法をそれぞれ適用することとした上，マレイシア国の養子縁組法に規定されている裁判所による養子縁組許可決定については我が国の家庭裁判所の許可審判をもって充てるのを相当と考えるとして，本件養子縁組を許可した事例（東京家審昭和62年5月15日家月40巻10号40頁）がある。

(ウ)　養子縁組の離縁

　マレーシアには，高等法院による養子縁組の取消命令の規定はあるが，協議離縁に関する規定がないので，協議離縁は認められていないと解される。この点について，日本人夫・マレイシア人妻とその養子であるマレイシア人女との協議離縁届はマレイシア国法上協議離縁をすることができないのでマレイシア人養母と養子との協議離縁届は受理することができないとされた事例（昭和63年1月27日民二432号民事局長回答）がある。

(58)　ミャンマー（ミャンマー連邦共和国）（旧：ビルマ）

　ミャンマーは，旧名称はビルマであり，1991年に軍事政権が，これをミャンマーに変えたほか，その頃，ラングーンをヤンゴンに変更するなど，

都市の名称も大幅に変わっているので，1990年以前の文献に現れる名称は現在と異なる場合があるので注意が必要である。ビルマについては，日本人女の嫡出でない子をビルマ人男が認知する届出は，ビルマには認知の制度がないので受理できないとした事例（昭和44年1月7日民事甲18号民事局長回答）がある。なお，平成元年法例改正後は，選択的適用主義が採用されたので，日本法によって認知が可能であれば，ミャンマー法によって認知ができなくても，日本法を適用して認知を認めることができるようになった。ただし，通則法29条2項後段の保護要件については，子の本国法の要件を満たす必要がある。この点に関して，日本人男とミャンマー人女との創設的婚姻届及び両名の子の創設的認知届について，ミャンマー国のキリスト教徒の婚姻及び認知に関する法制が不明であるから受否を決しがたいとして照会されたのに対し，婚姻届については，FAMILY LISTにより独身であることが認められるから婚姻届を受理してよいが，認知届については，ミャンマー市民と外国人との両親から生まれた子は，ビルマ市民権法43条に基づき，婚生子か婚外子かにかかわらず帰化市民権の申請をしない限り，ミャンマー国籍を有しないから，事件本人を認知するための要件としては，通則法38条2項により，事件本人の常居所地法であるタイ国の認知に関する保護要件を満たす必要があるから，これを満たさない限り，当該認知届を受理することはできないとした事例（平成23年7月27日民一1780号民事局第一課長回答）がある。

(59) **メキシコ**（メキシコ合衆国）

　ア　嫡出親子関係

　メキシコでは，婚姻後180日以降に出生し，婚姻解消後300日以内に生まれた子は嫡出子と推定される。

　嫡出子出生届出は，父母の婚姻が既に外国においてその国の方式に従って有効に成立している場合においては，受理して差し支えないが，父母が婚姻未済の場合は，(1)一応父母婚姻の届出を為さしむるのか，若しくは婚姻証書が存在するにおいてはその謄本を提出せしめ，然る後出生届を受理する，(2)特別の場合の出生届であるから民法附則第4条但書の効力あるものとしていわゆる庶子出生出の取扱いをする，(3)便宜この

まま嫡出子として受理する取扱いはいずれも認められないから，父母婚姻後改めて届け出るのが相当と思考されるとした事例（昭和25年6月1日民事甲1546号民事局長回答）がある。

また，米国において離婚したメキシコ人夫と日本人妻（日本在住）との間の婚姻前に出生した子（米国籍，日本在住）について，日本人妻から親権者指定の申立てがされた事案につき，前提問題としての親子関係の存否について，法例18条（平成元年改正前のもの）の類推適用によりメキシコ法，日本法，米国法をそれぞれ適用してこれを肯定し，準正の問題について，法例17条（平成元年法令改正前のもの）に準じメキシコ法を適用して子は嫡出子たる身分を取得したものとした上，法例20条（平成元年改正前のもの）によりメキシコ法を適用して親権者を母と指定した裁判例（静岡家審昭和62年5月27日家月40巻5号164頁）がある。

イ　嫡出でない親子関係

嫡出でない親子関係については，事実主義ではなく，認知主義を採っており，任意認知，裁判認知があるが，母の同意が必要である。また成人に達した子については子の同意が必要である。婚姻による準正も認められている。

メキシコにおいては重婚は無効であり，認知の制度があるから，重婚によって出生した子について民事登録事務所に届出することにより認知ができ，嫡出でない子となるとした事例（昭和47年11月13日民事五発952号民事局第五課長回答），メキシコ人女と日本人男との婚姻前の出生子について，日本人男からされた認知届を受理して差し支えないとされた事例（昭和50年2月7日民二670号民事局長回答）がある。

(60)　モーリシャス（モーリシャス共和国）

婚姻前に出生した子の認知について，モーリシャスにおいて作成された日本人男とモーリシャス人女の婚姻証書及びその間に出生した婚姻前の子を同人間の子と認める出生証書を戸籍法41条の規定による婚姻及び認知の証書として取り扱って差し支えない（昭和49年10月21日民二5678号民事局長回答）とした事例がある。

(61) モロッコ（モロッコ王国）
ア 国 籍

　モロッコは，父系血統主義国であり，父がモロッコ王国人である場合には，子はモロッコ国籍を取得する。したがって，現地で日本人夫婦間に出生した子については，国籍留保のない出生届が在外公館から送付されてきた場合はそのまま処理して差し支えないとした事例（昭和48年10月9日民事局長電報回答）がある。同事例において，次の参考資料が付されている。

（参考資料）
　モロッコ国籍法に関する1958年9月6日付け王令第1-58-250号（抄）
第二章
原有国籍について
第六条　親子関係による国籍
　㈠　モロッコ人の父親から生まれた子
　㈡　モロッコ人の母親と不明の父親から生まれた子，
はモロッコ人である。
第七条　モロッコにおける出生による国籍
　㈠　モロッコ人の母親と無国籍者の父親から，モロッコにおいて生まれた子，
　㈡　不明の両親から，モロッコにおいて生まれた子，
はモロッコ人である。
　但し，不明の両親からモロッコにおいて生まれた子は，その未成年時において，外国人との親子関係が確立され，右外国人の国籍法に従い，その国籍を有する場合は，モロッコ人ではなかったものとみなされる。
　モロッコにおける捨て子新生児は，反証のあるまで，モロッコにおいて生まれたものとみなされる。

イ　嫡出でない親子関係
　モロッコ王国人男からされた日本人女の嫡出でない子の認知届を受理してよいとされた事例（昭和52年2月19日民二1353号民事局第二課長回答）があり，次の参考資料が付されている。

（参考）

モロツコ身分法（1957年12月18日公布）（抄）

第二編　親子（仮訳）

第一章　親子関係

第83条　嫡出子関係は父に対して親子関係を創出し，父と子の権利義務として，子は，父の宗教を承継し，相続権を取得し，婚姻の障害を派生せしめる。

② 非嫡出子関係は，父に対し何らの親子関係を創出せず，前項のいかなる効果も派生せしめない。しかし，母に対しては当然に嫡出子関係を創出する。

③ 通常の養子縁組は，いかなる法的価値も有せず，いかなる親子関係の効果も派生せしめない。賠償のため，又は遺言による養子縁組は，養子が子と同じ順位にあつても，親子関係を創出せず，遺贈の規定に従う。

第84条　懐胎期間は，第76条に規定する義務のある場合を除き，最小6ヶ月，最大1年である。

第85条　子は，婚姻の終了後懐胎の最小期間を経過してから生まれ，かつ，当時夫婦間に性的関係があつたときは嫡出子である。それに反する場合は，婚姻を理由として嫡出子であることを主張することができない。

第86条　婚姻が取消されたときは，妻が婚姻の日から6ヶ月以上経過してから分娩したときは，第37条の規定に従つて，夫が子の父とみなされる。

② 夫婦の別居後においては，分娩が別居の年になされたとしても，第76条の規定の場合を除き，父子関係を生じない。

第87条　未婚の女性が善意で男性と性的関係を持ち，懐胎の最小期間から最大期間の間に子を出産したときは，子の嫡出子関係は，その男性について生じる。

第88条　無効な婚姻の後も性的関係が善意で維持され，親子関係が生じたときは，血族関係から生じる効果，すなわち禁止された範囲で

の婚姻の障害，扶養の義務，相続権を完全に生じさせる。

第89条　嫡出子関係は，父子関係の推定，父の承認，二人の証人の証言，妻の生んだ子を夫の子とする伝聞証拠によつて生じる。

第90条　妻又は妻と同視される者が生んだ子の父子関係は，裁判によらなければ否定することができない。

第91条　裁判官は，父子関係の否認に関する訴訟法によつて認められた証拠によつて裁判をしなければならない。

第二章　血族関係の承認

第92条　父子関係の認知は，重病のときでも親子関係の知られていない者のためにすることができる。認知者は，次の条件を満たさなければならない。

　一，認知者は男性であること。

　二，健全な精神状態にあること。

　三，子の親子関係が知られていないこと。

　四，認知が理論又は事実によって否認されないこと。

第93条　認知は，孫，祖父，兄弟，父方の伯父としての血族関係を生じせしめるが，父方の伯父の子とは血族関係を生じない。しかし，一定の期間の経過により誓約を条件として，血族としての財産上の効果と同じ父母から出た，又は出ないという血族としての家柄の確定を生じる。

第94条　妻は姓を保持し，署名に用いることができる。夫は，姓と血族関係を強制することができない。

第95条　血族関係の承認は，公正証書又は，本人の不明確な点のない私署証書によって証明される。

第96条　父の知られていない子の親子関係は，認知又は裁判によって生じる。その子は，嫡出子とみなされ，父の家族となり，父の宗教を承継し，父と子の権利義務として，互いに相続し，婚姻の障害を生じる。

なお，日本人女がフランス国において出生した嫡出でない子の出生届及びモロッコ人男が同子を出生前にフランス国の方式により認知した旨

の証明書を添付して認知届があった場合,モロッコ王国においては,胎児認知の制度がないので,当該認知届は受理することができないとした事例(昭和55年2月15日民二872号民事局長回答)がある。

　ウ　養親子関係

　モロッコでは養子縁組が認められていないと説示したフランス破棄院の2009年1月28日判決があるが,その法制度は定かではない。日本人夫がモロッコ人妻の連れ子(同国人前夫との嫡出子)を養子とする創設的養子縁組届について,モロッコ法制がはっきりしないので保護要件について疑義があるとした照会に対し,特段の理由を示すことなく受理して差し支えない旨の回答をした事例(平成22年3月18日民一677号民事局第一課長回答)がある。

(62)　モンゴル(モンゴル国)

　モンゴルは父母両系血統主義であり,モンゴルで生まれただけではモンゴル国籍を取得しない。配偶者のある者は配偶者の同意が必要であり,子が7歳以上の場合には本人の同意が必要である。また実親の同意は書面により,公証人によって証明されなければならないとされている。これに関して,日本人男がモンゴル人妻の子(モンゴル人女)を養子とした旨の報告的養子縁組届がなされた場合において,モンゴル国において養子縁組の登録に際し発行される養育証明書を戸籍法41条に規定する証書として取り扱い,当該縁組届を受理して差し支えないとされた事例(平成18年7月5日民一1516号民事局第一課長回答)がある。

(63)　ラオス(ラオス人民民主共和国)

　ア　嫡出でない親子関係

　日本人夫からなされたラオス人妻の婚姻前の出生子(嫡出でない子)に対する認知届について,認知する者の本国法である日本民法上の認知の成立要件を具備していることから,これを受理して差し支えないとされた事例(平成10年3月12日民二496号民事局第二課長回答)がある。

　イ　養親子関係

　成年者は年少者を養子とすることができる。養子縁組の効果は断絶型である。日本人の子がラオス国人の養子となった場合は,ラオス国籍を

取得する。

　ラオス難民夫婦の日本在住の妻から所在不明の夫に対し離婚の請求及び子の親権者を妻と定める旨の判決を求めた事案について，広島地判昭和61年1月30日家月38巻6号43頁は次のとおり判示した。まず，このような場合，我が国に国際裁判管轄が認められるとし，離婚の準拠法は，平成元年改正前の法例16条により夫の本国法であるラオス人民民主共和国法となるところ，同国では婚姻及び離婚法は未整備であり，その都度，裁判所又は行政部が協議してこれを決めていることが認められるので，準拠法の内容が不明な場合に準じて，これに代わるべき補充法ないし代用法を探究すべきであるとする。そして，婚姻や離婚は一般民衆の生活と法感覚に根ざしていて急激に変化するものとは考えられないこと，夫婦とも革命後のラオスでの生活に耐えかねて脱出した事情も併せ考慮すると，ラオス旧民法を補充法とするのが条理にかなうとし，これを認容するのが相当であるとした。

　ラオスでは，配偶者の子を養子にする場合でも公的機関の許可を要するものと解され，この許可書の添付のない養子縁組届は受理しないのが相当であるとされた事例（昭和61年6月3日民二4354号民事局長回答）がある。

　なお，ラオス家族法に関しては，1991年家事登録法及び2004年国籍法の邦訳として，伊藤弘子・大川謙蔵訳，小川富之監修『ラオス家族法(1)～(3)』戸籍時報680号・681号・683号（日本加除出版，2012）を参照。

(64)　リヒテンシュタイン（リヒテンシュタイン公国）

　リヒテンシュタインは，父系血統主義であり，同国内で出生しただけでは同国国籍を取得しない。

　ところで，平成元年改正前の法例では，認知について配分的適用主義が採用され，子がリヒテンシュタイン国籍である場合には，同国法においても認知が成立しなければ有効に認知の存在を認めることができなかった。ところが，リヒテンシュタイン公国では，死後認知を認めていなかったため，果たして死後認知を認めることができないのかが問題となった。

　この点について，日本に在住する日本国籍の子がスイスにおいて死亡したリヒテンシュタイン公国人を父として，検察官に対する認知請求をした

事案について，裁判管轄権は我が国に認められ，国内における管轄は人事訴訟手続法27条により子が普通裁判籍を有する地の地方裁判所に専属するとした上，準拠法については，父についてはリヒテンシユタイン公国法により，死後認知を求める子については日本の法律によることになるが，リヒテンシユタイン公国法には死後認知を認める明文の規定がなく，反致を認める規定もないところ，嫡出でない子が法律上の父を定め戸籍に父の記載を得ることは法律上も事実上も子の生涯にわたる重大な事柄であるとし，死後認知を認めない同国法の適用は平成元年改正前の法例30条により公序良俗に反するものとして排除すべきであり，日本法を適用すべきであるとし，死後認知を認容した裁判例（東京地判昭和47年3月4日判タ279号335頁）がある。

第3部　渉外後見・扶養法

第1　後　見

1　後見の国際裁判管轄

　国際裁判管轄については，我が国に規定はなく，法解釈の一般原則に基づき，条理によって判断されることになる。一般に後見は，被後見人を保護するための制度であり，被後見人居住地において継続して後見業務が行われることが予定されていることから，被後見人等の常居所地国に国際裁判管轄があると解されている。[1] 問題は，更に被後見人本国の管轄を認めるべきか否かであるが，これについては，かつては本国管轄肯定説が多数であったが，近時は，本国管轄否定説が多数であると指摘されている。[2]

　外国でされた後見開始等の審判が我が国で承認されるべきかは，外国審判の承認に関する問題であるが，基本的に被後見人保護の目的で，被後見人の本国又は常居所地の裁判所により選任された後見人等が存在する場合には，原則として，我が国内でも，効力を有すると解されることが多いであろう。外国の裁判所で選任された監護権者が我が国において幼児の引渡を求めた事件について，その適法であることを前提として判断をした裁判例として，東京高判昭和33年7月9日家月10巻7号29頁がある。

　これに対し，被後見人の本国又は常居所地以外の国の裁判所等で後見開始の審判がされた場合にも承認が可能かについては問題があり，学説は分かれている。[3]

---

[1]　山田・第3版551頁。
[2]　溜池・第3版280頁以下。
[3]　溜池・第3版289頁は，外国の後見開始の審判の承認には，その審判が我が国の国際私法の定める後見開始の審判の原因の準拠法に従っていることを要件とする必要があるとする見解を批判し，その必要はないとする。

2　後見の準拠法

(1)　準拠法の決定
ア　原　則

　後見制度は，判断能力が不十分な本人を保護するための制度であるから，一般に，被後見人の属人法に従うことが認められており，我が国の後見制度についても，原則として，被後見人の本国法を準拠法として定めている（通則法35条1項）。判断能力が不十分であることによる成年後見については，我が国では，後見，保佐，補助の3つの制度があるが，判断能力を欠く場合と著しくこれを欠く場合の二つの類型を持つ国もあり，また，ドイツのように後見ではなく，世話（Betreuung）の制度を持つ国もある。これらはいずれも判断能力が不十分な者を保護するための制度であり，通則法35条の適用を受けることになる。未成年後見の場合，親権者が指定されるべきか，後見が開始されるべきかにより，その準拠法が抵触する場合が生じる。これは親権における適応問題として既に触れたとおりであるが，親権の規定が優先し，親権が認められない場合に限り，後見に関する準拠法に従うべきことになろう。なお，裁判所は，成年被後見人，被保佐人又は被補助人となるべき者が日本に住所若しくは居所を有するとき又は日本の国籍を有するときは，日本法により，後見開始，保佐開始又は補助開始の審判をすることができる（通則法5条）。

　我が国では，未成年者について親権者が死亡した場合，通常，後見が開始される（民法838条1号）が，父母の一方が親権者となり，その親権者が死亡した場合，後見を開始するよりも，他方の父母を親権者とした方が望ましいと考えられるときは，後見を開始せず，親権者変更によることが認められている。そこから，日本人男に認知された韓国人の嫡出でない子について親権指定の申立てがあったケースについて，後見に関する法例23条（平成元年改正前のもの）ではなく，親子間の法律関係に関する法例20条（平成元年改正前のもの。親子間の法律関係は父の本国法によると規定されていた）により，日本法が適用されるとし，親権者である母の死亡後においても父が親権者としての適格を有し，かつ父を親権者とする

ことが子の福祉に合致するときは，後見人を選任することなく父を親権者に指定することができるとした裁判例（大阪家審昭和47年10月5日家月25巻7号73頁）がある。

イ　例　外

　通則法35条2項は，被後見人の本国法を準拠法とした場合，被後見人の保護に欠けるおそれがあるときなど，一定の場合について，後見開始の準拠法を本国法ではなく，日本法が準拠法となる旨を定めている。すなわち，外国人が被後見人等（被後見人，被保佐人，被補助人の総称）である場合であって，次の(ア)又は(イ)に該当するときは，後見人等の選任の審判その他後見等に関する審判については日本法によるとされている（通則法35条2項）。

(ア)　当該外国人の本国法によればその者について後見等が開始する原因がある場合であって，日本における後見等の事務を行う者がないとき

　法例24条2項は，この点につき，「日本ニ住所又ハ居所ヲ有スル外国人ノ後見ハソノ本国法ニ依レバ後見開始ノ原因アルモ後見ノ事務ヲ行ウ者ナキトキ」と規定し，日本に住所又は居所を有する外国人であること，本国法によれば後見開始の原因があること，後見の事務を行う者がないことの3つを要件としていたが，通則法35条2項においては，当該外国人が日本に住所又は居所を有することは，要件としてはいない。日本における後見等の事務を行う者がないときというのは，実質的にみて，後見人等が選任されており，保護をする者が必要な後見事務を行っている場合を指しており，仮に後見人等が外国において選任されていても，現に保護の事務を行う者がおらず，被後見人等の保護に欠ける場合には，これに該当すると解されている[4]。

(イ)　日本において当該外国人について後見開始の審判等があったとき

　法例24条2項も同旨の規定を置いており，内容について変更はない。法例4条2項は，日本に住所又は居所を有する外国人について，その本国法により後見開始の審判の原因のあるときは，原則として，裁判所は

---

[4]　山田・第3版548頁。

その者に対し、後見開始の審判をすることができる旨を規定し、同法5条は、保佐・補助開始の場合に準用していたが、通則法5条は、これをまとめて、裁判所は、成年被後見人等となるべき者が日本に住所若しくは居所を有するとき又は日本の国籍を有するときは、日本法により、後見開始等の審判をすることができると規定した。すなわち、日本において外国人について後見開始等の審判がされるのは、その外国人が日本に住所若しくは居所を有するときであり、その場合、日本法が適用されるから、日本法の後見開始等の要件が充たされていた場合に後見開始等の審判がされる。その場合には、その後の手続も全て日本法に基づいて行われることになる。

(2) **準拠法の適用範囲**

　後見等の開始から終了まで、その間の後見監督など、全ての面にわたり、被後見人等の本国法が準拠法となる。しかし、通則法35条1項に基づき、外国人の本国法を準拠法として我が国で後見開始等の審判がされた場合においても、後見人等の選任の審判その他の後見等に関する審判を行う場合には、同条2項2号により、日本法が適用され、日本の家庭裁判所が日本の民法に基づいて後見が終了するまで後見監督業務を行うことになる（民法863条参照）と解される。なお、外国人も日本人の子の後見人となることができると解するのが相当であるとした事例（昭和29年6月29日民事甲1348号民事局長回答）がある。

(3) **任意後見の準拠法**

　任意後見は、任意後見契約に基づくものであり、法定後見とは、異なる側面を持っているが、任意後見が開始されると、後見監督人を裁判所が選任し、裁判所の監督下に置かれることになる。また、任意後見契約に基づく後見監督人選任の申立てがされても、法定後見を開始することも可能であるなど、法定後見と密接な関係性を持つ。そして、後見監督人を選任し、これを裁判所が係属して監督する必要性があるという点では、法定後見と類似した側面を有している。その契約としての性質を重視すれば、法律行為の成立及び効力に関する通則法7条及び8条が適用され、その方式につ

いても，同法10条によるべきことになる[5]。これに対し，上記のような身分法的性質を重視すると，任意後見についても法定後見と同様に通則法35条が適用されることになる[6]。

(4)　ドイツ等における世話人制度

　ドイツでは，我が国のように意思能力の程度に応じて段階的な類型を設定することはせず，それぞれの判断能力に応じて，必要な行為を代わりに行う世話人（Betreuer）に取消権や代理権を付与するという制度を設けており，他にも同様の制度を持つ国々がある。本人を保護するための制度であることを考えると，その準拠法については，後見に準じて考えることになろう。これについては，通則法が制定される以前，法例4条に基づくとする説と法例24条によるとする説に分かれていた[7]。いずれにしても，世話人選任の要件についての準拠法は当該世話人制度を持つ者の本国法であり，本国法で定められる裁判所の権限は，我が国の家庭裁判所が代行することができると解されることになろう。

3　後見に関する裁判例

(1)　大韓民国

　ア　成年後見開始及び限定後見開始の審判

　　大韓民国民法では，1990年1月13日改正以降は，心身が薄弱である者又は財産の浪費で自己若しくは家族の生活を窮迫させるおそれがある者に対しては，法院は，本人，配偶者，四親等内の親族，後見人又は検事の請求により，限定治産を宣告しなければならない（同法9条）と規定し，また，心神喪失の常態にある者に対しては，法院は，第9条に規定する

---

5) この見解を採るものに，山田真紀「渉外成年後見事件について」家月53巻9号25頁以下（2001）。
6) この見解を採るものに，山田・第3版554頁。
7) 山田・第3版555頁は，世話制度は，保護の類型を作らず，世話の開始による人的地位の創設も認めないから，未成年後見と同様に，法例24条1項を適用ないし準用すると解するのが妥当であろうとする。溜池・第3版292頁は，ドイツの世話制度は，本人の能力の制限をしない点で，我が国の後見制度とは異なり，もっぱら法例24条によるのが妥当であるとする。

者の請求により，禁治産を宣告しなければならない（大韓民国民法12条）と規定していた。しかし，2011年3月7日改正により，家庭法院は，疾病，障害，老齢，その他の事由による精神的制約で事務を処理する能力が持続的に欠けた者に対し，本人，配偶者，四親等以内の親族，未成年後見人，未成年後見監督人，限定後見人，限定後見監督人，特定後見人，特定後見監督人，検事又は地方自治体の長の請求により，成年後見開始の審判をする（同法9条1項）とし，同様の事由による精神的制約で事務を処理する能力が不足した者に対し，本人，配偶者，四親等以内の親族，未成年後見人，未成年後見監督人，成年後見人，成年後見監督人，特定後見人，特定後見監督人，検事又は地方自治体の長の請求により，限定後見開始の審判をする（同法12条1項）として，従来の禁治産制度を廃し，新たに成年後見制度が設けられた。日本では，精神的制約の程度に応じて後見，保佐，補助の3類型が設けられたが，韓国では，後見は同じであるが，保佐，補助に該当するものを限定後見とし，それとは，別に，同様の事由による制約で一時的後援又は特定の事務に関する後援が必要な場合，その期間及び事務の範囲を定め，本人の意思の範囲内で認められる特定後見の制度を新設している（同法14条の2）。

　ところで，我が国では，保佐程度の場合，保佐人を選任するが，大韓民国民法では，1990年改正前から，後見人を選任する（同法929条）とされ，後見人の順位は法定されており，1990年改正以降2011年改正前までは，その宣告を受けた者の直系血族，三親等以内の傍系血族の順位で，後見人となる（同法933条）とされていた。

　ところで，平成元年改正前の法例では，禁治産の原因は，禁治産者の本国法により，審判の効力は審判をした国の法律による（平成元年改正前法例4条）とされ，準禁治産に準用されていた（同法5条）が，交通事故により判断能力が不十分となった在日韓国人について，その子から禁治産宣告の申立てがされたケースについて，鑑定の結果，限定治産とするのが相当であるとして，限定治産の宣告をし，後見人の選任については，平成元年改正前の法例23条により大韓民国民法を適用し，配偶者が既に死亡しているとして，子である申立人を後見人に選任した裁判例（長野

家飯田支審昭和46年12月23日家月24巻20号113頁，判タ283号348頁）がある。大韓民国民法では，2011年改正法までは，後見人の順位は法定されており，更に1990年改正法までは，配偶者，直系血族，三親等以内の傍系血族，戸主の順位で後見人になり（同法933条），直系血族が複数いれば男子，年長者が先順位とされ（同法935条），この規定によって後見人となる者がいない場合に家庭法院が選任するとされていた（同法936条）。したがって，申立人が子の中で年長者であったとすれば，申立人を後見人に選任しなくても，当然に申立人が後見人となっていたものと思われる。なお，従前は後見人の順位の変更は認められず，法定後見人が不相当である場合には解任ができるにとどまっていたが，2005年改正法により，家庭法院は，後見人を変更することができるし，当初から適当な者を後見人に選任することができることになった。そして2011年改正法では，後見人の順位を定めた933条から935条までを削除し，家庭法院は，被後見人の福祉のために後見人を変更する必要があると認めれば，職権で又は被後見人，親族，後見監督人，検事，地方自治体の長の請求により，後見人を変更することができるとされた（いずれも940条）。

イ 未成年後見人

(ア) 大韓民国民法施行以前

　大韓民国民法は1958年（昭和33年）2月に成立し，1960年1月1日から施行されているが，それ以前には，未成年後見について確たる制定法はなかったようである。当時の先例として次のようなものがある。

(i) 母が夫死亡後朝鮮人と再婚した場合の親権者について

　大韓民国民法制定当時，未成年者である子は家にある父の親権に服し，父が親権を行使できない場合，母が親権となる（同法909条）とされ，また，親権者がいない場合には後見人が選任される（同法928条）とされており，同法制定以前も同様であったと考えられる。そこで，未成年の子がある日本人女が，夫の死亡後，朝鮮人男と再婚して朝鮮の戸籍に入った場合は，引き続きその子について母が親権を行使するのか，後見が開始するのかが問題となったが，朝鮮人男と婚姻することにより，母は親権を失い，後見が開始するとした先例（昭和27年4月4日民事甲393号民事局

長回答）がある。

(ⅱ) 15歳未満の養子縁組の代諾者について

　大韓民国では，昭和25年ないし26年当時15歳未満の子の養子縁組について父母が代諾できないときは，親族会の同意を得て後見人が承諾することとされていたことから，養子縁組により内地人の戸籍に入籍した朝鮮人が，朝鮮に在籍する自己の15年未満の嫡出子（奉祀者でない者）を養子とする場合，縁組の承諾は後見人及び親族会がする（昭和25年4月10日民事甲933号民事局長回答）とされた。また，内地の戸籍にある朝鮮人夫婦が，朝鮮在籍の自分たちの嫡出子（奉祀者でない15年未満）とする縁組の代諾は，子が内地に居住していても後見人と親族会がする外なく（昭和26年7月2日民事甲1373号民事局長回答），内地に居住し，朝鮮に在籍する子の後見人選任のためにする親族会招集の申立ては，内地の裁判所にできない（昭和26年4月18日民事甲825号民事局長回答）とされていた。

　しかし，昭和29年12月28日民事甲2778号民事局長通達により，次のとおり変更された。

　すなわち，朝鮮人である15年未満の子が縁組をする場合には，朝鮮法上は，従来その家にある父母が代諾し，父母がないときは後見人及び親族会が父母に代わって縁組の意思を表示すべきものとされていたところ，本問（同一の家にない父母の代諾によるケース）の養子については，縁組当時その父は既に日本人の養子となり戸籍法の適用を受ける者となっていたのであるから，代諾権者を定めるには，平成元年改正前法例20条によって父の本国法である民法の規定によるべきものと解する。その理由は，養子縁組について代諾によることの可否は，養子縁組の要件の問題として平成元年改正前法例19条1項により養子となるべき者の本国法によることとなるが，その者の父母がある場合に，何人が代諾権者となるかは，親子間の法律関係の問題として平成元年改正前法例20条によることとなるからである。したがって，本問の嫡出でない子については，民法819条4項の規定により母が法定代理人として代諾権を有するものと解すべきであるから，その母が届出人となっている以上，本件縁組は有効に成立したものと解するとされた。

(iii) 15歳未満の子の帰化許可の届出について

　朝鮮人男が元日本人女と離婚後，その婚姻中に挙げた15歳未満の子に代わってした帰化許可申請に対して許可があったとき，その者の帰化の届出は後見人を選定させた上ですべきであるが，後見人の選任には日時を要することなどから子に代わって帰化許可申請をした父から届出があった場合には，便宜これを受理して差し支えないとされた事例（昭和28年10月16日民事甲1865号民事局長回答）がある。

(iv) 親権者父が所在不明で後見人がいない場合について

　日本に在住する未成年の朝鮮人の父が所在不明で事実上親権が行えない場合において，父母が婚姻をしていないときは，後見が開始するが，後見は未成年者の本国法によるべきところ，本国法上後見開始の原因があるにもかかわらず後見の事務を行う者が事実上ないと考えられるので，平成元年改正前法例23条2項の規定に基づき，日本の法律により，後見人を選任するのが相当であり，父母が婚姻し，母が朝鮮の国籍をも有しているものであれば，父の本国法により母が親権を行うものと解するとした事例（昭和29年5月13日民事甲1020号民事局長電報回答）がある。

(v) 平和条約発効前に朝鮮人男に認知された日本人女の嫡出でない子の後見について

　昭和25年12月6日以後平和条約発効前に朝鮮人男に認知された日本人女の嫡出でない未成年の子については平和条約発効とともに後見が終了することになるが，その場合の後見終了の職権による記載方法として，「昭和27年4月28日親権を行う者があるに至つたため後見終了年月日記載（印）」とするとされた事例（昭和29年6月3日民事甲1151号民事局長回答）がある。

(vi) 朝鮮人男と婚姻した日本人女との間の子が帰化した場合の後見人について

　朝鮮人男Ａと婚姻した元日本人女Ｂが平和条約発効後離婚し，Ｂが帰化を許可され，帰化届出による新戸籍が編製された後，Ｂが他男と夫の氏を称する婚姻をしている場合において，ＡＢ間の嫡出子Ｃについて後見人女Ｄが選任され，ＤからＣの帰化の許可申請をしてこれが許可に

なったときは，Cの帰化届出はDがし，Cの帰化後も引き続きDがCの後見人としてその事務を行うとされた事例（昭和31年5月15日民事二発237号民事局第二課長電信回答）がある。

(vii) 朝鮮人男と婚姻した元日本人女との間の子の帰化届出と後見人選任の要否について

朝鮮人男が元日本人女と離婚後その婚姻中に出生した15歳未満の子に代わってした帰化許可申請に対して許可があったときその者の帰化の届出は後見人を選定させた上すべきであるが，子に代わって帰化許可申請をした父から届出があった場合便宜受理して差し支えないとした事例（昭和31年7月12日民事二発382号民事局第二課長回答）がある。

(viii) 朝鮮人父の所在不明で母が子の後見人となり帰化した後父が死亡した場合の後見終了について

朝鮮人夫婦ＡＢが離婚し，父Ａが所在不明のため母ＢがＡＢ間の子Ｃの後見人に選任され，Ｂ及びＣが帰化により日本国籍を取得している場合において，Ａが死亡したときは，Ｃに対して，母Ｂが親権を行うこととなり，後見は終了するとした事例（昭和31年11月14日民事甲2607号民事局長事務代理回答）がある。

(ix) 縁組により内地戸籍に入籍していた父母が離縁し朝鮮戸籍に復した後の子の養子縁組の代諾者について

旧国籍法当時縁組によって内地戸籍に入籍していた父母が子を残して離縁し朝鮮の戸籍に復している場合において，15歳未満のその子が日本人の養子となる縁組をするときの代諾者は後見人であるとされた事例（昭和32年5月1日民事甲831号民事局長回答）がある。

なお，日本に住所を有する韓国人である未成年者について，平成元年改正前の法例23条2項により事件本人等の本国法により後見開始の原因あるも後見の事務を行う者なきときに限り日本国の法律によることになるとし，本国法としては，成文法がなく，日本国の旧民法の内容に準ずる慣習法が行われていることが認められ，旧民法900条によれば未成年者等に対し，親権を行う者がいないときは，後見が開始すると規定されており，事件本人等の親権者は，刑務所出所後は諸所を転々し事件本人

に対して親権を行うことができないとして，後見人を選任した裁判例（熊本家審昭和32年4月4日家月9巻4号58頁）がある。

　これらは，いずれも大韓民国民法が施行される以前のものだが，施行後も先例として有効であると考えられる。しかし，1990年改正以降大きく変動している部分がある。例えば，養子縁組の代諾権者については，1990年改正前は，養子となる者が15歳未満の場合，父母がいないときは親族会の同意を得て後見人が承諾するとされていた。それが，1990年改正では，法定代理人が養子縁組の代諾をするとされ，2005年改正では，後見人が代諾するときは家庭法院の許可を要するものとされた。そして更に，2011年改正では，13歳未満の場合のみ法定代理人の代諾によるものとされるなど数度にわたり改正されているので注意を要する。

(イ)　大韓民国民法施行以降について

　大韓民国民法が施行された1960年1月1日以降は，同法が適用されることになった。未成年者について，親権者がないとき，又は親権者が法律行為の代理権及び財産管理権を行使できないときは，後見人を置かなければならない（928条）とされた。遺言による後見人の指定（931条）がないときは，家庭法院は職権で又は未成年者等の請求により未成年後見人を選任する（932条）。直系血族，三親等以内の傍系血族の順位で後見人となり（932条），同順位の者が数人いるときは，最近親，年長者を先順位とする（935条）と規定するなど，誰が後見人になるのかについて，その順位も含めて法定された。そのため，しばしば，我が国で未成年後見の申立てがされた場合，法定後見人に委ねるべきなのか，改めて後見人を選任すべきかが問題となった。この当時の先例として次のものがある。

(i)　決定後見人の順序について

　韓国新民法施行（昭和35年1月1日）後の同国においては，父母離婚後未成年者の親権者である父が所在不明のため親権を行使できないときは曽祖父が法定後見人となり，それらの者が存しないか又は後見の事務を行うことができない場合は，母が法定後見人となるものと解するとされた事例（昭和35年3月5日民事五発59号民事局第五課長回答）がある。

(ii) 離婚後の親権者が所在不明の場合の後見について

　日本に住所を有する韓国人である未成年者について，韓国法によれば父母離婚後の親権者は父であるところ，同人が所在不明で親権を行うことができないとして，平成元年改正前法例23条2項により母を後見人に選任した事例（前橋家審昭和36年1月31日家月13巻5号167頁）がある。

(iii) 親権者父及びその親族が行方不明の場合の後見人について

　昭和30年に朝鮮人男と婚姻した日本人女が，昭和35年に離婚し，日本人男と再婚し夫の戸籍に入籍しているが，右前夫及びその親族が行方不明のときは，右日本人女は朝鮮人男との間に出生した昭和31年生まれの未成年嫡出子の法定後見人であるとされた事例（昭和37年8月16日民事五発201号民事局第五課長回答）がある。

(iv) 先順位法定後見人が親権を行使できない場合と後見人選任について

　韓国人未成年者の母の兄からの後見人選任申立てにつき，韓国法上先順位の直系血族である法定後見人が韓国に居住するなどで有効に後見を尽くせない場合には，傍系血族中の先順位者である申立人が法定後見人になるとして，その申立てを却下した事例（大阪家審昭和40年11月12日家月18巻6号177頁）がある。

(v) 韓国在中親権者父が親権を行使できない場合と後見人選任について

　離婚後親権者である父（韓国人）が韓国にいて，その子（韓国人）に対して現実に親権を行使できない事案につき，韓国民法932条の法定後見人の規定は，親権者の死亡した場合の規定であるから，本件には適用がないとして，平成元年改正前法例23条2項により日本法を適用し母を後見人に選任した事例（東京家審昭和41年6月7日家月19巻2号132頁）がある。

(vi) 親権者父が服役中で親権行使ができない場合の後見人選任について

　離婚後親権者である韓国人父が服役中のため，その子（韓国人）に対し親権行使できない場合，未成年者に他の直系血族のないときは，母は最先順位の法定後見人となるから，裁判所による後見人選任の必要はないとした事例（名古屋家審昭和44年9月12日家月22巻6号106頁）がある。

(vii) 親権者が現実に親権を行使できない場合の後見人選任について

　韓国民法932条による法定後見人の規定は，親権者が死亡しかつ遺言

による指定後見人のない場合の規定であり，韓国人未成年者の親権者が現実に親権を行使できない状態にある場合は同条の適用はないとして，平成元年改正前法例23条2項により日本法により後見人を選任した事例（広島家呉支審昭和46年1月23日家月23巻7号74頁）がある。

(viii) 次順位法定後見人がいる場合と後見人選任について

韓国人の未成年後見につき，大韓民国民法上先順位の法定後見人（直系血族）が後見事務をとることができないことが明らかな場合，現に次順位の法定後見人が存在していても，実質的には平成元年改正前法例23条2項にいう後見の事務を行う者がないときに該当する場合と考えることも許されると解し，後見人を選任した事例（福島家審昭50年6月21日家月28巻9号85頁）がある。

(ix) 韓国人父による認知後韓国籍を喪失し後見が開始した場合と親権辞任許可について

日本人女の嫡出でない子が韓国人父から認知を受けた後，大韓民国国籍法12条7号に定める期間内に日本国籍を離脱しないときは，同子につき韓国籍の喪失により後見が開始し，日本人母は親権を有するものではないとして，同母が親権者であることを前提とした母の親権辞任許可申立てを却下した事例（東京家審昭50年10月2日家月28巻10号103頁）がある。

(x) 離婚後の韓国人親権者父行方不明の場合と後見人選任について

父母離婚後の韓国人未成年者について，親権者であるその家にある父が行方不明で親権を行使できない事情にある場合，法定後見人に関する大韓民国民法932条の規定の適用はないとして後見人を選任した事例（水戸家麻生支審昭和51年5月19日家月29巻3号99頁）がある。

(xi) 韓国籍の嫡出でない子で認知した父が死亡し母が所在不明の場合と後見人選任について

日本人父と韓国人母間の嫡出でない子である韓国人未成年者が父に認知された後，その父が死亡し，母が行方不明となっている場合の後見人選任申立事件につき，準拠法である大韓民国民法932条，935条を適用し，未成年者の直系血族である父方の祖母が法定後見人であるとして，後見人選任の申立てを却下した事例（札幌家審昭和51年7月26日家月29巻4号149

頁）がある。

(xii) 韓国人父と日本人母間の日本国籍子に親権者がいない場合と後見人の選任について

韓国人父と日本人母間に出生した日本国籍を有する子に対して親権を行使する者がないとして母を後見人に選任した事例（大阪家審昭和51年8月6日家月29巻10号158頁）がある。

(xiii) 嫡出でない子が韓国人男に認知された後韓国国籍を喪失した場合と後見人選任について

日本人女の嫡出でない子が韓国人男に認知された後6か月以内に日本国籍を離脱しなかったため韓国国籍を喪失した事案において，子が父の家を出たことによって父は親権者でなくなり，平成元年改正前法例23条1項，日本民法838条1項により後見が開始したと解し，母を後見人に選任した事例（熊本家審昭和52年7月11日家月報30巻8号74頁）がある。

(xiv) 親権者韓国人父が所在不明の場合と韓国人母申立ての後見人の選任について

韓国人未成年子の親権者韓国人父が死亡したため非親権者韓国人母が後見人選任の申立てをした事案において，韓国民法によれば後見が開始しており，申立人の父が第一法定後見人になるところ，同人は所在不明で後見を行使できないから第二順位として申立人が当然法定後見人になるから後見人を選任する必要がないとして右申立てを却下した事例（名古屋家審昭和59年2月24日家月36巻12号87頁）がある。

(xv) 日本人父が認知後死亡した場合において韓国人母が行方不明の場合と後見人選任について

日本人父と韓国人母との間の嫡出でない子である韓国人未成年者が父に認知された後，その父が死亡し，母が行方不明となっている場合の後見人選任申立事件について，準拠法として被後見人の本国法である大韓民国民法932条，935条を適用し，事件本人の直系血族である父方の祖母が法定後見人であるとして，後見人選任の申立てを却下した事例（札幌家審昭和51年7月26日家月29巻4号149頁）などがある。

以上のとおり，1960年の韓国民法施行後は，法定後見人の順序が定め

られていたため，被後見人である未成年者が韓国籍の場合は，法定後見人が存在するとして後見人選任の申立てが却下されるのが原則であったが，平成元年改正前法例23条2項を適用して「後見ノ事務ヲ行フ者ナキトキ」に該当するとして日本法に基づき後見人を選任していたのである。

なお，大韓民国民法では，未成年後見人は，親権者について，財産管理権喪失宣告（925条）がされた場合にも必要となる。子ら（韓国籍）の祖母からの親権者母（韓国籍）の財産管理権喪失宣言の申立てを却下した原審判に対する即時抗告審において，法例21条（通則法32条）により韓国法が準拠法となり，韓国民法925条（2012年改正前のもの）は日本民法835条と同旨であるから，親権者の財産管理が失当か否かは，諸般の事情を考慮して，当該親権者の財産管理権をはく奪して他の者にゆだねることが子の利益に適うか否かによって決せられるべきであるとした上，母は，子らの財産について適切な管理をせず，その管理の失当により財産が減少したことや，消費者金融会社に多額の負債があることなどに照らすと，財産管理能力に欠けるといわざるを得ないとして，原審判を取り消し，母の子らに対する財産管理権（法律行為の代理権を含む。）の喪失を宣告した事例（大阪高決平成16年5月12日家月56巻10号56頁）がある。

また，後見人が存在する未成年子が日本に帰化した場合の後見人の地位について，帰化後も引き続きその未成年者の後見人であるから，帰化許可の際法務局発行の帰化者の身分証明書に同後見事項を記載し，市町村はその証明書によって，後見事項を記載するとした先例（昭和37年8月31日民事甲2482号民事局長回答），朝鮮国籍を有する未成年者の後見人の地位は，その者が日本に帰化しても変わらないとした先例（昭和37年11月22日民事甲3261号民事局長回答）がある。

(ウ) 1990年改正・2005年改正・2011年改正以降について

養子縁組の代諾権者について，養子となる者が15歳未満の場合において，父母がいないときは後見人が承諾する。ただし，嫡母，継母，後見人が承諾するときは親族会の同意を得る（869条）とされていたが，1990年改正では，法定代理人が養子縁組の代諾をするとされ，2005年改正では，後見人が代諾するときは家庭法院の許可を要するものとされた。そ

して，2011年改正では，13歳未満の場合のみ法定代理人の代諾によるものとされるに至っている。また，遺言による未成年者の後見人の指定がないときは，未成年者の直系血族，三親等以内の傍系血族の順位で後見人となる（932条）とされていたが，2011年改正により，家庭法院は，遺言で指定された未成年後見人がない場合又は未成年後見人が欠けた場合には，職権で又は未成年者の親族，利害関係人，検事，地方自治体の長の請求により，未成年後見人を選任する（932条1項），親権喪失宣告，代理権及び財産管理権喪失宣告の場合も家庭法院は職権で未成年後見人を選任する（同条2項）とされた。

ウ　禁治産宣告と筋萎縮性側索硬化症（ALS）

事件本人の妻である抗告人が，事件本人は筋萎縮性側索硬化症を発症し，意思の表明が困難であるところ，事件本人らを被告として，共有物分割等請求訴訟が提起されたため，抗告人が事件本人に代わって訴訟に対応するために後見開始を申立てた事案の抗告審において，事件本人の本国法である韓国民法12条（2011年改正前のもの）によれば，心神喪失の常態にある者に禁治産宣告をする旨定められているところ，筋萎縮性側索硬化症は，通常は，精神上の障害を伴わないものであるから，禁治産宣告原因が存在しないとして，申立てを却下した原審判を取消し，法例4条（後見開始の原因は被後見人の本国法による。通則法5条により日本法が適用されることになった）に従った原審判の判断も不合理とは言えないが，筋萎縮性側索硬化症も病状が進めば認知障害を伴うことが相当あり得るし，事件本人は認知障害を伴った精神上の障害があると評価でき，後見人選任の必要性もあるとして，差戻しを求めた抗告を認容した事例（東京高決平成18年7月11日判時1958号73頁）がある。

エ　後見人・被後見人間の養子縁組

韓国民法では，養子縁組に関して，2012年改正により，養子となるべき者が13歳以上の未成年者である場合には，法定代理人の同意を得て養子縁組の承諾をし，13歳未満の場合は，法定代理人が代わって養子縁組を承諾するが，法定代理人が正当な理由なく承諾，代諾を拒否するなど一定の要件があれば家庭法院が養子縁組の許可をすることができるとさ

れている（869条）。同改正前は，養子となる者が15歳未満の場合，法定代理人がこれに代わり縁組を承諾するが，後見人が縁組を承諾する場合，家庭法院の許可を得なければならないとされていた。また，後見人が被後見人を養子とする場合，家庭法院の許可を得なければならない（872条）とされていたが，2012年改正により同条は削除され，未成年者の養子縁組は家庭法院の許可を要することとされた（867条）。

　ところで，1990年改正前は，後見人が被後見人を養子とする場合も，親族会の同意が必要であるとされていた（1990年改正前の872条）。これに関して，養子縁組は，子の福祉のためにされるべきであることから，韓国民法によれば，養子となる者が15歳未満であるときの養子縁組については父母の承諾又は後見人が親族会の同意を得た上で承諾することを必要とし（同法869条），後見人と被後見人間の養子縁組については親族会の同意を得なければならない（同法872条）と規定され，縁組許可の審判は要件とされていないが，右規定の立法趣旨は，いずれも養子となる者の福祉と家の維持がその根底にあるものと解され，本件のように，未成年者の父母の所在，親族の存否不明の場合には家については考慮する必要はなく，ただ未成年者の福祉のみを考えればよいこととなり，縁組が未成年者の将来の福祉につながるものかどうかの判断は家庭裁判所がすることが適当であるとして養子縁組の許可をした裁判例（福岡家小倉支審昭和51年3月5日家月29巻1号111頁）がある。

　なお，北朝鮮に関連して，北朝鮮在籍者を当事者とする養子縁組届出の受理に当たり，養子の父母が所在不明のときは，選定後見人から親族会の同意があった陳述書が提出されても，親族会の同意書とみて処理することはできないとした事例（昭和41年2月14日民事甲383号民事局長電報回答）がある。

(2) **アメリカ合衆国**

　アメリカ合衆国は，州によって適用すべき法律が異なる。一般にアメリカ人の場合，法定住所（ドミサイル）があり，アメリカ人の本国法は，ドミサイルがある州の法となる（通則法38条3項の当事者に最も密接な関係がある地域の法）。後見事項に関して，以下のような裁判例がある。

ア　父母の行方不明と後見人選任

　我が国では，親権者である父母がいないときに後見が開始するが，単独親権者が死亡した場合，他方の親に親権者変更を行うことが認められている半面，親権者となるべき父母が行方不明である場合には，後見が開始すると解されている。米国においても，同じ問題があり，父母の一方が死亡し他方が行方不明の場合又は父母双方が行方不明の場合，後見人を選任すべきが問題となった事例が【3-1】，【3-2】である。いずれも平成元年改正前法例23条2項（日本に住所又は居所を有する外国人の後見は，その外国人の本国法によれば後見開始の原因があるが，後見事務を行う者がないとき）を適用して後見人を選任した裁判例である。また，米国人夫婦が日本人女の15歳未満の子を養子とするについて家庭裁判所の許可の裁判を得たが，縁組代諾権者たる母が所在不明でその代諾を得られない場合は，裁判中に母が同意している旨の記載があっても養親のみから届出ができない。その場合は後見人を選任した上その後見人の代諾によって届出をすることができるとした先例（昭和34年4月7日民事二発177号民事局第二課長回答）がある。

【3-1】　日本に在住する米国（ノースダコタ州）人未成年者の後見人選任申立事件について，平成元年改正前法例23条1項により適用されるノースダコタ州法によれば，母が死亡し，父が所在不明である場合は後見開始の原因があり，また未成年者に対し後見の事務を行う者がないときに当たるとして，同条2項により日本国法に従い後見人を選任した事例

　　　　　　　　　　　福岡家久留米支審昭和57年10月13日家月35巻11号106頁

　2　法例23条1項［注：平成元年改正前のもの。以下同じ］によれば，後見の準拠法は被後見人の本国法とされているが，本件においては法例27条3項に従いアメリカ合衆国ノースダコタ州の法律が，その本国法となる。
　3　そこで同州の法律をみてみると，未成年者とは18歳未満の者とされ，後見については，監護に関するすべての親権が終了するか，またはそれが周囲の事情，もしくは裁判所の命令によって行われていない場合，裁判所は未婚の未成年者のため後見人を選任することができる旨の規定がある。

4　本件の場合，事件本人の母はすでに死亡し，父は所在不明であり，そのため親権が行われていない状態にあることが明らかであるし，なお，事件本人のため後見人が就任した事情もうかがえないので，事件本人の本国法によれば事件本人のため後見人を選任する必要があるものと解されるのであり，後見開始の原因があるといえる。……本件では被後見人たるべき事件本人は日本国内に居住しており，後見の事務を行う者もいないのであるから法例23条2項に従い，日本国法により後見人を選任すべきである。

【3-2】アメリカ合衆国アーカンソー州に法定住所を有する米国人を父とし，日本人を母として出生し，日本に居住する嫡出子について，その未成年子の父母が所在不明の場合，同州の法律による後見開始の原因に当たるとして，平成元年改正前法例23条2項により日本の法律を適用して後見人を選任した事例

名古屋家審昭和50年2月26日家月27巻12号70頁

本件はアメリカ合衆国アーカンソー州に法定住所を有する未成年者の後見にかかる事件であるが，事件本人は前記のとおり申立人の住所である愛知県内に居住しているのであるから，日本国裁判所が本件について裁判権を有し，かつ名古屋家庭裁判所が管轄権を有している。そして法例23条1項［注：平成元年改正前のもの。以下同じ］によれば，後見の準拠法は被後見人の本国法であるとされているが，本件においては事件本人の本国法は法例27条3項に従いアメリカ合衆国アーカンソー州の法律であるということになる。そこでアーカンソー州法令集によって後見に関する規定をみると，男は21歳が成年とされており（57—103条）父母は婚姻中，未婚の未成年者に対しては共同の自然後見人であり，同等の権限と義務を有し，看護教育・法定の制限内で財産の管理を行うのであり（57—104条，57—301条），後見人のない未成年者に対しては検認裁判所が後見人を任命しなければならない（57—111条）とする旨の規定がある。前記のとおり事件本人については両親が共に所在不明であって，これらの規定に従えば，自然の後見人がない状態にあり，かつその後新たに後見人が任命されたという事情もうかがえないから，事件本人に対し後見人を任命する必要があり，従って事件本人の本国法によれば後見開始の原因があることになる。そして前記のとおり事件本人は日本国内に居住しており，ほかに後見の事務を行なう者がないというのであるから法例23

条2項に従い，日本の法律により後見人を選任すべきであるということになる。

イ　財産後見人選任

　我が国では，未成年後見人は，子の法定代理人であり，身上関係についても財産関係についても，必要な法律行為を代理する権限を有しているが，2人の後見人を選任して，1人を身上監護のための後見人，もう1人を財産管理のための後見人に選任し，権限を分掌させることができる（民法840条2項）。米国の州法でも，身上監護を中心とする身上後見人と財産管理を中心とする財産後見人を区別して選任できる制度を持っているものがある。【3-3】は，カリフォルニア州法を準拠法として，既に身上監護のための後見人が選任されている場合においても，財産管理のための後見人を更に選任することができる旨を判示したものである。

【3-3】　他国（米国カリフォルニア州）の実体法が準拠法となる場合に，自国の実体法との相違により裁判所がこれを実現適用する手続規定を有しないときは，これと類似する手続規定により他国の実体法を適用実現すべきであるとし，アメリカ合衆国カリフォルニア州法に基づき，子に身上後見人がある場合に子の財産管理のために財産後見人を選任した事例

東京家審昭和48年10月3日家月26巻4号95頁

　本件の準拠法は法例第23条［注：平成元年改正前のもの］により事件本人の本国法たるアメリカ合衆国カルフォルニア州法である。カルフォルニア州検認法（Probate Code）によると，一般に両親は，子たる未成年者に対し身上後見人（guardian of person）として同等の権限を有し，共同で監護養育を行うのであるが，2500ドルを超える財産については親は未成年者に代ってこれを管理処分することができず（1430条），そのため検認裁判所は，その財産の管理処分について財産後見人（guardian of estate）を選任しなければならない。この場合，検認裁判所は未成年者の最善の利益を考慮して後見人を選任すべく（1406条），後見人は複数であってもよく（1405条），親を

第一順位とする（1407条）。同法において身上後見人である親が子の財産の管理処分を行うことができないのは，子の財産の保護は裁判所により選任され監督される財産後見人によって行わなければならないとされているからである。

　そうすると未成年者たる事件本人の本件保険金請求および受領については財産後見人の選任を要するものといわなければならない。日本国民法では，このような場合に後見人の選任を要しないものとし，家事審判法にもそのような規定はない。しかしながら，他国の実体法が準拠法となる場合に，自国の実体法との相違により裁判所がこれを実現適用する手続上の規定を有しないときには，これと類似する手続上の規定によって右他国の実体法を適用実現すべきである。

ウ　利益相反行為と後見人選任

　我が国では，親権者と子との利益相反行為については，特別代理人を選任する（民法826条1項）とされ，親権者が存在する場合に未成年後見人を選任することは予定されていない。これに対し，ミズーリ州法では，プロベート・コード（検認法）によって，親に由来しない子の財産を処分する場合には，第三者を後見人に指定し，親権者の処分行為に対して後見認可書が必要とされている（Missouri :Chapter 475 Probate Code--Guardianship:Section 475-25, 475-300）。それでは，ミズーリ州法に基づいて日本の裁判所が後見人を選任することができるのかが問題となる。東京家審昭和41年9月22日家月19巻5号108頁は，利益相反行為として特別代理人選任の申立てがされたケースについて，本申立事項は，親子間の法律関係に該当し，父親の本国法によるとした上で，当該事件の取扱いが，準拠法たる本国法（米国ミズーリ州法）と日本の法制とで異なる場合でも，性質上それが日本の法制に受け容れ難いものでない限り，本国法に基づく内容の審判をなすのが当然であるとして，親（米国人）と子（米国人）の利益相互行為につき未成年者に対した後見人を選任し，その後見行為を認可した。これに対し，東京家審昭和40年12月20日家月18巻8号23頁は，平成元年改正前法例20条により親子間の法律関係は父の本国法になっており，ミズーリ州法が準拠法となるとし，プロベート・コー

ド（検認法）によると，後見人を選任すべきであるとした上で，次のように述べる。「しかしながら，日本国民法においては，かかる場合に後見人を選任することを認めず，したがって，また，家庭裁判所は，家事審判法によって，かかる場合に後見人を選任する権限を有していない。このように，他国の実体法が準拠法となる場合に，自国の実体法との相違により，裁判所がこれを適用実現する手続法上の権能を有していないとき，どのように対処すべきかは，国際法上極めて困難な問題である。当裁判所は，かかる場合にはその有する手続法上の権能のうちで他国の実体法を適用実現する手続法上の権能と類似するものがあれば，その権能によつて他国の実体法を適用実現するほかないものと解する。かかる見地から，本件をみると，ミズリー州検認法における自然の後見人としての親の権限を制限する後見人選任の制度は，日本民法における親権者と未成年者との利益が相反する場合に親権を制限する特別代理人選任の制度に類似する点から，ミズリー州検認裁判所の有する後見人選任の権能は，わが国家庭裁判所の有する特別代理人選任の権能に類似するものと考えられるので，本件の場合には，特別代理人選任の権能によって，ミズリー州検認法を適用実現することとし，したがって事件本人が，申立人Aとともに締結した前記投資信託契約を解約し，その清算金の分配を請求し，かつ，受領する行為につき，特別代理人を選任すべきものと解する。」

(3) 中華人民共和国

中華人民共和国民法通則は，1986年に成立し，1987年1月1日から施行されている。同法によると，未成年者の父母は未成年者の監護人となり（16条1項），父母が死亡しているか監護能力がない場合，父方祖父母，母方祖父母，兄姉，関係が密接なその他の親族の中で監護能力を有する者が監護人となる（同条2項）。争いがある場合，家庭法院が決める（同条3項）。未成年の子が日本に，その父が中華人民共和国に各々居住する場合，父が同子に対し監護扶養及び財産管理の権利義務を行使することは困難であるから，本国法によれば後見開始の原因があり，しかも後見事務を行う者がない場合に当たるとして日本法により後見人を選任した事例（東京家審昭和

(4) 中華民国

　中華民国では，未成年者の監護について，父母がいないか，父母が等しく未成年の子に対する権利を行使し，また，義務を負うことができないときは，監護人を置かなければならないとされている（中華民国民法1091条）。これは我が国の後見人に相当する。監護人は遺言で指定をできる（同法1093条）が，遺言の指定がないか，指定された者が就任を拒んだ場合，監護人が法定されており，まず，同居の祖父母，次に同居の兄姉，いずれもいないときは同居していない祖父母が監護人となる（同法1094条1項）。これによって決定できない場合，裁判所が適当な者を監護人に選任する（同条4項）。これに関連して，日本に住所を有する未成年者である中華民国人に対し，中華民国民法に定める監護人がある場合，同監護人は日本民法の後見人に当たるとして後見人選任の申立てを却下した事例（京都家審昭和29年10月27日家月6巻12号17頁）がある。これに対し，中華民国人である未成年者につき後見人を選任した事例が【3-4】である。また，協議離婚後母（無国籍者）から2人の子（中華民国人）の後見人選任の申立てがされた事案につき，協議離婚後の子の監護について別段の約定があると認定し，中華民国民法1051条により当該子の監護（親権）は申立人である母が行使すべきであるから，後見人選任の必要はないとして，その申立てを却下した事例（東京家審昭和41年8月1日家月19巻3号95頁）がある。

【3-4】 日本に在住する中華民国人である未成年子について，後見事務を行う者がないときは平成元年改正前法例23条2項により日本法に基づき後見人を選任すべきであるとした事例

東京家審昭和34年2月17日11巻5号109頁

　法例23条1項［注：平成元年改正前のもの。以下同じ］によると，未成年者の後見は，未成年者の本国法によるべく，本件においては中華民国民法によるべきことになる。
　ところで，中華民国民法1091条によると本件は後見開始の事由ある場合に

49年3月28日家月26巻8号99頁）がある。

> 該当するけれども，1094条には監護人となるべきものは法定せられ，その順位も法定されており裁判所の選任による後見の規定は存在しない。しかしながら，法例23条2項には日本に住所を有する外国人の後見は，その本国法によれば後見開始の原因あるも後見の事務を行う者なきときは日本の法律によるべきことと規定せられ，前掲証拠によると，日本には未成年者にとつて前記中華民国民法による後見人に該当する者がいないものと認められる。よって，本件後見人選任は日本民法を適用すべきものとする。

(5) **ドイツ（ドイツ連邦共和国）**

ドイツ連邦共和国在住の日本人未成年者について日本法上の後見開始原因があるときは，同国の裁判所は後見人を選任することができる。右後見人選任は我が国法上も有効なものとして取り扱われるが，後見人が選任された場合には，わが国の戸籍法81条・83条に基づく後見開始の届出を要するとした事例（昭和57年3月19日民二2347号民事局第二課長回答）がある。

(6) **ロシア（ロシア連邦）（旧：ソ連）**

ソ連から事実上の父と一緒に引き揚げてきた子について後見人選任及び就籍許可審判がなされ，それぞれ届出がなされた場合，父の氏名を記載せず続柄は「男」「女」と記載する。父の記載は認知届により処理する。また，後見開始届は就籍届と同時に受理するとした事例（昭和41年11月17日民事甲3280号民事局長電報回答）がある。

(7) **その他・無国籍**

カナダ人男に認知された日本人女の嫡出でない子（15歳未満）が，日本人である祖父と養子縁組をする場合，母が縁組の承諾権を有するが，行先不明の場合は後見人を選任した上その者が代諾するとした事例（昭和39年12月2日民事甲3797号民事局長回答）がある。

また日本国内で出生した国籍がはっきりしない未成年子については就籍の手続がとられることになるが，多くの場合父母も不明であるから，後見人を選任する必要がある。この点に関して，就籍許可手続中の未成年者について後見人が選任され，後見開始届があったときは受理するとした事例（昭和47年7月11日第24回福岡連合戸籍事務協議会決議）がある。

その場合，後見人選任における準拠法は，被後見人となるべき者の本国法となるのが原則であるが，それでは，被後見人となるべき子の本国法が確定できないときの準拠法は，どうなるのか。これに関する裁判例が【3－5】である。これは，マレーシア人夫と日本人妻との間の子は無国籍であるが，親権者である父が権利行使困難であるとし，日本法を適用して母を後見人に選任をした事例である。

【3－5】 マレーシア人夫と日本人妻との間に出生した子（無国籍）の親権の準拠法は，父が中国系のマレーシア人の場合，中国慣習法であるが，同父が親権者としての権利義務を行使することが困難な状況にある場合は，平成元年改正前法例23条，27条2項により後見の準拠法である日本民法838条を適用するのが相当であるとして，母を後見人に選任した事例

東京家審昭和49年12月27日家月27巻10号71頁

…そこで事件本人が日本国籍を取得するためには国籍法第3条，第4条第5号，第5条に基づく帰化によることになるが，事件本人は現在6歳の未成年者であるから，その申請手続のためにも親権者，後見人等，その法律行為を代理すべき者が必要となる。しかして，親子間の法律関係は法例第20条〔注：平成元年改正前のもの。以下同じ〕により父の本国法たるマレーシア法によることになるが，……マレーシアの成文民法では，未成年の子の親権者は第一次的に父であり，父が親権者としての義務を怠つている場合は裁判所の決定により親権者を母に変更することができるものとなつている．中国系マレーシア人については中国の慣習法が適用される．……

前記のとおり事件本人に関する親子間の法律関係は法例第20条により父の本国法たるマレーシア法によることになるが，中国系マレーシア人であるAに適用されるべき中国慣習法の内容は明らかでない。しかし日本の親権が子の保護のため，子および社会に対する義務として定められているのと同じく，マレーシアの中国慣習法においても，未成年の子に対する監護教育とともに親による財産管理またはその他の法律上の行為の代理についての制度があるものと推認できる。そして父であるAが事件本人の単独の親権者であるとしても，Aはマレーシアに居住しているのであつて，すでに他の女性と事実上の婚姻をしており，事件本人に対する扶養の義務も尽していないのであつて，申立人のもとに戻る意思もないものと推認されるから，Aは事件本人に

対する親権者としての権利義務を行使することが著しく困難な状況にある。

　法例第23条によれば被後見人の本国法によることになるが，前認定のように事件本人は無国籍であるから，この場合は居住地法である日本民法が適用されると解すべきである。日本民法第838条によれば，未成年者に対して親権を行う者がないときは後見が開始することになるところ，親権を行う者がある場合でも，親権者がその責任を果すことが著しく困難な状況にあるときは，未成年者の健全な育成と保護の要請上，後見人選任の必要性があるといわなければならず，特に未成年者が公的な制度をとおす行為をする場合は，特別の考慮が払われて然るべきである。

　すなわち本件においては未成年者たる事件本人の利益のため，母である申立人をその後見人に選任することが相当である……

第2　扶　養

1　扶養の国際裁判管轄

　扶養の国際裁判管轄についても，特段の規定はなく，条理によって解釈すべきことになる。基本的には扶養義務者の常居所に国際裁判管轄があることになるが，複数の扶養義務者の常居所が複数の国に及び，1人の扶養権利者が複数の扶養義務者に扶養義務の履行を求める場合，扶養義務者の常居所にしか国際裁判管轄がないとすると，数か国で裁判をしなければならなくなる。そうすると扶養権利者にとって加重な負担を強いることになり，また，扶養義務者相互のバランスを保てず，扶養義務の準拠法に関する法律8条2項の趣旨に反する結果となるおそれが高い。仮に扶養義務者が1人であっても，扶養義務の判断に当たっては，扶養権利者についてどのような扶養が必要かを明らかにする必要があるところ，扶養権利者の住居所から離れていては，その内容の把握が困難になるおそれがある。そうしたことなどを総合的に考え，扶養権利者の常居所地にも国際裁判管轄があると判断すべき場合があると考えられている。

2　扶養の準拠法

(1)　準拠法の決定

ア　扶養義務の準拠法に関する条約及び法律

　　夫婦，親子その他の親族関係から生じる扶養の権利義務関係の準拠法については，通則法の特別法として，扶養義務の準拠法に関する法律（昭和61年6月12日成立同年法律84号，以下「扶養義務準拠法」という）が制定されている。これは同年，我が国がハーグ国際私法会議において採択された扶養義務の準拠法に関する条約（以下「扶養義務準拠法条約」という）の締結に伴い，その国内法として制定したものである。これはあくまで私的扶養の関するもので，公的扶養については適用されない。なお，これ

とは別に，我が国では，子に対する扶養義務の準拠法に関する条約 (1977年批准。「対子扶養義務準拠法条約」という) を批准している。扶養義務準拠法条約は，対子扶養義務準拠法条約に対し一般法の位置にあり，両条約を締結した国相互間では，一般法である扶養義務準拠法条約が優先的に適用される。対子扶養義務準拠法条約にしか加盟していない国との関係では，扶養義務準拠法条約が適用されない結果として，扶養義務準拠法条約と対子扶養義務準拠法条約との間で抵触が生じた場合，いずれを適用するのかが問題となる。これについて抵触するのは傍系親族間又は姻族間の扶養義務に関する扶養義務準拠法（以下，この項目で「法」ともいう）3条1項の場合である。対子扶養義務準拠法条約では，同項が定める共通本国法では義務を負わない者の異議等申立てが認められていないことから，同条約が適用される場合には，この3条1項は適用されないとされている（法3条2項）。したがって，その点を除けば，親子の扶養義務に関しても，一般法である扶養義務準拠法条約によって決定すべきことになる。

イ 扶養義務準拠法の内容

(ア) 原　則

扶養義務は，扶養権利者の常居所地法によって定める（法2条1項本文）。これは，扶養権利者がどのような扶養を受けるべきかという問題であるから，扶養権利者の居住地と密接に関連し，扶養義務者間も同じ基準で決定できるという趣旨によるものである。

なお，扶養義務は継続的なものであり，扶養権利者の常居所地が変わる場合がある。その場合は，準拠法も変更されることになる（扶養義務準拠法条約4条2項は明文で定める）。

(イ) 例　外

扶養権利者の常居所地法によっては扶養義務者からの扶養を受けられない場合には，当事者の共通本国法によって定める（法2条1項ただし書）。それでも扶養を受けることができない場合には，扶養義務は日本法によって定める（法2条2項）。常居所地法によって扶養を受ける権利が認められている場合には，事実上，扶養が受けられない事実状態があって

も，これには該当しない。

　当事者の共通本国法については解釈規定が置かれている。すなわち，当事者が地域的に，若しくは人的に法を異にする国に常居所を有し，又はその国の国籍を有する場合には，2条1項の適用については，その国の規則に従い指定される法を，そのような規則がないときは当事者に最も密接な関係がある法を，当事者の常居所地法又は本国法とする（法7条）。

(ウ)　傍系親族間及び姻族間の扶養義務の準拠法の特例

　傍系親族又は姻族間の扶養義務は，扶養義務者が，当事者の共通本国法によれば扶養権利者に対して扶養をする義務を負わないことを理由として異議を述べたときは，法2条にかかわらず，その法律によって定める。当事者に共通本国法がない場合において，扶養義務者が，その者の常居所地法によれば，扶養権利者に対して扶養をする義務を負わないことを理由として異議を述べたときも，その法律によって定める（法3条1項）。すなわち，扶養権利者と扶養義務者が同じ本国法を持ち，その国の法律では扶養義務を負わないという場合において，その旨の主張をしたときは，その共通本国法に基づいて扶養義務を負わせないこと，共通本国法がなくても，扶養義務者が自分の常居所地法では扶養義務を負わないという主張をしたときは，その常居所地法を適用して扶養義務を負わせないことによって，扶養義務者の保護を図っている。つまり扶養義務者は自分の本国法，常居所地法によれば扶養義務を負わないという場合には，異議を述べることによって準拠法を変更することができることを意味している。

　なお，対子扶養準拠法条約には異議制度がないことから，この条約のみに加盟している国に子が常居所を有する場合には，この異議規定は排除されることになる（法3条2項）。

(エ)　離婚をした当事者間の扶養義務の準拠法についての特則

　離婚をした当事者間の扶養義務については，前記法2条にかかわらず，その離婚について適用された法によって定める（法4条1項）。この離婚について適用された法というのは，離婚の準拠法によるという趣旨では

なく，実際に当該離婚に関して適用された法を指すと解されている[1]。法律上の別居をした夫婦間，婚姻が無効又は取り消された当事者間の扶養義務についても準用されており，それぞれ別居，婚姻無効，婚姻取消しについて実際に適用された法を指すことになる（法4条2項）。

なお，公的扶助の準拠法を定めるものではないが，公的機関が扶養権利者に対して行った給付について，扶養義務者からその償還を受けることができるかどうかは，その公的機関が従う法によるとされている（法5条）。

(2) 準拠法の適用範囲

扶養権利者のためにその者の扶養を受ける権利を行使することができる範囲及びその行使をすることができる期間並びに法5条の扶養義務者の義務の限度は，扶養義務の準拠法による（法6条）とされる。

ア　子の養育費

未成熟子に対する親の扶養義務について，我が国では，子の監護に関する処分（民法766条）に基づき，親権者ないし監護者である親が非親権者ないし非監護者である親に対し請求できる権利であると一般に考えられており，未成熟子が親子間の扶養義務の履行を請求する場合とは区別されている。これに対し，扶養義務準拠法条約における扶養義務は，未成熟子とその親との扶養義務を含んでいる。そこで昭和61年法律第84号による削除前の法例21条は，「扶養ノ義務ハ扶養義務者ノ本国法ニ依リテ之ヲ定ム」と規定をしていたが，これを削除した。扶養義務準拠法条約が効力を生じる昭和61年9月1日にこれを削除する法例改正法が施行された。したがって，昭和61年8月31日までに生じた事項については，同条が適用される（経過措置）が，その後は，扶養義務準拠法が適用されることになる。扶養義務準拠法施行後は，養育費の支払について，同法に基づき，準拠法を判断している（後掲東京高決平成18年10月30日判時1965号70頁，浦和家川越支審平成11年7月8日家月51巻12号37頁，大阪家審平成4年4月21日家月45巻3号63頁など）。

---

1) 山田・第3版539頁，溜池・第3版521頁，木棚他・概論242頁は同旨である。

その場合，日本法では，未成熟子が扶養権利者，非監護親が扶養義務者となるから，通常，親権者である監護者が未成熟子の法定代理人として非監護親に対し扶養義務の履行を求めることになるが，誰が扶養権利者である子の法定代理人となるのかについては，扶養義務準拠法の適用範囲には含まれていない。したがって，この点については，親子間の法律問題として，通則法32条（法例21条）が適用される[2]。

なお，扶養義務準拠法が施行される以前において，米国人父が子を認知した場合の父から子に対する扶養料支払義務に関して，親子間の法律関係に関する平成元年改正前の法例20条が適用され，父の本国法となるが，米国は州により法律が異なり，反致により日本法が適用されるとし，その場合，民法877条1項の扶養義務を負うから，父の住所地を管轄する家庭裁判所において扶養料の支払を命じることができるとした事例（昭和27年4月11日民事甲406号民事局長心得回答）がある。また，扶養義務準拠法が施行される以前における未成熟子の扶養料（養育費）に関する裁判例には，昭和61年廃止前の法例21条（扶養の準拠法）を適用するもの（名古屋家審昭和49年7月11日家月27巻8号84頁）と平成元年改正前の法例20条（親子間の法律関係の準拠法）を適用するもの（長崎家審昭和55年1月24日家月34巻2号164頁，大阪家審昭和51年6月4日家月29巻6号50頁）に分かれていた。

イ　夫婦間の扶養義務・婚姻費用の分担

扶養義務準拠法が制定される以前の平成元年改正前の法例では，婚姻費用の分担の準拠法については，婚姻の一般的効力を定めた14条と夫婦財産制に関する15条とのいずれが適用されるのかについて見解が分かれていた。そこで，扶養義務準拠法の施行により，この点がどのように解釈されるべきかが問題となる。この点については，扶養義務準拠法の前提となる扶養義務準拠法条約が，その対象とする扶養義務を，各国の法制上用いられている名称のいかんを問わず，人の生活に必要なあらゆるカテゴリーの財産給付を含むものとして立案されている点からすれば，

---

[2] 山田・第3版540頁も同旨。溜池・第3版524頁は，一般の先決問題の解決の場合と同様に考えるべきであろうとしており，同旨であると思われる。

この法律の定める扶養義務も広く解し，婚姻費用分担の問題もこの法律の定める扶養義務の準拠法の適用範囲に属するものとして取り扱うのが妥当であるとする見解[3]，婚姻生活維持のための財産的出捐については，通常，まず夫婦財産法上婚姻生活費用の負担についてその分担が定められ，その分担者が自己の負担に耐えることができず，そのため他の配偶者がその分をも負担するにいたるとき，これが扶養の問題になるとして，まず夫婦財産制の準拠法によらしめ，所定の負担義務者がその負担に耐えることができないときに扶養義務の準拠法によらしめるのが適当であるとする見解[4]，扶養義務に関する問題ではないとする見解[5]がある。扶養義務準拠法が扶養義務準拠法条約に基づいて，「夫婦」関係から生じる扶養の義務の準拠法については，同法によるべきことを明記していること（1条），通常，婚姻費用の分担について自己の負担に耐えられないかどうかという実質的な基準に基づいて準拠法を定めることは適当でないことを考えると，夫婦間の扶養義務については，婚姻費用の分担を含めて扶養義務準拠法の適用があると解するのが相当であろう。扶養義務準拠法施行前は，裁判例の多くが平成元年法例改正前の法例14条に基づき準拠法を定めていた（東京家審昭和55年9月22日家月35巻6号120頁，大阪家審昭和54年2月1日家月32巻10号67頁，東京家審昭和49年1月29日家月27巻2号95頁）が，扶養義務準拠法施行後は，婚姻費用分担については，同法を適用する旨の裁判例が出されている（熊本家審平成10年7月28日家月50巻12号48頁，神戸家審平成4年9月22日家月45巻9号61頁）。

ウ　扶養料償還請求

公的機関が扶養権利者に対して行った給付については，前記のとおり，特則がある（扶養義務準拠法5条）が，一般私人が，扶養義務を負担していないのにもかかわらず，扶養権利者に給付を行い，その償還を扶養義

---

3) 山田・第3版541頁。
4) 溜池・第3版455頁。
5) 木棚他・第4版179頁は，日常家事債務の分担等を婚姻の効力とし（179頁），扶養義務準拠法の原則が適用されるのは，直系血族間の扶養義務の場合に限られる（218頁）とする。

務者に求める場合にも，扶養義務準拠法が適用されるかが問題となる。本法は，扶養義務者が扶養権利者に対して負担をする義務について定めたものであり，それが故に扶養権利者の常居所地法を原則的な管轄としていることを考えると，当然に含まれるとは言えない。しかし，例えば扶養権利者の常居所地が日本にあり，日本法が適用され，同順位の扶養義務者が複数存在する場合において，その1人が扶養義務を履行し，他の扶養義務者に扶養料の分担を求めるとき，もし準拠法が変わり，その国の準拠法によると，扶養義務者に該当しないとなると，日本法に従って扶養義務を負担したのに日本法に基づく求償ができないことになり，不合理な結果となる。そのような点を考えると，少なくとも，扶養義務の準拠法に基づいて扶養義務を負担し，他の扶養義務者に償還請求をするような場合には，扶養義務の準拠法がそのまま適用されると解するのが相当であろう[6]。

(3) 公序則等による適用排除

ア 公序則による適用排除

一般的に通則法が公序則を規定しているが，それとは別に扶養義務準拠法においても，公序則を規定しており，外国法の適用排除については，本法が適用されることになる。通則法42条は，公序良俗に反する場合を一般的に排除しているが，扶養義務準拠法は，「明らかに公けの秩序に反するとき」（8条1項）と規定しており，その表現は異なっている。しかし，その趣旨からすると，通常の公序良俗違反の場合と大きな違いはないものと考えられる。

イ 扶養の程度における適用排除

扶養の程度は，適用すべき外国法に別段の定めがある場合においても，扶養権利者の需要及び扶養義務者の資力を考慮して定める（扶養義務準拠法8条2項）とされている。扶養義務準拠法は，いずれの法を適用すべきかを定めるものであり，その内容を定めるものではないこと，もし適

---

[6] 山田・第3版541頁も，同様のケースを考慮して，私人間の求償についても，扶養料に関する問題であるから，この法律の定める扶養義務の準拠法による他ないであろうとする。

用すべき外国法が扶養権利者の需要と扶養義務者の資力を考慮しない結果として，明らかに公序に反するものであれば，法8条1項により，その外国法の適用自体が排除されることから，2項の趣旨は，当該外国法の適用を排除することまではしないが，扶養義務者と扶養権利者とのバランスを考慮して適用すべきことを示した特殊な国際私法規定であると考えられている。

3　扶養に関する裁判例

(1)　大韓民国

　韓国民法第7章は，扶養に関して規定をしており，扶養義務に関しては，(1)直系血族及びその配偶者間，(2)戸主と家族間，(3)その他親族間（生計を同じくする場合に限る）には，お互いに扶養の義務があるとされていた（974条）が，1990年改正により，戸主制度が廃止され，(2)は削除された。扶養義務の準拠法に関する法律が施行される以前の韓国の先例として，【3-6】，【3-7】がある。【3-6】は，韓国人の子が母親に対し扶養義務の履行を求めたのに対し，母親に子を扶養するだけの経済的な余裕がなく，自己の生活を犠牲にしてまで自己と同質，同程度の生活を確保しなければならない扶養の義務があるといえるか疑問であるとし，申立てを却下した事例，【3-7】は，韓国人母に対する同国人子からの扶養請求申立てについて，母は韓国民法上扶養義務を有し，その程度は自己の生活と同程度に確保させる義務を負うとして，母の生活苦を認定した上で，請求を却下した原審判を取り消して請求の一部を認容した事例である。

【3-6】 **韓国人の子から母親に対し扶養義務の履行を求めた事案において，韓国民法上，親の未成熟子に対する扶養義務は，自己と同質，同程度の生活を確保する性質のものだが，母親に子を扶養するだけの経済的余裕はなく，自己の生活を犠牲にしてまで申立人を扶養すべき義務があるのか疑問であるとし，申立てを却下した事例**

名古屋高決昭和50年9月17日家月27巻8号84頁

…本件各当事者はいずれも韓国国籍を有するので，本件扶養請求の準拠法については，わが国の法例第21条［注：平成元年改正前のもの］「扶養の義務は扶養義務者の本国法によつてこれを定める」旨の規定により，相手方の本国法すなわち韓国民法に従う。韓国民法は第974条以下第979条に親族間の扶養に関して規定を設けているが，上記実情で明らかなように相手方と申立人らは親（母）と子の関係にあり，しかも申立人らはいずれも自己の資力，勤労によって生活を維持できない未成熟子であるから，相手方は同法第974条第1号，第975条によって申立人らを扶養しなければならない責任がある。

　また，同法第977条は，扶養の程度，方法について，扶養を受けるべき者の生活程度と扶養義務者の資力，その他一切の事情を参酌して定めなければならない旨規定している。この規定は同法第974条に規定する親族間一般の扶養に関するものであるが，同じ親族といつても親と未成熟子との間の扶養義務は，監護養育を含む親子間の本質的な在り方もしくは必然的な協同生活性にかんがみ，基本的には親は未成熟子に対し自己と同質，同程度の生活を確保しなければならず，場合によつては自己の生活を犠牲にまでしなければならないものと考えられる。したがつて，このような扶養の義務は，他の親族（但し夫婦を除く）間の扶養義務，すなわち，自己がその社会的地位にふさわしい生活をして，なお余裕のある場合に，生活不能又は困窮の状態にある親族を扶養すればよい，という程度の扶養義務よりは程度が高く，両者の間には質的にみておのずから差異があると考えられる。

　しかしながら，このような扶養義務の質的な差異も，つまるところ親族間の人間関係ないし協同生活の緊密性の度合に基づく相対的な差異にすぎない。

　そこで本件についてみるに，……相手方が昭和41年7月に申立人らを残して夫Aのもとを去り，それ以来今日まで七年有余の長期にわたつて夫や申立人らと別々の生活をしていること，その間申立人らは父であり親権者であるAの親権に服し同人のもとで生活を共にし養育監護されていること，さらに相手方にはBとの間に生れた未成熟子があること，しかも相手方は多額の負債をかかえ，営業収益の殆んどすべてが負債の返済に当てられ，同棲のBの援助によつてようやく生活を維持していること，など上記実情にみられる諸般の事情を参酌すると，相手方に申立人らを扶養するだけの経済的な余裕があろうはずもなく，さればといつて相手方にながらく消費単位を別々にしている申立人らのために母親として自己の生活を犠牲にしてまで自己と同質，同程度の生活を確保しなければならない扶養の義務があるといえるかどうか，すこぶる疑問であつて，いまその義務の履行を相手方に期待するのは困難である。

　以上のとおり，相手方には申立人らを扶養するだけの余裕はなく，また相

手方をして申立人らを扶養するために自己の生活を犠牲にさせることが無理だとすれば，申立人らの本件申立は，結局のところ相手方に難きを求めるだけで理由がないので，これを却下することとし主文のとおり審判する。

【3-7】 大韓民国民法上，相手方母は，その未成熟子である抗告人らを扶養しなければならない義務があり，この義務は抗告人らの生活を自己と同程度に確保させることを内容とするものと解せられ，認定の諸事情を勘案すると，相手方は抗告人らに対して扶養の分担金を支払うのが相当であるとした事例

名古屋高決昭和50年9月17日家月29巻1号76頁

…そこで，本件各当事者の本件扶養請求の準拠法については相手方の本国法すなわち韓国民法に従うべきこと，同法によれば相手方は抗告人らを扶養しなければならない義務があり，相手方は抗告人らの生活を自己と同程度に確保させる義務を負うものと解せられることは，原審判理由欄三項および四項（ただし，四項は上一四行目まで。）に説示のとおりであるから，右1に認定の諸事情に照らして勘案すると，相手方は，各抗告人に対する扶養料の分担として，昭和50年9月1日から各抗告人が満18歳に達する月の終りまで，各抗告人につき毎月各金4,000円を負担すべきものと認め，毎月末日限り送金して支払を命ずるのが相当である。

(2) 中華人民共和国

中華人民共和国婚姻法では，夫婦は互いに扶養する義務があり（同法20条），父母と子との間もお互いに扶養義務を負う（同法21条）とされている。子が父に対し扶養料の支払を，子の母が父に対し過去の扶養料の支払を求めた事案で，これを却下した審判に対する抗告審において，その一部を認容した事例として，【3-8】がある。

【3-8】 本件は，中華人民共和国籍を有する親子間の扶養料申立事件で，18歳に達した子の扶養料請求の場合，いずれも国内に居住しているから我が国に国際裁判管轄権があり，扶養義務については子の常居所地法で

ある日本の法律を準拠法とし，その先決問題である子がいつ成年に達したかは本国法を準拠法とすべきであるが，子が成人（18歳）に達したことを考慮しても，父の基礎収入等からすれば，過去分の扶養料として217万円を支払わせるのが相当である。

東京高決平成18年10月30日判時1965号70頁

　……本件のような親族関係から生じる扶養義務については，扶養義務の準拠法に関する法律2条が指定する法によるところ，同条1項本文は「扶養義務は，扶養権利者の常居所地法によって定める。」と規定している。そこで，抗告人Aの本件申立てに関する準拠法を検討すると，同抗告人は，……基本的には日本に在留しているのであり，同抗告人が18歳に達したときの常居所は日本にあることは明らかである。そして，扶養権利者の常居所地法である日本の法律がその準拠法となるところ，日本の民法820条，877条1項に基づき，未成熟子は，要扶養状態にあるとき，先ず親から扶養ないし養育を受けることが可能であり，……相手方に対する扶養請求が認められるから，扶養義務の準拠法に関する法律2条1項ただし書の適用の余地はない。なお，抗告人Aの本件申立てに関する準拠法については，……同抗告人の申立てを却下すべきであるから，判断の必要はない。

　ところで，日本の法律においては，原則として扶養権利者が成年に達するかどうかで扶養の内容や程度が異なる（生活保持義務か，生活扶助義務か）ものと解されるところ，抗告人Aは，18歳からの扶養料の先払いを求めているため，扶養義務の程度及び内容の決定のための先決問題として，同抗告人がいつ成年に達したかが問題となる。一般的には，先決問題の準拠法については当該問題の準拠法によるものと解されているところ……，扶養義務については，その先決問題について主問題である扶養義務の準拠法国の法律によるべきであるとの見解もある。しかし，扶養義務のみに関し，一般とは異なった取扱をすべき明文の規定も特段の事情もないから（なお，扶養義務の準拠法に関する条約二条一項は，先決問題の取扱いを締約国の判断に委ねていると解される。），同抗告人がいつ成年に達したかの点については，法例3条〔注：通則法29条〕が指定する準拠法によることとする。

　そうすると，同抗告人の本国法である中華人民共和国民法通則11条1項によれば，満18歳以上の公民は成年者となるから，同抗告人が成年に達していることを前提として，扶養義務の程度及び内容を判断すべきこととなる。この点，同抗告人は，法例32条〔注：通則法41条。以下同じ〕及び同通則143条に基づき反致し，成年に達するかどうかは日本の法律に基づくべきあると

する。しかし，同条は，中華人民共和国公民が外国に定住している場合，その民事行為能力は定住国の法律を適用することができると規定し，常に定住国の法律を適用するものとはされていないから，同条の規定に基づいては反致しないものというべきである（なお，仮に法例32条について同通則143条のような選択的な規定に基づき裁量的に反致をすべきものと規定していると解釈すべきであるとしても，本件においては中華人民共和国の裁判所が同抗告人が18歳に達したときに成人したと判断しており，これと統一をとるためにも反致をしないのが相当である。）。

(3) 中華民国

中華民国民法では，(1)直系血族の相互間，(2)夫婦の一方が他方の父母と同居するときはその相互間，(3)兄弟姉妹の相互間，(4)家長家族の相互間は互いに扶養の義務を負う（同法1114条）と規定する。扶養義務を負う者が数人いるときは，直系血族卑属，直系血族尊属，家長，兄弟姉妹，家族，息子の嫁，娘の婿，夫婦の父母の順序により履行すべき者を決定する（同法1115条1項）。被扶養権利者は，直系尊属を除き，生活を維持することができず，生計を立てる能力がない者に限る（同法1117条）。被扶養権利者が直系血族尊属又は配偶者である場合を除き，扶養義務を負担することにより，自己の生活を維持することができないときは，その義務を免除する（同法1118条）。

扶養義務の準拠法に関する法律が施行された後の先例として，【3-9】，【3-10】がある。【3-9】は，日本在住の台湾籍成人の男が台湾籍の父に対し，扶養請求をした事案で，扶養義務の準拠法に関する法律2条1項本文により，日本民法を適用し，生活扶助義務を認めて扶養料の支払を命じた事例であり，【3-10】は，夫婦間の婚姻費用分担についても扶養の準拠法に関する法律が適用され，同法2条1項本文により，被扶養権利者の常居所地法である日本法を準拠法としてこれを認容した事例である。

【3-9】 日本に在住する台湾籍の成年男性が台湾籍の父を相手方として申し立てた扶養請求事件において，扶養義務の準拠法に関する法律2条1項本文により，日本民法を適用し，父の生活扶助義務を認めて扶養料の

第2　扶養　779

支払を命じた事例

東京家審平成4年3月23日家月44巻11号90頁

　　扶養義務の準拠法に関する法律2条1項本文により，本件の準拠法は日本法となる。そこで，我が民法に基づいて検討するに，申立人は，相手方の婚外子であり，現在41歳の独身男性であるが，その知能障害により社会的適応能力が十分であるとはいえず，高等学校卒業後の約10年間は継続的に稼働したものの，その後の約10数年間は祖母の世話，申立人本人の各種疾患及び転落事故による後遺症等により安定した職を得ることができないまま生活保護にによる状況となり，将来直ちにその状況を改善することが困難な状態にあるところ，相手方は，現在65歳の男性であり，扶養親族として妻及び2子があり，虚血性心疾患による心臓機能障害等の疾患を抱えているものの，相当の資産を保有するうえ，安定した所得もあるから，申立人出生前後の経緯等本件にあらわれた諸般の事情を考慮しても，なお，相手方は申立人に対する扶養義務を免れることはできないといわざるを得ない。しかしながら，前記事実によれば，相手方の申立人に対する扶養義務は，いわゆる生活扶助義務にとどまり，その負担金額は，申立人の必要とする最低生活費にほぼ相当する金額を超えず，かつ，相手方の扶養余力の範囲内の金額になるというべきであるから，これを1か月金10万3,000円と定めるのが相当である。……

【3-10】　日本に在住する中国国籍の妻から同一家屋内での別居状態にある日本国籍の夫に対し申し立てた婚姻費用分担申立事件において，扶養義務の準拠法に関する法律2条1項本文により扶養権利者である妻の常居所地法である日本法を適用し，夫の分担義務を認めて婚姻費用の支払を命じた事例

熊本家審平成10年7月28日家月50巻12号48頁

　　……婚姻費用の分担事件の性質は，親族親子間の扶養と異質のものではないので，「扶養義務の準拠法に関する法律」に定める扶養義務の適用範囲に属するものということができる。そこで，同法律2条1項本文によると，扶養義務の準拠法は扶養権利者の常居所地法となり，本件は日本法によって定まることになる。
3　婚姻費用の分担義務及びその算定

(1) 申立人と相手方とは前記のとおり離婚訴訟係属中であるが，同一家屋内での別居状態であることが認められ，別居に至る責任については申立人の一方的責任であるとは認められないので，相手方は以下の限度で婚姻費用分担の責任があるものと認められる。
(2) そこで，相手方の婚姻費用分担額を労働科学研究所総合消費単位に基づく算定方式によって求めることとする。……以上の次第であるから，相手方は申立人に対し婚姻費用分担金として月額18,000円を負担するのが相当である。

(4) アメリカ合衆国

米国の扶養については，統一州際家族扶養法（UIFSA）により，原則として，扶養義務者のドミサイルに管轄が認められる。そのほか合意管轄，応訴管轄などが認められる。米国の先例としては，日米安保条約に基づき，日本に米軍が駐留するに当たり，米国軍人にも日本法が適用されることから，米軍人が嫡出でない子の父となった場合，日本法では子に対しどのような扶養義務を負うのかについての照会があり，これに対する回答がされたことがある。これが【3-11】であり，米国軍人も日本民法の適用を受け，ドミサイルが明らかでない場合も，反致により日本法が適用される旨回答している。

【3-11】 日本人女の生んだ嫡出でない子に対するアメリカ合衆国軍隊の要員である父の扶養義務に関する解釈について

昭和27年4月11日民事甲406号民事局長回答

アメリカ合衆国と日本との間の安全保障条約並びにこれを補う行政協定の発効が近づいて来たこと，しかも右の行政協定によればアメリカ合衆国軍隊の要員は日本の裁判権に服することになることを考え，当方としては，日本の法律によれば嫡出でない子に対する父の扶養義務がどのようなものであるかにつき承知したいので，この点につき御教示願いたい。御回答には特に次の諸点に御留意願いたい。
(1) 嫡出でない子の父を裁判によって決定して貰うために訴訟を起すことができるか。
(2) こういう訴訟を誰がどういう裁判所に提起することができるか。

(3)　裁判所が父を決定する判決を下すと，父は子を養う義務があるか。
(4)　裁判所は定期的に一定の額を扶養料として支払うべき旨を命ずることができるか。
(5)　裁判所は子の出生前及び後又はこれより長い期間，母の医療費及び扶養料の支払を命ずることができるか。
(6)　裁判所がその扶養命令につきこれに実効あらしめる方法如何。扶養命令に従わないことは刑事上の罪を構成するか。
(7)　子を扶養しないことは一般に刑事上の罪となるか。
(8)　父が占領軍の構成員であつた間にその嫡出子でない子が懐妊され又はこれが出生した場合に，その父から扶養を受ける権利につき平和条約第19条ａの規定はどの程度の関係があるか。

回　答

日本人女の出生した嫡出でない子に対するアメリカ合衆国軍隊の要員たる父の扶養義務について

(1)　照会にかかる嫡出でない子の認知が父の本国に許されている場合に，父が日本に居住していて，子を認知する意思があれば，父から任意にその所在地又は子の本籍地の市町村長に認知の届出をすればこれによつて法律上父子の関係を生ずるが，もし，右のような父の任意認知が得られないときは，民法（明治29年法律第89号）第787条によつて認知を求める訴を提起することができる。

(2)　右の認知を求める訴は，子又はその法定代理人から父を相手として，子の住所地を管轄する地方裁判所には，まづ前記地方裁判所の所在地の家庭裁判所に調停の申立をすることを要する。この場合当事者間に争がないときは，その家庭裁判所において認知の審判を得るのみでよいこととされている。

　　父の死亡後でも，死亡の日から3年以内であれば，右の認知の訴が許されるが，この場合は，家庭裁判所に調停の申立をすることなく，検察官を被告として直ちに前記の地方裁判所に訴を提起するのである。

（参照）……

(3)　父子の扶養関係については，法例（明治31年法律第10号）第20條によつて父の本国法がその準拠法となるものとされているが，父たる米国人の所属する各州の法は，当方においてこれを詳らかにすることができない。従つて，ここでは法例第29條の規定により，"反致"された場合を前提として日本民法における父の扶養義務についていえば，認知の裁判が確定したときは，父は子に対して民法第877條第1項による扶養義務を負うに至る。

(4)　父の住所地（住所がないときは居所地）を管轄する家庭裁判所に申し立て，その家庭裁判所において，照会のように扶養料の支払を命ずることが

できる。
　　　（参照）……
(5)　出産に伴う医療費及び出産の前後の期間における生活費については，支払を命ずることができる。
(6)　扶養を命ずる裁判において，その扶養の方法として一定の時期に一定額の金銭の支払又は有価証券その他の物の引渡を命じた場合に，父がこれを履行しないときは，その裁判に基き，父の財産に対して強制執行することができる。父が右の裁判に従わないことのみによつては刑事上の責任を生ずるものでない。
(7)　一般には刑事上の責任を生じないものと解されるが，父が扶養義務を怠つたため子が保護なき状態に置かれるに至るような場合は，刑法（明治40年法律第45号）第218条の遺棄罪を構成することがある。
(8)　父が占領軍の構成員であつた間にその嫡出でない子が懐胎され又は出生した事実は，平和条約第19条ａ項の規定における「戦争から生じ，又は戦争状態が存在したためとられた行動」と関係がなく，子が父から扶養を受ける権利は，右の規定の対象とならないものと解する。

資　料……………………………………………………… 783

判例・先例索引…………………………………………… 801

資　料

法例（平成元年6月28日法律第27号改正）旧新対照表（抄）

平成元年改正前法例	法　　例
明治31年6月21日法律第10号 （最終改正：昭和61年6月12日法律第84号）	平成元年6月28日法律第27号改正後 （全部改正：平成18年6月21日法律第78号）
〔婚姻の成立要件及び方式〕 第13条　婚姻成立ノ要件ハ各当事者ニ付キ其本国法ニ依リテ之ヲ定ム但其方式ハ婚姻挙行地ノ法律ニ依ル ②前項ノ規定ハ民法第741条ノ適用ヲ妨ケス （平成元法律27新設）	〔婚姻の成立要件及び方式〕 第13条　婚姻成立ノ要件ハ各当事者ニ付キ其本国法ニ依リテ之ヲ定ム ②婚姻ノ方式ハ婚姻挙行地ノ法律ニ依ル ③当事者ノ一方ノ本国法ニ依リタル方式ハ前項ノ規定ニ拘ハラズ之ヲ有効トス但日本ニ於テ婚姻ヲ挙行シタル場合ニ於テ当事者ノ一方ガ日本人ナルトキハ此限ニ在ラズ　　〈→通則法24条〉
〔婚姻の効力〕 第14条　婚姻ノ効力ハ夫ノ本国法ニ依ル	〔婚姻の効力〕 第14条　婚姻ノ効力ハ夫婦ノ本国法ガ同一ナルトキハ其法律ニ依リ其法律ナキ場合ニ於テ夫婦ノ常居所地法ガ同一ナルトキハ其法律ニ依ル其何レノ法律モナキトキハ夫婦ニ最モ密接ナル関係アル地ノ法律ニ依ル　　〈→通則法25条〉
〔夫婦財産制〕 第15条　夫婦財産制ハ婚姻ノ当時ニ於ケル夫ノ本国法ニ依ル	〔夫婦財産制〕 第15条　前条ノ規定ハ夫婦財産制ニ之ヲ準用ス但夫婦ガ其署名シタル書面ニシテ日附アルモノニ依リ左ニ掲ゲタル法律中其何レニ依ルベキカヲ定メタルトキハ夫婦財産制ハ其定メタル法律ニ依ル 一　夫婦ノ一方ガ国籍ヲ有スル国ノ法律 二　夫婦ノ一方ノ常居所地法 三　不動産ニ関スル夫婦財産制ニ付テ

平成元年改正前法例	法　　例
（平成元法律二七新設）	ハ其不動産ノ所在地法 ②外国法ニ依ル夫婦財産制ハ日本ニ於テ為シタル法律行為及ビ日本ニ在ル財産ニ付テハ之ヲ善意ノ第三者ニ対抗スルコトヲ得ズ此場合ニ於テ其夫婦財産制ニ依ルコトヲ得ザルトキハ其第三者トノ間ノ関係ニ付テハ夫婦財産制ハ日本ノ法律ニ依ル
（平成元法律二七新設）	③外国法ニ依リテ為シタル夫婦財産契約ハ日本ニ於テ之ヲ登記シタルトキハ前項ノ規定ニ拘ハラズ之ヲ第三者ニ対抗スルコトヲ得　　　〈→通則法26条〉
〔離婚〕 第16条　離婚ハ其原因タル事実ノ発生シタル時ニ於ケル夫ノ本国法ニ依ル但裁判所ハ其原因タル事実カ日本ノ法律ニ依ルモ離婚ノ原因タルトキニ非サレハ離婚ノ宣告ヲ為スコトヲ得ス	〔離婚〕 第16条　第14条ノ規定ハ離婚ニ之ヲ準用ス但夫婦ノ一方ガ日本ニ常居所ヲ有スル日本人ナルトキハ離婚ハ日本ノ法律ニ依ル　　　〈→通則法27条〉
〔子の嫡出性〕 第17条　子ノ嫡出ナルヤ否ヤハ其出生ノ当時母ノ夫ノ属シタル国ノ法律ニ依リテ之ヲ定ム若シ其夫カ子ノ出生前ニ死亡シタルトキハ其最後ニ属シタル国ノ法律ニ依リテ之ヲ定ム （平成元法律二七新設） 〈→	〔嫡出親子関係の成立〕 第17条　夫婦ノ一方ノ本国法ニシテ子ノ出生ノ当時ニ於ケルモノニ依リ子ガ嫡出ナルトキハ其子ハ嫡出子トス ②夫ガ子ノ出生前ニ死亡シタルトキハ其死亡ノ当時ノ夫ノ本国法ヲ前項ノ夫ノ本国法ト看做ス　　〈→通則法28条〉
〔子の認知〕 第18条　子ノ認知ノ要件ハ其父又ハ母ニ関シテハ認知ノ当時父又ハ母ノ属スル国ノ法律ニ依リテ之ヲ定メ其子ニ関シテハ認知ノ当時子ノ属スル国ノ法律ニ依リテ之ヲ定ム	〔非嫡出親子関係の成立〕 第18条　嫡出ニ非ザル子ノ親子関係ノ成立ハ父トノ間ノ親子関係ニ付テハ子ノ出生ノ当時ノ父ノ本国法ニ依リ母トノ間ノ親子関係ニ付テハ其当時ノ母ノ本国法ニ依ル子ノ認知ニ因ル親子関係ノ成立ニ付テハ認知ノ当時ノ子ノ本国法ガ其子又ハ第三者ノ承諾又ハ同意アルコトヲ認知ノ要件トスルトキハ其要件

平成元年改正前法例	法　　例
②認知ノ効力ハ父又ハ母ノ本国法ニ依ル	ヲモ備フルコトヲ要ス ②子ノ認知ハ前項前段ニ定ムル法律ノ外認知ノ当時ノ認知スル者又ハ子ノ本国法ニ依ル此場合ニ於テ認知スル者ノ本国法ニ依ルトキハ同項後段ノ規定ヲ準用ス
（平成元法律27新設）	③父ガ子ノ出生前ニ死亡シタルトキハ其死亡ノ当時ノ父ノ本国法ヲ第1項ノ父ノ本国法ト看做シ前項ニ掲ゲタル者ガ認知前ニ死亡シタルトキハ其死亡ノ当時ノ其者ノ本国法ヲ同項ノ其者ノ本国法ト看做ス　　〈→通則法29条〉
（平成元法律27新設）	〔準正〕 第19条　子ハ準正ノ要件タル事実ノ完成ノ当時ノ父若クハ母又ハ子ノ本国法ニ依リ準正ガ成立スルトキハ嫡出子タル身分ヲ取得ス ②前項ニ掲ゲタル者ガ準正ノ要件タル事実ノ完成前ニ死亡シタルトキハ其死亡ノ当時ノ其者ノ本国法ヲ同項ノ其者ノ本国法ト看做ス　〈→通則法30条〉
〔養子縁組及び離縁〕 第19条　養子縁組ノ要件ハ各当事者ニ付キ其本国法ニ依リテ之ヲ定ム	〔養子縁組及び離縁〕 第20条　養子縁組ハ縁組ノ当時ノ養親ノ本国法ニ依ル若シ養子ノ本国法ガ養子縁組ノ成立ニ付キ養子若クハ第三者ノ承諾若クハ同意又ハ公ノ機関ノ許可其他ノ処分アルコトヲ要件トスルトキハ其要件ヲモ備フルコトヲ要ス
②養子縁組ノ効力及ヒ離縁ハ養親ノ本国法ニ依ル	②養子ト其実方ノ血族トノ親族関係ノ終了及ビ離縁ハ前項前段ニ定ムル法律ニ依ル　　　　　〈→通則法31条〉
〔親子間の法律関係〕 第20条　親子間ノ法律関係ハ父ノ本国法ニ依ル若シ父アラサルトキハ母ノ本国法ニ依ル	〔親子間の法律関係〕 第21条　親子間ノ法律関係ハ子ノ本国法ガ父又ハ母ノ本国法若シ父母ノ一方アラザルトキハ他ノ一方ノ本国法ト同一ナル場合ニ於テハ子ノ本国法ニ依リ其

平成元年改正前法例	法　　例
【扶養義務の法律関係】 **第21条**　昭和61年法律第84号により削除	他ノ場合ニ於テハ子ノ常居所地法ニ依ル　　　　　　　　〈→通則法32条〉
（平成元法律27新設）	〔親族関係に関する法律行為の方式〕 **第22条**　第14条乃至前条ニ掲ゲタル親族関係ニ付テノ法律行為ノ方式ハ其行為ノ成立ヲ定ムル法律ニ依ル但行為地法ニ依ルコトヲ妨ゲズ　〈→通則法34条〉
〔親族関係〕 **第22条**　前九条ニ掲ケタルモノノ外親族関係及ヒ之ニ因リテ生スル権利義務ハ当事者ノ本国法ニ依リテ之ヲ定ム	〔親族関係〕 **第23条**　第13条乃至第21条ニ掲ケタルモノノ外親族関係及ヒ之ニ因リテ生スル権利義務ハ当事者ノ本国法ニ依リテ之ヲ定ム　〈→通則法33条〉
〔後見〕 **第23条**　後見ハ被後見人ノ本国法ニ依ル ②日本ニ住所又ハ居所ヲ有スル外国人ノ後見ハ其本国法ニ依レハ後見開始ノ原因アルモ後見ノ事務ヲ行フ者ナキトキ及ヒ日本ニ於テ禁治産ノ宣告アリタルトキニ限リ日本ノ法律ニ依ル	〔後見〕 **第24条**　後見ハ被後見人ノ本国法ニ依ル ②日本ニ住所又ハ居所ヲ有スル外国人ノ後見ハ其本国法ニ依レハ後見開始ノ原因アルモ後見ノ事務ヲ行フ者ナキトキ及ヒ日本ニ於テ後見開始ノ審判アリタルトキニ限リ日本ノ法律ニ依ル 　　　　　　　　〈→通則法35条〉 改正 （平成11法律151）第2項「禁治産ノ宣告」を「後見開始ノ審判」に改める。
〔保佐〕 **第24条**　前条ノ規定ハ保佐ニ之ヲ準用ス	〔保佐・補助〕 **第25条**　前条ノ規定ハ保佐及ビ補助ニ之ヲ準用ス 改正 （平成11法律151）「保佐」を「保佐及ビ補助」に改める。
〔相続〕 **第25条**　相続ハ被相続人ノ本国法ニ依ル	〔相続〕 **第26条**　相続ハ被相続人ノ本国法ニ依ル 　　　　　　　　〈→通則法36条〉

平成元年改正前法例	法　　例
〔遺言の成立及び効力〕 **第26条**　遺言ノ成立及ヒ効力ハ其成立ノ当時ニ於ケル遺言者ノ本国法ニ依ル ②遺言ノ取消ハ其当時ニ於ケル遺言者ノ本国法ニ依ル 〔本国法の決定〕 **第27条**　当事者ノ本国法ニ依ルヘキ場合ニ於テ其当事者カ二箇以上ノ国籍ヲ有スルトキハ最後ニ取得シタル国籍ニ依リテ其本国法ヲ定ム但其一カ日本ノ国籍ナルトキハ日本ノ法律ニ依ル ②国籍ヲ有セサル者ニ付テハ其住所地法ヲ以テ本国法ト看做ス其住所知レサルトキハ其居所地法ニ依ル ③地方ニ依リ法律ヲ異ニスル国ノ人民ニ付テハ其者ノ属スル地方ノ法律ニ依ル	〔遺言の成立及び効力〕 **第27条**　遺言ノ成立及ヒ効力ハ其成立ノ当時ニ於ケル遺言者ノ本国法ニ依ル ②遺言ノ取消ハ其当時ニ於ケル遺言者ノ本国法ニ依ル　　　〈→通則法37条〉 〔本国法の決定〕 **第28条**　当事者ガ二箇以上ノ国籍ヲ有スル場合ニ於テハ其国籍ヲ有スル国中当事者ガ常居所ヲ有スル国若シ其国ナキトキハ当事者ニ最モ密接ナル関係アル国ノ法律ヲ当事者ノ本国法トス但其一ガ日本ノ国籍ナルトキハ日本ノ法律ヲ其本国法トス ②当事者ノ本国法ニ依ルベキ場合ニ於テ当事者ガ国籍ヲ有セザルトキハ其常居所地法ニ依ル但第14条（第15条第1項及ビ第16条ニ於テ準用スル場合ヲ含ム）又ハ第21条ノ規定ヲ適用スル場合ハ此限ニ在ラズ ③当事者ガ地方ニ依リ法律ヲ異ニスル国ノ国籍ヲ有スルトキハ其国ノ規則ニ従ヒ指定セラルル法律若シ其規則ナキトキハ当事者ニ最モ密接ナル関係アル地方ノ法律ヲ当事者ノ本国法トス 　　　　　　　　〈→通則法38条〉
〔住所地法の決定〕 **第28条**　当事者ノ住所地法ニ依ルヘキ場合ニ於テ其住所カ知レサルトキハ其居所地法ニ依ル ②前条第1項及ヒ第3項ノ規定ハ当事者ノ住所地法ニ依ルヘキ場合ニ之ヲ準用ス （平成元法律27新設）	〔住所地法の決定〕 **第29条**　当事者ノ住所地法ニ依ルヘキ場合ニ於テ其住所カ知レサルトキハ其居所地法ニ依ル ②当事者ガ二箇以上ノ住所ヲ有スルトキハ其住所地中当事者ニ最モ密接ナル関係アル地ノ法律ヲ其住所地法トス 〔常居所地法の決定〕 **第30条**　当事者ノ常居所地法ニ依ルベキ場合ニ於テ其常居所ガ知レザルトキハ其居所地法ニ依ル但第14条（第15条第

平成元年改正前法例	法　　例
（平成元法律27新設）	１項及ビ第16条ニ於テ準用スル場合ヲ含ム）ノ規定ヲ適用スル場合ハ此限ニ在ラズ 〔人的法律を異にする国又は地の法律の決定〕 **第31条**　当事者ガ人的ニ法律ヲ異ニスル国ノ国籍ヲ有スル場合ニ於テハ其国ノ規則ニ従ヒ指定セラルル法律若シ其規則ナキトキハ当事者ニ最モ密接ナル関係アル法律ヲ当事者ノ本国法トス ②前項ノ規定ハ当事者ガ常居所ヲ有スル地ガ人的ニ法律ヲ異ニスル場合ニ於ケル当事者ノ常居所地法及ビ夫婦ニ最モ密接ナル関係アル地ガ人的ニ法律ヲ異ニスル場合ニ於ケル夫婦ニ最モ密接ナル関係アル地ノ法律ニ之ヲ準用ス
〔反致〕 **第29条**　当事者ノ本国法ニ依ルヘキ場合ニ於テ其国ノ法律ニ従ヒ日本ノ法律ニ依ルヘキトキハ日本ノ法律ニ依ル	〔反致〕 **第32条**　当事者ノ本国法ニ依ルヘキ場合ニ於テ其国ノ法律ニ従ヒ日本ノ法律ニ依ルヘキトキハ日本ノ法律ニ依ル<u>但第14条（第15条第１項及ビ第16条ニ於テ準用スル場合ヲ含ム）又ハ第21条ノ規定ニ依リ当事者ノ本国法ニ依ルベキ場合ハ此限ニ在ラズ</u>　〈→通則法41条〉
〔公序〕 **第30条**　外国法ニ依ルヘキ場合ニ於テ其規定カ公ノ秩序又ハ善良ノ風俗ニ反スルトキハ之ヲ適用セス	〔公序〕 **第33条**　外国法ニ依ルヘキ場合ニ於テ其規定ノ適用カ公ノ秩序又ハ善良ノ風俗ニ反スルトキハ之ヲ適用セス　〈→通則法42条〉
〔扶養の義務及び遺言の方式〕 **第31条**　本法ハ夫婦，親子其他ノ親族関係ニ因リテ生ズル扶養ノ義務ニ付テハ之ヲ適用セズ ②本法ハ遺言ノ方式ニ付テハ之ヲ適用セ	〔扶養の義務及び遺言の方式〕 **第34条**　本法ハ夫婦，親子其他ノ親族関係ニ因リテ生ズル扶養ノ義務ニ付テハ之ヲ適用セズ<u>但第30条本文ノ規定ハ此限ニ在ラズ</u> ②本法ハ遺言ノ方式ニ付テハ之ヲ適用セ

平成元年改正前法例	法　　例
ズ但第27条第2項及ビ第28条第1項ノ規定ハ此限ニ在ラズ	ズ但第28条第2項本文，第29条第1項，第30条本文及ビ第31条ノ規定ハ此限ニ在ラズ　　　　〈→通則法43条〉 　附　則(昭和17年2月12日法律第7号)（抄） 第1条　本法施行ノ期日ハ勅令ヲ以テ之ヲ定ム 　附　則(平成元年6月28日法律第27号)（抄） （施行期日） 1　この法律は，公布の日から起算して一年を超えない範囲内において政令で定める日から施行する。 （経過措置） 2　この法律の施行前に生じた事項については，なお従前の例による。ただし，この法律の施行の際現に継続する法律関係については，この法律の施行後の法律関係に限り，改正後の法例の規定を適用する。 　附　則(平成11年12月8日法律第151号)（抄） （施行期日） 第1条　この法律は，平成12年4月1日から施行する。(以下略)

法の適用に関する通則法（平成18年6月21日法律第78号）

法例（明治31年法律第10号）の全部を改正する。

第1章　総則
第1条（趣旨）
　この法律は，法の適用に関する通則について定めるものとする。

第2章　法律に関する通則
第2条（法律の施行期日）
　法律は，公布の日から起算して20日を経過した日から施行する。ただし，法律でこれと異なる施行期日を定めたときは，その定めによる。

第3条（法律と同一の効力を有する慣習）
　公の秩序又は善良の風俗に反しない慣習は，法令の規定により認められたもの又は法令に規定されていない事項に関するものに限り，法律と同一の効力を有する。

第3章　準拠法に関する通則
第一節　人
第4条（人の行為能力）
　人の行為能力は，その本国法によって定める。
2　法律行為をした者がその本国法によれば行為能力の制限を受けた者となるときであっても行為地法によれば行為能力者となるべきときは，当該法律行為の当時そのすべての当事者が法を同じくする地に在った場合に限り，当該法律行為をした者は，前項の規定にかかわらず，行為能力者とみなす。
3　前項の規定は，親族法又は相続法の規定によるべき法律行為及び行為地と法を異にする地に在る不動産に関する法律行為については，適用しない。

第5条（後見開始の審判等）
　裁判所は，成年被後見人，被保佐人又は被補助人となるべき者が日本に住所若しくは居所を有するとき又は日本の国籍を有するときは，日本法により，後見開始，保佐開始又は補助開始の審判（以下「後見開始の審判等」と総称する。）をすることができる。

第6条（失踪の宣告）
　裁判所は，不在者が生存していたと認められる最後の時点において，不在者が日本に住所を有していたとき又は日本の国籍を有していたときは，日本法により，失踪の宣告をすることができる。
2　前項に規定する場合に該当しないときであっても，裁判所は，不在者の財産が日本に在るときはその財産についてのみ，不在者に関する法律関係が日本法によるべきときその他法律関係の性質，当事者の住所又は国籍その他の事情に照らして日本に関係があるときはその法律関係についてのみ，日本法により，失踪の宣告をすることができる。

第2節　法律行為
第7条（当事者による準拠法の選択）

法律行為の成立及び効力は，当事者が当該法律行為の当時に選択した地の法による。

第8条（当事者による準拠法の選択がない場合）

　前条の規定による選択がないときは，法律行為の成立及び効力は，当該法律行為の当時において当該法律行為に最も密接な関係がある地の法による。

2　前項の場合において，法律行為において特徴的な給付を当事者の一方のみが行うものであるときは，その給付を行う当事者の常居所地法（その当事者が当該法律行為に関係する事業所を有する場合にあっては当該事業所の所在地の法，その当事者が当該法律行為に関係する2以上の事業所で法を異にする地に所在するものを有する場合にあってはその主たる事業所の所在地の法）を当該法律行為に最も密接な関係がある地の法と推定する。

3　第1項の場合において，不動産を目的物とする法律行為については，前項の規定にかかわらず，その不動産の所在地法を当該法律行為に最も密接な関係がある地の法と推定する。

第9条（当事者による準拠法の変更）

　当事者は，法律行為の成立及び効力について適用すべき法を変更することができる。ただし，第三者の権利を害することとなるときは，その変更をその第三者に対抗することができない。

第10条（法律行為の方式）

　法律行為の方式は，当該法律行為の成立について適用すべき法（当該法律行為の後に前条の規定による変更がされた場合にあっては，その変更前の法）による。

2　前項の規定にかかわらず，行為地法に適合する方式は，有効とする。

3　法を異にする地に在る者に対してされた意思表示については，前項の規定の適用に当たっては，その通知を発した地を行為地とみなす。

4　法を異にする地に在る者の間で締結された契約の方式については，前二項の規定は，適用しない。この場合においては，第1項の規定にかかわらず，申込みの通知を発した地の法又は承諾の通知を発した地の法のいずれかに適合する契約の方式は，有効とする。

5　前三項の規定は，動産又は不動産に関する物権及びその他の登記をすべき権利を設定し又は処分する法律行為の方式については，適用しない。

第11条（消費者契約の特例）

　消費者（個人（事業として又は事業のために契約の当事者となる場合におけるものを除く。）をいう。以下この条において同じ。）と事業者（法人その他の社団又は財団及び事業として又は事業のために契約の当事者となる場合における個人をいう。以下この条において同じ。）との間で締結される契約（労働契約を除く。以下この条において「消費者契約」という。）の成立及び効力について第7条又は第9条の規定による選択又は変更により適用すべき法が消費者の常居所地法以外の法である場合

であっても，消費者がその常居所地法中の特定の強行規定を適用すべき旨の意思を事業者に対し表示したときは，当該消費者契約の成立及び効力に関しその強行規定の定める事項については，その強行規定をも適用する。
2 消費者契約の成立及び効力について第7条の規定による選択がないときは，第8条の規定にかかわらず，当該消費者契約の成立及び効力は，消費者の常居所地法による。
3 消費者契約の成立について第7条の規定により消費者の常居所地法以外の法が選択された場合であっても，当該消費者契約の方式について消費者がその常居所地法中の特定の強行規定を適用すべき旨の意思を事業者に対し表示したときは，前条第1項，第2項及び第4項の規定にかかわらず，当該消費者契約の方式に関しその強行規定の定める事項については，専らその強行規定を適用する。
4 消費者契約の成立について第7条の規定により消費者の常居所地法が選択された場合において，当該消費者契約の方式について消費者が専らその常居所地法によるべき旨の意思を事業者に対し表示したときは，前条第2項及び第4項の規定にかかわらず，当該消費者契約の方式は，専ら消費者の常居所地法による。
5 消費者契約の成立について第7条の規定による選択がないときは，前条第1項，第2項及び第4項の規定にかかわらず，当該消費者契約の方式は，消費者の常居所地法による。
6 前各項の規定は，次のいずれかに該当する場合には，適用しない。
 一 事業者の事業所で消費者契約に関係するものが消費者の常居所地と法を異にする地に所在した場合であって，消費者が当該事業所の所在地と法を同じくする地に赴いて当該消費者契約を締結したとき。ただし，消費者が，当該事業者から，当該事業所の所在地と法を同じくする地において消費者契約を締結することについての勧誘をその常居所地において受けていたときを除く。
 二 事業者の事業所で消費者契約に関係するものが消費者の常居所地と法を異にする地に所在した場合であって，消費者が当該事業所の所在地と法を同じくする地において当該消費者契約に基づく債務の全部の履行を受けたとき，又は受けることとされていたとき。ただし，消費者が，当該事業者から，当該事業所の所在地と法を同じくする地において債務の全部の履行を受けることについての勧誘をその常居所地において受けていたときを除く。
 三 消費者契約の締結の当時，事業者が，消費者の常居所を知らず，かつ，知らなかったことについて相当の理由があるとき。
 四 消費者契約の締結の当時，事業者が，その相手方が消費者でないと誤認し，かつ，誤認したことについて相当の理由があるとき。

第12条（労働契約の特例）

労働契約の成立及び効力について第７条又は第９条の規定による選択又は変更により適用すべき法が当該労働契約に最も密接な関係がある地の法以外の法である場合であっても，労働者が当該労働契約に最も密接な関係がある地の法中の特定の強行規定を適用すべき旨の意思を使用者に対し表示したときは，当該労働契約の成立及び効力に関しその強行規定の定める事項については，その強行規定をも適用する。

2　前項の規定の適用に当たっては，当該労働契約において労務を提供すべき地の法（その労務を提供すべき地を特定することができない場合にあっては，当該労働者を雇い入れた事業所の所在地の法。次項において同じ。）を当該労働契約に最も密接な関係がある地の法と推定する。

3　労働契約の成立及び効力について第７条の規定による選択がないときは，当該労働契約の成立及び効力については，第８条第２項の規定にかかわらず，当該労働契約において労務を提供すべき地の法を当該労働契約に最も密接な関係がある地の法と推定する。

第３節　物権等

第13条（物権及びその他の登記をすべき権利）

動産又は不動産に関する物権及びその他の登記をすべき権利は，その目的物の所在地法による。

2　前項の規定にかかわらず，同項に規定する権利の得喪は，その原因となる事実が完成した当時におけるその目的物の所在地法による。

第４節　債　権

第14条（事務管理及び不当利得）

事務管理又は不当利得によって生ずる債権の成立及び効力は，その原因となる事実が発生した地の法による。

第15条（明らかにより密接な関係がある地がある場合の例外）

前条の規定にかかわらず，事務管理又は不当利得によって生ずる債権の成立及び効力は，その原因となる事実が発生した当時において当事者が法を同じくする地に常居所を有していたこと，当事者間の契約に関連して事務管理が行われ又は不当利得が生じたことその他の事情に照らして，明らかに同条の規定により適用すべき法の属する地よりも密接な関係がある他の地があるときは，当該他の地の法による。

第16条（当事者による準拠法の変更）

事務管理又は不当利得の当事者は，その原因となる事実が発生した後において，事務管理又は不当利得によって生ずる債権の成立及び効力について適用すべき法を変更することができる。ただし，第三者の権利を害することとなるときは，その変更をその第三者に対抗することができない。

第17条（不法行為）

不法行為によって生ずる債権の成立及び効力は，加害行為の結果が発生した地の法による。ただし，その地における結果の発生が通常予見することのできないものであったとき

は、加害行為が行われた地の法による。

第18条（生産物責任の特例）
前条の規定にかかわらず、生産物（生産され又は加工された物をいう。以下この条において同じ。）で引渡しがされたものの瑕疵（かし）により他人の生命、身体又は財産を侵害する不法行為によって生ずる生産業者（生産物を業として生産し、加工し、輸入し、輸出し、流通させ、又は販売した者をいう。以下この条において同じ。）又は生産物にその生産業者と認めることができる表示をした者（以下この条において「生産業者等」と総称する。）に対する債権の成立及び効力は、被害者が生産物の引渡しを受けた地の法による。ただし、その地における生産物の引渡しが通常予見することのできないものであったときは、生産業者等の主たる事業所の所在地の法（生産業者等が事業所を有しない場合にあっては、その常居所地法）による。

第19条（名誉又は信用の毀損の特例）
第17条の規定にかかわらず、他人の名誉又は信用を毀（き）損する不法行為によって生ずる債権の成立及び効力は、被害者の常居所地法（被害者が法人その他の社団又は財団である場合にあっては、その主たる事業所の所在地の法）による。

第20条（明らかにより密接な関係がある地がある場合の例外）
前三条の規定にかかわらず、不法行為によって生ずる債権の成立及び効力は、不法行為の当時において当事者が法を同じくする地に常居所を有していたこと、当事者間の契約に基づく義務に違反して不法行為が行われたことその他の事情に照らして、明らかに前三条の規定により適用すべき法の属する地よりも密接な関係がある他の地があるときは、当該他の地の法による。

第21条（当事者による準拠法の変更）
不法行為の当事者は、不法行為の後において、不法行為によって生ずる債権の成立及び効力について適用すべき法を変更することができる。ただし、第三者の権利を害することとなるときは、その変更をその第三者に対抗することができない。

第22条（不法行為についての公序による制限）
不法行為について外国法によるべき場合において、当該外国法を適用すべき事実が日本法によれば不法とならないときは、当該外国法に基づく損害賠償その他の処分の請求は、することができない。

2　不法行為について外国法によるべき場合において、当該外国法を適用すべき事実が当該外国法及び日本法により不法となるときであっても、被害者は、日本法により認められる損害賠償その他の処分でなければ請求することができない。

第23条（債権の譲渡）
債権の譲渡の債務者その他の第三者に対する効力は、譲渡に係る債権について適用すべき法による。

　　　　第５節　親　族
第24条（婚姻の成立及び方式）

婚姻の成立は，各当事者につき，その本国法による。
2　婚姻の方式は，婚姻挙行地の法による。
3　前項の規定にかかわらず，当事者の一方の本国法に適合する方式は，有効とする。ただし，日本において婚姻が挙行された場合において，当事者の一方が日本人であるときは，この限りでない。

第25条（婚姻の効力）

婚姻の効力は，夫婦の本国法が同一であるときはその法により，その法がない場合において夫婦の常居所地法が同一であるときはその法により，そのいずれの法もないときは夫婦に最も密接な関係がある地の法による。

第26条（夫婦財産制）

前条の規定は，夫婦財産制について準用する。
2　前項の規定にかかわらず，夫婦が，その署名した書面で日付を記載したものにより，次に掲げる法のうちいずれの法によるべきかを定めたときは，夫婦財産制は，その法による。この場合において，その定めは，将来に向かってのみその効力を生ずる。
　一　夫婦の一方が国籍を有する国の法
　二　夫婦の一方の常居所地法
　三　不動産に関する夫婦財産制については，その不動産の所在地法
3　前二項の規定により外国法を適用すべき夫婦財産制は，日本においてされた法律行為及び日本に在る財産については，善意の第三者に対抗することができない。この場合において，その第三者との間の関係については，夫婦財産制は，日本法による。
4　前項の規定にかかわらず，第1項又は第2項の規定により適用すべき外国法に基づいてされた夫婦財産契約は，日本においてこれを登記したときは，第三者に対抗することができる。

第27条（離婚）

第25条の規定は，離婚について準用する。ただし，夫婦の一方が日本に常居所を有する日本人であるときは，離婚は，日本法による。

第28条（嫡出である子の親子関係の成立）

夫婦の一方の本国法で子の出生の当時におけるものにより子が嫡出となるべきときは，その子は，嫡出である子とする。
2　夫が子の出生前に死亡したときは，その死亡の当時における夫の本国法を前項の夫の本国法とみなす。

第29条（嫡出でない子の親子関係の成立）

嫡出でない子の親子関係の成立は，父との間の親子関係については子の出生の当時における父の本国法により，母との間の親子関係についてはその当時における母の本国法による。この場合において，子の認知による親子関係の成立については，認知の当時における子の本国法によればその子又は第三者の承諾又は同意があることが認知の要件であるときは，その要件をも備えなければならない。
2　子の認知は，前項前段の規定によ

り適用すべき法によるほか，認知の当時における認知する者又は子の本国法による。この場合において，認知する者の本国法によるときは，同項後段の規定を準用する。
3　父が子の出生前に死亡したときは，その死亡の当時における父の本国法を第1項の父の本国法とみなす。前項に規定する者が認知前に死亡したときは，その死亡の当時におけるその者の本国法を同項のその者の本国法とみなす。

第30条（準正）
子は，準正の要件である事実が完成した当時における父若しくは母又は子の本国法により準正が成立するときは，嫡出子の身分を取得する。
2　前項に規定する者が準正の要件である事実の完成前に死亡したときは，その死亡の当時におけるその者の本国法を同項のその者の本国法とみなす。

第31条（養子縁組）
養子縁組は，縁組の当時における養親となるべき者の本国法による。この場合において，養子となるべき者の本国法によればその者若しくは第三者の承諾若しくは同意又は公的機関の許可その他の処分があることが養子縁組の成立の要件であるときは，その要件をも備えなければならない。
2　養子とその実方の血族との親族関係の終了及び離縁は，前項前段の規定により適用すべき法による。

第32条（親子間の法律関係）
親子間の法律関係は，子の本国法が父又は母の本国法（父母の一方が死亡し，又は知れない場合にあっては，他の一方の本国法）と同一である場合には子の本国法により，その他の場合には子の常居所地法による。

第33条（その他の親族関係等）
第24条から前条までに規定するもののほか，親族関係及びこれによって生ずる権利義務は，当事者の本国法によって定める。

第34条（親族関係についての法律行為の方式）
第25条から前条までに規定する親族関係についての法律行為の方式は，当該法律行為の成立について適用すべき法による。
2　前項の規定にかかわらず，行為地法に適合する方式は，有効とする。

第35条（後見等）
後見，保佐又は補助（以下「後見等」と総称する。）は，被後見人，被保佐人又は被補助人（次項において「被後見人等」と総称する。）の本国法による。
2　前項の規定にかかわらず，外国人が被後見人等である場合であって，次に掲げるときは，後見人，保佐人又は補助人の選任の審判その他の後見等に関する審判については，日本法による。
一　当該外国人の本国法によればその者について後見等が開始する原因がある場合であって，日本における後見等の事務を行う者がないとき。
二　日本において当該外国人について後見開始の審判等があったとき。

第6節 相続

第36条（相続）

相続は，被相続人の本国法による。

第37条（遺言）

遺言の成立及び効力は，その成立の当時における遺言者の本国法による。

2 遺言の取消しは，その当時における遺言者の本国法による。

第7節 補則

第38条（本国法）

当事者が二以上の国籍を有する場合には，その国籍を有する国のうちに当事者が常居所を有する国があるときはその国の法を，その国籍を有する国のうちに当事者が常居所を有する国がないときは当事者に最も密接な関係がある国の法を当事者の本国法とする。ただし，その国籍のうちのいずれかが日本の国籍であるときは，日本法を当事者の本国法とする。

2 当事者の本国法によるべき場合において，当事者が国籍を有しないときは，その常居所地法による。ただし，第25条（第26条第1項及び第27条において準用する場合を含む。）及び第32条の規定の適用については，この限りでない。

3 当事者が地域により法を異にする国の国籍を有する場合には，その国の規則に従い指定される法（そのような規則がない場合にあっては，当事者に最も密接な関係がある地域の法）を当事者の本国法とする。

第39条（常居所地法）

当事者の常居所地法によるべき場合において，その常居所が知れないときは，その居所地法による。ただし，第25条（第26条第1項及び第27条において準用する場合を含む。）の規定の適用については，この限りでない。

第40条（人的に法を異にする国又は地の法）

当事者が人的に法を異にする国の国籍を有する場合には，その国の規則に従い指定される法（そのような規則がない場合にあっては，当事者に最も密接な関係がある法）を当事者の本国法とする。

2 前項の規定は，当事者の常居所地が人的に法を異にする場合における当事者の常居所地法で第25条（第26条第1項及び第27条において準用する場合を含む。），第26条第2項第2号，第32条又は第38条第2項の規定により適用されるもの及び夫婦に最も密接な関係がある地が人的に法を異にする場合における夫婦に最も密接な関係がある地の法について準用する。

第41条（反致）

当事者の本国法によるべき場合において，その国の法に従えば日本法によるべきときは，日本法による。ただし，第25条（第26条第1項及び第27条において準用する場合を含む。）又は第32条の規定により当事者の本国法によるべき場合は，この限りでない。

第42条（公序）

外国法によるべき場合において，その規定の適用が公の秩序又は善良

の風俗に反するときは、これを適用しない。
第43条（適用除外）
この章の規定は、夫婦、親子その他の親族関係から生ずる扶養の義務については、適用しない。ただし、第39条本文の規定の適用については、この限りでない。
2　この章の規定は、遺言の方式については、適用しない。ただし、第38条第2項本文、第39条本文及び第40条の規定の適用については、この限りでない。

附　則（抄）
第1条（施行期日）
この法律は、公布の日から起算して1年を超えない範囲内において政令で定める日から施行する。
第2条（経過措置）
改正後の法の適用に関する通則法（以下「新法」という。）の規定は、次条の規定による場合を除き、この法律の施行の日（以下「施行日」という。）前に生じた事項にも適用する。
第3条
施行日前にされた法律行為の当事者の能力については、新法第4条の規定にかかわらず、なお従前の例による。
2　施行日前にされた申立てに係る後見開始の審判等及び失踪の宣告については、新法第5条及び第6条の規定にかかわらず、なお従前の例による。
3　施行日前にされた法律行為の成立及び効力並びに方式については、新法第8条から第十2条までの規定にかかわらず、なお従前の例による。
4　施行日前にその原因となる事実が発生した事務管理及び不当利得並びに施行日前に加害行為の結果が発生した不法行為によって生ずる債権の成立及び効力については、新法第15条から第21条までの規定にかかわらず、なお従前の例による。
5　施行日前にされた債権の譲渡の債務者その他の第三者に対する効力については、新法第23条の規定にかかわらず、なお従前の例による。
6　施行日前にされた親族関係（改正前の法例第14条から第21条までに規定する親族関係を除く。）についての法律行為の方式については、新法第34条の規定にかかわらず、なお従前の例による。
7　施行日前にされた申立てに係る後見人、保佐人又は補助人の選任の審判その他の後見等に関する審判については、新法第35条第2項の規定にかかわらず、なお従前の例による。

扶養義務の準拠法に関する法律（昭和61年6月12日法律第84号）

最終改正：平成18年6月21日法律第78号

第1条（趣旨）
　この法律は，夫婦，親子その他の親族関係から生ずる扶養の義務（以下「扶養義務」という。）の準拠法に関し必要な事項を定めるものとする。

第2条（準拠法）
　扶養義務は，扶養権利者の常居所地法によつて定める。ただし，扶養権利者の常居所地法によればその者が扶養義務者から扶養を受けることができないときは，当事者の共通本国法によつて定める。

2　前項の規定により適用すべき法によれば扶養権利者が扶養義務者から扶養を受けることができないときは，扶養義務は，日本法によつて定める。

第3条（傍系親族間及び姻族間の扶養義務の準拠法の特例）
　傍系親族間又は姻族間の扶養義務は，扶養義務者が，当事者の共通本国法によれば扶養権利者に対して扶養をする義務を負わないことを理由として異議を述べたときは，前条の規定にかかわらず，その法によつて定める。当事者の共通本国法がない場合において，扶養義務者が，その者の常居所地法によれば扶養権利者に対して扶養をする義務を負わないことを理由として異議を述べたときも，同様とする。

2　前項の規定は，子に対する扶養義務の準拠法に関する条約（昭和52年条約第8号）が適用される場合には，適用しない。

第4条（離婚をした当事者間等の扶養義務の準拠法についての特則）
　離婚をした当事者間の扶養義務は，第2条の規定にかかわらず，その離婚について適用された法によつて定める。

2　前項の規定は，法律上の別居をした夫婦間及び婚姻が無効とされ，又は取り消された当事者間の扶養義務について準用する。

第5条（公的機関の費用償還を受ける権利の準拠法）
　公的機関が扶養権利者に対して行つた給付について扶養義務者からその費用の償還を受ける権利は，その機関が従う法による。

第6条（扶養義務の準拠法の適用範囲）
　扶養権利者のためにその者の扶養を受ける権利を行使することができる者の範囲及びその行使をすることができる期間並びに前条の扶養義務者の義務の限度は，扶養義務の準拠法による。

第7条（常居所地法及び本国法）
　当事者が，地域的に，若しくは人的に法を異にする国に常居所を有し，又はその国の国籍を有する場合には，第2条第1項及び第3条第1項の規

定の適用については，その国の規則に従い指定される法を，そのような規則がないときは当事者に最も密接な関係がある法を，当事者の常居所地法又は本国法とする。

第8条（公序）
　外国法によるべき場合において，その規定の適用が明らかに公の秩序に反するときは，これを適用しない。
2　扶養の程度は，適用すべき外国法に別段の定めがある場合においても，扶養権利者の需要及び扶養義務者の資力を考慮して定める。

　附　則
（抄）
1　（施行期日）
　この法律は，扶養義務の準拠法に関する条約が日本国について効力を生ずる日から施行する。
2　（経過措置）
　この法律の施行前の期間に係る扶養義務については，なお従前の例による。
〔編注　施行日＝昭和61年9月1日〕

　附　則（平成18年6月21日法律第78号）（抄）
第1条（施行期日）
　この法律は，公布の日から起算して1年を超えない範囲内において政令で定める日から施行する。
〔編注　施行日＝平成19年1月1日〕

判例・先例索引

〔1〕最高裁判所判例

【1-103】	最判昭和34年12月22日	198
【1-40】	最大判昭和36年4月5日	104
【1-26】	最判昭和36年12月27日	75
【1-102】①	最判大昭和37年12月5日	191
【1-41】	最判昭和38年4月5日	106
【1】	最大判昭和39年3月25日	3, 117
——	最判昭和39年4月9日	1
——	最判昭和39年4月9日	256
——	最判昭和44年4月3日	41
【1-66】	最判昭和44年4月10日	135
【2-13】／【2-52】	最判昭和44年10月21日	471, 583
【14】／【2-11】	最判昭和50年6月27日	23, 470
【1-36】	最判昭和52年3月31日	91
【2-14】／——	最判昭和53年2月24日	472, 517, 538
【3】	最判昭和56年10月16日	4
【1-39】	最判昭和58年6月7日	95
【1-102】②	最判二小昭和58年11月25日	192
【17】	最判昭和59年7月20日	25
【2-16】	最判平成3年9月13日	474
【4】／【7】	最判平成6年3月8日	6, 11
【18】／——	最判平成7年1月27日	29, 633
【2】	最判平成8年6月24日	3
【1-76】	最判平成9年2月25日	152
【19】／——	最判平成9年10月17日	30, 637
【2-30】	最判平成10年3月12日	505

【5】／【2-3】	最判平成12年1月27日 ……………………………	8, 463
【2-70】	最判平成14年11月22日 ……………………………	637
【2-31】	最判平成16年7月8日 ………………………………	505
【2-19】／──	最決平成19年3月23日 ……………………………	479, 610
【2-39】	最判平成20年3月18日 ……………………………	551
【20】／【2-69】	最大判平成20年6月4日 …………………………	30, 634
──	最判平成20年8月3日 ………………………………	523
──	最決平成22年8月4日 ………………………………	630

〔2〕高等裁判所判例

【2-10】	東京高判昭和32年11月28日 ………………………	469
【1-45】①	仙台高判昭和33年3月13日 ………………………	115
──	東京高判昭和33年7月9日 …………………………	741
【1-43】②／【1-44】②／【1-61】	東京高判昭和34年8月8日	
	………………………………………………………………	108, 114, 130
【1-44】①	東京高判昭和35年11月30日 ………………………	113
【1-185】	大阪高判昭和35年12月20日 ………………………	299
【1-105】	大阪高判昭和37年11月6日 ………………………	199
【1-48】③	東京高判昭和40年2月17日 ………………………	119
【1-96】	大阪高決昭和41年8月4日 …………………………	175
【1-109】	福岡高決昭和47年12月22日 ………………………	203
──	大阪高決昭和48年3月20日 ………………………	586
【2-58】	東京高判昭和50年4月24日 ………………………	596
【1-114】	広島高岡山支決昭和50年7月21日 ………………	211
【3-6】／【3-7】	名古屋高決昭和50年9月17日 ……………………	774, 776
【1-83】⑤	名古屋高判昭和51年6月29日 ……………………	161
【1-81】	名古屋高金沢支決昭和55年3月25日 ……………	156
【1-20】	大阪高決昭和55年8月28日 ………………………	63
──	大阪高判昭和56年3月27日 ………………………	517

【1-138】	東京高決昭和56年5月26日	236
——	東京高判昭和56年7月13日	595
【1-67】	大阪高判昭和56年10月14日	136
——	大阪高判昭和56年10月22日	516
【2-45】	東京高決昭和57年1月27日	566
【1-98】	大阪高決昭和57年5月10日	179
【2-49】	東京高判昭和58年6月29日	571
【1-111】／【2-55】	広島高判昭和58年8月29日	205, 591
【1-75】	東京高判昭和59年9月26日	151
【2-46】	福岡高判昭和60年7月2日	567
【1-93】②	大阪高決昭和60年10月16日	172
【1-24】	東京高判昭和61年1月30日	71
【1-83】④	東京高判昭和61年5月28日	161
【1-121】	東京高判昭和62年7月15日	217
【1-100】	東京高判昭和63年7月20日	181
【2-43】	東京高判昭和63年9月29日	563
——	広島高岡山支決昭和63年11月25日	169
【1-70】	高松高判平成3年7月30日	138
【1-3】	名古屋高判平成4年1月29日	42
——／【2-54】	東京高判平成4年4月15日	195, 591
【1-34】	東京高判平成5年3月29日	89, 256
【1-13】	東京高決平成5年10月8日	56
【1-27】／【1-118】	高松高判平成5年10月18日	78, 215
【2-26】／【2-68】	東京高判平成5年11月15日	490, 629
——	名古屋高決平成9年1月29日	650
【1-91】	東京高決平成9年3月28日	170
【1-90】	大阪高決平成9年5月1日	169
【1-167】⑦／【2-66】	東京高判平成9年9月18日	273, 627
——／	東京高判平成12年7月12日	218
【1-168】	東京高判平成13年2月8日	274

【2-44】	大阪高決平成14年8月7日	565
【1-242】	名古屋高判平成16年3月23日	376
——	大阪高決平成16年5月12日	755
【2-71】	東京高判平成17年11月24日	641
——	東京高決平成18年7月11日	756
【2-40】	大阪高判平成18年10月26日	552
——／【3-8】	東京高決平成18年10月30日	770, 776
【2-47】	大阪高判平成19年9月13日	567
——	名古屋高判平成20年7月3日	550
【2-64】	東京高決平成20年9月16日	621
——	東京高判平成23年5月11日	681

〔3〕 地方裁判所判例

——	山形地鶴岡支判昭和26年9月7日	189
【1-42】	神戸地判昭和27年4月25日	107
——	東京地判昭和29年4月10日	230
【1-51】	東京地判昭和29年9月28日	121
【1-133】	福岡地判昭和30年1月19日	231
【1-62】	広島地判昭和30年9月23日	131
【1-126】	横浜地判昭和31年2月15日	226
【1-184】	東京地判昭和31年4月5日	299
【1-106】	京都地判昭和31年7月7日	200
【1-60】	名古屋地判昭和31年10月30日	130
——／【1-160】	京都地判昭和31年12月28日	256, 261
【1-228】	広島地呉支判昭和32年3月18日	360
【1-45】②	東京地判昭和32年5月14日	115
【1-58】②	福岡地判昭和33年1月17日	128
——	東京地判昭和33年4月3日	256
【1-53】②	東京地判昭和33年8月12日	124

【1-59】	東京地判昭和33年9月27日	129
【1-155】	東京地判昭和35年1月28日	256
【1-65】	大分地杵築支判昭和35年7月12日	134
【1-186】	東京地判昭和35年12月24日	300
【1-167】①	東京地判昭和36年3月15日	268
──	長崎地佐世保支判昭和37年5月30日	394
【1-58】①	福岡地小倉支判昭和37年6月6日	127
【1-128】	東京地判昭和37年6月21日	227
──	大阪地判昭和38年4月13日	196
──	横浜地判昭和38年4月26日	291
──	東京地判昭和38年9月6日	442
──	東京地判昭和38年12月20日	321
【1-129】	横浜地判昭和39年8月14日	228
【1-212】	横浜地判昭和39年9月2日	339
──	東京地判昭和40年1月27日	583
【1-57】	千葉地松戸支判昭和40年8月11日	126
【1-72】④	和歌山地判昭和42年8月25日	147
【1-9】／【1-72】③	大阪地判昭和43年3月30日	52, 146
【1-107】	札幌地判昭和43年8月20日	201
──	東京地判昭和43年12月9日	392
【1-198】／──	岡山地判昭和44年3月20日	322, 659
【1-56】	東京地判昭和44年4月30日	126
【1-55】	札幌地判昭和44年11月24日	125
──	東京地判昭和45年4月11日	291
【2-76】	東京地判昭和45年9月26日	679
【1-25】／【1-113】	東京地判昭和46年3月12日	72, 208
──	東京地判昭和46年12月17日	454
【2-9】／──	東京地判昭和47年3月4日	469, 740
──	千葉地判昭和47年3月31日	226
【1-84】②	名古屋地判昭和47年8月31日	164

——	横浜地判昭和48年 1 月18日	291
【1 -88】	名古屋地判昭和48年 2 月19日	167
【1 -167】③	東京地判昭和48年11月30日	270
【1 -48】②／【1 -54】／【1 -87】②	名古屋地判昭和49年 4 月16日	119, 124, 166
【1 -68】	広島地判昭和49年 5 月27日	136
【1 -112】／——	東京地判昭和49年 5 月30日	206, 602
【1 -246】	東京地判昭和50年11月17日	385
——	横浜地判昭和51年 8 月13日	326, 448
【1 -48】①／【1 -53】①／【1 -87】①	甲府地判昭和51年10月29日	118, 123, 166
【1 -43】①	大阪地判昭和53年 2 月27日	107
——	東京地判昭和53年 3 月10日	291
——	山口地判昭和54年 1 月31日	517
——	神戸地判昭和54年11月 5 日	291
【1 -47】	京都地判昭和54年11月28日	118
——	東京地判昭和55年 2 月22日	396
【1 -167】④	宇都宮地足利支判昭和55年 2 月28日	271
【1 -63】	福井地武生支判昭和55年 3 月26日	133
——	大阪地判昭和55年 5 月26日	595
——	東京地判昭和55年 5 月30日	668
——	東京地判昭和55年 6 月13日	291
【1 -131】	東京地判昭和55年 6 月20日	230
【1 -132】／【2 -48】	東京地判昭和55年 7 月25日	231, 570
【1 -167】⑤／【1 -187】	東京地判昭和55年 9 月19日	271, 300
【1 -29】／——	東京地判昭和55年10月 3 日	80, 424
【1 -119】	東京地判昭和55年11月28日	216
——	東京地判昭和56年 2 月 5 日	517
——	東京地判昭和56年 2 月27日	291
——	京都地判昭和56年 9 月24日	291

【2-59】	神戸地判昭和56年9月29日	596
——	浦和地判昭和57年5月14日	630
【1-110】	広島地判昭和57年9月21日	204
【1-80】	横浜地判昭和58年1月26日	156
【1-79】	大阪地判昭和58年11月21日	155
——	横浜地判昭和58年11月30日	684
——	東京地判昭和58年12月16日	424
——	浦和地判昭和58年12月21日	435
【12】／——	札幌地判昭和59年6月26日	19, 413
【1-240】	東京地判昭和59年8月3日	374
——	浦和地判昭和59年12月3日	642, 643
【1-46】	大阪地判昭和59年12月24日	117
【1-28】	東京地判昭和60年6月13日	80
——	広島地判昭和61年1月30日	457, 739
【1-83】③	大阪地判昭和61年6月26日	160
【1-115】	東京地判昭和61年11月20日	211
【1-120】	東京地判昭和62年3月20日	216
【1-72】⑥	新潟地判昭和62年9月2日	148
【1-83】②	千葉地木更津支判昭和62年9月28日	160
【1-253】	名古屋地岡崎支判昭和62年12月23日	436
【1-85】	大阪地判昭和63年4月14日	164
——	神戸地判昭和63年4月26日	569
——	新潟地判昭和63年5月20日	291
【1-78】	東京地判昭和63年5月27日	154
——／【1-167】⑥	東京地判昭和63年11月11日	94, 272
【1-99】	横浜地判平成元年3月24日	180
【2-4】	東京地判平成2年3月19日	465
【1-77】	神戸地判平成2年6月19日	153
【2-5】	東京地判平成2年9月26日	465
【1-35】	東京地判平成2年11月28日	90

【10】	東京地判平成 2 年12月 7 日	15
【2-6】	東京地判平成 2 年12月25日	466
——	神戸地判平成 3 年 1 月30日	601
【1-7】／——	東京地判平成 3 年 3 月29日	49, 395
【2-7】	東京地判平成 3 年 5 月16日	466
【1-134】	横浜地判平成 3 年10月31日	232
【2-12】／【2-17】	東京地判平成 4 年 9 月25日	471, 477
【15】	東京地判平成 5 年 1 月29日	23
【1-33】	神戸地判平成 6 年 2 月22日	88
——	福岡地判平成 6 年 9 月 6 日	553
【1-49】	名古屋地判平成 7 年 2 月17日	120
——	東京地判平成 7 年12月26日	385, 678
【2-67】	東京地判平成 8 年 9 月 2 日	628
——	東京地判平成 8 年11月11日	573
【1-189】	神戸地判平成 9 年 1 月29日	302
——	津地四日市支判平成 9 年10月28日	555
【9】／——	横浜地判平成10年 5 月29日	14, 624
——	大阪地判平成11年 2 月24日	504
——	大阪地判平成11年 3 月19日	504
——	東京地判平成11年 7 月13日	265
【1-206】	東京地判平成16年 1 月30日	331
——	東京地判平成18年 3 月29日	687

〔4〕 家庭裁判所判例

——	東京家審昭和28年 3 月 9 日	711
——	東京家審昭和28年 8 月20日	196
【1-143】	京都家審昭和29年 6 月 1 日	243
——	京都家審昭和29年10月27日	763
——	神戸家審昭和29年11月30日	242

──	東京家審昭和31年5月11日	249
──	東京家審昭和31年6月18日	249
【1-144】	静岡家沼津支審昭和31年9月24日	244
──	大阪家審昭和32年2月27日	615
──	熊本家審昭和32年4月4日	751
【1-89】	大阪家審昭和32年4月9日	168
──	福岡家審昭和32年9月26日	620
【2-32】	神戸家審昭和32年10月10日	508
──	水戸家審昭和32年11月12日	508
【2-33】	京都家審昭和33年7月15日	508
【3-4】	東京家審昭和34年2月17日	763
──	横浜家審昭和34年5月4日	249
【1-150】	広島家審昭和34年7月4日	252
──	宮崎家審昭和34年12月23日	620
──	横浜家調昭和35年4月20日	291
【2-38】	神戸家姫路支審昭和35年4月20日	546
【1-69】	京都家審昭和35年9月6日	137
──	東京家審昭和35年11月8日	585
──	前橋家審昭和36年1月31日	752
──	東京家審昭和36年2月10日	655
──	東京家審昭和36年3月29日	615
【1-8】	東京家審昭和36年4月1日	51
──	東京家審昭和36年7月18日	615
──	浦和家審昭和36年8月29日	619
──	東京家調昭和36年10月4日	325
──	前橋家審昭和36年11月14日	631
【2-37】	高知家審昭和37年1月8日	545
【1-153】	名古屋家審昭和37年1月19日	254
──	山形家酒田支審昭和37年2月26日	615
──	大阪家堺支審昭和37年5月17日	698

——	浦和家審昭和37年6月14日	196
——	神戸家調昭和37年7月4日	426
——	大阪家審昭和37年8月22日	543
——	東京家調昭和37年9月17日	421
【1-231】	東京家調昭和37年11月8日	363
【1-148】	大阪家審昭和37年12月1日	250
【1-12】／【1-145】	浦和家審昭和38年6月7日	55, 245
【1-71】⑥	津家伊勢支審昭和38年12月3日	143
——	東京家審昭和39年2月14日	614
——	神戸家審昭和39年6月8日	615
【1-50】	東京家審昭和39年7月1日	120
——	東京家審昭和39年8月11日	450
——	大阪家審昭和39年9月12日	520
——	東京家審昭和40年2月24日	612
——	松江家審昭和40年3月10日	196
【1-193】	名古屋家審昭和40年4月21日	312
——	東京家審昭和40年5月27日	674
——	東京家審昭和40年6月18日	617
——	熊本家審昭和40年9月28日	659
【2-34】	大阪家審昭和40年11月10日	521
——	大阪家審昭和40年11月12日	752
——	名古屋家審昭和40年12月6日	612
——	東京家審昭和40年12月20日	631, 761
【2-35】	東京家審昭和41年2月4日	522
——	東京家審昭和41年2月23日	612, 654
【2-36】	東京家審昭和41年3月29日	522
【1-214】②	旭川家審昭和41年3月30日	345
——	東京家審昭和41年4月9日	630
【1-215】	秋田家大館支審昭和41年5月25日	346
——	東京家審昭和41年6月7日	752

──	東京家審昭和41年6月8日	619
──	東京家審昭和41年7月7日	587
──	東京家審昭和41年8月1日	763
──	東京家審昭和41年9月2日	617
──	東京家審昭和41年9月22日	761
【1-108】	山形家鶴岡支審昭和41年9月29日	201
──	新潟家長岡支審昭和42年1月12日	392
【1-149】	東京家審昭和42年2月18日	251
──	長崎家佐世保支審昭和42年2月20日	655
──	東京家審昭和42年3月7日	585
──	津家審昭和42年4月1日	620
──	宮崎家審昭和42年4月4日	659
──	東京家審昭和42年5月24日	721
──	東京家審昭和42年7月13日	189
【1-72】⑤	東京家審昭和42年7月19日	147
【1-71】⑤	盛岡家審昭和42年8月17日	142
【2-74】／──	東京家審昭和42年10月31日	663,668
──	東京家審昭和42年12月19日	585
──	東京家審昭和43年2月5日	448
──	神戸家審昭和43年2月14日	650
【1-71】④	津家伊勢支審昭和43年2月17日	142
──	東京家審昭和43年8月6日	617
──	東京家審昭和43年8月22日	521
──	東京家審昭和43年11月11日	585
【1-178】	東京家審昭和43年11月28日	290
【1-219】	釧路家網走支審昭和43年12月24日	348
【1-71】③	東京家審昭和44年3月4日	141
──	前橋家高崎支審昭和44年3月10日	520
【1-71】⑧	神戸家審昭和44年4月23日	144
【1-104】／【2-51】	東京家審昭和44年5月28日	199,577

【1-71】⑦	熊本家審昭和44年6月4日	143
【1-72】②	新潟家柏崎支審昭和44年6月9日	145
——	東京家審昭和44年6月13日	325, 659
——	東京家審昭和44年6月20日	623
——	東京家審昭和44年8月19日	616
——	名古屋家審昭和44年9月12日	752
——	東京家審昭和44年9月22日	688
【1-163】	名古屋家審昭和44年12月1日	263
——	東京家審昭和45年8月17日	619
【1-72】①	大阪家審昭和45年12月10日	144
——	広島家呉支審昭和46年1月23日	753
【2-50】	熊本家審昭和46年3月1日	576
【2-53】	長崎家審昭和46年5月10日	587
【1-161】／【1-195】	東京家審昭和46年7月21日	262, 316
——	長野家飯田支審昭和46年12月23日	746
【2-18】	東京家審昭和47年2月14日	478
【1-151】	長崎家佐世保支審昭和47年2月28日	253
——	東京家審昭和47年4月18日	706
——	那覇家審昭和47年9月1日	638
——	大阪家審昭和47年10月5日	743
——	東京家審昭和48年4月3日	599
【1-97】④	東京家審昭和48年4月21日	178
——	東京家審昭和48年5月8日	677
【1-71】②	長崎家審昭和48年7月12日	140
【2-56】	横浜家審昭和48年10月2日	593
【3-3】	東京家審昭和48年10月3日	760
——	水戸家審昭和48年11月8日	620
——	東京家審昭和48年12月14日	210, 591
——	東京家審昭和48年12月19日	339
【1-18】①／【1-194】／——	東京家審昭和49年1月29日	61, 314, 772

——	那覇家審昭和49年1月30日	612
——	名古屋家審昭和49年3月2日	612
——	東京家審昭和49年3月28日	762
——	京都家審昭和49年6月3日	412
——	名古屋家審昭和49年7月11日	771
——	札幌家審昭和49年7月23日	731
——	東京家調昭和49年8月13日	454
——／【3-5】	東京家審昭和49年12月27日	729, 765
——	東京家審昭和50年1月11日	517
【1-71】①	新潟家高田支審昭和50年2月21日	140
——／【3-2】	名古屋家審昭和50年2月26日	625, 759
——	京都家審昭和50年3月10日	601
——	東京家審昭和50年3月13日	390
——	京都家審昭和50年6月4日	315
——	福島家審昭和50年6月21日	753
——	東京家審昭和50年8月12日	626
——	鳥取家審昭和50年9月18日	619
——	東京家審昭和50年10月2日	753
【1-201】	神戸家審昭和50年11月11日	325
——	松山家宇和島支審昭和51年1月9日	623
——	仙台家古川支昭和51年2月26日	390
——	福岡家小倉支審昭和51年3月5日	757
——	水戸家麻生支審昭和51年5月19日	753
【1-84】①	大阪家岸和田支審昭和51年5月24日	164
【1-30】／——	東京家審昭和51年5月31日	84, 305
【1-125】	大阪家審昭和51年6月4日	222
——	大阪家審昭和51年6月4日	771
——	札幌家審昭和51年7月26日	753, 754
——	大阪家審昭和51年8月6日	754
——	東京家審昭和51年9月6日	291

【1-93】③	大阪家審昭和51年10月8日	173
【1-164】	大阪家審昭和52年3月31日	264
——	盛岡家審昭和52年5月4日	722
——	大阪家堺支審昭和52年5月23日	716
——	熊本家審昭和52年7月11日	754
【1-83】⑥	大阪家審昭和52年10月26日	162
【1-16】／【1-180】	大阪家審昭和52年11月1日	58,293
【1-156】／——	山口家岩国支審昭和52年11月4日	258,622
【1-252】	横浜家横須賀支審昭和53年2月16日	432
——	神戸家審昭和53年2月21日	647
【2-79】	長崎家審昭和53年2月22日	699
——	長野家審昭和53年3月8日	600
【2-42】	東京家審昭和53年3月31日	563
【2-57】	新潟家十日町出審昭和53年9月19日	594
——	岡山家審昭和53年10月6日	616
【1-18】②／【1-19】／——	大阪家審昭和54年2月1日	61,62,772
【2-61】／——	長崎家審昭和55年1月24日	602,771
【1-22】	京都家審昭和55年2月28日	68
——	東京家審昭和55年9月22日	772
【1-64】	富山家審昭和56年2月27日	133
【2-23】／——	那覇家審昭和56年7月31日	485,620
【1-130】／——	那覇家沖縄支審昭和56年11月5日	229,621
【1-21】②／【1-162】	札幌家審昭和57年1月11日	67,262
【11】	仙台家審昭和57年3月16日	17
【2-60】	東京家審昭和57年6月24日	597
——	名古屋家審昭和57年9月29日	390
【3-1】	福岡家久留米支審昭和57年10月13日	758
——	神戸家審昭和57年11月8日	442
——	東京家審昭和57年12月10日	339
——	大阪家審昭和57年12月22日	648,729

——	東京家審昭和58年4月25日	450
【13】／——	名古屋家審昭和58年11月30日	20, 601
——	名古屋家審昭和59年2月24日	754
【1-21】①	札幌家審昭和59年3月7日	67
【1-74】	東京家審昭和59年3月23日	150
——	東京家審昭和59年3月27日	654
——	大阪家審昭和59年6月25日	644
【1-95】	京都家審昭和59年10月11日	174
【2-41】	松山家大洲支審昭和59年12月4日	562
【1-92】②	札幌家審昭和60年5月11日	172
【8】／——	徳島家審昭和60年8月5日	12, 616
【1-73】	札幌家審昭和60年9月13日	150
【2-78】	東京家審昭和61年1月28日	696
【1-154】	東京家八王子支審昭和61年9月10日	255
【1-232】	東京家審昭和61年9月17日	364
【1-157】／——	東京家八王子支審昭和61年10月7日	259, 622
——	熊本家審昭和61年12月17日	616
——	京都家審昭和62年2月19日	600
【1-203】	徳島家審昭和62年3月4日	327
——	東京家審昭和62年3月12日	601
——	東京家審昭和62年3月26日	601
——	東京家審昭和62年3月31日	650
——	東京家審昭和62年4月27日	642
——	東京家審昭和62年5月15日	732
——	静岡家審昭和62年5月27日	734
——	東京家審昭和62年6月1日	663
【1-94】②	京都家審昭和62年6月16日	174
【1-86】	山口家下関支審昭和62年7月28日	165
——	東京家審昭和62年10月8日	673
【1-94】①	大阪家審裁昭和62年10月12日	174

——	横浜家審昭和62年10月30日	385
——	東京家審昭和62年12月17日	658
——	東京家審昭和63年2月23日	446, 725
——	京都家審昭和63年6月9日	664
——	京都家審昭和63年6月28日	648
——	松江家浜田支審昭和63年8月23日	600
——	東京家審平成元年10月24日	649
【1-116】	東京家審平成元年11月9日	212
——	横浜家審平成元年3月23日	693
——	福岡家審平成元年5月15日	611
——	浦和家審平成元年6月19日	305
——	千葉家市川出審平成元年6月23日	658
——	浦和家審平成元年6月29日	650
【1-93】①	大阪家審平成元年7月13日	172
【1-83】①	松江家審平成元年9月13日	159
——	東京家審平成元年9月22日	678
【1-92】①	広島家三次支審平成2年5月24日	171
【1-204】	東京家審平成2年6月20日	328
【21】／——	水戸家審平成3年3月4日	33, 649, 665
【1-158】／——	那覇家審平成3年4月1日	259, 624
【1-31】／【1-152】	横浜家審平成3年5月14日	84, 254
【1-97】③	横浜家審平成3年11月28日	178
【1-122】	東京家審平成3年12月6日	219
——	盛岡家審平成3年12月16日	640
【3-9】	東京家審平成4年3月23日	778
——	大阪家審平成4年4月21日	770
【1-82】	福岡家小倉支審平成4年5月14日	158
【2-22】／——	札幌家審平成4年6月3日	484, 555
——	福島家会津若松支審平成4年9月14日	556
【2-62】	水戸家土浦支審平成4年9月22日	606

——	神戸家審平成4年9月22日	772
【1-159】	神戸家伊丹支審平成5年5月10日	260
——	高松家審平成6年1月13日	658
——	神戸家明石支審平成6年1月26日	400
——	岐阜家審平成6年3月9日	642
【2-27】/——	京都家審平成6年3月31日	491, 665
——	東京家審平成6年10月25日	305
【1-123】/【2-29】	大阪家審平成6年12月2日	220, 494
【2-72】	名古屋家審平成7年1月27日	644
——	山形家審平成7年3月2日	639
【16】/——	神戸家審平成7年5月10日	24, 605
【2-2】/——	名古屋家審平成7年5月19日	461, 692
【2-28】/——	東京家審平成7年10月9日	491, 626
——	横浜家横須賀支審平成7年10月11日	617
【2-25】/——	金沢家小松支審平成8年3月11日	490, 556
【6】/【1-97】②	千葉家市川出審平成8年5月23日	9, 177
【1-97】①	横浜家川崎支審平成8年7月3日	176
【2-1】/——	水戸家審平成10年1月12日	461, 705
【1-124】	名古屋家豊橋支審平成10年2月16日	220
【1-117】/【3-10】/——	熊本家審平成10年7月28日	213, 772, 779
——	横浜家川崎支審平成10年10月7日	637
——	水戸家土浦支審平成11年2月15日	640
——	千葉家審平成11年4月14日	555
——	浦和家川越支審平成11年7月8日	770
——	大津家審平成12年1月17日	671
——	浦和家審平成12年10月20日	655
——	横浜家審平成15年9月18日	634
——	千葉家松戸支審平成17年6月6日	641
——	宇都宮家審平成19年7月20日	680
【1-233】	東京家判平成19年9月11日	365

——	青森家十和田支審平成20年3月28日	616
——	さいたま家審平成20年4月3日	643
【2-65】	東京家審平成20年5月7日	626
——	新潟家新発田判平成20年7月18日	117
——	前橋家審平成21年5月13日	607
——	横浜家小田原支審平成22年1月12日	624
——	東京家審平成22年7月15日	680
——	広島家判平成22年10月21日	291

〔5〕法務省（司法省・法務庁・法務府・法務局）先例

——	大正7年11月21日	民2296号法務局長回答	500
【1-1】①	大正8年6月26日	民事841号民事局長回答	39
——	大正9年9月1日	民事2971号民事局長回答	422
——	大正10年4月15日	民事2918号民事局長回答	500
——	大正10年12月28日	民事4030号民事局長回答	500
——	大正11年7月22日	民事2781号民事局長回答	651
——	大正12年4月17日	民事1198号民事局長回答	500
——	大正12年5月30日	民事1813号民事局長回答	500
——	大正12年10月22日	民事3975号民事局長回答	499
——	大正15年9月18日	民事6942号民事局長回答	499
——	昭和3年4月30日	民事5539号民事局長回答	501
——	昭和3年6月27日	民事7944号民事局長回答	414
——	昭和5年9月13日	民事623号民事局長回答	500
——	昭和6年11月12日	民事1170号民事局長回答	569
——	昭和7年9月20日	民事甲989号民事局長回答	135
——	昭和10年11月25日	民事甲1323号民事局長回答	500
【1-15】	昭和11年2月3日	民事甲40号民事局長回答	58
——	昭和11年4月10日	民事甲350号民事局長回答	500
——	昭和11年8月13日	民事甲955号民事局長回答	135

──	昭和11年9月3日	民事甲1090号民事局長回答	569
──	昭和20年11月7日	民事特甲526号民事局長回答	501
──	昭和21年6月4日	民事甲357号民事局長回答	501
──	昭和21年7月4日	民事甲449号民事局長回答	188
──	昭和21年7月17日	民事甲487号民事局長回答	188
──	昭和21年8月15日	民事甲529号民事局長回答	188
──	昭和21年8月21日	民事甲542号民事局長回答	105
──	昭和21年8月31日	民事甲536号民事局長回答	501
──	昭和21年9月16日	民事甲575号民事局長回答	188
──	昭和21年10月8日	民事甲612号民事局長回答	188
──	昭和21年10月22日	民事甲696号民事局長回答	188
──	昭和22年2月28日	民事甲147号民事局長通達	188
──	昭和22年4月16日	民事甲317号民事局長通達	509
──	昭和22年5月2日	民事甲301号民事局長回答	188
──	昭和22年6月5日	民事甲482号民事局長通達	189
──	昭和22年6月14日	民事甲525号民事局長回答	189
【1-1】②／──	昭和22年6月25日	民事甲595号民事局長回答	39, 189
──	昭和22年7月29日	民事甲715号民事局長回答	189
──	昭和22年8月14日	民事甲814号民事局長回答	234
──	昭和22年8月15日	民事甲791号民事局長回答	434
──	昭和22年8月16日	民事甲789号民事局長回答	509
──	昭和22年8月27日	民事甲829号民事局長回答	307
──	昭和22年12月9日	民事甲1687号民事局長回答	572
──	昭和22年12月27日	民事甲1751号民事局長回答	509
──	昭和23年3月16日	民事甲149号民事局長回答	509
──	昭和23年4月16日	民事甲450号民事局長回答	572
──	昭和23年6月18日	民事甲1917号民事局長回答	105
──	昭和23年6月24日	民事甲1985号民事局長回答	188
──	昭和23年7月7日	民事甲2121号民事局長通達	234
──	昭和23年8月27日	民事甲2480号民事局長回答	569

──	昭和23年8月30日	民事甲2801号民事局長回答	509
──	昭和23年10月11日	民事甲2195号民事局長回答	529
──	昭和23年10月11日	民事甲3097号民事局長回答	105
──	昭和23年10月11日	民事甲3134号民事局長回答	105, 188
──	昭和23年10月15日	民事甲3311号民事局長回答	509
【1-183】	昭和23年10月16日	民事甲2648号民事局長回答	298
──	昭和23年10月25日	民事甲3433号民事局長通達	234
──	昭和23年11月12日	民事甲2155号民事局長回答	502, 509
──	昭和23年11月27日	民事甲3668号民事局長回答	109
──	昭和23年12月1日	民事甲3722号民事局長回答	610
──	昭和23年12月14日	民事甲2086号民事局長回答	572
──	昭和23年12月15日	民事甲2321号民事局長回答	502
──	昭和24年1月12日	民事甲4139号民事局長通達	501
──	昭和24年1月26日	民事甲144号民事局長回答	502
──	昭和24年3月23日	民事甲645号民事局長通達	610
──	昭和24年3月31日	民事甲681号民事局長回答	105, 188
──	昭和24年4月1日	民事甲674号民事局長回答	510
──	昭和24年4月15日	民事甲834号民事局長回答	105, 188
──	昭和24年5月30日	民事甲1264号民事局長回答	426
──	昭和24年7月19日	民事甲1648号民事局長回答	506
──	昭和24年11月7日	民事甲2575号㈡528号民事局長回答	106, 188
──	昭和24年11月14日	民事甲2652号民事局長回答	510
──	昭和24年11月15日	民事甲2657号㈡548号民事局長回答	510
──	昭和24年11月15日	民事甲2666号㈡549号民事局長回答	106
──	昭和24年11月15日	民事甲2670号民事局長回答	510
──	昭和24年11月18日	民事甲2694号民事局長通達	106
──	昭和24年12月7日	民事甲2821号㈡617号民事局長回答	510
──	昭和25年2月3日	民事甲269号民事局長第六課長回答	501
──	昭和25年2月3日	民事甲281号㈡65号民事局長回答	507

	昭和25年2月16日	民事甲455号㈡144号民事局長回答 …… 506
—	昭和25年2月25日	民事甲550号民事局長電信回答………… 502
—	昭和25年2月27日	民事甲565号民事局長回答 …………… 105
—	昭和25年2月28日	民事甲564号民事局長通達 …………… 234
—	昭和25年3月7日	民事甲626号民事局長回答 …………… 510
—	昭和25年3月27日	民事甲726号民事局長回答 …………… 239
—	昭和25年3月27日	民事甲782号民事局長回答 …………… 510
—	昭和25年4月5日	民事甲883号民事局長回答 ………109, 507
—	昭和25年4月10日	民事甲933号民事局長回答 ………510, 748
—	昭和25年4月12日	民事甲955号民事局長回答 …………… 511
—	昭和25年4月13日	民事甲960号民事局長回答 …………… 341
—	昭和25年5月1日	民事甲1136号民事局長回答……………… 511
—	昭和25年5月8日	民事甲1194号民事局長回答…………… 391
—	昭和25年5月16日	民事甲1274号民事局長回答…………… 511
—	昭和25年5月23日	民事甲1357号民事局長通達…………… 312
—	昭和25年6月1日	民事甲1546号民事局長回答…………… 734
—	昭和25年6月10日	民事甲1631号民事局長回答………511, 573
—	昭和25年6月22日	民事甲1723号民事局長回答…………… 391
—	昭和25年6月22日	民事甲1746号民事局長回答…………… 511
—	昭和25年7月18日	民事甲1944号民事局長回答…………… 391
—	昭和25年8月7日	民事甲2095号民事局長回答………109, 507
—	昭和25年8月29日	民事甲2324号民事局長通達…………… 611
—	昭和25年9月1日	民事甲2353号民事局長通達…………… 234
【1-172】	昭和25年9月5日	民事甲2410号民事局長回答…………… 284
—	昭和25年9月5日	民事甲2434号民事局長回答…………… 651
—	昭和25年9月6日	民事甲2376号民事局長回答…………… 109
—	昭和25年9月7日	民事甲2368号民事局長回答…………… 110
—	昭和25年9月11日	民事甲2510号民事局長回答…………… 311
—	昭和25年9月12日	民事甲2468号民事局長回答…………… 423
—	昭和25年9月12日	民事甲2485号民事局長回答…………… 511

──	昭和25年12月6日	民事甲3069号民事局長通達 ……………………………… 503, 506, 542, 572, 574
──	昭和25年12月7日	民事甲3088号民事局長回答 …………… 109
──	昭和25年12月22日	民事甲3231号民事局長回答 …………… 94
──	昭和26年2月13日	民事甲259号民事局長回答 …………… 239
──	昭和26年2月20日	民事甲312号民事局長回答 …………… 189
──	昭和26年3月6日	民事甲408号民事局長回答 …………… 503
──	昭和26年3月6日	民事甲409号民事局長回答 …………… 503
【1-14】	昭和26年3月6日	民事甲412号民事局長回答 …………… 57
──	昭和26年3月6日	民事甲423号民事局長回答 …………… 503
──	昭和26年3月9日	民事甲425号民事局長回答 …………… 503
──	昭和26年4月18日	民事甲825号民事局長回答 …………… 748
──	昭和26年4月20日	民事甲839号民事局長回答 …………… 503
──	昭和26年4月25日	民事甲865号民事局長回答 …………… 319
──	昭和26年4月26日	民事甲838号民事局長回答 …………… 341
──	昭和26年5月9日	民事甲949号民事局長回答 …………… 511
──	昭和26年5月18日	民事甲1032号民事局長回答 …………… 511
──	昭和26年6月14日	民事甲1230号民事局長通達 …………… 249
──	昭和26年6月21日	民事甲1289号民事局長回答 …………… 614
──	昭和26年6月21日	民事甲1290号民事局長回答 …………… 614
──	昭和26年6月22日	民事甲1214号民事局長回答 …………… 507
──	昭和26年7月2日	民事甲1373号民事局長回答 ………… 511, 748
──	昭和26年8月3日	民事甲1592号民事局長回答 …………… 701
──	昭和26年8月3日	民事甲1596号民事局長回答 …………… 249
──	昭和26年8月6日	民事甲621号民事局長回答 …………… 608
──	昭和26年8月17日	民事甲1652号民事局長回答 …………… 572
──	昭和26年8月29日	民事甲1723号民事局長回答 …………… 393
──	昭和26年11月27日	民事甲2275号民事局長通達 …………… 511
──	昭和26年12月28日	民事甲2427号民事局長回答 …………… 572
──	昭和27年1月12日	民事甲2482号民事局長回答 …………… 189

――	昭和27年2月8日	民事甲88号民事局長回答	319
――	昭和27年2月23日	民事甲180号民事局長回答	512
――	昭和27年4月4日	民事甲393号民事局長回答	507, 747
――/【3-11】	昭和27年4月11日	民事甲406号民事局長回答	771, 780
――/【1-101】/――	昭和27年4月19日	民事甲438号民事局長通達	112, 190, 500, 509, 512, 516, 573
――	昭和27年4月24日	民事甲527号民事局長回答	608
【1-136】	昭和27年4月25日	民事甲558号民事局長通達	235
――	昭和27年4月25日	民事甲587号法務総裁官房渉外課長通達	234
――	昭和27年5月8日	民事甲608号民事局長通知	234
――	昭和27年5月22日	民事甲715号民事局長通達	110, 501, 512
――	昭和27年5月29日	民事甲756号民事局長回答	110, 194, 512, 523, 584
――	昭和27年5月30日	民事甲763号民事局長回答	516
――	昭和27年6月11日	民事局第五課長電報回答	526
――	昭和27年6月19日	民事甲852号民事局長回答	528
――	昭和27年8月5日	民事甲1102号民事局長通達	529
――	昭和27年8月9日	民事甲32号民事局長回答	512
――	昭和27年9月2日	民事甲167号民事局長回答	656
――	昭和27年9月18日	民事甲288号民事局長回答	110
――	昭和27年9月24日	民事甲322号民事局長回答	111, 196
――	昭和27年10月6日	民事甲389号民事局長回答	578
――	昭和27年12月4日	民事甲749号民事局長回答	315
――	昭和27年12月16日	民事甲830号民事局長電信回答	509, 528
――	昭和27年12月19日	民事甲855号民事局長回答	111, 194, 509, 518, 524
――	昭和27年12月27日	民事甲909号民事局長回答	111
――	昭和28年1月13日	民事甲39号民事局長回答	529
――	昭和28年1月14日	民事甲40号民事局長回答	513

——	昭和28年1月29日	民事甲73号民事局長回答	529
【1-234】	昭和28年2月17日	民事甲214号民事局長回答	369
——	昭和28年2月25日	民事甲246号民事局長回答	513
——	昭和28年2月26日	民事甲266号民事局長回答	517
——	昭和28年4月4日	民事甲429号民事局長回答	515
——	昭和28年4月18日	民事甲577号民事局長通達	249
【2-75】	昭和28年4月20日	民事甲656号民事局長通達	669
——	昭和28年5月6日	民事甲750号民事局長回答	421
——	昭和28年6月12日	民事甲958号民事局長回答	720
——	昭和28年6月24日	民事甲1063号民事局長回答	111
——	昭和28年7月7日	民事甲1126号民事局長通達	524
——	昭和28年7月22日	民事甲1261号民事局長回答	512, 573
——	昭和28年7月24日	民事甲1243号民事局長回答	111
——	昭和28年7月30日	民事局第五課長電報回答	574
——	昭和28年8月10日	民事甲1242号民事局長回答	586
【1-196】	昭和28年8月15日	民事甲1275号民事局長回答	320
——	昭和28年8月15日	民事甲1458号民事局長回答	447
——	昭和28年8月18日	民事局第五課長電報回答	526
——	昭和28年9月3日	民事甲1602号民事局長回答	581
——	昭和28年10月15日	民事甲1895号民事局長回答	112
——	昭和28年10月16日	民事甲1865号民事局長回答	526, 749
——	昭和28年11月18日	民事甲2187号民事局長指示	526
——	昭和28年11月28日	民事甲2230号民事局長回答	518
——	昭和28年12月2日	民事甲2272号民事局長回答	524
——	昭和28年12月8日	民事甲2146号民事局長回答	514
——	昭和28年12月15日	民事甲2314号民事局長回答	518
——	昭和28年12月16日	民事五発188号民事第五課長回答	516
——	昭和28年12月16日	民事甲2341号民事局長回答	112
——	昭和28年12月19日	民事五発183号民事第五課長回答	518
——	昭和28年12月21日	民事甲2469号民事局長回答	524

─	昭和28年12月25日	民事五発208号民事局第五課長回答 …… 513
─	昭和29年3月6日	民事甲509号民事局長回答 ……………… 647
─	昭和29年3月8日	民事甲470号民事局長回答 ……………… 194
─	昭和29年3月23日	民事五発120号民事局第五課長回答 …… 574
─	昭和29年4月12日	民事甲738号民事局長回答 ……………… 249
─	昭和29年4月22日	民事五発156号民事局第五課長回答 …… 514
─	昭和29年5月13日	民事甲1020号民事局長電報回答 ····527, 749
─	昭和29年6月3日	民事甲1151号民事局長回答 ……………… 749
【1-137】	昭和29年6月7日	民事甲1192号民事局長回答 ……………… 235
【1-199】	昭和29年6月16日	民事甲1217号民事局長回答 ……………… 323
─	昭和29年6月29日	民事甲1348号民事局長回答 ……………… 744
─	昭和29年8月4日	民事甲1596号民事局長回答 ……………… 727
─	昭和29年8月6日	民事二発280号民事局第二課長回答 …… 529
─	昭和29年8月16日	民事甲1628号民事局長回答 ……………… 524
─	昭和29年9月2日	民事甲1813号民事局長回答 ……………… 234
─	昭和29年9月2日	民事甲1814号民事局長回答 ……………… 239
─	昭和29年9月25日	民事甲1986号民事局長回答 ……………… 239
─	昭和29年9月25日	民事甲1990号民事局長電報回答 ……… 113
─	昭和29年9月28日	民事甲2002号民事局長電報回答 ……… 188
─	昭和29年10月25日	民事甲2226号民事局長回答 ……………… 239
─	昭和29年11月5日	民事甲2306号民事局長回答 ………527, 586
─	昭和29年11月15日	民事二発428号民事局第二課長回答 …… 525
─	昭和29年11月16日	民事甲2379号民事局長回答 ……………… 582
─	昭和29年11月18日	民事甲2468号民事局長電報回答 ……… 577
─	昭和29年12月24日	民事甲2601号民事局長回答 ……………… 625
─	昭和29年12月24日	民事甲2651号民事局長回答 ……………… 113
─	昭和29年12月28日	民事甲2778号民事局長通達 ………524, 748
─	昭和30年1月11日	民事甲40号法務事務次官回答 ………… 340
─	昭和30年2月4日	民事甲209号民事局長回答 ……………… 527
─	昭和30年2月9日	民事甲245号民事局長通達 …… 195, 524, 584

——	昭和30年2月16日	民事甲311号民事局長回答	530
——	昭和30年2月18日	民事甲332号民事局長回答	195, 524, 584
——	昭和30年2月22日	民事甲298号民事局長回答	518
——	昭和30年2月22日	民事甲331号民事局長回答	661
——	昭和30年2月24日	民事甲394号民事局長回答	311
——	昭和30年3月7日	民事甲437号民事局長回答	312
——	昭和30年3月10日	民事甲478号民事局長電報回答	530
——	昭和30年4月8日	民事甲631号民事局長回答	525
【1-200】	昭和30年4月15日	民事甲700号民事局長回答	324
——	昭和30年4月19日	民事甲785号民事局長電報回答	527
——	昭和30年4月21日	民事甲784号民事局長回答	581
——	昭和30年4月21日	民事甲786号民事局長電報回答	195
——	昭和30年4月26日	民事二発185号民事局第二課長回答	582
——	昭和30年4月30日	民事甲820号民事局長回答	582
——	昭和30年7月27日	民事二発355号民事局第二課長回答	240
——	昭和30年8月24日	民事甲1718号民事局長回答	521
——	昭和30年8月30日	民事五発952号民事局第五課長依命回答	609
——	昭和30年8月30日	民事五発961号民事局第五課長回答	529
——	昭和30年9月15日	民二461号民事局第二課長回答	677
——	昭和30年9月17日	民事甲1961号民事局長回答	112
——	昭和30年9月20日	民事甲1998号民事局長回答	112
——	昭和30年9月26日	民事甲2062号民事局長回答	527
——	昭和30年10月25日	民事五発1129号民事局第五課長回答	586
——	昭和30年10月26日	民事二発526号民事局第二課長回答	574
——	昭和30年11月21日	民事五発175号民事局第五課長回答	647
——	昭和30年11月29日	民事甲2435号民事局長回答	525
——	昭和30年11月30日	民事甲2476号民事局長回答	530
——	昭和30年12月3日	民事甲2559号民事局長回答	527
——	昭和30年12月10日	民事甲2544号民事局長回答	656

──	昭和30年12月15日	民事二発603号民事局第二課長通知	525
──	昭和31年1月6日	民事甲2818号民事局長回答	113
【1-173】	昭和31年1月24日	民事甲79号民事局長回答	285
──	昭和31年1月26日	民事甲152号民事局長回答	579
【1-6】／──	昭和31年2月3日	民事甲194号民事局長回答	44, 135
──	昭和31年2月24日	民事二発80号民事局第二課長回答	515
──	昭和31年3月27日	民事甲384号民事局長回答	525
──	昭和31年3月31日	民事甲609号民事局長回答	579
──	昭和31年4月2日	民事甲705号民事局長回答	525
──	昭和31年4月16日	民事甲744号民事局長回答	578
──	昭和31年4月18日	民事二発187号民事局第二課長回答	312
──	昭和31年4月25日	民事甲839号民事局長通達	195, 584
──	昭和31年5月1日	民事局第五課長電報回答	527
──	昭和31年5月15日	民事二発237号民事局第二課長電信回答	750
──	昭和31年5月16日	民事甲630号民事局長回答	193
──	昭和31年5月18日	民事甲1044号民事局長回答	681
──	昭和31年5月18日	民事甲1045号民事局長回答	336
──	昭和31年5月25日	民事五発34号民事局第五課長回答	530
──	昭和31年6月6日	民事甲1201号民事局長回答	515
──	昭和31年6月11日	民事甲1300号民事局長回答	519, 581
──	昭和31年6月13日	民事甲1200号民事局長回答	513
──	昭和31年6月13日	民事甲1314号民事局長回答	529
──	昭和31年6月14日	民事甲1313号民事局長通達	193
──	昭和31年6月27日	民事甲1433号民事局長回答	431
──	昭和31年7月7日	民事甲1555号民事局長回答	720
──	昭和31年7月9日	民事甲1569号民事局長回答	515
──	昭和31年7月12日	民事二発382号民事局第二課長回答	528, 750
──	昭和31年7月12日	民事甲1487号民事局長回答	521

828　判例・先例索引

──	昭和31年7月31日	民事甲1729号民事局長回答………………	528
──	昭和31年8月3日	民二384号民事局第二課長回答…………	195
【1-2】①	昭和31年9月12日	民事甲2070号民事局長回答………………	39
──	昭和31年9月18日	民事五発841号民事局第五課長回答……	193
──	昭和31年9月18日	民事甲2127号民事局長回答……………	194，586
【1-174】	昭和31年9月21日	民事甲2195号民事局長回答………………	286
──	昭和31年10月4日	民事甲2280号民事局長回答………………	530
──	昭和31年10月12日	民事甲2312号民事局長回答………………	515
──	昭和31年10月17日	民事甲2372号民事局長事務代理回答…	105
──	昭和31年11月2日	民事甲2557号民事局長代理回答………	278
──	昭和31年11月5日	民事甲2560号民事局長事務代理回答…	574
──	昭和31年11月7日	民事甲2568号民事局長事務代理回答…	513
──	昭和31年11月14日	民事甲2607号民事局長事務代理回答…	750
──	昭和31年12月3日	民事二発619号民事局第二課長回答…	519
──	昭和31年12月18日	民事甲2854号民事局長回答………………	531
──	昭和31年12月25日	民事甲2877号民事局長回答………………	193
──	昭和32年1月10日	民二4号民事局第二課長回答……………	727
──	昭和32年1月22日	民事甲100号民事局長回答………………	393
【1-37】／──	昭和32年3月27日	民事甲577号民事局長回答………	92，248
【1-197】	昭和32年4月9日	民事甲701号民事局長回答………………	320
──	昭和32年5月1日	民事甲831号民事局長回答………………	525，750
──	昭和32年5月4日	民事五発244号民事局第五課長回答……	513
──	昭和32年5月6日	民事甲835号民事局長回答………………	317
──	昭和32年5月8日	民事甲846号民事局長回答………………	531
──	昭和32年5月22日	民二発185号民事局第二課長事務代理	135
──	昭和32年6月18日	民事甲1167号民事局長回答………………	193
──	昭和32年7月4日	民事二発257号民事局第二課長事務代理回答………………	579
──	昭和32年7月17日	民事甲1371号民事局長回答………………	526
──	昭和32年8月28日	民事甲1591号民事局長回答………………	688

─	昭和32年9月11日	民事甲1702号民事局長回答……………526
─	昭和32年9月16日	民事甲1749号民事局長回答……………198
─	昭和32年9月21日	民事甲1833号民事局長通達……………671
─	昭和32年9月21日	民事甲1842号民事局長回答……………195
─	昭和32年11月8日	民事五発602号民事局第五課長回答……515
─	昭和32年11月21日	民事甲2233号民事局長回答……………240
─	昭和32年12月5日	民事五発653号民事局第五課長回答……517
─	昭和33年1月25日	民事二発27号民事局第二課長回答……572
─	昭和33年2月12日	民事甲340号民事局長回答 ……………448
─	昭和33年2月14日	民事二発60号民事局第二課長回答……278
【1-190】	昭和33年3月11日	民事甲510号民事局長心得回答…………308
─	昭和33年3月19日	民事甲577号民事局長心得回答…………575
─	昭和33年5月24日	民事甲980号民事局長心得回答…………513
─	昭和33年5月24日	民事甲1029号民事局長心得回答………572
─	昭和33年6月10日	民事甲1193号民事局長心得回答………503
─	昭和33年6月20日	民事五発277号民事局第五課長回答……575
─	昭和33年7月22日	民事五発327号民事局第五課長回答……579
─	昭和33年8月14日	民事甲1791号民事局長回答……………575
─	昭和33年9月16日	民事二発436号民事局第二課長回答……580
【1-5】	昭和33年10月15日	民事甲2007号民事局長回答………………44
─	昭和33年10月17日	民事甲2069号民事局長回答……………632
【1-179】	昭和33年10月29日	民事甲2076号民事局長回答……………292
─	昭和33年11月1日	民事甲2271号民事局長回答……………530
─	昭和33年11月1日	民事甲2291号民事局長回答……………528
─	昭和33年12月1日	民事甲2477号民事局長回答………579, 580
─	昭和33年12月23日	民事甲2648号民事局長回答……………580
─	昭和34年1月19日	民事二発18号民事局第二課長回答……519
─	昭和34年1月29日	民事甲124号民事局長回答………………668
─	昭和34年1月30日	民事甲168号民事局長回答………………421
─	昭和34年2月14日	民事甲276号民事局長回答………………662

——	昭和34年2月19日	民事甲316号民事局長回答 ……………… 582
——	昭和34年3月6日	民事五発94号民事局第五課長回答 …… 514
——	昭和34年3月16日	民事甲479号民事局長回答 ……………… 392
——	昭和34年4月7日	民事二発177号民事局第二課長回答 … 758
——	昭和34年4月17日	民事五発147号民事局第五課長依命回答 ……………………………………………………… 112
【1 -146】	昭和34年4月30日	民事甲867号民事局長回答 ……………… 246
——	昭和34年5月6日	民事五発166号民事局第五課長回答 …… 342
——	昭和34年5月15日	民事甲1012号民事局長回答 …………… 516
——	昭和34年6月6日	民事甲1192号民事局長回答 …………… 243
——	昭和34年6月11日	民事甲1238号民事局長回答 …………… 582
——	昭和34年6月19日	民事甲1082号民事局長回答 …………… 519
——	昭和34年6月22日	民事甲1307号民事局長回答 …………… 698
——	昭和34年7月11日	民事甲1508号民事局長回答 …………… 667
——	昭和34年7月15日	民事甲1516号民事局長回答 …………… 333
——	昭和34年8月28日	民事甲1827号民事局長通達 …………… 519
——	昭和34年9月23日	民事甲2135号民事局長回答 …………… 441
——	昭和34年10月10日	民事甲2166号民事局長回答 …………… 632
——	昭和34年10月12日	民事甲2221号民事局長回答 …………… 514
——	昭和34年10月19日	民事五発民事局第五課長電報回答 …… 514
——	昭和34年10月19日	民事甲2332号民事局長回答 …………… 519
——	昭和34年10月21日	民事甲2353号民事局長回答 …………… 579
——	昭和34年11月4日	民事甲2441号民事局長回答 …………… 427
——	昭和34年11月20日	民事甲2533号民事局長回答 …………… 240
——	昭和34年11月28日	民事甲2730号民事局長回答 …………… 441
——	昭和34年12月11日	民事甲2809号民事局長回答 …………… 514
——	昭和34年12月26日	民事局第五課長電報回答 ………………… 528
——	昭和34年12月28日	民事甲2987号民事局長通達 …………… 512
——	昭和35年1月13日	民事甲158号民事局長回答 ……………… 113
——	昭和35年1月19日	民事甲129号民事局長電報回答 ………… 577

——	昭和35年2月18日	民事甲361号民事局長回答 …………… 516
——	昭和35年3月5日	民事五発59号民事局第五課長回答 …………………………………………… 535, 751
——	昭和35年3月28日	民事甲731号民事局長回答 …………… 539
——	昭和35年3月30日	民事甲709号民事局長回答 …………… 534
【1-127】	昭和35年4月11日	民事五発101号民事局第五課長回答 …… 227
——	昭和35年4月14日	民事甲882号民事局長回答 …………… 532
【1-235】	昭和35年4月14日	民事甲911号民事局長回答 …………… 369
【1-10】	昭和35年5月10日	民事甲1059号民事局長回答 ……………… 53
——	昭和35年5月19日	民事甲1253号民事局長回答 …………… 542
——	昭和35年5月23日	民事甲1264号民事局長回答 …………… 193
——	昭和35年5月31日	民事甲1293号民事局長回答 …………… 535
——	昭和35年6月6日	民事五発135号民事局第五課長回答 …… 532
——	昭和35年6月8日	民事甲1400号民事局長回答 …………… 278
——	昭和35年7月8日	民事甲1631号民事局長回答 …………… 194
——	昭和35年7月21日	民事甲1862号民事局長回答 …………… 437
【1-207】	昭和35年8月3日	民事甲2011号民事局長回答 …………… 333
——	昭和35年9月6日	民事甲2230号民事局長回答 …………… 441
——	昭和35年9月26日	民事甲2403号民事局長回答 …………… 543
——	昭和35年10月4日	民事甲2486号民事局長事務代理回答 … 544
——	昭和35年10月27日	民事甲2661号民事局長事務代理回答 … 415
——	昭和35年10月28日	民事甲2607号民事局長事務代理回答 … 578
【1-147】	昭和35年11月28日	民事甲2837号民事局長回答 …………… 247
——	昭和35年12月6日	民事甲3091号民事局長通達 …………… 537
——	昭和35年12月9日	民事甲3092号民事局長回答 …………… 538
——	昭和35年12月22日	民事甲3194号民事局長回答 …………… 579
——	昭和35年12月27日	民事甲3302号民事局長回答 …………… 198
——	昭和36年1月20日	民事甲183号民事局長回答 …………… 537
——	昭和36年2月6日	民事甲311号民事局長回答 …………… 575
——	昭和36年2月6日	民事甲326号民事局長回答 …………… 676

——	昭和36年2月7日	民事甲325号民事局長回答 ……………… 575
——	昭和36年3月24日	民事甲699号民事局長回答 ……………… 546
——	昭和36年5月13日	民事甲1135号民事局長回答……………… 546
——	昭和36年6月14日	民事甲1227号民事局長回答……………… 538
——	昭和36年6月20日	民事甲1419号民事局長回答……………… 575
【1-221】	昭和36年9月14日	民事甲2197号民事局長回答……………… 350
——	昭和36年10月27日	民事五発256号民事局第五課長回答 …… 536
——	昭和37年2月1日	民事甲220号民事局長回答 ……………… 542
【1-169】①	昭和37年2月23日	民事甲90号民事局長回答 ………………… 275
	昭和37年6月5日	民事甲1501号民事局長回答……………… 278
——	昭和37年6月27日	民事甲1789号民事局長回答……………… 580
——	昭和37年8月13日	民事甲2298号民事局長回答……………… 542
——	昭和37年8月16日	民事五発201号民事局第五課長回答 …… 752
——	昭和37年8月20日	民事甲2369号民事局長回答……………… 548
——	昭和37年8月22日	民事甲2374号民事局長回答……………… 404
——	昭和37年8月28日	民事甲2411号民事局長回答……………… 548
——	昭和37年8月28日	民事甲2414号民事局長回答……………… 265
——	昭和37年8月31日	民事甲2482号民事局長回答………536, 755
——	昭和37年9月14日	民事甲2566号民事局長回答……………… 668
——	昭和37年9月14日	民事甲2625号民事局長回答……………… 539
——	昭和37年9月18日	民事甲2667号民事局長回答……………… 536
——	昭和37年9月27日	民事甲2716号民事局長回答……………… 545
——	昭和37年10月2日	民事甲2818号民事局長電報回答 ……… 540
【1-236】	昭和37年10月8日	民事二発444号民事局第二課長電報回答
		……………………………………………………… 371
【1-210】	昭和37年10月15日	民事甲2963号民事局長電報回答 ……… 336
——	昭和37年11月22日	民事甲3261号民事局長回答………536, 755
——	昭和37年12月10日	民事甲3557号民事局長回答……………… 656
——	昭和38年1月7日	民事甲3771号民事局長回答……………… 718
——	昭和38年2月8日	民事甲367号民事局長回答 ……………… 419

—	昭和38年2月15日	民事甲456号民事局長回答	193
—	昭和38年4月4日	民事甲942号民事局長回答	279
—	昭和38年5月29日	民事甲1561号民事局長回答	454
【1-222】	昭和38年8月3日	民事甲1797号民事局長回答	352
—	昭和38年8月26日	民事甲2480号民事局長回答	542
—	昭和38年9月10日	民事甲2583号民事局長回答	137
—	昭和38年9月12日	民事甲2575号民事局長指示	544
—	昭和38年9月18日	民事甲2590号民事局長回答	190
—	昭和38年9月19日	民事甲2625号民事局長回答	279
【1-213】	昭和38年10月16日	民事五発245号民事局第五課長回答	342
—	昭和38年10月16日	民事二発429号民事局第二課長回答	585
—	昭和38年10月29日	民事甲3058号民事局長通達	572
—	昭和38年11月1日	民事甲3071号民事局長回答	387,678
—	昭和38年11月6日	民事甲3077号民事局長回答	319,656
—	昭和38年11月16日	民事甲3097号民事局長回答	544
—	昭和38年11月22日	民事甲3104号民事局長回答	452
—	昭和38年12月20日	民事甲3243号民事局長回答	581
—	昭和39年1月30日	民事甲203号民事局長回答	434
—	昭和39年2月5日	民事甲273号民事局長回答	670
—	昭和39年3月11日	民事五発61号民事局第五課長回答	587
—	昭和39年4月17日	民事甲699号民事局長回答	304
—	昭和39年4月21日	民事甲1574号民事局長回答	518
—	昭和39年4月28日	民事甲1633号民事局長回答	710
—	昭和39年5月1日	民事甲1634号民事局長回答	581
—	昭和39年5月23日	民事甲1939号民事局長回答	651
【1-11】／—	昭和39年6月4日	民事甲2051号民事局長回答	53,137
—	昭和39年6月6日	民事甲2057号民事局長回答	586
—	昭和39年6月17日	民事甲2096号民事局長回答	709
—	昭和39年6月19日	民事二発213号民事局第二課長依命通知	198

──	昭和39年6月19日	民事甲2097号民事局長通達	198
──	昭和39年6月30日	民事甲2240号民事局長回答	539
──	昭和39年8月18日	民事甲2868号民事局長回答	726
──	昭和39年8月19日	民事五発239号民事局第五課長回答	540
──	昭和39年9月7日	民事甲2922号民事局長回答	646
【1-175】	昭和39年9月22日	民事五発302号民事局第五課長回答	287
【1-176】	昭和39年9月22日	民事甲3136号民事局長回答	288
【1-177】	昭和39年9月22日	民事甲3137号民事局長回答	289
──	昭和39年10月6日	民事甲3345号民事局長回答	579
──	昭和39年11月21日	民事甲3762号民事局長回答	279
──	昭和39年12月2日	民事甲3797号民事局長回答	657
──	昭和39年12月21日	民事甲4012号民事局長回答	425
──	昭和40年1月6日	民事甲4003号民事局長事務取扱回答	540
──	昭和40年1月7日	民事甲4016号民事局長通達	515, 531, 539, 580
──	昭和40年3月1日	民事甲479号民事局長回答	426
──	昭和40年3月11日	民事甲521号民事局長回答	401
【1-141】	昭和40年3月16日	民事甲540号民事局長回答	241
──	昭和40年3月16日	民事甲597号民事局長回答	540
──	昭和40年4月10日	民事甲782号民事局長回答	548
──	昭和40年4月22日	民事甲846号民事局長回答	549
──	昭和40年4月23日	民事甲869号民事局長回答	540
──	昭和40年5月6日	民事甲983号民事局長回答	279
／──	昭和40年5月13日	民事甲794号民事局長回答	539, 541
──	昭和40年5月13日	民事甲796号民事局長回答	538, 539, 541
──	昭和40年6月11日	民事甲1165号民事局長電報回答	279
【1-225】	昭和40年6月23日	民事甲1229号民事局長回答	358
──	昭和40年7月5日	民事甲1709号民事局長回答	541
【2-81】	昭和40年8月4日	民事甲1922号民事局長回答	704
──	昭和40年8月25日	民事甲2437号民事局長回答	434

──	昭和40年 8 月30日	民事甲2452号民事局長回答	535
──	昭和40年 9 月29日	民事甲2832号民事局長回答	541
──	昭和40年10月 2 日	民事甲2859号民事局長回答	549
【1 -251】	昭和40年11月 8 日	民事甲3172号民事局長回答	415
──	昭和40年11月25日	民事甲3313号民事局長回答	381
──	昭和40年11月27日	民事甲3287号民事局長回答	532
──	昭和40年12月 7 日	民事五発357号民事局第五課長回答	532
──	昭和40年12月14日	民事甲3688号民事局長回答	729
【1 -216】	昭和40年12月16日	民事五発376号民事局第五課長通知	346
──	昭和40年12月20日	民事甲3474号民事局長回答	404
【1 -217】	昭和40年12月24日	民事甲3495号民事局長回答	346
──	昭和40年12月27日	民事甲3717号民事局長回答	535
──	昭和40年12月28日	民事甲3682号民事局長回答	304
──	昭和41年 1 月12日	民事甲208号民事局長回答	541
──	昭和41年 1 月31日	民事甲314号民事局長回答	415
──	昭和41年 2 月14日	民事甲383号民事局長電報回答	544, 757
──	昭和41年 2 月28日	民事甲626号民事局長電報回答	547
【1 -218】	昭和41年 3 月 8 日	民事甲646号民事局長回答	347
【1 -214】①	昭和41年 3 月30日	民事甲1015号民事局長回答	344
【2 -77】	昭和41年 4 月 8 日	民事甲1048号民事局長回答	694
──	昭和41年 4 月14日	民事甲1045号民事局長回答	696
【1 -224】	昭和41年 4 月15日	民事甲987号民事局長回答	355
──	昭和41年 5 月 7 日	民事甲1049号民事局長回答	547
──	昭和41年 6 月 3 日	民事甲1214号民事局長回答	324
──	昭和41年 6 月 8 日	民事甲1258号民事局長回答	380
──	昭和41年 6 月 8 日	民事甲1266号民事局長回答	196
【1 -223】	昭和41年 9 月 1 日	民事甲1240号民事局長回答	353
──	昭和41年 9 月 2 日	民事二発830号民事局第二課長回答	439
──	昭和41年 9 月30日	民事甲2594号民事局長通達	513, 532, 547
──	昭和41年10月 3 日	民事二発840号民事局第二課長回答	240

—— 昭和41年11月 7 日	民事甲3244号民事局長回答	539
—— 昭和41年11月17日	民事甲3280号民事局長電報回答	764
—— 昭和41年12月 5 日	民事甲3312号民事局長回答	196
—— 昭和41年12月 6 日	民事甲3320号民事局長回答	547
—— 昭和41年12月23日	民事五発1224号民事局第五課長回答	580
—— 昭和42年 2 月10日	民事甲295号民事局長回答	543
—— 昭和42年 2 月18日	民事甲334号民事局長回答	632
—— 昭和42年 3 月15日	民事甲384号民事局長回答	686
—— 昭和42年 3 月18日	民事甲620号民事局長回答	721
—— 昭和42年 5 月25日	民事甲1754号民事局長回答	688
—— 昭和42年 6 月 1 日	民事甲1800号民事局長通達	532
—— 昭和42年 7 月31日	民事558号民事局第二課長回答	576
—— 昭和42年 8 月19日	民事甲2409号民事局長回答	426
—— 昭和42年 8 月31日	民事甲2439号民事局長回答	654
—— 昭和42年10月 9 日	民事甲2691号民事局長回答	585
—— 昭和42年10月11日	民事二発2888号民事局長回答	661
—— 昭和42年10月25日	民事甲2927号民事局長回答	419, 427
—— 昭和42年11月 2 日	民事甲3120号民事局長回答	695
—— 昭和42年12月22日	民事甲3695号民事局長回答	435
—— 昭和43年 2 月16日	民事甲280号民事局長回答	731
—— 昭和43年 3 月18日	民事甲662号民事局長回答	544
—— 昭和43年 4 月 5 日	民事甲767号民事局長回答	651
—— 昭和43年 6 月 4 日	民事甲1679号民事局長回答	404
—— 昭和43年 7 月13日	民事甲2336号民事局長回答	404
—— 昭和43年 7 月22日	民事甲2644号民事局長回答	539
—— 昭和43年 8 月15日	民事甲2730号民事局長回答	419
—— 昭和43年 9 月30日	民事甲3096号民事局長回答	446
—— 昭和43年11月 9 日	民事五発1326号民事局第五課長回答	691
—— 昭和43年11月21日	民事甲3131号民事局長回答	646, 719
—— 昭和44年 1 月 7 日	民事甲18号民事局長回答	733

──	昭和44年1月14日	民事甲44号民事局長回答	684
【1-205】	昭和44年4月11日	民事甲584号民事局長回答	330
──	昭和44年4月21日	民事甲876号民事局長回答	279
【1-191】	昭和44年4月22日	民事甲877号民事局長回答	309
──	昭和44年5月17日	民事甲1091号民事局長回答	403, 420
──	昭和44年5月23日	民事甲1078号民事局長回答	720
──	昭和44年6月12日	民事五発699号民事局長回答	632
──	昭和44年11月25日	民事甲2606号民事局長回答	426
──	昭和44年12月19日	民事甲2733号民事局長回答	423, 431
【1-167】②	昭和45年1月13日	民事甲15号民事局長回答	269, 454
──	昭和45年4月18日	民事甲1133号民事局長回答	651
──	昭和45年5月19日	民事甲2252号民事局長電報回答	240
──	昭和45年8月17日	民事甲3669号民事局長回答	434
──	昭和46年2月2日	民事甲510号民事局長回答	708
──	昭和46年2月23日	民事甲631号民事局長回答	440
【1-220】	昭和46年3月8日	民事五発223号民事局第五課長回答	350
──	昭和46年3月26日	民事五発342号民事局第五課長回答	684
──	昭和46年3月29日	民事甲632号民事局長回答	138
──	昭和46年4月23日	民事甲1608号民事局長回答	728
──	昭和46年5月4日	民五390号民事局第五課長回答	424
──	昭和46年6月7日	民事甲2058号民事局長回答	427
──	昭和46年11月18日	民事甲3427号民事局長回答	533
──	昭和47年2月2日	民事五発135号民事局第五課長回答	397
──	昭和47年3月23日	民事五発378号民事局第五課長回答	632
──	昭和47年3月31日	民事五発45号民事局第五課長回答	609
──	昭和47年5月2日	民事甲1764号民事局長回答	419
──	昭和47年5月11日	民事五発500号民事局第五課長回答	609
──	昭和47年7月8日	民事五発652号民事局第五課長回答	661
──	昭和47年11月13日	民事五発952号民事局第五課長回答	453, 734

—	昭和47年11月25日	民事甲4938号民事局長回答	588
—	昭和47年12月4日	民事五発852号民事局第五課長回答	588
—	昭和47年12月6日	民事甲5034号民事局長回答	595
—	昭和47年12月6日	民事甲5035号民事局長回答	208
—	昭和47年12月19日	民事五発1440号民事局第五課長回答	320
—	昭和47年12月21日	民事甲第5609号民事局長回答	598
—	昭和47年12月25日	民事五発460号民事局第五課長回答	533
—	昭和47年12月27日	民事甲5658号民事局長回答	548
—	昭和48年1月9日	民事五発274号民事局第五課長回答	588
—	昭和48年1月17日	民二416号民事局長回答	210
—	昭和48年3月1日	民二1805号民事局長回答	594
—	昭和48年3月1日	民事五1831号民事局第五課長回答	633
—	昭和48年3月16日	民五2152号民事局長回答	589
—	昭和48年5月12日	民五3709号民事局長回答	589
—	昭和48年5月29日	民二3954号民事局長回答	728
—	昭和48年8月1日	民一5849号民事局長回答	589
—	昭和48年8月21日	民二6456号民事局長回答	595
—	昭和48年9月14日	民事五7159号民事局長回答	633
—	昭和48年10月4日	民二7502号民事局長回答	589
—	昭和48年10月9日	民事局長電報回答	735
—	昭和48年11月17日	民二8601号民事局長回答	451
—	昭和49年1月22日	民五434号民事局長回答	589
—	昭和49年1月26日	民二593号民事局長回答	439
—	昭和49年1月28日	民二636号民事局長回答	732
—	昭和49年2月9日	民二988号民事第二課長回答	307, 441, 653
—	昭和49年4月16日	民五2067号民事局長回答	590
—	昭和49年7月9日	民五3973号民事局長回答	212
—	昭和49年8月17日	民二4688号民事局長回答	598
—	昭和49年8月20日	民二4765号民事局長回答	691

──	昭和49年 8 月20日	民二4766号民事局長回答	676
──	昭和49年 8 月23日	民二4911号民事局長回答	240
──	昭和49年 9 月 7 日	民二5036号民事局長回答	208
──	昭和49年10月11日	民五5623号民事局長回答	203
──	昭和49年10月21日	民二5678号民事局長回答	454, 734
──	昭和49年10月21日	民二5701号民事局長回答	304
──	昭和49年10月23日	民二5706号民事局長回答	598
──	昭和49年11月20日	民二6039号民事局長回答	446
──	昭和49年12月20日	民二6569号民事局長回答	209
──	昭和49年12月26日	民五6674号民事局長回答	203
──	昭和50年 2 月 7 日	民二670号民事局長回答	734
──	昭和50年 2 月27日	民二994号民事局長回答	452
──	昭和50年 2 月27日	民事五発995号民事局長回答	403
──	昭和50年 4 月 5 日	民二1769号民事局長回答	402
【2-73】①②	昭和50年 5 月 8 日	民五2477号民事局長回答	652
──	昭和50年 6 月25日	民五3329号民事局第五課長回答	590
──	昭和50年 7 月 4 日	民五3551号民事局長回答	180
【1-245】	昭和50年 7 月17日	民二3743号民事局長回答	382
──	昭和50年 8 月19日	民二4716号民事局長回答	690
【1-192】	昭和50年 8 月23日	民五4745号民事局第五課長回答	310
──	昭和50年 9 月10日	民五5260号民事局第五課長回答	203
──	昭和50年 9 月11日	民二5270号民事局長回答	698
──	昭和50年12月 4 日	民五6982号民事局長回答	422
【1-38】	昭和51年 1 月14日	民二280号民事局長通達	94, 317
【1-165】	昭和51年 1 月14日	民二280号民事局長通達	266
──	昭和51年 1 月16日	民二626号民事局第二課長回答	421
──	昭和51年 5 月 7 日	民二2846号民事局第二課長回答	720
【1-182】	昭和51年 5 月26日	民五3168号民事局第五課長回答	297
──	昭和51年 6 月 9 日	民二3337号民事局第二課長回答	388
──	昭和51年 6 月14日	民五3393号民事局長回答	203

——	昭和51年6月28日	民二3532号民事局第二課長依命通知	676
——	昭和51年7月13日	民二4008号民事局第二課長回答	441
——	昭和51年7月13日	民二4009号民事局第二課長回答	722
——	昭和51年7月17日	民二4123号民事局第二課長回答	720
——	昭和51年8月6日	民二4499号民事局第二課長回答	450
【1-208】	昭和51年8月10日	民二4562号民事局第二課長回答	334
——	昭和51年8月11日	民二4556号民事局長回答	391
——	昭和51年8月31日	民二4915号民事局第二課長回答	653
——	昭和51年9月3日	民二4909号民事局第二課長回答	423
——	昭和51年9月8日	民二4984号民事局第二課長回答 16, 544, 599	
——	昭和51年9月29日	民二5173号民事局第二課長回答	401
——	昭和51年10月15日	民二5416号民事局長回答	706
——	昭和51年11月1日	民二5613号民事局第二課長回答	209
——	昭和51年11月19日	民二5985号民事局第二課長回答	214
——	昭和51年11月19日	民二5987号民事局第二課長回答	595
【1-254】	昭和51年12月7日	民二6180号民事局第二課長回答	442
——	昭和51年12月23日	民二6471号民事局第二課長電信回答	453
【1-166】	昭和52年1月19日	民二543号民事局第二課長回答	267
——	昭和52年2月19日	民二1353号民事局第二課長回答	735
——	昭和52年2月21日	民二1354号民事局第二課長回答	531, 548
——	昭和52年3月11日	民二1593号民事局第二課長依命回答	683
——	昭和52年3月30日	民二1719号民事局第二課長回答	695
——	昭和52年4月1日	民二1720号民事局第二課長回答	702
——	昭和52年5月2日	民二2595号民事局第二課長電信回答	240
——	昭和52年8月31日	民二4313号民事局第二課長回答	209
——	昭和52年10月6日	民二5114号民事局長回答	219, 602
——	昭和52年10月6日	民二5118号民事局長回答	714
——	昭和52年10月7日	民二5115号民事局長回答	592
——	昭和52年11月18日	民二5716号民事局長回答	687

─	昭和52年11月25日	民二5829号民事局第二課長回答	433
─	昭和53年1月10日	民二341号民事局第二課長通知	717
─	昭和53年1月20日	民二393号民事局第二課長回答	408
─	昭和53年1月20日	民二407号民事局長回答	428
─	昭和53年1月21日	民二431号民事局長回答	594
【1-249】	昭和53年3月8日	民二1341号民事局第二課長回答	406
【2-80】	昭和53年4月7日	民二2172号民事局第二課長通知	702
─	昭和53年7月18日	民二4096号民事局第二課長回答	688
─	昭和53年7月28日	民二4279号民事局長回答	592
─	昭和53年9月1日	民二4793号民事局長回答	209
─	昭和53年9月13日	民二4863号民事局第二課長回答	690
─	昭和53年10月2日	民二5455号民事局第二課長回答	422
─	昭和53年10月3日	民二5408号民事局長通達	112, 536
─	昭和53年10月3日	民二5409号民事局長回答	537
─	昭和53年12月5日	民二6420号民事局長回答	699
【1-32】	昭和53年12月15日	民二6678号民事局第二課長依命通知	86
─	昭和53年12月26日	民二6786号民事局長回答	209
─	昭和53年12月27日	民二6795号民事局第二課長電信回答	209
─	昭和54年5月11日	民二2864号民事局長回答	696
─	昭和54年5月12日	民二2887号民事局第二課長回答	391
─	昭和54年5月19日	民五3087号民事局長回答	710
─	昭和54年6月4日	民二3297号民事局第二課長回答	613
─	昭和54年6月21日	民五3492号民事局第五課長回答	697
─	昭和54年8月1日	民二4255号民事局第二課長回答	614
─	昭和54年8月21日	民二4391号民事局長通達	284
─	昭和54年9月5日	民二4504号民事局長回答	698
─	昭和54年10月5日	民二4948号民事局第二課長回答	687
【1-229】	昭和54年10月5日	民二4950号民事局第二課長回答	361
─	昭和54年10月16日	民二5141号民事局第二課長通知	307, 653
─	昭和54年12月3日	民五5935号民事局長回答	686

──	昭和54年12月5日	民二6033号民事局第二課長回答 ……… 682
──	昭和54年12月12日	民二6121号民事局長回答 …………… 337
──	昭和55年1月7日	民二3号民事局長回答 ……………… 693
──	昭和55年2月15日	民二872号民事局長回答………… 662, 738
──	昭和55年3月26日	民二1954号民事局第二課長回答 ……… 211
──	昭和55年4月3日	民二2212号民事局長回答 …………… 699
──	昭和55年6月9日	民二3247号民事局長回答 …………… 402
【1-226】／──	昭和55年7月25日	民二4395号民事局第二課長回答 …………………………………………………… 358, 382
──	昭和55年8月22日	民二5216号民事局第二課長回答 ……… 718
──	昭和55年8月27日	民二5217号民事局長回答 …………… 326
──	昭和55年9月11日	民二5397号民事局第二課長回答 ……… 713
──	昭和56年3月18日	民二1865号民事局長回答 …………… 138
【1-181】	昭和56年4月4日	民二民事局第二課補佐官回答………… 297
──	昭和56年5月13日	民二3097号民事局長回答 …………… 685
──	昭和56年5月18日	民二3160号民事局第二課長回答 ……… 450
──	昭和56年5月22日	民二3248号民事局長回答 ……… 693, 723
──	昭和56年5月22日	民二3249号民事局長回答 …………… 693
──	昭和56年5月25日	民二3427号民事局長回答 …………… 395
【1-23】／──	昭和56年7月16日	民二4543号民事局第二課長回答 68, 696
──	昭和56年11月6日	民二6420号民事局長回答 …………… 537
──	昭和56年11月6日	民二6421号民事局第二課長回答 ……… 537
──	昭和56年11月6日	民二6422号民事局長回答 …………… 537
──	昭和56年11月13日	民二6602号民事局長通達 …………… 536
──	昭和56年11月13日	民二6603号民事局長回答 …………… 537
──	昭和56年12月4日	民二7095号民事局第二課長回答 ……… 727
──	昭和56年12月15日	民二7462号民事局第二課長回答 ……… 458
──	昭和57年1月11日	民五57号民事局第五課長回答………… 320
──	昭和57年1月25日	民二554号民事局長回答 …………… 715
──	昭和57年2月16日	民二1480号民事局第二課長回答 ……… 609

判例・先例索引　*843*

	昭和57年3月6日	民二1901号民事局第二課長回答 ……… 413
──	昭和57年3月19日	民二2347号民事局第二課長回答 ……… 764
──	昭和57年4月28日	民二3223号民事局第二課長回答 ……… 687
──	昭和57年4月28日	民二3239号民事局第二課長回答 ……… 439
──	昭和57年4月30日	民二2972号民事局長通達

………………………………………… 515, 517, 531, 538, 539, 541, 542, 582, 695

	昭和57年5月10日	民二3302号民事局第二課長回答 ……… 381
──	昭和57年5月10日	民二3303号民事局第二課長回答 ……… 719
──	昭和57年5月20日	民二3592号民事局第二課長回答 ……… 719
──	昭和57年6月11日	民二3906号民事局第二課長回答 ……… 674
【1-202】	昭和57年6月22日	民二4079号民事局第二課長回答 ……… 326
──	昭和57年7月12日	民二4429号民事局第二課長回答 ……… 592
──	昭和57年8月4日	民二4844号民事局第二課長回答 ……… 671
──	昭和57年8月30日	民二5401号民事局第二課長依命通達… 635
──	昭和57年9月6日	民二5441号民事局第二課長回答 ……… 711
【1-241】	昭和57年9月8日	民二5623号民事局長通達 ……………… 375
──	昭和57年9月9日	民二5669号民事局第二課長回答 ……… 451
【1-4】／──	昭和57年9月17日	民二5700号民事局第二課長通知 43, 210
──	昭和57年10月8日	民二6181号民事局第二課長回答 ……… 683
──	昭和57年12月18日	民二7608号民事局長回答 ……………… 533
──	昭和57年12月23日	民二7606号民事局長回答 ……………… 646
──	昭和58年2月23日	民二1057号民事局第二課長回答 ……… 438
──	昭和58年2月25日	民二1282号民事局第二課長依命回答

………………………………………………………………………………… 240, 423

──	昭和58年2月25日	民二1285号民事局第二課長依命回答… 412
──	昭和58年3月3日	民二1330号民事局第二課長回答 ……… 595
【1-170】	昭和58年3月7日	民二1797号民事局長回答 ……………… 279
──	昭和58年3月8日	民二1824号民事局長回答 ……………… 677
──	昭和58年3月18日	民二1993号民事局第二課長依命回答… 598
──	昭和58年3月23日	民二2006号民事局第二課長依命回答… 635

──	昭和58年3月25日	民二2226号民事局長回答	646, 728
──	昭和58年3月29日	民二2284号民事局第二課長依命回答	599
──	昭和58年5月10日	民二2990号民事局第二課長回答	395
──	昭和58年5月10日	民二3000号民事局第二課長回答	598
【1-238】	昭和58年8月4日	民二4384号民事局第二課長	372
【1-171】	昭和58年9月7日	民二5328号民事局第二課長回答	281, 625
──	昭和58年9月13日	民二5418号民事局第二課長依命回答	439
──	昭和58年10月31日	民二6212号民事局第二課長回答	671
──	昭和58年11月4日	民二6243号民事局第二課長回答	716
──	昭和58年12月5日	民二6885号民事局第二課長回答	695
──	昭和58年12月13日	民二6941号民事局第二課長回答	595
──	昭和59年1月23日	民二498号民事局第二課長回答	713
──	昭和59年1月23日	民二499号民事局第二課長回答	395
──	昭和59年1月27日	民二584号民事局第二課長回答	711
──	昭和59年2月10日	民二720号民事局第二課長回答	388
──	昭和59年5月2日	民二2388号民事局第二課長回答	713
──	昭和59年8月30日	民二4661号民事局第二課長回答	218
──	昭和59年10月29日	民二5428号民事局第二課長回答	613
【1-211】	昭和59年11月30日	民二6159号民事局長通達	337
──	昭和59年12月18日	民二6668号民事局第二課長回答	453
──	昭和60年2月1日	民二527号民事局第二課長回答	610
──	昭和60年3月7日	民二1471号民事局第二課長回答	456
──	昭和60年4月12日	民二1971号民事局第二課長回答	668, 675
──	昭和60年4月20日	民二2071号民事局第二課長回答	613
──	昭和60年6月22日	民二3530号民事局第二課長回答	404
──	昭和60年6月28日	民二3675号民事局第二課長回答	717
──	昭和60年8月1日	民二4609号民事局長回答	421
【1-139】	昭和60年9月10日	民二5637号民事局第二課長回答	237
──	昭和60年10月18日	民二6511号民事局長回答	456
【1-188】	昭和60年10月30日	民二6876号民事局第二課長回答	301

判例・先例索引　*845*

【1-209】/――	昭和60年10月30日　民二6876号民事局第二課長回答 ……………………………………………………………………335, 380
――	昭和60年12月 3 日　民二7611号民事局長回答…………… 679
――	昭和61年 3 月12日　民二1806号民事局長回答…………… 537
――	昭和61年 3 月12日　民二1808号民事局長回答…………… 241
――	昭和61年 3 月31日　民二2231号民事局第二課長回答 …… 636
――	昭和61年 6 月 3 日　民二4354号民事局長回答……… 456, 739
――	昭和61年 8 月 7 日　民二5972号民事局第二課長回答 …… 638
【1-247】	昭和61年 9 月 9 日　民二6852号民事局第二課長回答 …… 397
――	昭和61年11月13日　民二8052号民事局第二課長回答 …… 599
――	昭和62年 1 月23日　民二242号民事局第二課長回答 …… 685
――	昭和62年 4 月27日　民二2337号民事局長回答…………… 720
――	昭和62年 4 月27日　民二2358号民事局長回答…………… 440
――	昭和62年 5 月13日　民二2475号民事局長回答…………… 699
――	昭和62年 7 月 2 日　民二3458号民事局第二課長回答 …… 455
――	昭和62年 7 月31日　民二4008号民事局長回答…………… 418
――	昭和62年10月 1 日　民二5000号民事局長通達…………… 537
――/【1-142】	昭和62年10月 2 日　民二4974号民事局長回答 ……… 55, 241
――	昭和62年11月10日　民二5596号民事局第二課長回答 …… 433
――	昭和63年 1 月 6 日　民二77号民事局長回答 ……………… 388
――	昭和63年 1 月27日　民二432号民事局長回答…………… 732
【1-169】②	昭和63年 9 月10日　民二5132号民事局長回答…………… 276
――	平成元年 4 月 6 日　民二1286号民事局第二課長回答 …… 451
――	平成元年 4 月17日　民二1427号民事局長回答…………… 709
――	平成元年 7 月21日　民二2634号民事局長回答……… 598, 604
――/【2-8】/【2-15】/【2-20】/【2-21】/【2-24】/――	平成元年10月 2 日　民二3900号民事局長通達 …………32, 90, 214, 355, 382, 466, 473, 481, 483, 486, 549, 603, 679, 683, 698
――	平成元年12月14日　民二5476号民事局第二課長通知 ……29
――	平成元年12月28日　民二5551号民事局第二課長回答 …… 636

──	平成2年1月12日	民二116号民事局長回答	278
──	平成2年3月1日	民二600号民事局長通達	214
──	平成2年3月22日	民二957号民事局第二課長回答	428
──	平成2年4月23日	民二1515号民事局第二課長回答	122
──	平成2年8月24日	民二3740号民事局第二課長回答	405
──	平成2年9月20日	民二4178号民事局第二課長回答	214
【1-17】／──	平成2年9月20日	民二4179号民事局第二課長回答	60,249,304
──	平成2年9月29日	民二4364号民事局第二課長回答	715
──	平成2年12月3日	民二5452号民事局第二課長通知	307,653
──	平成2年12月26日	民二5675号民事局第二課長回答	712
──	平成2年12月26日	民二5688号民事局第二課長回答	708
──	平成3年1月17日	民二395号民事局第二課長	304
──	平成3年1月22日	民二429号民事局長回答	599
──	平成3年2月18日	民二1244号民事局長回答	689
──	平成3年4月18日	民二2594号民事局長回答	716
──	平成3年7月4日	民二3728号民事局第二課長回答	726
──	平成3年7月4日	民二3729号民事局長回答	672,726
──	平成3年7月10日	民二3775号民事局第二課長回答	693,723
【1-2】②	平成3年8月8日	民二4392号民事局第二課長通知	40
──	平成3年10月25日	民二5494号民事局長回答	598
──	平成3年12月5日	民二6047号民事局第二課長回答	305
──	平成3年12月5日	民二6048号民事局第二課長回答	214
【1-230】	平成3年12月5日	民二6049号民事局第二課長回答	362
──	平成3年12月13日	民二6123号民事局第二課長回答	122
──	平成3年12月13日	民二6124号民事局第二課長回答	122,214
【1-135】	平成3年12月13日	民二6125号民事局第二課長回答	233
──	平成4年1月8日	民二178号民事局長回答	703
──	平成4年2月28日	民二887号民事局第二課長回答	445,447
──	平成4年3月26日	民二1504号民事局長回答	618

──	平成4年6月30日	民二3763号民事局第二課長回答………	458
──	平成4年7月2日	民二3779号民事局第二課長回答………	686
──	平成4年7月17日	民二4372号民事局第二課長回答…・	305, 448
【1-140】	平成4年9月28日	民二5673号民事局第二課長回答………	238
──	平成4年9月30日	民二5676号民事局第二課長回答………	444
──	平成4年12月22日	民二7055号民事局第二課長回答………	605

【1-52】／── 平成5年4月5日 民二2986号民事局第二課長通知
………………………………………………………………… 123, 214

──	平成5年6月3日	民二4318号民事局第二課長回答………	609
──	平成6年2月16日	民二941号民事局第二課長回答………	444
【1-239】	平成6年2月25日	民二1289号民事局長回答………	374
──	平成6年4月28日	民二2996号民事局長通達………	605
──	平成6年5月9日	民二3007号民事局第二課長通知	419
──	平成6年5月10日	民二3025号民事局第二課長回答………	707
──	平成6年10月5日	民二6426号民事局第二課長回答………	435
──	平成6年11月16日	民二7005号民事局長通達………………	214
──	平成6年12月20日	民五8658号民事局第五課長依命通知	

………………………………………………………………… 195, 284

【1-2】③／── 平成7年2月24日 民二1973号民事局第二課長回答
………………………………………………………………… 40, 393

──	平成7年3月30日	民二2639号民事局第二課長回答………	717
──	平成7年3月30日	民二2644号民事局第二課長回答………	438
──	平成7年7月7日	民二3292号民事局第二課長回答………	639
──	平成7年9月14日	民二3747号民事局第二課長回答………	452
──	平成7年10月4日	民二3959号民事局第二課長回答………	605
──	平成7年10月23日	民二4085号民事局第二課長回答………	457
──	平成7年12月11日	民二4369号民事局第二課長回答………	382
──	平成8年5月17日	民二955号民事局第二課長回答………	684
──	平成8年5月28日	民二995号民事局第二課長回答……	606, 618
──	平成8年8月16日	民二1450号民事局第二課長回答………	616
【1-243】	平成8年12月26日	民二2254号民事局第二課長通知………	378

848 判例・先例索引

	平成9年2月4日	民二187号民事局第二課長回答	604
―	平成9年3月11日	民二445号民事局第二課長回答	662
―	平成9年7月10日	民二1223号民事局第二課長回答	724
―	平成9年11月10日	民二1999号民事局第二課長回答	437
―	平成10年1月16日	民二94号民事局長回答	553
―	平成10年2月9日	民二255号民事局第二課長回答	618
―	平成10年3月12日	民二496号民事局第二課長回答	738
―	平成10年3月24日	民二573号民事局第二課長回答	691
―	平成10年5月27日	民二1008号民事局第二課長回答	405
―	平成10年8月13日	民二1516号民事局第二課長回答	708
―	平成10年11月25日	民二2244号民事局第二課長回答	438
―	平成11年2月9日	民二250号民事局長回答	636
―	平成11年3月3日	民二419号民事局第二課長回答	686
―	平成11年4月23日	民二873号民事局第二課長回答	690
―	平成12年3月29日	民二765号民事局第二課長回答	636, 644
―	平成12年4月7日	民二936号民事局第二課長回答	428
―	平成13年1月29日	民一229号民事局第一課長回答	456
―	平成13年2月20日	民一490号民事第一課長回答	700
―	平成13年6月15日	民一1544号民事局長通達	585
―	平成13年10月16日	民一2692号民事局第一課長回答	427
―	平成14年1月30日	民一274号民事局第一課長回答	723, 724
―	平成14年8月8日	民一1885号民事局第一課長通知	185
―	平成15年3月24日	民一837号民事局第一課長回答	457
―	平成15年8月21日	民一2337号民事局第一課長回答	712
―	平成15年8月22日	民一2347号民事局第一課長回答	672
【1-250】	平成15年9月19日	民一2811号民事局第一課長回答	409
―	平成15年11月18日	民一3426号民事局第一課長回答	604
―	平成15年12月24日	民一3794号民事局第一課長通知	724
―	平成16年3月9日	民一662号民事第一課長回答	636
―	平成16年3月29日	民一887号民事第一課長回答	611

判例・先例索引　849

	平成16年4月13日	民一1178号民事局民事第一課長回答	449
—／【1-248】	平成16年4月26日	民一1320号民事局第一課長回答	385, 398
—	平成16年7月29日	民一2139号民事第一課長回答	613
—	平成16年9月10日	民一2503号民事局第一課長回答	715
—	平成17年2月4日	民一311号民事局第一課長回答	455
—	平成17年3月28日	民一802号民事第一課長回答	611
—	平成17年11月14日	民一2643号民事局第一課長回答	695
—	平成18年1月20日	民一128号民事局第一課長回答	445
—	平成18年1月27日	民一200号民事局第一課長回答	730
【1-244】	平成18年2月3日	民一290号民事局第一課長通知	379
—	平成18年7月5日	民一1516号民事局第一課長回答	738
—	平成19年3月5日	民一514号民事局第一課長回答	393
【1-227】	平成19年9月11日	民事局民事第一課補佐官事務連絡	359
—	平成19年10月3日	民一2120号民事局第一課長通知	718
—	平成20年1月17日	民一156号民事局第一課長回答	402
—	平成20年1月17日	民一157号民事局第一課長回答	707
—	平成20年3月27日	民一1091号民事局第一課長回答	718
—	平成20年5月23日	民一1475号民事局第一課長回答	437
—	平成21年2月25日	民一446号民事局第一課長回答	443
—	平成21年2月27日	民一474号民事局第一課長回答	429
【1-237】	平成21年3月26日	民一762号民事局第一課長通知	371
—	平成21年7月2日	民一1598号民事局第一課長回答	684
—	平成21年7月3日	民一1615号民事局第一課長回答	721
—	平成21年8月31日	民一2050号民事局第一課長回答	412
—	平成21年10月30日	民一2633号民事局第一課長回答	689
—	平成22年3月18日	民一677号民事局第一課長回答	738
—	平成22年3月23日	民一719号民事局第一課長通知	707
—	平成22年4月28日	民一1092号民事局第一課長回答	429
—	平成22年6月9日	民一1444号民事局第一課長回答	437

──	平成22年6月15日	民一1470号民事局第一課長回答	707
──	平成22年6月23日	民一1540号民事局第一課長回答	605
【2-63】	平成22年6月23日	民一1541号民事局第一課長通知	606
──	平成22年9月9日	民一2248号民事局第一課長回答	657
──	平成22年9月13日	民一2277号民事局第一課長回答	408
──	平成22年12月13日	民一3139号民事局第一課長回答	725
──	平成23年2月9日	民一320号民事局第一課長回答	664
──	平成23年3月7日	民一218号民事局第一課長回答	694
──	平成23年4月22日	民一1043号民事局第一課長回答	667
──	平成23年5月30日	民一1306号民事局第一課長回答	712
──	平成23年7月27日	民一1780号民事局第一課長回答	452, 733
──	平成23年8月8日	民一1879号民事局第一課長回答	675
──	平成23年9月15日	民一2181号民事局第一課長回答	613
──	平成23年11月1日	民一2593号民事局第一課長回答	690
──	平成23年12月6日	民一2951号民事局第一課長回答	452
──	平成24年1月31日	民一284号民事局第一課長回答	636
──	平成24年2月3日	民一313号民事局第一課長回答	708
──	平成24年6月14日	民一1489号民事局第一課長回答	729
──	平成24年7月23日	民一1875号民事局第一課長回答	708
──	平成24年7月31日	民一1953号民事局第一課長回答	209
──	平成24年8月31日	民一2209号民事局第一課長回答	701
──	平成24年9月14日	民一2366号民事局第一課長回答	305
──	平成24年9月24日	民一2439号民事局第一課長回答	210
──	平成24年11月8日	民一3037号民事局第一課長回答	654
──	平成24年12月18日	民一3541号民事局第一課長回答	691
──	平成24年12月20日	民一3561号民事局第一課長回答	726
──	平成25年1月7日	民一10号民事局第一課長回答	613
──	平成25年1月17日	民一29号民事局第一課長回答	685
──	平成25年3月7日	民一219号民事局第一課長回答	714
──	平成25年8月29日	民一734号民事局第一課長回答	657

――	平成25年12月6日	民一967号民事局第一課長回答…………718
――	平成25年12月20日	民一997号民事局第一課長回答…………676
――	平成26年1月15日	民一48号民事局第一課長回答…………725

〔6〕戸籍事務協議会決議

――	昭和47年7月11日	第24回福岡連合戸籍事務協議会決議……764
――	昭和63年6月29日	162回東京戸籍連絡協議会決議…………638

〔7〕その他

――	昭和6年7月13日	質418号全州地方法院郡山支庁上席判事回答………………………………………499
――	昭和7年11月15日	朝鮮総督府法務局長回答………………500
――	昭和10年10月31日	朝鮮総督府法務局長回答………………500
――	昭和24年7月13日	家庭甲143号家庭局長回答……………572
――	昭和39年7月14日	移総4481号外務省移住局長回答………532
――	昭和41年3月15日	中移総1681号外務省中南米・移住局長回答………………………………………534
――	昭和42年11月16日	領659号外務大臣官房長回答…………534
――	昭和51年10月8日	領二307号外務大臣官房領事移住部長回答………………………………………674

【著者略歴】

大塚　正之
（おおつか　まさゆき）

昭和27年生まれ
昭和52年　東京大学経済学部卒業
昭和52年　司法修習生
昭和54年　名古屋地方裁判所判事補
　　　　　その後，最高裁判所事務総局家庭局付，東京家庭裁判所判事，那覇地方・家庭裁判所石垣・平良支部長，東京地方裁判所判事，大阪高等裁判所判事，横浜家庭裁判所判事，東京高等裁判所判事，千葉家庭裁判所判事などを経て
平成21年　退官後，早稲田大学大学院法務研究科教授
平成26年3月退職
現在　弁護士法人早稲田大学リーガル・クリニック所属弁護士・早稲田大学臨床法学教育研究所招聘研究員

判例先例 渉外親族法

定価：本体9,800円（税別）

平成26年8月25日　初版発行

著　者　大　塚　正　之
発行者　尾　中　哲　夫

発行所　日本加除出版株式会社
本　社　郵便番号 171-8516
　　　　東京都豊島区南長崎3丁目16番6号
　　　　ＴＥＬ　（03）3953-5757（代表）
　　　　　　　　（03）3952-5759（編集）
　　　　ＦＡＸ　（03）3951-8911
　　　　ＵＲＬ　http://www.kajo.co.jp/
営業部　郵便番号 171-8516
　　　　東京都豊島区南長崎3丁目16番6号
　　　　ＴＥＬ　（03）3953-5642
　　　　ＦＡＸ　（03）3953-2061

組版・印刷　㈱郁　文　／　製本　牧製本印刷㈱

落丁本・乱丁本は本社でお取替えいたします。
ⓒ Masayuki Otsuka 2014
Printed in Japan
ISBN978-4-8178-4179-7 C3032 ¥9800E

JCOPY　〈(社)出版者著作権管理機構　委託出版物〉

本書を無断で複写複製（電子化を含む）することは、著作権法上の例外を除き、禁じられています。複写される場合は、そのつど事前に(社)出版者著作権管理機構（JCOPY）の許諾を得てください。
また本書を代行業者等の第三者に依頼してスキャンやデジタル化することは、たとえ個人や家庭内での利用であっても一切認められておりません。

〈JCOPY〉　ＨＰ：http://www.jcopy.or.jp/，e-mail：info@jcopy.or.jp
　　　　　電話：03-3513-6969，FAX：03-3513-6979

全訂 判例先例 相続法

松原正明 著

- ●裁判所等における実務処理の現状を紹介。
- ●相続に関する全1744件の判例・先例を体系的に整理し、想定しうるすべての論点を裁判官の視点から解説。
- ●索引で判例・先例を容易に検索可能。

Ⅰ 総則・相続人・相続の効力
2006年1月刊 A5判上製 524頁 定価5,508円(本体5,100円) ISBN978-4-8178-0210-1 商品番号:49058 略号:判相1

Ⅱ 相続の効力
2006年1月刊 A5判上製 600頁 定価5,616円(本体5,200円) ISBN978-4-8178-0211-8 商品番号:49059 略号:判相2

Ⅲ 相続の承認及び放棄・財産分離・相続人の不存在
2008年1月刊 A5判上製 480頁 定価5,184円(本体4,800円) ISBN978-4-8178-0212-5 商品番号:49060 略号:判相3

Ⅳ 遺言(総説・遺言の方式・遺言の一般的効力・遺贈)
2010年11月刊 A5判上製 504頁 定価5,616円(本体5,200円) ISBN978-4-8178-3894-0 商品番号:49066 略号:判相4

Ⅴ 遺言(遺贈・遺言の執行)・遺留分
2012年10月刊 A5判上製 632頁 定価7,344円(本体6,800円) ISBN978-4-8178-4004-2 商品番号:49067 略号:判相5

判例先例 親族法 扶養

中山直子 著

2012年1月刊 A5判上製 400頁 定価5,076円(本体4,700円) ISBN978-4-8178-3970-1
商品番号:49056 略号:判扶養

- ●第一線の実務家が、変遷する扶養法(婚姻費用・養育費を含む)実務の現状を紹介。
- ●全261件の充実した判例・先例を掲載。
- ●婚姻費用分担の問題など需要の多い項目も、詳細に分析。

日本加除出版

〒171-8516　東京都豊島区南長崎3丁目16番6号
営業部　TEL(03)3953-5642　FAX(03)3953-2061
http://www.kajo.co.jp/